法官的首要职责,就是贤明地运用法律。

〔英〕弗兰西斯·培根

# CORPORATE DISPUTES
## JUDICIAL OPINIONS AND APPLICATION RULES

# 公司纠纷裁判精要与规则适用

王林清　杨心忠　著

根据2013年修正的《公司法》和
2014年修正的最高人民法院公司法相关司法解释撰写

## 图书在版编目（CIP）数据

公司纠纷裁判精要与规则适用/王林清，杨心忠著.—北京：北京大学出版社，2014.10

（法官裁判智慧丛书）

ISBN 978-7-301-24840-9

Ⅰ.①公… Ⅱ.①王… ②杨… Ⅲ.①公司-经济纠纷-民事诉讼-处理-中国 Ⅳ.①D925.1

中国版本图书馆 CIP 数据核字（2014）第 221562 号

| | |
|---|---|
| 书　　　　名： | 公司纠纷裁判精要与规则适用 |
| 著作责任者： | 王林清　杨心忠　著 |
| 丛 书 主 持： | 陆建华 |
| 责 任 编 辑： | 陈蔼婧 |
| 标 准 书 号： | ISBN 978-7-301-24840-9/D·3674 |
| 出 版 发 行： | 北京大学出版社 |
| 地　　　　址： | 北京市海淀区成府路 205 号　100871 |
| 网　　　　址： | http://www.pup.cn　http://www.yandayuanzhao.com |
| 新 浪 微 博： | @北京大学出版社　@北大出版社燕大元照法律图书 |
| 电 子 信 箱： | yandayuanzhao@163.com |
| 电　　　　话： | 邮购部 62752015　发行部 62750672　编辑部 62117788 |
| | 出版部 62754962 |
| 印 　刷 　者： | 北京虎彩文化传播有限公司 |
| 经 　销 　者： | 新华书店 |
| | 730 毫米×1020 毫米　16 开本　37.5 印张　730 千字 |
| | 2014 年 10 月第 1 版　2019 年 8 月第 4 次印刷 |
| 定　　　　价： | 98.00 元 |

未经许可，不得以任何方式复制或抄袭本书之部分或全部内容。

版权所有，侵权必究

举报电话：010-62752024　电子信箱：fd@pup.pku.edu.cn

# 出 版 说 明

　　中国特色社会主义法律体系已经形成,这一体系中的各种法律规范对于确保公民权利义务的正确行使和国家机构正常运行起着不可替代的作用。中国特色的法律体系是以中国国情为出发点和落脚点的。中国共产党的领导和社会主义初级阶段这两大基本国情,决定了我国的法律体系在内容和作用上都不同于西方国家,不能用西方国家的法律体系来套中国的法律。我国的法律适用主要是以成文法为根据,但是成文法毕竟有其滞后性,不能适应经济社会需求的迅速变化。在法制发展的过程中,法官的自由裁量权愈加受到重视,案例的作用日益凸显,在实践中,法律规范条文与案例的互补得到了广泛认可。

　　由此,2010年,最高人民法院正式确立了案例指导制度,以达到总结审判经验、统一法律适用、提高审判质量、维护司法公正的目标。最高人民法院发布的案例是用以指导全国法院的审判、执行工作的,指导性案例发布后,各级人民法院审判类似案件时应当参照适用。而此前,各地已有运用典型案例指导当地审判工作的丰富实践与经验。

　　案例在审判实践中应当如何运用？最为重要的是使用何种逻辑思维方法才能得出合法的结论？我们认为,应以演绎推理为主,归纳法和演绎法相互补充,即在查明案件事实后,寻找法律之前,先要寻找有关指导案例或典型案例,通过对这些案例的归纳,帮助法官理清思路,进而发现据以适用的法律。无论是最高人民法院发布的指导性案例抑或各地在实践中收集整理的典型案例,都凝聚了法官的智慧和经验,而大量法官的集体智慧和经验,明显要比传统裁判方法所依据的法官个人智慧,更能确保法律适用的统一。

就人民法院的民商事裁判工作而言,我们所能做也应当做的,不是去寻求法律规定的瑕疵,寻找国外立法更为妥当的规定;也不是要去创设一种新的法学理论,在法学理论发展史上留名。我们所要追求的主要是在现行法律框架内,秉持公正之心,探询法律真义,循法律推理和法律适用的一般原则,妥当处理民商事案件。本书的选题策划也可以看做是对这种努力的一种实际回应,旨在为法院审理相应纠纷和当事人、律师进行诉讼提供基本指南,从大量的案件裁判中选择具有典型意义的,提炼分析其中的裁判精要和裁判规则,为法官在审理类似案件时提供更为简练明晰的参酌。这无疑是提高审判质量和效率的重要途径。

本书的特点如下:

第一,编排科学、合理。本书并不是依据纠纷对应的立法章目泛泛而谈,而是根据最高人民法院《民事案件案由规定》,以专题形式分类阐述。

第二,内容丰富、务实。本书以理论为经纬,以实践为脉络,通过对纷繁复杂的诉讼中的大量疑难问题进行高度凝练和归纳演绎,富有创意地剖析明理,富有新意地解惑释疑,从而清晰地展现理论框架,系统地刻画实践纹理,以达到实践丰富理论,理论指导实践的良性互动,提升司法应对现实的能力。

第三,重点突出、得当。本书由"裁判精要""规则适用"构成基本框架。

"裁判精要",通过对诉讼中大量疑难问题的收集、研究成果的归纳和解决方法的分析,总结和提炼了解决纠纷的裁判思路。

"规则适用",是对各级法院典型案例中提炼的裁判规则的理解与适用,其以"规则"为题,并在"规则"下设【规则解读】【案件审理要览】【规则适用】三个栏目。

"规则"部分集中体现了案例的核心内容,有助于准确把握案例的要义。

【规则解读】是建立在提炼规则基础上的解读。裁判规则一般是非特定、非个体的,对法官在同类案件中认定事实、适用法律具有启发、引导、规范和参考作用。这些内容不能直接援引,但完全可以在裁判文书的说理中展现,作为法官裁判、当事人或律师法庭辩论的理由。

【案件审理要览】通过对代表性的案例进行加工整理,将裁判结果更清晰、准确、权威地展现。

【规则适用】结合【规则解读】进行深入分析,也是对前文"裁判精要"的呼应。

在写作过程中,我们参考和引用了司法实务界一些专家法官的著述内容,以及理论界专家学者的研究成果或评述,对此表示衷心感谢。需要说明的是,尽管作者们做出了很大努力,但囿于写作时间有限、作者水平所限,不完善和错误之处在所难免,希望广大读者能够客观审慎地加以对待,不吝批评指正。若读者发现本书有错漏之处,请发信至66xyz88@163.com,以待再版时及时修正。

北京大学出版社蒋浩先生、陆建华先生和责任编辑为本书的编排、设计、装帧、出版付出了辛勤劳动,特致谢忱。

作 者
2014 年 9 月

# 简 目

## 第一部分 公司纠纷裁判精要

第一章 股东资格确认纠纷裁判精要 …………………………………… 003
第二章 股东名册记载纠纷裁判精要 …………………………………… 023
第三章 请求变更公司登记纠纷裁判精要 ……………………………… 025
第四章 股东出资纠纷裁判精要 ………………………………………… 033
第五章 新增资本认购纠纷裁判精要 …………………………………… 067
第六章 股东知情权纠纷裁判精要 ……………………………………… 071
第七章 请求公司收购股份纠纷裁判精要 ……………………………… 085
第八章 股权转让纠纷裁判精要 ………………………………………… 091
第九章 公司决议纠纷裁判精要 ………………………………………… 126
第十章 公司设立纠纷裁判精要 ………………………………………… 142
第十一章 公司证照返还纠纷裁判精要 ………………………………… 152
第十二章 发起人责任纠纷裁判精要 …………………………………… 155
第十三章 公司盈余分配纠纷裁判精要 ………………………………… 168
第十四章 损害股东利益责任纠纷裁判精要 …………………………… 176
第十五章 损害公司利益责任纠纷裁判精要 …………………………… 186
第十六章 股东损害公司债权人利益责任纠纷裁判精要 ……………… 198
第十七章 公司关联交易损害责任纠纷裁判精要 ……………………… 223
第十八章 公司合并纠纷裁判精要 ……………………………………… 233
第十九章 公司分立纠纷裁判精要 ……………………………………… 242
第二十章 公司减资纠纷裁判精要 ……………………………………… 251
第二十一章 公司增资纠纷裁判精要 …………………………………… 258

| 第二十二章 | 公司解散纠纷裁判精要 | 263 |
| 第二十三章 | 申请公司清算裁判精要 | 277 |
| 第二十四章 | 清算责任纠纷裁判精要 | 295 |
| 第二十五章 | 上市公司收购纠纷裁判精要 | 313 |

## 第二部分　公司纠纷裁判规则适用

| 第二十六章 | 公司设立相关的纠纷与裁判 | 321 |
| 第二十七章 | 股东资格确认纠纷的裁判 | 335 |
| 第二十八章 | 股权转让纠纷的裁判 | 363 |
| 第二十九章 | 股权权益纠纷的裁判 | 400 |
| 第三十章 | 董事、监事及高管权利义务的诉讼与裁判 | 452 |
| 第三十一章 | 公司运作中的纠纷与裁判 | 458 |
| 第三十二章 | 公司解散清算的裁判 | 494 |

## 第三部分　公司纠纷常用规范性法律文件

中华人民共和国公司法　527
最高人民法院关于适用《中华人民共和国公司法》若干问题的规定（一）　560
最高人民法院关于适用《中华人民共和国公司法》若干问题的规定（二）　561
最高人民法院关于适用《中华人民共和国公司法》若干问题的规定（三）　566

# 详 目

## 第一部分 公司纠纷裁判精要

**第一章 股东资格确认纠纷裁判精要** ………………………………… 003
　一、股权与股东资格确认 ………………………………………… 004
　二、公司在股权确认中的义务规则 ……………………………… 005
　三、股东名册与股东资格认定 …………………………………… 006
　四、股东名册的登记对抗效力 …………………………………… 007
　五、股东名册的变更 ……………………………………………… 007
　六、合伙能否成为公司的股东 …………………………………… 009
　七、虚拟股东股东资格的认定 …………………………………… 010
　八、虚拟股东股权的持有 ………………………………………… 011
　九、未成年人能否通过充任公司发起人取得股东资格 ………… 011
　十、公司增资中的股东资格确认 ………………………………… 013
　十一、股东资格争议与其他争议并存时的程序处理 …………… 014
　十二、隐名股东与空股股东的区别认定 ………………………… 014
　十三、隐名股东与干股股东的区别认定 ………………………… 015
　十四、隐名出资情形下股东资格的认定 ………………………… 016
　十五、隐名出资人虽未经公司过半数其他股东同意显名,但隐名出资人与名义出资人之间的代持股协议关系终止时,隐名出资人法律地位的认定 ……………………………………………… 018
　十六、冒名出资情形下的责任承担 ……………………………… 019
　十七、隐名投资者可采取哪些风险防范措施保护自己的合法权益 ………… 020
　十八、债权投资关系与股权投资关系的区别认定 ……………… 021

## 第二章 股东名册记载纠纷裁判精要 ············ 023
　　一、股东名册记载纠纷类型 ············ 023
　　二、公司违反股权登记义务股东的救济 ············ 023

## 第三章 请求变更公司登记纠纷裁判精要 ············ 025
　　一、股东名册记载纠纷与请求变更公司登记纠纷区别 ············ 025
　　二、原股东违反股权转让协议擅自处分登记在其名下股权的效力认定 ············ 025
　　三、冒名登记与借名登记的区别认定 ············ 027
　　四、公司变更与公司形态转换的区别认定 ············ 030
　　五、公司合并、分立、增资、减资，应办理工商变更登记而未办理的效力认定 ············ 031
　　六、公司自治与行政许可 ············ 031

## 第四章 股东出资纠纷裁判精要 ············ 033
　　一、公司案件审理中常见的股东出资纠纷类型 ············ 033
　　二、以无权处分的财产及犯罪所得货币出资效力的认定 ············ 034
　　三、出资过程中善意取得的认定 ············ 035
　　四、以划拨和设定权利负担的土地使用权出资效力的认定 ············ 037
　　五、非货币财产出资未依法评估作价的责任认定 ············ 038
　　六、非货币财产出资未办理权属变更手续的责任认定 ············ 040
　　七、土地使用权出资权能的差异对公司财产权的影响 ············ 041
　　八、股权出资效力的认定 ············ 043
　　九、抽逃出资的认定 ············ 045
　　十、协助抽逃出资情形下董事对债权人责任的认定 ············ 049
　　十一、协助抽逃出资情形下董事对债权人责任的承担 ············ 051
　　十二、未尽出资义务股东权利的限制 ············ 053
　　十三、瑕疵出资股东表决权行使的限制 ············ 054
　　十四、股东除名效力的认定 ············ 055
　　十五、股东出资诉讼时效及举证责任的认定 ············ 056
　　十六、以"过桥借款"方式缴纳出资的责任认定 ············ 058
　　十七、未出资的股东或由未出资股东控制的公司能否向其他未出资股东主张追缴出资 ············ 058
　　十八、股份有限公司瑕疵出资股权转让后对公司的民事责任承担 ············ 059
　　十九、股份有限公司瑕疵出资股权转让后对公司债权人的民事责任承担 ············ 062
　　二十、股份有限公司瑕疵出资股权受让人的权利救济 ············ 065

## 第五章 新增资本认购纠纷裁判精要 ············ 067
　　一、新增资本认购纠纷类型 ············ 067

二、股东在公司增资时未履行或者未全面履行出资义务的责任承担 …… 067
三、公司部分股东在增资扩股中承诺放弃认缴新增出资份额时其他股东的
　　优先认购权 …… 068

### 第六章　股东知情权纠纷裁判精要 …… 071
一、公司章程可否对股东知情权予以限制或剥夺 …… 071
二、名义股东是否拥有股东知情权 …… 072
三、隐名股东是否拥有股东知情权 …… 073
四、因转让股权而退出公司的原股东是否拥有股东知情权 …… 073
五、出资瑕疵的股东是否拥有股东知情权 …… 074
六、公司监事能否以其知情权受到侵害为由对公司提起知情权诉讼 …… 075
七、查阅公司会计账簿的主体是否限定为只能股东自身 …… 075
八、股东知情权的行使能否以董事、监事、高级管理人员为被告 …… 075
九、股东知情权的范围是否包括股份有限公司下属公司的财务资料 …… 076
十、股东是否有权查阅已经归档或封存了的账簿 …… 077
十一、股东能否查阅涉及商业秘密的账簿 …… 077
十二、股东知情权诉讼的前置程序 …… 078
十三、股东行使知情权"正当性目的"的判定 …… 079
十四、股东知情权纠纷的举证责任分配 …… 080
十五、股东知情权纠纷的诉讼时效 …… 081
十六、股东会计账簿查阅权受侵害时的司法救济 …… 082
十七、股东知情权诉讼过程中，在原告股东不知情的情况下，被告公司
　　　办理了工商注销手续，此种情况下原告的请求能否得到支持 …… 083
十八、股东知情权的执行 …… 083

### 第七章　请求公司收购股份纠纷裁判精要 …… 085
一、股东行使股份收购请求权是否以在股东（大）会上投反对票为前提 …… 086
二、公司章程可否限制或剥夺股东的股份收购请求权 …… 086
三、股东与公司启动股权收购协议的谈判程序是否是股东起诉的
　　前置程序 …… 086
四、股东起诉请求公司收购股份的时间限制 …… 087
五、股东可否请求其他股东收购其股份 …… 087
六、公司超出数量限制回购股份的效力认定 …… 087
七、请求公司收购股份纠纷中"合理价格"的确定 …… 088
八、请求公司收购股份纠纷中诉讼主体的确定 …… 088
九、有限公司在何种情形下可以收购股东股权 …… 090

### 第八章　股权转让纠纷裁判精要 …… 091
一、股东优先购买权中"同等条件"的认定 …… 091

二、拍卖程序中的股东优先购买权 ………………………………………… 095
三、继承、赠与中的股东优先购买权 ……………………………………… 098
四、夫妻共同财产(共有股权)分割中的优先购买权 …………………… 101
五、主张行使优先购买权时股权转让的取消 …………………………… 103
六、仅要求撤销股权转让协议却并不购买拟转让股份的认定 ………… 104
七、公司章程限制股东优先购买权的认定 ……………………………… 104
八、归一型股东优先购买权行使效力的认定 …………………………… 105
九、国有股权出让过程中优先购买权的行使 …………………………… 106
十、名义股东转让股权优先购买权的行使 ……………………………… 107
十一、股权受让方已进行了工商变更登记,并参与了经营管理,公司其他
　　　股东能否再主张行使优先购买权 ……………………………… 107
十二、"股东"在公司设立登记前预先转让股权的认定 ………………… 108
十三、当事人对股权转让价格存在争议时的认定 ……………………… 109
十四、以股权转让的方式转让土地的效力认定 ………………………… 110
十五、转让股权中变相转让矿权的效力认定 …………………………… 112
十六、瑕疵出资人股权转让的效力认定 ………………………………… 113
十七、名义股东未经实际出资人同意对外转让股权的效力认定 ……… 116
十八、实际出资人转让股权的效力认定 ………………………………… 117
十九、股权转让后原股东再次处分股权的效力认定 …………………… 117
二十、股权未发生变动受让人即再转让股权的效力认定 ……………… 118
二十一、未经审批机构批准的外商投资企业股权转让协议的效力认定 … 119
二十二、公司章程对被继承股权的分割做出限制的效力认定 ………… 122
二十三、股权流转后续权益的救济途径 ………………………………… 123
二十四、股权转让协议中未明确约定转让对价,且双方当事人亦无法就此
　　　　达成补充协议,股权转让协议的效力如何?能否实际履行? …… 124
二十五、股东所持公司股权被冒名转让后,该股权又被再次进行转让,至
　　　　股东提起诉讼时,该股权已归于善意第三人所有,此种情况下,
　　　　被冒名股东的权益应如何救济? ……………………………… 125

## 第九章　公司决议纠纷裁判精要 ……………………………………… 126
一、公司决议作出之日的认定 …………………………………………… 126
二、召集程序和表决方式瑕疵的情形认定 ……………………………… 127
三、法院可否以决议瑕疵轻微为由驳回原告诉讼 ……………………… 128
四、董事和监事可否提起公司决议撤销之诉 …………………………… 129
五、公司决议瑕疵诉讼与股东代表诉讼的区别 ………………………… 129
六、请求确认公司决议有效的处理 ……………………………………… 129
七、公司决议效力诉讼中一诉多求可否合并审理 ……………………… 130

八、滥用资本多数决公司决议的效力认定……………………………… 131
　　九、个别股东行使表决权的意思表示被撤销时股东大会决议的效力
　　　　认定…………………………………………………………………… 132
　　十、瑕疵决议的撤回与追认……………………………………………… 133
　　十一、无表决权股东能否成为公司决议瑕疵诉讼适格原告…………… 134
　　十二、公司决议瑕疵诉讼中适格原告是否须在"决议时"和"起诉时"都
　　　　　具有股东身份…………………………………………………… 135
　　十三、伪造公司决议的效力认定………………………………………… 135
　　十四、公司决议瑕疵诉讼中滥诉股东的担保责任……………………… 137
　　十五、董事表决瑕疵法律效力的司法认定……………………………… 138
　　十六、公司决议纠纷与工商登记………………………………………… 141

**第十章　公司设立纠纷裁判精要** …………………………………………… 142
　　一、公司设立与公司成立………………………………………………… 142
　　二、公司设立协议与公司章程…………………………………………… 144
　　三、公司设立协议的成立、生效与拘束力……………………………… 145
　　四、公司设立瑕疵与公司设立无效……………………………………… 147
　　五、公司设立协议无效是否必然导致公司不能成立…………………… 147
　　六、公司设立无效之诉是否受诉讼时效限制…………………………… 148
　　七、有权提起公司设立无效之诉的主体………………………………… 148
　　八、提起公司设立无效诉讼的法律后果………………………………… 149
　　九、公司设立无效判决的溯及力………………………………………… 150
　　十、公司设立行为部分无效是否引起其他发起人的资本充实责任…… 150

**第十一章　公司证照返还纠纷裁判精要** …………………………………… 152
　　一、公司证照返还纠纷法律关系分析…………………………………… 152
　　二、公司证照返还纠纷裁判路径………………………………………… 154

**第十二章　发起人责任纠纷裁判精要** ……………………………………… 155
　　一、发起人责任纠纷类型………………………………………………… 155
　　二、公司发起人的界定…………………………………………………… 156
　　三、机关法人能否作为公司发起人……………………………………… 157
　　四、非营利性法人能否作为公司发起人………………………………… 158
　　五、限制行为能力人能否作为公司发起人……………………………… 158
　　六、自治组织能否充任公司发起人……………………………………… 160
　　七、中介组织能否充任公司发起人……………………………………… 161
　　八、公司成立后出资不足发起人的责任承担…………………………… 162
　　九、发起人出资违约责任与股东出资违约责任的区别………………… 163
　　十、违约出资发起人对其他违约出资发起人违约责任的承担………… 164

十一、公司因故未成立时发起人对外责任的承担……………………164
　　十二、公司因故未成立,部分发起人对外承担责任后发起人之间的内部
　　　　　责任分担……………………………………………………………165
　　十三、因部分发起人过错导致公司未成立时发起人之间的内部责任
　　　　　分担…………………………………………………………………165
　　十四、发起人因设立公司而发生职务侵权行为时受害人的救济………166
第十三章　公司盈余分配纠纷裁判精要……………………………………168
　　一、盈余分配纠纷的当事人诉讼地位……………………………………168
　　二、股权转让中分红权的行使……………………………………………169
　　三、有限公司超出人数上限时盈余分配的处理…………………………170
　　四、公司与股东内部约定"定期分红"的效力认定………………………171
　　五、在公司未作出分配利润的决议之前,股东可否直接向法院起诉请求
　　　　分配利润………………………………………………………………171
　　六、公司盈余分配纠纷中股东如何举证证明其未接受分配或未接受充足
　　　　分配……………………………………………………………………172
　　七、公司盈余分配纠纷中如何负担公司有可用于分配利润的举证责任…173
　　八、公司违法分配的法律后果……………………………………………173
　　九、瑕疵出资股东是否享有分红诉讼的诉权……………………………174
　　十、盈余分配请求权与盈余分配给付请求权的区别……………………174
第十四章　损害股东利益责任纠纷裁判精要………………………………176
　　一、股东直接诉讼与股东代表诉讼的区别………………………………176
　　二、股东直接诉讼与股东代表诉讼常见案件情形………………………177
　　三、公司侵害股东股利分配请求权的主要表现…………………………179
　　四、对公司股东股利分配请求权进行司法救济的合理性………………179
　　五、公司不召开股东会议情形下股利分配请求权的司法救济…………181
　　六、公司决议不分配股利情形下股利分配请求权的司法救济…………184
第十五章　损害公司利益责任纠纷裁判精要………………………………186
　　一、股东代表诉讼原告持股时间"连续180日以上"的认定………………187
　　二、股东代表诉讼原告持股数量的要求…………………………………187
　　三、股东代表诉讼的费用担保……………………………………………188
　　四、股东提起代表诉讼的时效期间………………………………………189
　　五、股东代表诉讼中的举证责任分配……………………………………190
　　六、股东代表诉讼中原告股东在诉讼期间丧失股东资格时的处理……190
　　七、公司可否申请撤销股东提起的代表诉讼……………………………191
　　八、股东提起代表诉讼后,公司可否就同一事项再次起诉……………191
　　九、股东可否对其成为公司成员之前的侵权行为提起派生诉讼………191

十、股东代表诉讼中的被告能否对原告股东提起反诉············ 192
十一、股东代表诉讼的前置程序···························· 192
十二、股东代表诉讼的和解程序···························· 194
十三、股东代表诉讼的再审之诉···························· 195
十四、股东代表诉讼中执行申请的提起······················ 196
十五、如果公司监事会(监事)应股东书面请求向损害公司利益的第三方提起诉讼,但所列诉讼请求与股东请求的事项并不一致,股东能否单独提起诉讼?或者能否允许股东直接加入诉讼?············ 197

## 第十六章 股东损害公司债权人利益责任纠纷裁判精要 198
一、司法实践中运用法人人格否认的常见情形················ 198
二、公司法人人格形骸化的具体表现························ 199
三、资本显著不足可否作为否定公司法人人格的事由·········· 199
四、股东之间的共有关系可否作为否认公司法人人格的事由···· 200
五、公司人格否认原告的范围······························ 200
六、公司人格否认原告债权人的举证责任···················· 201
七、公司人格否认被告范围································ 202
八、公司人格否认被告股东滥用事实的认定·················· 203
九、公司人格否认的公司类型······························ 206
十、公司人格否认在一人公司中的适用······················ 207
十一、公司人格否认的法律效果···························· 209
十二、公司人格否认是否应当考虑股东的过错因素············ 209
十三、公司人格否认引起的股东连带责任性质的认定·········· 210
十四、公司人格否认制度与代位权等制度的区别·············· 211
十五、审慎适用公司人格否认制度·························· 212
十六、公司人格否认案件的诉讼程序························ 213
十七、股东的债权人可否逆向揭开公司面纱·················· 214
十八、执行程序中公司人格否认制度的适用·················· 215
十九、破产案件中公司人格否认制度的适用·················· 215
二十、法院能否主动适用公司人格否认制度·················· 216
二十一、企业集团与公司人格否认制度······················ 217
二十二、股东侵权责任及举证规则·························· 219

## 第十七章 公司关联交易损害责任纠纷裁判精要 223
一、关联交易常见的表现形式······························ 223
二、关联股东表决关联事项时是否必须回避·················· 224
三、关联股东表决程序合法是否构成绝对抗辩事由············ 225
四、关联交易中关联人的识别和认定························ 225

五、关联交易的效力认定 226

六、关联企业在债务人公司已经丧失清偿能力时抢先清偿自身债务的效力认定 229

七、由于关联企业人格混同而严重侵害债权人合法权益时,可否将各关联企业视为同一主体,判令其承担连带清偿责任 230

八、关联方拟用非现金资产清偿占用的上市公司资金的条件限制 232

## 第十八章 公司合并纠纷裁判精要 233

一、公司合并与公司并购、公司收购、资产收购、股权收购、企业兼并的区别认定 234

二、公司合并引发的债务承继 236

三、债权人对公司合并有异议,债务人不能清偿且不能提供担保,公司合并是否有效 237

四、仲裁条款是否因公司合并而失去效力 238

五、公司合并中利害关系人可否提起公司合并无效之诉 239

六、公司合并时未到期债权能否要求清偿 240

七、债权人向合并后的公司主张债权是否以其申报债权为前提 241

## 第十九章 公司分立纠纷裁判精要 242

一、营业转让与公司分立的区别认定 243

二、公司分立与公司转投资的区别认定 246

三、未到期债权在公司分立时能否要求担保清偿 247

四、不享有公司分立异议权的债权情形 248

五、非货币债权人是否享有公司分立异议权 248

六、公司分立时股票期权持有者的保护 249

七、公司新设分立后新公司又被吸收合并时原公司债务的承担 249

## 第二十章 公司减资纠纷裁判精要 251

一、公司可以采用的减资方法 252

二、形式减资时能否启动债权人保护程序 253

三、公司减资时的债权人保护 254

四、公司减资时清偿债务或者提供担保的选择权归属 255

五、存在到期债权未清偿时能否启动实质减资 255

六、债权人保护程序是否是减资的生效要件 256

七、必须减资的情形 256

## 第二十一章 公司增资纠纷裁判精要 258

一、公司增资纠纷类型 258

二、公司能否强制股东增资 258

三、司法能否介入有限责任公司的增资扩股协议 259

四、大股东恶意增资扩股侵害小股东权益,是否符合《公司法》第 20 条
第 1、2 款有关"滥用股东权"规定的严格前提 ………………………… 260
五、滥用资本多数决进行增资时大股东能否援引商业判断原则进行
抗辩 …………………………………………………………………………… 261
六、大股东恶意增资时小股东的救济 ……………………………………… 261

## 第二十二章 公司解散纠纷裁判精要 …………………………………… 263

一、公司解散之诉的受理条件 ……………………………………………… 264
二、受理条件的限制性规定 ………………………………………………… 265
三、司法保全措施的适当运用 ……………………………………………… 265
四、股东在公司解散之诉中的注意义务 …………………………………… 265
五、公司解散之诉的审理原则 ……………………………………………… 266
六、穷尽"其他途径"不是解散公司的前置条件 ………………………… 267
七、解散公司诉讼中原告资格的审查和被诉主体的确认 ……………… 267
八、原告股东对公司僵局的形成负有责任对其诉讼主体资格的影响 … 267
九、董事僵局的认定 ………………………………………………………… 268
十、债权人或其他利害关系人提起解散公司之诉的认定 ……………… 268
十一、受损小股东提起解散公司之诉的认定 …………………………… 269
十二、发挥公司章程作用尽可能预防和避免出现公司僵局 …………… 270
十三、股权结构与公司僵局 ………………………………………………… 271
十四、公司解散后订立与清算无关合同的效力认定 …………………… 272
十五、自愿解散中异议股东请求收购其他股东股份从而维持公司的
认定 ………………………………………………………………………… 273
十六、公司解散诉讼中,法院在当事人双方或股东之间同意回购或收购一方
股份的情况下,是否可径行裁决以合理价格回购或转让该股权 …… 274
十七、公司解散的撤销 ……………………………………………………… 274

## 第二十三章 申请公司清算裁判精要 …………………………………… 277

一、公司无法清算的认定主体 ……………………………………………… 277
二、公司无法清算之举证责任分配 ………………………………………… 279
三、股东对清算行为效力的异议之诉 ……………………………………… 281
四、公司清算中未足额出资股东的法律责任 …………………………… 283
五、清算方案的确认机制 …………………………………………………… 284
六、对公司控制人的制约机制 ……………………………………………… 284
七、申请人申请公司强制清算时,公司存在资不抵债等破产原因的,法院
应否受理强制清算申请 ………………………………………………… 287
八、申请强制清算的债权人所持债权已超过诉讼时效的,法院可否受理其
申请 ………………………………………………………………………… 287

九、股东申请强制清算但又无法提供账册等文件时,法院决定受理是否需
    区分股东对公司的控制程度 ································· 288
十、法院以无法清算为由终结强制清算程序后,可否再次启动强制清算
    程序 ······························································· 289
十一、清算组怠于向公司债务人主张债权时,债权人可否行使代位权 ····· 290
十二、债权人依照《公司法解释二》第18条追究清算义务人责任时,是否
    有清算前置程序 ·················································· 291
十三、有限责任公司非控股股东怠于履行清算义务责任免除抗辩的
    处理 ······························································· 292
十四、公司自行清算时有关债权人通知事项与虚假清算认定的标准 ······· 293
十五、股东以公司解散时实际财产已不能清偿全部债务为由对抗债权人
    责任追究的抗辩能否支持 ········································· 293

## 第二十四章 清算责任纠纷裁判精要 ······························· 295
一、强制清算的启动事由 ················································ 295
二、股东强制清算申请权不受持股比例的限制 ·························· 296
三、公司遗留债权债务的处理 ············································ 297
四、解散公司之诉与公司清算之诉能否合并审理 ························ 298
五、申请强制清算的主体是否只局限于公司债权人 ······················ 299
六、清算组在公司清算期间以公司名义还是以自己名义进行清算活动 ····· 299
七、债权人在公司清算时能否对清算组核定的其他债权人的债权提出
    异议 ······························································· 300
八、公司清算中债权人补充申报债权清偿范围的确定 ···················· 300
九、公司登记机关主动注销公司登记是否能够免除清算义务人责任 ······ 301
十、清算组成员基于股东大会决议而实施违法行为是否承担民事责任 ···· 302
十一、隐名股东能否申请公司强制清算 ·································· 303
十二、强制清算中未通知已知债权人的处理 ····························· 303
十三、清算期间非清算组成员股东就公司的债权能否提起股东派生
    诉讼 ······························································· 305
十四、清算组能否代表强制清算公司与相对人达成请求仲裁的协议 ······· 306
十五、清算义务人承担赔偿责任范围的界定 ····························· 306
十六、无法清算案件中控股股东的赔偿责任 ····························· 308
十七、公司主要财产、账册等灭失无法清算时清算义务人连带责任的
    认定 ······························································· 310
十八、清算赔偿责任在诉讼程序中举证责任的分配 ······················ 311

## 第二十五章 上市公司收购纠纷裁判精要 ··························· 313
一、上市公司收购与公司兼并、公司合并 ································ 313
二、上市公司收购与股权转让 ············································ 314

三、实际控制人能否成为上市公司收购主体 …………………… 315
四、收购要约的变更和撤销 …………………………………… 315
五、一致行动人与关联人的比较 ……………………………… 316
六、《公司法》和《证券法》关于公司收购诉讼原告的不同规定 ………… 317
七、收购协议公告后，中小股东对股权转让提出异议的处理 ………… 317
八、收购协议履行后，协议一方主张协议无效或可撤销应如何处理 …… 318

# 第二部分 公司纠纷裁判规则适用

## 第二十六章 公司设立相关的纠纷与裁判 ………………………… 321

- 规则1 【企业性质认定】法院可以根据查明的事实所确认的企业实际状况直接对企业性质作出认定。………………………… 321
- 规则2 【预备期营业执照吊销】被吊销预备期营业执照的企业能否成为诉讼主体的认定标准在于企业是否已依法成立。………… 322
- 规则3 【设立中公司】发起人以设立中公司名义对外签订合同，公司成立后合同相对人请求公司承担合同责任的，法院应予支持。…… 324
- 规则4 【抵押物出资】抵押物不是适格的公司出资标的。………… 325
- 规则5 【劳务出资】出资形式必须符合法律规定，对民办学校的劳务贡献不得作为出资。………………………………………… 327
- 规则6 【出资与验资】股东将出资款交给公司但未经法定验资程序的行为无法被认定为足额缴纳了出资，其对公司债务不能清偿的部分需承担补充赔偿责任。………………………………… 330
- 规则7 【出资诉讼时效】请求股东履行出资义务的权利不受诉讼时效限制。………………………………………………………… 332
- 规则8 【抽逃出资】没有正常的业务往来和正当的理由，将公司设立时的出资额在设立后转移、挪作他用或者非法占有的，均有可能涉嫌构成抽逃出资。……………………………………………… 333

## 第二十七章 股东资格确认纠纷的裁判 …………………………… 335

- 规则9 【股东权利与股东资格】享有股东权利不是认定股东资格的决定条件。……………………………………………………… 335
- 规则10 【名义股东】名义股东亦应对公司的债务担责。……… 337
- 规则11 【实际出资与股东资格】实际出资并非认定隐名出资人股东资格的唯一要件。……………………………………………… 338

- 规则12 【实际出资人与名义股东】实际出资人一定要认识到在公司股东名册或登记簿上登记的股东就是公司股东，反之则不是，自己与名义股东之间存在的是委托合同关系。⋯⋯⋯⋯⋯⋯⋯⋯⋯⋯ 342

- 规则13 【确认不具有股东资格之诉】当事人请求确认其不具有公司股东资格和法定代表人资格，不符合《公司法》及司法解释的相关规定，存在虚假诉讼可能，不宜支持。⋯⋯⋯⋯⋯⋯⋯⋯⋯⋯⋯⋯⋯⋯⋯⋯ 345

- 规则14 【股东确认与查封财产】股东以股东身份确认之诉申请查封公司财产不应予以支持。⋯⋯⋯⋯⋯⋯⋯⋯⋯⋯⋯⋯⋯⋯⋯ 347

- 规则15 【项目合作人与股东资格】项目合作人未被登记为公司股东，并不必然丧失股东资格。⋯⋯⋯⋯⋯⋯⋯⋯⋯⋯⋯⋯⋯ 348

- 规则16 【股东资格与公司内外法律关系】对于股东资格确认诉讼，应当区分当事人争议的法律关系性质是属于公司内部法律关系，还是公司股东与公司之外第三人之间的公司外部法律关系，然后确定相应的审查标准。⋯⋯⋯⋯⋯⋯⋯⋯⋯⋯⋯⋯⋯⋯⋯⋯⋯⋯⋯⋯⋯⋯⋯ 353

- 规则17 【公司章程与股东资格】当事人在公司章程、股东名册、工商登记材料上等被记载为股东，属于以法定形式公示股东身份的事实，使其在外观上具备了股东特征，善意第三人对此有充分理由予以信赖。⋯ 357

## 第二十八章 股权转让纠纷的裁判 ⋯⋯⋯⋯⋯⋯⋯⋯⋯⋯ 363

- 规则18 【一股二卖】"一股二卖"中，侵犯其他股东同意权而签订的股权转让协议效力待定，其他股东的同意或者推定同意是该协议的追认条件，但侵犯其他股东优先购买权的股权转让协议成立并生效。⋯⋯⋯ 363

- 规则19 【留存股金认定】股权转让时留存部分股金的性质应根据当事人之间形成的法律关系而认定。⋯⋯⋯⋯⋯⋯⋯⋯ 366

- 规则20 【工商登记与股权转让】有限责任公司股东主张行使股东权利的依据是出资证明书和股东名册而不是工商登记文件。工商部门对股东变更情况进行登记仅发生对外公示效果，不影响股权转让协议履行的认定。⋯⋯⋯⋯⋯⋯⋯⋯⋯⋯⋯⋯⋯⋯⋯⋯⋯⋯⋯⋯⋯⋯⋯ 367

- 规则21 【瑕疵出资股权转让】不知受让股权存在出资瑕疵情形时，受让人可采取行使合同撤销权或提起股东派生诉讼进行救济。已知或应知受让股权存在瑕疵出资情形时，受让人只能依据《公司法》的有关规定，积极主动地与瑕疵出资股权出让人一起承担连带出资补足责任。⋯⋯⋯⋯⋯⋯⋯⋯⋯⋯⋯⋯⋯⋯⋯⋯⋯⋯⋯⋯⋯⋯ 369

- 规则22 【股权回购】有权转让股权的主体仅为公司股东，只有在法律规定的三种情形下，有限公司才可回购股权。⋯⋯⋯⋯⋯ 373

- 规则23 【股东退股】有限责任公司股东退股后，公司又将其退回股份转让给公司其他股东的行为，名为退股，实为有限责任公司内部股东之

间的股权转让。……………………………………………………… 374

- 规则 24 【债转股】是否进行债转股以及转股的条件属公司自治范围，但若债转股过程中存在严重侵害企业职工利益的行为，人民法院可适当介入，予以司法救济。…………………………………… 379

- 规则 25 【夫妻转股】夫妻对共同所有的财产有平等的处理权，夫妻一方恶意转让股权的行为无效。……………………………… 382

- 规则 26 【经营转让】个人独资企业经营转让的，原投资人对转让前的债务仍应承担清偿责任。……………………………………… 383

- 规则 27 【职工退股】改制企业职工退股应认定为股权转让。 …… 385

- 规则 28 【非上市公司国有法人股转让】非上市公司国有法人股转让中涉及国有资产转让，有关进场交易的规定，应当属于效力性强制规范。…………………………………………………………… 391

第二十九章　股权权益纠纷的裁判 …………………………………… 400

- 规则 29 【知情权之合理根据】公司拒绝股东行使知情权须有合理根据。………………………………………………………………… 400

- 规则 30 【知情权之举证】公司主张股东行使知情权具有不正当目的，应由公司承担举证责任。…………………………………… 402

- 规则 31 【知情权之前置程序】《公司法》对股东会计账簿查阅权设置前置程序，履行前置程序存在瑕疵不能通过诉讼程序救济。…… 404

- 规则 32 【知情权之正当目的】股东查阅公司会计账簿需要有正当目的。对正当目的的审查，可以从具体、合法、关联、安全等四个方面来把握。……………………………………………………………… 409

- 规则 33 【股东会决议的追认】公司股东未出席股东会应视为弃权，不能再对股东会所决的事项进行表决，"追认"股东会决议不产生效力。…… 415

- 规则 34 【股东会越权】即使在程序和形式合法的情况下，股东会超越职权或法定议事范围，为小股东设立法定外的义务，未征得小股东同意，不当然取得合法效力，并无约束力。…………………………… 417

- 规则 35 【股东会会议的召开】不召开股东会会议而直接作出决定，对于一致同意的事项，由全体股东在决定文件上签字、盖章，即具有与召开股东会的决议相同的法律效力。………………………………… 419

- 规则 36 【股东会决议的签名】缺乏部分股东签名或表决并不必然导致股东会决议应予撤销，应否撤销关键取决于决议本身是否违反《公司法》或公司章程的效力性规定。………………………………… 420

- 规则 37 【债务加入】鉴于债务加入会影响到公司的财产安全和稳定发展，是事关公司和股东利益的重大行为，应当由公司的最高权力机构即

股东会作出决议。⋯⋯⋯⋯⋯⋯⋯⋯⋯⋯⋯⋯⋯⋯⋯⋯⋯⋯⋯⋯ 424

- 规则 38 【公司决议撤销的审查】人民法院在审理公司决议撤销纠纷案件中应当审查以下事项：会议召集程序、表决方式是否违反法律、行政法规或者公司章程，以及决议内容是否违反公司章程。⋯⋯⋯⋯⋯⋯ 426

- 规则 39 【董事会决议】董事会决议是公司的意思表示。合同虽经公司盖章，但就董事会决议与格式条款不一致的内容应认定双方并未达成合意。⋯⋯⋯⋯⋯⋯⋯⋯⋯⋯⋯⋯⋯⋯⋯⋯⋯⋯⋯⋯⋯⋯⋯⋯ 438

- 规则 40 【股东分红】股东分红仅以股东身份的确认为条件。⋯⋯⋯ 440

- 规则 41 【盈余分配关系与债权债务关系】公司无可供分配利润，而通过决议把分配给股东的利润份额以借据的形式载明，这违反资本维持原则的强行规范而不能转化为合法的债权债务关系。⋯⋯⋯⋯⋯ 441

- 规则 42 【公司与股东代表诉讼】公司在股东代表诉讼中的地位应为无独立请求权的第三人。⋯⋯⋯⋯⋯⋯⋯⋯⋯⋯⋯⋯⋯⋯⋯⋯⋯⋯ 443

- 规则 43 【股东代表诉讼原告资格】必须通过严格限定代表诉讼原告的资格条件来防止恶意诉讼，其中关于原告提起该诉讼主观是否善意则是考察的重点。⋯⋯⋯⋯⋯⋯⋯⋯⋯⋯⋯⋯⋯⋯⋯⋯⋯⋯⋯⋯ 445

- 规则 44 【股东代表诉讼胜诉利益】股东通过代表诉讼取得的胜诉利益理所当然归属公司，而不是按比例分配给原告股东。但法院可以在特殊情况下将被告的赔偿金额直接判给原告股东。⋯⋯⋯⋯⋯ 447

- 规则 45 【股东权利滥用】滥用股东权利导致公司财产下落不明，股东应承担赔偿责任。⋯⋯⋯⋯⋯⋯⋯⋯⋯⋯⋯⋯⋯⋯⋯⋯⋯⋯⋯ 450

第三十章 董事、监事及高管权利义务的诉讼与裁判 ⋯⋯⋯⋯⋯⋯ 452

- 规则 46 【高管报酬】有限公司董事兼高管的报酬应由股东会来确定。⋯⋯⋯⋯⋯⋯⋯⋯⋯⋯⋯⋯⋯⋯⋯⋯⋯⋯⋯⋯⋯⋯⋯⋯⋯ 452

- 规则 47 【监事待遇】公司高管转任监事后，公司未对其职务及双方之间的劳动关系进行明确，公司对此负有责任，应当参照本市职工平均工资确定其担任监事期间的待遇。⋯⋯⋯⋯⋯⋯⋯⋯⋯⋯⋯ 454

- 规则 48 【单位犯罪高管赔偿】构成单位犯罪的公司高管人员应对公司承担民事赔偿责任。⋯⋯⋯⋯⋯⋯⋯⋯⋯⋯⋯⋯⋯⋯⋯⋯⋯⋯ 455

第三十一章 公司运作中的纠纷与裁判 ⋯⋯⋯⋯⋯⋯⋯⋯⋯⋯⋯⋯ 458

- 规则 49 【公司登记审查】公司登记行为的形式审查应采取明显、重大违法排除的标准较为适当。⋯⋯⋯⋯⋯⋯⋯⋯⋯⋯⋯⋯⋯⋯ 458

- 规则 50 【法定代表人变更】公司办理法定代表人变更登记手续，不是法定代表人产生的必要条件。当然，法定代表人变更后，理应依法进行

变更登记,不进行变更登记对外不具有公示力。 …………… 460

- 规则51 【法定代表人名章】法定代表人人名章仅在规定的有限用途内使用,在个人行为中并非代理权的表征。 462

- 规则52 【个人独资企业证照移交】个人独资企业承包经营一般伴随着企业相关证照由发包人移交给承包人使用的情形,该证照移交应视为履行合同的正当行为,不属于出租、出借营业执照。………… 464

- 规则53 【营业转让】公司财产、负债及人员同时转让的行为不一定就是合并分立。……………………………………………… 466

- 规则54 【增资入股】公司法定代表人越权签订增资入股合同,合同效力待定。如股东会事后对该合同不予以追认,则合同对公司不生效,应由公司法定代表人自行承担此产生的法律责任。………… 471

- 规则55 【公司减资】公司减资未履行通知已知债权人的义务时,公司股东应当在其减少出资的范围内,就公司债务不能清偿的部分对该类债权人承担补充赔偿责任。…………………………… 474

- 规则56 【关联公司人格混同】关联公司人格混同,严重损害债权人利益的,关联公司相互之间对外部债务承担连带责任。………… 476

- 规则57 【公司章程司法适用】公司章程规定的司法适用审查是法院基于案件裁判的需要而主动进行的司法活动,不以案件当事人的申请为前提,其审查效果也仅限于案件的裁判范围之内。………… 487

## 第三十二章 公司解散清算的裁判 …………………………………… 494

- 规则58 【公司解散事由】负债和亏损并非公司解散的法定事由。…… 494
- 规则59 【公司僵局】公司本身处于盈利状态并非认定公司经营管理发生严重困难的充分阻却事由。…………………………… 495
- 规则60 【一人公司】一人公司股东死亡后,该一人公司仍然可以作为诉讼主体参加诉讼。……………………………………… 504
- 规则61 【公司注销执行股东】在被执行人公司已经注销的情况下,申请执行人可以追加公司的股东为被执行人。………………… 505
- 规则62 【清算管辖】清算案中对公司住所地有分歧,应依据公司注册地确定管辖。………………………………………………… 506
- 规则63 【清算义务人】有限责任公司的全体股东依法应作为公司的当然清算义务人,股东不能以未实际参加公司经营管理而免除清算义务。……………………………………………………… 507
- 规则64 【清算法人诉讼代表】清算法人诉讼代表由清算组决定或推选。清算组逾期不能确定负责人或诉讼代表的,法院可依法缺席判决。…… 510
- 规则65 【清算组成员义务】清算组成员应当忠于职守,依法履行清算

- 义。清算组成员因故意或者重大过失给公司或者债权人造成损失的，应当承担赔偿责任。……………………………………………… 512
- 规则66 【未清算注销公司股东责任】公司股东违反《公司法》规定，未依法清算而注销公司，导致债权人的债权无法获得清偿，股东应对原公司债务承担赔偿责任。……………………………………………… 514
- 规则67 【非公司制企业清算】非公司制企业并非依照《公司法》成立的企业，不能要求他们承担清算义务。…………………………… 515
- 规则68 【父孙公司清算】父公司对于孙公司而言并不当然等于实际控制人，不能直接认定父公司具有清算义务，承担清算不作为的民事责任。………………………………………………………………… 517
- 规则69 【公司吊销清算责任】公司出现法定的吊销营业执照的情形后公司股东没有依法组织清算，公司股东应对公司债务与公司承担连带清偿责任。……………………………………………………… 519

# 第三部分 公司纠纷常用规范性法律文件

- 中华人民共和国公司法 ………………………………………………… 527
- 最高人民法院关于适用《中华人民共和国公司法》若干问题的规定（一）…………………………………………………………… 560
- 最高人民法院关于适用《中华人民共和国公司法》若干问题的规定（二）…………………………………………………………… 561
- 最高人民法院关于适用《中华人民共和国公司法》若干问题的规定（三）…………………………………………………………… 566

# 第一部分

# 公司纠纷裁判精要

# 第一章 股东资格确认纠纷裁判精要

**案由释义**

股东资格确认纠纷是指股东与股东之间或者股东与公司之间就股东资格是否存在,或者具体的股权持有数额、比例等发生争议而引起的纠纷。

股东资格确认纠纷大致包括以下三种类型:

(1) 股东与公司之间的股东资格确认纠纷。实践中,可能股东与他人之间不存在股权归属争议,但公司不承认股东享有股东资格。比如,隐名出资中公司拒绝隐名股东行使股权,或者股权转让后公司拒绝受让人行使股权,此时即产生纠纷。

(2) 股东与股东之间因出资产生的股东资格确认纠纷。这里通常是指隐名出资的情况,即隐名股东与名义股东之间签订出资协议,隐名股东以他人名义出资,由他人作为名义股东,但实际出资资金来源于该隐名股东,名义股东不享有实际权利,一切权利归隐名股东所有。

(3) 股东与股东之间因股权转让产生的股东资格确认纠纷。依据《中华人民共和国公司法》(以下简称《公司法》)的规定,有限责任公司股东的姓名或名称须记载于股东名册及公司章程,并属于工商登记事项;股份有限公司发起人的姓名或名称须记载于公司章程,持有记名股票的股东姓名或名称应记载于股东名册。

因此,当有限责任公司股东转让股权或股份公司股东转让记名股票时,应按照上述规定作相应的变更登记。实际生活中,股权转让双方可能因为过失或者其他原因,在股权转让过程中没有履行法定的变更登记手续,或者没有交付股票或出资证明书。如果未变更登记,就可能发生股东资格确认纠纷。此外,股份有限公司的股东可以凭借其所持有的无记名股票向公司主张股权,如果无记名股东转让股权时未向受让人交付无记名股票,则受让人无法证明其股权之存在,从而可能发生股东资格确认纠纷。

### 一、股权与股东资格确认

股东资格及股权权益的确认规则是最高人民法院《关于适用〈中华人民共和国公司法〉若干问题的规定（三）》（以下简称《公司法解释三》）重点规范的内容。

根据股东资格与股权权益的基本构成原理，我们认为其中的核心规则应当是：待确权的投资者与公司之间形成"股权性出资"合意且有实际出资行为的，是确认其股东身份及其股权的基础性依据。在此类确认之诉中，主张股权确认的一方应对其"出资"的性质承担证明责任；公司或其他股东以"借款"等非出资性质抗辩的，应承担排除性举证责任；股东身份的确认与投资者是否在公司章程中签字、是否被记载于股东名册及是否完成了工商登记等外在表现形式，并无必然的制约关系。

对出资事实本身的确认及对出资性质的甄别是司法实践的两个难点问题。这也是待确权投资者一方必然要遭遇的抗辩情由。《公司法解释三》要求，当事人之间对是否已履行出资义务发生争议，一方提供对股东履行出资义务产生合理怀疑证据的，另一方股东应当就其已履行出资义务承担举证责任。

司法实践中，若待确权投资者一方没有任何直接证据对其与公司之间的经济往来作出"出资"或是"借款"性质确认的，则只能根据其他间接证据、优势证据规则或是当事人的行为来判断其真实意思表示。民商事活动中，投资者出资后不索取任何凭证的情况是极少见的，一般至少都会有"收据"。因此，即使公司没有向出资人签发正式、规范的"出资证明书"，但"收据"中的有关内容亦完全可以表明公司是否具有接受该"出资"的意思表示。如果原告持有的"收据"明确有该资金性质系股金款、股本款、投资款等之类的记载，则可以确认公司系将该类款项作为"股权性出资"接受的而并非是"借款"。该类"收据"当然可以作为待确权投资者与公司之间关于对出资事实与性质达成"合意"的直接证据和书面协议。同时，这也是确认其股东资格及股权权益的基础性依据。

有了出资事实与投资性质方面的证据后，选择正确的诉讼主体与程序途径，是待确权投资者维权的必要条件。

公司是人合与资合相结合的产物，但对于待确权投资者之股东身份的确认，存在的主要障碍性因素是公司的人合性问题。也即，正是由于公司的多数股东或公司的实际控制人拒绝认可待确权投资者的股东地位，才导致纠纷的发生。但是，在此类确认之诉中，阻碍其股东身份与股权确认的股东并非是适格的被诉主体，而是应当以公司本身为被告。因为在已设立的公司中谋求确认自身股东身份的，其投资法律关系直接指向的对象是公司而不是某类股东。因此，《公司法解释三》规定当事人向人民法院起诉请求确认其股东资格的，应当以公司为被告，与案件争议股权有利害关系的人作为第三人参加诉讼。

因此，必须把握的是，投资者具有对公司出资的事实和该出资具有"股权性投资"的性质,是确认股东资格与股权权益的实质性、基础性要件。

## 二、公司在股权确认中的义务规则

在股东资格与股权权益确认纠纷中,审查公司在其中的义务规则是极其必要的,因为该类权利的实现需要公司给予程序方面的配合与支持。尤其当公司本身对投资者确认请求提出抗辩的,遵循权利主张与义务规则的对应性原理,显然具有对公司义务规则进行审查的必要。

当然,待确权投资者自身也应当承担相应的义务规则。当事人对股权归属发生争议,一方请求人民法院确认其享有股权的,应当证明以下事实之一:已经依法向公司出资或者认缴出资,且不违反法律法规强制性规定;已经受让或者以其他形式继受公司股权,且不违反法律法规强制性规定。也即,原始股东权益和继受股东权益都是可能被确认的情形。

公司一方的抗辩理由一般是投资者未在公司章程中签字,或是投资者不能提供公司签发的出资证明书,或是投资者的股东身份没有被记载于股东名册,或是其股东资格没有被工商公示登记,等等。但很显然,公司的此类抗辩理由犯了"倒果为因"的逻辑错误。

这种观点的错误在于,其将完整意义上的原始股东的产生方式作为确认股东身份的实质性要件,忽视了"股权性出资"的"合意"及具有实际出资行为才是股东身份及股权产生的根本条件,从而以投资者不具备股东的形式要件而反推其不具备股东的实质性要件,这显然是一种以形式否定实质的错误观点。其实,从诉讼逻辑的角度亦可看出上述观点的荒谬性。试想,如果所有的股权确认纠纷中,一方均有如此完备的形式与实质要件的话,还有诉诸司法确认的必要吗?正是由于投资者主张其具备股东实质性条件而欠缺股东身份的形式要件,故而才引起股东身份确认纠纷。

也即,如果投资者股东身份及权益得到司法确认的话,则允许投资者在公司章程中签字;而将投资者记载于公司股东名册,在法定期限内为其履行工商公示登记是公司本身的义务。《公司法解释三》明确规定,当事人请求公司履行上述义务的,人民法院应予支持。

在股权的流转与继受领域,公司对该流转结果所应进行的内部登记及工商变更登记,是其义务,是其履行保护新旧股东权益所必须完成的义务,而不是权利。一旦其拒绝履行该义务,则股权的出让方及受让方有权单独或合并对公司主张权利,要求公司完成登记义务。因此,要求公司履行内外登记义务是对股东处分权给予充分尊重的结果,并不是公司行使审查权、确认权或承认权等权利的产物。当然,适用前述规则的前提条件是继受者的股东身份得到了公司股东会的认可。

上述对投资者的保护规则,不仅可适用于公司类投资领域,而且在合伙企业、集体企业、联营企业、农业合作社企业或其他任何非单一股权结构组织的投资中均可以合法适用。在司法实践中，那种不加甄别一律以章程、股东名册记载或工商登记为标线来排除待确权投资者合法权益的裁判思维，是完全错误的。

### 三、股东名册与股东资格认定

实践中由于相关法律法规的不健全以及公司管理制度的不规范，较多公司未制备股东名册，或者虽然制备股东名册但却流于表面，未发挥实际作用。这些情况最终导致了股权转让结果与股东名册的差异，股东名册变更往往滞后于股权转让，而此种滞后往往成为否认股权转让的依据。股东名册未经变更，股权转让是否有效？

公司股东名册变更等事项的登记属于一种商事登记。商事登记就目的和功能而言，可分为设权性登记和对抗性登记。前者具有创设权利和法律关系的效力，如不动产抵押登记。而于后者，有关事项未经登记不会导致整个商事登记行为无效，只是该事项本身不具有对抗第三人的效果。设权性登记要求必须完成一定的登记事项才发生权利的设立，否则无法取得相应的权利，如《德国有限责任公司法》第16条规定："在让与出资额的情形，对于公司，只有已经向公司申报出资额、并同时证明出资额移转的人，才视为取得人。"可见德国将向公司申报作为股权转让对公司发生效力的标准。《日本有限责任公司法》第20条规定："份额的转让，非在股东名册上记载取得者的姓名、住所及移转的出资数额，不得对抗公司及第三人。"因此，日本是将股东名册变更登记作为股权转让对公司发生效力的标准。

有限责任公司中股东姓名或者名称在公司股东名册的登记属于设权性的登记。股东名册的变更登记是股权权属发生变更，受让方取得股权的标志，正是这种变更登记使股权转让产生对抗公司的效力。股权转让合同的标的是股权，而股权是股东对公司的权利。股权转让合同成立之后，其仅在合同当事人即转让人和受让人之间生效，此时，尚不能认为受让人已经取得了股权——其能否取得股权取决于公司的态度，即公司是否认可其成为公司的新成员。而公司的认可在形式上表现为股东名册的变更，即公司根据股权转让合同，注销原股东记载，而将新股东（股权转让合同的受让人）登载于股东名册。公司得根据《公司法》及公司章程的规定进行审查，经审查同意将受让人登记于股东名册之后，受让人方才取得公司股权，得以公司股东的身份对公司主张权利。转让合同生效后，公司变更登记之前，受让方并未取得股东资格，只有在履行了公司变更登记程序之后，受让人才成为目标公司股东。从公司将受让人记载于股东名册上的意义来看，实质上是一种股权过户行为，目的是使公司易于确定向公司行使股权的股东。受让人股权的取得是股权转让合同行为与企业变更登记共同作用的结果。受让人必须在办理公司变更登记手续后才最后取得股东资格，才可以对抗公司。简言之，公司股东名册的变更登记是股权转让产生对抗公司的效力的标准，依公司股东名册变更登记,股权权属发生变更,受让人才取得股权,成为目标公司股东。当然,这里的股东名册根据我国的实际情况,应做相对扩大的解释。因为有些公司的股东名册的管理、变更很不规范,容易出现任意记载或篡改行为,有的公司甚至不设股东名册,其不应当具有财产权利属性的社会公示效力和公信力。所以,有关的公司文件(如公司章程)、会议纪要等,能够证明公司认可新股东的,应可认定为设权程序已经完成,公司接纳了新的成员作为其股东。

### 四、股东名册的登记对抗效力

由于公司登记管理制度的不健全,公司司法实践中经常出现股东名册的登记与公司工商登记不一致的情形,当涉及公司外第三人时,则面临着以哪种登记为确定标准的问题。

首先,《公司法》第 32 条第 2 款、第 3 款规定:"记载于股东名册的股东,可以依股东名册主张行使股东权利。公司应当将股东的姓名或者名称向公司登记机关登记;登记事项发生变更的,应当办理变更登记。未经登记或者变更登记的,不得对抗第三人。"由该条规定可知股东名册变更登记后,受让人可以股东身份主张行使股东权,但未经工商变更登记不得对抗第三人。其他国家立法也有相似的规定,如《日本有限责任公司法》第 20 条规定:"份额的转让,非在股东名册上记载取得者的姓名、住所及移转的出资股数,不得对抗公司及第三人。"其认为在股东名册上登记即产生对抗公司的效力。

其次,从股东名册的功能上分析。股东名册是依照《公司法》的规定,用以记载股东及出资事项的名册。置备股东名册是有限责任公司和股份有限公司的法定义务。股东名册可使公司股东、受让人及公司债权人了解公司股东的资信和变动情况。各国公司法一般都规定,公司债权人和股东在正常营业时间内可随时要求查阅股东名册。由此可见,股东名册主要解决的是股东和公司之间的关系问题,具有确认和证明的作用,记载于股东名册上的股东即可主张行使股东的权利。

因此,股东名册是公司内部法律文件,其公示效力仅在公司内部范围,股东仅得依此对抗公司。而对抗股权受让人及公司以外第三人,股东名册变更登记则力所不及。

### 五、股东名册的变更

对于有限责任公司而言,公司对股东的认可是确认股东身份的重要依据。股权转让要想对公司产生效力,股权受让人要想行使股东的权利,必须要让公司了解受让人的姓名、名称、住所等情况,而公司对新股东的承认正是通过股东名册的变更体现的。公司以股东名册为依据来进行会议通知、分配利润等活动,所以只有在公司变更股东名册后,受让人才能取得公司对股东的资格和地位确认,才能参加股东会议,参与公司的管理以及公司盈利的分配,等等。最高人民法院《关于审理公司纠纷案件若干问题的规定(一)》(征求意见稿)第26条第3款规定:"受让人记载于股东公司股东名册一年后,股东主张撤销前款规定股权转让合同的,人民法院不予支持。"显然,征求意见稿实际上是以股东名册作为认定股东的依据,把股东名册的变更作为股权转让的生效要件。

完整的股权转让程序应当在参与人之间产生如下法律后果:股权转让合同生效后,当事人应当通知公司,公司据此应变更股东名册,以确定对公司享有权利的股东究竟为谁,以便公司处理股东关系事务。如果转让方和受让方已经通知公司变更股东名册,或者公司通过其他途径或者代表人(代理人)已经得知这一事实,却怠于或者拒绝变更股东名册,则受让方有权直接请求公司对自己履行义务,从而实现自己的股东权,如其仍拒绝履行,受让方可向公司主张侵权责任。[①] 按照国际惯例,除有相反证据外,股东名册也是公司确认股东身份的充分法律依据。如果公司无正当理由怠于或者拒绝变更股东名册,或者因公司的过失导致股东名册的登记与事实不符,可以视为公司已经明知新股东的身份,公司不得否认受让人的股东地位,即应当认定股权转让对公司生效,受让人可以对公司主张股东的相应权利。如果由此给受让人造成损失,公司应当承担侵权赔偿责任。如果由于股权转让合同当事人的过错,致使公司不知道且没有义务知道股权转让合同生效的事实,并由此导致公司没有办理股东名册的变更,那么公司有权推定记载于原有股东名册上的老股东(包括转让方)有资格对公司主张股东权,公司有权只向转让方发出股东会召集通知、分配股利和剩余财产。公司怠于变更股东名册,不影响股权转让合同的效力,受让方(新股东)有权依据生效的股权转让合同请求转让方协助受让方请求公司变更股东名册。转让方在股权转让合同生效后接受股利分配的,应当对受让方承担不当得利之债。如果此种过错归咎于转让方,则转让方应对受让方承担起违反合同义务(含附随义务)和后合同义务的民事责任;如果此种过错归咎于受让方,则受让方应独自承受由于其过错导致的不利后果。

我国《公司法》虽然规定了公司应当置备股东名册,在股权转让时应该变更股东名册,但是《公司法》并没有对公司的这一义务规定责任承担的方式与处罚,这也是导致现阶段公司对股东名册极不重视,股东名册极不规范的重要原因。针对这一现状,《公司法解释三》第23条对此进行了详细的规定。该条司法解释规定了在股权变更后公司有协助变更股东名册的责任,当事人可以请求法院要求公司履行该义务。该条司法解释弥补了公司法在该方面规定的不足,而将公司的股东名册纳入正常规范的管理模式,以尽可能避免因股东名册而给公司股东资格认定以及股权的行使带来难题,减少这方面矛盾的发生。

---

① 参见郑艳丽:《论有限责任公司股权转让效力与相关文件记载的关系》,载《当代法学》2009年第1期,第153页。

## 六、合伙能否成为公司的股东

对此,或许人们对此并无清晰的认识,甚至可能会有否定的误解。我国《公司法》对合伙是否可以成为股东尚无明确的规定。然而,在现实生活中,合伙和法人一样都是不可或缺的一种经济组织形式。合伙人通过合伙协议而结合在一起,以组织的力量为每个合伙参与人获取更多的经济利益。投资于公司,以股东资格参与公司的生产经营活动,也是合伙追求最大化利益的一种重要表现,况且合伙作为股东参与公司经营管理的现象是现实存在的。

遵循公司法学的原理,依照《公司法》的规定,合伙组织完全可以成为公司的股东。

首先,合伙组织可以作为公司的发起人,通过发起设立公司的方式取得公司的股东资格,从而成为公司的股东。一般而言,作为公司发起人的民事主体应当具备民事行为能力,因为设立公司的行为需要有相应的意思表示能力予以为之。这对无民事行为能力和限制民事行为能力的自然人进行了明显的限制。但是,对具有相应民事权利能力的法人和其他组织而言,自然相应地也享有行为能力,所以可以成为设立公司的发起人。合伙组织是具有相应民事权利能力的主体,也应具有相应的民事行为能力,所以,当然可以成为设立公司的发起人。

其次,合伙可以进行独立的投资活动。合伙组织本来就是两个以上的民事主体为了共同的经济利益目的,通过合伙协议的方式成立的共同出资、共享收益并且共担风险的经济利益组织。合伙组织的投资活动由合伙事务的执行人代表整个合伙组织,在全体合伙人的共同授权之下进行,其投资活动应当符合全体合伙人的共同利益。

再次,合伙可以在公司的股东名册或者章程上进行记载或签章。就股东名册的记载而言,合伙组织可以根据合伙人的数量或合伙企业名称的不同情况来决定采用何种方式进行登记。在合伙有名称的情况下,合伙组织应当使用该合伙的名称进行记载;而在合伙人人数不多且无名称的情况下,可以将所有的合伙人的姓名(如合伙人为法人时应当是法人的名称)记载于股东名册。同理,合伙可根据人数的情况或是否有合伙企业名称的不同情况,在公司章程上签章。但是,需要提出的是,无论合伙人数多少,是否有名称,他们都以一个主体资格享有股份,并以此成为股东。合伙可以在公司的股东名册和公司章程上予以记载,表明公司能够对合伙股东予以接纳和认可。

最后,合伙可以依法受让公司股东转让的股份,成为公司的股东。需要提出的是,合伙在本质上是对公司股份的共同持有,从而形成了公司共有股份的存在。共有股份在法律属性上属于财产的共有,因此,国外立法通常规定共有财产之民法规定准用于股份共有。合伙对股份的共有,成为公司的股东,实质上是取得了对公司股份的共同所有权,进而成为公司的共有股东,共同形成了与公司的财产关系,共同享有股东权利和承担股东义务。

### 七、虚拟股东股东资格的认定

所谓虚拟股东,是指以现实社会中根本不存在的人的名义(如已死亡的人或虚构的人)在工商局出资登记为公司股东。因该股东实际不存在,因此,称其为虚拟股东,又称冒名股东。为准确理解虚拟股东的涵义,有必要了解公司法上的另一个容易与之混淆的概念,即隐名股东。所谓隐名股东,是指出资人虽然实际出资认购公司的股份,但在公司章程、股东名册及工商登记中却记载他人为股东。隐名股东与虚拟股东虽然都不是以自己的名义出资,但两者具有明显的差别:(1)隐名股东是真实的人,是具有民事行为能力的独立民事主体,而虚拟股东是法律上虚构的民事主体,没有独立的民事行为能力;(2)隐名股东的股东权利虽处于不确定的状态,需要根据其与显名股东的约定来确定,但其仍可通过约定的方式来行使其股东权利,而虚拟股东的权利义务实质处于悬置状态,没有一个有效主体可实际行使其股东权利。之所以存在虚拟股东,其目的是多种多样的,但大多都是为规避法律。如在《公司法》修订前,设立有限责任公司需有两个以上股东,一些人既想一个人经营公司,又想获得有限责任公司股东承担有限责任的好处,于是出现了虚拟股东的情形。

虚拟股东是否具有合法的股东资格,我国法律没有明确的规定,从我国目前的司法实践来看,有限责任公司股东资格的确认,涉及实际出资、公司章程、股东名册、出资证明书、工商登记等多种要素,确认股东资格应当予以综合考虑,结合当事人的实际情况来选择应适用的标准。正因股东资格的确认涉及因素多,因此,如何确认虚拟股东的资格,在司法实践中引起很大争议。一种观点认为股东资格的确认应当以工商登记为标准,这种观点认为,工商登记是国家对外的一种公示行为,具有较强的公示效力,外界就是依据该公示行为来判断公司股东的,因此,工商登记应当作为判断股东资格的主要标准。而从工商登记规定来看,对于有限责任公司,我国实行的是股东实名制,按照《中华人民共和国公司登记管理条例》(以下简称《公司登记管理条例》)的规定,股东的姓名应当以其提交的、真实的身份证明作为主要凭证。而虚拟股东,是以现实中并不存在的人作为公司股东的,因此,对于虚拟股东不应当确认其有合法的股东资格。另一种观点认为,对于虚拟股东不应当简单以工商登记为标准一概否定其股东资格,我们应当从股东的实际出资、公司章程及在公司经营中股东权利的实际行使情况等因素来综合判断。虚拟股东在工商登记中是现实不存在的人,但在公司的实际经营活动中,虚拟股东的权利义务在现实中是有实际指向的,在公司股东一致认可虚拟股东的实际权利义务承担者时,应当依据公司的实际情况来确定公司的股东,工商局初始登记也应根据实际情况来进行调整与变更,而不应简单以工商登记否定实际股东的存在。

我们赞同第一种观点,虚拟股东不能认定其享有合法的股东地位。这主要基于以下考虑:一是根据《公司登记管理条例》,我国实行的是股东实名制,虚拟股东在公司注册成立时向工商部门提交虚假材料,骗取工商登记显然属于违法行为,这必须加以禁止与惩罚。二是虚拟股东存在的主要目的是为了规避法律的禁止性规定,如对一人公司的特殊规定,或对一些特殊身份的人从业禁止规定等等。如允许虚拟股东存在,这不仅违反了法律的原则,而且帮助了恶意欺骗国家的不法分子实现非法目的,这有损法律的公正与权威,不利于健康法制环境的建立与净化。三是如果确认虚拟股东的合法股东资格,因当事人的安排与工商登记的内容不一致,必然使公司的真实股权结构具有隐蔽性和不确定性。因此,虚拟股东的存在必然使公司的股东情况处于一种不确定的状态,外界根本无法判断公司股东的真实情况,这不仅使工商登记这种公示行为失去法定的效力,而且不利于保护公司外部债权人的利益。为了稳定公司的股权结构,保护公司外第三人与公司交易的安全,同时也为维护工商登记的法定效力,虚拟股东应当予以否定。

## 八、虚拟股东股权的持有

虚拟股东确认无效后,其股权的归属便成为司法审判面临的一个难点问题。在虚拟股东纠纷中,由于在公司设立时当事人为隐瞒虚拟股东的真实情况,在实际缴纳出资款时是以虚拟股东的名义在工商局登记,并经法定的验资机构予以确认。因此,在虚拟股东的股东资格被否定后,虚构股东的实际资金到底是由谁来缴纳的往往很难查清,在这种情况下必然导致其名下的股权丧失了实际的持有人,该股权被悬置起来了。悬置不等于没有归属,如何处置实践中也有多种认识。一种意见认为,在没有证据证明股权实际由谁出资的情况下,该股权不应长期存在,应由公司去工商局通过减资方式,去掉这部分股权。另一种意见认为,一个合法的公司必然存在100%的股权,公司由于虚假股东存在导致公司只存在部分的有效股权,该公司初始设立时,由于其实际出资不符合《公司法》规定的公司设立的法定条件,因此,公司的登记设立行为应确认无效,取消该公司的合法存在。第三种意见认为,既然有股权存在就应当有持有人,该部分股权应根据真实股东的出资比例进行分配。

我们赞同第三种观点。理由是:在虚拟股东纠纷中,虽然很难证明虚拟股东的出资实际是由谁出的,但根据《公司法》的规定,不论虚拟股东资金由谁缴纳,该股权都应属于公司的资产,在公司资产无主时,公司的全部股东可根据各自的实际出资比例来对公司的资产进行分配。因此,在目前法律规定的情况下,通过第三种方式处置虚拟股东的财产更符合实际情况。

## 九、未成年人能否通过充任公司发起人取得股东资格

对此,学界的观点并不一致。持肯定观点的理由主要是:禁止未成年人设立

公司,会阻碍更多的社会生活资料转化为扩大社会再生产所需的生产资料,不利于促进社会经济的发展;禁止未成年人获得股份这一经营性财产,不符合民事权利主体平等原则;未成年人设立公司与交易风险并无必然的联系;未成年人是否参与设立公司的交易,应当按市场规则由当事人自己决定。① 持否定观点的理由主要是:未成年人缺乏行为能力和责任能力,不宜充任发起人;未成年人不能充任发起人并不构成对其投资权利的影响,他可以通过购买股份行使投资权利,并成为股东。② 我们认为,从权利能力方面来看,未成年人与成年人的法律地位平等,应当有资格成为设立公司的发起人;从行为能力方面来看,未成年人不是适格的行为能力人,不能以自己的行为履行发起人的义务,但"代理制度的存在早已使其不成为问题"③。然而,需要讨论的是,法定代理人能当然代理未成年人发起设立公司的行为吗? 国家对未成年人充任设立公司的发起人应当采取何种立法政策? 因此,有关未成年人能否通过设立公司取得股东资格的问题,实际上是关于法定代理人代理未成年人进行公司设立行为的正当性问题。要解答这一问题,首先应当解析发起人设立公司行为的实质。

在我国《公司法》上,设立公司的行为实质上包含了两方面内容的行为:一是有关投资方面的行为,二是代表设立中公司执行公司事务方面的行为。这两种行为的法律属性不同,对行为能力的要求以及行为的法律后果也不一样,对未成年人代理的具体要求也会有所差别。在发起人行为中,有关投资方面的行为性质,与其他一般的投资行为没有质的区别,实质上都是进行一种购买股份的交易行为,是行为人处分自己财产的行为。只要代理行为有利于未成年人的利益,法定代理人应当有权代理未成年人进行投资方面的行为。

作为未成年人的法定代理人,虽然也可以代理未成年人进行投资方面的行为,但是却不能当然代理未成年人进行创立公司方面的行为。这是因为后者在行为内容上与前者不同,因而其代理关系的基础也不同。法定代理人代理未成年人进行投资行为,是基于法定的监护职能,其行为是代表未成年人个人意志的行为,并以维护未成年人个人利益为目的,其代理行为具有监护制度和法定代理规则的法理基础。但在设立公司行为中,发起人创建公司,既要代表设立中的公司意志——这涉及设立中公司的集体利益,又要与他人进行交易活动——这涉及他人权利的实现。代表设立中公司进行的公司创建行为,不能只是某一未成年发起人的意志体现,应当是全体发起人共同意志的体现,是设立中公司的意思表示。可见,未成年人的法定代理人没有当然代理全体发起人进行设立公司行为的法理根据,其法定代理原理不适用于设立中公司事务执行的情形。当然,如果其他发起

---

① 参见蒋大兴:《公司法的展开与评判——方法·判例·制度》,法律出版社2001年版,第4—14页;茅院生:《设立中公司本体论》,人民出版社2007年版,第117页。
② 参见施天涛:《公司法论》(第2版),法律出版社2006年版,第99—101页。
③ 蒋大兴:《公司法的展开与评判——方法·判例·制度》,法律出版社2001年版,第5页。

人同意并授权未成年人的法定代理人进行设立公司的发起行为,则形成了一种新的委托代理关系,应当予以认可。

需要指出的是,虽然未成年人可以因其法定代理人的代理行为而成为设立公司的发起人,但是无论是其他发起人还是未成年人的法定代理人,都应当慎重对待未成年人设立公司的投资行为,因为未成年人本人无保护自己的能力,其法定代理人与未成年人在本质上仍是两个利益主体,投资的风险最终是由未成年人承受的。因此,为了保护未成年人的利益,相关监督管理部门不应当鼓励未成年人以设立公司的方式取得股东资格,既要防止其他成年人对未成年人利益的侵害,也要提防未成年人的法定代理人对未成年人利益的侵害,使未成年人避免遭受来自最亲近的人的伤害。[1]

### 十、公司增资中的股东资格确认

根据《公司法》第43条规定,增加注册资本金需要由股东会作出特别决议,然后由公司与认股人签订增资协议。而认股人何时取得股东资格,也应以法律关系为中心来分析。首先,从意思表示要件分析,必须要在股东与认股人之间、认股人与公司之间形成一致的意思表示。一般而言,有效的股东会决议和增资协议可以直接作为证明意思表示一致的证据。在欠缺股东会决议,但认股人已经实际参与公司,享有并行使股东权利,而其他股东未提出异议的情形下,也应认为股东之间形成了合意。其次,从客体要件分析,认股人的出资必须要构成公司的注册资本金。股权的客体是体现在公司注册资本金中的出资份额。作为出资人若要成为股东,必须要将自己所实缴或认缴的出资转化为公司的注册资本金。否则,如果出资人的出资并未在公司注册资本金中予以体现,那么该出资所对应的股权客体尚未创设,相应的股权也就无法存在。公司增资,实质是认股人向公司进行投资,以增加公司的注册资本金。但股东会决议以及增资协议本身并无法导致注册资本金的增加,只有公司按照增资协议办理了增资的工商变更登记手续,注册资本金增加才得以完成,认股人的出资才相应的转化为公司资本。由此分析,在公司增资的情形下,股东资格的取得应从上述两个方面分析,并最终以办理工商登记为股东资格取得的标准。

实践中应探讨的是,公司股东会决议增资扩股,并与第三人签订增资协议后,拒不办理工商变更登记的处理。此时由于股权尚未创设,尽管认股人可能已经以股东身份享有并行使股东权利,人民法院不能由此认定认股人的股东资格。但根据有效的增资协议,办理公司章程、股东名册以及工商登记的变更手续,应是公司根据增资协议所负有的合同义务,作为认股人有权要求公司履行增资协议,办理相应变更手续,从而使自己成为公司股东。当然,在公司拒不办理变更登记的情

---

[1] 参见沈贵明:《未成年人取得股东资格路径的正当性分析》,载《法学》2010年第7期。

形下,认股人也可以公司未履行协议义务,构成根本违约为由,依据《中华人民共和国合同法》(以下简称《合同法》)的有关规定解除增资协议,从而收回出资并向公司要求支付相应利息。但该种情形,认股人在行使股东权利期间所取得的利益也应当返还公司。

### 十一、股东资格争议与其他争议并存时的程序处理

单纯的股东资格争议是比较常见的一类公司纠纷案件,对此类案件的处理应当依照《中华人民共和国民事诉讼法》(以下简称《民事诉讼法》)所规定的一般民事诉讼程序进行即可。而在司法实践中,对股东资格的争议,往往是与其他争议纠缠在一起的。如当事人向公司主张行使股东权,而公司则抗辩称原告不具备合法的股东资格;又如公司债权人向被告主张承担股东瑕疵出资的民事责任,而该被告则抗辩称其并不是被告公司的股东,即不应承担瑕疵出资的民事责任;又如在公司决议瑕疵诉讼中,原告以参加公司股东会或者股东大会行使表决权的当事人不具备股东资格为由,要求撤销相关决议。这些诉讼中都涉及股东资格的确认问题。在这些纠纷的处理中,必须先行对一方当事人是否具备股东资格进行审理,但是在具体程序方面如何操作,即是否需要由当事人先行提起一个股东资格确认之诉,然后才处理其他相关争议,在实践中还有不同的做法。

一般认为,对于相关程序的处理应当根据不同案情分别确定。一般情况下,对于当事人之间就股东资格具备与否的争议,可以与其他相关争议一并审理。因为对于当事人是否具备股东资格,既可以成为民事诉讼法上的一个独立的诉,也可以成为民商事诉讼中的抗辩事由。所以,当事人提出对方当事人不具备股东资格的抗辩的,可以作为抗辩事项一并进行审理,而不必要求当事人先行提起股东资格确认之诉,否则反而不利于案件的高效审理。对于原告一方以相关人不具备股东资格为由而提起的诉讼,则应当由法官向原告进行必要的释明,由其将被告不具备股东资格作为一项独立的诉讼请求,若原告坚持不将其作为独立的诉讼请求,则可以先行驳回原告的起诉。

以上是处理此类问题的一般原则。在特殊情况下,应以当事人先行提起股东资格确认之诉为宜。如原告以参加股东会的人不具备股东资格为由提起股东会决议撤销之诉或者无效之诉时,由于对相关人员是否具备公司资格的认定将会涉及该当事人的利益,而相关股东又不是案件的当事人,此时必须由原告在已经提出的公司决议瑕疵诉讼外,另行提起股东资格的确认之诉,公司决议瑕疵之诉可以中止审理。①

### 十二、隐名股东与空股股东的区别认定

空股股东,是指虽经认购股权,但在应当缴付股款之时却仍未缴付出资的股

---

① 参见吴庆宝主编:《公司纠纷裁判标准规范》,人民法院出版社2009年版,第82—83页。

东,亦可将其称为出资瑕疵之股东。① 其与隐名股东的区别主要在于:其一,隐名股东实际履行了出资义务,因为隐名股东出资义务的实际、全面履行受到挂名股东的监督。隐名股东出资不到位将直接引发公司章程、工商登记材料中记载的挂名股东的责任,在挂名股东的监督下,隐名股东往往很难逃避实际出资的义务,隐名出资合同非法的情形除外。而空股股东是未按照法定或约定将对应的资本缴付到位。其二,隐名股东是否享有股东权利处于不确定状态,而空股股东实际享有与其出资相对应的股权。其三,隐名股东在一定情形下可以显名,即将自己登记为公司的股东,使显名股东与隐名股东的身份相一致;而空股股东一般不会因出资的迟延履行而当然丧失股东资格,但空股股东极有可能因为出资迟延履行达到一定期限而被依法除名,失去股东资格。

无论在理论界还是司法实践中,空股股东是否可以拥有股东资格均存在争议。处理此问题的原则是,空股股东显然不会因为出资的迟延履行而当然失去股东资格,但是空股股东的确可能因为出资迟延达到一定期限而被除名,从而失去股东资格。只要公司尚未行使除权的权利,则空股股东依然应当被视为法律上的股东,并原则上享有空股股份项下的股权,履行对应的法律义务。②

### 十三、隐名股东与干股股东的区别认定

干股股东,系指由其他股东或公司赠与股权而获取股东资格的人。两者的区别主要体现在:其一,隐名股东要依合同承担实际出资义务,并受到挂名股东的监督,而干股股东往往无需承担任何实际出资义务,往往是以一技之长而为公司或其他股东所青睐,使之愿意为其出资或向其赠送股权。其二,隐名股东在公司章程、出资证明书、工商登记材料上没有记载,而干股股东是记载于公司章程、工商登记材料上的。其三,隐名股东往往是依其与挂名股东的隐名投资合同而产生,干股股东往往是因其与股权赠与人的股权赠与协议而产生。其四,在处理隐名股东与挂名股东的纠纷时,应首先尊重隐名股东与挂名股东之间的出资合同,处理因干股股东引起的纠纷时,应尊重并承认干股持有者的股东资格,同时应尽可能维护赠与干股股权时的协议。

对于干股股东,无论其名下出资有无实际缴纳,原则上都应认定其具有股东资格。如其名下出资已实际缴纳,其与实际出资股东之间的关系按垫资或赠与关系处理。如其名下出资未实际缴纳,应负补足出资义务。干股股东不能以受赠与为由主张免除其应尽的法律责任。实践中,如干股系接受贿赂等违法犯罪行为而取得,只需要将其份额作为非法所得没收,进行拍卖转让,但是并不影响对其股东资格的认定。从民事法律关系上认定受贿者的股东资格,与对受贿者予以刑事制

---

① 参见虞政平:《股东资格的法律确认》,载《法律适用》2003年第8期。
② 同上。

裁,依法收缴其违法所得,通过拍卖转让股权确定新的股东,二者并不冲突。①

**十四、隐名出资情形下股东资格的认定**

挂名股东也叫名义股东,是与隐名股东相伴而生的。隐名股东是指公司中不具备股东资格的形式要件的实际出资人。实践中,隐名股东虽然向公司实际投资,但在公司章程、股东名册和工商登记等公示文件中却将出资人记载为他人。挂名股东实际上不履行出资的义务,也不参与公司的管理,由实际出资人在幕后指挥。个别情况下挂名股东参与公司的管理,但要把其分到的股息红利转给实际出资人,这样就非常容易产生实际出资人和名义出资人之间的冲突。

设置隐名股东的主要目的为规避法律。我国《公司法》和其他相关法规对公司投资领域、投资主体、投资比例等方面作了一定限制,如国家机关不得开办公司,外方投资不得低于一定比例,有限责任公司股东人数不得超过 50 人等,尤其是原《公司法》不承认一人公司。有些投资者为了规避这些限制,采取隐名股东的方式进行投资。也有少数隐名股东为非规避法律型,主要是出于不愿公开自身经济状况的原因而采取隐名投资方式。由于修订后的《公司法》确立了一人公司的合法地位,因此,相信隐名股东在数量上将会有所降低。

在实践中,常见的、与隐名股东相关的纠纷主要分为两大类:一是涉及公司内部关系的纠纷,主要有公司利润分配纠纷、隐名股东行使股东权利纠纷、隐名股东或显名股东出资瑕疵时对内承担责任的纠纷;二是涉及公司外部关系的纠纷,主要有对外被视为公司的股东主体问题、隐名股东或显名股东向第三者转让股权的纠纷、隐名股东或显名股东出资瑕疵时对外承担责任的纠纷等。

对于挂名股东与隐名股东关系的处理问题,有不同的观点:

1. 实质说。即认为无论出资行为的名义人是谁,事实上作出出资行为者应成为权利义务主体,即将实际出资人视为公司股东。此观点系以意思主义为其理论基础,主张探求与公司构建股东关系的真实意思,而不以外在表示行为作为判断股东资格的基础,是由民法的真意主义导源出来的。

2. 形式说。即认为在借用名义出资的情形下,应将名义上的出资人视为公司股东,此观点即是以表示主义为其理论基础。依据是:其一,公司行为是团体行为,如果否认挂名股东的股东身份,则很可能导致公司的行为无效,从而影响交易安全。其二,如果确认实际出资人或者股份认购人为股东,将会极大地增加公司的负担,使公司卷入这种烦琐的纠纷之中。

这两种观点表达出了两种不同的法理理念。真意主义是适合民法等个人法的立法理念,而表示主义则与商法等团体法的立法理念相吻合。公司法属于典型的团体法,但也有个人法上的规范,在与公司相关的法律关系中,有些属于个人法

---

① 参见刘敏:《股东资格的法律确认》,载于《人民法院报》2003 年 8 月 27 日。

上的法律关系,应当优先考虑个人法规则的适用;有些属于团体法上的法律关系,应当优先考虑团体法规则的适用。挂名股东与隐名股东之间的协议属于个人法上的法律关系,受该协议影响的只是该协议的双方当事人,即挂名股东与隐名股东,所以就挂名股东与隐名股东之间所产生的争议,应当适用个人法规则进行调整。而就公司债权人而论,其对公司股东资格的认定,则属于团体法上的法律关系,应当适用团体法规则处理认定。

结合上述所论思路与原则,对于隐名股东的股东资格问题,具体认定方法如下:第一,在处理因公司的交易行为等公司外部行为而引发的、有债权人等第三人介入的股东资格争议时,由于交易行为与工商登记的公示力相关,因此应以工商登记文件中对股东的记载来确认股东资格。如果公司存在有出资不实或抽逃出资等情况,公司债权人可以向挂名股东主张其承担赔偿责任。挂名股东向公司债权人承担责任后,可以向隐名股东追偿因此遭受的损失。公司债权人如果知道隐名股东的,也可以要求隐名股东与挂名股东共同承担连带责任。第二,在处理公司内部股东资格确认纠纷时,隐名股东可依协议等实质证据直接对抗显名股东。隐名股东与显名股东就权利义务的分配所达成的契约与一般民法上的契约并没有本质区别,一般民法上的契约理论完全适用于这种股东间的协议。只要该契约建立在双方合意和善意的基础上,就会对契约当事人产生约束力。就公司内部而言,其改变的仅仅是该公司股东间的权利义务分配而已,这种权利义务的分配在不涉及第三人利益时,是可以以一般契约原则加以调整的,故可以不更改股东名册而直接请求确认股东资格。第三,如果公司明知实际出资人或者认购股份的人的身份,并且已经认可其以股东身份行使股东权利的,如果不存在违反强行法规定的情形,则可以认定实际出资人或者认购人为股东。这是因为,之所以在隐名股东的情况下,以形式标准来确认股东身份,是为了免除公司的调查之苦,若公司明知实际出资人或者认购人的身份,并且已经认可其以股东身份行使股东权利的,则当然应当认定实际出资人的股东身份。第四,如果股东实际出资未达到法定最低注册资本金,在此种情形下,公司不具有法人资格,实际出资人也就谈不上股东资格的认定。此时,"公司"的法律地位实质上是合伙,企业开办者(包括实际出资人和挂名出资人)应对"公司"的债务负无限连带责任,挂名"股东"若承担了连带责任,则有权向实际出资人追偿。

《公司法解释三》首次在法律适用层面上确立了实际出资人(隐名股东)、名义股东(挂名股东)与股权受让人间的利益平衡机制。在商事实践中,由于各种原因,公司相关文件中记名的人(名义股东)与真正投资人(实际出资人)相分离的情形并不鲜见,双方有时会就股权投资收益的归属发生争议。我们认为,如果名义股东与实际出资人约定由名义股东出面行使股权,但由实际出资人享受投资权益,——这属于双方间的自由约定,根据缔约自由的精神,如无其他违法情形,该约定应有效,实际出资人可依照合同约定向名义股东主张相关权益。《公司法解释三》对此作出了规定。需要说明的是,《公司法》第32条第2款规定记载于股东名册的股东,可以依股东名册主张行使股东权利。我们认为该规定中股东名册中的记名,是名义股东(即记名人)用来向公司主张权利或向公司提出抗辩的身份依据,而不是名义股东对抗实际出资人的依据,所以名义股东不能据其抗辩实际出资人。同样,《公司法》第32条第3款虽然规定未在公司登记机关登记的不得对抗第三人,但我们认为在名义股东与实际出资人就投资权益发生争议时,名义股东并不属于此处的第三人,所以名义股东也不得以该登记否认实际出资人的合同权利。在实际出资人与名义股东间,实际出资人的投资权益应当依双方合同确定,并依法受到保护。但如果实际出资人请求公司变更股东,签发出资证明书,记载于股东名册,记载于公司章程并办理公司登记机关登记等,此时实际出资人的要求就已经突破了前述双方合同的范围,实际出资人将从公司外部进入公司内部,成为公司的成员。此种情况下,根据《公司法》第71条第2款规定的股东向股东以外的人转让股权,应当经其他股东过半数同意,《公司法解释三》规定此时应当经其他股东半数以上同意。《公司法》第32条第3款规定股东姓名或名称未在公司登记机关登记的,不得对抗第三人。所以第三人凭借对登记内容的信赖,一般可以合理地相信登记的股东(即名义股东)就是真实的股权人,可以接受该名义股东对股权的处分,实际出资人不能主张处分行为无效。但是实践中,有的情况下名义股东虽然是登记记载的股东,但第三人明知该股东不是真实的股权人,股权应归属于他人(即实际出资人),在名义股东向第三人处分股权后如果仍认定该处分行为有效,实际上就助长了第三人及名义股东的不诚信行为。实际出资人主张处分股权行为无效的,应按照《中华人民共和国物权法》(以下简称《物权法》)第106条规定的善意取得制度处理,即登记的内容构成第三人的一般信赖,第三人可以以登记的内容来主张其不知道股权归属于实际出资人并进而终局地取得该股权,但实际出资人可以举证证明第三人知道或应当知道该股权归属于实际出资人。一旦证明,该第三人就不构成善意取得,处分股权行为的效力就应当被否定,其也就不能终局地取得该股权。当然,在第三人取得该股权后,实际出资人基于股权形成的利益就不复存在,可以要求作出处分行为的名义股东承担赔偿责任。

**十五、隐名出资人虽未经公司过半数其他股东同意显名,但隐名出资人与名义出资人之间的代持股协议关系终止时,隐名出资人法律地位的认定**

根据《公司法解释三》的相关条文,实际出资人未经公司其他股东半数以上同意,请求公司变更股东、签发出资证明书、记载于股东名册、记载于公司章程并办理公司登记机关登记的,人民法院不予支持。同时,上述司法解释中同时规定,实际出资人与名义股东因投资权益的归属发生争议,实际出资人以其实际履行了出资义务为由向名义股东主张权利的,人民法院应予支持。股权本身兼具财产权性质和人身权性质①,且该两方面性质的同时存在是股权的经济和法律功能得以正常发挥的基础。然而,上述两项规定在一定程度上导致股权的上述两方面性质在名义股东和实际出资人之间分裂,即一方面名义股东无法通过股权的行使获取实际收益,另一方面实际出资人又无法就其投资收益形成合理的控制和预期。在双方之间股权代持协议关系终止的场合,这种矛盾现象的后果尤为突出。至于股权代持协议关系的终止,可能系因为协议有效期限届满且双方无法续约,也可能因为名义股东违反约定,不履行对实际出资人的配合义务导致委托关系解除,甚至有可能是名义股东丧失行为能力或者民事主体资格的消灭,等等。无论导致股权代持协议关系终止的具体原因为何,其后果均系实际投资人无法有效通过名义股东间接实现投资权益。此种情况下,若不为实际投资人设置相应救济渠道,则不仅有损公司治理结构的完整性,也会限制甚至剥夺实际投资人对其投资权益的基本支配权。

针对上述情形,我们认为,实际投资人虽无法直接通过显名方式实现股权之人身权性质与财产权性质的回归统一,但公司法明确允许公司外部人员通过股权转让渠道直接参与公司经营管理。据此,在股权代持协议关系终止的场合,可以考虑参照股权转让模式,使实际出资人以股权受让人身份进入公司,只不过此种股权转让具有拟制性,而非完全遵循意思自治原则。至于具体的操作方式,可以考虑通过法院调解,促成名义股东自愿与实际投资人订立股权转让协议,或者由名义股东向实际投资人支付合理对价后,实际投资人向名义股东转让其相应权益。在有限责任公司股东享有优先购买权的场合,其他股东可以主张行使该项权利,阻止实际出资人进入公司,但亦须向实际出资人支付合理对价。照此模式操作的结果,实际出资人未必能实际成为显名股东,但终归解决了股权二重性质的分裂问题,避免出现公司治理结构的缺失或者显名股东的道德风险,也不背离对公司其他股东合理信赖利益的保护目的。同时,实际投资人的合法权益亦由此获得必要的基本保障。

### 十六、冒名出资情形下的责任承担

冒名股东是指以根本不存在的人的名义(如死人或者虚构的人)出资登记,或者盗用真实的人的名义出资登记的投资者。冒名股东包括以根据不存在的人的名义出资并登记和盗用真实的人的名义出资并登记两种情形。

隐名股东与冒名股东虽然都不是以自己名义出资,但两者还是有明显的差别:

1. 显名股东是与隐名股东是具有真实意思表示的、具有民事行为能力的独立民事主体;而冒名出资,被冒名者为冒名投资人为规避法律而虚构的主体,或者是

---

① 参见周友苏:《新公司法论》,法律出版社2006年版,第232页。

被盗用名义者。

2. 隐名股东的股东权利义务处于不完全确定状态,根据其在公司经营中的情况或者与显名股东的约定来确定;被冒名股东是根本不存在的自然人或法人等主体,不可能构成有效的股权所有人,冒名股东作为实施冒名行为的法律主体,实际上行使着股东权利。

3. 隐名股东依据与显名股东所签订的合同而产生,冒名股东多为规避法律而形成。因此对冒名股东的认定应当区别于隐名股东的认定。

首先,被冒名者不能被认定为股东。如果被冒名者为不存在之人,则认定根本不存在的人为股东,势必将会因股东的缺位而导致股东权利义务无人承受,不利于维护公司团体法律关系的稳定;如果被冒名者为真实之人,认定其为股东,会因其既无实际出资,亦无与冒名者有合意而导致在理论上的行不通,并且也不符合股东的基本要件,将导致不当得利的法律后果。因此,被冒名者本人不能被认定为股东,也不能享有股东的权利或者承担股东的义务。

其次,冒名者亦不能被认定为公司股东。恶意的冒名行为无非是为了规避法律的禁止性规定,如对一人公司的特殊规定,对一些特殊身份的人的从业禁止,等等。如果认定冒名者为公司的股东,不但违反了法律的基本原则,反而助长其实现恶意冒名的不法目的。对冒名登记成立的公司,如果构成事实上的一人,应当认定为一人公司,涉及债权人等第三人权利实现的,应当由公司实际投资者也就是盗名者承担无限责任。如果没有构成一人公司,其他股东对此也不知情的,为了保护无过错股东的利益,不应认定公司的设立无效或者强制其解散,可以采取起其他方式确定新的投资人为公司股东。

《公司法解散三》第28条首次在法律适用层面上确立了被冒名登记为股东情形下的责任承担。即冒用他人名义出资并将该他人作为股东在公司登记机关登记的,冒名登记行为人应当承担相应责任;公司、其他股东或者公司债权人以未履行出资义务为由,请求被冒名登记为股东的承担补足出资责任或者对公司债务不能清偿部分的赔偿责任的,人民法院不予支持。

### 十七、隐名投资者可采取哪些风险防范措施保护自己的合法权益

第一,采用书面协议明确显名股东和隐名投资者之间的权利义务关系。隐名投资者和显名股东之间的书面协议是确认双方权利义务的重要依据和基础。在诉讼中,书面协议是保护隐名投资者合法权益的有力证据。在类似协议中,从保护隐名投资者的角度出发,应当明确以下内容:(1)隐名投资者是拟投资公司的实际股东,显名股东只是代为持有股权;(2)隐名投资者可以随时要求显名股东将股权变更登记至自己或指定的第三方名下;(3)如果拟设立公司不能成立或隐名投资者无法变更为注册股东,则隐名投资者享有要求返还投资款的权利,或者在公司资产发生增值时,享有要求按比例返还投资增长价值的权利;(4)显名股

东因持有股权所享有的利益,如公司利润等,应支付给隐名投资者;(5)未经隐名投资者同意,显名股东不得将所持有的股权转让给第三人,并就此约定相对严格的违约责任。

第二,争取与其他股东以及公司签订书面协议,明确各方对股权代持的知悉和同意。隐名投资者和显名股东之间的协议只在双方之间形成债权债务关系,不能满足"与其他股东达成设立公司或继续经营公司的合意"的实质要件。因此,仅有隐名投资者和显名股东之间的协议,通常不能产生确认隐名投资者享有股权的法律效果。隐名投资者应当争取同项目公司及其他股东签订书面协议,明确各方对股权代持的知悉和同意,使公司内部各当事人均认可隐名投资人的实际股东地位。这是有限责任公司人合性的具体体现,也能够在更大程度上保护隐名投资者的合法权益。

第三,积极参与公司管理,充分行使股东权利。隐名投资者在进行出资并设立公司后,应当积极参加公司的经营管理,委派管理人员或其他人员,参与公司经营决策。这样做不仅可以掌握公司的经营状况,预防可能发生的风险,而且一旦发生诉讼,隐名投资者可据此主张已实际行使股东权利,从而争取对自己有利的诉讼地位和判决。

第四,关注显名股东持股情况,及时办理股权变更登记手续。隐名投资行为的隐蔽性,决定了其时刻受显名股东的制约。因此,必须时刻关注显名股东的资产和纠纷状况。在条件允许的情况下,应保持对显名股东一定程度的控制力。要注意防止显名股东违反协议将股权转让或作其他处分,或因其自身原因导致股权被法院冻结甚至执行。在商业条件允许时,应及时办理股权变更登记手续,尽快消除不确定性带来的法律风险。

总之,基于隐名投资的特殊性,隐名投资者的利益保护存在着特定的法律风险,应当充分重视相关协议的签订及履行,积极采取相应措施规避风险,以更好地实现商业目的。

## 十八、债权投资关系与股权投资关系的区别认定

在投资实践中,有时会存在以下非理性的商事现象:一方当事人向另一方当事人提供资金,由后者注册公司,但双方并未签订借款协议或者股权代持协议。嗣后双方争夺股权时,应如何认定股权归属?我们认为,应当在严格把握相关证据的基础上,谨慎区分债权投资关系与股权投资关系。

1. 倘若有借款合同或者其他证据足以认定出资人与用资人之间的借款关系,用资人(借款人)作为债务人,只需向出资人(贷款人)还本付息即可。

2. 倘若有委托代理协议、股权信托协议或者其他证据足以认定出资人与用资人之间的委托代理关系或者股权信托关系,用资人(代理人、受托人)作为名义股东,应当将该出资取得的股权返还给出资人(委托人、受益人、实质股东)。

3. 倘若既无证据证明争讼双方之间存在债权投资关系,也无证据证明双方之间存在代持股权的股权信托关系或者委托代理关系,应当推定公司股东名册载明的当事人享有股东资格。

总之,我们认为,鉴于名义股东的法律风险,为了减少名义股东与实质股东间的利益冲突,鼓励出资人与用资人事先明确约定相互间的民事关系,应当严格区分债权投资关系与股权投资关系,并对约定不明的情况采取出资者债权人地位推定的态度。上述方法在识别真假股东时固然具有实用价值,但仍属迫不得已的下策。作为上策,投资者应当在公司章程、股东协议、借款协议、股权信托协议或者委托代理协议中明确界定自己的股东地位,从而防患于未然。

# 第二章　股东名册记载纠纷裁判精要

> **案由释义**
>
> 按照《公司法》的规定,股东名册是有限责任公司和股份有限公司必须具备的文件,是指公司依法置备的记载股东及其持股情况的簿册。对于有限责任公司以及发行记名股票的股份有限公司而言,股东名册必须记载股东的姓名或名称、持股数量等内容;当股东转让股权或者发生其他应当变更股东名册记载事项时,公司应当予以变更,否则,即可能产生股东名册记载纠纷。由于股东名册记载纠纷直接关系到股东资格的确认与股权的行使,与股东利益密切相关,实践中存在大量此类纠纷。

## 一、股东名册记载纠纷类型

实践中,股东名册记载纠纷主要包括以下两种类型:

1. 因转让方股东怠于履行变更登记义务产生的纠纷。一般来讲,股东名册变更登记必须由转让方股东向公司提出申请,由公司进行变更登记;如果转让方股东因为懈怠或者过失而未向公司申请变更登记,此时即可能产生股东名册记载纠纷。

2. 因公司不履行记载义务产生的纠纷。股东名册由公司备有和保管,并由公司负责办理登记事宜。因此,当公司因为懈怠或者过失而未变更股东名册时,就可能产生股东名册记载纠纷。

## 二、公司违反股权登记义务股东的救济

根据《公司法解释三》第23条的规定,当事人依法履行出资义务或者继受取得股权后,有限责任公司未根据《公司法》第31条、第32条的规定向股东签发出资证明书、记载于股东名册并办理公司登记机关登记,当事人请求公司履行上述义务的,人民法院应予支持。

完整无瑕疵的股东资格取得,除了满足出资或认缴出资的实质要件之外,还

应通过一些形式要件对此予以公示，有所表征以获对抗效力。根据我国《公司法》的规定，有限责任公司成立后，应当向股东签发出资证明书，置备股东名册，将股东的基本情况记载于股东名册，并到工商机关将公司发起人的姓名或者名称、认缴和实缴的出资额、出资时间、出资方式进行登记。股权继受取得的，公司应当注销原股东的出资证明书，并相应修改股东名册中有关股东及其出资额的记载，并到工商机关办理变更登记。《公司法》第31条、第32条具体规定了颁发出资证明书、股东名册记载及登记办理的具体事项内容。因此，股权取得的公示，通过出资证明、股东名册和工商登记等形式表现出来。

有限责任的投资人或者受让人认购股份后，公司应当向投资人或者受让人出具出资证明书。尽管出资证明书本身并不创设股权，但是却是股东对公司主张行使股权的一个重要凭证。股东名册是指公司依照法律要求设置的记载股东及其所持股份的簿册。一般来讲，股东名册具有两种效力。一是推定效力，即在名册上记载的股东推定为公司股东，股东可凭该记载对外主张自己为股东。二是对抗效力，这是推定效力的必然结果。而工商登记是政府提供的一个更广泛的公示平台，因此其公示公信力更强。股东认购了股份或者依法继受了股权，公司有义务在出资证明书、股东名册上进行记载或者变更并依法办理工商登记，以此实现股东资格的完整保护。如果公司未颁发出资证明书或者未在股东名册上记载而引起纠纷，只要股东能提供证据证明其已经实际履行了出资义务或者依法继受了股权，可以要求公司履行颁发出资证明书或其记载变更股东名册的义务。公司未办理工商登记的，股东同样可以按照《公司法》的规定要求公司履行其登记义务。

综上，根据《公司法》的规定，公司应当履行股权登记的义务。当公司不履行上述法定义务时，构成不作为侵权，应当承担相应的民事责任，当事人可以诉请公司履行上述义务。

# 第三章　请求变更公司登记纠纷裁判精要

> **案由释义**
>
> 　　请求变更公司登记纠纷，是股东对于公司登记中记载的事项请求予以变更而产生的纠纷。按照《公司法》的规定，有限责任公司应当将股东的姓名或者名称及其出资额向公司登记机关登记；登记事项发生变更的，应当办理变更登记，未经登记或者变更登记的，不得对抗第三人。因此，当有限责任公司股东转让股权，或者发生其他应当变更股东的姓名或者名称及其出资额时，公司应当向公司登记机关申请变更登记，否则不得对抗第三人，进而将影响相应股东的利益。
>
> 　　变更公司登记直接关系到股东资格的确认与股权的行使，与股东利益密切相关，实践中存在大量此类纠纷。

### 一、股东名册记载纠纷与请求变更公司登记纠纷区别

　　1. 两者适用情形中，均包含《公司法》第 32 条规定的情形，但前者不限于此，还包括《公司法》第 73 条、第 130 条规定的情形，而后者仅限于《公司法》第 32 条规定的情形。

　　2. 前者适用于对置备于公司处的股东名册记载事项存在异议而发生的纠纷，其诉讼的目的在于变更股东名册相关记载事项，而后者适用于对公司在登记机关登记事项存在异议而发生的纠纷，其诉讼目的在于变更公司在登记机关登记的相关事项。

　　3. 前者作为被告一方的诉讼主体的可能是公司，也可能是其他股东，后者作为被告一方的诉讼主体则限于公司。

### 二、原股东违反股权转让协议擅自处分登记在其名下股权的效力认定

　　《公司法解释三》第 27 条规定，股权转让后尚未向公司登记机关办理变更登记，原股东将仍登记于其名下的股权转让、质押或者以其他方式处分，受让股东以

其对于股权享有实际权利为由,请求认定处分股权行为无效的,人民法院可以参照《物权法》第106条的规定处理。原股东处分股权造成受让股东损失,受让股东请求原股东承担赔偿责任、对于未及时办理变更登记有过错的董事、高级管理人员或者实际控制人承担相应责任的,人民法院应予支持;受让股东对于未及时办理变更登记也有过错的,可以适当减轻上述董事、高级管理人员或者实际控制人的责任。就此规定而言,需要把握以下几点:

1. 原股东对登记于其名下股权的处分是指能够发生权利变动的股权处分行为,这种处分需要能够改变股权归属或是设定物权负担。此种处分不仅仅包含转让、质押等方式,也包含其他方式,如通过信托持股方式。

2.《公司法》第32条第3款规定,股东姓名或名称未在公司登记机关登记的,不得对抗第三人。当股权转让协议生效且受让股东支付了转让款时,尽管股权已经由原股东移转至受让股东,受让股东为实质权利所有者。但是由于没有办理公司登记机关的变更登记,根据商法之外观主义原则以及公示主义原则,第三人凭借对登记机关登记内容的信赖,一般可以合理地相信登记的股东(即原股东)就是真实的股权人,可以接受该股东对股权的处分,未登记的受让股东不能主张该处分行为无效。

3. 原股东将股权转让后,由于未办理公司登记机关的变更登记而处分仍登记于其名下股权时,应参照《物权法》第106条规定的善意取得制度处理,即公司登记材料的内容构成了第三人的一般信赖,为保护第三人之信赖利益,第三人可以以登记的内容来主张其不知道股权归属于受让方,并进而终局地取得该股权。但受让方可以举证证明第三人知道或应当知道该股权归属于受让方自己,一旦证明,该第三人就不构成善意取得,处分股权行为的效力就应当被否定,其也就不能终局地取得该股权。如,虽然公司登记机关没有办理相应的变更登记,但公司的股东名册已将转让股东变更为受让人的,则应推定第三人对于股权已经转让给受让方的事实是知道或者应当知道的。

4. 在原股东擅自处分登记在其名下股权的情形中,当善意第三人通过善意取得制度终局地取得该股权时,受让股东的投资权益将不复存在。原股东违反股权转让协议再次处分股权的行为构成了对受让股东股权的侵犯,受让股东可以要求作出处分行为的原股东承担赔偿责任。这里还要注意,如果转让股东仅仅是与第三人签订了股权转让协议,甚至第三人亦支付了股权转让款,但第三人也未被变更登记为公司股东的,受让人如起诉要求确认其为公司股东的,人民法院应予支持,公司应当依法为其办理变更登记。对于没有任何过错的第三人,则可以通过违约责任追究转让股东的民事责任。

5. 公司董事以及高级管理人员作为公司的管理者,负责处理公司日常事务,而为股权受让方办理公司登记机关的变更登记乃其职责所在。当董事、高级管理人员违反法律对其职责要求,未为股权受让方办理此项变更登记致使其权利受损的,董事、高级管理人员应当在其过错范围内承担相应的损害赔偿责任。实际控制人虽然未在公司内担任具体职务,但由于其实际控制着公司,如果实际控制人滥用控制权,通过其控制行为不正当地阻止公司为股权受让方办理变更登记而致其利益受损时,实际控制人应当在其过错范围内对股权受让方承担相应的损害赔偿责任。

6. 股权转让后,股权受让方应当及时请求公司协助其办理公司登记机关的变更登记,如果由于受让方自身过错未及时办理此项登记致使其自身利益受损的,根据民法过失相抵之原则,受让方应根据其过失程度承担相应之损害后果,从而减轻原股东、董事、高级管理人员以及实际控制人的责任。

### 三、冒名登记与借名登记的区别认定

实践中,与冒名登记较为类似的一个概念是借名登记,两者都是指实际出资人隐瞒自身身份,用他人之名义进行出资,并由实际出资人以他人之名义自己行使股权,名义人并不行使股权。借名登记与冒名登记的区分点在于名义人是否知道,当名义人不知情时,实际出资人的行为为冒名登记,当名义人知情时,实际出资人的行为为借名登记。

1. 借名股东之概念

借名投资是指实际出资人为了规避国家法律的限制性规定,隐蔽财产情况或是出于其他的一些考虑,在公司中实际认购出资,却在公司章程、股东名册或工商登记材料中记载他人为公司股东。其中,实际履行出资义务并实际行使股东权利义务的为实际出资人,被公司章程、股东名册或工商登记材料中记载为公司股东的为名义出资人。

借名股东,是实际出资人与他方约定,以其名义参与设立公司,实际出资人行使股权,该实际出资人即为借名股东。

名义出资人没有成为公司股东的意思,工商登记、公司章程均记载其为股东但其实际没有出资,实际不参与公司管理,仅仅是"法律意义上"的象征股东,只具有股东的形式特征。

2. 实际出资人借名的原因

一是实际出资人为规避法律,而借用他人身份设立公司:(1) 由于自己的身份受到有关法规、政策的限制不宜公开,如公务员等;(2) 为了满足公司法的条件,如在《公司法》修订前,实质一人公司却登记为两人及其以上的股东;(3) 被借用人的身份享有某些特殊的政策优惠,如外商等。

二是实际出资人出于其他原因不愿公开身份而借用他人名义开设公司。实践中,借名者和被借名者之间大多是有亲属、朋友或在管理、产权等方面有关联关系的自然人与法人单位,或者是实际出资人以一定的经济利益为条件,诱使被借名者允许实际出资人使用其名义进行各种投资。

### 3. 股东资格的认定

在因借名而导致的隐名投资关系中，名义出资人不过是挂个名，其本身并非实际投资人，也未实际参与公司经营。实际投资、参与公司经营、行使股东权利的均是借名股东。因此，与因隐名投资协议而导致的隐名投资重在确定隐名投资合同的效力，并依此确定双方当事人之间的利益不同。在因借名而导致的借名投资关系中，关键在于确认实际出资人的股东资格、股东地位以及名义出资人的责任承担。

借名股东乃实际出资人借用他人名义行使股权，名义出资人并不行使股权。借名登记与冒名登记的重要区别在于实际出资人与名义出资人之间有关于借名出资之合意，名义出资人对此种借名登记之情形乃知情并以认同的。从双方合意而言，借名登记与隐名投资较为相似，此两种名实分离之行为皆源于实际出资人与名义出资人双方合意之约定。但是借名登记与隐名投资并不相同，两者的区别在于借名投资中，名义出资人并不行使股权，股权由实际出资人行使，而在隐名投资中，名义股东不但为股权登记人并实际行使股权。借名登记中，实际出资人与名义出资人之间有关借名的合意往往表现为两种形式：一是在借名投资前，在实际出资人与名义出资人之间，内部签订一份协议书或者达成口头承诺，表明借名出资的实际情况，被借名人对公司不得行使股东的权利与义务关系；二是双方之间并没有书面或者口头契约，但是如果实际出资人以被借名人名义出资并实际行使股权，名义出资人知情且并没有行使股权之意思表示，则双方行为表明了此种借名投资事实合意之存在。

从公司登记的表征看被借名人是公司股东，但从实际情况看，其仅仅是被借名而已，其本身既没有进行出资，也没有进行公司管理、承担股东权利义务之意图，不应将其认定为股东。而对于借名者，能否授予其公司股东资格，从国外的公司法理论分析，存在形式说与实质说的争论。实质说以实际出资人为法律股东；形式说以名义出资人为法律股东并否认实际出资人的股东资格，即采取形式要件标准，以出资证明书、股东名册、公司章程或者工商登记的记载为确认股东。① 实质说认为，应将实际出资人视为股东，不论出资人以谁的名义。② 该说认为虽然向公司出资是一种商行为，但本质是以表意为特征的民事行为，必须关注当事人的意思表示。该说以意思主义为理论基础，主张探求与公司构建股东关系的真意，不以外在表示行为作为判断股东资格的基础。由于偏重考量实质正义③，最适合倾向于个人主义的法律。形式说认为，应将以其名义出资的出资人视为股东，不

---

① 参见虞政平：《股东资格的法律确认》，载《法律适用》2003 年第 8 期。
② 参见林晓镍：《公司中隐名投资的法律问题》，载奚晓明主编：《中国民商审判》（2002 年第 1 卷），法律出版社 2002 年版，第 172 页。
③ 参见梁慧星：《从近代民法到现代民法——20 世纪民法回顾》，载梁慧星主编：《民商法论丛》（第七卷），法律出版社 1997 年版，第 235 页。

论实际出资人是谁。① 该说认为取得股东资格的关键在于是否具备公司法上规定的形式要件,在股东资格认定上应坚持重形式、轻实体的立法原则和司法政策②,其认为实际出资人不具备股东的形式要件,因而主张否定实际出资人的股东资格,而形式要件记载或登记的内容能够起到对外公示的重要作用,正是由于此种商法上的外观主义和形式主义,善意第三人的利益才得以保护,交易安全和交易效率才得以维护。该说的理论基础在于表示主义,不要求公司探求名义出资人背后的真实情况。由于表示主义偏重考量形式正义,最适合倾向于团体主义的法律,也与以团体法为重心的现代商法观念相吻合。③

由于我国《公司法》对借名出资能否取得股东资格问题未作明确的规定,致使司法实践中对此类行为的司法态度也不完全一致。处理借名出资者能否取得股东资格问题,不能背离公司法作为团体法的性质。公司法作为团体法,处理公司、股东和第三人之间的关系理应考虑团体法所遵循的规则。在与公司相关的法律关系中,有些属于团体法上的法律关系,应当优先考虑团体法规则的适用,如公司与股东之间的关系。有些属于个人法上的法律关系,应优先考虑个人法上的规则适用,如投资协议。对于借名行为,并非仅表现在借名协议中,实际上,借名行为之实现须为公司登记机关所确认,对外具有公示性,简言之,名义出资人在对外关系上是作为公司法上的股东出现的,作为交易关系中的第三人是无法探求公司背后真实情况的,因此,为保护交易安全,在对外关系上应由名义出资人承担股东所应承担的民事责任。

在实际出资人与名义出资人之间,按照实质法律事实,实际出资人实际出资并且行使了全部股东权益,而名义出资人虽然是股东名册登记的股东,但是由于名义出资人并没有成为公司股东的意思,也没有行使公司股权之意愿,名义出资人并不享有任何实际权利,也不对实际出资人承担任何义务。这不同于隐名投资。隐名投资中,由于名义股东行使了股权,按照其与实际出资人之约定,名义股东应当对实际出资人承担相应之契约责任。

对于借名投资对外的效力,在借名投资的对外关系上,应遵循外观主义原则,即以公司对外公示材料中记载的股东为享有股东资格者,以保护善意第三人的利益,维护交易的稳定。因公司股东有未按时出资、出资不足、虚假出资、抽逃出资等行为,公司债权人可以向名义出资人主张其承担连带清偿责任。

4. 被借名股东的法律责任

如果有证据证明经登记注册的股东仅仅是被别人借名而挂名,并未参与公司

---

① 参见林晓镍:《公司中隐名投资的法律问题》,载奚晓明主编:《中国民商审判》(2002年第1卷),法律出版社2002年版,第172页。

② 参见冯果:《公司法要论》,武汉大学出版社2003年版,第99页。

③ 参见蒋大兴:《公司法的展开与评判——方法·判例·制度》,法律出版社2001年版,第468—470页。

的治理,未享有过真正的股东权利,也未履行过股东义务,那么法律不会保护其作为"股东"而应享有的权利。因为对公司履行出资义务是享有股东权利的基础,而并未实际出资的挂名股东,则不会享有基于出资而享有的公司知情权、表决权、选举权和被选举权、转让出资权、收益权等股东权利。相反,在公司资不抵债时,因为其股东身份已向社会公示,实际出资人与挂名股东之间的这种私下借名行为不能对抗善意第三人,所以名义出资人不但不会享有股东的权利,却存在在实际出资人未缴出资范围内对公司债务承担连带责任的法律风险。

### 四、公司变更与公司形态转换的区别认定

公司变更是指公司设立登记的事项包括名称、住所、法定代表人、注册资本、企业类型(组织形式)、经营范围、营业期限、有限责任公司股东或者股份有限公司发起人的姓名或者名称的变化。[①] 公司形态转换,也称公司组织形式变更,公司形式变更、公司组织变更、公司类型变更或公司转型,是指在保持公司法人人格持续性的前提下,将公司从一种形态变为另一种形态的行为。可见,公司形态转换是公司变更的一种形式,公司变更的概念比公司形态转换的概念要宽泛得多。

公司形态转换引发最大的问题就是转换前公司债务是否应由转换后公司承担,转换后公司能否以公司形态转换作为公司对外抗辩承继债务的法律理由?对此我们认为,就司法实务而言,公司形态转换原则上不应改变公司债权债务主体的承继关系。具体来讲有以下几个层面需要把握:第一,变更后公司应概括承受变更前公司的权利与义务。究其原因,形式转换只是改变了公司的法律形态,而非新设立公司,原公司法律人格的存续不受转换的影响,因此,原来属于转换前公司的权利和义务,当然的应由转换后的公司继续享有或负担。第二,变更过程中公司内部股东关于公司权利义务分摊的任何约定原则上对外不具有抗辩效力。公司内部股东关于公司权利义务分摊的约定属于内部股东之间的约定,这种约定只在内部股东之间发生法律效力,旨在发生纠纷时,用以正确处理内部股东之间的权利义务关系,是内部股东之间进行追偿的法律依据,此种内部约定当然不能用以处理公司对外产生债务的负担,对外不具有法律约束力。否则因公司自身原因而进行形态转换,却将风险留给善意相对人,本身就是权利义务不对等的一种表现,更不符合商事交易安全规则,不利于社会发展。第三,变更过程中,如果公司内部权利义务继承约定已经征得第三人同意的,则此内部约定对第三人有效。第三人同意公司变更过程中公司内部权利义务继承约定的行为,是行使自己权利的表现,法律应当尊重当事人的意愿,这也是商事交易中私法自治原则的充分体现。

---

① 参见赵旭东主编:《公司法学》(第2版),高等教育出版社2006年版,第482页。

## 五、公司合并、分立、增资、减资，应办理工商变更登记而未办理的效力认定

我们认为，公司合并、分立、增资、减资，是否办理工商变更登记并不影响上述行为的效力。理由如下：第一，公司合并、分立、增资、减资，均是公司与公司之间，或公司股东之间对公司治理结构、资本结构等方面通过协议的方式所作出的重大调整。上述协议的签订，是缔约当事人之间就合同的主要条款达成的合意，是当事人意思表示一致的结果，与法律的规定、国家公权力的介入或者第三人的行为没有任何关系。第二，所谓合同的生效，是指已经成立的合同在当事人之间产生一定的法律效力，它是国家权力对当事人意思自治的干预，以保证当事人实现其预期的合同目的，表明了国家对当事人行为的评判和取舍。按照《合同法》第44条的规定，依法成立的合同，自合同成立时生效。法律、行政法规规定应当办理批准、登记等手续的，依照其规定。因此，上述行为的生效是否以办理工商登记为条件，应当看法律有没有规定公司合并、分立、增资、减资必须以办理工商登记为生效要件。我国现行立法并未规定公司合并、分立、增资、减资，必须在办理工商登记后才能生效，当事人没有办理工商变更登记的并不影响上述协议的生效。第三，从工商登记的性质来看，工商登记属于行政管理行为，是对当事人已经发生的公司合并、分立、增资、减资事实加以确认，工商登记其效果仅限于对既存事实的一种宣示，这种登记属于对抗要件，不登记不能对抗第三人，如当事人怠于变更登记事项，并不足以影响法律行为本身引起的有关事项变化的效力。第四，如果当事人没有正当理由怠于或者拒绝办理变更登记，相对人可以要求义务人继续履行合同，办理变更登记。如果由此给相对人造成损失，相关人还应当承担相应的责任。这样，因没有办理工商登记给相对人造成损害的，相对人的利益并不因此而丧失救济途径。

## 六、公司自治与行政许可

公司法既有强行性规范，但也有许多支持公司自治的授权性规范。行政许可制度在一定程度上与公司自治存在冲突，因为"许可"意味着行政"审批"权的行使，而审批必然要对自治构成制约。

行政法理论认为，行政登记性质包括行政许可行为和行政公示行为两种，行政许可是对相对人原本被禁止的行为的禁止解除，此类行政登记是设权行为。如企业法人的设立登记即属于行政许可性质的登记，行政机关对此应采用实质审查制度。

相反，在公司自治体系下产生的公司决议，并不受行政许可制度的制约。如公司股东转让股权的民事法律行为，经股东会决议表决通过即发生民事法律效力，登记机关对新的股权结构的公示登记并非该民事法律行为成立、有效或生效的要件。未经变更登记只是不产生对抗善意第三人的效力，登记机关的登记行为

不具有赋权性,仅具有对社会公示的法律效力。

《公司法》第32条规定:有限责任公司应当置备股东名册,记载于股东名册的股东,可以依股东名册主张行使股东权利。登记事项发生变更的,应当办理变更登记,未变更登记的,不得对抗第三人。根据《公司登记管理条例》的规定,只要具备"材料齐全,符合法定形式"登记要件的,登记机关应当予以变更登记。至于股权转让这一基础法律关系是否真实、有效,双方当事人可以另行通过民事诉讼予以解决。在民事争议解决前,工商登记事项不受该争议状态的限制。因此,股权结构的变更登记是对该事实的接受和公示,属于证权性行为。行政机关只享有形式审查权。至于申请登记的民事法律关系及法律事实在实质上处于何种效力状态,不属于登记机关作出公示登记行为时的审查范围。

公司选任新任法定代表人后,该法定代表人的任职资格和效力不受是否办理工商变更登记的制约。即便未经变更登记,新任执行董事或董事长已经成为公司的法定代表人,完全有权利以自己的名义签署公司变更登记申请书,这是企业法人法定代表人登记制度中的明确授权。

而且,公司法规定变更法定代表人应当办理变更登记,是对公司应当办理变更登记的管理性规定,不是对公司内部自治行为的效力规定。对公司法定代表人的变更登记,其性质是一项行政确认和公示,在未经变更登记的情形下并不会产生抵触、否认或损减公司内部决议行为的效力。公司的原法定代表人在公司做出免职决议后,即便工商变更登记尚未完成,其亦应当对内、对外停止以法定代表人身份行使职权。否则,恶意利用其法定代表人身份未经工商变更登记的"时间差"而诱使第三人签约的,有可能涉嫌经济诈骗犯罪。

因此,工商机关不得援引《中华人民共和国行政许可法》的规定而对公司决议享有实质性审查权。包括对公司法定代表人的变更,对公司股东身份、股权结构、股东名册的变更,均属股东自治的范畴。

# 第四章　股东出资纠纷裁判精要

> **案由释义**
>
> 股东出资是指公司股东在公司设立或增加资本时，按照法律、公司章程的规定以及认股协议的约定，向公司交付财产或履行其他给付义务以取得股权的行为。出资是股东对公司的基本义务，也是形成公司财产的基础。如果股东未按规定缴纳出资，或者虚假出资，出资不足，抽逃出资等，即可能引发公司与股东、股东与股东、股东与债权人之间的出资纠纷和诉讼，股东可能被起诉，要求其依法承担继续履行、损害赔偿等违约责任。基于出资制度在整个公司制度中的重要意义，《公司法》对于股东出资的数额、期限、方式及其责任等都有所规定，《公司法》还规定了未履行义务股东或发起人的补缴差额责任和其他股东或发起人的连带认缴责任。此外，因违反出资义务而造成公司或其他已履行义务的出资人损失的，还须承担损害赔偿责任。

## 一、公司案件审理中常见的股东出资纠纷类型

1. 虚假出资纠纷。虚假出资是指股东认购出资而未实际出资、取得公司股权的情形。虚假出资的具体表现形式包括：以无实际现金流通的虚假银行进账单、对账单骗取验资报告；以虚假的实物出资手续骗取验资报告；以实物、知识产权、土地使用权出资，但未办理产权转移手续，等等。

2. 出资不足纠纷。出资不足是指在约定的期限内，股东仅仅履行了部分出资义务或者未能补足出资的情形。出资不足的具体表现形式包括：货币出资只履行了部分出资义务，作为出资的实物、知识产权、土地使用权的实际价额显著低于公司章程所定价额。

3. 逾期出资纠纷。逾期出资是指股东没有按期缴足出资的情形。2013年《公司法》将注册资本实缴登记制改为认缴登记制。即便在认缴制下，出资的承诺同时成为股东必须承担的法律义务，股东必须按照承诺的期限缴纳出资。

4. 抽逃出资纠纷。抽逃出资是指股东在公司成立后违法将出资收回。即便

2013年《公司法》确立认缴资本制,须知资本的认与不认和缴与不缴是当事人的自治权利,但实缴资本一经形成,即成为法定的公司独立财产,股东不得违法收回出资。抽逃出资的具体表现形式包括:股东设立公司后将出资转出,公司并未实际使用出资;公司收购股东的股份,但未按规定处置该股份;公司未弥补亏损、提取法定公积金即先行分配利润;公司制作虚假会计报表进行利润分配;公司利用关联交易转移出资,等等。

## 二、以无权处分的财产及犯罪所得货币出资效力的认定

处分权是财产权最根本的权能,应由财产所有人自己行使或者授权他人行使。出资人未经财产所有人授权或者同意,以自己不享有处分权的他人财产出资的行为,直接侵害了财产所人的权益,属于无权处分行为,依法应当无效。但是,无权处分法律制度的设计,不应仅保护原财产权利人,还应考虑善意第三人的利益,以维护社会交易秩序和交易安全,因此,法律也规定了第三人的善意取得制度。

《物权法》第106条对无权处分情况下财产的归属进行了规定,无权处分人将不动产或者动产转让给受让人的,所有人有权追回。但是,在受让人构成善意取得时,其可以取得该财产。出资人以其不享有处分权的他人财产出资时,原财产所有人请求公司返还该财产,或者当事人之间对出资行为效力产生争议的,人民法院可参照《物权法》第106条的规定,判定出资行为的效力,进而确定财产的归属。应当指出的是,此时对于该出资的效力提出主张的"当事人",不仅包括公司或者股东,还应包括与出资设立公司有利害关系的债权人。

根据《物权法》第106条的规定,出资人以不享有处分权的他人财产出资,公司善意取得该财产的所有权,必须符合下列要件:(1)公司在受让该财产时是善意的,即公司不知道也不应当知道出资人对出资财产不享有处分权。在原始设立公司的场合,善意与否的判断应以其他发起人是否知道出资人对其出资不享有处分权为标准。(2)该出资财产转让价格合理。判断转让价格是否合理,一般应依法进行评估。(3)出资的财产依照法律规定应当登记的已经登记至公司名下,不需要登记的已经交付给公司。出资人以他人财产出资,同时符合上述三个条件的,应当认定出资有效,公司取得出资财产所有权;不符合上述三个条件之一的,应当认定出资无效,原财产所有权人有权取回出资财产。

对货币这种特殊的动产,民法理论上一般均认为,货币作为种类物和可替代物,其所有权与占有权合一,推定货币占有人为货币所有人,其享有对货币的处分权。因此,出资人即使以贪污、受贿、侵占、挪用等违法犯罪手段取得的货币出资,也不宜认定出资人构成民法上的无权处分。故出资人将其非法取得的货币投入公司后,公司即取得货币的所有权,该出资行为应当有效,出资人依法取得与该出资对应的股权。只是若出资人的行为如果构成犯罪,则这种通过非法手段获得的

股权属于出资人的违法犯罪所得,这种犯罪所得的财产形式由于出资行为从原来的货币转换成了股权。

根据《中华人民共和国刑法》(以下简称《刑法》)有关规定,违法犯罪所得应予追缴以补偿受害人损失。但是,在追究出资人犯罪行为责任时,不应直接从公司抽回货币,只能对出资人就该货币形成的股权进行处置。因货币是典型的种类物,以处置上述股权获得的价款补偿受害人,同样可以弥补其损失。这种做法既符合民法的一般原理,又能同时兼顾公司与犯罪行为受害人的利益。

《公司法解释三》第7条规定了两种股权处置方式,即拍卖或者变卖。依照《中华人民共和国拍卖法》(以下简称《拍卖法》)的规定,拍卖是指以公开竞价的方式,将特定的物品或财产权利转让给最高应价者的买卖方式。所谓变卖,一般是指出卖财物,换取现款。两者相比,变卖的方式较为灵活,而拍卖更具公开性与程序性。应当注意的是,以拍卖或者变卖方式处置股权时,应当符合《公司法》关于股权转让的法定条件和程序。

### 三、出资过程中善意取得的认定

《公司法解释三》第7条第1款规定,"出资人以不享有处分权的财产出资,当事人之间对于出资行为效力产生争议的,人民法院可以参照物权法第一百零六条的规定予以认定"。上述规定实现了物权法相关制度与公司法领域的对接,但对其具体适用未做任何规定。我们认为,在公司出资过程中适用善意取得,对善意取得要件的把握要注意以下几点:

1. "善意"的判断标准

由于对善意取得适用范围的不同,善意的判断标准分为主观善意和客观善意。罗马法所采的善意取得制度,仅适用于动产,其判断第三人是否为"善意"的标准是主观的,即依据第三人是否已知或应知让与人无权处分的心理状态来判定[1];此后的德国法所采的善意取得制度,适用于动产和不动产,其判断第三人是否为"善意"时,"把权利取得人的信赖与某种客观的事物联系起来,即动产的客观信赖标准是占有,而不动产的客观信赖标准是不动产登记簿"[2]。

在公司出资善意取得情况下,相对于出资人和原权利人来说,公司是善意第三人。由于公司是法律拟制的人,对公司善意的判断应建立在对公司内相应人员善意的判断上。关于所涉人员的范围界定,目前没有任何法律法规予以规定。我们认为,确定该部分人员标准应当有二:其应当知晓出资事实,应当对出资的决定有影响力。故以动产出资为例,公司范围内知晓该出资事实的人员(包括发起人、股东、高层管理人员)基于出资人占有并支配出资财产的事实而信赖出资人有处

---

[1] 参见陈永强:《论德国民法上不动产物权善意取得制度》,载《比较法研究》2005年第3期。
[2] 孙宪忠:《中国物权法总论》,法律出版社2003年版,第104页。

分权,即可认定公司属于善意。对此持异议的当事人,至少应当举证证明上述人员中有人已知或者应知出资人无权处分出资财产的事实,才能推翻对公司善意取得的推定。同样,出资人以不动产出资的,公司善意的判断标准需具备以下两点:公司范围内上述人员是否知晓出资人不是真正权利人,是否实施了查阅不动产登记簿的积极行为。如果在不动产登记簿上存在异议登记,均可成为阻却公司成立"善意"的法定事由。因为异议登记的公示公信力与权利登记的公示公信力效力是一致的。

另外,善意的判断时间点,应根据出资财产的交付或者变更登记的时间点来判断,在此时间点之前,受让人不知出资人无权处分的事实,即可成立善意取得。如果在此时间点之后,受让人知道出资人无权处分事实,不影响受让人善意取得出资财产。

2. 合理价格的认定

以合理的价格转让是《物权法》规定的善意取得要件。这符合善意取得制度保护交易安全的目的。但在公司出资过程中,出资的对价一般是公司经营管理权或者收益权,这是一种期待权,很难在出资时进行精确判断。因此,只要在出资协议中明确约定了可获得经营管理权或者一定比例的收益权,就可认为该出资的对价是合理的。对于隐名股东的出资,因为其出资不体现在具体的经营管理权上,就要依据其收益权的比例来进行判断。

3. 完成变更登记或交付

我国不区分债权行为与物权行为,但却认可交付或者登记是实现物权变动的必要程序。因此,在未交付或者完成登记的情况下,物权变动并未实现。此时,守约方只能要求违约方继续履行债权合同,交付标的物或者协助完成变更登记,而没有适用善意取得的可能。

在公司出资过程中,出资财产如何实现交付?我们认为,根据出资财产是动产还是不动产的不同,出资财产对公司交付应当满足的条件也不一样。就动产出资而言,要满足两个条件:首先,要完成公司资产登记表的记载,即将出资的动产在公司资产登记表上予以记载,计入公司的总资产;其次,该财产已实际处于公司的使用和控制之下。如果出资人同时是公司经营管理人员,其出资虽在自己控制之下,但为公司经营目的所用,也视为在公司控制之下。就不动产出资而言,只要满足一个条件,即完成管理部门不动产登记簿的变更,将出资的不动产变更到公司名下。

"认缴制"下的出资,根据当事人之间的约定,出资人可以在一定时期内分批实现出资到位。在出资人承诺认缴出资但尚未全部交付或者变更登记的情况下,由于物权变动尚未实现,公司同样不能以善意取得主张取得出资的所有权。此时,只能认定出资人未履行出资义务,需承担相应的违约责任。

## 四、以划拨和设定权利负担的土地使用权出资效力的认定

《公司法解释三》第 8 条规定,"出资人以划拨土地使用权出资,或者以设定权利负担的土地使用权出资,公司、其他股东或者公司债权人主张认定出资人未履行出资义务的,人民法院应当责令当事人在指定的合理期间内办理土地变更手续或者解除权利负担;逾期未办理或者未解除的,人民法院应当认定出资人未依法全面履行出资义务"。实践中适用上述规则需要注意:

根据《中华人民共和国城市房地产管理法》(以下简称《城市房地产管理法》)的规定,土地使用权划拨是指县级以上人民政府依法批准,在土地使用者缴纳补偿、安置等费用后将该幅土地交其使用,或者将土地使用权无偿交付给土地使用者使用的行为。通过此行为所取得的土地使用权即为划拨土地使用权。划拨土地使用权由土地行政部门通过行政划拨行为创设,且一般都为无偿取得,为了保护公共利益,法律对划拨土地的使用用途作了一定程度的限制。依《城市房地产管理法》的规定,下列用地可以以划拨方式取得使用权:国家机关用地,军事用地,国家重点扶持的能源、交通、水利等项目用地,公益事业用地,城市基础设施用地,法律法规明确规定的其他建设项目用地。

根据《物权法》的规定,在土地使用权上设定的权利负担主要包括租赁权、地役权与抵押权等。租赁权是承租人根据租赁合同约定取得的不动产占有、使用、收益权,土地使用权转让不影响租赁合同的效力。地役权是指不动产权利人为某特定不动产的便利而使用他人不动产,使其负一定负担的物权,如通行权、汲水权、眺望权等。地役权是设定于土地使用权之上的用益物权,土地使用权转让时,地役权同时转让。抵押权是指债权人对于债务人或者第三人提供的、不移转占有而作为债务履行担保的财产,在债务人不履行债务或者发生当事人约定的实现抵押权的情形时,可就该财产或者就拍卖、变卖该财产的价款优先受偿的权利。抵押权是设定于土地使用权之上的担保物权,未经抵押权人同意,土地使用权一般不得转让。

股东出资义务是指股东根据协议的约定以及法律和章程的规定向公司交付财产或履行其他给付义务。股东出资义务既是一种约定义务,同时也是一种法定义务。按行为方式不同,股东违反出资义务的行为可表现为未履行出资义务与未全面履行出资义务。未履行出资义务是指股东根本未出资,具体又可分为拒绝出资、不能出资、虚假出资、抽逃出资等。未全面履行出资义务,是指股东只履行了部分出资义务,或者出资的时间、形式或手续不符合规定,包括出资不足、迟延出资、瑕疵出资等。其中,瑕疵出资是指股东交付的非货币出资的财产存在权利或物的瑕疵,如以法律禁止流通的财产出资或者出资财产上存在第三人的合法权利。

根据我国相关法律规定,划拨的土地使用权只能用于划拨用途,不能擅自进

入市场流通。出资人以划拨土地使用权出资,违反了划拨土地用途要求的相关法律法规:"设定权利负担的土地使用权不仅在权利的行使和处置上受到法律和抵押权人等其他权利人的限制,而且因其可能被其他权利人追索而在财产价值上发生贬损,甚至完全失去投资的价值。存在权利瑕疵的权利如用于出资,将使投资者或股东的出资变得不实,违反《公司法》所确定的资本确定原则。"这使通过出资形成的公司资本(财产)面临较大的不确定性,此时出资人属于未全面履行出资义务。根据《公司法》第28条第2款的规定,股东不按规定缴纳出资的,除应当向公司足额缴纳外,还应当向已按期缴纳的股东承担违约责任。所以,公司、其他股东有权在上述情形下向法院主张认定出资人未尽出资义务。此外,公司资本的不确定将对债权人利益产生重大影响,为督促股东充实资本,防止债权人利益受损,也应当赋予债权人同样的权利。

原则上,划拨土地使用权和设定权利负担的土地使用权是不得用于出资的,但司法实践中,如出资人已以上述财产出资设立公司,工商行政管理机关已经办理了公司登记,法院在审理有关诉讼中,如果土地使用权存在的上述权利瑕疵可以补正,且在法院指定的合理期限内已经补正的,可以认定出资的效力。这有利于尽快促成公司资本稳定和较彻底地解决当事人间的纠纷。只有逾期未补正时才有判决出资人未依法全面履行出资义务的必要。出资人以划拨土地使用权出资的,应当在法院指定的合理期限内依法补缴土地出让金,办理土地变更手续,将划拨土地使用权变更为出让土地使用权。出资人以设定权利负担的土地使用权出资,应当在法院指定的合理期限内依法解除权利负担。这里应当注意,能否补正瑕疵的决定权在土地管理部门和权利负担的权利人,而不是法院,法院的审理是以瑕疵补正的结果为判断前提的。

### 五、非货币财产出资未依法评估作价的责任认定

《公司法解释三》第9条规定,"出资人以非货币财产出资,未依法评估作价,公司、其他股东或者公司债权人请求认定出资人未履行出资义务的,人民法院应当委托具有合法资格的评估机构对该财产评估作价。评估确定的价额显著低于公司章程所定价额的,人民法院应当认定出资人未依法全面履行出资义务"。实践中适用上述规则需要注意:

根据《公司法》第27条和第82条规定,股东可以用货币出资,也可以用实物、知识产权、土地使用权等可以用货币估价并可以依法转让的非货币财产作价出资;但是,法律、行政法规规定不得作为出资的财产除外。对作为出资的非货币财产应当评估作价,核实财产,不得高估或者低估作价。

《公司法》第27条和第82条规定出资人用于出资的非货币财产应当评估作价,这是法律对出资人设定的义务,主要是为了保证公司设立时资本的真实和确定。非货币财产价值判断存在主观性和不确定性等特点,如果没有第三方专业机

构对其价值进行判断,发起人则有可能高估其非货币财产,进而虚增公司资本,进而损害公司、其他发起人以及债权人的利益。

出资人以非货币财产出资,未依法评估作价,相关当事人要求认定出资人未履行出资义务的,为便捷地解决纠纷、尽快落实公司资本是否充实,法院应依当事人申请或者直接依职权委托具有合法资格的评估机构进行评估,然后将评估所得的价额与章程所定价额相比较,以确定出资人是否完全履行了出资义务。如果评估确定的价值高于章程所定价额或者与章程所定价额相当,应认定出资人依法履行了出资义务。如果评估确定的价值显著低于章程所定价额的,应认定出资人未依法全面履行出资义务。

本规则中所说的"未依法评估作价",包括未进行评估作价和评估作价不合法两种情形。第一种情形比较少见,因为根据《公司法》及《公司登记管理条例》的相关规定,出资人以非货币财产出资,必须依法进行评估作价,并由依法设立的验资机构出具验资报告,如果公司登记机关审查发现作为出资的非货币财产未经评估作价,将不予进行公司设立登记。但在实践中,因公司在《公司法》实施前成立,或者由于公司登记机关审查不严,也会存在非货币财产出资未经评估作价的情形。第二种情形比较常见,出资人以非货币财产出资,虽然履行了评估作价手续,但评估作价不合法。主要表现为评估机构不具有合法资格、评估作价程序违法、评估方法不当、评估结果不真实合理等。

人民法院委托的评估机构对非货币财产进行评估作价后,根据评估确定的价额与公司章程所定价额进行比较,如果该价额显著低于公司章程确定的价额,则认定出资人未依法全面履行出资义务。这里须注意两个问题:(1)评估结果的参照对象是公司章程确定的出资人的出资价额,如果章程对出资人出资价额未作约定的,依注册资本总额与出资比例确定,如果没有确定出资比例的,各出资人按均等份额确定。(2)认定未依法全面履行出资义务的标准是评估确定的价额显著低于公司章程确定的价额。此处的"显著"不应作绝对化理解,主要应看二者的差额与章程确定价额之间的比例,同时也可以对绝对数额予以一定考虑。例如评估确定的价额与公司章程确定的价额相差10万元,如果出资人应当出资20万元,二者相差50%,那么,这种情况就可以认定为显著;如果出资人应当出资10.1万元,二者之间只差1%,那么,这种情况可以认定为不显著。因此,本规则规定的"显著"是一个相对概念,具体判断标准由人民法院依个案确定。

在起诉主体方面,由于出资人未履行出资义务将使公司的资本受到侵蚀,进而会损害公司、其他股东或者公司债权人的利益,因此,公司、其他股东或者公司债权人均有权提起诉讼,但是应由起诉方承担举证责任。需要指出的是,上述三个主体虽然均享有起诉权利,但在起诉条件方面有所不同。对公司和其他股东来说,只要能够证明出资人以非货币财产出资未经依法评估作价即可,但对公司债权人来说,必须在公司财产经强制执行仍不能清偿全部债务时,方可起诉请求认定出资人未依法全面履行出资义务,进而请求出资人承担相应赔偿责任。

### 六、非货币财产出资未办理权属变更手续的责任认定

以需要办理权属变更登记手续的财产出资,具有特殊的法律要求,此种出资义务的不履行也表现为两种情况,其一是实际交付了出资的财产或权利,但未办理权属变更登记,其二是虽然办理了权属变更登记但未实际交付财产或权利。这两种情况下,如何认定股东是否履行了出资义务以及是否享有股东权利,即是以办理权属变更登记作为出资完成的标准,还是以实际交付财产给公司使用作为出资完成的标准,还是二者兼顾,实践中存在不同观点,对此《公司法》并无明文规定,《公司法解释三》第 10 条根据《公司法》的相关原理分别情况作出了规定。

1. 实际交付了财产或权利但未办理权属变更登记的责任认定

根据《公司法》第 27 条的规定,股东可以用实物、知识产权、土地使用权等可以用货币估价并可以依法转让的非货币财产作价出资。这些非货币财产出资与货币出资的不同之处在于:货币出资一经向公司交付,货币所有权即归属于公司,出资人也履行了其出资义务;而非货币财产出资,由于其权利变动的特殊性,法律往往规定其权利的变动须办理相关手续。因此,《公司法》第 28 条第 1 款和第 83 条第 1 款分别规定有限责任公司和股份有限公司的股东以非货币财产出资的,应当依法办理其财产权的转移手续。对于以房屋、土地使用权或者需要办理权属登记的知识产权等财产出资,出资人若要完全履行其出资义务,就必须依法办理该项出资财产的权属变更手续,将该项财产从自己名下移转到公司名下,使其成为公司的法人财产。否则,即使该财产已经实际交付给公司使用,但由于所有权仍归属于出资人,这不仅影响公司对该财产的利用和处分,而且也使公司承担将来无法处分该项财产的法律风险,进而也就会威胁其他股东或公司债权人的利益。这种情况构成出资义务的不完全履行,此时,公司、其他股东或者公司债权人作为利益相关方,为了追究该出资人不出资的责任,有权请求法院认定其未履行其出资义务。从保持经济秩序稳定性的角度出发,法院应当责令该出资人在指定的合理期限内办理权属变更手续,以继续履行其出资义务。如果该出资人在指定的合理期限内能够办理权属变更手续的,人民法院可以认定其履行了出资义务,反之,则应作出其未履行出资义务的认定,并依当事人的要求给予相应的法律救济。

对于以房屋、土地使用权或者需要办理权属登记的知识产权等财产出资的,办理权属变更手续解决的是出资财产的法律归属和处分权利问题,而财产的实际交付解决的则是该项出资财产能否为公司实际利用并发挥资本效能的问题。从公司运营的现实来看,某项出资财产是否对公司产生意义,应当看公司能否实际利用该出资财产并从中直接获得收益。如果某项非货币财产出资虽未办理权属变更手续,但该财产已经实际交付公司使用,那么,公司的收益中也就包含了该财产的贡献,从实际效果上看,也就实质上达到了出资的目的。因此,如果出资人事

后能够补办权利移转手续,从出资人将财产实际交付给公司使用,到补办权利移转手续这段期间内,由于出资财产实际交付,已经为公司发挥资产效用,本着尊重事实的原则,可以认定自其实际交付财产给公司使用时起享有相应的股东权利。这里"相应的股东权利",是指与股东履行义务的内容和情况相对应的权利。基于权利义务相适应和公平的法律原则,未完全履行出资义务的股东与完全履行出资义务的股东实际享有的股东权利应有所不同,对未完全履行出资义务的股东的权利予以相应的限制是合理的。至于哪些权利应受到限制和限制到什么程度,则需要根据个案的具体情况予以分析和裁判,其中应考虑未办理权利移转手续对公司经营活动产生的影响等。如果公司章程或相关协议对此有特别规定或约定,则应尊重当事人的规定或约定。而当出资人在法院指定的合理期限内办理了出资财产的权属转移手续,履行了其出资义务时,该股东的股权即应恢复完整,其具体的权利限制即应取消。

2. 出资财产已经办理权属变更手续但未交付给公司使用的责任认定

如出资人以某套房屋对公司出资,已经办理了房产变更登记,但该出资人并未将房屋交付公司使用,而是仍由自己占有甚至再租给他人。公司虽然是该套房屋的所有权人,但实际上却无法对其进行任何利用。根据《公司法》的有关规定,此时出资财产在法律上已经成为公司财产的一部分,但由于出资财产并未实际交付给公司使用,公司客观上无法利用作为股权对价的财产,该财产也就不能发挥其本应承担的公司资产的功能。这将直接损害公司利益和其他股东的利益,所以,公司、其他股东可以向该股东提起财产给付之诉,要求股东交付该出资财产给公司。而且由于该财产并未实际交付,公司的收益中并未凝结该财产的价值,因此,也可以对出资人的股东权利予以相应的限制,即未实际交付财产给公司的股东只应享有与其出资情况相对应的权利。如《公司法解释》第10条规定,"出资人主张自其实际交付财产给公司使用时享有相应股东权利"时,人民法院应予支持。

## 七、土地使用权出资权能的差异对公司财产权的影响

土地使用权出资是公司资本构成的一个重要组成部分,但当土地使用权出资内容不完整时则其出资权能将存在重大差异,故厘清土地使用权的出资权能对界别公司法人财产权的构成具有重大意义。

实践中,以土地使用权作为对公司投资内容的约定类型一般包括以下几种:一是投资者将其自有的土地使用权全部权能投入公司中,并将土地权利主体在法律上转化为公司本身,从而使该土地资本转化为公司的法人财产。此后,该土地权利构成中的场地使用权、投资开发权、经营收益权、土地资产处分权、土地增值收益权等实体性权能在公司存续期间均由公司享有。此类情形下的出资者不再保留其原土地使用权中的任何一项权能。根据对价原则,出资者将根据约定在公司中取得一定比例的股权。在涉及清算时,土地资产将被纳入清算财产的范畴。

二是出资者仅以自有土地使用权中的场地使用权权能进行出资。"场地使用权"是土地使用权中可分离出来的一种土地权利类型，类似于土地（场地）租赁。取得场地使用权的公司只享有对某宗土地的事实使用权即占有权而不享有其他权能，该宗土地使用权的其他权能并不是公司法人财产权的构成部分。三是在中外合资企业中，以合资企业名义向企业所在地政府申请用地。即对开办合资企业所需的场地，由合营企业向所在地的市（县）级土地主管部门提出申请，经审查批准后通过签订合同取得场地使用权。可见，此类用地性质实际上是向政府"租赁"土地，故其实体权利内容与前述第二种用地权利类似，此时的土地使用权除场地使用权外亦不是企业法人财产权的构成内容。四是由政府无偿向企业提供场地使用权。"零租金"用地方式的性质仍然是土地租赁，土地使用权仍然不能成为企业法人财产权的构成内容。诸如以国土整治、环境治理、特色农业开发等名义由政府提供的无偿用地都存在前述性质。但应注意此种用地类型的合法性问题。由于一些地方政府在"招商引资"的名义下出台了诸多地方性政策，不恰当地给予投资者或外商一些"特别优惠"，其中即包括无偿提供土地等情形。

《公司法解释三》第8条规定，出资人以划拨土地使用权出资，或者以设定权利负担的土地使用权出资，公司、其他股东或者公司债权人主张认定出资人未履行出资义务的，人民法院应当责令当事人在指定的合理期间内办理土地变更手续或者解除权利负担；逾期未办理或者未解除的，人民法院应当认定出资人未依法全面履行出资义务。上述司法解释的价值在于，当出资者对土地使用权的出资存在瑕疵时则应当通过办理土地变更手续或解除权利负担作为完善途径。因此，只有第一种土地出资形态才存在适用前述规定的法律空间。约定以部分土地使用权权能进行出资，由于其并不违反强制性规定，故该类出资形态具有合法性。因此应当特别注意在司法实践中不得对《公司法解释三》第8条进行扩大化适用。也即，并非任何土地出资纠纷都可以适用指令过户与解除权利负担的规定。

显然，如果出资者之间约定的土地出资权能除场地使用权外不包括其他土地权能的，则当该宗出资土地被征收时公司并不享有土地征收行为所产生的补偿受益权。尤其在中外合资企业中，由于中方因该地权投资而享有股权的对价实际上是土地租金，这在合资企业法律制度中有着明确规定，即合营企业所需的场地使用权，已为中国合营者所拥有的，中国合营者可以将其作为对合营企业的出资，其作价金额应当与取得同类场地使用权所应缴纳的使用费相同。因此，此时中方所出资的土地使用权并不是合资企业法人财产权的构成内容，亦不存在地权过户的问题，在清算时亦不得将该土地资产作为合资企业的清算财产而对外承担民事责任。此时即不存在适用《公司法解释三》第8条的法律基础。

与场地租赁权类似的，是以某种"用益权"作为投资内容的出资形态，其特征是被出资公司可直接使用该实物，但该物却并非公司法人财产权的构成内容。例如在融资租赁形态下的设备出资。对于被投资公司而言法律风险似乎很小，此时的投资者在表象上似乎以"租赁物"作为出资形态,但实际上是在以支付租金的方式进行现金投资。显然,不能将租赁权投资等同于实物投资,故并不存在投资人与公司之间关于物权变更的问题。因此,融资租赁情形下的实物出资也不存在一个指令过户的法律空间,该类出资物也不是公司法人财产权的构成内容,不得在清算时将融资租赁物纳入清算范畴。

《公司法解释三》第 10 条作出相关联的规定,出资人以房屋、土地使用权或者需要办理权属登记的知识产权等财产出资,已经交付公司使用但未办理权属变更手续,公司、其他股东或者公司债权人主张认定出资人未履行出资义务的,人民法院应当责令当事人在指定的合理期间内办理权属变更手续;在前述期间内办理了权属变更手续的,人民法院应当认定其已经履行了出资义务;出资人主张自其实际交付财产给公司使用时享有相应股东权利的,人民法院应予支持。事实上,在适用上述第 10 条前必然要涉及对约定出资内容和出资形态的审查问题,而并非对该条可以不加区分地予以适用。最主要的审查内容是,以房屋、土地使用权、知识产权出资时其所约定的出资内容是否包括该类权利的全部法律权能。如果是以全部权能出资的,则这三类权利都将构成公司法人财产权的内容。否则,在公司解散时,涉及的房地产权利及知识产权权利将要由原出资者"回收",而不得将之纳入清算财产或对外承担民事责任的范畴。①

## 八、股权出资效力的认定

《公司法解释三》第 11 条确立了股权出资效力的认定规则。

根据《公司法》第 27 条第 1 款规定,股东可以用货币出资,也可以用实物、知识产权、土地使用权等可以用货币估价并可以依法转让的非货币财产作价出资,但是,法律、行政法规规定不得作为出资的财产除外。该条虽然没有明确规定股东可以用其持有的其他公司股权出资,但是也原则性地规定了非货币财产出资的条件,即可以用货币估价并可以依法转让。据此,股权作为一种可以用货币估价并可以依法转让的非货币财产,如果不违反法律、行政法规的禁止性规定,应当可以用来作价出资。

作为一种比较典型的非货币财产出资形态,股权出资在当前公司设立及增资过程中比较常见,可能产生的风险也较为明显。鉴于此,本条司法解释从正反两个方面对股东以其他公司股权出资进行规范,一方面从正面规定股权出资须同时满足四项条件;另一方面又从反面赋予利益相关者诉权,通过诉讼程序促使股权出资符合法定条件,从而最大限度地维护公司资本的充实和稳定。

根据本规则规定,股东以其持有的其他公司股权出资,必须满足以下四个

---

① 参见师安宁:《土地使用权出资权能的差异》,载《人民法院报》2011 年 5 月 30 日第 7 版,2011 年 6 月 13 日第 7 版。

条件。

第一，出资的股权由出资人合法持有并依法可以转让。由出资人合法持有是指出资人获得该股权的方式符合法律、行政法规规定，不存在非法事由。依法可以转让是指用于出资的股权的转让不受法律的限制，这也是公司出资的基本要求。按照《公司法》的规定，限制转让的股权主要是指股份有限公司的发起人、董事、监事、高级管理人员所持有的、在禁售期内的股份。除了法律、行政法规明确规定限制转让的股权之外，其他类型的股权均可依法转让。限制转让的股权在符合法定条件后，如股份有限公司的禁售股在禁售期满之后，也可以依法转让。同时，这里的依法也应包括符合具有法律效力的有关法律文件的规定，如公司章程或当事人之间的约定。如果公司章程中对股权转让作出了特别的限制，那么该股权在受限期间也不能用于出资。

第二，出资的股权无权利瑕疵或权利负担。所谓无权利瑕疵，是指不存在任何第三人就该用于出资的股权向公司主张任何权利的事由。实践中，股权瑕疵多产生于出资义务未履行或未全面履行的情形，如出资不足、虚假出资、抽逃出资等。有的股权，如果当事人对其权属发生争议，也属于存在权利瑕疵的股权。无权利负担，是指股权之上不存在质押或者被冻结等权利行使受限的情形。由于权利瑕疵或权利负担的存在，会使得股权出资存在不确定性，进而威胁到公司资本的确定和稳定，因此，合法有效的股权出资应不存在权利瑕疵或权利负担。

第三，出资人已履行关于股权转让的法定手续。股东以其持有的其他公司股权出资，应依法办理股权权属转移手续。由于出资行为实质上是出资人以出资财产的所有权为对价获得股权，因此，出资财产必须实际交付公司使用，需要办理财产权转移手续的，应当依法将其财产权办理至公司名下。股权的转移包括股权权属变更和股权权能转移：前者是指将作为出资股权的权利证明形式进行相应的变更，如股东变更登记、股票背书等，以实现股权在法律上的权属变更；后者是指将股东所享有的各种权利，包括共益权与自益权等实际转由公司行使，这是股权事实上的转移。需要注意的是，作为出资的股权形式不同，其股权转让所需办理的法定手续也有所不同。以有限责任公司的股权出资会涉及股东名册和工商登记的变更，而以股份有限公司的股份出资则可能涉及背书或证券登记过户，在实践中，需要根据情形区别对待。

第四，出资的股权已依法进行了价值评估。根据《公司法》第27条第2款规定，对作为出资的非货币财产应当评估作价，核实财产，不得高估或者低估作价。股权是一种典型的非货币财产，股东以其持有的其他公司股权出资，应当依法对该股权进行价值评估，以保证股权出资的真实性，防止注册资本不实。所谓的"依法进行"价值评估，包括两个层面的要求：一是要求出资股权必须经合法设立的专业评估机构进行价值评估；二是评估应依法进行，包括评估程序合法、评估方式合法、评估结果真实可靠，不存在高估或低估作价的情况。

股东以其持有的其他公司股权出资，必须同时符合以上四个条件，人民法院方可认定股权出资的效力，否则，作为利益相关方的公司、其他股东或者公司债权人可以依法向人民法院请求认定出资人未履行出资义务，并以此采取相应的法律救济措施。

股东以其持有的其他公司股权出资，不符合以上第一项至第三项条件的，人民法院应当责令该出资人在指定的合理期限内采取补正措施。补正措施应针对不符情形具体确定，包括但不限于消除股权转让的限制或障碍、消除股权上的权利瑕疵或权利负担、依法完成股权过户手续等。出资人在法院指定的合理期限内补正的，人民法院应当认定其已履行出资义务；出资人逾期未补正的，人民法院应当认定其未依法全面履行出资义务。

股东以其持有的其他公司股权出资，不符合以上第四项条件的，即未对股权依法进行价值评估的，应根据《公司法解释三》第9条的规定处理，由人民法院委托具有合法资格的评估机构对该股权评估作价。如果评估确定的价额与公司章程所定价额相当的，人民法院应当认定出资人已履行出资义务；如果评估确定的价额显著低于公司章程所定价额的，人民法院应当认定出资人未依法全面履行出资义务。

## 九、抽逃出资的认定

最高人民法院通过《公司法解释三》第12条明确了抽逃出资的认定规则。

### （一）股东抽逃出资的构成要件

1. 主体

我国《公司法》第35条规定："公司成立后，股东不得抽逃出资。"这只规定了抽逃出资的主体为股东时的情形。《刑法》第159条规定，"公司发起人、股东违反公司法的规定……在公司成立后又抽逃其出资"，一定程度上似乎表明抽逃出资的主体也包括发起人。

2. 主观方面

主观方面是指主体的主观状态，是对行为所持的态度，分为过错和无过错，其中过错分为故意和过失。《公司法》规定了股东不得抽逃出资，同时公司章程也规定了股东出资须充足、适当，股东明知而违反这一义务，用欺诈的手段将出资抽回，或与董事恶意串通，欺骗公司、其他股东和债权人，主观方面显然是故意。

3. 客体

股东抽逃出资所侵犯的客体是公司的合法权益和我国的公司资本制度。公司资本不同于公司资产。公司资产包括公司资本、公司对外负债、公司的资产收益和经营收益，外延比公司资本大，公司资本仅是公司资产中的股东出资部分。公司资本也不同于公司净资产。公司净资产是指公司全部资产减去全部负债后的余额，公司净资产除了包括公司资本外，还包括可分利润、资本公积金和盈余公积金等。"公司净资产是公司自有资产的价值,也是其实质的财产能力和资产信用的基础。"①公司资产或者公司净资产都随公司经营状况的改变而改变,在公司盈利或资产升值时,可能高于资本,而公司亏损或资产贬值等时,可能低于公司资本。而法定资本制要求,公司资本是一个确定不变的财产数额,即为股东认购并缴纳的资本数额,不随公司盈利或亏损,或者资产的升值或贬值而改变。"从某种意义上讲,资本一经注册,就变成了纯粹的账面数字,成了一个静止不动的符号。"②但这里的不变不是绝对的不可改变,在符合法定条件的情况下或经过股东会决议后,公司可以依照法定程序增加或者减少资本,但必须修改公司章程,并在公司登记机关依法办理变更登记。

依据我国《公司法》的规定,我国公司资本制度采取"法定资本制"。所谓法定资本制遵循公司"确定、维持、不变"三个原则。"资本确定原则是指在公司设立时,必须在章程中对公司的资本总额做出明确的规定,并须由股东全部认足或募足,否则公司不能成立。资本维持原则是指公司在其存续期间,应经常保持与资本额相应的财产,以防止公司资本实质性减少,保护债权人利益,同时也防止股东对盈利分配的不当要求,确保公司本身业务活动的正常开展。资本不变原则是指公司的资本一经确定,即不得随意改变,如需增减,必须严格按法定程序进行。资本不变原则的立法意图与资本维持原则是相同的,即防止资本总额的减少导致公司财产能力的降低和责任范围的减少。"③法定资本制的目的在于保护股东、债权人及投资人的合法权益,从而维护整个社会经济秩序的稳定与发展。我国《公司法》第35条明确规定:"公司成立后,股东不得抽逃出资。"这是《公司法》规定的注册资本采用法定资本制原则的具体体现之一。而股东抽逃出资正是对资本三原则的违反,具体而言,其主要违反了资本维持原则,这也是学界的通论。

4. 客观方面

客观方面是指主体客观上所为的行为,包括行为的内容、方式、发生的时间等。涉及股东抽逃出资,行为的核心是"抽逃",行为的对象是股东的出资,其发生的时间是在公司成立后。

一是何为"抽逃",这是抽逃出资的核心问题。抽逃不同于一般的交易,一般的交易有公正、合理的对价,但"抽逃"是指股东出资资金或者相应的资产从公司转移给股东时,股东并未向公司支付公正、合理的对价,即未向公司交付等值的资产或权益。这也是认定抽逃出资行为的关键所在。股东抽逃出资虽然大多采取隐蔽、秘密的手段,但在财务记录上一般有迹可循。财务记录,如公司的资产负债表、长期投资账册、资产损益表、财务状况变动表、利润分配表及其工作底稿等,是股东抽逃出资的外在表现形式。具体的抽逃出资的股东主要采取以下几种财务

---

① 赵旭东主编:《公司法学》(第2版),高等教育出版社2006年版,第219页。
② 同上书,第227页。
③ 同上书,第225—227页。

记录方式：

（1）借方记录"银行存款"，贷方记录"其他应收账款"。以"其他应收账款"长期挂账，挂账方多为股东或与股东有关联关系的人，理由多为材料采购等，但其实股东与公司并未有真正、公平的业务往来。因此，需查验公司的资产负债表等财务记录，以及有关的合同、发票、汇款单据等，看两者数据是否吻合。

（2）借方记录"银行存款"，贷方记录"长期投资"，使公司资本长期滞留在公司账外，不能供公司使用。但实际上与股东并无基础的投资关系，或者公司对股东进行无对价的反投资或抵押担保，公司没有得到相应的收益却要因股东的债务承担连带保证责任，股东无法偿还债务时，股东的出资被部分或全部执行给案外人。此种情形需要通过查验抵押投资协议、汇款单据、被投资担保的公司的注册情况、公司的收益情况等，以此来查证公司对外投资担保的真实性和公司是否享有公平合理的收益。

（3）做混账。将应收账款、预付账款、其他应收款三个账户合并设置应收款综合账户，而且债权、债务未按单位或个人分别设置分户明细账。

（4）不做账或者做假账。公司成立后，股东强行转移公司资产，"银行存款"项下账面上的公司注册资金并未减少，账面数额仅是一个虚假、夸大的数字。能够进行此项操作的一般是控股股东，利用其强势地位抽逃出资。此时需股东对交易、账务记录进行查阅、调查，或通过有法定资格的审计师事务所或者会计师事务所独立审计，出具书面审计报告，以确认公司资金减少的事实和减少的原因。

二是抽逃出资的数额。数额以股东出资的数额为限。若股东不仅抽回相当于出资的财产且超出了出资数额，超出部分应当按侵害公司财产权处理，其实是股东对公司的"偷盗"。抽逃出资的部分可以采补缴等违约责任方式或者采取赔偿损害的侵权责任方式，但超出的部分只能按照侵权责任采损害赔偿等责任方式。

三是抽逃出资的时间，应当限定在公司成立后。此问题的关键在于"出资"。抽逃出资，顾名思义要在履行了出资义务后将出资撤回，前提是股东已履行了出资义务，从未履行出资义务的为未出资或虚假出资。但何时为股东履行了出资义务呢？因为出资指向的对象是公司，出资的意义在于为公司的运营提供物质基础，只有公司成立后，使用出资进行生产经营，即出资发挥了其价值，此时股东才履行了出资义务，抽逃出资才能构成。若公司没有成立，或者出资在公司成立前已经撤回，或者出资对公司没有任何使用价值，此出资都不能成为法律意义上的出资，因此视为股东未出资或虚假出资。就此，一个比较特殊的情形也迎刃而解，即发起人、认股人验资后，但在公司成立前又抽回出资的应认定为抽逃出资还是虚假出资问题。我们认为，此时的出资对公司的成立、运营都没有意义，实际上发起人、认股人并未履行出资义务，应认定为虚假出资。

还有观点认为出资者在公司成立后马上抽回才算是抽逃出资的行为。该观点主要是针对以借款或贷款出资,公司成立后马上抽回资金用于归还,或者控股股东在公司成立后立即强行抽回以自有资金出资的股本等情况。这只是从抽逃出资的具体动机和具体情形考虑,而且没有涵盖抽逃出资的所有情形,因为股东抽逃出资不仅为了归还借款或者抽回自有资金,常见的还有逃避公司债务的目的。抽逃出资的实质是没有对价转移公司财产,公司存续期间都有可能发生。

**(二) 抽逃出资的认定**

抽逃出资是严重侵蚀公司资本的行为,我国《公司法》第 35 条、第 91 条、第 200 条均明确禁止股东抽逃出资。实践中,有的股东仍采取各种方式抽逃其出资,这些行为往往具有复杂性、模糊性和隐蔽性等特点,这使得对股东抽逃出资的认识也常常发生较大的分歧,认定和把握的难度较大。

从目前的实践情况看,股东抽逃出资采取的形式多种多样,包括直接将出资抽回,虚构合同等债权债务关系将出资抽回,公司在没盈利时进行所谓的利润分配,等等。这些行为常常是故意、直接针对公司资本进行的侵害,但又囿于举证困难使得其在个案中很难被认定,因此,需要对这些行为是否构成抽逃出资作出统一的规定。

本规则从广义上列举了抽逃出资的三种表现形式[《公司法解释三》第 12 条第(1)—(3)项],同时根据本规则规定,股东或公司实施上述行为时,只有在该行为对公司权益造成损害的情况下,才被认定为抽逃出资,从而追究行为人的责任。因此,损害公司权益是认定抽逃出资行为的必要条件。

本规则所列上述情形中,有的本身已经构成了对公司权益的损害,如第(1)项和第(2)项。第(1)项情形中,相关股东制作虚假财务会计报表虚增利润进行分配,违反了《公司法》第 166 条关于公司分配利润的法定条件的规定,即"没有盈利不得分配"的法律原则,侵害了公司的权益。第(2)项情形中,相关股东虚构债权债务关系将出资转出,不同于股东借款,这是恶意地将公司资本转出,一般无需支付对价和提供担保,也无返还期限的约定等,同时也违反了有关金融管理、财务制度的规定。而股东向公司借款时,有真实的债权债务关系,且符合有关金融管理、财务制度等规定。

但上述其他两种情形中,有的行为本身是否构成抽逃出资,应看该行为是否侵害公司权益。如第(3)项情形中,股东利用关联交易将出资转出,如果该交易行为符合法律规定,交易价格公平、合理,则该关联交易行为并未侵害公司权益,也不应认定为抽逃出资。

股东抽逃出资的认定问题比较复杂,抽逃出资的形式多种多样,很难通过列举方式予以穷尽。鉴于此,本规则采取列举与界定相结合的方式,以期尽可能全面地涵盖各种形式的抽逃出资行为。除了明确列举的三种抽逃出资情形之外,凡是在公司成立后,股东未经法定程序而将其出资抽回并且损害公司权益的,人民法院都可根据本规则第(4)项的规定,认定该股东构成抽逃出资行为。

## 十、协助抽逃出资情形下董事对债权人责任的认定

《中华人民共和国侵权责任法》(以下简称《侵权责任法》)虽然为对债权等民事法益进行侵权法律救济提供了可能性,但是法律并未对其具体认定规定专门的规则,一般认为对于侵害民事法益的侵权行为的认定应与一般的侵权行为有所区别。"对于侵害民事权益的行为是否构成侵权行为,其认定标准应较之侵害民事权利更为严格,并应特别注意如下两点:第一,强调行为人主观恶性的重要性。第二,注重受害人遭受损害的严重性。"[1]这些观点对于认定协助抽逃出资情形下董事对债权人的责任无疑具有重要的参考价值。我们结合《公司法解释三》第14条的规定及侵权责任的构成要件,对于协助抽逃出资情形下董事对债权人责任的认定问题进行研究。

### (一) 侵害行为的认定

《公司法解释三》第12条对于抽逃出资的各种具体情形做了列举性规定,相应地,董事协助抽逃出资的行为也可以分为以下几种类型:(1) 董事协助股东通过制作虚假财务会计报表虚增利润分配;(2) 董事协助股东通过虚构债权债务关系将其出资转出;(3) 董事协助股东利用关联交易将出资转出;(4) 其他未经法定程序协助股东抽回出资的行为。在认定董事协助抽逃出资行为的过程中需注意以下两点:其一,董事的协助行为必须是与董事身份或者其职权相关的行为,如在召开董事会会议时对关联交易进行非法决议,而为抽逃出资提供条件等。如果董事所从事的行为是与董事身份完全无关的行为,或者是虽为董事,但却是利用了其同时具有的其他身份(如股东)而为股东抽逃出资提供帮助或者便利,不能认定为董事协助股东抽逃出资的侵害行为。其二,协助抽逃出资的行为应为积极的作为,消极的不作为通常不构成。对于董事协助抽逃出资的行为,在实践中不宜做过分的扩大解释。

### (二) 损害结果的认定

损害的存在是判定侵权行为是否构成的一个必备要件。在董事协助抽逃出资的情形下,要认定董事对债权人构成侵权,应当以董事协助抽逃出资已经对债权人债权的实现产生重要影响为前提条件。但相比于一般侵权,董事协助抽逃出资情形下的损害认定有一定的特殊性:其一,基于维护公司法人人格独立性的考量,董事协助抽逃出资而对债权人造成的利益损害应不超过股东抽逃出资本息的范围,超出该范围的部分应当由公司承担。而且,如果公司本身完全有充足的财产来承担其对于债权人的责任,则意味着协助抽逃出资的行为本身并未对债权人的利益构成实质性损害。这样的制度建构,实质上立基于一个基本的法律理念:董事对债权人责任承担机制不应对公司本身人格的独立性构成实质性破坏。其

---

[1] 梅夏英:《中华人民共和国侵权责任法讲座》,中国法制出版社2010年版,第14—15页。

二,如前所述,在协助抽逃出资的情形下,董事对于公司的侵害是直接的,而债权人所遭受的损害则具有间接性。正因如此,损害公司本身财产利益,并不意味着与公司形成债权债务关系的债权人必然因此而受到损害。抽逃出资的股东及其他主体对于抽逃出资本息的填补以及企业盈亏状况的变化,均可能使董事协助抽逃出资对债权人的损害本身归于消失。

(三)侵害行为与损害结果之间的因果关系认定

在协助股东抽逃出资的情形下,董事对第三人债权的侵权行为的构成,同样要求侵害行为与损害结果之间存在一定的因果关系。换言之,要看董事协助抽逃出资的行为是否真正影响到债权人债权的实现。然而需要强调的是,由于公司人格的独立性和董事侵害债权的间接性,因果关系的构成不应要求董事协助抽逃出资的行为一定与某一个具体债权的受侵害存在直接的必然联系,当事人只要能够证明董事存在协助抽逃出资的行为,而且公司对于债权人的债务无法完全清偿,即可认定侵害行为与损害结果有因果关系。

(四)主观方面的认定

如前所述,侵害债权的侵权行为较之于侵害法律列举的绝对权的侵权行为,在构成要件上更加严格。一般而言,只有在行为人侵害债权时具有故意或重大过失,方有必要对其行为追究侵权责任。在协助股东抽逃出资的情形下,董事在主观上应为故意,这一点可以通过对于"协助"一词进行语义解释加以说明。在现代汉语中,协助的基本意思为帮助、辅助,即为侵害人实施侵害行为提供或者创造必要的条件。有观点认为可以将协助抽逃出资的行为理解为《侵权责任法》第9条第1款所规定的"教唆、帮助他人实施侵权行为"。[①] 因此,协助抽逃出资本身即蕴含了故意的主观要素。当然,在理解这里的故意时,应当注意其与一般侵权行为的不同:故意的构成并不一定要求董事协助抽逃出资行为的目的是侵害某一确定的债权人的债权,而只要证明董事存在故意协助股东抽逃出资的目的即可。这一特殊性是由董事侵害债权人利益的间接性所决定的。

此外,在认定董事协助抽逃出资责任的过程中,举证责任的分配也是一个重要的问题。我们认为,无论是侵害行为及损害结果是否存在,还是因果关系是否成立及董事本身的主观过错,首先还是应当由作为请求权主体的债权人负担举证责任。理由在于:为了维护公司法人人格的独立性,对于债权人所负的债务责任理应由公司本身进行承担,只有在债权人能够举证证明董事存在协助抽逃出资行为,且符合承担侵权责任的构成要件时,方可直接由董事向债权人承担责任。当然,由于董事相对于债权人而言更容易控制、掌握企业的经营管理信息,在举证上具有很强的优越性,因而对债权人的举证责任亦不可要求过于严苛,只要其能够

---

① 参见奚晓明主编:《最高人民法院关于公司法解释(三)、清算纪要理解与适用》,人民法院出版社2011年版,第220页。

提供有关董事协助抽逃出资行为的表面证据或者证据线索即可。董事则应就其本身不存在协助抽逃出资行为进行合理地举证,这样能够在防止债权人滥讼的同时,合理维护债权人合法权益的实现,有助于更好地平衡各方的利益关系。

### 十一、协助抽逃出资情形下董事对债权人责任的承担

#### (一)协助抽逃出资情形下董事对债权人责任的基本形态

所谓侵权责任形态,是指在侵权法律关系中,根据不同的侵权行为类型的要求,侵权责任在不同的当事人之间进行分配的表现形式。依据侵权行为是一人实施还是多人实施,其侵权责任形态可分为单独责任形态和共同责任形态。其中,共同责任形态基于侵权行为性质的不同,又可分为连带责任、补充责任、按份责任。[①] 在协助抽逃出资的情形下,无论是协助抽逃出资的董事与抽逃出资的股东之间,还是协助抽逃出资的董事与应对债权人承担责任的公司之间,所涉及的责任形态均为共同责任形态。

《公司法解释三》第14条第2款规定,公司债权人请求抽逃出资的股东在抽逃出资本息范围内对公司债务不能清偿部分承担补充赔偿责任,协助抽逃出资的其他股东、董事、高级管理人员或者实际控制人对此承担连带责任的,人民法院应予支持。根据该款的规定,协助股东抽逃出资的董事相对于公司而言对债权人承担的是一种补充责任,也就是说,对于债权人的责任应首先由公司本身来承担,只有在公司不能清偿时才允许债权人直接向董事请求承担责任。与此同时,协助股东抽逃出资的董事与抽逃出资的股东则相互承担连带责任,即在公司不能清偿的情形下,对于公司不能清偿的部分,董事与抽逃出资的股东应承担连带责任。债权人既可以请求协助抽逃出资的董事就公司不能清偿的部分承担全部责任,也可以请求抽逃出资的股东承担该部分责任,还可以请求协助抽逃出资的董事与抽逃出资的股东共同承担责任。如果对于股东抽逃出资还存在其他的协助主体,则协助抽逃出资的董事还应就公司不能清偿的部分在抽逃出资的本息范围内与其他主体承担连带责任。

#### (二)协助抽逃出资情形下董事对债权人责任承担的限制

董事对于债权人的责任限制体现在以下两个方面:其一,承担责任的范围受到双重限制,即不仅要限定于股东抽逃出资的范围内,而且不能超出公司不能清偿的部分。其二,并非与公司存在债权债务关系的每一个债权人均有权向协助抽逃出资的董事请求承担抽逃出资本息范围内的责任。《公司法解释三》第14条第2款还规定,"抽逃出资的股东已经承担上述责任,其他债权人提出相同请求的,人民法院不予支持"。当然,这样的规定有可能造成先起诉的债权人受清偿而其他债权人的利益无法获得保障的情况。对此有观点认为,可以通过公示催告程序和

---

① 参见杨立新:《侵权责任形态研究》,载《河南省政法管理干部学院学报》2004年第1期。

按比例清偿原则解决。具体来说,凡是公司的债权人请求瑕疵出资股东(或协助董事)履行补偿责任的,人民法院可以依据公示催告程序,让对瑕疵出资股东(或协助董事)主张补充责任的公司债权人前来申报债权,公示催告期限届满后,法院可以根据债权人的各自比例以及瑕疵出资股东的出资金额,判决股东(或协助董事)在瑕疵出资总额的幅度内对各债权人承担责任。①

**(三) 协助抽逃出资情形下董事对债权人承担责任后的追偿问题**

在协助抽逃出资情形下,董事对债权人承担责任后是否可以向抽逃出资的股东进行追偿?对此有观点认为,《公司法解释三》第14条未作明确规定,但依据一般法理,法律并不当然承认和保护其追偿的权利,原因在于:董事对抽逃出资一般存在直接协助的故意行为,其对公司财产损失存在直接的因果关系,若允许连带责任人向抽逃出资者进行追偿,恐有降低其违法成本的风险。对连带责任人追偿的否定,意在对协助抽逃出资的人课以更加严格的责任,以取得避免此类行为频繁发生的效果。② 应当说,这种观点考虑到了否定董事追偿权对于预防协助抽逃出资行为发挥的积极作用,但我们认为该观点也有值得商榷之处。

其一,尽管法律未对协助抽逃出资情形下董事承担责任后的追偿问题作出规定,但是作为侵权责任基本法的《侵权责任法》的一般规范,应当成为此种情形下是否允许董事行使追偿权的法律依据。在协助股东抽逃出资的情形下,对股东实施帮助的董事应当与抽逃出资的股东构成共同侵权,就公司未能清偿的部分在股东抽逃出资本息的范围内承担连带责任。《侵权责任法》第13条规定,连带责任人根据各自责任大小确定相应的赔偿数额,难以确定责任大小的,平均承担赔偿责任。支付超出自己赔偿数额的连带责任人,有权向其他连带责任人追偿。可见,一般连带责任人应当按照各自责任的大小来确定赔偿额度,而且法律同时认可了超额支付的连带债权人享有追偿权。因而,除非法律有特别规定,协助抽逃出资的董事在承担责任后,也应有权向抽逃出资的股东进行追偿。

其二,该观点认为,由于董事对抽逃出资存在故意,赋予其追偿权可能会降低董事的违法成本并难以预防协助行为的频繁发生。对此我们认为,一方面,对于董事追偿权的否定确实能够通过提高董事的违法成本,有效地约束董事的行为,减少董事协助抽逃出资行为的发生。但这样的制度安排对抽逃出资的股东缺乏必要的约束,而且会反向激励股东在抽逃出资的情况下尽可能地规避其应当对债权人承担的法律责任。另一方面,对于董事追偿权的否定,对双方利益的平衡难谓妥当。协助抽逃出资的董事相比于直接抽逃出资的股东而言,毕竟是侵害行为的辅助者,让其完全承担股东抽逃出资时对债权人的责任,而又不允许其向抽逃

---

① 参见王进东、林晓东:《公司的博弈与平衡》,北京大学出版社2011年版,第49—50页。
② 参见奚晓明主编:《最高人民法院关于公司法解释(三)、清算纪要理解与适用》,人民法院出版社2011年版,第221页。

出资的股东进行追偿，无疑是让仅仅起协助作用的董事承担了主要责任。而且《公司法》关于董事责任的规范也在一定程度上会对董事的行为构成必要的约束。董事协助股东抽逃出资的行为，就其本质而言是一种违反《公司法》中董事对于公司忠实义务的行为，如果董事因为协助抽逃出资行为侵犯了公司利益，给公司造成了其他的损害，公司还有权起诉董事要求其承担赔偿责任。这在一定程度上会有效制约董事的行为，使其不会轻易决定实施协助他人抽逃出资的行为。

基于以上分析，我们认为，完全剥夺协助抽逃出资的董事对于股东的追偿权不符合侵权责任法的一般原理，允许协助抽逃出资的董事就超出其责任范围的部分向股东进行追偿，是一种更为科学的制度设计。此外，还有一个问题需要解决，董事到底可以在多大的范围内向股东进行追偿？我们认为，该问题的实质是，在董事与股东对债权人承担连带责任的情形下，究竟应当如何在其内部具体分配二者的责任？有学者提出了一些基本的考量原则，主要包括：第一，比较过错原则，即对数个共同加害人在实施共同侵权行为时的过错进行比较，根据过错的大小来确定其责任的大小。第二，比较原因力原则，即对数个共同加害人在实施共同侵权行为时各自所起的作用进行比较，根据其作用的主要程度来确定其责任的大小。第三，衡平考虑原则，即指在共同加害人之间最终分担赔偿份额时适当考虑各加害人的经济状况和其他相关因素。① 还有观点进一步提出了通过结合过错程度和原因力进行综合判断，确定各共同侵权人各自份额的具体操作办法，在以整体责任为100%的基础上分别测算出各行为人的过错占比、原因力占比，并将两个百分比相加除以2，最终确定每一行为人的责任份额。② 这无疑为司法实践中计算连带责任中各方的份额提供了切实有效的方法，对于计算协助出资情形下董事的责任分担额度不无借鉴意义。在具体处理案件的过程中，人民法院应当综合考虑上述因素，适当借鉴上述计算方法，合理确定董事在行使追偿权时可以向抽逃出资的股东请求的范围和具体额度。

### 十二、未尽出资义务股东权利的限制

出资义务是股东最基本最重要的义务，是股东的法定义务，同时也是股东之间以及股东和公司之间的一种约定义务。股东不履行出资义务，会导致公司资本不充实，损害了公司的利益，进而侵害公司其他股东及公司债权人的利益。广义上讲，股东的出资义务，既包括股东应当依法向公司缴纳其认缴的出资额，也包括其缴纳出资后不得抽逃其出资。《公司法解释三》确立了未尽出资义务股东权利的限制规则，实际上是授权公司通过限制股东权利来促使股东履行出资义务，以保证公司资本的充实。

---

① 参见张新宝：《侵权责任法原理》，中国人民大学出版社2006年版，第85页。
② 参见杨立新：《中华人民共和国侵权责任法精解》，知识产权出版社2010年版，第71页。

股东应当向公司完全履行出资义务,该出资是股东取得股东权利的对价,股东未履行出资义务违反了《中华人民共和国民法通则》(以下简称《民法通则》)第4条"民事活动应当遵循自愿、公平、等价有偿、诚实信用的原则"的规定,应当承担不利的后果。域外一些《公司法》规定可以限制未出资股东的股东权利,股东未尽出资义务时,公司可以通过公司章程的规定或者股东会决议限制股东权利。通过公司章程限制股东权利时,由于章程一般需要股东表决权的2/3以上股东通过,这能够使公司在限制股东权利时更加慎重;通过股东会决议限制股东权利时,虽然股东会决议一般只需要股东表决权的半数以上通过,但是《公司法》第28条第2款、第83条第2款均规定股东未尽出资义务时对其他股东承担违约责任,这种违约责任应是对每一个股东的违约责任,所以即使仅有半数以上股东同意限制未尽出资义务股东的权利,也不违反法律的规定,即通过股东会决议限制股东权利是合理的。因此,法院不应否定公司作出的上述限制的效力。

股东未尽出资义务主要表现为未履行或未全面履行出资义务和抽逃出资。股东未履行出资义务,根据股东主观意愿之不同,具体又可分为股东拒绝出资,股东因客观情况变化而不能出资,股东宣称出资而实际未出资之虚假出资。这些行为的结果均为股东根本未出资。股东未全面履行出资义务,包括股东未足额出资、迟延出资以及瑕疵出资。未足额出资是指股东只履行了部分出资义务,未按规定数额足额交付,包括货币出资不足、非货币财产出资的价值经评估显著低于公司章程所定价额等。迟延出资是指股东未按照规定的期限交付出资或办理出资财产相关权利的转移手续。瑕疵出资是指股东交付的非货币出资的财产存在权利或物的瑕疵。股东抽逃出资,是指在公司成立或者验资后,股东将缴纳的出资抽回。抽逃出资是严重侵蚀公司资本的行为,鉴于实践中抽逃出资行为的复杂性、模糊性和隐蔽性等特点,《公司法解释三》第12条对抽逃出资行为认定标准予以明确界定。

根据《公司法》第4条规定,股东权利主要包括资产收益、参与重大决策和选择管理者等权利。《公司法解释三》第16条列举了可以由公司予以限制的三项资产收益权,即利润分配请求权、新股认购权和剩余财产分配请求权。利润分配请求权,是指股东享有的、请求公司向自己分配股利的权利,实际上是股东对出资回报所享有的期待权,该权利之实现主要取决于公司利润之产生。新股认购权是指股东享有的、请求优先认购公司新增资本的权利,一般按照实缴出资的比例优先认购,但是,全体股东约定不按照出资比例分取红利或者不按照出资比例优先认缴出资的除外。剩余财产分配请求权,是指股东在公司清算时享有的请求分配公司剩余财产的权利,该权利以公司向其全部债权人清偿债务后尚有剩余财产为前提。

## 十三、瑕疵出资股东表决权行使的限制

瑕疵出资股东表决权行使能否受到限制,依据《公司法解释三》,受限权利不

包括表决权,主要系股东的自益权,但如果瑕疵出资股东持股比例高,表决权不受限是否符合权利与义务对等原则,是否利于公司稳定经营?

我们认为,股东表决权的行使虽然体现各个股东的利益和要求,但由于公司的意思表示是由多个股东表决权的行使汇集而成,表决权的行使又必然介入公司和其他股东的利益,故股东表决权应属共益权性质,这也意味着该种权利不仅表现为股东对公司经营决策的参与,而且集中体现为股东个人利益与公司利益的有机结合。我国和世界各国《公司法》均规定,股东表决权贯彻"同股同权""一股一权"的原则,公司股东享有表决权的大小与其持有股份的多少或者持股比例大小成正比。所谓同股同权,按照权利与义务相统一的基本原则理解,股东在表决权的行使方面应居于同等的法律地位,但出资瑕疵之股东与完全履行出资义务之股东在法律地位上显属不同。原因在于,出资瑕疵之股东对公司尚负有补足出资的法定责任,在补足出资之前,其行为明显构成对公司利益的不当损害,亦构成对其他诚实股东的违约行为。在出资瑕疵之股东的上述违法状态得以修正之前,如允许其自由行使表决权,不啻变相增加公司经营风险,亦有违对其他股东以及公司债权人利益的保护。因此,我们建议,对于出资瑕疵的股东,其表决权的行使亦应受到相应限制,而这种对表决权的限制可以追溯于股东实施瑕疵出资行为之时。诚如有学者所言:"就管理权和分配权而言,股东只能就其出资部分主张权利,对其未出资的部分,即使追补了出资,也只能对此后的公司管理和公司盈余主张权利。"①

### 十四、股东除名效力的认定

股东应当向公司完全履行出资义务,该出资是股东取得股东权利的对价,股东不履行出资义务违反了《民法通则》第4条"民事活动应当遵循自愿、公平、等价有偿、诚实信用的原则"的规定,应当承担不利的后果。德国《有限责任公司法》规定股东经催告仍不履行出资义务时,公司可以将其除名,使其丧失股东资格。《公司法解释三》借鉴了德国法上的股东除名制度,从司法的层面上确认了公司在一定条件下解除股东资格行为(即除名行为)的效力。

股东除名行为这种严厉的措施旨在督促股东尽快出资,保证公司资本的确定和充实。鉴于股东除名行为的后果是使股东丧失股东资格,对股东的权利影响重大,且对公司债权人利益产生重要影响,股东除名制度的机制设置,应当既能以较小的成本解决公司资本亏空的问题,又能避免对该股东的利益产生较大的不利。因此,公司以股东会决议解除未履行出资义务或者抽逃出资股东的股东资格,应当符合一定的条件和程序。

首先,解除股东资格这种严厉的措施只应用于严重违反出资义务的情形,即

---

① 赵旭东:《违反出资义务的法律后果》,载2001年2月1日《人民法院报》。

"未出资"和"抽逃全部出资",未完全履行出资义务和抽逃部分出资的情形不应包括在内。对于股东未完全履行出资义务和抽逃部分出资的情形,公司可以根据本司法解释第 16 条的规定,对该股东的利润分配请求权、新股认购请求权、剩余财产分配权等权利作出相应的合理限制。

其次,公司在对未履行出资义务或者抽逃全部出资的股东除名前,应给该股东补正的机会,即应当催告该股东在合理期间内缴纳或者返还出资。只有该股东在公司催告的合理期间内仍未履行出资义务的,公司方能以股东会决议解除该股东的股东资格,法院才能确认公司这种除名行为的效力。

最后,公司解除未履行出资义务或者抽逃全部出资股东的股东资格,应当依法召开股东会,作出股东会决议。根据《公司法》的规定,股东会决议分为一般事项决议和特别事项决议,一般事项决议需经代表 1/2 以上表决权的股东通过,特别事项决议需经代表 2/3 以上表决权的股东通过。公司作出股东除名行为,不属于《公司法》规定的特别事项,如果章程没有特别规定,经代表 1/2 以上表决权的股东通过即可。

公司将未履行出资义务或抽逃全部出资股东的除名后,被除名的股东所认缴的出资依旧处于"空洞"状态。为向公司债权人传达更真实的信息,保证公司债权人的利益,法院在判决确定股东除名行为的效力时,应当向公司释明,要求公司及时办理法定减资程序或者由其他股东或第三人缴纳相应的出资,以消除公司资本中的"空洞"。公司办理法定减资程序或者其他股东或第三人缴纳相应的出资之前,被除名的股东仍然应当承担此前由于其未履行出资义务或者抽逃全部出资所导致的、对公司债权人的法律责任。

## 十五、股东出资诉讼时效及举证责任的认定

### (一)股东出资责任诉讼时效的适用

诉讼时效制度具有督促权利人行使权利,维护社会交易的稳定,保护社会公共利益的立法目的,是对权利人的权利进行的适当限制。但这种限制不能是无边界的,不能滥用诉讼时效制度,使之成为义务人逃避债务的工具。

根据最高人民法院《关于审理民事案件适用诉讼时效制度若干问题的规定》第 1 条第(3)项,基于投资关系产生的缴付出资请求权不适用诉讼时效,股东不能以超过诉讼时效对向公司缴纳出资进行抗辩。进一步讲,既然股东对公司的出资义务不受诉讼时效的限制,就表明股东在出资前对公司始终承担该债务,那么公司的债权人基于代位权的原理向该股东主张该债权时,股东当然仍不能以诉讼时效进行抗辩。

与上述规定一脉相承,本规则规定,以下情形出资请求权不受诉讼时效的限制:公司或者其他股东请求未履行或者未全面履行出资义务的股东向公司全面履行出资义务的权利;公司或者其他股东请求抽逃出资的股东返还出资的权利;根

据《公司法解释三》第13条第2款,公司债权人请求未履行或者未全面履行出资义务的股东在未出资本息范围内对公司债务不能清偿的部分承担补充赔偿责任的权利;根据《公司法解释三》第14条第2款,公司债权人请求抽逃出资的股东在抽逃出资本息范围内对公司债务不能清偿的部分承担补充赔偿责任的权利。

### (二) 股东出资义务的举证责任承担

根据《民事诉讼法》第64条和最高人民法院《关于民事诉讼证据的若干规定》第2条的规定,在民事纠纷案件中,当事人对自己提出的诉讼请求所依据的事实有责任提供证据加以证明,即"谁主张、谁举证",这是民事诉讼中举证责任分配的一般原则。但是,在一些特殊的情况下,根据举证责任分配的一般原则分配举证责任可能产生不公正的结果,因此,最高人民法院《关于民事诉讼证据的若干规定》对一些特殊的民事纠纷案件的举证责任分配作出了特别规定。

当事人之间对股东是否已履行出资义务发生争议,向人民法院提起诉讼的,不属于最高人民法院《关于民事诉讼证据的若干规定》明确规定的特殊情形,原则上应当按照举证责任分配的一般原则,由原告对被告股东未履行出资义务的事实承担举证责任。但是,在实践中,某股东是否履行出资义务,除公司董事或高管人员可能知道外,其他股东、公司债权人等可能均不知道。此时如果要求其他股东、公司债权人提出充分确定的证据来证明该股东未履行出资义务,将对其他股东及公司债权人提出过高的要求,也不利于调动这类主体的积极性以尽快实现资本充实。

基于上述考虑,按照最高人民法院《关于民事诉讼证据的若干规定》第7条规定的精神,在对股东是否已履行出资义务发生争议的案件中,法院可以根据公平原则和诚信原则,综合当事人举证能力等因素确定举证责任的承担。本规则明确规定,原告对股东是否履行出资义务只需提供产生合理怀疑的证据,由被告股东举证证明其已履行出资义务的事实。如果被告股东不能提供充分证据证明其已履行出资义务,应当承担举证不能的法律后果。即在股东是否履行出资义务的举证责任上,一方面考虑权利人举证上的现实困难,另一方面为防止滥诉又未简单规定为举证责任倒置,而是要求原告提供能够产生合理怀疑的初步证据后再将举证责任倒置给被告股东。

关于原告的主体范围,一般认为,股东是否履行出资义务的争议发生于其他股东、公司债权人和被告股东之间,原告应为其他股东和公司债权人。然而,公司有时也可能因对于股东是否履行出资义务不甚明了,而与相关股东产生争议,此时的公司作为一个独立的主体,当然也有权提起诉讼。因此,对于股东履行出资义务产生争议的原告应当包括公司、其他股东和公司债权人。不同的原告举证能力存在较大差异,一般来说,公司的举证能力最强,其他股东次之,债权人的举证能力最弱。法院在认定原告是否提供了产生合理怀疑的初步证据时,对公司、其他股东和公司债权人的要求应当有所区别。

### 十六、以"过桥借款"方式缴纳出资的责任认定

"过桥借款"通常是指公司股东为履行出资义务从第三人处取得借款,股东将借入资金交付公司并取得公司股权后,再将公司资金直接或间接地归还给出借人,用以抵消股东对出借人的欠款。在形式上,"过桥借款"出借人获得清偿的方式有两种:一是股东将公司资金转入股东名下,并以股东名义向出借人偿还借款、清偿债务,公司财务记载公司对股东的应收款;二是股东以公司名义将资金直接支付出借人,公司财务记载公司对出借人的应收款。无论出现何种情况,公司股东在设立公司之前都不存在主观故意。

实践中,大部分工商行政管理机关将"过桥借款"以股东抽逃出资或虚假出资来处理,只要出借人借上述方式实现了债权,就认定股东采取"过桥借款"方式出资。但是,如果出借人与股东、出借人与公司签署合法的协议,且根据协议出借人向股东,公司向出借人都收取合理报酬或价款,且这一报酬都在法律允许的民间借贷利率之内,似乎不宜认定公司股东是以"过桥借款"方式缴纳出资。① 此时,股东与出借人之间仅形成普通的债权债务关系,应当认定股东已经实际缴纳出资。

但是,如果股东出资方式的确构成"过桥借款",则不仅会导致公司名义资本与实际资本之间的差异,而且将导致股东名义股权与实际股权之间的差异,从而背离法定资本制和实收资本制的要求。股东以"过桥借款"方式出资,其主观目的在于取得以公司名义从事经营的资格,而非按照出资数额或者比例承担投资风险,取得投资收益。据此,应认定利用"过桥借款"出资的股东具有名义股东身份而无实质股东身份。这种认定的意义有三:其一,未出资股东应继续承担出资义务,避免股东借机逃避出资义务;其二,未出资股东失去了利润分配请求权;其三,公司债权人可根据代位权直接向未出资股东提出追索,以落实公司法保护债权人的法律理念。②

### 十七、未出资的股东或由未出资股东控制的公司能否向其他未出资股东主张追缴出资

股东取得股东资格、行使股东权利的对价是按时足额履行对公司的出资义务。股东未出资的或者出资瑕疵的,公司或者其他股东可以向人民法院提起诉讼,请求判令该股东补足出资。未出资股东或瑕疵出资股东对公司的资本充实责

---

① 参见李国光、王闯:《审理公司诉讼案件的若干问题(上)》,载 2005 年 11 月 21 日第 1 版《人民法院报》。

② 参见叶林、王世华:《公司法定资本制的检讨》,载《法律适用》2005 年第 3 期,转引自吴庆宝主编:《商事裁判标准规范》,人民法院出版社 2006 年版,第 202 页。

任为法定的特别民事责任。① 股东未履行出资义务，无论个别股东未履行抑或全体股东均未履行，均构成对《公司法》强制性规定的违反，导致公司资本制度无法发挥其正常功能。因此，我们认为，出于维护公司外部交易安全和债权人利益的考虑，股东不得以其他股东未履行出资义务，作为其自身不履行出资义务的抗辩理由。否则，公司股东均有可能以此作为放任其不履行出资义务的借口，甚至出现股东均不履行出资义务的责任僵局。因此，未出资的股东或由未出资股东控制的公司均可向其他未出资股东主张追缴出资，但为避免控制公司的未出资股东滥用其控制地位，保证公司资本的充实，我们建议，可在上述股东或者公司向其他未出资股东追缴出资的诉讼中，释明被追缴出资股东向本诉中的未出资股东提起反诉，要求该股东一并履行对公司的出资义务。同时，可以考虑将公司同时列为该案的诉讼第三人，作为双方当事人履行出资义务的对象。

### 十八、股份有限公司瑕疵出资股权转让后对公司的民事责任承担

为了保护交易安全，提高瑕疵出资股东的失信成本，公司法建立了瑕疵出资民事责任制度，即瑕疵出资股东(发起人)向公司其他出资没有瑕疵的股东(发起人)承担违约责任，向公司承担补缴责任或差额补足责任，当公司不能偿还债务时，在瑕疵出资的范围内向公司债权人承担补充赔偿责任。而股份有限公司股东瑕疵出资责任制度是否适用于瑕疵股权转让后的民事责任的承担，对此，现行公司法和司法解释均未规定。对此，我们认为：

**（一）出让人对瑕疵出资民事责任的承担问题**

1．民法上责任自负原则要求出让人承担出资责任

我国《公司法》第93条第1款规定："股份有限公司成立后，发起人未按照公司章程的规定缴足出资的，应当补缴；其他发起人承担连带责任。"该条第2款规定："股份有限公司成立后，发现作为设立公司出资的非货币财产的实际价额显著低于公司章程所定价额的，应当由交付该出资的发起人补足其差额；其他发起人承担连带责任。"因此，发起人存在瑕疵出资情形时，负有对公司承担补缴责任或差额补足责任的法定义务。这种责任既有违约责任的性质，又有侵权责任的性质。违约责任表现为对公司章程的违反，侵权责任表现为对公司法人财产的充实造成了损害。因此，出让人不因股权的转让而免除其承担瑕疵出资的责任。这正体现出了"出让股东完全承担责任说"的合理之处。

"出让股东完全承担责任说"认为，不管出让股东是否对受让人构成欺诈，瑕疵股权出让股东都应当完全承担瑕疵出资责任。根据民法上责任自负的原则，出让股东尽管在出让股权后不再是公司股东，但公司设立时的出资义务是法定义

---

① 参见刘俊海：《新公司法的制度创新：立法争点与解释难点》，法律出版社2006年版，第116页。

务,不因股权转让而免除。因此,只有瑕疵出资股东对公司及其债权人承担瑕疵出资的民事责任,而且是第一位的赔偿责任,受让人不因其从出让股东受让股权的事实而对公司及其债权人承担补充清偿责任。① 该观点也被最高人民法院《关于审理公司纠纷案件若干问题的规定(一)》(征求意见稿)所采纳。② 但是该学说仅注重了出让股东的出资瑕疵过错及其出资法定义务的不可转移性,却违反了当事人意思自治原则,忽视了瑕疵股权受让人自愿承担瑕疵出资责任的客观事实,忽视了受让人登记为股东的客观事实,不利于债权人合法利益的保护,是不科学、不合理的。

2. 出让人原有的股东身份要求其承担出资责任

股权转让给第三人,使得出让人丧失了公司的股东身份,但出让人原是公司股东的事实是不能抹灭的,其原有的股东身份对于其承担出资责任具有一定的影响。股权转让与一般的民事合同的转让不同。对于民事合同,其存在具有一时性,仅限于当事人之间,当事人履行完毕后其即告消灭,转让人将其转让于第三人后,即彻底地脱离了该合同,不再享有相关的合同权利或承担相关的合同义务。③由于股权转让存在持续性,股东行使股权,也会影响其他股东、公司及公司交易相对人等主体的利益,新股东进入公司,要在原股东行为的基础上来实施自己的行为。因此,出让人股东必须对自己的原有行为负责,否则,对于新进公司的受让人股东不公平。

**(二) 受让人对瑕疵出资民事责任的承担问题**

1. 受让人已有的股东身份要求其承担出资责任

受让人因受让瑕疵股权而替代出让股东享有公司股东资格,因享有公司股东身份而获取相应的利益。正如"受让股东完全承担责任说",其认为股权转让合同的标的物是股权,受让人受让股权后就替代出让股东成为目标公司的股东,自然应当接受公司章程的约束。对公司来说,受让人已经在公司章程和股东名册中登记为股东,公司就得向受让人履行公司应尽的义务,受让人也可以向公司主张股东权利。从权利与义务公平角度讲,受让人因其股东身份享有了应有的股权权益,也应该承担基于此股权产生的瑕疵出资责任。因此,"受让股东完全承担责任

---

① 参见刘俊海:《新公司法的制度创新:立法争点与解释难点》,法律出版社 2006 年版,第117 页。

② 参见最高人民法院民二庭:《关于审理公司纠纷案件若干问题的规定(一)》(征求意见稿),载奚晓明主编:《中国民商审判》(总第 6 集),法律出版社 2004 年版,第 14 页。转引自奚晓明主编:《股权转让纠纷》,法律出版社 2007 年 10 月版,第 74 页。该征求意见稿第 28 条第 1 款、第 2 款规定,有限责任公司股东未足额出资或者抽逃出资后转让股权,公司或者其他股东请求转让人将股份转让价款用于补足或者返还出资的,人民法院应予支持。转让股权的价款不足以补足出资,转让人又未继续补足,公司或者其他股东或债权人依据本规定第 9 条、第 10 条的规定请求转让人补出资或者在出资不足金额及利息的范围内对公司债务承担责任的,人民法院应予支持。

③ 参见李慧:《瑕疵股权转让相关问题研究》,载《研究生法学》第 25 卷第 6 期。

说"具有一定的合理性,但其认为瑕疵股权的民事责任应全由成为公司股东的受让人来承担,与已经丧失股东资格的出让股东无关的观点,是完全忽视出让股东的过错和其法定出资义务的做法,较为简单和片面。

2. 受让人的善意应排除其承担出资责任

"根据受让股东善意与否确定瑕疵出资责任的承担主体"的观点认为,应根据受让人是否明知或应知出资未到位的真实情况来确定。

如果出让人未告知受让人出资瑕疵的真实情况,受让人对此也不明知或应知的,受让人可据此根据具体情况提出瑕疵股权转让合同撤销、变更或无效之诉。如果债权人将目标公司、出让人和受让人列为共同被告,追索债权,同时受让人以出让人为被告,以欺诈为由要求撤销瑕疵股权转让合同的,法院可将债务纠纷和股份转让纠纷合并审理。如果债权人仅将目标公司与受让人列为共同被告,受让人又以欺诈为由主张撤销瑕疵股权转让合同的,应另行起诉,但应先于债务纠纷审理,债务纠纷应中止审理。一旦瑕疵股权转让合同被确认无效,因出资瑕疵而产生的民事责任完全由出让人承担。①

如果受让人明知或应知股权存在瑕疵仍接受转让的,则又有两种不同的具体处理方式。第一种方式是认为此种情况下瑕疵股权转让双方只要明知股权瑕疵存在的事实,而受让人又自愿承担瑕疵股权的出资补足责任,此时应由受让人承担瑕疵出资的补足责任。② 第二种方式是认为受让人自愿受让瑕疵股权,其必须承担瑕疵出资责任,不能承担部分,由转让人承担补充赔偿责任。该观点突出了商事交易的公平理念,注重对善意受让人利益的保护,有一定的合理性,但其忽视了出让股东的法定出资义务,在受让人自愿承担责任的场合,为了保护公司债权人的利益,瑕疵股权出让股东也应承担瑕疵出资责任。

### (三) 出让人与受让人向公司承担出资责任的构建

通过前文分析,在公司要求出让人、受让人承担出资责任的诉讼案件中,出让人要承担出资瑕疵的责任,但受让人是否与出让人连带承担出资瑕疵责任,要区分不同情形具体分析。在公司要求受让人承担瑕疵出资责任的时候,应肯定受让人以善意为由向公司主张抗辩权。如果受让人有合理理由相信出让股东出资没有瑕疵,则不应承担补缴责任或差额补足责任。因为受让人在受让瑕疵股权的时候,是作为公司之外的第三人,其在受让瑕疵股权的时候,只要出让人被载入公司股东名册、公司章程之中,受让人因合理信赖公司登记公示效力,其不应承担补缴责任和差额补足责任,这也是商法公示主义和外观主义的应有之意。对善意受让人合法利益的公平保护,也体现了商事交易公正、公平的价值取向。如果公司确有证据证明受让人知道或应当知道瑕疵出资事实,自愿承担瑕疵出资责任的,那

---

① 参见吴庆宝主编:《商事裁判标准规范》,人民法院出版社2006年版,第205页。
② 参见虞政平:《股权转让协议的效力审查》,载《法律适用》2003年第9期。

么受让人与出让人连带承担责任的理由也更加明确。

### 十九、股份有限公司瑕疵出资股权转让后对公司债权人的民事责任承担

#### (一) 出让人对瑕疵出资民事责任的承担问题

1. 出让人不履行法定出资义务损害了债权人利益

出让人未履行或未全面履行出资义务,必然造成公司法人的财产不当减损,而公司是以其全部财产作为清偿债务的一般担保,任何非法侵占、损毁债务人财产的行为都可能损害债权人的利益,公司财产减少,必然降低了公司的偿债能力。当公司不能足额清偿债务时,债权人即受到实际损失。因此,瑕疵出资股东不履行出资义务的行为也属于侵害公司债权人的侵权行为,遭受损害的公司债权人可以依据侵权行为责任规定,要求其承担损害赔偿责任。

2. 代位权学说要求出让人向公司债权人承担出资责任

依据现有的法律规定,债权人直接向公司股东追究责任,仅能在公司人格否认的情形下,即依据我国《公司法》第20条直接向股东追究责任。但是司法实践中,公司人格否认认定非常谨慎。根据代位权学说,在公司人格未被否认情形下,债权人的债权得不到公司清偿,股东向公司认购了股份,但股东未履行或者未全面履行出资义务,股东应当缴纳的出资可以视为是股东对公司所负的债务,当股东没有履行该出资义务时,公司债权人可代公司向该股东进行追偿。

#### (二) 受让人对瑕疵出资民事责任的承担问题

1. 商法公示主义和外观主义等商事法律规则

商事外观主义,是指以交易当事人行为之外观为准,而认定其行为所生之效果。在商事审判过程中,要保护各类商事主体基于相关材料的公示效力所实施的合法的商事行为。商事外观主义在商法中的普遍推行,有利于保护相对人及第三人的预期效果,减少交易中的预测成本,促进商事交易快速、便捷,消除行为人内在心态难以准确测定的弊端。当然,外观主义的适用必须存在充分的理由,即相对人已经基于对外观的合理信赖建立了比较稳定的法律关系,否则就违背了民法的基本原则,会造成交易秩序的紊乱。[①] 在公司实践中,公司章程、股东名册的公示效力不容忽视。

2. 受让人已登记的股东身份要求其承担出资责任

瑕疵股权转让后,出让人已经脱离了公司,受让人已成为公司的新股东,股权变更已经通过股票交付以及公司章程、股东名册的变更登记完成了股权变动公示。这在交易过程中产生了公示公信力,在公司外部的公司债权人看来,就产生了权利上的外观,相对第三人有理由相信股权公示的股东即为真实的股东,其在

---

[①] 参见叶林、石旭雯:《外观主义的商法意义——从内在体系的视角出发》,载《河南大学学报》(社会科学版)2008年第3期。

交易过程中基于这种信赖而为的法律行为,应受到法律保护。因此,在商事外观主义下,瑕疵股权转让后,受让人应当承担出资责任,有利于保护公司债权人的利益,维护交易安全。因为,公司债权人作为公司外的第三人,不可能知道转让股权的股东出资是否存在瑕疵,其所能了解的是受让股权的股东的情况,从充分、方便保护公司债权人利益角度看,受让人也应当与转让人共同承担出资瑕疵民事责任。①

3. 维护交易安全、促进交易效率的商法价值取向要求受让人承担出资责任

善意受让人的利益保护和第三人债权人的利益保护存在冲突时,即商事交易安全、效益价值取向和商事交易公正、公平价值取向之间存在冲突时,该如何做出取舍?商法的价值取向是维护商事交易的效益,即效益优先、兼顾公平等价值,而民法的价值取向恰恰相反,即公平优先、兼顾效益等价值。根据商事审判理念,切实保障商事交易的安全,应优先保护第三人债权人的利益,即善意受让人应先承担瑕疵出资责任,然后向出让股东行使追偿权。

### (三) 出让人与受让人连带承担出资责任的构建

通过前文分析,在瑕疵出资股权转让后对公司债权人的民事责任承担主体的认定中,出让人既要承担出资瑕疵的责任,受让人也应当与出让人共同承担出资瑕疵的责任。但是,受让人承担出资责任究竟是第一顺位的责任还是第二顺位的责任,换言之,是连带责任还是补充责任,有必要进行分析。

"出让股东和受让股东承担连带清偿责任说"认为,如果受让人明知或者应知股权存在瑕疵仍予以受让,或者虽不知存在瑕疵,但在未支付对价的情况下受让股权的,那么该瑕疵股权转让合同就有效,出让股东和受让人应在出资瑕疵的范围内向利害关系人承担连带清偿责任。② 如果受让人因受出让股东欺诈而受让瑕疵股权的,受让人尽管可以就瑕疵股权转让合同提起撤销或者变更之诉,但是受让人不能对抗不知情的公司债权人,其仍然需要在出资瑕疵的范围内与公司及其他股东一起向公司债权人承担连带清偿责任。③ 出让人的投资义务为法定义务,不因股权转让而免除;当债权人和股东利益发生矛盾时,应首先维护资本确定原则,确保公司注册资本充实,以保障债权人的利益。因此,从充分保护债权人利益的角度讲,无需考虑受让人是否善意。也就是说,无论受让人善意与否,受让人均应当对公司债权人承担责任;支付合理对价的新股东承担有关责任后,可以取得对原股东的追偿权。

---

① 参见高玉成:《公司股权转让中瑕疵出资的民事责任》,载《中国审判新闻月刊》2007年第7期。
② 参见邱丹:《转让出资瑕疵股权相关民事责任探析》,载江必新主编:《民商审判指导与参考》(总第4卷),人民法院出版社2004年版,第95页。
③ 参见刘俊海:《有限责任公司股东权转让若干问题研究》,载奚晓明主编:《中国民商审判》(总第3集),法律出版社2003年版,第366页。

我们认为该学说在瑕疵出资责任承担问题上具有合理因素：一方面注重考察瑕疵股权出让股东应就其瑕疵出资问题承担责任的正确思路；另一方面又对受让人的真实意思作了关注，在善意受让人利益和善意公司债权人利益保护冲突问题上，强调优先保护公司债权人利益，突出了商事交易安全的理念，同时赋予受让人一定的救济权，以保护其合法利益。

目前的我国司法实践中，在《公司法》修订之前，应主要依据最高人民法院发布的几个规范性文件来处理此类纠纷。第一，1994年最高人民法院发布的《关于企业开办的企业被撤销或者歇业后民事责任承担问题的批复》（下称解释一）中将股东的瑕疵出资（开办企业）分为两种情况：一是瑕疵出资但具备企业法人资格条件，瑕疵出资股东应在实际投入的自有资金与注册资金差额范围内承担民事责任；二是瑕疵出资致使企业不具备法人资格条件，瑕疵出资股东将承担清偿债务责任。第二，1998年最高人民法院发布的《关于人民法院执行工作若干问题的规定（试行）》（下称解释二）第80条规定："被执行人无财产清偿债务，如果其开办单位对其开办时投入的注册资金不实或抽逃注册资金，可以裁定变更或追加其开办单位为被执行人，在注册资金不实或抽逃注册资金的范围内，对申请执行人承担责任。"第三，《公司法解释三》第19条对有限责任公司瑕疵股权转让后的责任承担问题做了明确规定。

上述解释一和解释二明确了瑕疵出资股东应向公司债权人承担出资不实范围内的债务清偿责任，在司法实践中，对审理瑕疵股权转让纠纷具有重要参考意义。但是，这些法律文件并没有对瑕疵股权转让后的瑕疵出资民事责任的承担作出规定，即股权受让人是否要承担瑕疵出资责任并不明确。因此，其并不能直接指导司法审判活动。《公司法解释三》仅对有限责任公司瑕疵出资股东转让股权的瑕疵出资民事责任的承担做了明确约定，且从《公司法解释三》的该条规定来看，明确排除了对股份有限公司瑕疵股权转让的适用。因此，我国现有法律法规对股份有限公司的瑕疵股权受让人应否与转让人共同承担出资瑕疵民事责任，没有明确规定。我们认为，为了充分保护债权人的利益、维护交易安全，对股份有限公司瑕疵股权转让后瑕疵出资民事责任的承担应作如下处理：股份有限公司的发起人未履行或者未全面履行出资义务即转让股权，公司请求该发起人履行出资义务、受让人对此承担连带责任的，人民法院应予支持；如果受让人不知道出让人瑕疵出资的，受让人不应承担连带责任。公司债权人请求未履行或者未全面履行出资义务的发起人股东在未出资本息范围内对公司债务不能清偿的部分承担补充赔偿责任，同时请求前述受让人对此承担连带责任的，人民法院应予支持，受让人不得以不知道出让人瑕疵出资为由向债权人提出抗辩。受让人根据前款规定承担责任后，向该未履行或者未全面履行出资义务的发起人股东追偿的，人民法院应予支持。

拟做如上处理，有以下几点理由。

第一,出让人对公司出资存在瑕疵,是出资瑕疵责任产生的源头,不因转让瑕疵股权免除其责任,首先应当承担出资瑕疵责任。

第二,如果要求受让人承担补充责任,则将使公司债权人的利益保护落空。因为瑕疵股权转让后,出让人就退出了公司,而发生纠纷时,公司债权人作为公司之外的第三人,是很难知道股东具体出资的情况,甚至找不到出让人。如果规定当出让人没有能力承担责任时,受让人才对公司债权人承担责任,则公司债权人很难举证证明出让人没有能力承担责任,这对公司债权人的利益保护很不公平。因此,受让人承担首要责任比起补充责任更为妥当,更符合商法保障商事交易安全和效益的价值取向。

第三,相对于受让人受让瑕疵股权,公司对债权人的责任是公司的对外责任,不同于公司内部责任,不能以公司股东转让瑕疵股权的效力来对抗债权人。因为受让人受让股权后,即成为公司股东,其受让股权时是否善意,是公司内部之事,不能对抗第三人债权人。况且,受让人在受让瑕疵股权时,有义务去核实出让股东转让的股权是否存在瑕疵,法律没有必要对其加以特别保护而免除其责任。

第四,如果受让人明知或应知瑕疵出资问题,意味着其自愿承担责任。在其承担有关责任后,可以向转让人行使追偿权等各种救济权利,也符合公平原则。

## 二十、股份有限公司瑕疵出资股权受让人的权利救济

我们认为,瑕疵股权受让人可以援用抗辩权和追偿权寻求自己的利益保护。

1. 瑕疵股权受让人的抗辩权

股权受让人因受让了瑕疵股权,面临着向公司或公司债权人承担瑕疵出资责任的法律风险,受让人在成为被告时,可向债权人主张一定的抗辩权。

在公司要求瑕疵股权受让人承担瑕疵出资的连带责任时,如果受让人不知道出让股东瑕疵出资,受让人可以善意为由向公司主张抗辩权,即其不应承担补缴责任或差额补足责任。但是,如果公司确有证据证明受让人知道或应当知道瑕疵出资事实,其抗辩权不能成立。

在公司债权人要求瑕疵股权受让人承担瑕疵出资的连带责任时,受让人的抗辩权可以归纳为两种:一是时效抗辩权,即公司债权人要求债务人公司的瑕疵出资股东和股权受让人承担连带清偿责任,受让人有权向债权人主张其债权超过时效的抗辩。二是先诉抗辩权,即债权人要求瑕疵股权出让人和受让人承担连带责任时,并在公司的财产被强制执行而无效果之前,受让人享有拒绝债权人要求其承担连带责任的权利,只在公司财产不够清偿债务的情形下,再由出让人和受让人在瑕疵出资范围内承担补充清偿责任。因为股东仅以出资额为限承担有限责任,股东与债权人之间并没有直接法律关系。故只有在公司财产不能清偿其债务时,才能要求股东承担有限清偿责任。此时如果令瑕疵出资股东直接对公司债权人承担连带清偿责任,显然对债权人保护过度。

2. 瑕疵股权受让人的追偿权

追偿权是指瑕疵股权受让人因受让的股权存在瑕疵出资因素而被追承担瑕疵出资范围内的补缴或差额补足责任后,可以向瑕疵出资的股权出让人及公司设立时的其他发起人追偿。

根据《公司法》第93条第1款规定:"股份有限公司成立后,发起人未按照公司章程的规定缴足出资的,应当补缴;其他发起人承担连带责任。"该条第2款规定:"股份有限公司成立后,发现作为设立公司出资的非货币财产的实际价额显著低于公司章程所定价额的,应当由交付该出资的发起人补足其差额;其他发起人承担连带责任。"这是我国公司法中资本充实制度的体现,"其目的在于使公司设立者之间建立一种相互督促相互约束的出资担保关系,以确保资本充实,维护公司债权人和社会公众的权益"。[①] 因此,资本充实制度下公司设立者的出资义务是法定的,公司设立者之间的契约,包括公司章程或股东会决议,不能加以排除。作为瑕疵股权的受让人因受让股权而承受的风险,可以向公司设立时除出让人之外任何一个发起人股东追偿。

受让人追偿权行使应以受让人代为履行范围为限。受让人代为承担责任时不得超过出让人瑕疵出资的范围,否则,出让人会行使抗辩权,以对抗受让人超过瑕疵出资范围的要求。

追偿权行使有一定的期限,即根据我国《民法通则》第135条"一般诉讼时效"的规定,权利人向人民法院请求保护民事权利的诉讼时效期间为2年。在此需要注意追偿权行使期限起算点,应以法律文件确定受让人承担责任之日计算。受让人在被提起责任承担请求之时,其责任还没有被确定,不能提起追偿权诉讼。此时,如果出让人没有参加诉讼的,受让人仅可以向法院申请追加。

---

① 王利明:《中德合同制度的比较》,载《比较法研究》2001年第1期。

# 第五章　新增资本认购纠纷裁判精要

> **案由释义**
>
> 新增资本认购纠纷是指有限责任公司新增资本认购、股份有限公司发行新股认购而产生的纠纷。该纠纷与股东出资纠纷不同，应注意区分：股东出资纠纷规范的是股东违反出资义务的各种情形；而新增资本认购纠纷规范的则是公司新增注册资本时，除股东出资纠纷之外的相关纠纷。

## 一、新增资本认购纠纷类型

实践中，新增资本认购纠纷可能发生在新出资人与公司之间，也可能发生在原股东与公司之间，大致有以下类型：

1. 股东或者公司之外的其他人起诉要求确认享有公司股权。按照《公司法》的相关规定，在满足以下条件时，人民法院应判令公司向公司登记机关办理相应的变更登记，确认出资人享有公司股权：公司股东会或者股东大会关于增加公司注册资本的决议合法有效；公司股东会、股东大会决议新增资本总额已经全部安排认缴；新增资本已经向公司缴纳并经依法设立的验资机构验资；有限责任公司原告股东主张认缴的份额符合《公司法》第34条的规定；股份有限公司增加注册资本依法需要报经国务院证券监督管理机构核准的，已经核准。

2. 因行使优先认股权产生的纠纷。对于有限责任公司，公司新增资本时，股东有权优先按照实缴的出资比例认缴出资，但是，全体股东约定不按照出资比例分取红利或者不按照出资比例优先认缴出资的除外。如果公司违反这一约定，权利受到损害股东有权针对公司提起诉讼。

## 二、股东在公司增资时未履行或者未全面履行出资义务的责任承担

《公司法解释三》第13条第3款规定："股东在公司增资时未履行或者未全面履行出资义务，依照本条第一款或者第二款提起诉讼的原告，请求未尽公司法第一百四十七条第一款规定的义务而使出资未缴足的董事、高级管理人员承担相应

责任的,人民法院应予支持;董事、高级管理人员承担责任后,可以向被告股东追偿。"据此,我们认为,股东未履行或未全面履行出资义务的行为,违反了公司资本维持原则,对债权人利益具有较大威胁。为保护债权人利益,在增资后股东未履行或未全面履行出资义务导致公司不能清偿债务时,债权人应有权直接请求该股东承担赔偿责任。

根据《公司法》第93条的规定,股份有限公司设立过程中,股东未履行出资义务的,公司设立时的其他股东(或发起人)应当承担连带责任。而有限责任公司发起人未履行或者未全面履行出资义务时,《公司法》没有完整地规定其他发起人的连带责任。我们认为,关于股份有限公司前述规定的精神可以推广适用到有限责任公司,所以本条规定发起人未履行或者未全面履行出资义务的,相关主体有权请求公司设立时的股东(或发起人)承担连带责任。根据连带责任内部求偿原理,公司设立时的股东(或发起人)承担责任后,可以向未履行或未全面履行出资义务的股东追偿。

根据《公司法》第147条第1款的规定,公司董事、高级管理人员对公司负有勤勉义务。公司增资时,向股东催收资本属于董事、高级管理人员勤勉义务的范围,其未履行该义务会对公司及其他利益相关者的利益产生影响,故应当向相关权利主体承担责任。因此,股东在公司增资过程中未履行或者未全面履行出资义务的,公司、其他股东或者债权人有权请求公司董事、高级管理人员承担相应的责任。根据民法相关原理,董事、高级管理人员承担责任后,可以向未履行或未全面履行出资义务的股东追偿。

上述未履行或者未全面履行出资义务的股东、公司设立时的其他股东(发起人)或公司增资后的董事、高级管理人员等责任主体,对公司债权人承担的赔偿责任的性质是"补充责任""有限责任"和"一次性责任"。所谓"补充责任",是指债权人只有在公司不能清偿其债权时,就不能清偿的部分请求上述责任主体承担赔偿责任;所谓"有限责任",是指上述责任主体向全体债权人承担赔偿责任的范围以股东未履行出资义务的本金及利息范围为限;所谓"一次性责任",是指上述责任主体已经赔偿的总金额达到责任限额时,其他债权人不得再以相同事由向该责任主体提出赔偿请求。

### 三、公司部分股东在增资扩股中承诺放弃认缴新增出资份额时其他股东的优先认购权

首先,增资扩股不同于股权转让。增资扩股是指企业向社会募集股份、发行股票,新股东投资入股或原股东增加投资扩大股权,从而增加企业的资本金。对于有限责任公司来说,增资扩股一般指企业增加注册资本,增加的部分由新股东认购或新股东与老股东共同认购,企业可以用增加的注册资本,投资于必要的项目,经济实力增强。股权转让是指公司股东依法将自己的股份让渡给他人,使他

人成为公司股东的民事法律行为。股权转让是股东行使股权经常而普遍的方式，我国《公司法》规定股东有权通过法定方式转让其全部出资或者部分出资。二者的区别主要在于：(1) 股权转让和增资扩股的合同当事人虽然都含有公司的原股东及出资人，但从协议价金受领的情况看，股权转让和增资扩股中出资人资金的受让方是截然不同的。股权转让中的资金由被转让股权公司的股东受领，资金的性质属于股权转让的对价；而增资扩股中的资金受让方为标的公司而非该公司的股东，资金的性质属于标的公司的资本金。(2) 从出资后标的公司的注册资本的变化看，股权转让后，出资人履行义务完成时标的公司的注册资本是保持不变的，仍然为原数额；而增资扩股后，标的公司的注册资本发生了变化。这是两者最明显的区别。(3) 股权转让和增资扩股支付价金一方的当事人对于标的公司的权利义务不同。股权转让中，支付价金的一方在支付价金取得了公司股东地位的同时，不但继承了原股东在公司中的权利，也应当承担原股东对公司从成立之时到终止之日的所有义务，其承担义务是无条件的；而增资扩股中支付价金一方的投资人对于其投资之前标的公司的义务，是否与标的公司的原始股东一样承担，可以由协议各方进行约定，支付价金的一方对其加入该公司前的义务的承担具有可选择性。(4) 二者表决程序采取的规则不同。股权具有财产权利的性质，具有价值并可转让。股权对外转让系股东处分其个人的财产权，因此《公司法》第71条规定"股东对外转让股权须经其他股东过半数同意"，适用的是"股东多数决"（即以股东人数为标准），而非"资本多数决"（即股份多数决，以股东所代表的表决权多少为标准），并且欲转让股权的股东只需书面通知其他股东，而无须召开股东会表决。增资扩股是公司资本运营过程中的内部重大决策问题，因此，《公司法》第37条明确规定，增资扩股必须经股东会做出决议，除非全体股东以书面形式一致表示同意。《公司法》第43条进一步规定，股东会作出增加注册资本的决议，必须经代表2/3以上表决权的股东通过，采用的是"资本多数决"而非"股东多数决"。(5) 对公司的影响不同。股权转让导致股东变化，但公司的注册资本并没有增加或减少，故对公司的发展壮大不会产生太大影响，《公司法》对股权对外转让的限制规定注重保护的是公司的人合性。而公司增资扩股往往不仅导致新股东的加入，更是为公司增加了注册资本，带来了新鲜血液，使公司的经济实力增强，从而可以扩大生产规模、拓展业务，故增资扩股主要涉及公司的发展规划及运营决策，注重保护的是公司的资合性。

其次，对股东承诺放弃认缴的新增出资份额公司其他股东不享有优先认购权。我国《公司法》第34条和第71条的规范对象不同，前者是对公司增资行为进行规范，后者是对股权转让行为进行规范。通过条文规范内容不难看出，第34条规定的"公司新增资本时，股东有权优先按照实缴的出资比例认缴出资"，出发点在于保护公司原有股东的股权不因新增资本而被稀释，有效地处理了公司资本多数决原则与少数股东权保护之间的关系，平衡了个别股东的权益和公司整体利益的关系。而第71条规定了"股东向股东以外的人转让股权,应当经其他股东过半数同意……经股东同意转让的股权,在同等条件下,其他股东有优先购买权……"其出发点在于通过赋予股东优先购买权维护有限责任公司的人合性。但优先购买权作为一种排斥第三人竞争效力的权利,对其相对人权利影响重大,必须基于法律明确规定才能享有。其发生要件及行使范围须以法律的明确规定为根据。我国公司法第34条明确规定了在全体股东无约定的情况下有限责任公司新增资本时股东优先认缴出资的权利,以及该权利的行使范围以"实缴的出资比例"为限,超出该法定的范围则无所谓权利的存在。如果不考虑公司增资扩股与股东对外转让股权行为之间的区别,认为公司法第71条可适用于股东认缴公司新增资本的情况,则必然导致个别股东权益与公司整体利益之间失去平衡,公司股东因担心公司控制力在股东之间发生变化而不愿作出增资决定,影响了公司的经营发展。

当然,有限责任公司的股东会完全可以有权决定将此类事情及可能引起争议的决断方式,包括股东对其他股东放弃的认缴出资有无优先认购权的问题交由公司章程规定,从而依据公司章程规定方式作出决议。总之,有限责任公司新增资本时,部分股东欲将其认缴出资份额让与外来投资者,在我国《公司法》无明确规定其他股东有优先认购权的情况下,公司其他股东不能依据与增资扩股不同的股权转让制度,行使公司法第71条所规定的股权转让过程中的优先购买权。

# 第六章　股东知情权纠纷裁判精要

> **案由释义**
>
> 　　股东知情权是指法律赋予公司股东了解公司信息的权利。股东知情权包括股东了解公司的经营状况、财务状况以及其他与股东利益存在密切关系的公司情况的权利。从形式上看，股东知情权主要表现为股东查阅公司财务会计报告、会计账簿等相关档案材料的权利。实质上，股东知情权不仅指单纯地了解公司有关信息，而且包含着对公司进行检查监督的权利，如对公司提出建议或者质询。如，根据《公司法》第97条规定，股份公司的股东有权查阅公司章程、股东名册、公司债券存根、股东大会会议记录、董事会会议决议、监事会会议决议、财务会计报告，对公司的经营提出建议或者质询。
>
> 　　股东知情权是法律规定的股东享有的一项重要、独立的权利，不依附于其他股东权利而单独存在，也是股东实现其他股东权的基础性权利，是股东参与公司管理的前提和基础，公司不得限制或者剥夺股东此项权利。另一方面，为了维护公司的合法利益，限制股东滥用知情权损害公司利益，《公司法》还对股东知情权的行使作出一定限制：(1) 对于诸如会计账簿等公司文件，没有赋予股东复制权。(2) 股东对公司会计账簿行使查阅权时，除了须向公司递交书面申请外，还必须说明查阅的目的。当公司认为此目的不正当时，有权拒绝提供查阅。(3) 对于股份有限公司的股东，仅享有对公司相关文件的查阅权，却没有复制权。

## 一、公司章程可否对股东知情权予以限制或剥夺

　　公司可否在章程中限制或者剥夺股东的知情权？《公司法》规定的股东知情权是否是强制性规范？

　　《公司法》应该具有强制性规范，但是也应具有一定任意性规范。2005年修订前的《公司法》存在的问题是强制性规范和任意性规范性质区分不明，强制性规范太多而任意性规范不足。修订《公司法》一个重要的共识就是注意和调整公司法

规范的任意性，表现在法条中就是将许多条文变为任意性规范。当前公司法的主旋律是给公司的设立及其活动以更大的自由空间，公司可以通过由发起人或股东制定并修改公司章程的方式行使公司自治的权力。公司章程是股东之间的纲领性自治规范，它规定了公司的基本制度框架和运作程式。但公司章程只有在不违反强行法、公序良俗的前提下，才有生效、适用的空间。知情权是《公司法》明确赋予股东了解公司经营状况，进而行使股权的自益权和共益权。可以说，了解公司经营和财务状况，是股东作出正确运行选择的前提。故鉴于知情权乃一法定固有权之性质，该规范是一宣示性之规范[1]，即可通过章程扩大知情权范围是允许的，有法律效力；但公司章程必须保障股东最小的知情范围，通过章程限缩第33条规定之范围则无效。

综上，股东知情权是法律规定的股东享有的一项重要的、独立的权利，不依附于其他股东权利而存在，也是股东实现其他股东权的基础性的权利。股东知情权是股东参与公司管理的前提和基础。股东知情权是股东的一项法定的权利，公司章程不得剥夺或者限制。

### 二、名义股东是否拥有股东知情权

名义股东问题的产生与2005年修订前的《公司法》的规定有关。其第20条规定，有限责任公司由2个以上50个以下股东共同出资设立。有限公司的设立人为了规避法律的强制性要求，在设立公司的过程中，邀请其他人名义上共同设立公司，但是被邀请的主体虽然名义上拥有一定比例的股份，但是对公司实际上并没有出资，所有的资本都是实际设立人交纳的。这类拥有股份却没有履行出资义务并且一般不参加公司管理的股东被称之为名义股东。由于名义股东名义上享有权利，实际上对公司并不承担责任，因此这类股东对公司的设立股东来说是存在一定风险的，故设立人一般会选择自己的亲戚或者朋友做名义股东，一般情况下也不会产生纠纷。从权利与义务一致性出发，名义股东由于没有履行任何义务，对公司也不承担任何责任，只不过转让了一次姓名使用权而已，所以不应该享有真实股东所拥有的权利。但是名义股东的存在本身就是为了规避法律，是设立人企图利用公司的这一形式更好地实现自己的利益，这种行为是法律不鼓励的行为。《公司法》作为规范公司的组织和行为的法律，其更为关注的是公司的稳定性和形式要件的完备，而不过分探求当事人的内心真意，即使是名义股东，只要其符合公司法的条件，就是公司的股东，就拥有知情权。

2005年修订后的《公司法》第32条规定，有限责任公司应当置备股东名册，记载于股东名册的股东，可以依股东名册主张行使股东权利。这是判断某一主体是否为特定公司股东的唯一标准，只要名义股东被记载于股东名册，其就可以依股

---

[1] 参见范健主编：《商法》（第2版），高等教育出版社2002年版，第159—160页。

东名册主张包括股东知情权在内的各种权利。法律对名义股东的承认虽然有可能损害到实际股东的应有权利,但是权利义务在本质上是一致的,实际股东如果有证据证明名义股东没有履行出资义务,则可以依据《公司法》和公司章程要求名义股东履行实际出资义务,从而防止名义股东滥用股东知情权,侵害公司的合法权利。

### 三、隐名股东是否拥有股东知情权

由于有限责任公司这一公司形态的封闭性和人合性,这为隐名股东的存在提供了条件。从公司法治的层面出发,虽然隐名股东有可能实际上履行了出资义务,但是由于其并没有被登记在股东名册上,隐名股东并不是法律意义上的股东,不能行使股东知情权等各种权利,因此隐名股东不能成为股东知情权之诉的原告。隐名股东要主张自己的权利,就需要通过一定的程序使自己的权利显性化,使自己成为法律承认的股东。

法律对隐名股东权利的限制有助于防范各种潜在风险。如果法律承认隐名股东的地位,则有可能会破坏现有公司法秩序的稳定,破坏公司法治的协调与统一,加大公司的风险;也有可能导致公务员等行使公权力的主体突破法律的限制,投资于某一公司,形成公法领域的权力与私法领域的公司经营的结合,这势必会破坏平等竞争的市场秩序,也会影响到公务员行使权力时的公正性。因此,在没有充分的证据证明其为符合《公司法》要求的股东的情形下,对隐名股东的知情权主张是不宜承认的,隐名股东也不具备股东知情权之诉的原告资格,对于其提起的诉讼,可以以原告不适格为由裁定驳回起诉。

### 四、因转让股权而退出公司的原股东是否拥有股东知情权

因转让股权而退出公司的原股东是否享有知情权,需要根据不同的情形具体分析。

原为公司的股东,而在起诉中丧失股东身份的案件在股东知情权之诉中占有一定比例。此种比例虽然不大,但在相当程度上反映出控制股东欺压小股东造成治理结构紊乱的现象。而我国《公司法》并未对行使公司知情权的股东是否在起诉时必须具有公司股东的资格问题作出明确规定,实践中对这个问题也存在不少争议。对这个问题可以从股东知情权的时间性方面作出解答。股东知情权的内容无论是公司的财务会计报告还是股东会会议记录、董事会会议决议、监事会会议决议等文件材料都是公司有关主体在一定的时间内根据《公司法》的要求或者公司章程的规定作出的,是对公司某一特定时期经营以及财务状况的反映。同样,公司的股东也不是恒定不变的,随着公司股份的转让会有新的股东产生旧的股东离去,但是公司只要存续,则无论在哪个时间段都会有一定数量的股东,股东以其出资额为限对公司承担责任,相应地也享有一定的权利。股东与公司在时间

上的共存特点使得股东有必要了解公司以前的信息和自己作为股东时候的信息，以便做出符合自己利益的行动。股东对公司享有自己成为股东之前以及自己作为股东之时这一时间段内的知情权，对在退出公司后这一时点之后公司的经营和财务状况不享有知情权。因此，即使退出公司不再成为股东，也享有对自己作为公司股东之时以及之前的公司信息的知情权。当然，出于解决纠纷的方便以及维护法律的权威，股东退出公司的时间应该根据置备于公司的股东名册的记载为准。

对退出公司的原股东知情权的赋予，有助于原股东通过司法途径维护自己的合法权利，防范公司管理层或者控股股东通过隐瞒利益，进而排挤中小股东等形式攫取其他股东本应享有的利益。也就是说，对退出公司的股东的知情权之诉原告地位的承认与尊重，实际上是对现有公司的管理层提出警示，如果他们试图通过上述方式剥夺其他股东的合法权益，则有可能遭到股东的起诉，从而制约公司管理层或者实际控制人的恣意行为，实现对公司全体股东利益的一体保护。

### 五、出资瑕疵的股东是否拥有股东知情权

出资瑕疵是否影响股东提起知情权诉讼？对此有不同的意见。例如，江苏省高级人民法院曾经在其2003年的《关于审理适用公司法案件若干问题的意见》第70条规定："未出资的股东行使知情权的，不予支持。"但是，2008年北京市高级人民法院在其《关于审理公司纠纷案件若干问题的指导意见》第14条中作出相反的规定："股东知情权案件中，被告公司以原告股东出资瑕疵为由抗辩的，人民法院不予支持。"从事实际审判的法官也持不同观点。有观点认为，既存在出资瑕疵，其股东身份便存在不确定性，故不能对公司行使知情权。但也有法官认为，在股东出资存在瑕疵的情况下，除非章程或股东与公司之间另有约定，一般不宜以股东存在出资瑕疵为由否定其享有知情权。①

我们认为，股东出资瑕疵不影响其知情权的行使。认为出资瑕疵会影响知情权行使的观点，其逻辑前提是出资瑕疵会影响股东资格的确定，而股东资格的不能确定则会影响知情权的行使。但是根据《公司法解释三》中的相关规定，出资瑕疵在一般情形下不会影响股东资格的认定。"股东尚未出资或者尚未完全出资的，可依法补足；给其他股东造成损害的，还应承担相应的违约责任，但不能因此而剥夺其作为股东的最基本的权利，即出资存在瑕疵的股东，在未丧失公司股东身份之前仍可按照公司法或者公司章程的规定行使相应的股东权，一般不能以股东出资存在瑕疵为由否定其应享有的知情权。"②此观点殊值赞同。

---

① 参见蒋敏、徐旭：《股东知情权的司法保护》，载《人民司法·案例》2009年第4期。
② 葛文：《瑕疵出资的股东是否享有知情权》，载《人民司法·案例》2008年第2期。

## 六、公司监事能否以其知情权受到侵害为由对公司提起知情权诉讼

有限责任公司的监事会或不设监事会的公司的监事,是依照法律规定和章程规定,代表公司股东和职工对公司董事会、执行董事和经理依法履行职务情况进行监督的机关。监事会或监事依照《公司法》第53条的规定,有权检查公司财务等情况,并在发现公司经营异常时,可依据《公司法》第54条的规定进行调查,必要时可聘请会计师事务所等协助其工作。但监事会或监事履行相关职权属于公司内部治理的范畴,该权利的行使与否并不涉及其民事权益,且《公司法》并未对监事会或监事行使权利受阻规定相应的司法救济程序。因此,监事会或监事以其知情权受到侵害为由提起的诉讼,不具有可诉性,人民法院不予受理。已经受理的,应当裁定驳回起诉。如果不设监事会的公司的监事,同时具备公司股东身份的,法院应当向其释明,若其同意以股东身份提起股东知情权纠纷诉讼的,法院可准许其变更诉讼请求。

## 七、查阅公司会计账簿的主体是否限定为只能股东自身

《公司法》第33条规定了股东对公司享有知情的权利。由此可以看出股东是查阅公司会计账簿的主体。但是查阅公司会计账簿的主体是否仅仅限定为股东呢?对此,实践中出现了两种不同的意见:第一种意见认为,鉴于会计账簿是公司的重要资料,涉及公司的经营运作和商业秘密,只能由股东行使会计账簿查阅权。第二种意见认为,由于大多数股东本身不懂财务知识,其查阅会计账簿无法达到知情的目的,因此应当允许股东委托相关专业人士辅助查阅。

我们赞同第二种意见。股东知情权是股东的固有权利,但很多股东都不具有财务会计等知识,其本人查阅并不能起到应有的知晓公司经营和财务状况的作用,所以应当允许股东借助专业人士的知识背景实现其知情权。从法律的角度讲,股东与会计师或律师之间是一种合法的委托合同关系,符合委托的法律要件,股东有权自行决定授权的范围,包括发出查阅申请、查阅资料等,但不应妨碍他人的合法权利;受托人要和股东同样受到"正当目的"等条件的限制,即只要在没有不正当目的、不损害公司合法利益的情况下,股东有权委托他人辅助其查阅。如果公司不同意律师或会计师查阅,应当提供证据证明代理人查阅具有不正当目的,可能损害公司合法利益。美国纽约州、特拉华州以及加利福尼亚州的《公司法》均规定,公司股东在日常营业时间,可亲自或通过其律师或其他代理人,查阅公司股票总账、公司账簿、股东会记录、股东名册等文件。[①]

## 八、股东知情权的行使能否以董事、监事、高级管理人员为被告

股东在提出知情权诉讼时是把公司作为被告,还是将直接侵害股东知情权的

---

① 参见赵旭东主编:《境外公司法专题概览》,人民法院出版社2005年版,第365—366页。

董事、监事、高级管理人员列为被告？法学界有不同的看法。一般认为，公司的法人性决定了公司作为私法关系的主体具有独立的民事权利能力、民事行为能力、民事责任能力、民事诉讼和民事仲裁能力。当然，公司毕竟不是自然人，它必须依靠股东会、董事会、监事会等公司机关形成公司的意思，并通过意思表示实现其意思。公司机关和公司的人格具有同一性，而公司董事会和监事会由具体的董事和监事组成，董事和监事的行为在执行公司事务中代表所在机关的意志，也就代表公司的意志。公司机关(充任公司机关的自然人)实施的行为当然应视为公司的行为(这些执行公司事务的人与公司之间在理论上认为其有"委托—代理"关系)，责任应由公司承担，因此在股东提起的知情权诉讼中应以公司为被告。

鉴于公司在现代经济生活中的重要作用，为了更周全地保护第三人(包括股东)免受董事不法行为的侵害，不少国家和地区的公司法均规定了董事对第三人的责任。如日本《商法典》第266条之三第(1)项规定："董事在执行职务有恶意或者重大过失时，该董事对第三人也承担损害赔偿的连带责任。"我国《公司法》第147条第1款规定：董事、监事、高级管理人员应当遵守法律、行政法规和公司章程，对公司负有忠实义务和勤勉义务。《公司法》第152条规定：董事、高级管理人员违反法律、行政法规或者公司章程的规定，损害股东利益的，股东可以向人民法院提起诉讼。如前文所述，股东的知情权是股东的重要权利，是实现和保障股东其他权利的前提，侵害了股东的知情权，必然损害股东的合法权益，股东作为公司的投资人，有权维护自己在公司的合法权益。因此我们认为，如果将来立法条件可行，立法应当规定当公司董事、监事、高级管理人员因为恶意或重大过失侵害股东的知情权时，股东可以他们为被告，依据法律规定直接追究其责任，也可将公司和侵害股东知情权的公司高层人员列为共同被告，使之承担连带责任[①]，但是按现行立法被告仍应为公司。

### 九、股东知情权的范围是否包括股份有限公司下属公司的财务资料

对此问题，一种意见认为：股东知情权源于股东身份，股东只能向其所在的公司行使知情权。股份有限公司所控股的公司是独立法人，即使其是全资子公司，但法人地位依然独立。据此，虽然作为控股股东的母公司享有对下属公司的知情权，但母公司的股东并不因此享有对下属公司的知情权。股东只是作为投资者享有股份有限公司的股东权益，而与股份有限公司下属公司之间不存在直接法律关系，故股东对股份有限公司下属公司不享有股东知情权。另一种意见认为：股份有限公司下属全资子公司的经营利益和后果完全归属母公司，子公司的经营决策也受制于母公司，因此，作为母公司的股东应该有权了解其经营状况和财务状况。

---

① 参见冯杰、樊俊飞：《股东知情权之司法救济中的几个问题》，载《四川理工学院学报》(社会科学版)2007年8月刊。

对此,只有允许作为股份有限公司的股东对该公司下属全资子公司行使股东知情权,才能更好地保护弱势群体,更好地平衡公司利益与股东利益。

我们赞同第一种意见。因为母公司与子公司各有法人资格,各是独立的纳税主体,在财务核算上是独立的。根据财务规则,母公司的年度财务报告中应包括子公司的部分,故不管是全资子公司还是非全资子公司,股东都能通过母公司的财务报告等资料间接地获取关于子公司的信息。在上述情况下,股东仍然是对其所在公司行使知情权,而不是直接对子公司行使知情权。

### 十、股东是否有权查阅已经归档或封存了的账簿

对于正在使用中的会计账簿,股东自然有权查阅。但对于已经归档或封存了的账簿,股东是否有权查阅,法律规定不明确。有学者认为,《中华人民共和国税收征收管理法实施细则》第29条明确规定了公司保存账簿、记账凭证、会计报表、完税凭证、发票、出口凭证及其他有关涉税资料的法定保存期限为10年,股东查阅权可查账簿对象的期限也应以10年为限。

我们认为,账簿查阅权与税收征收管理法的立法目的不同,账簿查阅权的目的在于给股东提供充分、真实、全面的公司经营信息,保护股东的知情权,监督公司的管理和经营,尽管已经归档或过了法定保存期限,但只要它能给股东提供充分、真实、全面的公司经营信息,就应当允许股东查阅,否则将有悖于其立法宗旨。当然股东要求查阅法定保存期以外的账簿时,公司能够提供相关证明说明其已被销毁而不存在的,可以成为不提供查阅或不承担损害赔偿责任的有效抗辩。

### 十一、股东能否查阅涉及商业秘密的账簿

股东查阅权所包含的客体有时会涉及能够为公司带来利益,并且不为公众知悉的商业秘密。公司信息对股东基本不封锁,但商业秘密例外。与有限责任公司相比,股份有限公司的股权结构比较复杂,股东人数众多。尤其对于上市公司来说,其流通股股东不仅人数众多、持股比例小,而且转换频繁,股东相互之间没有人身信任关系,每个股东与公司的利益联系比较小,不像有限责任公司股东与公司联系得那样紧密。因此,作为与社会成千上万股民利益相关的股份有限公司来说,其某些涉及商业秘密的账簿材料信息,不应当为所有流通股股东所知悉,否则公司的商业安全和经营利益将非常容易受到侵害。由于公司章程、股东大会会议记录、公司财务会计报告本身具有一定的公开性,一般不涉及商业秘密保护问题,只要股东提出查阅,一般当予以满足。但公司的董事会会议决议、公司的财务账簿以及相关原始凭证和产品开发研制计划、客户名单、销售网络等,能够反映公司经营信息以及公司作为商业秘密保护的信息,一旦泄露势必对公司的竞争产生不利影响。如果不对股东查阅权作出适当的限制,可能会使一些恶意股东利用手中暂时持有的少量股票,滥用其查阅权,使公司利益蒙受损失。为此,几乎各国都对

股东查阅商业秘密作了限制,以防止少数股东滥用权利,对公司经营权造成损害而不利于公司的整体利益。于是不少观点认为,为了防止少数股东滥用权利,损害公司利益,股东不可以查阅商业秘密,涉及商业秘密的账簿也不得查阅。

我们认为,赋予股东账簿查阅权的初衷,就是为了防止公司以各种理由禁止、阻碍股东查阅账簿,侵害股东权益。显然,保护商业秘密与保护股东权益的股东账簿查阅权可能发生冲突。因此,如何找到二者的平衡点至关重要。首先,要界定商业秘密的概念。《中华人民共和国反不正当竞争法》第10条第3款规定,本条所称的商业秘密,是指不为公众所知悉、能为权利人带来经济利益、具有实用性并经权利人采取保密措施的技术信息和经营信息。该法明确指出,商业秘密不仅包括那些凭技能或经验产生的,在实际中尤其是工业生产中适用的技术信息,如工艺流程、技术秘诀、设计图纸、化学配方、技术数据、制造技术、技术资料、技术情报等技术科学方面的专有知识,而且包括那些只有秘密性质的经营管理方法以及与经营管理方法密切相关的经营信息,如产销策略、货源情报、客户名单等生产方面的专有知识。技术信息,即狭义的商业秘密,是指应用于工业目的的,没有得到专利保护的,仅为有限的人所掌握的技术和知识。经营信息,是指能够为经营者带来经济利益或竞争优势的,用于经营活动的各类信息。因此,是否禁止股东查阅涉及商业秘密的账簿,应区分对待。对于商业秘密中的技术性信息,应禁止一切股东查阅,严格保护商业秘密。而对于商业秘密中的经营性信息,则可以查阅。会计账簿是指由一定格式账页组成的,以经过审核的会计凭证为依据,全面、系统、连续地记录各项经济业务的簿籍,它包括总账、明细账、日记账和其他辅助性账簿,它反映了公司在生产经营活动中的资金、财产的使用情况及公司的收支情况。所以,公司的会计账簿必然会涉及公司的经营信息,如果禁止股东查阅,那么赋予股东的账簿查阅权就失去了意义。因为,只要股东要求查阅账簿,公司就可以账簿涉及公司商业秘密为由拒绝股东查阅,这是违背立法初衷的。

### 十二、股东知情权诉讼的前置程序

《公司法》第33条第2款规定:"股东要求查阅公司会计账簿的,应当向公司提出书面要求,说明目的。"上述规定是否属于查阅会计账簿知情权诉讼的前置程序?对此,实践中有三种不同的意见。第一种意见认为,《公司法》第33条第2款的规定是诉前必经程序,股东在诉前如果未向公司提出书面申请,未用尽公司内部救济,不能直接向法院起诉,应当裁定驳回原告股东的起诉。第二种意见认为,股东没有依照法律规定向公司提出书面申请,没有具备法律规定的权利受保护的条件,其权利得不到保护,应当判决驳回原告股东的诉讼请求。第三种意见认为,股东提起诉讼就视为向公司提出了申请,如果公司答辩不同意查阅又没有合法的理由,应当判决支持原告股东的诉讼请求。

我们认为,《公司法》属于实体法,而非程序法,将第33条第2款的规定视为此类诉讼的前置程序不符合法理,第一种意见是不正确的。第三种意见超越了法律规定的限制条件,过分强调对申请查阅的股东的利益保护,而忽视了公司及其他股东的利益保护,有失偏颇。由于股东知情权是股东所享有的固有权利,而从公司的立场看,股东要求查阅记录和会计账簿的行为总是被视为一种敌对的威胁行为。尽管如此,公司无法通过章程或者决议予以取消或限制。同时,不受约束的查阅公司记录和会计账簿的权利,不仅可能会给公司带来极大的负担,而且可能发生股东滥用权利。有鉴于此,有必要从法律上对股东知情权的行使给予一定限制。因此,我们赞同第二种意见,股东在行使权利的同时也要受到必要的限制,没有满足法律规定的客观条件,就不能得到法律的支持。应当采取具体问题具体分析的方式,分不同的情况处理此类纠纷:

第一,如果股东在起诉前没有向公司提出书面申请,法院可以受理此案,但在审理中应当依照《公司法》第33条第2款规定,判决驳回原告的诉讼请求。因为《公司法》第33条第2款的规定,并不是股东提起公司知情权之诉的条件,仅仅是说股东只有在符合这些条件时,其主张才能得到法律的支持。该规定是对实体权利的规定,而不是对程序权利的规定。起诉的条件审查还是要依照《民事诉讼法》第119条的规定进行,而不能额外为原告起诉设置门槛。

第二,如果股东在起诉前向公司提出了书面查阅申请,但未等公司在15天内书面答复期满就起诉,视为股东未完全按照《公司法》第33条第2款的规定主张权利,其主张存有瑕疵。但为了诉讼经济和方便当事人,可以在审判阶段先行组织双方当事人进行和解。如果双方同意调解,即公司同意股东查阅会计账簿,则不需给公司留足15天的书面答复期,因为15天的规定仅适用于公司拒绝查阅的情形。法院只需确定查阅的时间、地点、内容、方式即可。如果双方不同意调解或者达不成调解意见,即公司不同意股东查阅会计账簿,则应当在诉讼中给公司留足15天的书面答复期,给其充分的时间说明理由,然后法院再审查公司拒绝的理由是否充分。

### 十三、股东行使知情权"正当性目的"的判定

我们认为,"正当性目的"是指股东查阅公司会计账簿时应当首先是善意的,其所要查阅的资料和他的意图有直接联系。一般而言,下列情形发生时可推定股东行使知情权系基于正当目的:(1)为确定公司的财务状况、经营状况而查阅会计账簿;(2)为确定公司董事、监事、经理及其他高级管理人员的薪金、履行职务等情况而查阅会计账簿;(3)为获悉其他股东的姓名、名称和住址以与其他股东共商公司经营事务而查阅会计账簿。与正当性目的相对的是"非正当性目的",下列情形,可以推定股东行使股东知情权具有非正当目的:(1)为公司的竞争对手攫取有关信息;(2)索取公司股东名单后出售;(3)为自己兼职的其他公司获取商

业信息或秘密。① 总之，股东查阅行为一旦构成对公司合法利益的侵害即为滥用权利。

### 十四、股东知情权纠纷的举证责任分配

从某种意义上说，知情方式对案件双方当事人举证责任的分配与承担具有重要的影响。在《公司法》未作明确而细致规定的情况下，实践中有必要加以分析和研讨。

1. 请求查阅、复制章程、记录和决议案件的举证责任分配。对于公司章程、股东会会议记录、董事会会议决议和监事会会议决议，《公司法》仅规定股东有权查阅和复制，并未规定公司正常运作中的股东知情方式，故只要股东认为有必要查阅这些材料并遭公司拒绝，即可提起此类诉讼。此时股东所承担的举证责任较为简单，即其只需证明系被告公司的股东以及知情权行使要求遭公司拒绝。

2. 请求查阅、复制财务会计报告案件的举证责任分配。由于《公司法》规定有限责任公司应当将财务会计报告送交各股东，即使公司章程中未规定送交财务会计报告的期限，亦不影响公司的上述义务。此类案件中，原告股东应当证明以下两项事实：一是原告系公司的股东，二是公司侵犯了股东的知情权。这里需要注意的是，实践中有些法官认为原告股东必须证明公司拒绝了其查阅财务会计报告的要求，我们认为，这种理解有失偏颇。因为《公司法》已规定公司具有向股东主动送交财务会计报告的义务，故只要原告股东认为其未收到会计报告，即可提起知情权之诉，而无需加以证明，股东是否曾向公司提出过知情权要求，在所不论。如果公司认为已向股东送交会计报告，则应承担举证责任。

3. 行使财务账簿查阅权案件的举证责任分配。对于财务账簿查阅权，我国现行《公司法》明确规定了其行使方式，故原告股东在诉讼中应当举证证明：(1) 原告系被告公司的股东；(2) 原告已向公司提出要求查阅财务账簿的书面请求，其在该书面请求中已说明了查阅财务账簿的目的；(3) 公司拒绝了原告的查阅请求，或者未在法律规定的15日内给予股东书面答复。在此类案件中，作为被告的公司，则应当对其拒绝的理由承担举证责任。其原因在于，公司及其董事会拥有远大于股东的人、财、物等社会资源，且在信息获取上居于明显的优势地位，故从保护股东利益的角度出发，由公司来承担举证责任更为合理，即通过举证责任倒置，由公司举出"非正当性目的"的证据来否决股东的权利主张。值得注意的是，从现行《公司法》的规定来看，立法并未要求股东必须对其查阅财务账簿的目的的正当性进行举证，只需证明其在书面请求中说明目的。至于股东查阅会计账簿是否必要，我们认为并不属于目的正当性的审查范围，法院在审理此类案件中亦无需依职权进行主动审查。

---

① 参见马强：《股东知情权的民法保护》，载《判解研究》2007年第3期。

4. 请求查阅原始会计凭证案件的举证责任分配。会计凭证包括原始凭证和记账凭证,而记账凭证系根据原始凭证而制作,故在整个会计资料系统中,会计原始凭证处于最基础的层面。从立法对财务会计报告和财务账簿的知情权行使的规定来看,对股东查阅财务账簿设置了比查阅财务会计报告更严格的限制条件,既包括程序方面,也包括实体方面。这显然体现了立法对公司财务制度运作规律的尊重,即对不同层面的财务资料,规定了不同的知情权行使条件:加工程度越高,条件越宽;加工程度越低,条件越严格。虽然现行《公司法》未对股东查阅会计凭证作出规定,但对会计凭证的查阅条件显然应当较财务账簿更为严格。这是因为会计凭证对公司经营状况的反映是最直接的,也是最真实的,其所包括的公司经营秘密和经营信息,决定了对股东要求查阅时应设定更严格的要求。故从举证责任的角度来说,原告股东请求查阅被告公司的会计凭证或者直接要求查阅原始凭证,应当由股东举证证明其请求查阅的正当目的。①

5. 股东是否具有"正当性目的"的举证责任分配。如果对股东的知情权不加限制,股东出于不当目的行使知情权,公司的合法利益就会受到损害。因而,提起知情权诉讼的股东必须出于正当性目的。所谓"正当性目的",一般认为是指与股东享有的利益有直接联系的目的。原告对合理怀疑或有证据证明其知情权受侵害有当然的举证责任。② 而公司应对股东行使知情权存有不当目的承担举证责任。如果公司没有相反的、足以推翻股东正当性目的的证据,法院就应该作出有利于作为原告的股东的裁决,保护股东的知情权。

### 十五、股东知情权纠纷的诉讼时效

股东知情权诉讼中的时效问题,在实践中存在比较大的争议。第一种观点认为,若公司从未向股东提供过相关知情权范畴的信息,属于对股东知情权的侵犯,且此种侵权行为是一种连续的状态,故知情权诉讼时效应从侵权行为终了之日起计算。③ 第二种观点认为,股东行使知情权应受诉讼时效的限制。"公司应于每一财务年度终了时,置备财务会计报告和相关资料供股东查阅。股东应当于每一财务年度终了时,查阅财务会计报告和相关资料,通过查阅来发现其权利是否受到了侵害并决定采取的救济措施。若公司在每一财务年度终了之日不提供财务会计报告和相关资料,致使股东无法行使知情权,应当视为股东知情权受到侵害。因此,股东知情权的行使起点,应当是财务年度终了之时,自财务年度终了之日2年内未行使,视为超过了诉讼时效。"④第三种观点认为,股东的查阅权可以追溯到公司成立之日,并且明确了股东的知情权具有身份性质,不受《民法通则》关于诉

---

① 参见杨路:《股东知情权案件若干问题研究》,载《法律适用》2007年第4期。
② 参见蒋大兴:《超越股东知情权诉讼的司法困境》,载《法学》2005年第2期。
③ 参见朱江、刘兰芳编:《新公司法疑难案例判解》,法律出版社2009年版,第117页。
④ 吴庆宝主编:《公司纠纷裁判标准规范》,人民法院出版社2009年版,第132页。

讼时效的规定。①

最高人民法院《关于审理民事案件适用诉讼时效制度若干问题的规定》第1条明确规定"当事人可以对债权请求权提出诉讼时效抗辩",我们认为,诉讼时效应该只适用于债权请求权。并非所有的请求权均适用诉讼时效,如物权请求权就不应适用诉讼时效。因此第三种观点更加符合知情权的性质。

### 十六、股东会计账簿查阅权受侵害时的司法救济

《公司法》第33条第2款规定:"公司拒绝提供查阅的,股东可以请求人民法院要求公司提供查阅。"这一规定成为股东会计账簿查阅权受侵害时要求司法救济的唯一条款,这过于简单笼统,不利于股东权利的全面保护。我们完全赞同学者刘俊海的观点,他认为当公司无正当理由拒绝股东行使账簿查阅权时,股东的救济途径有:向法院提起查阅请求之诉,由法院责令公司为股东提供特定的公司账簿;向公司账簿管理的负责人请求赔偿损失(含股东的诉讼费用);在遇到重大、紧急事由时,可以申请法院对公司的账簿采取诉前或诉讼保全措施,法院认为确有必要的,应当认许股东之请求。②

我们认为,在上述三条救济途径中,第二条途径股东应当在其第一条救济途径即主张账簿查阅权的诉讼获得胜诉后再提出,并且应区别账簿管理的负责人拒绝股东查阅账簿的行为有无损害股东利益的过错来选择被告。因为账簿管理的负责人的职务行为是公司的行为,其后果一般应由公司承担。在其行为具有造成受害人损失的过错的情况下,也可以依据我国《公司法》第152条"董事、高级管理人员违反法律、行政法规或者公司章程的规定,损害股东利益的,股东可以向人民法院提起诉讼"的规定,直接追究公司账簿管理的负责人对受害股东的损害赔偿责任。

而对第三条途径中股东提出的诉讼保全申请,到底是民事诉讼法中的证据保全,还是财产保全?我们认为这种保全应当属于财产保全的范畴,因为在股东账簿查阅权诉讼中,账簿本身不可能成为证据,而是给付之诉中的一个标的物。现实中,对账簿等进行保全主要不是因为可能要灭失或今后难以取得,而是预防公司届时仍拒不提供或不完整提供,目的在于一旦胜诉,即可查阅完整的账簿。法院对于股东的诉讼保全申请,应当予以严格审查,既要注意确有必要的特殊情形,又要考虑少数人利用知情权诉讼达到排挤竞争对手的目的,避免可能给公司带来难以弥补的损失。另外,法院如果采取保全措施的,还应当规定在一定条件下(如法院监督下),以变通方式如复印件代替原件,使公司维持正常的经营。

---

① 参见吴越:《公司法先例初探》,法律出版社2008年版,第133页。
② 参见刘俊海:《新公司法的制度创新:立法争点与解释难点》,法律出版社2006年版,第205页。

## 十七、股东知情权诉讼过程中，在原告股东不知情的情况下，被告公司办理了工商注销手续，此种情况下原告的请求能否得到支持

一种观点认为，按照《中华人民共和国会计法》（以下简称《会计法》）的相关规定，公司注销后，股东对公司存续期间的会计账册、原始记账凭证等财务会计凭证在法定期限内仍有保存义务。实践中，股东知情权诉讼经常作为股东继续提起关联诉讼所做的前期准备而出现，如股东通过诉讼程序行使其知情权失败，则将直接导致其在关联诉讼中将面临包括无法明确诉讼请求，无法计算损失数额以及举证不能等在内的诉讼困境。基于此，公司注销登记并不必然影响股东在公司存续期间所享有的权利主张，允许股东在公司注销后继续主张其知情权仍具有实际意义。另一种观点认为，股东知情权又与股东身份直接相关。公司办理工商注销手续后，一方面，公司的独立法人格不再存续，而公司的诉讼主体资格又与公司的独立法人格直接相关。公司因注销工商登记而丧失独立法人格后，其诉讼主体资格亦发生消灭。另一方面，公司注销登记也会导致原有股东身份的消灭，故股东继续主张其享有知情权将缺乏事实依据。

我们认为，股东知情权是公司股东了解公司经营状况的权利，但因公司已经注销，故继续进行该诉讼的事实基础已经丧失。公司注销后，对原公司财务会计账簿及会计凭证的保管系清算组成员的责任，如遗失造成损失，是清算组成员未履行其法定责任的问题，股东可以据此向清算组成员提起损失赔偿之诉。

## 十八、股东知情权的执行

股东知情权纠纷常常涉及股东要求查阅公司会计报告和会计账簿，对此类案件的执行，当前主要存在以下两个问题，我们简析如下：

### （一）如何看待知情权执行申请内容与生效判决内容的一致性

根据我国《民事诉讼法》的规定，生效裁判文书是法院执行的依据。当事人的申请内容和法院的执行内容均不能超出裁判内容，是其中应有之义。由于我国《公司法》对股东享有知情权的范畴以及行使方式的规定操作性不够强，往往使得权利人的权利主张或法院判决的内容不够清晰，在未全面考虑公司法以外的法律适用而仅根据《公司法》作出比较原则的判决的前提下，常常出现申请执行内容看似超出判决内容的情况，从而导致关于知情权边界和知情权执行方式的争议。执行过程中，法院是否可对此进行审查，加以明确？

我们认为，法院在执行程序中，审查知情权知情内容边界，确定具体的执行方式，并没有违反执行内容与判决内容一致性的原则。比如根据《会计法》对查阅会计报告和会计账簿资料的细化，明确内容边界，实际上仍是依据生效判决依法执行。当然，如果当事人申请的内容明显超出了判决范围，法院应当不予受理；如因漏判诉讼请求而导致申请人的申请内容超出判决内容，则应通过审判监督程序处

理。法院最终确定的执行内容和执行方式,不得对生效裁判进行实质变动。

**(二) 采取执行听证解决当事人针对执行内容和方式的争议的合法性和合理性**

在股东知情权执行过程中,当事人在执行内容和方式上产生争议,法院应通过什么途径和方式加以解决,法律并未明确规定。不过,《民事诉讼法》第225条规定,针对法院已经采取的查封、冻结、扣划、评估、拍卖、变卖财产等执行措施的合法性,当事人、利害关系人可以提出异议。当事人或利害关系人提出书面异议的,法院应当自收到书面异议之日起15日内审查,理由成立的,裁定撤销或者改正;异议不成立的,裁定驳回。我们认为,对"当事人、利害关系人对法院执行可以提出异议"应作广义的理解,将前述争议纳入其中。

股东知情权执行不是直接对人身权、财产权的执行,而是行为权利的执行,权利人知情权利必须通过法院的执行行为来实现。从避免因错误执行而导致诸多不良后果,将事后监督和纠错改为事先预防,以及公平、诚信原则的角度进行考量,法院对存在较大争议的执行方案,在执行实施前组织双方听证,让双方当事人充分提供证据发表意见,从而对异议进行裁决,无疑是正确的。事实上,通过执行听证方式解决知情权边界问题、知情权行使方式问题以及具体实施方案问题,在许多地方已得到认可。如江苏省高级人民法院《执行听证程序规则》(试行)第2条规定:执行听证,是指人民法院在执行程序中,根据执行案件当事人、案外人对具体执行行为的合法性提出的异议和复议,或为了重大执行措施的决定实施,组织听证参加人进行公开举证、质证,以确定执行异议和复议是否成立、执行措施是否正确,并依法作出裁决的司法活动。

总之,法院应根据申请执行人请求执行的内容,依据公司章程、《公司法》有关股东知情权规定的立法目的、民法法理及《会计法》等相关法律法规,通过执行听证,对知情权的边界、知情权的行使方式等执行实施的程序、内容,在判决内容基础上进行法理性、合理性的细化,确定符合知情权行使目的正当性和操作性强的执行方案。

# 第七章 请求公司收购股份纠纷裁判精要

> **案由释义**
>
> 请求公司收购股份纠纷是异议股东行使股份收购请求权时产生的纠纷。异议股东股份收购请求权,又称异议评估权、股份评估回购请求权,是指当股东大会基于多数表决,就有关公司重大事项作出决议时,持异议的少数股东要求对其所持股份的价值进行评估并由公司以公平价格予以购买的权利。异议股东股份收购请求权制度的价值主要在于保护中小股东的利益,使异议股东选择以获得合理而公平的股份补偿的方式"走开",而不再受到"多数决"形成的决议的约束。同时,该制度还有助于公司提升决策水平、改进经营管理。《公司法》第74条、第142条分别规定了有限责任公司与股份有限公司的异议股东享有的请求公司收购其股份的权利。
>
> 《公司法》第74条规定:如果公司连续5年盈利并符合本法规定的分配利润条件但不向股东分配利润的,或者公司合并、分立、转让主要财产的,或者公司章程规定的营业期限届满或者章程规定的其他解散事由出现,股东会会议通过决议修改章程使公司存续的,对股东会该项决议投反对票的股东可以请求公司按照合理的价格收购其股权,自股东会会议决议通过之日起60日内,股东与公司不能达成股权收购协议的,股东可以自股东会会议决议通过之日起90日内向人民法院提起诉讼。
>
> 股份有限公司的资合性决定了其股份转让较为自由,尤其是公开上市公司的异议股东可以随时通过证券市场卖出股份,所以《公司法》第142条仅规定股份有限公司股东因对股东大会作出的公司合并、分立决议持异议,有权要求公司收购其股份。尽管该条对股份公司股东与公司达不成收购协议时可否向人民法院寻求救济未作明确规定,但为该条规定的异议股东股份收购请求权发挥实际意义,应当赋予异议股东请求法院进行司法救济的权利。

## 一、股东行使股份收购请求权是否以在股东(大)会上投反对票为前提

股东行使股份收购请求权是否以在股东(大)会上投反对票为前提,境外立法例规定各不相同。我国现行《公司法》区分有限公司与股份公司,作了差异性规定:有限公司股东中只有对股东会决议投反对票的股东才能请求公司收购其所持股权,股份有限公司股东则不受此种限制。在我国现行公司法体系下①,该种区分规定等于赞同:股份公司特别是上市公司具有开放性,股东数量众多而且分散于全国各地,在网络投票尚未成为强制性规定情形下,要求股份公司的股东行使股份收购请求权以在股东会上投反对票为前提,并不具有可行性,将导致股东的该项权利流于形式;有限公司具有封闭性,股东行使投票权比较容易,即使股东因故不能亲自赴会,还可委托代理人代为投票,股东不去阻止公司的行为而直接要求离开公司,过分偏重了股东利益而损害了公司利益,不足为取。

## 二、公司章程可否限制或剥夺股东的股份收购请求权

股份收购请求权系股东在与多数资本持有者因公司重大行为发生意见分歧时,为了维护自身利益,要求公司支付其持有股份的公平价格从而退出公司的权利。从权利行使的目的和结果来看,其具有明显的自益权属性。股份收购请求权对于防止中小股东被公司控制者掠夺、优化公司治理具有重要作用,因此为股东的固有权,公司章程不得加以限制或剥夺。

## 三、股东与公司启动股权收购协议的谈判程序是否是股东起诉的前置程序

我国《公司法》第74条第2款规定:"自股东会会议决议通过之日起六十日内,股东与公司不能达成股权收购协议的,股东可以自股东会会议决议通过之日起九十日内向人民法院提起诉讼。"对此,《关于审理公司纠纷案件若干问题的意见(试行)》第82条规定,股东超过《公司法》第74条第2款规定期限提起诉讼的,人民法院不予受理。反对股东应当优先启动与公司的谈判程序,并在协商未果时向人民法院提起诉讼。权利有保质期,退股权也不例外。

但是,刘俊海教授认为:"股东与公司启动股权收购协议的谈判程序并非必要的前置程序,而是立法者推出的一个倡导性规定。从法理上看,股东退股的具体方案尤其是公司向股东支付的退股对价属于契约自由范畴。立法者与裁决机构对于股东与公司之间的契约自由应当采取乐见其成的态度。因此,倘若股东跨越与公司的协商程序,径行向人民法院提起诉讼亦无不可。人民法院不宜以原告股

---

① 我们认为除非法律另有规定,未上市股份公司和有限公司并不存在本质区别,简单将公司区分为有限公司和股份公司并不科学。不过,由于我国《公司法》已经采纳了该种分类,本书的讨论也只能在现行体系下进行。

东尚未与公司协商谈判为由拒绝立案。"①我们认为,此处的前置程序,还是应当理解为强行性程序。只有理解为强行性程序,才能达到分流纠纷处理的目的,降低司法负担,且尊重公司自治的基本精神。②

### 四、股东起诉请求公司收购股份的时间限制

《公司法》对于公司股东行使股份收购请求权有具体的时间限制。从语义解释角度看,如果有限公司股东虽然履行了与公司的协商程序,但是自股东会会议决议通过之日起尚未满60日,无权向法院起诉。从目的解释角度看,《公司法》的该种规定是为了鼓励股东与公司达成协议,毕竟诉讼对公司和法院均是一种负担。从历史解释角度看,2005年《公司法》修订过程中,参考了我国台湾地区的"公司法",而后者第187条规定,股东与公司间协议决定股份价格者,自股东会决议日起60日内未达协议者,股东应于此期间经过后30日内,声请法院为价格之裁定。股东只有在期间经过后,方可起诉。不过,根据《公司法》第142条规定,股份有限公司股东不受该种期间限制。

从性质上讲,异议股东的股份收购请求属形成权,应受除斥期间的限制。《公司法》规定了90日的起诉期间,又未规定该期间可以中止、中断或延长。因此,股东逾期向法院起诉请求决定股权转让价格的,应当根据最高人民法院《关于适用〈中华人民共和国公司法〉若干问题的规定(一)》(以下简称《公司法解释一》)第3条规定,裁定不予受理。

### 五、股东可否请求其他股东收购其股份

境外公司法立法例中,有的国家比如英国,规定异议股东股份收购请求权的对象不但可以是公司,还可以是其他相关股东。该项规定具有合理性,因为异议股东请求收购股份的原因可能是其他股东的压迫,此时责令相关股东收购异议股东所持股份,符合法律的实质正义。不过,该项规定依赖于灵活的司法体系和股权回购事由,而我国《公司法》对此并未作规定,自当遵循公司法与合同法一般原理,其他股东并无该种义务。

### 六、公司超出数量限制回购股份的效力认定

《公司法》第142条第3款规定公司为奖励职工而收购的本公司股份,不得超过本公司已发行股份总额的5%,如果公司回购股份的数量超出限制,其行为效力如何。对此,不能机械适用《合同法》第52条第5项规定,因为强制性规定可以分为取缔规定及效力规定,违反前者,对当事人课以公法责任,但法律行为仍然有

---

① 刘俊海:《新公司法的制度创新:立法争点与解释难点》,法律出版社2006年版,第222页。
② 参见胡田野:《公司法任意性与强行性规范研究》,法律出版社2011年版,第199—217页。

效,违反后者,法律行为无效。公司只要未违反回购股份的财源限制,即对公司债权人并无妨碍;只要未违反回购程序,对公司股东和公平证券市场亦无危害。因此,将公司回购股份的数量限制理解为效力规范,有失公正。相反,数量限制应当理解为取缔规范而非效力规范,公司如果违反,仅对公司课以公法上之处罚。

## 七、请求公司收购股份纠纷中"合理价格"的确定

合理价格的确定是股份回购中一个非常关键的问题,它关系到所涉纠纷能否最终解决。合理价格的确定,一般情况下应当首先由公司与异议股东之间进行自由协商。如果双方无法协商一致,则异议股东有权请求人民法院对价格进行裁量。《公司法》第74条第1款中只原则性地提到了"按照合理的价格收购其股权",并没有对"合理价格"的确定标准作出具体的规定。显然,这是法官的自由裁量权范畴。因此法官在确定何为"合理价格"时,就应该本着公平、公正原则,在价格确定上做到合理、合法。原则上,估价的一般标准应当是:股东因公司结构发生重大变化前的利益均应当得以补偿。相应地,股东如果因为反对公司结构发生重大变化,并且拒绝投票同意该重大事项的变化而选择退出企业,该股东不应分享任何因公司结构发生重大变化而产生的增值;当然,该股东也不应分担任何由此所产生的损失。①

然而,如何在该原则之下,采取有效的方法公正地评估公司结构发生重大变化前股东所持有股份的价格却是一个从理论到实践都难以解决的问题。我们认为,对《公司法》第74条第1款中提到的"合理价格",应当根据请求回购股权时股权所代表的净资产值②来确定,理由如下:

首先,从股东角度来讲,股东股权所代表的净资产值能够合理地反映公司的经营状况,保护异议股东的合法权益得以实现。因为净资产值是扣除负债以后的公司实有资产,这就避免了实际操作中的不确定性,这也是与《公司法》切实保护中小股东利益的内在精神相吻合的。

其次,从债权人角度来讲,以股权所代表的净资产值确定回购的价格,可以保护债权人的利益。因为以净资产来确定回购价格,已经将公司的负债按比例分配到被回购人的股权里,债权人的债权实现就不会因股权回购而存在风险。

最后,从法院角度来讲,这种判定从实际出发,便于执行,更好地维护了异议股东的最大利益。

## 八、请求公司收购股份纠纷中诉讼主体的确定

在异议股东评估权案件(股权收购请求权纠纷)中,谁是原告,谁是被告,有无

---

① 参见王伟:《论异议股东股份回购请求权》,载《证券法律评论》2002年第2期。
② 这种方法主要考虑公司结构发生重大变化前公司财产的净资产价值,即扣除了公司负债之后的净资产价值。

其他诉讼参与人？根据我国《公司法》第74条来看，在提起评估权诉讼前，法律先是赋权异议股东在法定情形下可以请求公司按照合理的价格收购其股权，即异议股东是权利主张者，公司是义务承担者。如果自股东会会议决议通过之日起60日内异议股东与公司就评估收购价格无法达成一致协议的，股东可以自股东会会议决议通过之日起90日内向人民法院提起诉讼，这似乎很清晰地显示异议股东可以成为原告，但被告是谁？从上下文来看，提起诉讼是由于异议股东和公司协商不成，这时的协商主体只有异议股东和公司，那么紧接着的诉讼似乎也只能是异议股东和公司之间的事情了，这样的话，公司便是被告。如果是这样，事情也就简单了，但是实践中由于以公司身份和异议股东协商收购价格的一般是控股股东，同时控股股东也往往是公司法人代表，这很容易给异议股东造成一个错觉，即异议股东是先和控股股东协商不成再起诉的，那么异议股东顺理成章地选择控股股东作为被告，同时再将公司也列为共同被告一并诉至法院。

究竟控股股东能否成为评估权诉讼案件中的被告，从审判实践来看，法院没有因为控股股东作为被告不适格而驳回起诉，似乎认可了这一做法。从评估权制度的理论来分析，控股股东是不能作为评估权诉讼的被告的，国外公司法评估权诉讼也无将控股股东作为被告的先例。那么，控股股东不能作为被告，是否可以作为第三人，如果可以，那么他究竟是有独立请求权的第三人还是无独立请求权的第三人？这是需要进一步明确的问题。我们认为，控股股东既不能作为被告，也不能作为第三人，即不能作为有独立请求权的第三人，也不能作为无独立请求权的第三人。原因在于控股股东对于异议股东所持股权既无独立的请求也无法律上的利害关系，不能充分满足民事诉讼第三人的成立要件。当然，我们也可以从反面得出不同的结论。公司收购的异议股东所持的股权法律上没有规定必须注销，将来可以转让，那么对于第三人来说，包括控股股东在内的赞成股东会决议的股东就享有优先购买权。因此，法院判决的收购价格就会影响到控股股东将来行使优先购买权所应支付的对价，控股股东在诉讼中就异议股东所持的股权也存在法律上的利害关系，即优先购买权。

如果明确了异议股东作为原告，公司作为被告，那么在诉讼过程当中，若被告在工商局注销，应如何处理？在审判实践中认定，既然被告公司都被工商部门注销了，那么很自然它就丧失了参与民事诉讼的主体资格，不能作为被告参加诉讼，因此裁定驳回原告的起诉。这是法院所能选择的唯一方法。但是这就产生一个问题，即原告的评估权似乎就无法主张，因为已没有其他可以援用的法律救济手段。原告若起诉合并后的新公司，我国《公司法》第74条并未规定承继公司负有回购义务，况且承继公司已向被承继公司支付了股权对价，如果按照法律主体的承继关系简单认定承继公司应当负有回购义务，对于承继公司来说无疑意味着将要支付额外的对价，显失公平，被承继公司也似有不当得利之嫌。即使承继公司再从法律程序向有关主体主张不当得利行得通，也不免麻烦，当为不妥。在这一点的处理上,美国《示范商业公司法》(2000)就显得较为合理,它在§13.30. Court Action 中规定,如果异议股东不同意公司提出的收购价格和利息,需要在收到公司通知的30日内书面提出自己估算的收购价格和利息要求,然后公司若就异议股东所提书面要求中的估算价格和利息与异议股东双方协商未能解决,那么公司应在收到异议股东的书面要求后60内向法院提起诉讼,请求法院来决定公平价格。如果公司超过这个法定的期限未向法院提起诉讼,那么公司必须按照异议股东在书面要求中所提出的价格和利息用现金向所有异议股东进行支付。美国法律这种极为精细的制度设计不失为可供我国《公司法》借鉴的成功经验。①

### 九、有限公司在何种情形下可以收购股东股权

《公司法》第142条规定股份公司可以在四种情形下收购本公司股份:减资、与持有本公司股份的其他公司合并、奖励职工和收购异议股东股份。不过,《公司法》对有限公司可以收购股东股权的情形未作系统规定。对此,应具体分析。根据《公司法》第74条规定,公司可以收购异议股东股权。根据《公司法》第177条规定的减资程序,公司自然也可为减资而收购股东股权。此外,《公司法》对公司合并持鼓励态度,当公司与持有本公司股权的其他公司合并时,被合并的其他公司所有的资产都归公司享有,其他公司拥有的本公司股权自然也成为本公司所有,因此与持有本公司股份的其他公司合并亦成为《公司法》许可有限公司收购股东股权的默示事由。至于为奖励本公司职工,从《公司法》条款中无法加以推定,因此应当适用《公司法》第35条,予以禁止。

---

① 参见甘培忠、刘兰芳主编:《新类型公司诉讼疑难问题研究》,北京大学出版社2009年版,第298—299页。

# 第八章 股权转让纠纷裁判精要

> **案由释义**
>
> 股权是一种综合性的独立性权利,能够依法转让是股权的重要内容之一。股权转让纠纷是指股东之间、股东与非股东之间进行股权转让而发生的纠纷。它包括有限责任公司的股权转让纠纷和股份有限公司的股权转让纠纷(即股份转让纠纷)两种情况。有限责任公司兼具人合和资合特性,股权转让分为对内转让和对外转让两种情况,对内转让是指股权在股东内部进行转让,对外转让是指股东将其股权向股东以外的人进行转让,《公司法》第71条对有限责任公司股东对外转让股权作出了相应的强制性规定。股份有限公司作为典型的资合公司,其股权以自由转让为基本特征。
>
> 实践中,股权转让纠纷较多,影响公司的正常经营,如何通过司法途径解决纠纷,是司法实践中的一个重要问题。尤其是《公司法》对有限责任公司股东对外转让股权作出了限制性规定,如转让时需经其他股东过半数同意、其他股东享有优先购买权等,造成此等股权转让引发的纠纷不断。大致来看,股权转让纠纷案由下具体的纠纷类型大致包括:股权转让合同效力的纠纷、股权转让合同履行的纠纷、瑕疵出资股东股权转让纠纷、股权转让中的瑕疵责任。其中,中外合资经营企业股权转让纠纷、国有股权转让纠纷等,在适用《公司法》的相关规定外,还适用相关特殊规定。
>
> 此外,此纠纷还包括一些特殊类型的股权转让纠纷,比如,股权的继承、股权的分割、股权的遗赠以及夫妻共有股权的法律纠纷等。比如,《公司法》第75条就针对股权继承问题规定:自然人股东死亡后,其合法继承人可以继承股东资格;但是,公司章程另有规定的除外。

## 一、股东优先购买权中"同等条件"的认定

有限责任公司的股东优先购买权是优先权的一种,"指当有限责任公司的股东对外转让其全部或部分股权时,其他股东基于其公司股东的资格和地位,在同

等条件下,对该股权享有的优先购买的权利"。① 其中,"同等条件"是股东行使优先购买权的实质要件,对"同等条件"的认定是股东优先购买行使的基础。优先购买权人在"同等条件"下较第三人优先购买,体现出优先购买权人与转让人之间的利益平衡。优先购买权人能得到交易机会的保护,但不因其优先购买权而得到交易中的优惠;转让人仅受交易对象选择的限制,不因存在优先购买权而使其所有物变现价值受损。

### (一) 转让股权价格等同

价格条件在"同等条件"中属最核心、首要的条件。股东转让股权时追求最大限度收回投资,主要也是从转让价格上考虑,将同等价格视为"同等条件"的关键要素,满足客观性和可操作性的要求。"同等价格"的确定以转让股东和拟受让第三人订立合同中的转让价格为准,是"价格等同"的一般规定。但实务中,往往存在使得"价格等同"无法简单等同于转让价格的特殊情况。譬如,该转让价格明显是基于出让股东与拟受让第三人之间存在的合法关系(投资关系、业务关系或者经济利益关系)或者双方特别约定的从义务(承诺承担公司债务、引进项目、对公司进行增资等)等因素而确定的相对优惠的股权转让价格时,主张行使优先购买权的股东能否仅以该优惠价格请求行使优先购买权?"价格等同"条件应当如何满足? 这就需要在一般规定之外,借助变通规定解决。

是否将转让价格以外的条件(以下称价外条件)作为价格条件一并予以考虑? 关键要看价外条件是否对股权转让价格产生实质影响。参照德国《民法典》②,我们认为"价格等同"的变通规定可以是:价外条件对股权转让价格有实质影响的,应作为价格条件一并考虑,主张行使优先购买权的股东应当同时满足"转让价格"和"价外条件",此时方能视为"价格等同";反之,价格条件仅需等同于转让股东和拟受让第三人订立合同中的转让价格即可。

同时,转让人与第三人达成的价外条件,优先购买权人不能满足或满足较为困难、但该条件能以金钱计价的,优先购买权人可以以金钱替代;或虽不能满足但可以变通的,以变通方法解决,以切实保护优先购买权的实现。当且仅当某些特殊条件确实不能以金钱替代或变通方式满足,但又足以影响转让人获取对价的,优先购买权不得行使,以维护转让人的利益。

### (二) 转让股权数量等同

同等的数量条件,要求公司其他股东购买股份的数量应当与公司以外的第三人购买股份的数量等同,这就涉及股东优先购买权可否部分行使问题。

---

① 江平、李国光:《最新公司法条文释义》,人民法院出版社 2006 年版,第 222 页。
② 德国《民法典》对先买权的变通规定之一是:当转让股东与第三人的合同中约定第三人必须履行从给付义务时,如果从给付义务能以金钱代替,可以行使优先购买权,但无此从给付,与第三人的合同亦能成立的,对此从给付的约定不予考虑。

1. 股东优先购买权部分行使辨析——部分行使优先购买权原则上不应支持

我国《公司法》对股东能否部分行使优先购买权的问题没有作出规定，但是允许公司在章程中自行规定。我们注意到，最高人民法院《关于审理公司纠纷案件若干问题的规定（一）》（征求意见稿）第 27 条也对股东部分行使优先购买权持否定态度，这一立法取向值得赞同。

首先，部分行使违背优先购买权的基础——"同等条件"。股权可以部分转让，但并不意味着优先购买权可以部分行使，优先购买权不是优惠买卖，它只有在同等条件下才能行使。由于股份是可分物，在股权转让合同中，两个条款是必不可少的，一是转让股份的单价，二是转让股份的数量。因此，在转让股东转让他所持有的股份时，同等条件的标准至少应当包括价格同等（即公司其他股东购买股份的价格应当与公司以外的第三人购买股份的报价相当）和数量同等（即公司其他股东购买股份的数量应当与公司以外的第三人购买股份的数量相当）两个内容。上述两个内容密切相关，数量不同等即不可能实现总价的价格同等。若允许优先权人部分行使优先购买权，其准备购买的股份数量远远低于第三人准备购买的股份数量，明显表明股东优先购买权的行使脱离了同等条件的限制，其实质是在"不同等的条件下"实现优先购买权。这与优先购买权的行使基础是相悖的。

其次，部分行使不合理地限制了股东转让股份的自由。从私权主体地位平等和意思自治的角度来看，虽然优先购买权是一种限制股东转让股权的权利，但这种限制本质上是对转让主体对象的一种限制，意在确认对其他老股东的既得利益的维护。但是，法律设定的这种限制措施，也是在没有损害转让股份股东利益的前提下进行的，是法律确认的其他老股东较之于第三人的一种较为优先的地位，并借此来实现法律所确认的利益和公平。如果赋予其他老股东"部分"行使优先购买权，则将是在对转让股份股东的转让行为进行限制之外，所作的第二次限制。这种第二次的限制不是对转让主体对象的一种限制，而是对转让内容的限制。这样将不但确认其他老股东比第三人的更为优先的地位，还确认了其他老股东比转让股份股东更为优先的地位，完全限制了转让股份股东的意志自由。由原先法律确认的，限制转让股份股东转让股份的对象，转变为完全限制转让股份股东的意志自由，显然是一种矫枉过正的措施，不符合《公司法》的本意。虽然有限责任公司具有一定的人合性，但是这种人合性不应当被过分夸大，成为有限责任公司股东转让股份、合理收回投资的最大障碍。

再次，部分行使解构了大股东的控制权，直接降低交易股权的实际价值。按照我国现行《公司法》规定，公司日常经营的决策中多采取"资本多数决定"原则。这种原则决定了法律在很大程度上赋予并保护的大股东权益是其股权比例与相应控制权的总和。① 在日常经营和公司存续中,大股东的这种地位和权益体现为股权收益和控制权的总和;在股份转让时,这种地位和权益则体现为股权收益和控制权总和的总体价值。而小股东在日常经营中和转让时的权益均仅为股权收益,市场价值还可能再打些折扣。因此在实践中,因为控制权的存在,有限责任公司大股东股权中每股价值要远大于小股东的每股价值。有限责任公司中大股东和小股东在转让股份时每股实际权益相差很大。一旦小股东通过部分行使优先购买权来解构大股东的股份,大股东剩余转让的股份将不再是大股份,剩余每股也不再包含有控制权因素,其转让价格将大大降低,其作为大股东的权益将无法体现。所以,部分行使优先购买权是极度伤害大股东所依法应当享有的权益的。

此外,部分行使往往导致转让股东退出公司陷入僵局。有限责任公司股东优先购买权本质上附属于股权,是为实现股东对公司控制而服务的,是为股东的股权的实现而存在的。如果股东无法获得更多股份,则无法达到控制目的。对于中小股东,在不能实现对公司控制的情况下,除非其对公司前景看好,否则其通常不愿意再次购买股份。因此,老股东部分行使优先购买权的行为将会打消原定受让方的购买意图。当老股东部分行使优先购买权而使原定受让方因无法取得公司控制权拒绝受让剩余股权时,出让的股东又无权要求部分行使优先购买权的老股东受让剩余股权。这样一来,转让股东退出公司的目的不能实现,若其坚持退出公司,就只能寻找新的受让方,或者解散公司进行清算,甚至因此使公司陷入僵局。显然,这对于转让股东是十分不利的,也不符合《公司法》的立法本意。

2. 股东优先购买权可部分行使的例外情况

遵循公司法的意思自治原则,我们认为,当且仅当转让股东和原定受让人均同意时,其他股东方可部分行使购买权。此时优先购买权的部分行使,既维护了老股东在公司既得利益的需要,又丝毫不影响股权自由转让,法律不予干预。

此外,我国《公司法》对股东能否部分行使优先购买权的问题没有作出规定,但是允许公司在章程中自行规定。不赋予股东以法定限制股权转让的权利,是为防止在具体情况中产生不公正,而公正却是时刻需要考虑的问题。股权的转让限制也完全交由股东私权进行约定。由于股权是公司内部股东的关系表示,股权的内涵完全可以由当事人于公司章程中约定。因此,我们当然应当赋予公司股东以更多的私权空间,让他们自己通过协议来安排他们各自之间的利益。如果公权干预的目的出于平等,却将造成私权之间新的不平等,那么在没有作出约定的情况

---

① 有限责任公司股东优先购买权是给予公司老股东对公司进行控制的机会性权利,体现了对老股东对公司之贡献的承认,是保护老股东在公司既得利益的需要。

在公司控制权方面,法律优先保护老股东利益,优先权的取得其地位高于为取得公司控制权的非股东受让方利益。所以,即使是由于老股东部分行使优先购买权而使原定受让方拒绝受让剩余股权,出让的股东也无权要求该老股东受让剩余股权。参见王欣新、赵芬萍:《再谈有限责任公司股权转让法律问题》,载 2002 年 7 月 19 日《人民法院报》。

下,公权就没有过分干预的必要。

### (三) 合同履行方式等同

股权转让合同履行方式的改变,会造成合同内容的实质性改变。一次性付款还是分期付款,现金支付还是实物资产支付股权转让款,是否采用股权置换的方式履行合同,等等,对转让股东利益实现所产生的效果均不相同。一般而言,主张优先购买权的股东在行使优先权时,应当以转让股东与拟受让第三人订立的合同履行方式为准。当付款方式、合同履行期限存在特殊优惠时,则适用变通规定。具体包括:其一,转让股东允许第三人延期支付价款或者分期支付款的,原有股东不能享受该同等条件。每个人的信用及支付能力不完全相同,优先购买权股东应服从交易惯例和保障转让股东利益实现的原则。由于该延期付款或分期付款的允许,系转让股东对受让人的个人信赖。若原有股东欲享受延期付款或分期付款的待遇,转让股东可以要求其提供担保;优先购买权人对延期付款的价金提供担保的,可行使优先购买权。其二,转让股东与第三人约定有从给付条款而原有股东不能履行的,须以交付从给付之价金代替从给付;从给付不能以价金估计时,则不能行使优先购买权。但无此给付时,转让股东与第三人之间的股权转让合同也能成立的,则对此从给付的约定不予考虑。

对"同等条件"的认定历来都是股东优先购买权研究中的重点问题,同时,对"同等条件"的辨析,也为下文中讨论股东优先购买权的行使对象奠定了基础。一般认为,股权转让的正常情况是指协议转让,即由转让人与受让人根据自愿原则,达成转让协议,完成股权转让。现实生活中常常存在非协议转让的情况,即由于一些法定事由的出现,导致股权的转让和股东的变更,这种转让属于股权转让的非正常或非常态情况。非常态的股权转让主要包括三类情形:(1) 拍卖程序下的股权转让(尤其是在法院强制执行程序中);(2) 继承、赠与中发生的股权转让;(3) 分割夫妻共有财产发生的股权转让。非常态下转让的股权,能否作为股东优先购买权的行使对象?

### 二、拍卖程序中的股东优先购买权

### (一) 优先购买权是否适用于"依拍卖程序处分的股权"

涉及依拍卖程序处分的股权主要有两种情形:一是转让出资股东以拍卖方式转让出资,二是法院强制执行程序中对股权以拍卖方式变现。前者由《企业国有产权转让管理暂行办法》规定了国有股权的转让可采取公开拍卖方式[①],后者于

---

① 《企业国有产权转让管理暂行办法》规定:"企业国有产权转让应当在依法设立的产权交易机构中公开进行……企业国有产权转让可以采取拍卖、招投标、协议转让以及国家法律、行政法规规定的其他方式进行。"目前,国有股权(包括有限责任公司国有股)转让,采取上市交易、公开拍卖的方式很多。有学者认为,这是一种非常有效的方式,在市场上公开拍卖,根据市场和供求定出股权的价格,是目前来说相对最公平的一种方式。

《公司法》明确了有限责任公司的股东因自身财产不足以清偿其债务时,为保护债权人的利益,人民法院可以对于股东在公司中的股权强制转让,清偿债务。① 无论是股权自由处分还是强制处分导致的拍卖,都面临同一个关键问题,即依拍卖程序处分的股权能否成为优先购买权的行使对象。

一种观点认为,我国法律直接规定了依拍卖程序处分的股权属于优先购买权的行使对象。②《公司法》第72条:"人民法院依照法律规定的强制执行程序转让股东的股权时,应当通知公司及全体股东,其他股东在同等条件下有优先购买权。其他股东自人民法院通知之日起满二十日不行使优先购买权的,视为放弃优先购买权。"这一规定确立了在人民法院对股权的执行程序中也应当充分保障其他股东优先购买权的原则。另一种观点认为,在强制执行程序中如果以拍卖的方式处分股权,优先购买权不能行使。法院应当将拍卖的有关情况及时通知公司及其他股东,以便其决定是否参加竞价。其他股东如希望购买被执行股权,应当在拍卖过程中,与其他竞买人一起参加竞买,不存在优先于其他竞买人的权利。持这一观点的理由如下:第一,股东未放弃优先购买权的股权属于依法不可以处分的财产权利,不能进行拍卖;第二,拍卖是一种特殊的买卖方式,以出价最高者受让拍卖物为原则,因而并没有"同等条件"可言,如果允许优先购买权人行使优先购买权,会降低拍卖存在的功能和价值。

针对优先购买权不能适用于拍卖程序之观点的第一点理由,我们认为,不能以拍卖方式处分股东未放弃优先购买权的股权,其理由是难以成立的。因为尽管股权上附有股东优先购买权,但对出卖人来说,是完全可以出售的,拍卖标的属于其依法可以处分的财产权利,不同的是买受人的权利可能受到限制。股东对转让的股权保留优先购买权,不能理解为该项股权不能转让,包括以拍卖方式转让。关于第二点理由,在拍卖程序中排除优先购买权的行使,虽然考虑到了拍卖程序上的公平问题,但却排除了《公司法》所规定的股东优先购买权。有限责任公司由于股东人数不多,股东又重视相互间的联系,是属于兼具资合与人合性质的公司,在进行股权转让时,必须维护公司内部的稳定性,以保持股东之间的良好合作关系。如果任由股权向公司股东以外的人转让,将会破坏公司结构的稳定,对公司的发展产生消极影响。正因为如此,各国法律均对有限责任公司的股权转让进行限制,这也正是我国《公司法》赋予股东在股权转让时享有同意权和优先购买权的原因。上述观点在法无明文的情况下,轻轻一句就把它抹杀,那么其他股东的优

---

① "在公司法的司法实践中,当执行股东自身的财产尚不足以清偿其债务时,为保障债权人的利益,法院对该股东的出资可以采取的主要有四种:(1) 强制抽回其出资来偿债;(2) 取消公司设立或解散公司,以收回其出资来偿债;(3) 执行该股东出资的收益来偿债;(4) 强制其转让出资来偿债。"参见赵旭东主编:《公司法学》,高等教育出版社2003年版,第306—307页。

② 参见王欣新、赵芬萍:《析新公司法中有限责任公司股东向非股东股权转让之规定》,载《中国工商管理研究》2006年第6期。

先购买权就形同虚设,有违《公司法》设立股东优先购买权的初衷。

《公司法》和《拍卖法》作为我国法的形式体系中的二级大法,它们的法律地位和法律效力是同等的,即仅低于宪法而高于其他法,不存在哪部法律该服从于哪部法律的理由。同时,考虑到债权的相对性原则,法院在对债务人的股权进行强制执行时,也不应当损害包括其他股东在内的第三人的利益。因此,在拍卖程序中排除股东的优先购买权显然是不适当的。

### (二)拍卖程序中优先购买权的行使

针对拍卖程序中处分股权时其他股东如何行使优先购买权问题,2005年1月1日起实施的最高人民法院《关于人民法院民事执行中拍卖、变卖财产的规定》(以下简称《拍卖、变卖财产的规定》)第14条、第16条对包括股权在内的被执行财产的拍卖作出司法解释,对股东如何行使优先购买权进行了具体程序上的规范,具有一定的可操作性。[①] 但由于规定的具体适用程序不够明确,执行时仍存在诸多问题。在实践中,股权转让的"同等条件"如何,尤其是转让价格多少,是股东决定是否行使优先购买权的重要前提条件。如果严格按照法律规定的文字含义解释,只有在负责强制执行的法院以拍卖、变卖或以其他方式转让股权的价格等"同等条件"确定之后,未放弃优先购买权的股东才负有在合理期间内决定是否行使优先购买权并通知法院的义务。由此便可能产生一个矛盾,即法院要求其他股东确定是否行使优先购买权的时间,与拍卖等程序以公开竞价方式确定股权转让"同等条件"的时间存在冲突。

有学者援引《拍卖、变卖财产的规定》指出,以拍卖方式处分股权时,最终买受人的最高应价虽然依拍卖法及拍卖规则为有效应价,但因拍卖标的存在着优先权,且竞买人参加竞买前对标的物存在着如此的瑕疵已是明知。[②] 故应首先征询其他优先购买权人的意见,若明示放弃或在合理期限内未作愿意购买的表示则视为该竞买人与拍卖人之间拍卖成交;如果其他优先购买权人明确表示愿以此最高

---

[①] 《拍卖、变卖财产的规定》第14条规定:"人民法院应当在拍卖五日前以书面或者其他能够确认收悉的适当方式,通知当事人和已知的担保物权人、优先购买权人或者其他优先权人于拍卖日到场。优先购买权人经通知未到场的,视为放弃优先购买权。"第16条规定:"拍卖过程中,有最高应价时,优先购买权人可以表示以该最高价买受,如无更高应价,则拍归优先购买权人;如有更高应价,而优先购买权人不作表示的,则拍归该应价最高的竞买人。顺序相同的多个优先购买权人同时表示买受的,以抽签方式决定买受人。"

[②] 有学者认为拍卖允许其他股东保留优先购买权是这一拍卖股权的法律瑕疵所在。其法理依据是我国《拍卖法》第18条规定:"拍卖人有权要求委托人说明拍卖标的的来源和瑕疵。拍卖人应当向竞买人说明拍卖标的的瑕疵。"在拍卖公告中,可将存在优先购买权人作为拍卖股权的法律瑕疵预先公示。此时,参加竞拍者应当知悉有优先购买权人的存在,并且可以预见到即使自己是最高应价者,但如优先购买权人愿以此应价购买,自己便不能以此应价买受的后果。如果他不愿承担此后果,便可以不参加此竞拍。如此,可给予其他竞拍人适当的救济,又保障了优先购买权人在同等条件下的优先购买权。

应价作为"同等条件"行使优先权,即视为该股东与拍卖方成交。这一规定在《拍卖法》与《公司法》出现立法冲突时,在尽可能维护相应法律制度立法原意的前提下较好地协调解决了矛盾,照顾到了优先购买权人的利益。

我们认为,这一规定值得商榷。在拍卖过程中,竞买人的应价在性质上属于要约,而拍卖师的落槌或以其他公开表示买定的确认方式则为承诺,当要约和承诺具备时则合同成立。《拍卖法》第51条规定:"竞买人的最高应价经拍卖师落槌或者以其他公开表示买定的方式确认后,拍卖成交。"该条规定了拍卖中承诺的表示方式,并明确规定了在作出承诺后,买卖合同即告成立(成交)。既然合同已经成立,则给出最高应价的竞买人对该股权取得了合同权利,其他股东又如何行使优先购买权,以排除竞买人的权利呢?显然,在拍卖成交后,由其他股东行使优先购买权是违反《拍卖法》规定的。根据《拍卖法》的规定,竞买人的应价只有在其他竞买人给出更高应价时才丧失约束力,而根据《拍卖、变卖财产的规定》,股东等优先购买权人只需给出同等的应价,即可使竞买人的应价丧失效力。这实际上改变了拍卖的程序及价格形成机制,也缩小了《拍卖法》中所规定的竞买人的权利。因此,《拍卖、变卖财产的规定》使拍卖的最高应价者不能如拍卖程序所规定的那样在报出最高应价的同时确定地成为买受人,实质上将享有优先购买权的股东与竞买人置于不平等的地位,干扰拍卖这一特殊的价格形成机制,影响拍卖过程的公平性,不应在司法实践中推行。

《公司法》第72条规定:"人民法院依照法律规定的强制执行程序转让股东的股权时,应当通知公司及全体股东,其他股东在同等条件下有优先购买权。其他股东自人民法院通知之日起满二十日不行使优先购买权的,视为放弃优先购买权。"我们认为,应当从以下方面理解该条规定:首先,法院依强制执行程序转让股权时,通知公司及股东的内容不仅包括将要处分股权的事实,还应当包括拟处分股权的拍卖底价。这是因为,股权被纳入拍卖流程后,优先购买权人既不会以一般竞价者的身份参与竞拍,也不能以最终买受人的最高应价作为同等条件主张优先购买,此时仅仅通知其股权将要被处分的事实没有实质意义;法院强制执行股权,在拍卖前必定会确定拍卖底价,此时的拍卖底价恰恰属于"同等条件"中的价格条件。其次,"自人民法院通知之日起满二十日不行使优先购买权"中的"行使",不是"主张行使优先购买权的单纯意思表示",而应是"行使优先购买权的完成",这也与法院强制执行程序的职能要求相一致。

### 三、继承、赠与中的股东优先购买权

随着我国市场经济的健全和完善,公民投资渠道的不断扩展,带来了私营企业的发展壮大和个人股东的不断增多,股权继承、赠与成为不可回避的法律问题。

#### (一)因继承发生股权转让时的优先购买权

因继承发生股权转让时,能否适用股东优先购买权,直接取决于继承人继承

股权后(在公司章程对于股权继承没有另作规定的情况下),是否当然取得股东身份。若当然取得股东身份,股东的继承人因继受股权即可成为有限责任公司的股东,其他股东对继承人无优先购买权;反之,股权继承则视为股权转让,此时仍适用公司法关于向股东以外的人转让股权的规定,其他股东可以主张优先购买权。我国《公司法》第75条规定:"自然人股东死亡后,其合法继承人可以继承股东资格;但是,公司章程另有规定的除外。"从立法上看,直接明确了"合法继承人可以继承股东资格",有学者在公司法修改时认为这一规定值得商榷。因为股东资格不仅代表着财产权利,而且是一种身份标志。作为身份标志,就不能简单地按照财产继承来对待,而应当依循《公司法》关于向股东之外的人转让股权的程序来处理。①

股权中的身份性权利能否继受?学界存在两种不同意见。一种意见认为,股权继承的性质实质上是股权的转让,继承人对于公司其他股东而言是第三人,因继承这一事实行为而发生的股权转让实质上是死亡之股东将其股权转让给公司其他股东以外的第三人,此时仍需要适用《公司法》关于向股东以外的人转让股权的规定。② 另一种意见认为,股权继承非常特殊,继承下的股权转让不会破坏公司的人合性,为了兼顾有限责任公司的人合性及老股东利益和继承人的合法权益,原则上应当允许死亡的自然人股东的合法继承人取得股东资格,同时承认公司章程对此有作出例外的规定的权利。③

法国法院判决认为"转让人与受让人之间有着紧密的家庭联系,他们是配偶或者是直系血亲。在这些人之间进行股份转让不会像将股份转让给第三人那样影响到有限责任公司的封闭性,因此,原则上,这种转让是自由的可以承认,同一家庭的成员在某种程度上可以看成是同一个人……"④可以看出,法国商法中之所以对于股权继承适用相对自由的原则,是基于认为继承人取得股权不会影响到有限责任公司的封闭性,除非公司章程作出限制。在英国,除非细则另有规定,优先购买权只限于股东转让情形,而不适用于因死亡或破产所产生的承受⑤,更是直接排除了继承中股东优先购买权的行使。

通过对国外立法及司法的分析可以看出,股权继承时,继承人的利益受到第一位的保护,优先于其他股东。我们认为,我国《公司法》第75条的规定是恰当的。除非公司章程对于股东资格的继承另有规定,对其作出限制时,那么自然人

---

① 参见周友苏主编:《2005中国公司法修法研究特辑》,四川人民出版社2005年版,第43页。
② 参见王裕发:《我国有限责任公司股权继承之相关问题研究》,载《黑龙江政法管理干部学院学报》2004年第2期;周友苏:《新公司法论》,法律出版社2006年版,第290—292页。
③ 参见赵旭东:《新公司法条文解释》,人民法院出版社2005年版,第145页。
④ 〔法〕伊夫·居荣:《法国商法》(第1卷),罗结珍、赵海峰译,法律出版社2004年版,第560页。
⑤ 参见〔英〕丹尼斯·吉南:《公司法》,朱奕锟等译,法律出版社2005年版,第198页。

股东死亡后，其合法继承人自动取得股东资格，公司应当变更相关的登记资料，而不应适用《公司法》第 71 条关于向股东以外的人转让股权的条件，此时其他股东无权行使优先购买权，也无权阻止继承人继承股权并成为公司股东。如果股东之间通过章程或协议方式限制了未来继承人股东资格的取得，那么，在股东死亡后，其继承人就不能当然取得股东资格，这意味着被继承人留下的遗产是受到限制的股权，但基于继承人与死亡股东之间的关系其紧密程度远强于与第三人的关系，因此，公司章程对继承人取得股东资格的限制不应比受让人是第三人的情况更严格，否则该限制就超出了必要的限度，不应得到支持。

应该说，我国《公司法》对有限责任公司由于继承发生的股权转让，首先尊重的是公司股东的意思自治，如果公司章程对此（其他股东优先购买权）有规定的，优先适用章程的规定。同时又借鉴了国外的立法规定①，对股权具有可继承性予以肯定，即如果公司章程没有规定的，股权继承人因继受股权自动成为股东，不存在行使股东优先购买权的问题。

### （二）因赠与发生股权转让时的优先购买权

有学者指出，因赠与发生的股权转让不应适用优先购买权。② 其依据是：首先，优先购买权均针对股权有偿转让而讨论，因赠与发生股权无偿转让时，无对价可言，不存在同等条件，优先购买权人行使权利的条件也就不具备了；其次，考虑到出卖人为自己的财产既限定了特殊用途，又限定了受让的特殊主体，理应遵循其意愿予以实现。

我们认为，赠与发生时，其他股东是有权行使优先购买权的。理由在于，优先购买权的"优先"，首先表现在受让顺序和地位上的优先，为维护有限公司的人合性，同样需要赋予其他股东以优先受让的权利，以避免其他股东不喜欢的人进入公司。至于赠与就等同于所谓的股权无偿转让，从而认为不存在优先购买权行使的同等条件的看法，只是根据一般、表面的现象得出的错误结论。实际上，赠与时"同等条件"依然存在，因为赠与中转让的股权依然具有价值。而对于所谓的无偿转让，在一定程度上，可看做是优惠转让的极端化。前文中已经分析论证过，有时股权转让人会给第三人以适当的优惠，多数的学者都认为，此时其他股东有权行使优先购买权，争议的焦点只是转让价格如何确定；以此类推，无偿转让实际上仅

---

① 有限责任公司已故股东的继承人可否取得股东资格，国外对此主要有两种立法模式。第一种模式以日本、韩国为代表，规定继承人能否取得股东资格，须由股东会或董事会来决定；第二种模式以德国、法国为代表，规定除非公司章程或股东协议加以限制，原则上继承人可以取得股东资格，即承认股权的可继承性。德国《有限公司法》第 15 条第 1 款规定："股权可转让并可继承。"法国《商事公司法》第 44 条规定："公司股东通过继承方式或在夫妻之间清算共同财产时自由转移，并在夫妻之间以及直系尊亲属或直系卑亲属之间自由转移。但是，章程可以规定，配偶、继承人、直系尊亲属、直系亲属只有在章程规定的条件获得同意后，才可成为股东。"《公司法》的修改显然借鉴了上述第二种模式。

② 参见祁秀山：《试论优先购买权》，载《法学研究》1990 年第 1 期。

仅是转让人给第三人以相当于股权价值的优惠而已,这种优惠与前面所提的有偿转让时的优惠只是量的差异,没有质的区别,因此,其他股东也应该有优先购买权。

### 四、夫妻共同财产(共有股权)分割中的优先购买权

随着私有经济的发展,一些投资经营性的财产在家庭财产中的比重越来越大,夫妻共同财产中共有股权的分割问题具有普遍意义。

#### (一)优先购买权是否适用于"夫妻共同财产分割"中的股权

依据《中华人民共和国婚姻法》(以下简称《婚姻法》)规定,夫妻离婚时财产分割首先须决定财产的归属,如果某项财产属夫妻共有,那么在离婚时应依法予以分割。同理,夫妻财产中的股权归属、分割也要遵循这样的原则。现实中,夫妻共有股权在有限责任公司中通常表现为以夫或妻一方的名义持有,夫妻中的一方成为公司股东,在夫妻分割共有股权时,其他股东是否享有优先购买权?

有学者认为,离婚时的出资分割(夫妻双方未有约定时),"是依婚姻法关于夫妻财产为共同的规定所为的股权分割或转让,由于离婚所发生的出资转让具有法定转让的性质,不同于依照约定而发生的有偿转让,所以公司法财产规定的优先权规则不应对其有约束力"。① 我们不赞同此观点。股权法定转让固然与约定转让存在区别,但并不能当然排除优先购买权的适用,上述观点于法无据。事实上,"离婚协议中关于财产分割的条款或者当事人因离婚就财产分割达成的协议,对男女双方具有法律约束力"。②《婚姻法》及其司法解释均体现了一致的精神,即夫妻双方就股权转让给股东的配偶的协议只对夫妻双方产生法律效力,并不能约束公司的其他股东,基于维护有限责任公司股东之间的信赖关系以及公司协调稳定发展的原则,其他股东对于离婚股东的配偶是否取得股东资格,仍有同意权以及优先购买权。

#### (二)夫妻财产分割中的股东优先购买权行使

2004年4月1日起施行的最高人民法院《关于适用〈中华人民共和国婚姻法〉若干问题的解释(二)》第16条规定:"人民法院审理离婚案件,涉及分割夫妻共同财产中以一方名义在有限责任公司的出资额,另一方不是该公司股东的,按以下情形分别处理:(一)夫妻双方协商一致将出资额部分或者全部转让给该股东的配偶,过半数股东同意、其他股东明确表示放弃优先购买权的,该股东的配偶可以成为该公司的股东;(二)夫妻双方就出资额转让份额和转让价格等事项协商一致后,过半数股东不同意转让,但愿以同等价格购买该出资额的,人民法院可以对转让出资所得的财产进行分割。过半数股东不同意转让,也不愿意以同等价

---

① 石慧荣:《与股权相关的几个立法盲点》,载《河北法学》第23卷第6期。
② 最高人民法院《关于适用〈中华人民共和国婚姻法〉若干问题的解释(二)》第8条。

格购买该出资额的,视为其同意转让,该股东的配偶可以成为公司的股东。用于证明前款规定的过半数股东同意的证据,可以是股东会决议,也可以是当事人通过其他合法途径取得的股东的书面声明材料。"第 16 条的规定对于夫妻双方"将出资额部分或者全部转让给该股东的配偶的问题协商一致"时人民法院的处理程序作出了规范。首先,该规范与 2005 年修订后的《公司法》相配合,该规定中的"过半数股东同意"应当认为是除欲离婚股东之外的"其他股东",而不是全体股东的过半数;其次,其他股东明确表示放弃优先购买权应当以书面形式作出,或以股东会决议的形式,或以书面声明形式。但是,该条对于"夫妻双方就股权转让份额和转让价格等事项不能协商一致的情况"未予明确。最高人民法院原副院长黄松有就该司法解释答记者问时特别指出:"司法解释在规定如何分割、处理夫妻共同财产中的股权、出资时,应坚持维护其他股东、合伙人合法权益的原则。……除了正确适用婚姻法外,还必须与公司法、合伙企业法、独资企业法等法律法规的规定和精神保持一致。"①《婚姻法》第 39 条规定:"离婚时,夫妻的共同财产由双方协议处理;协议不成时,由人民法院根据财产的具体情况,照顾子女和女方权益的原则判决。"

因此,对于夫妻共同股权的分割,需要充分考虑股权的性质以及有限责任公司的特点。

首先,尽量选择维持夫妻一方享有完整股权,而由享有股权的一方对另一方做出经济补偿的方法,在解决因夫妻财产分割而导致股权转让问题的同时,又较好地维护有限责任公司的稳定及经营。在司法实践中,这一思路一直为最高司法机关所认可。由于有限责任公司的股东之间存在类似于合伙人之间的关系,从最高人民法院有关合伙财产分割的规定②可以看出对于合伙企业人合性予以维持的立法目的,这对处理股权分割问题有一定的启示。维持有限责任公司的人合性特点,显然符合《婚姻法》关于根据财产的具体情况进行财产分割的立法目的。

其次,在夫妻双方必须对股权进行分割时,夫妻共有股权归属的确定必然会引起股东的变化,虽然离婚财产分割与继承一样都属于法定转让股权,但与继承不同的是,夫妻离婚时往往存在着诸多不和谐因素,特别是《婚姻法》规定人民法院审理离婚案件时,准予离婚的前提是夫妻双方"感情确已破裂"③,如果直接确认另一方的股东资格,显然不利于维持有限责任公司的"人合性",此时应当参照有

---

① 黄松有主编:《最高人民法院婚姻法司法解释(二)的理解与适用》,人民法院出版社 2004 年版,第 281 页。

② 如 1993 年 11 月 3 日最高人民法院发布的《关于人民法院审理离婚案件处理财产分割问题的若干具体规定》对合伙财产的分割作了规定:"一方以夫妻共同财产与他人合伙经营的,入伙的财产可分给一方所有,分得入伙财产的一方应对另一方给予相当于入伙财产一半价值的补偿。"

③ 《婚姻法》第 32 条第 2 款:"人民法院审理离婚案件,应当进行调解;如感情确已破裂,调解无效,应准予离婚。"

限责任公司股东向股东以外的第三人转让股权的情况,适用《公司法》第 71 条对有限责任公司的股东转让股权的限制性规定。

具体到以夫妻双方共有股权的分割,如果该行为取得其他股东的过半数同意,并且其他股东放弃优先购买权的,那么夫妻中的另一方可以依法取得股权,享有股东资格;如果该行为未取得其他股东的过半数同意,那么不同意转让的股东应当购买该部分股权,由非股东一方取得转让款,如果不同意转让的股东不购买的,则视为同意接纳夫妻另一方为股东。

考虑到有限责任公司的人合性,也可仿效上述股权继承的有关规定,即授权股东在公司章程中对夫妻之间清算共同财产时股权分割的方法以及股东是否享有优先购买权等问题进行约定。这样,既可有效地保护公民的财产权,又与有限责任公司的人合性不相违背。

## 五、主张行使优先购买权时股权转让的取消

实践中经常遇到问题是,其他股东主张行使优先购买权时,转让股东能否终止股权转让? 比如甲作为转让股东,未征询其他股东优先购买意向即擅自将其股份转让给第三人丙,此时公司另一股东乙诉请法院要求行使优先购买权,诉讼中甲提出终止转让协议,不再对外转让股份,此时应当如何处理? 也就是说,其他股东主张行使优先购买权时,转让股东是否有权收回其转让意向,取消拟进行的股权转让?

对此,我国公司法未作规定,我们持赞同的意见。允许转让股东终止转让,表面上看似乎使股东优先购买权无法实现,有损优先权股东的利益,实则不然。第一,股东优先购买权的立法目的并非在于保障其他股东获得拟转让的股份,而是在于保障原有的公司内部股东关系的稳定。赋予其他股东优先获得拟转让股份的机会,只是为了维护公司人合性的需要,前者是手段,后者才是目的。① 因此允许转让股东终止转让意向,即已实现立法目的,当然不必再强求转让股东一定要将拟转让的股权转让于其他股东了。第二,收回转让意向属于转让股东的自由意志,如此处理既维护了股东间的信赖关系,也表达了对股份自由转让基本原则的尊重(放弃转让也是股份转让自由原则的体现)。同时,这与其他优先购买权中允许终止交易可能会使义务人完全规避优先购买权也并不相同。例如,在承租人优先购买权中,如果允许出租人在承租人行使优先购买权时终止交易,则出租人可以待租赁合同到期或先解除租赁合同后再行出售房屋,从而完全规避承租人优先购买权的行使。在股东优先购买权中,由于转让股东始终持有公司股份,因此这次终止交易可以使其他股东的优先购买权不得行使,但下次其欲转让股权时,其

---

① 参见刘俊海:《新公司法的制度创新:立法争点与解释难点》,法律出版社 2006 年版,第 317 页。

他股东仍得行使优先购买权,股东优先购买权不会因终止交易而被恶意规避。

综上,我们认为,无论是在诉讼中或是在正常公司实践中,其他股东主张行使优先购买权时,转让股东可以选择终止转让。由于对外转让是股东优先购买权行使的前提,因此转让一旦终止,其他股东不得再主张优先购买权。

### 六、仅要求撤销股权转让协议却并不购买拟转让股份的认定

实践中会出现优先权股东仅仅要求撤销股权对外转让协议,而并不主张购买拟转让股份的情况。换言之,法院在处理该类案件时是只能判决撤销股权对外转让协议,还是除此之外,另应直接判令由优先权股东按照转让股东向第三人转让时的条件受让拟转让股份?

对此我们认为,优先权股东不得单独请求撤销股权对外转让协议。因为优先权股东主张撤销股权对外转让协议与优先权股东主张优先购买权之间具有一定的牵连关系,主张撤销是股东优先购买权受侵害时的救济手段,或者说是受侵害的优先购买权欲获得实现的前提条件。当优先购买权受侵害,优先权股东提出撤销原转让协议请求的同时,应当行使优先购买权,按同等条件的要求自己受让拟转让股份;优先权股东无意行使股东优先购买权时,不得就转让股东与非股东第三人的转让协议单独提出撤销请求,否则即是侵犯了股东自由转让原则,损害了转让股东与第三人的实质利益。法院如果对于优先权股东提起的优先购买权之诉仅撤销其对外转让协议,很可能为优先权股东滥用优先购买权,干涉他人自由与权利提供合法的途径。而且优先购买权本身又是形成权,一经行使即告转让关系成立,无须转让股东另行承诺,所以请求法院直接判令,实际上是当优先购买权受侵害,其他股东丧失优先购买权时,由国家强制力确认其他股东优先受让。据此,法院可直接判令优先权股东与转让股东间的买卖关系成立。

### 七、公司章程限制股东优先购买权的认定

从股东优先购买权作为一种股东基本权利的角度,对其予以限制或者禁止似乎是不可能的,但从股东优先购买权所涉及的各方当事人的利益平衡角度,如果一概禁止股东之间限制或者禁止优先购买权的约定,也并非完全合适。其一,对于多名股东均主张优先购买权的,《公司法》规定应通过协商确定各自的份额,如果协商不成,按照出资比例行使优先购买权。对于此项规则,应当允许公司章程以不同的约定予以变更。根据《公司法》第34条规定,股东按照实缴的出资比例分取红利;公司新增资本时,股东有权优先按照实缴的出资比例认缴出资。但是,全体股东约定不按照出资比例分取红利或者不按照出资比例优先认缴出资的除外。对于股东分取红利和优先认缴出资这样关系股东重大利益的内容,《公司法》均允许全体股东以特约予以排除适用,那么对于优先购买其他股东转让的股权,当然得以特约予以排除。况且,《公司法》第71条第4款也作了明确规定:"公司

章程对股权转让另有规定的,从其规定。"其二,有限责任公司的主要投资者同时也是管理人员①,公司内部股权结构的变动直接影响到他们对公司的控制和收益,因此,有必要对股东购买其他股东转让股权的比例事先进行安排,以维护公司原有的股权结构和利益状态。这就产生了限制甚至禁止某些股东优先购买其他股东转让出资份额的实际需求。在这些背景下达成的协议,法院不能简单地予以否定,而应根据商业交易的特点,审慎地剖析当事人之间的利益关系,从而作出妥当的判决。

### 八、归一型股东优先购买权行使效力的认定

所谓归一型的优先购买权的行使,是指其他股东如果行使优先购买权,将会使全部的股权归属于一个股东的情形。也就是在公司只有两名股东的情形下,其中一名股东对第三人转让自己所持有的全部股权时,另一名股东是否可以行使优先购买权?

就有限责任公司归一型优先购买权的行使,我国《公司法》并没有作出具体的规定。目前学界对此有不同的观点。(1)无效说。该种观点认为,在归一型的情形下,买受股东与转让股东所订立的合同属于无效合同。买受股东在这种情形下不能主张优先购买权,基于有限责任公司股东人数的规定,也不能买受转让股东的所有股权。该观点是从公司设立人数底限规定出发,认为归一型股权转让协议事实上使一人公司产生,可能导致规避法律行为的出现。(2)有效说。该种观点认为,我国《公司法》并未禁止一人公司。另外,股权转让协议有效性,应当从《合同法》角度去考虑。在归一型的情形下,股东受让另外一名股东的所有股权的行为,并不是合同无效的情形。而且如果禁止归一型优先购买权的行使也与《公司法》所规定的股权转让自由原则相悖。

我们认为,从我国的立法观点来看,对归一型股权转让协议应当持肯定的态度。股权转让协议只有在损害国家、集体利益以及合同双方当事人恶意损害第三人利益,或是违反法律、行政法规的强行性规定的情形下才认定为无效。归一型股权转让协议很显然不属于上述的情形,因此,即便是在不承认一人有限责任公司的情形也应当认定其有效性。至于股权归一后公司是被撤销或是继续存在,都是在承认上述股权转让协议效力后所产生的不同结果。而且,承认归一型优先购买权的行使,也有利于维持企业的稳定性,降低社会交易成本,促进社会经济投资的活跃。具体到我国归一型优先购买权的行使问题:首先,我国《公司法》承认了一人有限公司的合法性,同时对一人有限公司作出了更加严格的规定以及禁止自然人复式一人有限公司的出现;其次,《公司法》以及《公司登记管理条例》都规定了转让股权应当办理股权变更登记,因此对于归一型优先购买权的行使,在股权归一后只需依法办理公司变更登记。

---

① 参见古锡麟、李洪堂:《股权转让若干审判实务问题》,载《法律适用》2007年第3期。

## 九、国有股权出让过程中优先购买权的行使

根据《企业国有产权转让管理暂行办法》(以下简称《暂行办法》)第 4 条"企业国有产权转让应当在依法设立的产权交易机构中公开进行"及第 17 条第 1 款"经公开征集产生两个以上受让方时,转让方应当与产权交易机构协商,根据转让标的的具体情况采取拍卖或者招投标方式组织实施产权交易"的规定,国有产权转让一般须采取公开竞价方式进行。而在竞价程序一般遵循的原则为价高者得,这与一般形式下股东在有限公司中享有的股权优先购买权不相一致。因此,目前对国有股权转让中如何行使优先购买权存在争议,主要有以下两种观点:

1. 在国有股权进场交易并依法经过拍卖等竞价程序确定最高应价者后,股东行使优先购买权。这种观点认为,在股权进场挂牌后,原股东未在挂牌有效期内申请进场交易,不能视为放弃优先购买权,针对拍卖所形成的最高报价,股东可行使优先购买权。

我们不认同此种观点,原因如下:(1)原股东在挂牌有效期内不入场进行交易仍可以优先购买权取得该国有股权,违反有关法律的相应规定。根据《暂行办法》的规定,企业国有产权转让不受地区、行业、出资或者隶属关系的限制,均应在依法设立的产权交易机构中公开进行,且应经该产权交易机构公开征集意向受让人,最终确定的受让人是在公开征集到的意向受让人中采用协议(只有一个符合条件的意向受让人时)或竞价方式产生的。因此,《暂行办法》中的意向受让人应广义理解为包括该目标公司股东在内的、所有愿意受让该股权的人。如股东未进场交易,却在最终以行使优先购买权形式取得该国有股权,不但违反了《暂行办法》关于国有产权转让应在产权交易机构公开进行交易的规定,还违背了国有资产管理法规中有关国有股权交易的公开、公平、公正的规定。(2)原股东不进行进场竞价交易,未能使该国有股权的转让得到充分竞价,造成国有资产的低价及资产流失。股东参与进场竞价,则可能会发生原股东行使优先购买权时,其他竞价者愿意支付更高的价款,原股东可再次表示同意在该价位行使优先购买权,如此持续多轮竞争,国有产权经充分竞价,取得最高转让价款,实现最大限度的保值、增值。(3)完成拍卖程序形成最高应价后,在同等条件下由原股东行使优先购买权,违反拍卖制度相关规定。如前文所述,企业国有产权转让应当在依法设立的产权交易机构中公开进行,当经征集产生两个以上意向受让方时,一般采取拍卖等竞价方式确定受让方。而根据《拍卖法》第 51 条的规定,拍卖成交的竞买人为最高应价者。因此,给予不参与拍卖程序的原股东在确定最高应价者后行使优先购买权的权利,不但牺牲了竞买人的最高应价成交权,最终还削弱了拍卖制度的公信力。

2. 国有股权出让,原股东不放弃优先购买权的,应在挂牌有效期内进场竞价,在进行拍卖等竞价过程中行使优先购买权。

刘俊海教授认为:"应保护竞买人的积极性,在国有股权进场拍卖的情况下,

仍要尊重竞买人的竞买预期,充分保护竞买人的合法权益。换言说,有限责任公司股东在国有股权拍卖时,可以踊跃参与竞买,甚至出价与最高的竞买人一决雌雄,但不宜在拍卖行一锤定音后再以买受人的最高竞价行使优先购买权。"① 我们认同此种观点,将原股东优先购买权的行使时间及程序与国有股权进场交易及拍卖等竞价程序相统一,即在拍卖等竞价程序中给予原股东竞价者及优先购买权人双重身份,原股东只能在竞价程序中行使优先购买权,方为有效。此种方式,有利于保障国有产权最大限度的保值、增值及维护拍卖程序的完整性。

### 十、名义股东转让股权优先购买权的行使

在隐名出资情况下,由于第三人对实际出资人并不知晓,工商登记的股东是名义出资人,而依据商法的公示公信原则,工商登记机关的登记具有对外的公信力,即使股东名册的记载与工商登记的情形不符,也不得依据股东名册的记载来对抗第三人,《公司法》对此亦有明确的规定。其第32条第3款规定:"公司应当将股东的姓名或者名称及其出资额向公司登记机关登记;登记事项发生变更的,应当办理变更登记。未经登记或者变更登记的,不得对抗第三人。"所以第三人基于工商登记同名义股东进行的股权转让交易,是符合民法基本原理和法律规定的。至于名义股东转让股权是否征得实际出资人的同意,我们在所不问,因为名义股东与隐名出资人之间签订的投资协议仅约束合同双方当事人,不能以此协议来对抗公司和第三人,也就是实际出资人不得以与名义股东之间有协议来否定名义股东转让股权的效力。山东省高级人民法院在《关于审理公司纠纷案件若干问题的意见》第52条中规定:"名义出资人未经实际出资人同意处分股权,实际出资人由此主张股权处分行为无效的,人民法院不予支持。"《公司法解释三》第25条中亦规定:"名义股东将登记于其名下的股权转让、质押或者以其他方式处分,实际出资人以其对于股权享有实际权利为由,请求认定处分股权行为无效的,人民法院可以参照物权法第一百零六条的规定处理。名义股东处分股权造成实际出资人损失,实际出资人请求名义股东承担赔偿责任的,人民法院应予支持。"故在名义股东转让股权的情形下,名义股东理应按照公司法的规定,就股权的转让通知公司的其他股东,公司的其他股东也当然可以依照《公司法》的规定来行使自己的优先购买权。

### 十一、股权受让方已进行了工商变更登记,并参与了经营管理,公司其他股东能否再主张行使优先购买权

尽管我国《公司法》并未对此作出明确规定,但一般认为,对股东优先购买权应当设置一定的行使限制。公司法系团体法,且公司内部经营管理秩序与公司外

---

① 刘俊海:《新公司法的制度创新:立法争点与解释难点》,法律出版社2006年版,第332页。

部利益相关群体的利益密切相关,股东个体利益与公司经营秩序、公司外部交易安全三者应当协调一致。我国《公司法》目前虽未对股东优先购买权规定行使时限,但优先购买权作为一种形成权,权利人仅凭其单方意志即足以影响法律关系的变动。因此我们认为,应当对该权利的行使设定一定的限制。①

目前,司法实务界已有意见赞同为股东优先购买权的行使设定时间限制。为股东优先购买权设定行使时限,能够避免公司股权结构持续处于不稳定状态,并控制公司内部矛盾对外部交易安全产生的负面影响。司法实践中,对于转让股东向受让方签订股权转让协议超过合理期限后,或者股权转让协议已经实际履行完毕的情况下,其他股东又起诉要求行使优先购买权的,该权利主张可能无法获得支持。关于确定合理期限,目前司法实践中掌握的主要标准有二:一种是该时限可以自受让方被记载于有限责任公司股东名册时起算②,另一种是该时限可以自转让股东与受让方缔约之日起算。③ 此外,如果其他股东主张优先购买权未获支持,则其仍可以选择向相关责任人员另行主张损害赔偿。

## 十二、"股东"在公司设立登记前预先转让股权的认定

对于"股东"可否在公司设立登记前预先转让股权,有的境外公司法如法国《商事公司法》予以明文禁止,该法第271条第1款规定:"股票只有在公司进行商业和公司注册后才可转让。在增资的情况下,股票自完成增资之日起可以转让。"④我国台湾地区"公司法"第163条第1款规定:"公司股份之转让,不得以章程禁止或限制之。但非于公司设立登记后,不得转让。"此明文规定公司设立前股份不得转让,其立法目的在于公司既然尚未完成设立登记,则公司尚未成立,其将来是否成立未可知,故为维护交易安全以防杜投机及期公司设立之稳固计,遂禁止其转让。违反此规定,所为之转让,应属无效。台湾学界通说认为,"公司法"但书规定为禁止性规定,此股份转让行为依民法规定,自属无效。对此,现行《公司法》未设明文规定,但是应作否定之理解。首先,股权转让协议是处分行为,而标的物特定是处分行为成立的基本要求,否则行为无效。股份转让在形式上表现为股票的转让,而股票只有在公司成立后才能由公司签发,因此在公司登记成立前,股份是不能转让的。如果允许股份在公司成立前转让,很容易引起投机者取巧图利。其次,《公司法》第132条规定股份公司成立前不得向股东交付股票,则股东预先转让股权当然更为法律所禁止。

---

① 参见陈敦:《论股东优先购买权的行使》,载《法律适用》第2007年第8期。
② 参见最高人民法院《关于适用〈中华人民共和国公司法〉若干问题的规定(二)》(征求意见稿)中,关于在其第23条中增加第2款内容的意见:股东对外转让股权未依法履行优先购买程序,但股东名册修改记载超过一定期限,其他股东起诉主张购买的,不予支持,例如规定3个月、6个月,甚至是1年。
③ 参见夏志泽:《先买权新论》,载《当代法学》2007年第2期。
④ 金邦贵译:《法国商法典》,中国法制出版社2000年版,第208页。

## 十三、当事人对股权转让价格存在争议时的认定

在股权转让纠纷的审判实践中,通常在两种情形下当事人对股权转让的价格各执一词:一种是股权转让协议内容不严谨、不准确,转让股权的比例、价格存在歧义。例如没有明确的转让价格,只载明将其持有的股权以××万元转让。在公司法理论中,股权表明的是权利的比例,登记的股金并不等于转让价格,因此,如此表述容易导致对价不清产生争议。在司法实践中,有20%是因股权转让协议表述不清而引发争议。另一种是股权转让当事人为了逃避相关税收,采取签订阴阳合同的方式。在其向工商登记机关交付的合同与当事人自认的合同间,对股权转让价格的约定往往存在较大差异,而一旦发生纠纷,当事人双方则分别依据不同的合同对股权转让价格进行认定,给法院审理带来较大难度。

我们认为,股权转让价格的认定应以下几方面事实作为依据。

1. 以股权的真实价值为依据。股权的真实价值,即股权所对应的公司资产的价值。一般情况下,有限责任公司的全部股权价值应等同于公司整体资产的价值,而公司的资产从某种意义上而言,实际上由公司的全部股权所构成,故股权转让实质上是对公司资产的转让,按照等价的交易原则,其转让价格应等同于被转让股权所对应的公司资产的价值。这是确定股权转让价格最常用的依据。需要注意的是,由于股权具有财产权和社员权双重属性,故股权中所包含的某些权利如分红权、资产分配权等,虽然与股东的经济利益有一定关系,但其权利的基础是股东的社员身份,故其权利的价值无法以货币方式来衡量,在各方当事人没有约定的情况下,上述权利不应计入股权转让的价值范畴。

2. 以当事人的真实意思表示为依据。在某些情况下,股权转让的价格可能与其真实价值不符,由于各种各样的原因,股权转让的当事人可能脱离股权的真实价值而另行确定股权的转让价格,根据自愿平等的合同原则,当事人自行确定转让价格是其享有的民事权利,故在没有无效情节和可撤销事由的情况下,即使转让各方当事人约定的股权转让价格与股权真实价值不符,只要此种约定是其真实意思表示,亦可以作为认定股权转让价格的依据。

3. 以工商登记材料的记载为依据。工商登记作为企业内部状况对外公示的主要手段,其法律效力应得到足够的尊重,工商登记材料中所记载的股东持股状况、出资数额和股权价值是公司债权人向公司和股东主张权利的重要依据,也是股东承担相应民事责任的原因之一。考虑到受让股权后,新股东可能会产生对外承担相应民事责任的风险,而此类风险的大小则基本按照工商登记的材料予以确定,因此从保护债权人权益的角度出发,工商登记材料中所记载的股权转让价格,也应当成为审判实践的重要依据。

4. 以合法有效的合同为依据。在审判实践中,还可能发生当事人签订的多份股权转让合同中有某些合同应属无效合同的情况。即使此无效合同系当事人的

真实意思表示,亦不能以此作为认定股权转让价格的依据,否则即有鼓励和纵容当事人违法的嫌疑。在此情况下,应当在考虑有效合同是否反映了股权的真实价值,是否亦系当事人的真实意思表示等事实的基础上,以合法有效的合同作为确认股权转让价格的依据。[①]

### 十四、以股权转让的方式转让土地的效力认定[②]

土地作为一种稀缺、不可再生的资源,是支撑和推动一国经济发展最为重要的生产资料之一,同时也是满足人们日常生活需求的基础性生活资料。各国普遍建立起相应的制度规制土地的分配、使用和管理,我国也对土地使用权的转让规定了严格的适用条件。但是实践中,常有人利用法律漏洞,在不符合土地转让的情况下,通过其他方式最终达到土地转让的目的。较为常见的是通过股权转让的方式取得土地使用权所属公司的控制权,进而对土地进行开发、利用和专卖,股权转让行为成为规避方式,实现土地转让目的的形式,成为房地产业内普遍适用的做法。我国对类似转让方式的效力认定、适用条件、规制方式等,无论是公司法律制度或是房地产法律制度都没有作出相应的规定。制度的缺失必然带来司法实践上的障碍,因此,很有必要从理论和实践的角度对此问题进行研究。

以股权转让方式实现土地使用权的转让,是当今房地产行业普遍的做法,对此类行为的效力,司法实践中主要有两种意见。一种意见认为,该行为系以合法形式掩盖非法目的,即当事人的真实意思是转让土地使用权,但因法律的强制性规定而无法以土地使用权交易的方式实现,因此以另一个法律行为掩盖真意,以实现同一效果。此外,此种行为恶意规避国家房地产法和税法的相关规定,属于规避法律的行为,因此,应当认为无效。另一种意见认为,此种行为合法有效。理由在于,公司股权转让是《公司法》所保护的法律行为,股权转让并不导致土地使用权权属的转移,土地仍然是原公司的资产,股权转让行为与土地使用权转让行为之间彼此独立、毫不相关,不能仅因股权转让而导致的对于特定资产的间接控制就否定行为本身的效力,任何股权的变动都会伴随着资产控制效力的变化。同时,税法制度允许当事人在不违反法律强制性规定的情况下合理避税。因此,如果认定此类行为无效,将会削弱股权的流通功能,违反公司制度的基本特征,影响交易安全和效率。

以股权转让方式实现土地转让目的行为的效力的探讨,应当从理论与实践两个角度展开。

1. 从意思表示瑕疵的角度分析。以股权转让方式实现土地使用权的转让目的的行为,其实质就是一种民事法律行为。民法理论中,对当事人之间虚假表示、

---

① 参见巴晶焱:《审理股权转让案件相关问题的调查》,载《法律适用》2009 年第 4 期。
② 该部分论述主要参考奚晓明、金剑峰:《公司诉讼的理论与实务问题研究》,人民法院出版社 2008 年版,第 369—379 页。

真意保留行为的判断原则是:将该行为拆分为两个法律行为,即表面行为和隐藏行为。表面行为,由于其违法意思表示真实而无效,对于隐藏行为的效力,则依据现行法律的规定。如果隐藏行为违反了法律强制性规定,则因违反法律规定而无效;如果没有违反法律强制性规定,则隐藏行为的效力即是真意保留行为的效力。根据上述原则,以股权转让方式实现土地使用权转让目的的行为,属于虚假表示、真意保留的行为。其可以分为两个法律行为:股权转让行为和土地使用权转让行为。其中,表面行为即股权转让行为因缺乏真实意思表示而无效,隐藏行为则因违反我国房地产法律制度的强制性规定而无效。故该以股权转让方式实现土地转让目的行为无效。

2. 从行为内容合法性角度分析。以股权转让方式实现土地转让目的行为本质上是一种规避法律的行为。法律规避行为,尽管其表面上没有违反法律强制性规定,但其实质性违反了法律和制定法律的目的,违反了社会公共利益和善良风俗,因此应该认定其内容违法而无效。以股权转让方式实现土地转让目的行为,一方面,规避了我国税法对于土地使用权转让交易的税收规定,另一方面,其规避了房地产法对于不得非法转让土地使用权的规定,而这两者都是强制性的规定。借助《公司法》的漏洞,使得房地产法的强制性规定形同虚设,该强制性规定背后隐含的法律政策也随之落空,必然对房地产市场产生消极的影响。此外,即使税法的立法政策允许当事人合理避税,但是涉及房地产法的强制性规定,则已然超越了单纯关注利益输送的程度。因此,以股权转让方式实现土地转让目的行为应当认定为无效。同时,与其他行业立法例类比参照,与房地产行业类似的还有证券业、银行业、保险业、矿产业等行业,其都是关系到国家经济安全和人民基本生活需求,因此国家通过法律对这些行业进行严格的监督,以保证市场的稳定,保障权利人的合法权益。

当然对于名为股权转让实为土地转让的行为,原则上应当认定为无效,在实践中也应当具体情况具体分析,并非每项交易都应认定为无效。某些情况下目标公司资产并非仅由土地使用权构成,某些情况下所转让的股权也并非公司股权的全部,甚至比例不大。所以,在考虑这类交易是否有效时,应当对以下重要事实予以审查。(1) 土地使用权的性质。如果该土地使用权本身可以通过交易转让,其所规避的仅是税法的规定,不宜认定为无效。(2) 股权所属公司的类型。对于虚假股权转让的审查,主要限制在有限责任公司股权交易的范围内,而对于股份公司,单项股权的转让往往只占目标公司股份的一部分,经营控制权并不必然随着股权转让而归于受让方。(3) 转让股权的比例。拥有土地使用权为资产的公司,其股权转让可能出现的情况大致可分为全部股份转让、控股权转让和小比例股权转让。当然不能简单以转让股权比例来判断该行为是否有效,还应当衡量各种因素得出合理的标准。(4) 土地使用权价值与整个公司资产的比例关系。许多情况下,公司虽然拥有土地使用权,但土地使用权并非该公司全部资产。在对股权转让行为实现土地使用权转让效果的行为进行认定时,必须同时考虑土地使用权的价值在目标公司总资产中的比例。占多大比例才能认定该行为属于虚假转让股权的行为,依然需要立法政策的平衡。如果比例制定过高,如土地使用权价值达到总资产价值80%以上才可认定行为无效,则必然会削弱对于房地产行业监管力度,过高的标准使得许多该类行为不能被认定为无效,然其实质已经达到了规避法律、取得土地使用权的目的。如果该比例制定得过低,如土地使用权价值占总资产价值20%以上就可以认定行为无效,则会造成拥有土地使用权的公司,其股权无法正常转让,而希望取得公司其他资产的主体,也无法通过股权收购的方式取得控制公司的权利,直接影响股权市场的交易安全与效率。

### 十五、转让股权中变相转让矿权的效力认定

矿业权、股权是两个不同的标的。股权,是指股东因出资而取得的,依照法律法规的规定或者公司章程的规定和程序参与事务,并在公司中享受财产利益的、具有可转让性的权利。而矿业权是用益物权。矿业权和股权转让时的交易主体不同,股权的转让是公司股东与第三人的交易;矿业权转让的主体不是一般的民事主体,是符合国家准入条件的主体。从转让是否需要审批的角度看,股权转让一般不需要审批,是公示性的程序,到工商部门变更即可,而矿业权则要通过国土资源部或省级国土资源厅审批方能取得。

当事人间之所以采用转让股权方式变相转让矿权,根本原因在于股权是私有性财产权,依据民商法,政府通常不予干预股权的转让;但矿业权是具有前置行政许可的用益物权,需要国家政府介入。而这两种财产权发生行政管理冲突的体制性根源就在于:当前的法律体系中,股权转让基本是意思自治,这与矿权流转中国家的必要介入直接对立,两权的行政调控脱节。

由于股权转让规避了国土资源管理部门的审批程序,其公司拥有的矿业权就可以直接有偿转让给股权受让方。这样做存在着很多问题。其一,如果股权转让方的矿业权是没有交过价款的,而股权转让方又隐瞒了这一事实,等矿业权期限到了,申请延续矿业权时,股权受让方还必须依法缴纳矿业权价款。这会使受让方损失惨重。其二,由于股权转让,其矿业权不用通过国土资源管理部门审批,也就是说,矿业权转让不用缴纳转让的税费,这会给国家造成损失。其三,由于股权转让不用通过国土资源管理部门对矿业权进行审批,就会使一些本来没有能力探矿或采矿的企业得到矿业权。而这其中,采矿权的转让问题尤为突出,比如:受让方有过很严重的安全事故的记录;受让方缺乏矿山管理的经验,从而导致矿山开采"三率"不达标;受让方不注重环境保护,等等。这对政府进行矿政管理十分不利。

目前,虽然尚无明确的法律对此问题进行规范,但湖南、宁夏、山西、新疆等省、自治区的国土资源管理部门在实际工作中,对持有矿业权的企业进行股权转

让的,要求其在该国土资源管理部门作变更登记,不作此登记,不允许该企业进行股权转让。因此,针对当事人出于各种非法目的,采用转让股权方式变相转让矿业权的做法,法院在认定涉及矿业权的股权转让案件中必须予以审慎对待。在实际工作中,对持有矿业权的企业进行股权转让的,要查看有无国土资源管理部门进行的各种登记与审批手续,必要时与其沟通,而不能机械地就案办案。具体处理思路可参见上述"如何认定以股权转让的方式转让土地的效力"问题。

### 十六、瑕疵出资人股权转让的效力认定

瑕疵股权转让合同效力的认定是妥善处理瑕疵股权转让纠纷的核心问题和逻辑前提,也是困扰商法理论界和实务部门多年的疑难问题。一旦对瑕疵股权转让合同的效力作出明确认定,瑕疵股权纠纷所涉及的民事责任承担问题就有可能迎刃而解。

围绕瑕疵股权转让合同的效力认定,目前理论和实务界主要存在四种观点:

1. 绝对无效说。股份的原始取得,以对公司出资为必要条件。认股人也只有在履行缴纳股款的义务后,才能取得股东地位,才能取得股权。股东未出资,意味着实际上不具备股东资格,不享有股权,所签订的股权转让合同也就当然无效了。① 正如有学者所言,"原始股东出资不到位,本身就是违法行为,这种违法的出资是不能转让的,否则转让行为也应归于无效"②。

2. 绝对有效说。瑕疵出资的股东既载明于公司股东名册或者公司登记机关文件,就应享有一定的权利,承担一定的义务,而不应该否认其股东身份的存在,将其从股东的法律范畴中抛弃出去。股权转让的实质是股东资格或者股东身份的转让,因此,瑕疵出资的股东仍然有权将其有瑕疵的股东资格或者股东身份转让给第三人。

3. 依注册资本制度而定(折中说)。在实行法定资本制的公司,股东缴足注册资本后公司才能成立。因此,公司成立后,只有出资的认股人才能成为股东,未出资的认股人不能成为股东,其转让"股权"的行为无效。而在实行授权资本制的公司中,公司成立时认股人只要实际交付部分出资即成为股东,并负有按约交足出资的义务,股东未按约交足出资的,应承担出资不足的责任,但不影响其股东地位,其转让股权的行为应认定为有效。③

4. 依欺诈情况而定(区分对待说)。影响瑕疵股权转让效力的因素并不在于

---

① 参见李后龙:《股权转让合同效力认定中的几个疑难问题》,载奚晓明主编:《中国民商审判》2002年第1卷(总第1卷),法律出版社2002年版,第134页。
② 罗培新、胡改蓉:《瑕疵出资与公司司法解散之若干问题——2006年华东政法学院公司法律论坛综述》,载《法学》2006年第12期。
③ 参见李后龙:《股权转让合同效力认定中的几个疑难问题》,载奚晓明主编:《中国民商审判》2002年第1卷(总第1卷),法律出版社2002年版,第134页。

瑕疵出资本身，而在于该股权转让人是否对受让人构成欺诈。如果转让人未告知受让人股权存在瑕疵的真实情况，受让人对此也不明知或者应知的，受让人可以以欺诈为由主张撤销合同，瑕疵股权转让行为为可撤销行为。转让人告知受让人股权存在瑕疵或者受让人明知或应知拟受让股权的真实情况而仍接受转让的，意味着受让人愿意接受该瑕疵股权受让可能产生的法律后果，继受承担转让人股权的瑕疵，股权转让行为应当认定为有效。

我们认为，相比之下，区分对待说蕴含了更丰富的合理因素，譬如其对瑕疵出资股东不必然丧失股东资格作了合理论证，又对出让股东未如实告知股权瑕疵因素可能对股权转让合同效力产生消极影响进行了具体分析，确实较其他观点更为客观和深入。但美中不足的是，该观点在阐析瑕疵股权转让合同效力的细节方面还不够具体，且对可能影响合同效力的其他因素缺乏必要的关注，故存在进一步完善和细化的空间。总之，我们认为，司法实践中认定瑕疵股权转让合同效力的基本思路应当是这样的：

1. 仔细分析出资瑕疵本身对瑕疵股权转让合同效力的影响。

(1) 股权的取得未必以出资作为唯一条件。股权的形成必须来源于出资的观点是值得商榷的。第一，这一观点并不适用于股权继受取得的情形。因为股东资格在继受取得（如继承、赠与及受让）的情形下，根本不存在继受取得人向公司出资的情形。第二，从公司股东资格的原始取得进行分析，对于缴纳出资与公司股权取得之关系，各国立法大多未作明确规定，但一般而言，采法定资本制的国家对此有较为严格的规定，而采授权资本制的国家对此要求较为宽松。但是，不在股东出资和股权之间建立一一对应关系，是多数国家的立法通例。

(2) 授权资本制的立法使瑕疵出资人取得股权成为可能。坚持以出资取得股东资格，实际上是严格法定资本制下的产物。在严格法定资本制下，立法者要求股东向公司出资的目的在于确保公司资本的确定、真实，从而尽可能地维护交易安全。但越来越多的立法者发现，公司本身的财产始终处于难以监控的恒变之中，所谓公司资本对交易安全的维护只是法学家虚构的神话。[①] 严格坚持出资取得股权的原则，反而会带来极大的不便。因此，有些公司法专家主张，应当淡化出资对股权的影响。如韩国著名公司法学者李哲松教授在论及股份公司的股东和股东权时指出："（股份公司的股东）与其说是因出资而成为社员（股东），还不如说是因取得资本构成单位的股份而成为社员。股份的取得是成为股东资格的前提。对此不得有例外，与此不同的其他约定都是无效的。"[②]

(3) 也应注意到，我国《公司法》确实有关于股东应当足额缴纳所认缴的出资额等股东应当适当履行出资义务的规定，而投资者的瑕疵出资行为本身确实有违

---

① 参见冯果：《现代公司资本比较研究》，武汉大学出版社1999年版，第3页。
② 〔韩〕李哲松：《韩国公司法》，吴日焕译，中国政法大学出版社2000年版，第135页。

这些规定,故应承担相应的法律责任。但就所涉法律条款的属性而言,我国《公司法》的上述规定仍属于管理性规范,而非具有强制性要求的效力性规范。因此,结合不轻易认定合同无效的商事审判理念,我们认为,股东出资瑕疵不构成我国《合同法》第52条规定的导致合同无效的"违反法律、行政法规的强制性规定"之无效情形,仅以出资瑕疵为由不能当然否定瑕疵股权转让合同的效力。

2. 仔细分析出让人和受让人的意思表示内容对瑕疵股权转让合同效力的影响。

(1) 当事人意思表示内容对瑕疵股权有偿转让合同效力的影响。商事实践中,根据当事人意思表示的具体内容,瑕疵股权有偿转让合同的效力存在如下区分:第一,在出让股东明知其拟出让的股权存在出资瑕疵,但故意未将该瑕疵因素告知受让人,且受让人在交易当时亦不知瑕疵因素而与出让股东缔结合同的情况下,出让股东的行为构成我国《合同法》上的欺诈,瑕疵股权转让合同的效力应认定为可变更或可撤销。除此之外,如果前述出让股东的欺诈行为损害了国家利益,譬如瑕疵股权的受让人是国有民商事主体,依据我国《合同法》第52条的规定,此类瑕疵股权转让合同应认定为无效。第二,在出让股东明知其拟出让的股权存在出资瑕疵,但故意向受让人隐瞒该瑕疵因素,而受让人在交易当时亦已明知该瑕疵因素存在却仍与出让股东缔结合同的情况下,因受让人实际上并未因出让股东的欺诈行为而陷于错误认识,其作出有偿受让瑕疵股权的意思表示并非基于错误,而是基于其自身原因,故应认定为不构成合同法上的欺诈。在此基础上,若无我国《合同法》第52条所规定的相关无效因素,则该瑕疵股权转让合同应认定为有效。第三,在出让股东不知道其拟出让的股权存在出资瑕疵①,且受让人亦不知该瑕疵因素而与出让股东缔结合同的情形下,若受让人依据我国《合同法》第54条第1款之规定能举证证明该合同系因重大误解订立或者在订立该合同时显失公平的,则该瑕疵股权转让合同的效力应认定为可变更或可撤销。若受让人无法举证证明存在上述情形,且无我国《合同法》第52条所规定的相关无效因素,则该瑕疵股权转让合同应认定为有效。但鉴于股权有偿转让合同仍具有买卖合同的基本属性,故受让人原则上可援用我国《合同法》第148条有关出卖人应承担买卖标的物瑕疵担保责任的规定,寻求诸如请求解除该瑕疵股权转让合同等在内的救济途径。应当指出的是,若受让人明知股权存在瑕疵,仍与善意出让股东缔结合同,且该合同又无我国《合同法》第52条所规定的相关无效因素,则该瑕疵股权转让合同应认定为有效,因受让人自愿有偿承受该瑕疵后果,故受让人不能援用我国《合同法》第148条之规定寻求前述救济途径。

(2) 当事人意思表示内容对瑕疵股权无偿转让合同效力的影响。由于瑕疵

---

① 商事实践中,出让股东不知道自身所持股权存在出资瑕疵的情形比较少见,但也并非没有,譬如出让股东本身也是继受股东,其平时又不参与公司经营管理,对公司资本情况知之甚少的情形。

股权无偿转让合同具有单务以及出让股东无偿将股权给予受让人等有关赠与合同的基本特征,故在民商事审判实践中,可遵循我国《合同法》有关赠与合同部分的具体规则,对此类瑕疵股权无偿转让合同纠纷作出处理。具体而言,在瑕疵股权无偿转让的场合下,虽然转让的股权客观上存在出资瑕疵,但只要该股权转让合同无我国《合同法》第52条所规定的相关无效因素,原则上应认定为有效,且由于该股权属于无偿转让,故出让股东原则上无须向受让人承担该股权的瑕疵担保责任,除非存在下列两类情形:一是该瑕疵股权无偿转让合同系附义务的,则出让股东应在附义务的限度内承担该股权的瑕疵担保责任;二是因出让股东故意不告知受让人该股权存在瑕疵或者保证该股权无瑕疵,造成受让人损失的,应当承担损害赔偿责任。

### 十七、名义股东未经实际出资人同意对外转让股权的效力认定

因隐名投资中存在名义投资人(名义股东)的机会主义行为,名义投资人可能会利用其参与公司的便利擅自处分隐名投资人(实际出资人)的权益,而第三人基于章程、股东名册、工商登记材料等外在公示以及显名股东行使着股权的事实,相信显名股东即公司股东,并与之进行交易行为。在隐名投资中,保护真正的权利人和保护善意的第三人是一对矛盾。例如,当善意第三人从显名股东处受让股权,取得质权或对显名股东的股权扣押时,若强调保护实际出资的隐名股东的权利,则善意第三人的利益就会受到严重损害。这就需要确定处理此种利益冲突时的价值取向。我们认为,在市场经济的大环境下,交易的复杂性和快捷性使得交易当事人在交易之前,不可能花费大量时间和精力去详细调查公司的真实股东状况,交易双方都只能根据具有社会公示作用的证明材料作出交易安全的判断,因此,保护交易的安全应该是放在首要位置的。民法在发展过程中逐步确立的物权公示公信原则、表见代理制度、善意取得制度、无权处分制度,商法采纳商事交易的公示主义和外观主义,这些都体现了对交易安全和善意第三人的保护,保护交易的安全已成为现代民商法的整体发展趋势。因此在确定隐名投资人与第三人之间的法律关系时,亦应当以保护善意第三人为价值取向。

总之,我们认为,如果显名股东未经实际出资人允许擅自将股权转让给他人,则其行为属于无权处分,其转让行为在效力上即存在瑕疵,若经实际出资人追认则为有效。但是,若第三人善意受让,即第三人对股权非名义投资人所有不知情而与名义股东实施了股权转让行为,此时实际出资人能否主张名义股东与第三人之间的股权转让无效?在隐名投资关系中,因投资主体的二元性,形式主体与实质主体相分离(而实质与形式相分离,往往又是隐名投资人自身原因造成的,是其恣意创设出名义股东为公司股东的外观特征的结果),股权与其真正权利人(实际出资人)在外在形式上相分离,而与非权利人(名义股东)在外在形式上相符,客观上使得第三人相信名义股东具有股东资格,是股权的民事主体而与之实施转让股

权的行为。故若第三人受让股权属善意,则实际出资人不得主张股权转让无效,但可向名义投资人主张侵权,请求损害赔偿。当然,若第三人在受让股权时就已知道名义股东名下的股权非其所有,则其不符合善意的特征,其与名义股东之间的股权转让行为只有经过真正的权利人——实际出资人的追认方可有效。对此问题,《公司法解释三》第25条也进行了规范:"名义股东将登记于其名下的股权转让、质押或者以其他方式处分,实际出资人以其对于股权享有实际权利为由,请求认定处分股权行为无效的,人民法院可以参照物权法第一百零六条的规定处理。名义股东处分股权造成实际出资人损失,实际出资人请求名义股东承担赔偿责任的,人民法院应予支持。"应当说,司法解释对此问题的规范在保护公示公信力利益的同时也兼顾了对实质利益的保护,平衡了商事法的效率追求和民事法的正义诉求。[1]

### 十八、实际出资人转让股权的效力认定

第三人明知实际出资人的存在,并从实际出资人处受让股权时,如果名义股东以工商登记为由提出反对,应当进入确权程序。也就是说,实际出资人必须要先向公司申请确认股东资格,得到公司的确认后,股权转让方能进行。在确权的过程中,公司及其股东应当禁止名义股东转让股权。如果公司反对确认实际出资人的股东资格,其可以向法院诉请确认。一旦认定实际出资人为股东的判决确定后,股权转让行为即可发生效力,名义股东不得再主张股权转让无效。

第三人明知实际出资人的存在,并从实际出资人处受让股权时,如果名义股东并没有提出反对时,则可以认定该转让有效。此时,在实际出资人和第三人之间转让的不是股权,因为此时股权仍然归名义股东享有,其转让的仅仅是实际出资人的隐名投资地位,相当于一种债权债务的转移。其在实际出资人和第三人之间的转让不会引起两者之外其他法律关系的变化,因为如果名义出资人同意则继续由其行使股权而由新的受让人享受股权投资收益,当新的受让人欲取代名义股东显名化时需要经过公司其他股东过半数同意[2],这并不会给公司的人合性带来任何破坏。[3]

### 十九、股权转让后原股东再次处分股权的效力认定

《公司法》第32条第3款规定股东姓名或名称未在公司登记机关登记的,不

---

[1] 参见奚晓明主编:《最高人民法院关于公司法解释(三)、清算纪要理解与适用》,人民法院出版社2011年版,第394页。

[2] 关于实际出资人的显名化在《公司法解释三》第25条已有较为详细的解释,即:"实际出资人未经公司其他股东半数以上同意,请求公司变更股东、签发出资证明书、记载于股东名册、记载于公司章程并办理公司登记机关登记的,人民法院不予支持。"

[3] 参见奚晓明主编:《最高人民法院关于公司法解释(三)、清算纪要理解与适用》,人民法院出版社2011年版,第394—395页。

得对抗第三人。当股权转让协议生效且受让股东支付了转让款时,尽管股权已经由原股东转移至受让股东,受让股东为实质权利所有者。但是由于没有办理公司登记机关的变更登记,根据商法之外观主义原则以及公示主义原则,第三人凭借对登记机关登记内容的信赖,一般可以合理地相信登记的股东(即原股东)就是真实的股权人,可以接受该股东对股权的处分,未登记的受让股东不能主张该处分行为无效。此种处理模式与上述问题"名义股东未经实际出资人同意对外转让股权的效力"的法理和救济途径相同。即原股东将股权转让后,由于未办理公司登记机关的变更登记而处分仍登记于其名下股权时,应参照《物权法》第106条规定的善意取得制度处理。也就是说,公司登记材料的内容构成了第三人的一般信赖,为保护第三人之信赖利益,第三人可以以登记的内容来主张其不知道股权归属于受让方并进而终局地取得该股权。但受让方可以举证证明第三人知道或者应当知道该股权属于受让方自己。一旦证明,该第三人就不构成善意取得,处分股权行为的效力就应当被否定,其也就不能终局地取得该股权。

在原股东擅自处分登记在其名下股权的情形中,当善意第三人通过善意取得制度终局地取得该股权时,受让股东的投资权益将不复存在。原股东违反股权转让协议再次处分股权的行为构成了对受让股东股权的侵犯,受让股东可以要求作出处分行为的原股东承担损害赔偿责任。这里还要注意,如果转让股东仅仅是与第三人签订了股权转让协议,甚至第三人亦支付了股权转让款,但第三人也未被变更登记为公司股东的,受让人如起诉要求确认其为公司股东的,人民法院应予支持,公司应当依法为其办理变更登记。对于没有任何过错的第三人,则可以通过违约责任追究转让股东的民事责任。

《公司法解释三》第27条对股权转让后原股东再次处分股权的效力和救济途径有更明确的规范:"股权转让后尚未向公司登记机关办理变更登记,原股东将仍登记于其名下的股权转让、质押或者以其他方式处分,受让股东以其对于股权享有实际权利为由,请求认定处分股权行为无效的,人民法院可以参照物权法第一百零六条的规定处理。原股东处分股权造成受让股东损失,受让股东请求原股东承担赔偿责任、对于未及时办理变更登记有过错的董事、高级管理人员或者实际控制人承担相应责任的,人民法院应予支持;受让股东对于未及时办理变更登记也有过错的,可以适当减轻上述董事、高级管理人员或者实际控制人的责任。"

### 二十、股权未发生变动受让人即再转让股权的效力认定

原股权受让人在未实际取得股权的情况下,即将其未来会获取的股权对外进行再次转让,此时确定其具备何种法律主体身份,需要以其持有的权利状态为依据。原股权受让人在未实际取得股权的情况下,对于股权其并不具备现实的物权,但同时其已经与原出让股东就股权转让达成了合意,基于这一合同关系,原股权受让人具有获得股权的期待利益。在原股权受让人同意原出让股东再次转让

时,应视为其放弃了此种期待利益,故原出让股东得行使其现实意义上的物权,而当原股权受让人自行再次对外转让股权时,其并未放弃上述期待利益,故其可将此种期待利益作为转让的标的。可见,原股权受让人此时具备的主体身份是期待利益的出让人,其转让的客体是基于期待利益而产生的权益,并非现实意义上的股权。有观点认为,原股权受让人未实际获得股权时,其对外再次转让的行为系合同法上的无权处分,行为效力取决于相对权利人的意思表示。我们认为,此说有相应合理的因素,但稍显不够准确,对于此类股权转让行为的效力问题,应从以下几个角度分析:

从物权变动的角度而言,此种行为模式实质是物权尚未发生转移时,受让物权的民事主体将物再次对外进行转让。在现实经济生活中,此类行为屡见不鲜。若将转让的标的物转换成其他一般商品,对此种转让行为的效力仅应由物权是否最终转移而确定,即当物权最终转移至第三人或转化为相应债权时其合同为有效合同,当物权未能转移至第三人或相应债权未能产生时,因标的物自始履行不能而归于无效。股权虽有其特殊性,但股权的转让同样系物权性的变动,其效力并不应与其他物权变动有所区别;且此种行为并未违反法律强制性规定,《公司法》等特别法亦未明确不得进行此类股权转让行为,故依照《合同法》有关无效合同认定的规定,此类股权转让不应依相关当事人的意思表示而被认定为无效的民事法律行为。

从股权的特殊性而言,应当看到,股权的确不同于一般的物权,其中兼有财产权和人身权的性质,且在我国的公司法框架下,此种财产权和人身权不可分离,因此《公司法》规定股权转让需征得公司其他股东的同意。而依照《公司法》的上述规定,亦应当认为,原股权受让人的再次转让行为亦需要得到其他相对权利人,即原出让股东和公司其他股东的同意。但原股权受让人在未征得原出让股东和公司其他股东同意的情况下,即再次转让股权,其行为性质不能据此被认定为无权处分。因为公司其他股东同意与否,本身就不是股权转让合同生效的要件。公司其他股东的意思表示只能影响股权转让合同能否得以履行,对合同效力并不产生影响。且此时转让的标的物并非股权,而系针对特定股权的期待利益,此种期待利益系原股权受让人自身的权益,故其合同效力也不取决于相对权利人的同意与否。

因此,原股权受让人在尚未取得股权时再次对外转让股权,如果没有其他的法定无效情节,且最终股权完成了转移或转化为相应债权,则其行为应认定为有效,但此类转让行为欲得到实际履行,则需以完成相应的登记手续为必要前提。

## 二十一、未经审批机构批准的外商投资企业股权转让协议的效力认定

从性质上看,行政审批为公法上的行政行为,而非私法上的民事行为,对此自无疑问。然而,行政审批的公法属性并不意味着行政审批对私法关系的形成毫无

影响。问题是，行政审批究竟是何种性质的具体行政行为，它对于私法关系的形成究竟会产生何种影响？

司法实务中如何把握行政审批的效力是个十分关键的问题。以外商投资企业的股权转让为例，尽管我国的合同效力制度早已通过《民法通则》和《合同法》发展为有效、无效、可撤销、效力待定并存的模式，但是受合同效力二分法模式的影响，且由于《民法通则》与《合同法》所确立的合同可撤销与合同效力待定均被类型化，都不包括未办理批准手续的合同，因此，实践中仍有不少法官在审理涉及行政审批的合同案件时，将未经审批的合同认定为无效。这一做法甚至可以从现行法上找到依据。《中华人民共和国中外合资经营企业法实施条例》第20条即对中外合资经营企业的股权转让程序作出如下规定："合营一方向第三者转让其全部或者部分股权的，须经合营他方同意，并报审批机构批准，向登记管理机构办理变更登记手续。……违反上述规定的，其转让无效。"此外，《外商投资企业投资者股权变更的若干规定》第3条也规定："企业投资者股权变更应遵守中国有关法律、法规，并按照本规定经审批机关批准和登记机关变更登记。未经审批机关批准的股权变更无效。"正是根据上述规定，一些法院在处理未经审批的股权转让合同时，认定双方订立的合同无效。这种处理问题的思路无疑深受早期合同效力二分法的影响，其合理性值得怀疑。因为一旦合同被认定无效，则合同自订立时起就没有法律约束力，当事人自然没有报批的义务，而只要当事人不去报批，合同就永远不能生效。如此一来，负有报批义务的当事人就完全可以待价而沽，视行情而作出是否报批的决定。就其结果而言，这种处理模式使得不诚信的当事人因其不诚信行为而获得了利益，既不符合法律精神，也不符合建立诚信社会的要求。问题出在哪里？我们看来，实践中之所以仍然存在将未办理批准的合同认定为无效，是因为没有正确认识行政审批对于合同效力的影响，以致没有将合同未生效与合同无效进行实质性区分。

正是由于对外资股权转让设定的审批手续的存在，而实践中确实也存在未经审批机关批准或未提交审批手续的股权转让合同，对此类合同的效力问题需要加以解决。如何在审理案件中既不僭越行政权，又尊重当事人意思自治，既有效抑制违约当事人利用行政审批逃避民事责任，又能够与外资行政管理合理衔接，成为涉外商事审判一大难题。司法实践中有一种做法是认定此类转让协议无效。我们认为，此种认定不妥。我国《合同法》第44条第2款规定，法律、行政法规规定应当办理批准、登记手续生效的，依照其规定。关于此条款，最高人民法院于1999年颁布实施的《关于适用〈中华人民共和国合同法〉若干问题的解释（一）》（以下简称《合同法解释一》）做了进一步的规定："依照合同法第四十四条第二款的规定，法律、行政法规规定合同应当办理批准手续，或者办理批准、登记等手续才生效，在一审法庭辩论终结前当事人仍未办理批准手续的，或者仍未办理批准、登记等手续的，人民法院应当认定该合同未生效；法律、行政法规规定合同应当办理登记手续,但未规定登记后生效的,当事人未办理登记手续不影响合同的效力,合同标的物所有权及其他物权不能转移。合同法第七十七条第二款、第八十七条、第九十六条第二款所列合同变更、转让、解除等情形,依照前款规定处理。"2005年12月26日最高人民法院印发的《第二次全国涉外商事海事审判工作会议纪要》第88条规定:"外商投资企业的股权转让合同,应当报经审查批准机关审查批准,在一审法庭辩论终结前当事人未能办理批准手续的,人民法院应当认定该合同未生效。"此种规定的法律意义体现在两个方面:第一,表现国家对某些合同的特别关注,体现了国家干预原则;第二,属延缓合同生效的消极要件,合同一般自依法成立时生效,但某些合同则须具备一定条件才生效,这些条件就是合同生效的消极要件,上述规定中法律、行政法规规定应当办理批准、登记等手续才生效就是合同生效的消极要件。① 最高人民法院于2009年颁布实施的《关于适用合同法若干问题的解释(二)》(以下简称《合同法解释二》)第8条规定,有义务对合同办理行政审批手续的一方当事人未按照法律规定或合同约定报批的,人民法院可以根据相对人的请求判决相对人自己办理有关手续。该规定实际上赋予了此类合同中约定的报批义务的可履行性,同时亦明确了合同无效与合同未生效的区别点。

尽管最高人民法院试图通过会议纪要等统一有关裁判尺度,但囿于立法滞后,在法理及实务操作上均未能寻找到合理且有效的突破点,因而实施效果不甚理想。正是在此背景下,最高人民法院于2010年5月17日通过的《关于审理外商投资企业纠纷案件若干问题的规定(一)》(下文中简称法释〔2010〕9号)再次将行政审批对合同效力的影响作为重点问题予以规制,试图在现行法的框架下尽可能公平合理地解决涉外股权转让等相关纠纷。法释〔2010〕9号第1条规定:"当事人在外商投资企业设立、变更等过程中订立的合同,依法律、行政法规的规定应当经外商投资企业审批机关批准后才生效的,自批准之日起生效;未经批准的,人民法院应当认定该合同未生效。当事人请求确认该合同无效的,人民法院不予支持。前款所述合同因未经批准而被认定未生效的,不影响合同中当事人履行报批义务条款及因该报批义务而设定的相关条款的效力。"至此,应当说,司法实务中对未经审批机构批准的外商投资企业的股权转让协议的效力认定有了一个明确的态度。即一个已经合法成立的合同,即使因欠缺审批这一生效要件,亦对当事人具有形式约束力,任何一方当事人不能擅自撤销或解除,尤其是合同中关于促成合同生效的报批义务条款具有可履行性。这是因为,如果认定未经审批的合同关于报批义务的条款不具有可履行性,就会陷入悖论:合同未经审批,当事人就不应履行报批义务,而不去报批,合同即无生效的可能。如此,只能使不诚信的当事人逃避合同责任,对于培育公平、诚信的外资市场实为不利。也正是出于这种考虑,法释〔2010〕9号还明确规定需经行政审批的合同,具有报批义务的当事人不履行报

---

① 参见冀怀敏、孙水全:《对合同法解释一第9条之理解》,载《人民司法》2000年第9期。

批义务，相对人请求其履行报批义务或自行报批的，人民法院应予支持。

## 二十二、公司章程对被继承股权的分割做出限制的效力认定

《中华人民共和国继承法》（以下简称《继承法》）规定，继承从被继承人死亡时开始。如果同一股权存在多个继承人时，各继承人可以根据遗嘱、协议或是法院的裁判分割股权。公司章程可以对继承人继承股权加以限制，同样的，公司章程也可以对被继承股权的分割做出限制。首先要明确的是，数个继承人共同对股权进行继承时，遗产未分割前，各继承人和遗产的法律关系是什么？对此，我国《继承法》并没有作出明确的规定，通说认为："各继承人对遗产的关系为共同共有关系，其中任何一个继承人均不得单独取得财产的所有权，而只能为全体继承人所共有。"[1]这一理论同样也应当适用于股权未分割而由数个继承人共同继承的情形，继承人共同共有股权，并一同来享有并行使被继承的股权。该股权仍然是一个完整的股权，该股权所体现的股东资格也只能有一个。

虽然股权共有可以选出代表人行使股权，但是根据我国有限责任公司的股权概念，隐含着一个股权对应一个股东的原则。在这一原则下，数人共有股权的情况对股东权利的保护可能会是一个不利因素。还有一种情况就是当数个继承人中有的继承人不希望成为股东，想要退出公司时，就必须破除数个继承人共同共有股权状态，即对股权进行分割。但是，其他股东乃至公司整体的经营管理可能会因股权分割而导致利益受损。第一，基于人合性的特征，股东彼此存在着信任和依赖关系，这种信任和依赖关系的存在需要一定的条件，即股东的人数应当是有限制的，这样股东相互间才能有相互熟悉和了解的可能。继承人作为新股东的加入，在客观上增加了股东人数，对其他股东来说则可能由于对新股东的陌生而产生信任危机，这必然不利于公司的经营和发展。第二，股权分割后不论继承人是进入还是退出公司，都会导致公司内部股权结构的变化，进而有可能会引发原有股东间均衡关系的失衡。以资本多数决为例，在某有限责任公司中，股东A、B、C各持有9%、48%、43%的股权，由于公司对股权继承没有特别限制，股东A死亡后，继承人D、E、F都将成为公司的股东，且各拥有3%的股权。很显然，在股东A死亡之前，其所持的9%的股权经常会成为股东B和C争取的目标，而在股权分割以后，形势发生了变化，股东B只需争取到新股东D、E、F中任意一人即可，而股东C要想达到简单多数则必须将新股东D、E、F全部争取过来才能达到自己的目的。以股东多数决为例，在上述案例中，原股东A不能阻止其他股东向外转让股权，但是D、E、F联合起来就可以达到这一目的。虽然公司其他股东所占股权比例于股权分割前后不变，但股东人数的变化对其他股东造成的影响却不尽相同。

在各国的立法实践中，股权分割的模式有两种，一种模式是股权继承与股权

---

[1] 马俊驹、余延满：《民法原论》，法律出版社2005年版，第978页。

分割同时进行,即股权分割是股权继承的必然结果。继承开始后,同一股权的数个继承人即可对股权进行分割,并按分割后各自所拥有的份额分别行使各自的权利;另一种模式是股权继承的效力仅限于权利的整体移转,不包括股权在各个继承人之间的分割。从被继承人股东死亡之时开始,股权即移转于全体继承人,股权继承的程序便宣告结束。此时继承人之间形成对股权的共有。在对外关系上,股权的共有人是一个集合,即视为单一主体。各共有人之间对股权的分割仅仅在共有人范围内发生效力。简而言之,就是区分"权利继受"和"共有股权分割"两个不同的阶段。① 德国《有限责任公司法》对股权继承采取放任政策,没有作太多规定,但根据该法,股权必须整体移转,即被继承人所持股份只能作为一个整体移转给继承人,全体继承人是作为一个整体继受该股权,而不是分别继受该股权的一部分。即如果公司章程没有相反的规定,股权只允许自由继承,不允许自由分割,继承的股权应由数个共同权利人不可分割地享有,即由他们共同行使股权。

综上所述,正是由于股权分割具有种种弊端,股东在公司章程中最好能够事先对继承人分割股权作出一定的限制。比如规定股权不能分割而只能完整的移转给继承人中的任何一个人,或是规定股权的分割需要获得其他股东的同意,或是规定股权分割时只能按一定比例分割成若干股权,等等。公司章程如果事先作出这些规定,符合公司和其他股东的利益,也没有侵害继承人的利益,应当确认其效力。

### 二十三、股权流转后续权益的救济途径

在股权流转的正常处置中,公司应尊重股东对流转行为的决定权。

当受让人就其股权合法受让的法律事实向公司发出通知时,公司自收到该通知起,负有在合理的期限内履行内外登记的义务。公司不履行该义务的,并不影响股权本身的流转与受让效力,包括不影响出让人以交付股权凭证的方式对股权实施的交付效力。

同时,流转双方对股权流转行为的撤销、解除或主张效力瑕疵等均应遵循合同相对性原则,不得以公司不履行各项登记义务为向合同相对方主张合同撤销、解除或无效的依据。股权内部流转合同效力与股权继受的基本关系应当是,在不具有法定无效的情形下,当股权流转合同生效时,股权的继受效力随即产生。但非公司股东的受让效力,则要以转让人已经履行了股权流转的法定手续为前提条件。

待确权的投资者之股东身份及投资权益得到司法确认后,其后续权益在公司实务中仍然可能遭到公司及其实际控制人的侵害。因此,研判投资者后续权益的

---

① 参见匡敦校:《有限责任公司股权继承的法理分析与制度完善》,载《金融与经济》2008年第2期。

保护途径具有重大价值。

（1）股东身份登记权。最高人民法院的有关解释性文件认为，股东向公司依法缴纳出资后，就履行了其对公司的义务。股东当然应当从公司获得相应的权利，公司应当向股东签发出资证明书，将股东的名称在相关文件上登记记载等。这些内容实际上也是公司对股东的义务。

（2）利润分配请求权。当股东在公司实际控制人控制之下，其利润分配权遭到损害的，可以依据公司章程或《公司法》第 4 条关于公司股东依法享有资产收益权的规定，要求公司履行利润分配义务。如果公司实际控制人具备股东身份的，则投资者可以根据"股东必须依法行使股东权利，不得滥用股东权利损害公司或者其他股东的利益"的义务性规范，要求滥用股东权利者依法承担赔偿责任。

（3）公司不当决议撤销权。当投资者后续权益遭到公司以决议形式侵犯的，则可以利用《公司法》第 22 条关于公司决议撤销权之诉的有关制度，行使对公司不当决议的撤销权。即股东会或者股东大会、董事会的会议召集程序、表决方式违反法律、行政法规或者公司章程，或者决议内容违反公司章程的，股东可以自决议作出之日起 60 日内，请求人民法院撤销。

（4）股东知情权。如果投资者不能获悉公司真实情况，则无法有效地保护自身的股东权益及投资权益。《公司法》专门规定了股东知情权诉讼制度，也是对投资者后续权益给予保护的重要途径。

（5）股权回购请求权。《公司法》第 74 条列举性地规定了股东对公司的股权回购请求权。当投资者的利润分配权，法人财产权的完整性遭到损害时，投资者可以通过与公司协商或司法途径要求公司回购其股份。

（6）公司司法解散权。《公司法》第 182 条确立了公司解散制度。公司经营管理发生严重困难，继续存续会使股东利益受到重大损失，通过其他途径不能解决的，可以请求人民法院解散公司。

**二十四、股权转让协议中未明确约定转让对价，且双方当事人亦无法就此达成补充协议，股权转让协议的效力如何？能否实际履行？**

实践中，对于该问题的处理意见并不统一。有的观点认为，股权转让对价应系股权转让协议的主要条款，该项条款缺失意味着股权转让协议未能成立。也有观点认为，股权转让协议中虽未约定转让对价，但转让股东在目标公司的出资情况是确定的，故可以按照该出资情况来确定转让对价。还有观点认为，可以按照对所转让股权的价值进行评估的结果来确定股权转让对价。问题在于，在受让方已按照股权转让合同实际取得约定股权，并实际参与目标公司经营的情况下，若认定上述股权转让协议并未成立，显然与目标公司股权变动的实际情况相冲突，既不利于目标公司经营管理秩序的稳定，亦增加了公司的外部交易风险。上述不同意见的存在，导致不同法院对相同或类似情况案件处理结果迥异，并没有对现有股权转让交易秩序发挥积极的指引和规范作用。

我们认为,对于第一种观点,在受让方依约取得股权的情况下,股权转让协议已经得以实际履行。同时,根据《合同法解释二》的规定,当事人对合同是否成立存在争议,人民法院能够确定当事人名称或者姓名、标的和数量的,一般应当认定合同成立。因此,股权转让价格并不是上述协议成立的必备条款。据此,如果认定股权转让协议不成立,则该认定结论在合理性与合法性方面均有缺陷。对于第二种观点,因股权系特定公司资产价值的动态载体,股权价值与特定公司资产价值直接相关,但股东出资情况与公司资产价值之间则并无必然联系。由此可见,若按照股东出资情况确定股权价值,明显违背交易常理。相对于上述两种观点,我们认为,按照股权价值的实际评估结果确定股权转让对价更具有其合理性。至于股权价值的评估范围,则应以截止到股权转让协议签订之日的公司实际资产状况为事实基础。

**二十五、股东所持公司股权被冒名转让后,该股权又被再次进行转让,至股东提起诉讼时,该股权已归于善意第三人所有,此种情况下,被冒名股东的权益应如何救济?**

对于因股东所持公司股权被冒名转让而引发的股权转让纠纷,如果查证属实,则上述股权转让将因法律行为的效力要件欠缺而归于无效,该股东亦可以取回被冒名转让之股权。然而,在生效判决作出以前,被冒名股东已非工商登记的权利人,如果第三人基于对相应工商登记信息的合理信赖而有偿受让上述股权,则按照民法上善意取得制度的原理,该第三人对上述股权的取得,并不因该股权被冒名转让的情形而丧失其合法依据。实践中,如果被冒名股东未能及时发现其股权被非法转让,则该股权可能已被再行转让多次,被冒名股东如欲重新取回被转让的股权,将面临法律上的障碍。此种情况下,被冒名股东的权益损害应如何救济,实为司法实践中亟待解决的问题。

按照侵权法的一般原理,被冒名股东可以就此要求冒名行为人承担相应的损害赔偿责任,但关键在于,此时被冒名股东的损失情况应如何确定。股权的价值与公司营业资产价值直接相关,与公司的持续营利能力亦有关联,被冒名股东的损失情况可以涵盖上述两部分内容。其中,对于股权被冒名转让时的公司营业资产价值,可以考虑参照发生该转让时的公司营业资产价值的评估结果确定。另外,对于被冒名股东丧失的可分配公司利润,则可以考虑将股权被冒名转让后公司在特定期间内的利润分配情况作为参考依据。

# 第九章 公司决议纠纷裁判精要

> **案由释义**
>
> 公司决议纠纷是指公司股东(大)会、董事会决议的内容违反法律、行政法规的,股东会或者股东大会、董事会的会议召集程序、表决方式违反法律、行政法规或者公司章程,或者决议内容违反公司章程的,股东向人民法院提起诉讼,要求确认股东(大)会、董事会决议的效力或者撤销股东(大)会、董事会决议引发的纠纷。
>
> 股东(大)会决议和董事会决议作为相应的公司机关的意思表示,只有决议程序(包括会议的召集程序和表决方式)和内容均合法、公正,才能发生法律效力;如果决议程序或内容上有瑕疵,就不能认为是正当的团体意思,应对其效力作否定性的评价。赋予股东对瑕疵意思表示的诉权是保护中小股东利益的重要手段,多数国家的公司法均确立了瑕疵股东(大)会、董事会决议的效力确认和撤销制度,我国《公司法》也规定了公司机关的决议无效和撤销制度。公司决议纠纷可分为公司决议效力确认纠纷与公司决议撤销纠纷两种类型。

## 一、公司决议作出之日的认定

《公司法》第 22 条第 2 款规定的除斥期间的起算点为"决议作出之日",实践中应当如何确定决议作出之日,需要区分不同的情形:

其一,以会议(股东会、股东大会、董事会)形式通过的决议。此时可能出现两个日期:召开会议通过决议之日和与会人员在决议文件上签名之日。通常情况下,这两个日期是统一的,即与会人员表决通过决议并同时在会议记录等决议文件上签名。但实践中也可能出现两个日期不一致的情况,此时应当以会议通过决议的日期作为期限的起算日。除非公司无法证明会议通过决议的时间,并因此与股东所认定的"在文件上签章的日期"不同,则认定股东在决议上签章之日为决议通过之日。

其二,传签书面文件通过的决议。此时最后一个应当参加表决的股东或者董事在传签的决议上签章的日期,为该决议通过之日。①

## 二、召集程序和表决方式瑕疵的情形认定

展望公司法审判实务,由于《公司法》弘扬了公司自治和股东自治精神,人民法院在审判实践中,原则上应当尊重公司股东和与董事会依法作出的决议,不能越俎代庖。人民法院对于公司决议的实体内容,原则上不宜干预,除非实体内容违反了法律、行政法规中的强制性规定。但是,人民法院有权应股东之诉请,对于召集程序与表决程序存在法律瑕疵的公司决议进行司法审查。可以预言,公司决议效力之争的焦点问题将越来越多地集中在召集与表决程序上。由于法官不是商人,无法就公司决议内容的妥当性进行商业判断,但长于规则解释与违规识别,因此法官对公司决议的程序瑕疵进行司法审查,恰好属于法官的业务专长。而程序严谨、程序公正恰恰是我国当前公司治理中最为缺乏的元素。

公司实践中关于常见的召集程序方面的瑕疵情形主要有:(1)召集通知之遗漏。例如,召集人仅对一部分股东发送召集通知,而未对另外一部分股东发送召集通知。倘若被遗漏通知的股东从其他股东那里知悉了召集通知并且亲自或委托他人出席了股东会或者董事会,则召集通知遗漏之瑕疵可获得"治愈"。(2)股东会或者董事会召集通知中未载明召集事由、议题和议案概要。(3)股东依法提出的议案概要未被记载在会议通知上。(4)召集人不适格,即召集股东会或者董事会的人缺乏股东资格。(5)决定召集股东会的董事会决议因出席董事人数不足而无效。(6)召集通知的期间过短,股东缺乏充分的时间作出相应的参会准备。(7)召集通知未采书面形式而采口头形式,且有股东提出异议。(8)公司或者具有召集权的股东故意选择在股东出席困难的地点召开股东会。股东会的召开地点,可由公司章程规定。公司住所地作为公司经营活动之中心当然可为股东会会议场所。公司章程载明的邻近地也可成为股东会召开地点。由于股东会是公司最高决策机构,召集人应创造条件使尽可能多的股东有机会参与公司决议事项之审议或投票。然若召集人故意舍近求远,避开公司章程所载地点,选择在股东们旅行不便之地(如航线、铁路、公路或水路均不便利之处),或者交通成本过高之地召开股东会,则构成不公正的召集方法。(9)公司或者具有召集权的股东故意选择在股东出席困难的时间(如非典型性肺炎等传染病暴发期和流行期)召集大规模股东会或者董事会。(10)由于股东会现场座位过少,部分股东被挤出会场,失去投票机会等。

公司实践中关于常见的表决程序方面的瑕疵情形包括但不限于以下几种情形:(1)由于股东会或者董事会现场对参会者或其代理人身份查验不严,非股东

---

① 参见奚晓明主编:《最高人民法院关于公司法司法解释(一)、(二)理解与适用》,人民法院出版社2008年版,第58—59页。

或非董事的代理人参与了表决;(2) 公司决议缺乏公司章程确定的定足数(股东会有效召开所要求的、股东所代表的最低股份总数);(3) 违反了章程关于表决代理人仅限于股东或者董事的规定;(4) 会议主持人拒绝适格代理人行使表决权;(5) 负有说明义务的董事、监事对于股东的质询拒绝作出说明,或者说明不充分;(6) 股东会或者董事会主席无正当理由限制或者剥夺股东的发言权或辩论权;(7) 不符法律或章程规定要求的人担任会议主席;(8) 会场始终处于喧哗、骚乱状态,会议在股东无法进行充分讨论和提出动议的情况下强行作出决议;(9) 股东或经营者蓄意指使他人利用威胁或利诱手段干扰股东表决权及其相关权利的行使;(10) 根据《公司法》或者公司章程依法应回避表决的股东或者董事直接行使表决权,或代理其他股东行使表决权;(11) 决议未达到法定表决比例。①

### 三、法院可否以决议瑕疵轻微为由驳回原告诉讼

在存在股东大会决议可撤销的场合,撤销权也有可能被滥用。因股东大会决议对公司及股东利益事关重大,如何以法规制撤销权之滥用,就成为立法和司法中不可回避的一个重要问题。法律既不能无视瑕疵决议对股东大会民主、公司和股东利益的侵害,也不能容忍股东为追求私利而擅自违法动用诉权。实践中,通常会存在这样的情形,股东因股东大会决议形式违法而提起撤销之诉,起诉的目的不仅是为了其他股东的利益,更是为了追求自身的利益,甚至行使撤销权是基于恶意,明知有害于公司而无追求股东正当利益之目的。在起诉之后,对于公司而言,更多的是在支付了巨额费用之后,起诉被撤回。就此而言,撤销之诉仅仅是为了取得公司赔偿金的一种手段。② 为防止股东撤销诉权的滥用,有些国家的立法上创设了裁量驳回制度。

所谓裁量驳回制度,即鉴于可撤销决议的瑕疵与决议无效的瑕疵相比要轻微得多,故当撤销之诉的起诉权人向法院请求撤销决议时,法院要权衡决议瑕疵与决议所生利益之利弊,认为违反的事实不严重而且不影响决议时,可以对撤销请求予以驳回。③ 立法上创设撤销股东大会决议之诉,其目的在于否定以违法程序假借多数决的公正意思而成立的决议的效力,因此股东大会召集程序或决议方法违法对决议明显无任何影响时,是否有必要承认决议撤销权,成为应探讨的问题。在现实中,股东大会决议程序上的瑕疵与结果不一定存在因果关系,换言之,即使股东大会决议程序不存在瑕疵,也可能作出同样内容的决议,因此撤销可能没有实际意义。这是立法上确立裁量驳同制度的出发点。我们认为,裁量驳回的出发

---

① 参见刘俊海:《新公司法的制度创新:立法争点与解释难点》,法律出版社2006年版,第236—238页。

② 参见王彦明:《股东大会决议的无效与撤销——基于德国股份法的研究》,载《当代法学》2005年第11期。

③ 参见柴玉林:《论可撤销的股东大会决议》,载《法学》2006年第11期。

点是尽可能地维持公司关系的稳定,减少因撤销决议而产生的解决争议的成本,但是如果机械地认定决议的瑕疵对决议不产生影响而否定撤销权,也必然有失公允。所以,法官在行使裁量权时应当考虑瑕疵的性质及程度,将股东大会程序的正当性要求与公司法律关系的稳定性要求作一利益平衡,决定是否裁量驳回。

在最高人民法院曾经发布的《关于审理公司纠纷案件若干问题的规定(一)》(征求意见稿)第41条作过如下规定:股东参加了股东会议且对会议召集程序未表示异议,或者虽对会议召集程序表示异议但对决议事项投票赞成,或者虽投票反对但又以自己的行为实际履行了股东会议决议,其提起诉讼,请求撤销股东会决议或认定股东会决议无效的,人民法院应当驳回其诉讼请求。上述规定明确了驳回诉请的判断标准。当然,法院在行使该种自由裁量权时应当遵守审慎原则,并且绝对不可将之应用于公司决议无效之诉,因为后者维护的不仅是当事人利益,还有社会的正常经济秩序。

### 四、董事和监事可否提起公司决议撤销之诉

《公司法》第22条第2款仅规定了公司股东有权提起公司决议撤销之诉,而并未赋予其他主体该种权利。有观点认为公司决议撤销之诉的适格原告不但包括公司股东,亦可以是公司董事、监事。我们认为,该种观点不足为取。首先,司法的基本原则是以法律为依据,既然我国《公司法》非常明确地将公司决议瑕疵之诉的原告资格仅赋予了公司股东,无论当事人抑或法院的诉讼活动皆应当遵守该项规定。其次,公司侵害董事、监事利益的可能情形无非是公司对其任免不当或未完全支付约定的对价,如果公司任免公司董事、监事违反了法律的强制性规定,应属无效;如果公司任免董事、监事违反了当事人的约定或公司未完全支付约定的对价,董事、监事完全可以依据合同法寻求救济,并不属《公司法》调整范围。因此,公司董事、监事无权提起公司决议撤销之诉。

### 五、公司决议瑕疵诉讼与股东代表诉讼的区别

公司决议瑕疵诉讼与股东代表诉讼主要存在如下区别:(1)公司决议瑕疵诉讼的发生原因是公司决议违反法律规定或者公司章程,股东代表诉讼的发生原因是公司董事、监事、高级管理人员或者第三人侵犯公司利益;(2)公司决议存在瑕疵时公司利益并不必然受到损害,股东代表诉讼的前提是公司利益受到损害;(3)公司决议瑕疵诉讼的被告是公司,股东代表诉讼的被告是侵害公司利益的公司董事、监事、高级管理人员或者第三人;(4)公司决议瑕疵的原告并不仅限于公司股东,股东代表诉讼的原告只能是公司股东;(5)公司决议瑕疵诉讼无前置程序,股东代表诉讼通常须遵守前置程序。

### 六、请求确认公司决议有效的处理

我国《公司法》明确赋予当事人确认决议无效和撤销决议两种诉权,那么,当

事人是否可以向法院提起诉讼,要求确认股东会或董事会决议有效?

当事人是否享有确认股东会决议有效的诉权在修订前后的《公司法》中都没有规定,在审判实践中也是一个常遇到的程序问题。对此,实践中各法院的做法不统一,有的法院对该类诉讼立案受理并进行裁判,确认股东会或董事会决议有效。其理由如下:一是从《民事诉讼法》第119条关于立案审理的标准来看,该类诉讼有明确的原被告和具体的诉讼请求,符合第119条的规定;二是从公司法审判来看,增加、扩大公司案件的可诉性也是公司法审判的一种价值取向,当事人选择这样的诉讼,法院就应当受理并裁判。也有法院对该类诉讼不予受理,即使受理了最终也裁定驳回原告的起诉。

我们赞同第二种做法,理由如下:一是确认股东会决议有效系确认之诉,司法确认作为司法裁判的一种具体方式,本身是因当事人之间对诉讼标的或某一法律关系的存在、成立有纠纷或争议而引起的。因此,当事人之间的纠纷、争议是产生诉讼与裁判的原因,司法裁判是对争议、纠纷的解决,如果当事人对某一法律关系无争议即无须进行司法确认。二是一项法律关系在成立后就是有效,在未经司法裁判宣布无效之前,其效力是法定的,无须进行确认。三是如果当事人对一项有效的股东会决议质疑,法律已赋予其确认股东会决议无效的诉权,有法定的救济渠道,无须通过确认有效的诉讼来实现。四是从公司法原理上,公司自治是一项基本原则,在公司自治的范畴内尽量减少司法的干预与介入。因此,如果当事人对某一股东会决议无争议,司法不应轻易介入。正是基于以上理解,我们认为法院对确认股东会决议有效的诉讼应当裁定不予受理,或已经受理的应裁定驳回起诉。

### 七、公司决议效力诉讼中一诉多求可否合并审理

根据《公司法》的有关规定,凡需要股东会、董事会决议的事项都属于公司内部管理和对外经营中的重大事项,因此,股东会、董事会决议往往决定其他法律关系的产生、变更或消灭。特别是某些特定情况下,如公司股东对外转让股权、公司对股东个人提供担保等,《公司法》明确规定,股东会决议的作出是其他法律关系存在的前置程序,二者具有相互关联、互为条件的特点。在这种条件下,当事人若对股东会决议产生争议,必须会对相关联的法律关系产生争议,因此,在股东会、董事会决议效力诉讼中,往往存在"一诉多求"现象,要求确认股东会决议效力的诉讼请求往往与确认其他法律关系效力的诉讼请求一并提出。那么,对于一个诉中的多个诉讼请求法院是否可以合并审理,这是该类诉讼在程序方面存在的一个突出问题。例如,某房地产公司股东权转让案。马某是一家房地产公司的股东,在公司经营过程中,公司未经马某同意,将马某持有的公司30%的股份转让给了公司之第三人李某,该公司对股权转让作出股东会决议,马某没有参加该次股东会,股东会决议上马某的签名是他人伪造的,后公司依据股东会决议及转股协

在工商机关办理了变更登记,将马某的股权变更到李某名下。马某了解到该情况后,将房地产公司、李某诉至法院,要求:(1)确认股东会决议无效;(2)确认李某所签订的股权转让合同无效,属于侵权行为;(3)李某赔偿侵权造成的损失。①

对一诉多求能否合并审理,在实践中存在多种认识与做法。第一种意见认为可以合并审理,理由如下:一是虽然诉讼请求是多个,但产生的纠纷本质上是一件事,因此,应对该纠纷一次性处理,分开处理不利于纠纷的解决;二是从案由上看,虽然诉讼请求有多个,但案由只有一个,即确认股东会决议效力纠纷,案由是由多个诉讼请求中的一个主要的诉讼请求决定的,其他诉讼请求则为辅助、附从的。另一种意见认为,一诉多求不应合并审理,理由如下:一是诉权性质与种类不同,确认股东会决议效力、确认股权转让合同效力属于确认之诉,而赔偿损失属于侵权之诉,二者诉权性质种类完全不同。且同为确认之诉,确认股东会决议属于确认一个法律行为,而确认股权转让合同效力属于确认合同的效力,二者性质也不相同。二是诉讼主体不同。确认股东会决议效力异议股东为原告,公司为被告,而确认股权转让合同效力的诉讼主体为转让合同的双方当事人。三是案由不同,确认股东会决议效力诉讼属于一个纯公司法的诉讼,效力的判断依据的是《公司法》的内容,而确认股权转让合同效力之诉,本质是一个合同纠纷、债权纠纷,效力判断的依据是《合同法》及当事人在合同中的约定,它不是一个单纯的公司法诉讼,而赔偿损失则是侵权诉讼,三者案由不相同。基于以上认识,对于该类纠纷应当根据具体诉讼请求的性质与种类,分列几个案件进行审理与裁判,这样更有利于不同法律关系的确定与审理。当然在具体实践操作中,因几个案件具有相互的关联性,可将因一事引发的多个案件同时起诉、同时审理、同时裁判,这样更有利于纠纷的一揽子解决。我们赞同第二种做法,该做法更符合审判实际。

**八、滥用资本多数决公司决议的效力认定**

滥用多数决原则而作成的股东大会决议,其效力如何,在学说上存在不同的见解。一种观点认为,股东大会决议并无具体违法,因为多数派股东牺牲公司或少数派股东,以追求自己或第三人利益所为实质上不当的决议,不论股份有限公司的具体规定或其精神为何,都没有违法的地方,所以应认为有效。另一种观点则认为,如认定股东大会决议的作成是因多数派股东滥用多数决的结果时,应认为该决议无效。因为这时可以认为该决议的内容违反公序良俗原则而无效。就权利滥用而言,表决权是权利的一种,当然应受权利滥用原则的约束,因此,滥用多数决所作的决议,适用权利滥用原则,也为无效。还有一种观点认为,滥用多数决所为的决议内容的违法性,不宜以同一方式处理,应依具体个案决定为可撤销

---

① 参见甘培忠、刘兰芳主编:《新类型公司诉讼疑难问题研究》,北京大学出版社2009年版,第139页。

决议或无效决议。除此之外,有的学者提出,多数决的滥用,这仅是多数股东的个人动机,应属于存在特别利害关系,依照特别利害关系人参与决议处理,为可撤销决议。①

在立法和判例上,对于滥用多数决的决议的效力,也持有不一致的态度。第一次世界大战至1937年《股份法》公布前,德国在判例中一直适用公序良俗原则来抑制不当决议。判例上本来是持消极态度,认为多数派股东依据法律规定,利用表决权追求自己的利益并不违反公序良俗。到1916年德国法院转向积极态度,认为多数派股东利用权利不利少数派股东时,是违反公序良俗,决议应为无效。②1937年修正《股份法》时,对多数决滥用的救济作了明文规定。第197条第1项规定:"股东大会决议违反法律或章程的,可以诉请撤销。"第2项规定:"有权行使表决权的股东为自己或第三人的特殊利益而试图损害公司或其他股东的利益,并且该决议也是适合这一目的的,为股东大会决议撤销的原因。"德国现行《股份法》第243条基本上保留了1937年法的内容,但在第2项增加了一项"但书"规定:"如果决议已向其他股东就其损害提供了适当补偿时,则不得撤销决议。"所以,在现行德国法制下对于多数决的滥用,原则上可以诉请撤销决议。在日本,"多数决的滥用"是指股东尤其是大股东为了追求自己或第三者的利益,从客观上,形成严重不公正内容的决议,从而使公司或少数股东的利益受到侵害的情况。依照日本《商法典》第247条的规定,因滥用表决权导致成立显著不公正决议时,可以以决议方法显然不公正为理由诉请撤销决议。但在判例上视为多数决滥用的事例寥寥无几。日本最高法院判定,与少数股东处于对立关系的代表董事兼大股东召开临时股东大会所通过的决议内容,为对近亲者等一部分股东有利的增资时,"股东大会的决议内容本身并不存在违反法令或章程的瑕疵,只是决议的动机和目的违反了公序良俗时,该决议并非成为无效"③。

我们认为,由于多数决的滥用违反了禁止权利滥用和诚实信用等原则,在性质上属于对强行法规范的违反。依照民法上权利滥用的法理,权利的行使如果属于法律行为,则当权利的行使构成权利滥用时,该行为不生法律效力④,所以应当认定决议无效。

### 九、个别股东行使表决权的意思表示被撤销时股东大会决议的效力认定

股东大会决议是法律行为的一种,根据民法上的法律行为理论可知,股东在股东大会上投票的意思表示可因不真实而被撤销。但是,当个别股东行使表决权

---

① 参见钱玉林:《滥用多数决的股东大会决议》,载《扬州大学学报》(人文社会科学版)2007年第1期。
② 同上。
③ [日]末永敏和:《现代日本公司法》,金洪玉译,人民法院出版社2000年版,第132页。
④ 参见钱玉林:《禁止权利滥用的法理分析》,载《现代法学》2002年第1期。

的意思表示被撤销时,股东大会决议的效力是否会受到影响?有学者认为如果个别股东意思表示的无效、被撤销致使决议数欠缺必要的多数决要件的,应认定决议无效;也有学者认为如果决议的成立以决议过半数为前提,并且个别股东行使表决权的意思被撤销,致使决议欠缺过半数的多数决要件,则认定决议不成立。①日本多数学者认为个别股东的意思表示瑕疵仅关涉其自身的利益,没有必要将此时的决议规定为无效,而应规定为可撤销。但也有学者提出,个别股东意思表示的无效或被撤销不影响决议成立所必要的法定表决权数时,并不构成决议瑕疵,对决议的效力不造成影响。②

我们认为,应根据个别股东的表决权对多数决的影响来认定决议的效力。如果无效或被撤销的瑕疵意思表示被扣除后,表决权数仍能够达到公司章程规定的表决权数的,则该决议为有效决议。如果个别股东的意思表示无效并且其所持表决权数对多数决造成了影响,那么此时的决议为不成立。如果个别股东的意思表示具有可撤销的原因,并且其所持表决权数对多数决造成了影响,则此时的决议为可撤销的决议,而非无效决议。这是因为表决权在撤销前是有效的,所以在表决权被撤销前的决议是有效的,只有表决权被撤销后才会影响决议的效力。

### 十、瑕疵决议的撤回与追认

法律行为的撤回须在该行为生效前作出,股东大会决议作为法律行为的一种,在未以决议为基础发生任何法律关系前,原则上可以撤回该决议,但必须通过相同方式的决议对瑕疵决议进行撤回。③瑕疵决议被撤回后即丧失法律效力。但是,需特别指出的是,由于无效决议和决议不成立为自始就不发生效力的决议,所以所谓决议的撤回,是指可撤销决议的撤回,那么公司能否主动撤回瑕疵决议呢?我们认为,如果公司尚未依该决议与股东及第三人发生任何法律关系,那么公司就可以主动撤回瑕疵决议;如果公司已经基于该决议与股东、第三人发生法律关系,那么公司就不能单方撤回该瑕疵决议,因为公司此时对决议的撤回不能使法律关系恢复到原始状态,而且使公司具有了自由确认撤销权是否存在的权利,危及交易安全。瑕疵决议的撤回,除须具备上述条件外,还须满足以下条件,即股东大会决议的撤回应当通过与原决议相同的方式进行。即:对于存在瑕疵的普通决议的撤回通过普通决议予以撤回,对于存在瑕疵的特别决议的撤回须通过特别决议予以撤回。只有这样才能避免别有用心的人借助撤回的手段,规避特别决议的法定数要求,才能使多数决原则的应有价值得以实现。

关于决议的追认,虽然股东大会决议有着传统民事法律行为所不具有的特性,但是由于其在本质上是法律行为,所以自然可适用民法上法律行为"追认"的

---

① 参见钱玉林:《股东大会决议瑕疵研究》,法律出版社2005年版,第219页。
② 同上。
③ 同上书,第287页。

法理。"追认"概念源于德国,是指对于自己所作的无效行为或可撤销行为的承认。① 德国《民法典》对无效和可撤销法律行为的追认作了明确规定②,而且德国《股份法》也对可撤销决议的追认作了明文规定。此外,意大利《民法典》也规定了可撤销股东大会决议的追认制度。韩国虽无决议追认制度的法律规定,但有学者认为对于可撤销的股东大会决议可援用民法的追认制度。通过追认可以使可撤销决议溯及有效,终结对其效力的争执。③ 追认的意义在于,它能终结对瑕疵决议的效力争执,并减少对公司法律关系不稳定的影响。需指出的是,只有当决议的瑕疵可被补救时才可以适用瑕疵决议的追认制度,否则没有追认制度适用的余地。鉴于存在程序瑕疵的股东大会决议有被补救的可能,所以程序瑕疵决议可以适用追认制度。

### 十一、无表决权股东能否成为公司决议瑕疵诉讼适格原告

无论是各国和各地区公司法理论还是立法,对此均存在争议。德国通说认为,撤销权是股东享有的一项独立权利,而不是股东的表决权或表决权的要素,所以不享有表决权的优先股股东也能够享有撤销权,成为决议不成立之诉的适格原告。而且德国《民法典》对此有明确规定。④ 意大利《民法典》也有类似规定,第2377条第2款规定表决权受到限制的股东可提起决议撤销之诉。而日本通说则认为,无表决权股东不能提起决议撤销之诉,因为无表决权股东不是股东大会召集通知的对象,自然不享有决议撤销权。我国台湾地区也规定无表决权股东不是决议撤销之诉的适格原告。韩国学者也认为,享有表决权是取得决议撤销权的前提条件,无表决权股东不享有撤销权,自然不能提起决议撤销之诉。⑤

我们认为,应将无表决权股东归入适格原告之列。因为无表决权股东只是不享有表决权而已,并不影响其享有受到召集通知以及在会议上质询的权利等其他股东权利,同时也不能排除决议对无表决权股东利益的不利影响,所以一概认为无表决权股东不能成为适格的原告是不公正的。而且,法律规定决议撤销之诉的目的主要不是为了保护受瑕疵决议损害的股东个人权利,而是为了确保公司的营

---

① 参见史尚宽:《民法总论》,中国政法大学出版社2000年版,第219页。

② 参见德国《民法典》第141条第1款规定:"无效的法律行为经行为人确认后,该确认应视为重新实施的法律行为。"第144条规定:"可撤销的法律行为,经撤销权人确认后,不得再撤销。"德国《股份法》在1965年的修正部分引入了决议追认制度,但仅规定了对可撤销决议的追认,而对无效决议未作明文规定。德国现行《股份法》对可撤销的股东大会决议的追认作出了明文规定,如该法第244条规定,股东大会可以一项新的决议追认一项可撤销的决议,只要新决议本身无瑕疵,就可以确认前一决议为有效的决议,不得再提出撤销请求。

③ 参见[韩]李哲松:《韩国公司法》,吴日焕译,中国政法大学出版社2000年版,第433页。

④ 德国《民法典》第126条也明确规定:"无表决权优先股,除表决权外,各股东享有基于股份的权利。"

⑤ [韩]李哲松:《韩国公司法》,吴日焕译,中国政法大学出版社2000年版,第417页。

运能够合理、合法地进行,所以无论是享有表决权的股东还是无表决权股东都有要求依法经营公司的权利。因此,无表决权股东能够成为股东大会决议撤销之诉的适格原告。

### 十二、公司决议瑕疵诉讼中适格原告是否须在"决议时"和"起诉时"都具有股东身份

决议的形成与撤销权的行使存在时间差,那么在什么时间具有股东资格的股东才享有撤销权?韩国学者认为,只要起诉时具有股东资格就享有撤销权,而不管形成决议时是否具有股东资格。① 日本学者则认为,提起决议撤销之诉的股东从起诉时到判决确定为止的时间里必须保持股东资格,但不要求必须是参加了股东大会的股东。② 我国台湾地区存在着不同的观点。一种观点认为享有决议撤销权的股东必须是决议时就具有股东资格的股东。因为对于决议时未取得股东地位的股东而言,股东大会决议未涉及其利益,纵使该决议存在瑕疵,这类股东也不享有决议撤销权。③ 有判例认为,只有在起诉时具有股东资格的股东,才可能成为决议撤销之诉的适格原告。也有判决认为,有权提起诉讼者原则上须在"决议时"和"起诉时"都具有股东身份,而且须在决议时当场对决议程序提出过异议,并同时指出,如果股东资格是从享有撤销权的股东处受让股份而取得的,则不影响该股东撤销权的行使。④

我们认为,只有在起诉时具有股东资格的股东才享有决议撤销权,但是否必须在决议时也具有股东资格,则不可一概而论。如果是因决议形成之后的股份转让而继受取得股东资格并且其前手享有撤销权,那么该受让人就享有撤销权;如果是因决议形成之后的新股发行而原始取得股东资格的,那么该股东原则上不享有撤销权,但存在例外情况,即当瑕疵决议对其利益造成不利影响时,该股东享有撤销权。

### 十三、伪造公司决议的效力认定

伪造公司决议的法律效力应如何认定。由于《公司法》对此缺乏明确规定,司法实践中理解不一,产生了三种不同观点。(1)无效说。公司股东(大)会决议是股东的真实意思表示,伪造的股东(大)会决议由部分股东一手炮制,其他股东根本没有作出意思表示,也没有作出意思表示的可能性,因此,这样的股东(大)会决

---

① 参见〔韩〕李哲松:《韩国公司法》,吴日焕译,中国政法大学出版社 2000 年版,第 417 页。
② 参见〔日〕末永敏和:《现代日本公司法》,人民法院出版社 2000 年版,第 128 页。
③ 参见杨建华:《民事诉讼法问题研究(三)》,台北 1989 年自印版,第 177 页。
④ 参见我国台湾地区"最高法院"1983 年 9 月 6 日第九次民事庭总会决议。转引自:朱慈蕴:《关于公司决议瑕疵之诉的若干问题探讨》(未定稿),载 JICA 中国经济法完善项目"2007 年第 1 次公司法研讨会"(2008 年 1 月,浙江宁波)提交论文。

议由于不符合当事人的真实意思表示而无效。(2)可撤销说。该说的主要依据为《公司法》第22条第2款的规定,违反《公司法》规定程序作出的决议应为可撤销决议,从而区别于内容违反法律法规的无效决议。该说认为,依照《公司法》第22条第2款,公司股东召开股东(大)会不通知其他股东或者伪造其他股东签章,属于股东(大)会召集程序或者议事方式违法,因此应当适用公司法规定的60天不变期间,在决议作出之日起60天内申请法院撤销,否则应视为有效。3. 不成立说(或非决议说)。不成立说认为部分股东伪造公司股东(大)会决议,根本不符合公司决议共同行为的本质要求,不是由公司法定机构作出的意思表示,不足以称为公司股东(大)会的决议。这样的决议并非真正的决议,而是不成立的决议,或者非决议。①

我们认为,决议不成立说由于抓住了伪造决议欠缺股东集体意思表示的特点,相对较为合理。(1)决议不成立说相对于无效说,更有利于保护公司外部善意第三人的利益,从而保障市场经济的交易安全。决议无效说的问题是,即使被伪造签章的股东事后知晓伪造决议的内容,并在公司经营中执行或者实施了该决议的内容,也可以在此后的任何时间要求确认无效,废弃决议的既成事实,从而形成对第三人的抗辩,危害第三人的合法利益。而不成立说并不认为决议无效,而只是认为决议尚未成立,从而根本不产生有效无效的问题。(2)相较于决议可撤销说,伪造决议不成立说更符合伪造决议的本质特征,也更有利于保护公司股东以及公司的合法利益。决议不成立说仅仅在公司所有股东都对伪造决议加以追认的情况下才确认决议成立并评价其效力,因此,只要公司股东未对伪造决议进行追认,则不论任何时候都可以通过提起诉讼的方式要求确认决议不成立的事实。这样,一些伪造决议的股东企图通过伪造他人签章损害他人利益的行为将不受法律保护,从而使得受到侵害的股东得到充分救济。决议可撤销说认为决议作出之日起60天内股东未行使撤销诉权时,决议便确定有效,明显不利于维护其他股东的合法利益,尤其是在被伪造签章的股东根本不知道决议的存在,甚至根本没有机会知道决议的存在时,就更加不公平了。而决议不成立说恰恰弥补了这一缺陷。决议不成立说通过赋予确认决议不成立的诉权,给公司股东以及公司本身设立了一道安全阀门,其适用效果将明显优于可撤销说。况且可撤销说将决议作出之日作为行使撤销诉权的起算时间,但是在伪造决议的情况下,我们有时甚至不能知道决议作出的真实日期,从而为受害股东的权利保护更添困难。尤其令人疑惑的是,伪造决议作为伪造决议,从本质上讲根本谈不上决议的"作出",又从何能认定决议作出的日期?这一点就更加突显了决议可撤销说的内在矛盾和困局。因此,即使是从便于法律适用的角度,也不宜采伪造决议可撤销说,而应当采伪造

---

① 参见刘俊海:《股份有限公司股东权的保护》,法律出版社2004年版,第311页;王彦明:《股东大会决议的无效与撤销——基于德国股份法的研究》,载《当代法学》2005年第11期。

决议不成立说,从而充分保护受害股东的救济权利。①

## 十四、公司决议瑕疵诉讼中滥诉股东的担保责任

对于公司决议瑕疵诉讼,各国《公司法》大多将其规定为单独股东权,而没有持股比例、持股时间的限制。实践中,可能存在一些"职业股东"闹事的情况,他们起诉的目的就是为了敲诈公司。因此,为了避免恶意股东滥诉,保护公司的合法利益,有必要建立责令股东在一定情况下提供担保的制度。对此,我国《公司法》第22条第3款明文规定:"股东依照前款规定提起诉讼的,人民法院可以应公司的请求,要求股东提供相应担保。"但对于该款规定如何理解,学界存在不同的认识。有的认为:"无论是提起公司决议无效确认之诉,还是公司决议撤销之诉的股东都在公司提出相应请求的情况下根据法院的裁定负有担保提供义务。"②也有的认为,《公司法》第22条第3款规定的诉讼担保仅针对公司决议撤销之诉而言。③我们赞同后者观点。首先,从语义角度看,我国法律规则中的"前款"通常仅指"前一款",如果立法者想指代前两款通常明确规定"前两款",如《公司法》第102条第3款、第151条第3款中的关于"前两款"的表述。其次,法律之所以规定撤销之诉的诉讼担保,是为了实现原告股东与公司和其他股东之间的利益平衡,而公司决议无效之诉不仅仅涉及原告和公司、其他股东的利益,更涉及社会整体经济秩序,因此法律减轻原告的负担以鼓励诉讼。再次,公司决议内容是否违反法律、行政法规,通常比较容易认定,因此诉讼程序比公司决议撤销之诉通常较为简单,公司利益一般不会受到较大损害。

另外,公司决议瑕疵诉讼担保尚如下有几个问题需要注意:

1. 该种担保仅指诉讼费用担保,而不是针对公司资产总额的担保。首先,该种诉讼的性质是形成之诉,而非给付之诉,原告的诉讼请求与公司资产总额无关。其次,如果认定该种担保为对公司资产总额的担保,通常都会超越公司股东的担保能力,从而实际上扼杀了该项制度的积极价值。正因为如此,最高人民法院2006年公布的《关于适用〈中华人民共和国公司法〉若干问题的规定(二)》(征求意见稿)第7条亦将该种担保明确为诉讼费用担保。

2. 《公司法》第22条第3款规定:"股东依照前款规定提起诉讼的,人民法院可以应公司的请求,要求股东提供相应担保。"可见,原告股东提供担保必须经公司提出请求,法院不能主动责令当事人提供担保。

3. 法院责令当事人提供担保须以公司证明原告起诉目的系出于恶意,因为该种担保目的就是为了防止股东滥诉,平衡原告股东和公司利益。如果公司可以任意要求原告提供担保,则偏离了该项制度的立法目的,并且会过度增加原告的负

---

① 参见袁辉根:《伪造公司决议的效力认定》,载于《人民司法·案例》2010年第6期。
② 刘俊海:《新〈公司法〉的制度创新:立法争点与解释难点》,法律出版社2006年版,第245页。
③ 参见赵旭东主编:《公司法学》,高等教育出版社2006年版,第380页。

担,妨碍该项制度的运转。

### 十五、董事表决瑕疵法律效力的司法认定

董事表决瑕疵,是指董事在公司董事会上行使表决权时,因行为能力受限、违背自己真实意思或方式、方法不当以及表决内容违法而影响其表决效力的情形。我国《公司法》仅就董事会决议瑕疵的有关问题进行了规定,对于董事表决瑕疵及其效力却没有涉及,以致司法实践中对涉及董事表决瑕疵的案件较难处理。因此,研究董事表决瑕疵的表现形式尤其是其法律效力无疑具有非常重要的意义。

#### (一)董事表决瑕疵的表现形式

董事表决瑕疵属于自然人行为的瑕疵,是对董事这种特殊自然人的行为所作的判断,除了程序和内容可作为董事表决瑕疵的考察对象外,作为自然人的董事的意思表示也可以作为董事表决瑕疵的考察对象。董事表决瑕疵可归纳为以下几类:

1. 能力受限导致董事表决瑕疵

能力受限包括丧失行为能力和限制行为能力。董事行使表决权的前提是自己必须具备完全的民事行为能力,一旦丧失或者限制了行为能力,则没有了表决赖以存在的基础,此时董事所作表决,当属瑕疵表决。

2. 内容违法或违反公司章程导致董事表决瑕疵

《公司法》第22条第1款、第2款分别规定内容违反法律、行政法规或公司章程的股东会或者董事会决议属于瑕疵决议。同样,董事个人表决的内容违法或违反公司章程对于董事表决这种特殊的个人行为而言,也属于一种重大瑕疵。

3. 意思表示不真实导致董事表决瑕疵

一是受胁迫的表决。董事受到的胁迫可能来自于公司内部人,也可能来自公司外部的利害关系人。无论来自内部还是外部,只要董事在表决上确实受到了胁迫,作出了违背真实意思的表决,就可认定存在瑕疵。二是受欺诈的表决。董事在表决前或表决过程中有可能受到来自公司内部和公司以外的、与董事会表决事项有利害关系的第三人的欺诈。受欺诈的表决,因违背董事真实意思,应认定为瑕疵表决。三是存在重大误解的表决。董事对表决的内容、方式等存在重大误解,其所作表决也应属于瑕疵表决,如摁错表决器或填错表决票、投错表决箱等。

4. 程序欠缺导致董事表决瑕疵

一是无委托书或授权不明的代理表决。公司法规定董事代理表决必须有书面的明确委托,故缺少书面委托或委托不明的代理表决,都属于瑕疵表决。二是其他不符合程序要求的表决。包括未在董事会议上签名的表决、公司章程规定应当书面投票的表决却采用口头方式表决、迟到的表决(如董事会散会之后,未参加董事会的董事在董事会决议生效前补作的表决),等等。

### (二) 董事表决瑕疵的法律效力

由于董事个人的表决与董事会决议之间存在利害关系,故通常情况下,涉及董事表决瑕疵法律效力的纠纷往往同确认或撤销董事会决议的纠纷牵连在一起,由此形成董事表决效力确认之诉与董事会决议撤销之诉交织的状态。因此,审理涉及董事表决瑕疵法律效力的纠纷时,大多需要解决两个方面的问题:一是董事个人表决瑕疵的效力问题;二是董事个人表决因存在瑕疵而无效时,董事会决议的效力问题。

1. 能力受限之瑕疵表决的法律效力

《公司法》规定,董事会必须有一半以上董事出席方能举行。毋庸置疑,此处所要求的一半以上董事,当然是能够正常行使表决权的、有完全行为能力的董事。如出席董事会的某个或某些董事在会议中突然神志不清,行为能力受到了限制甚至临时丧失了行为能力,其出席理应无效,在计算出席人数时应减去其人数。如果限制或丧失了行为能力的董事作出了表决,则其法律效力可分两种情况讨论。第一种情况是,减去限制行为能力或丧失行为能力的董事的人数,其他出席董事会的具有完全民事行为能力的董事人数不足法定最低人数标准。显然,这实际已经构成董事会召开程序违法。在这种情况下,除了能力受限的董事所作表决当然无效外,整个董事会决议也因董事会出席人数未达法定人数而成为瑕疵决议,即根据《公司法》规定属于可以撤销的决议。第二种情况是,减去行为能力受限的董事的人数,其他出席董事会的具有完全民事行为能力的董事人数已达到法定人数标准,因此,董事会的召开并没有违反程序规定,根据"有效之部分,不受无效之部分影响"的法理,则仅应发生限制行为能力董事本人表决无效的结果,董事会决议不受其影响,仍属有效决议。

2. 内容违法之瑕疵表决的法律效力

《公司法》第22条第1款规定,凡是内容违反法律、行政法规的股东会或董事会决议均属无效。问题是,董事个人表决内容违法而无效后,对董事会决议会形成何种影响?董事会决议无效,则整个董事会决议内容全部无效。那么,个别或少数董事表决因内容违法或违反章程而无效后,是不是必然导致董事会决议无效?我们认为应分两种情况考虑。一种情况是,个别内容违法的表决并非是多数派意见,由于其表决意见本身就没有被董事会决议所吸纳,所以即使该表决行为自身无效,也不应影响到整个董事会决议的效力。另一种情况是,有违法内容的表决意见属于董事会的多数意见,已被董事会决议吸纳,但该无效部分不是董事会表决内容的全部。这种情况是不是导致整个董事会决议无效,也应该区别对待:若决议各项内容具有不可分性,则部分决议事项无效导致整个决议各项内容无效;若决议各项内容具有可分性,则部分决议无效并不必然导致决议中的其他事项无效。换言之,除去无效决议事项,公司决议亦可成立的,则其他决议事项仍为有效。

### 3. 意思不真实之瑕疵表决的法律效力

根据民法原理,一方以欺诈、胁迫手段,使对方违背真实意思而所为的民事行为无效。那么,受胁迫或受欺诈的董事个人的表决是否也当然无效?如果无效,进言之,该个人表决之无效是否又必然导致整个董事会决议无效而可以被撤销?

对此,我们认为,董事表决尽管也是一种民事行为,但它与一般民事行为又存在明显不同。首先,该行为行使的只是一种表达权,因此该行为具有单边性。由于行为过程中没有所谓的"对方当事人",所以诸如诚实信用、等价有偿等原则实际无法适用于董事表决这种特殊的民事行为。也就是说,有些民事行为规则不一定能适用于这种特殊的民事行为。其次,判断董事会决议的效力只能考察其程序和内容的合法性,如果不存在《公司法》所指的程序瑕疵和内容瑕疵,仅因个别董事作出了受胁迫或受欺诈的表决而轻易否定董事会决议的效力,则不仅有损董事会决议的稳定性,而且也可能间接地损害到与董事会决议有利害关系的公司外部人的利益。故就董事会决议而言,我们无需也无从去考察作为团体的董事会其意思是否存在瑕疵。基于这样的理由,除非董事自己或者有关利害关系人有事实和理由证明参与表决的某个董事在表决时受到了胁迫或者欺诈,而且其所作的表决内容又违法,这样才能认定该董事个人的表决无效,否则,只要董事个人表决的内容不存在违法的情况,就一律应认定为有效。同理,存在重大误解的表决,如摁错表决器、填错表决票、投错表决箱等亦是如此。

### 4. 程序欠缺之瑕疵表决的法律效力

《公司法》规定董事表决权代理行使必须有书面委托,对于无委托书的代理表决,认定无效应无异议。关键是,对于事后补上委托书,且不能到会的董事又表示追认的,该表决的效力如何?根据民法关于代理的基本法理,没有代理权或者超越代理权的代理行为属于效力待定的民事行为,只要被代理人事后追认,应当视为有效。这一规则是不是可以适用于董事表决权代理?我们认为,虽然公司法规定了董事表决代理必须以书面委托为前提,但却并未对书面委托的时间作强制规定。尽管一般情况下委托应该在先,但如果表决之后才提交委托书,委托人又承认其他董事为其所作的表决内容,且认定该表决有效并不改变董事会决议内容的(少数意见与多数意见不发生变化),则不妨认定该瑕疵表决的瑕疵已经"愈合",而认可其效力。但如果承认其效力会导致董事会业已生效的决议无效的,则应先优先考虑维护董事会决议的稳定性,应视该瑕疵表决为无效表决,而对所谓的"委托人"来说,只能认为其放弃了表决权。如果有书面委托,只是委托授权不明,则不管作为代理人的董事是否违背被代理人的董事的意愿,应一律认定该表决的效力。由此造成表决内容违法需承担责任的,代理人董事与被代理人董事应互负连带责任。这是因为《公司法》并没有授权或者规定董事会承担审查董事委托书是否存在授权不明的权利或者义务。

### 十六、公司决议纠纷与工商登记

公司实务中常有这样的争议，股东会或董事会的决议作出后未能得到履行，而且在涉及工商登记事项时往往遭到某方股东的异议而导致无法办理公示登记。显然，在遇有公司决议纠纷时，是否应当拒绝受理或中止办理工商登记事项，是一个公司法实务中的重要问题。

我们认为，《公司法》实际上对此已给出了答案。根据《公司法》第22条，股东要求否认股东会决议效力的合法途径有二，一是请求确认该类决议无效，二是请求撤销。股东没有权利要求工商部门中止办理登记事项，工商部门也无权以职权自动中止或是拒绝受理有关登记申请。

《公司登记管理条例》第41条规定："公司依照《公司法》第二十二条规定向公司登记机关申请撤销变更登记的，应当提交下列文件：公司法定代表人签署的申请书；人民法院的裁判文书。"该项规定表明，在法院撤销股东会决议前，有争议的股东会决议在法律上被推定为法定有效。如果有关股东要求否认该类决议的效力，必须提起撤销之诉。

因此，异议股东要求工商机关中止登记或工商部门自动不予受理的行为都是没有法律根据的违法之举，与《公司法》第22条第4款的规定存在冲突。该规定要求，如果公司根据股东会或者股东大会、董事会决议已办理变更登记的，人民法院宣告该决议无效或者撤销该决议后，公司应当向公司登记机关申请撤销变更登记。可见，工商登记与股东会决议等民事纠纷是否解决无关。工商部门在公司决议未被撤销或确认无效前，没有义务也没有权力审查股东之间的纠纷，亦没有权力以股东之间存在纠纷为由而拒绝履行工商登记的法定职责。

公司决议纠纷中，诉权的行使期间是一个很重要的涉案因素。公司决议纠纷的基本类型包括：一是决议撤销之诉，二是决议效力确认之诉。最高人民法院在新修订的《民事案由规定》中将公司决议纠纷分为两个子案由，即公司决议效力确认纠纷和公司决议撤销纠纷。撤销之诉中60日的起诉期间是异议股东行使撤销权时必须注意的法律义务，如果超出该诉权期间，则按照《公司法解释一》的规定，原告以《公司法》第22条规定事由向人民法院提起诉讼时，超过公司法规定期限的，人民法院不予受理。也即，超出诉权期间的撤销请求根本无法进入实体审查程序，公司决议将法定有效，工商部门不得拒绝办理有关工商登记事项。

# 第十章 公司设立纠纷裁判精要

> **案由释义**
>
> 公司设立是指发起人依照法律规定的条件和程序,为组建公司并使其取得法人资格而依法完成的一系列法律行为的总称。
>
> 《公司法》对公司的设立规定了严格的法定条件和程序,发起人为了满足这些法定条件,免不了对外签订合同用以筹集资金、征用场地、购买设备或办公用品等。公司设立过程中,往往存在下列问题:发起人以自己的名义还是以公司的名义签订合同?若公司不能成立,合同责任由谁承担?发起人合同对公司是否有效?合同的权利义务由发起人承担还是公司承担?因此,公司设立过程中,经常因为相关交易合同而出现股东、设立中公司和债权人等利害关系人之间的权利义务归属纠纷。
>
> 发起人为设立公司,可能以自己的名义对外签订合同。此种合同的责任归属可能发生争议。合同相对人可能请求发起人承担合同责任;公司成立后对合同予以确认,或者已经实际享有合同权利或者履行合同义务的,合同相对人也可能请求公司承担合同责任。
>
> 发起人为设立公司,也可能以设立中公司的名义签订合同。公司成立后应当承继合同的权利义务。此外,公司成立后有证据证明发起人利用设立中公司的名义,为自己的利益与相对人签订合同,向公司转嫁债务的,除非相对人为善意,公司不承担民事责任。如果相对人向公司主张了责任,公司向相对人承担责任后向发起人追偿的,也发生公司设立纠纷。

## 一、公司设立与公司成立

公司设立是一系列法律行为的总称,是指设立人依照《公司法》的规定在公司成立之前为组建公司进行的、目的在于取得法律主体资格的活动。公司的成立是指已经具备了法律规定的实质要件,完成设立程序,由主管机关发给营业执照而取得公司主体资格的一种法律事实,表现为一种法律上的状态。① 由此可以看出,公司设立是成立的必经程序,而公司的成立则是设立的法律后果或直接目的。② 公司的成立与设立的区别主要有:

1. 发生阶段不同。公司的设立和成立是取得公司法人主体资格过程中一系列连续行为的两个不同阶段:设立行为发生于被依法核准登记、营业执照颁发之前;成立行为则发生于被依法核准登记、签发营业执照之时。实质上,公司的成立是设立行为被法律认可后依法存在的一种法律后果。值得注意的是,设立行为并不必然导致公司的成立。设立行为如果不符合法定条件和程序,就不可能为法律所承认,公司也就无法成立。

2. 行为性质不同。设立行为以发起人的意思表示为要素,主要是法律行为,受平等、自愿、诚实信用等民商法基本原则的指导。而公司的成立必须向政府有关部门办理注册登记,成立行为以主管机关颁发营业执照为要素,发生在发起人与主管登记机关之间,属于行政行为。这一行政行为导致的是民法上的效果,即设立的组织取得独立的法人主体资格。

3. 法律效力不同。公司设立是成立的前提条件。公司在被核准登记之前,被称为设立中的公司,此时的公司尚不具备独立的主体资格,其内、外部关系一般被视为合伙。即使设立行为已完成,未取得营业执照,仍不能以公司的名义对外开展经营活动。因此,设立阶段的行为,如果公司最终未被核准登记,设立行为的后果类推适用有关合伙的规定,由设立人对设立行为负连带责任;如果公司被核准登记,发起人为设立所实施的法律行为,其后果原则上归属于公司。公司的成立使公司成为独立的主体,公司成立后所实施行为的后果原则上由公司承担。

4. 行为人不同。公司设立的行为人主要是发起人和认股人;而公司成立的行为人主要是申请人和有权批准申请的主管机关。

5. 解决争议的法律依据不同。由上述两种行为的行为主体可以看出,公司设立过程中发起人之间、发起人与认股人之间发生的争议属于民事争议,可以依双方之间的协议,和根据《合同法》等相关民事法律按民事诉讼程序予以解决。但如果就是否应当为公司颁发营业执照而发生争议,依据我国《行政诉讼法》第11条第(4)项规定,即"认为符合法定条件申请行政机关颁发许可证和执照,行政机关拒绝颁发或者不予答复的",公司发起人可以提起行政诉讼。即关于公司是否成立的争议,一般依据有关行政法规来解决。

---

① 参见赵旭东主编:《公司法学》(第2版),高等教育出版社2006年版,第110页。
② 我国《公司法》对设立和成立的概念,原则上也作了区分。如该法第94条规定,股份有限公司的发起人在公司不能成立时,应对其设立行为所产生的债务和费用负连带责任,并对设立过程中因其过失而致使公司利益受到损害承担赔偿责任。当然,法律条文并未在措辞上对二者作严格区分,在某些场合,"成立"也用"依照本法设立"等措辞来表达(如《公司法》第8条的规定)。

## 二、公司设立协议与公司章程

### （一）履行完毕的设立协议依然是裁判依据[①]

公司设立协议，有时称为发起人协议，是指发起人之间为公司设立事项而达成的协议。公司在设立之初，发起人为了规范各自的行为，达到公司设立的目标，制定协议明确各自的权利义务。公司章程是规范公司机构和运行的规范性文件，其与发起人协议不同之处在于：首先，章程为必备文件，发起人协议不是；其次，章程是按照《公司法》制定的文件，发起人协议是按照《合同法》制定的文件；最后，发起人协议约束发起人，具有合同的相对性，章程约束的是股东、公司、公司的内部机构等。

与公司设立相关的诉讼，均会涉及对公司设立协议和公司章程的审查。如果在诉讼过程中，发现发起人协议与章程并不一致，如何处理？是否公司成立后，发起人协议就失去了效力？

有学者认为，"司法实践中，当事人在公司成立后，以设立协议为据提出诉讼请求，有的请求确认发起人协议无效或请求判令终止或解除设立协议，这都是对设立协议性质和作用的误解。既然设立协议的使命在公司成立后已经完结，因而确认设立协议无效的确认之诉或请求终止或解除设立协议的变更之诉也就无从提起"。并认为，公司解散之诉，股东资格和股权的认定，对股东出资责任的追究等诉讼，其依据是章程而非设立协议。[②]

关于发起人协议与章程之间的关系，存在以下几个问题须进一步思考。第一，公司成立后是否设立协议就不再有约束力了？第二，相关的诉讼是否只能依据章程，而不能依据设立协议？有学者认为："公司设立阶段始于公司发起人签订公司章程之日，终于公司成立之日。"[③]因此，设立协议在公司成立之后就不再适用于公司的各类纠纷。这种观点影响了司法实践，一些法院也接受了这种观点，即认为公司成立，后设立协议的效力就终止了。

我们认为，一概地认为公司成立后设立协议就不再有拘束力的观点，是不符合实际的。原因在于，公司成立后，章程并未规定某些事项，但是设立协议中对其有着明确的规定。因此，设立协议依然存在可以继续适用的可能。例如浙江省高级人民法院在其指导意见中规定："公司章程通常是在设立协议的基础上根据法律的规定制成，在没有争议和符合《公司法》的前提下，设立协议的基本内容通常都为公司章程所吸收，甚至设立协议的条文为公司章程原封不动地搬用，一般不会发生二者间的矛盾和冲突。但是，如果对于相同的事项，设立协议与公司章程

---

[①] 参见胡田野：《公司法律裁判》，法律出版社2012年版，第106页。
[②] 参见赵旭东主编：《公司法学》（第2版），高等教育出版社2006年版，第176页。
[③] 吴庆宝主编：《公司纠纷裁判标准规范》，人民法院出版社2009年版，第52页。

有不同的规定,甚至产生冲突时,设立协议应让位于公司章程。如果设立协议中有公司章程未涉及但又属公司存续或解散之后可能会遇到的事项,相应的条款可继续有效,但效力只应限于签约的发起人或原始股东。"这种观点更加符合实际。一些学者也持这种观点:"发起人协议的部分内容对设立中公司以及设立后公司是否具备效力,就不宜简单地按照'纯粹的发起人协议'来处理,而应当视实际情况认定发起人协议对设立中公司以及对设立后公司的效力。"[1]

总之,简单地认为公司成立后,设立协议就不再有约束力,以及相关的诉讼只能依据章程而不能依据设立协议的观点是不正确的。即使设立协议已经履行完毕,或者不能履行,其依然构成裁判的依据。这里出现两个不同的概念:合同的履行期限与履行效力,合同作为裁判依据的效力,这是两个完全不同的概念。已经履行完毕的合同,依然构成对裁判者的裁判依据。例如,公司成立后,发起人就公司发起过程中的责任纠纷,设立协议依然作为纠纷解决的依据;在原始股东资格纠纷中,如果无股东名册、章程记载等证据,设立协议依然可以作为认定原始股东资格的依据之一。

(二) 公司设立协议与公司章程作为裁判依据的适用方法

我们认为,公司设立协议和章程均为裁判的依据,并不存在优先的问题。

第一,设立协议有规定而章程无规定的情形,设立协议是裁判依据。例如,一些法官提出:"如果相关的内容在公司设立协议中有约定,公司章程并未涉及,但又属于公司存续和解散之后可能会遇到的事项,相应的协议条款可继续有效,但其效力范围只应限于签订协议的发起人或者原始股东。"[2]

第二,设立协议与章程均有规定,看争议发生在哪个阶段。一些法官提出:"由于公司设立协议与公司章程的效力并无绝对优先的划分,此问题不可一概而论,应主要看当事人发生冲突的事项产生于哪个阶段以及纠纷当事人的范围。如果出现公司设立阶段的出资纠纷或者是纠纷主体均为公司设立人时,例如需要追究发起人在设立公司过程中的资本充实责任、损害赔偿责任等,应根据公司设立协议追究发起人的法律责任。如果纠纷发生在公司设立后的股东之间、股东与公司之间、公司与管理机构之间,或是纠纷内容主要涉及公司内部权利分配时,则根据章程来确定责任承担。"[3]这种观点是符合实际的。

### 三、公司设立协议的成立、生效与拘束力

(一) 设立协议只盖章或者只有签字的效力

在实践中,很多公司设立协议或者股权转让协议只有盖章或者只有签字,但

---

[1] 吴越:《公司法先例初探》,法律出版社2008年版,第48页。
[2] 朱江、刘兰芳编:《新公司法疑难案例判解》,法律出版社2009年版,第96页。
[3] 同上。

是当事人约定合同成立(生效)既要盖章又要签字,其合同效力如何?

合同的成立并不等于生效。我国《合同法》规定:"当事人采用合同书形式订立合同的,自双方当事人签字或者盖章时合同成立。"因此,合同的成立要件具有法定性,由法律规定,当事人不可作另外的约定。合同的成立,只需要签字或者盖章,有其一即可。如果当事人另行约定,"协议由双方当事人签字和盖章之后成立",则该约定是否有效?我们认为,这种约定违背了《合同法》关于双方当事人签字或者盖章时合同成立的规定。该约定是否有效,取决于《合同法》上的规定是强行性还是任意性的规定。我们认为,《合同法》应允许当事人控制合同的生效,但不应允许当事人自行规定合同成立的条件。《合同法》关于双方当事人签字或者盖章时合同成立的规定,应属于强行性规定,当事人不得变更。这意味着,当事人约定合同需签字和盖章同时具备才能成立,是无效的。

但如果当事人约定:"协议由双方当事人签字和盖章之后生效",该约定的效力如何?确实,我国《合同法》允许当事人通过设置条件或者期限来控制合同的效力。《合同法》第45条第1款规定:"当事人对合同的效力可以约定附条件。附生效条件的合同,自条件成就时生效。附解除条件的合同,自条件成就时失效。"第46条规定:"当事人对合同的效力可以约定附期限。附生效期限的合同,自期限届至时生效。附终止期限的合同,自期限届满时失效。""协议由双方当事人签字和盖章之后生效"是否属于条件之一,从而控制协议的效力?我们认为,该约定条款不是合同生效的条款。签字或盖章是法定的当事人进行意思表示的具体方式,双方签字或盖章即意味着双方当事人意思表示的一致,此时当然的法律效果即为合同的成立。"依法成立的合同,自成立时生效。"因此,合同自成立时即生效,合同的生效条款只有在约定有特别生效要件时才具有实际意义,而"签字或盖章"是法定的合同成立要件和生效要件,无须当事人的特别约定。

### (二) 未经行政主管机关批准的合同效力

我国《合同法》第44条规定:"依法成立的合同,自成立时生效。法律、行政法规规定应当办理批准、登记等手续生效的,依照其规定。"批准与登记对合同生效的效力,一直有两种观点。一种观点认为,批准、登记等行为是合同生效的特殊要件。未经批准、登记的合同不生效。另一种观点认为,批准、登记等行为,不影响合同的效力,但是影响合同的履行,如上市公司5%以上股权的转让合同,未经批准,不影响合同的有效,只是不能进行股权的所有权变动而已。这种观点实质在于将《物权法》上的债权行为和物权行为的效力进行分离,并适用到与公司相关的合同中来。

最高人民法院《关于审理外商投资企业纠纷案件若干问题的规定(一)》第1条规定:"当事人在外商投资企业设立、变更等过程中订立的合同,依法律、行政法规的规定应当经外商投资企业审批机关批准后才生效的,自批准之日起生效;未经批准的,人民法院应当认定该合同未生效。当事人请求确认该合同无效的,人民法院不予支持。前款所述合同因未经批准而被认定未生效的,不影响合同中当事人履行报批义务条款及因该报批义务而设定的相关条款的效力。"可见,最高人民法院《关于审理外商投资企业纠纷案件若干问题的规定(一)》将审批机关的审批作为合同的特殊生效要件之一。那么,如果法律、行政法规或者司法解释未规定登记作为合同的生效要件,未登记的合同是否生效?我们认为,如果法律、行政法规明确规定登记为生效要件,则未登记合同在取得登记之前未生效;如果法律、行政法规未作如此规定,则登记不能视为合同的生效要件。

### 四、公司设立瑕疵与公司设立无效

公司设立瑕疵,是指公司虽然在形式上已经成立,即依法登记并获得了营业执照,但是并不符合法定的条件或者程序,或者存在其他违反法律强制性规定的情形,或者发起人、股东的意思表示存在缺陷的情形。公司设立瑕疵与公司设立无效既有联系又有区别,分清二者之间的关系,可以区分不同的情况,公平合理地解决纠纷。

1. 公司设立瑕疵与公司设立无效的联系:(1) 公司设立瑕疵与公司设立无效的产生原因都是发生在公司设立的过程中;(2) 公司设立瑕疵与公司设立无效都是公司在形式上已经成立,即经登记并获得了营业执照,但是实际上不符合法定条件、程序,或者存在违反法律强制性规定的情形;(3) 公司设立瑕疵可能导致公司设立的无效。

2. 公司设立瑕疵与公司设立无效的区别:(1) 违法程度不同。公司设立瑕疵的违法程度比公司设立无效的违法程度要低。公司设立无效可以视为公司设立存在严重瑕疵,以至于无法"治愈"。(2) 具体发生原因不同。公司设立瑕疵的原因表现为设立行为违反法定条件和程序。公司设立无效的原因有设立行为严重违法、设立目的违法或者违背公序良俗等。(3) 损害的利益主体不同。公司设立瑕疵损害的主要是公司、其他股东或者债权人等利害关系人的利益。而公司设立无效损害的主要是公司其他股东的合法权益。(4) 法律后果不同。公司设立瑕疵是轻微的公司设立违法行为,经过补救措施是可以"治愈"的,即公司可获得无瑕疵的法人人格;而公司设立无效是严重的公司设立违法行为,其无效的后果无法"治愈",只能导致法人人格消灭的法律后果。

### 五、公司设立协议无效是否必然导致公司不能成立

公司设立协议又称发起人协议,是在公司设立过程中,由发起人订立的关于公司设立事项的协议,性质上属于合伙协议。设立协议对所有的设立人均具有约束力,各设立人既据此明确相互之间的权利义务,也据此就公司的设立活动对第三人承担连带责任。

但是,尽管公司出资人或者发起人一般都要以书面形式订立设立协议,但设

立协议却不是我国《公司法》规定的公司成立的必要条件。国外《公司法》一般也未将设立人订立出资协议纳入公司设立的必经法定程序中。之所以如此,是由设立协议的效力决定的。从时间效力上看,设立协议是出资人为公司的设立而订立的,因此,其效力仅及于公司设立阶段,协议约束的内容主要是当事人在设立过程中发生的行为。公司成立即意味着设立目的的实现,设立协议终止,设立期间的法律关系也随之发生变化,出资人在设立阶段构成的合同关系变成了出资人在公司内部的股东关系,以及股东与公司之间的关系。从空间效力上看,设立协议是设立人相互之间订立的合同,调整的是设立人之间的关系,约束的是设立人的行为。根据合同相对性原理,设立协议的空间效力只能及于订立协议的设立人,不能也不应涉及公司成立后的公司法人以及加入公司的其他股东。

因此,即使设立协议存在瑕疵或者说无效,只要公司是符合法定条件并依法成立的,设立协议就不能对公司产生约束力。公司成立后,公司是否解散,只能依照《公司法》规定的条件来执行,而不应当受设立协议的影响。当然,由于设立协议对设立人有约束力,如果设立协议存在瑕疵,受到损害的设立人可以据此来追究其他有过错的设立人的违约责任或缔约过失责任。

### 六、公司设立无效之诉是否受诉讼时效限制

公司设立无效只能在公司设立登记后发生。对于提起公司设立无效之诉,是否受诉讼时效或者其他期间的限制,各国立法一般都规定了一定的期间。如日本《商法典》第 136 条规定:"公司设立无效,从其成立之日起二年内,以诉讼方式提出……"德国和法国规定一般情况为 3 年,法国《商事公司法》第 365 条还规定,公司因意思要件欠缺或一个股东无行为能力提起无效之诉的时效为 6 个月。

但是,上述期间究竟应当属于诉讼时效还是除斥期间,学界尚有争论。① 本书认为,对于这一期间,应当认为属于除斥期间为宜。因为公司的设立,不仅在股东之间、公司与股东之间产生一系列法律关系,而且股东与债权人之间、公司与债权人之间以及公司与政府主管部门同样会产生一系列错综复杂的关系。如果将公司设立无效之诉的期间理解为诉讼时效,则不利于公司的稳定,因为诉讼时效本身有中止、中断和延长的问题,这从实际上也容易导致已经发生的法律关系长期处于不稳定的状态。故此,限制提出诉讼的期间属于除斥期间,而不是诉讼期间,不发生中止或者中断的问题。

### 七、有权提起公司设立无效之诉的主体

一般而言,在公司设立登记后、营业开始前,对公司设立无效的主张,任何人

---

① 参见赵旭东主编:《公司法学》(第 2 版),高等教育出版社 2006 年版,第 133 页,将其理解为除斥期间;周友苏:《新公司法论》,法律出版社 2006 年版,第 173 页,则将其理解为诉讼时效。

均可提出。但在公司设立登记完成并开始营业后,对公司设立无效的主张只能在法定期间内,由特定人通过诉讼程序提出。从世界各国公司立法看,多数国家或者地区的法律对公司瑕疵设立无效诉讼的原告范围予以限制。这主要是为了维护已经开始营业的公司的稳定,防止不相干的他人任意提起诉讼,影响公司的稳定和发展,也为了保护已经进行的交易的安全和效率。如日本《商法典》第 136 条规定:"公司设立无效,从其成立之日起二年内,以诉讼方式提出……前项的诉讼只限于公司的股东才能提出。"德国《有限责任公司法》《股份公司法》将提出诉讼主张的人限定于公司股东、董事或者监事;韩国《商法典》则规定仅限于公司股东才可以提出公司瑕疵设立无效之诉。

我国现行《公司法》对于公司设立无效规定得较为含混不清,对于有权提起公司设立无效之诉的主体更是无从涉及。从理论角度而言,公司设立无效之诉的宗旨在于对当事人提供一种私权救济的手段,因此,公司的股东、董事和监事均应有权提起这一诉讼。

至于债权人是否也应有权提起公司设立无效之诉,学界尚有争议①,各国公司立法对此规定不一。本书认为,不宜赋予债权人这一权利。原因如下:(1)根据合同相对性原理,公司债权人的利益如果受到损失的,可以直接向公司提出赔偿或者诉讼,根本不需要提起设立无效之诉,通过清算程序来实现自己的债权。这一程序繁琐、复杂,不利于保护债权人的合法权益。(2)如果股东滥用职权或者控股地位,侵害债权人利益的,债权人可以根据《公司法》第 20 条有关法人人格否认制度的规定,直接起诉,追究股东与公司连带承担赔偿责任。(3)如果赋权债权人提起公司设立无效之诉,在债权人和利益没有得到实现时,债权人有可能动辄以提起设立无效诉讼为要挟,这也不利于公司的稳定和发展。因此,债权人不应享有提起公司设立无效之诉的资格。

### 八、提起公司设立无效诉讼的法律后果

#### (一) 原告胜诉的法律后果

从各国或地区的公司立法来看,公司设立无效的法律后果因设立无效的原因不同而有所差别。(1)如果公司设立无效是因设立程序违反强制性规定等客观瑕疵导致的,则公司进入清算程序,清算完结,公司即告消灭。(2)如果设立无效

---

① 有观点认为,在公司瑕疵设立时,应当赋予债权人享有宣告公司设立无效制度的权利,从而否认公司设立行为的效力,否定公司法人的人格,由公司设立时的发起人或股东承担连带责任。也有观点认为,在债权人与公司缔结契约时,应调查公司的资本和信用状况,明确公司的经济状况和履约能力。如果调查显示公司已经存在着资本不足的情形,他或者拒绝与公司从事交易,或者要求股东就债权人与公司间的契约设置担保。如果债权人应该调查而没有进行调查,则他实际上是已经同意承担公司资本不足所带来的风险。参见李玉环:《公司瑕疵设立规制方法研究——建立公司设立无效制度的理论及实践要求》,载赵旭东主编:《公司法评论》,人民法院出版社 2006 年版,2006 年第 3 辑。

是因设立人的主观瑕疵造成的,且该无效原因只存在于某股东,则经由其他股东协议一致,可以保留该公司,而存有无效原因的股东视为退出公司。

在法院作出设立撤销或者设立无效判决之后,公司应将该判决予以公告,告知社会公众。同时,公司应依法进行清算并注销登记。清算可以由公司自己组织进行。如果公司不能组织清算或者清算发生障碍,法院可以根据利害关系人的请求选任清算人。

**(二) 原告败诉的法律后果**

在公司设立无效诉讼的进行过程中,如果作为设立无效原因的瑕疵已经得到弥补,而且根据公司现状和各种条件,认定瑕疵设立无效不妥时,法院可以驳回其请求。如果原告经法院判决败诉,其他利害关系人仍然可以再次提出诉讼。原告败诉时,如果原告有恶意或重大过失的情形,应对公司承担损害赔偿责任。这对原告是一种从重责任,其目的主要在于引导原告谨慎提起这种诉讼。

### 九、公司设立无效判决的溯及力

多数国家在宣告公司无效或撤销前会给予公司补正瑕疵的机会。虽然大陆法系对公司的瑕疵设立采取了较为严格的态度,但为了维护交易安全以及促进效率,大陆法系大多数国家法院在宣告公司设立无效或者撤销公司设立前均规定一定的期限,给公司以补正瑕疵的机会。如德国《股份公司法》第276条规定:"有关企业经营对象方面的缺陷,可以在遵守法律和章程的有关规定的情况下,通过修改章程予以弥补。"其他国家如法国、意大利均有类似的规定。

同样,多数国家规定公司被宣告设立无效或被撤销,其判决没有溯及力,不影响判决前公司、股东、第三人间所产生的权利义务关系。如德国《股份公司法》第277条规定:"无效性并不影响以公司名义采取的法律行为的有效性。"德国《有限责任公司法》第77条也有相同规定。其他国家如意大利、日本、韩国均有关于公司设立无效或被撤销判决无溯及力的规定。本书同样认为,公司设立无效的判决不具有溯及力。这是因为,公司法上的设立无效与撤销与民法上的无效与撤销不同。公司法中的设立撤销和无效判决,其效力虽可及于第三人,但均无溯及力,不影响判决确定的前股东、第三人间产生的权利义务,从而将无效的后果限制在将来。这样规定的目的主要在于保护交易的安全和经济秩序的稳定。

### 十、公司设立行为部分无效是否引起其他发起人的资本充实责任

如果部分设立人实施的公司设立行为被确认为无效,但并未导致整个公司设立无效,则其应有权要求返还对公司的出资。由此便会造成公司实际资本与注册资本不相符合。此时,其他发起人是否需要承担资本充实责任?我们认为,就股份有限公司而言,由于公司的股份具有较强的流动性,所以公司资本充实对于股份的受让者至为重要。不仅如此,在募集设立股份公司的情况下,发起人所负担

的资本充实责任实际上构成其他认股人的信赖利益和风险担保。据此,在股份公司设立部分无效的情况下,其他发起人必须承担资本充实责任,共同认购不足部分的股份。相反,有限公司的股东较少,且公司的信用基础往往主要不在于资本的结合,故而要求发起人承担资本充实责任则过于严苛。[①] 所以如果有限公司设立部分无效,则其他发起人不需对不足部分的出资承担连带缴纳责任,而只需负担及时变更公司登记之义务即可。

上述结论固然加大了股份有限公司发起人的责任,但这里也存有一种内在的利益平衡机制——因为如果部分设立行为无效关系重大,足以动摇其他设立人设立公司的意愿,则应宣告该公司设立无效,从而不存在承担资本充实责任的问题。被宣告设立无效的公司应当进行清算。[②] 而根据法定的清算程序,公司财产必须先用于支付清算费用、劳动债权、税款和公司债务,剩余财产才能按照股东的股份进行分配。如果经过清算,分配给股东的财产不足原先出资额,则应当视为全体股东共同承担投资风险的结果,亦体现了法律对交易安全的优先保护。

---

[①] 正是基于此种理念,我国《公司法》第28条和第30条仅对有限责任公司的发起人设定了"出资违约责任"和"非货币出资实际价额明显过低时的差额补足责任",但并未规定发起人须对货币出资负担连带缴纳或补足的责任。此与对股份公司发起人的要求(第93条第1款)形成鲜明对比。

[②] 公司被判定为设立无效,即进行清算,乃是各国立法的通例。

# 第十一章　公司证照返还纠纷裁判精要

> **案由释义**
>
> 公司在经营过程中，至少应当拥有营业执照、公司公章、财务章等证照、物品，对于经营特殊行业的公司而言，还必须拥有特许的证件执照。公司证照对外代表着公司的意志，是公司的表象。尽管公司拥有上述证照的所有权，但一般而言，为方便公司内部的经营管理，公司证照往往由不同的公司机关及其人员实际占有、控制。比如，公司的营业执照、公司公章、财务章及法定代表人名章等可以由专人保管，公司规模较小的，也可能直接由公司的法定代表人保管。此外，公司股东、董事、经理等也均有可能保管、占有公司证照。
>
> 当公司相关人员发生了相应的变化后，以前有权保管、持有公司证照的人员则可能不再继续有权保管、持有公司证照，此时即应将公司证照返还给公司。如果相关人员不履行公司证照返还义务，则发生公司证照返还纠纷。此外，个别情况下，公司人员之外的第三人也有可能非法侵占公司证照拒不返还。

## 一、公司证照返还纠纷法律关系分析

此类案件的基本事实是：股东、董事、经理及其他人侵占公司印章（包括财务账册）等不予归还。

公司拥有对印章等的所有权，具体体现为股东大会决议、董事会决议或经理决定印章的保管人，由该保管人按照公司规定进行保管和使用。当股东、董事、经理及其他人违背公司意志占有而脱离该保管人的占有，会给公司的运转带来一系列问题。

### （一）从行政法律关系分析（公安机关与侵占人之间）

《中华人民共和国治安管理处罚法》（以下简称《治安管理处罚法》）中并无直接对应的规定，接近的规定是该法第26条："有下列行为之一的，处五日以上十日以下拘留，可以并处五百元以下罚款；情节较重的，处十日以上十五日以下拘留，可以并处一千元以下罚款:……(三) 强拿硬要或者任意损毁、占用公私财物的……"该行为违反了《治安管理处罚法》的规定;但在实务中如果公司以侵占公司财物报案,由于印章本身的价值甚微,尚未达到公安机关治安案件的立案标准,公安机关一般不予立案。

### (二) 从物权民事法律关系看

公司以民事侵权为由要求返还公章(包括财务账册)的法律依据如下:

《民法通则》第117条规定:"侵占国家的、集体的财产或者他人财产的,应当返还财产,不能返还财产的,应当折价赔偿。损坏国家的、集体的财产或者他人财产的,应当恢复原状或者折价赔偿。受害人因此遭受其他重大损失的,侵害人并应当赔偿损失。"

《物权法》第34条规定:"无权占有不动产或者动产的,权利人可以请求返还原物。"

### (三) 从公司民事法律关系看

《公司法》第148条具体列举了违反公司忠实义务的具体表现。虽然其中没有明确规定侵占公司公章、账册的行为,但是该行为明显损害公司利益,根据对忠实义务的理解和公司法立法本意,无疑这是属于此条的兜底条款,即"违反对公司忠实义务的其他行为"。

1. 公司起诉时,应当以何种形式表现出诉讼为公司意志?

《公司法》第36条规定:"有限责任公司股东会由全体股东组成。股东会是公司的权力机构,依照本法行使职权。"第46条规定,"董事会对股东会负责,行使下列职权:……(二) 执行股东会的决议……"从这两条规定可以看出,公司的股东会为公司最高权力机关,董事、董事长应当执行股东大会的决议,董事长或董事均可在股东会授权范围内代表公司参与诉讼,在诉状中签名。需要注意的是,如果被告是公司原法定代表人,在起诉前股东会应当免除其法定代表人一职,避免诉讼中对方以公司法定代表人身份应诉而出现需要采取补救措施(免除其职务)的尴尬局面。

2. 能否以股东代表诉讼来解决此类案件呢?

我们认为,《公司法》第151条规定的股东代表诉讼范围限于董事、监事、高级管理人员有本法第149条规定的情形或"他人侵犯公司合法权益,给公司造成损失的"两种情况,而《公司法》第149条规定,董事、监事、高级管理人员执行公司职务时违反法律、行政法规或者公司章程的规定,给公司造成损失的,应当承担赔偿责任。

从上述法律规定可以看出,股东提起代表诉讼的条件应当是:公司高管或他人实施了侵权行为,此种侵权行为给公司造成了损失,侵权人应当承担赔偿责任。在公司股东、高管或第三人不当持有公司印章但未给公司造成实际损失的情况下,侵权人应承担的是返还的责任,而非赔偿的责任,因此此类案件不能采用股东代表诉讼的方式。

## 二、公司证照返还纠纷裁判路径

1. 通过向公安机关报案要求以侵占公司财物为由立案,显然不可行,因为印章、账册本身的价值很小。以公司股东会选举某人为董事长(执行董事),授权某人代为向公安机关申请办理公司印章重新刻制事宜,应为可行。如不许可,可以通过行政复议、行政诉讼方式加以解决。这同样需要股东会选举某人为董事长,授权某人代为办理。

2. 以公司为原告,以侵占人为被告诉至法院,要求返还公司印章、账册等(公司证照返还纠纷或返还原物纠纷)。原告方出示股东大会决议(决定由公司对侵占人进行诉讼和对代理人进行授权)等相关文件,诉状中董事长或法定代表人签名。

3. 如果印章的侵占人因此而给公司造成其他的财产损失,有可能通过刑事诉讼的途径追究其刑事责任。但是在此种案件中印章作为犯罪工具(证据),并不可能在短时间内发还给公司的。

# 第十二章　发起人责任纠纷裁判精要

> **案由释义**
>
> 　　设立任何公司都有公司的发起人。发起人是指为设立公司而签署公司章程、向公司认购出资或者股份并履行公司设立职责的人,包括有限责任公司设立时的出资人和股份有限公司的发起人。《公司法》对有限责任公司的发起人统称股东、出资人,没有使用发起人的专门概念;只有对股份有限公司,由于其涉及人数众多,设立程序复杂,明确使用了发起人概念。
>
> 　　发起人作为筹划和实施公司设立行为,履行出资义务,对公司设立行为承担相应义务和责任之人,依法应当对公司承担发起人责任。发起人责任是指发起人在公司设立过程中,因公司不能成立对认股人所应承担的责任,或者在公司成立时因发起人自身的过失行为致使公司利益受损时应当承担的责任。

## 一、发起人责任纠纷类型

　　1. 公司设立失败时发起人的责任。导致公司设立失败即公司不能成立的原因较多,如投资环境发生了重大不利变化,发起人在申请公司注册登记之前决定停止公司设立,或者发起人没有认足发行的全部股份或者未在规定期限内募足资金的,未按期召开创立大会,等等,都可能导致公司设立失败。无论何种原因公司设立失败,全体发起人都要承担两方面的责任:(1)对设立行为所产生的债务和费用负连带责任;(2)对认股人已缴纳的股款,负返还股款并加算银行同期存款利息的连带责任。在发起人之间,对公司未成立时产生的费用和债务,按照约定承担责任;没有约定的,按照约定的出资比例承担责任;没有约定出资比例的,按照均等份额承担责任。此外,因发起人的过错导致公司不能成立时,其他发起人主张其承担设立行为所产生的费用和债务的,也可能发生纠纷。

　　2. 公司成立时发起人的责任。公司成立时,发起人对公司设立行为承担责任,包括对公司的责任和对第三人的责任。发起人对公司成立时的责任主要有资本充实责任、损害赔偿责任等。对于公司发行的股份未能认足,或者虽已认足但未缴足的,发起人应当承担连带认缴责任。此外,尽管公司成立,但如果在公司设立过程中,因发起人的过失致使公司利益受到损害,公司有权要求其承担相应的赔偿责任。

此外,如果发起人不按照《公司法》的规定以及发起人协议的约定缴纳出资的,无论公司是否成立,均应当承担违约责任。

### 二、公司发起人的界定

公司设立的主体是发起人以及其他相关人员,公司的成功设立离不开发起人的参与及其积极行为,因此,发起人在公司设立中占有十分重要的地位。但对于何谓发起人,各国存在不同的规定。大陆法系之通说为形式说,即发起人是在公司章程上以发起人名义署名者。如日本《公司法》第26条规定:设立股份有限公司,须由发起人制定章程,章程上必须有各发起人的签名。[1] 日本的判例与学说之通说亦赞同这种形式化的判定标准。[2] 德国《股份公司法》第28条规定:"确定章程的股东为公司发起人。"[3]法国《商法典》第225-2规定:"公司章程草案应由一名或若干名发起人制定并签署。"[4]在我国,鉴于《公司法》规定了"发起人制订公司章程""发起人承担公司筹办事务"以及其他关于发起人承担责任的有关规定,较为流行的观点是:发起人是指参与公司设立活动,认缴出资(股份),并在公司章程上签字盖章、承担相应法律责任的人。[5] 在我国《公司法》中,对于股份公司的设立人使用了"发起人"的概念,对于有限公司的设立人使用的是"股东"或者"设立时的股东"[6],事实上,有限责任公司同样存在着发起人或者起到发起人作用的人,即有限责任公司的设立时的股东。设立时的股东承办有限责任公司的设立事宜,正是扮演着发起人的角色,其发挥的作用与股份有限公司的发起人的作用是基本一致的。所以,可以将有限责任公司设立时的股东也纳入发起人的范畴。

《公司法解释三》第1条规定,为设立公司而签署公司章程、向公司认购出资或者股份并履行公司设立职责的人,应当认定为公司的发起人,包括有限责任公司设立时的股东。

发起人是为设立公司而签署公司章程的人。公司章程是由设立公司的股东制定并对公司、股东、公司经营管理人员具有约束力的、调整公司内部组织关系和经营行为的自治规则。公司章程的制定包括起草、讨论、协商、签署等多个环节,

---

[1] 参见崔延花译:《日本公司法典》,中国政法大学出版社2006年版,第11页。
[2] 参见孙天全:《股份有限公司发起人若干问题研究》,载《北京理工大学学报》(社会科学版)2007年第2期。
[3] 卞耀武主编,贾红梅、郑冲译:《德国股份公司法》,法律出版社1999年版,第265页。
[4] 罗结珍译:《法国公司法典》,中国法制出版社2007年版,第95页。
[5] 参见蒋大兴:《公司法的展开与批判——方法·判例·制度》,法律出版社2003年版,第2页。
[6] 如《公司法》第30条规定"公司设立时的其他股东"承担连带责任。

其中"起草""讨论""协商"等环节的参与者对公司章程的通过没有决定效力,只有签署公司章程的签署人,才能对公司章程的制定和通过具有实质影响。因此,只有公司章程的签署人才是公司的发起人。

发起人是向公司认购出资或者股份的人。根据《公司法》第 26 条第 1 款的规定,有限责任公司的注册资本为在公司登记机关登记的全体股东认缴的出资额。根据《公司法》第 80 条第 1 款的规定,股份有限公司采取发起设立方式设立的,注册资本为在公司登记机关登记的全体发起人认购的股本总额。据此,认购是指有限责任公司出资和股份有限公司股东认购股本的行为。认购出资或者股份与实际缴纳出资或者股款不同,出资人或者购股人只要作出了认购行为,无论其是否已经实际缴纳出资,均可认定为公司发起人。

发起人是履行公司设立职责的人。公司设立职责是指发起人基于其发起人身份,依照法律的规定和合同的约定而应该享有的权利、应该负有的义务和应该承担的责任。履行公司设立职责,并非要求发起人实际参与、经办筹办事务。发起人可以授权其他发起人代表自己为实际的具体行为。不论发起人是否参与具体的筹办事务,都需要对公司设立事务承担责任。

为设立公司"签署公司章程""向公司认购出资或者股份""履行公司设立职责",构成了公司发起人同时具有的三个法律特征。同时,这三个特征也可以视为公司发起人的三个法定条件,依照《公司法》和《公司法解释三》第 1 条的规定追究公司发起人的法律责任时,该发起人应同时具备以上三个条件。[①]

### 三、机关法人能否作为公司发起人

从我国现行法律法规的有关规定来看,机关法人一般是不能作为公司发起人。之所以如此,是基于几个方面的原因:首先,党政机关法人均为国家全额拨款单位,如果作为公司设立人,则意味着可能将应当用于行政公务的国家拨款作为投资,从而影响机关正常的工作进行;其次,党政机关法人作为公司发起人等于经商兴办公司,直接违反了党中央、国务院有关党政机关不得经商办公司的规定;最后,党政机关法人作为公司发起人可能导致公司政企不分,使之难以真正建立起公司法人治理结构。

但是,在我国政府机构改革过程中,也有一些特殊例外的情形。在 2005 年《公司法》修订前,政府中的国有资产管理部门有的作为当时《公司法》规定的"国家授权的部门",也可以成为有限责任公司或股份有限公司的设立人。2005 年《公司法》修订虽然去掉了"国家授权的部门"的规定,但从第 64 条第 2 款关于"国有独资公司,是指国家单独出资、由国务院或者地方人民政府委托本级人民政府国

---

[①] 参见奚晓明主编:《最高人民法院关于公司法解释(三)、清算纪要理解与适用》,人民法院出版社 2011 年版,第 21—22 页。

有资产监督管理机构履行出资人职责的有限责任公司"的规定,并结合当前有关法规确立的企业国有资产分级管理的原则来看,法律允许特殊的政府机关法人(如国有资产监督管理机构)作为公司发起人或者设立人。

### 四、非营利性法人能否作为公司发起人

所谓非营利性法人,是指不以营利为目的,并且其收入不用于分发给组织成员的法人。就我国《民法通则》的规定而言,我国没有对法人采取传统的分类,而是把法人区分为企业法人和非企业法人,其中企业法人分为公司法人和非公司法人;非企业法人又分为机关法人、事业单位法人、社会团体法人等。企业法人为营利性法人,非企业法人一般为非营利性法人。各国或地区对非营利性组织从事商业活动,包括设立公司的态度主要有以下三种:一是绝对禁止主义,即禁止非营利性组织参与任何具有商业目的的活动,以菲律宾为代表。二是原则禁止主义,即原则上禁止非营利性组织参与商业活动,但如果为实现非营利性组织的生存或者目的的除外。如我国台湾地区规定:禁止非营利性组织参与任何具有商业目的的活动或者商业活动,但为非营利性组织生存目的的除外。三是附条件许可主义,这是多数国家立法所采用的态度,只是不同国家立法所附的条件各有差别。如澳大利亚规定,允许非营利性组织从事商业活动,条件是商业活动所得应用于更广泛的非营利性目标;韩国规定,允许非营利性组织从事商业活动,条件是商业活动所得应用于更广泛的非营利性目标,而且事先应获得相关政府部门的批准;日本规定,允许非营利性组织从事商业活动,条件是不与营利性企业竞争,同时,应保证商业支出少于50%,公益性支出至少为总支出的50%。[①]

非营利性法人充当发起人资格的问题,在我国经历了从绝对禁止到相对允许阶段。笔者认为,针对我国目前许多非营利性法人从事商事活动的实际情况,应从立法上原则予以肯定,当然针对具体情况也可作变通规定。原因在于一方面,交易相对人既然选择了非营利性法人作为合作伙伴,就有了自己的商业判断标准,就应对自己的选择承担责任;另一方面,很多非营性法人原靠政府拨款或捐赠等方式维持生存,但在目前我国经济条件下,这些经费很难获得保障,大多数非营利性法人为了生存不得进行某种营利性活动。

### 五、限制行为能力人能否作为公司发起人

我国《公司法》对限制行为能力人能否充任公司发起人没有规定。实践中,公司登记时发起人中存在限制行为能力人,被认为是发起人不适格,多要求该发起人退出,否则视为设立无效。但是这样的做法是否合理?公司法本质上属于私

---

[①] 参见蒋大兴:《公司法的展开与批判——方法·判例·制度》,法律出版社2001年版,第15—16页。

法,私法中普遍存在的"法不禁止即可行"的原则,《公司法》没有明文禁止限制行为能力人作为公司发起人,那么是否即肯定其作为公司发起人的资格？现就现行法律规定进行探讨。

公司设立行为,本质上属于法律行为。我国《民法通则》行为能力制度设计的根本目的在于保护限制行为能力人的利益,而非对限制行为能力人的行为本身加以限制。因为无论是限制行为能力人还是完全行为能力人,都有平等的机会参与市场经济的交易活动,限制行为能力人所缺乏的只是行为能力,而不是权利能力,为了实现权利能力的实质平等,恰恰需要为他们创造条件,使他们得以参与民事活动,法定代理人制度就为达到这一目的而设计。并且,在市场交易日益复杂化的现代社会,并非所有的法律行为都需要由自己亲自实施,完全可以以自己的名义,依靠法定代理人或委托其他有专业知识的代理人来从事这项民事活动,其法律后果也由自己来承担。实际上,即便众多成年人在作为公司发起人时,由于受知识水平或专业技能的限制,大多数也需依靠代理人来办理设立公司的事务。因此,不能说限制行为能力人没有实施设立公司这个民事行为的能力,而简单否认其资格,这是不符合我国民法基本原理的。

从交易自由和安全角度看,允许限制行为能力人作为发起人,首先是商事交易自由原则的必然要求。私法最重要的特点莫过于个人自治或其自我发展的权利。随着市场交易的多元化和自由化,商事交易自由理念已经被越来越多国家的立法所认可。在现实生活中,为设立公司,发起人之间往往通过签订设立协议来实现,发起人是否愿意与该限制行为能力人一起参与公司设立,以及是否与限制行为能力人参与设立的公司从事交易,完全应由当事人自己决定,并由自己对其行为承担相应的责任和风险。在商事领域中,应充分尊重当事人的自我意思表述,尊重其自我决定的权利。在德国和法国,限制行为能力人借助其代理人和其他发起人订立契约、参与公司设立的现象十分常见,而且官方(法院)也对这种行为给予支持,只要限制行为能力人解决了出资问题,其就可以成为公司发起人。

其次,许多学者否认限制行为能力人作为公司发起人的资格,都是基于商事交易安全的考虑,认为承认其作为公司发起人会构成交易安全中的不稳定因素,因此建议对发起人的资格进行限制。本书认为,商事交易安全原则是要减少和消除商事交易活动中的不安全因素,确保交易行为的法律效力和法律后果的可预见性,并采用公示主义、要式主义、外观主义和严格责任主义对其进行法律规制。只要设立人拥有责任财产,交易安全与设立人的资格没有必然联系。交易安全与否,主要由市场进行判断,而并不能也无法由法律加以控制。

在对"限制行为能力人不能作为公司发起人"这一观点进行阐述时,发起人应承担的法律责任的问题便被提出。发起人的责任主要是出资责任和公司未能设立的连带赔偿责任,而限制行为能力人被普遍认为不具有这种责任能力,即便有这种能力,也不可能有足够财产来承担公司设立不能的责任。对此,我们认为:

首先,如果限制行为能力人打算设立公司,那说明他及其合作人具备了法定注册资本的要求,否则登记机关不会予以登记。

其次,《公司法》并没有规定发起人必须有储备资金以承担防止公司设立不能的赔偿责任。实际上,这也不可能规定。即使完全行为能力人作为公司发起人遇到诸如此类的情况,有没有能力承担连带赔偿责任,也是不得而知的。

再次,法律规定应承担的责任与责任能力是两个不同的概念。法律责任表明法律对主体行为的否定或肯定的评价,基于不同的评价,采取一定的措施。而责任能力是社会对其所承担责任的一种期待值,行为在实施后是否有能力承担其后果又另当别论。因此,如果由《公司法》规定的公司发起人应承担的责任简单推导出发起人就具有此责任能力,显然是不符合法律逻辑的。所以,只要限制行为能力人具备了公司法要求的注册资本金,那么他就可以以自己的名义充当公司发起人,这是符合《公司法》规定的资本充实原则的。

最后,限制行为能力人作为公司发起人是利用社会闲散资源的一种有效方式。近几年来,我国经济发展和人民生活水平提高表明,通过合法途径获得资金积累的限制行为能力人是很多的。据资料表明,限制行为能力人通过受赠、继承,还有自己的科研成果(如专利、小发明等)成为少年富翁的大有人在,他们的行为能力有限,使这批资金处于静止状态。

基于以上论述,我国现行《公司法》对限制行为能力人能否充任公司发起人没有规定,建议相关司法解释规定,只要限制行为能力人具备了相应的出资能力,法律就应当允许其以自己的名义设立公司,作为公司发起人,并借鉴国外成功的经验(如德国、法国),对限制行为能力人设立公司的行为予以适当的规制。[①]

### 六、自治组织能否充任公司发起人

所谓自治组织,是指依法建立的基层群众性自治组织,主要包括农村的村民委员会和城镇的居民委员会。此类主体可否作为公司发起人?《公司法》亦无明确规定。从本质上说,基层群众自治性组织是特定社区的群众为实现一定目标而自愿结合起来的自我管理、自我教育和自我服务的群体。但是,由于我国各级政府管辖的地域范围很大、层级很多,行政决策在上传下达过程中极易变异,从而在一定程度上抵消了国家行政管理的效率。为了克服此种决策传递时的效率丢失现象,基层群众性自治组织在我国不得不承担特定的公共管理职能。尤其是,经济体制改革以来,农村社会组织发生了深刻变化,农村社会治理模型也经历了较大的变迁。这主要表现在以下几方面:第一,农村实行家庭联产承包责任制,农民摆脱了过去政社合一的集体经济组织的束缚,获得了生产经营自主权,成为相对独立的市场经济主体;第二,与此相适应,过去行政性的生产大队和生产队组织失

---

[①] 参见赵旭东主编:《新公司法实务精答》,人民法院出版社2005年版,第17—20页。

去了组织生产和组织、管理农民的功能;第三,政社分开又使乡镇政府对农民生产经营活动的调控力弱化。在这一宏观背景下,必须有一种替代性的中间层组织,来填补国家治理结构网络中的缺陷。按照村民自治制度建立起来的村民委员会就顺理成章地承担了这一角色。由于村民委员会实行强制性的自动地域管辖原则,所有村民均无可选择地被法律安排为自治组织的成员。这种治理结构的存在改变了国家与社会的关系,体现了国家与社会的分权。但正如此种组织的组设动因不仅仅是实现村民的自治,在某种意义上也可以说是为了帮助国家实现治理,因此,群众自治性组织不可避免地要承担部分经济政治管理职能。就此而言,与其说是自治组织,不如说是政府管理权力的延伸。由这一目的范围决定,似乎对自治组织从事公司设立行为的权利能力应作严格解释,否则,无疑会阻碍法律为其预设的职能的实现。

但在我们看来,基层群众性自治组织的上述"政治化"是在现行政治体制下形成的。这种"政治化"的过程,实际上也是自治组织的自治性本质逐渐丧失的过程。基层群众性自治组织作为一种自愿结合而成的社团,是否具有设立公司的资格,取决于设立行为是否违背其宗旨,以及其本身是否具有设立公司的能力。其一,就宗旨而言,基层群众性自治组织的存在是为了实现特定的自治目标,这一目标无疑应当包括组织或代表群众参与经济活动,解决集体经济组织缺位的问题。因此,赋予自治组织公司发起人资格,不会损害其设立宗旨。其二,就权利能力而言,如同对非营利性组织的讨论一样,作为团体的自治组织的权利能力范围与其法律地位有密切关系,但于我国现行法律在构造自治组织时将其不恰当地"政治化",自治组织的民事法律主体地位显得并不重要。因此,全国人大有关法律对自治组织本身是否具有法人地位并无明确界定,只是赋予了其一些管理经济的基本职能。但由于团体的权利能力受制于团体的宗旨(目的),因此,只要组设自治组织的宗旨(目的)不妨碍其从事投资性活动,无论此种自治团体是否具有法人地位,对其投资能力不应当产生决定性的影响。就如合伙组织一样,尽管其不具有法人地位,但只要其设立宗旨(目的)不排除其从事经营性行为,其应当具有这方面的权利能力。讨论至此,结论已经相当明了:自治组织的设立宗旨(目的)不妨碍其从事设立公司的活动,自治组织应当具有设立公司的法律权利能力。因此,只要其具有用以出资的合法财产,可以成为公司的发起人。这一解释与我国现行公司登记实践的做法是相吻合的。在公司登记实践中,基层自治组织作为发起人创办公司(企业)的现象并不鲜见,尤其在东南沿海发达地区,群众自治组织的公共积累已达一定规模,禁止此类经济资源进入生产经营领域,无疑是经济财富的浪费和无效配置。因此,对于自治组织能否成为公司发起人,在工商实践中掌握的原则是:只要其具有投资能力,即可成为公司发起人。

## 七、中介组织能否充任公司发起人

此处所谓中介组织,是指律师事务所、会计师事务所、审计事务所和资产评估机构等。对于此类中介组织可否作为公司发起人？我国《公司法》未表明态度，国外立法少见有专门限制的。此类组织多能取得法人资格，应根据各国或地区对法人发起人的资格要求进行解释。在有些国家或地区，如我国台湾地区，明确规定法人作为公司发起人时，以公司为限。由此，这些组织是否具有设立公司的能力则取决于其是否属于某种形态的公司。在有些国家或地区，律师事务所、会计师事务所、审计师事务所、资产评估机构等此类中介组织虽然可以从其业务活动中获得很高的收益，但法律不认为它们是商人，这是否意味着它们不能从事设立公司等此类商行为？

我们认为，对中介组织能否从事设立公司的商行为，不能简单地得出肯定或否定的结论。理由如下：首先，上述中介组织的非商人身份并不意味着其不能从事任何商行为。对于同一种商行为，身份上的商人与非商人，有时只意味着适用法律的差异，即商人为之，适用商法；而非商人为之，适用民法或其他的特别法。因此，不能从中介组织的非商人身份得出其不能成为公司的发起人的结论。这就如非营利性组织和自治组织本身亦非商人，但却可从事设立公司的商行为的道理一样简单。其次，在不同国家，法律对中介组织的界定可能存在差异，并且中介组织本身的组织形式亦有多种。如在我国，中介组织可能是国办的，也可能是合作制、合伙制的，甚至还可能是"特殊有限责任公司"（如合股制的会计师事务所在我国进行工商登记时，即登记为特殊的有限责任公司），这些不同类型的中介组织从事商事经营的权利能力是否会有所区别？这值得研究。我们认为，从长期发展来看，不能排除某些具有较强竞争能力的中介组织从目前的"单业经营方式"走向"混业经营"的可能性。因此，一律禁止中介组织设立公司未必妥当。再次，中介组织所从事的业务性质决定了其在社会结构中的特殊地位，如果对其设立公司的行为不作任何限制，则可能损害公司其他发起人或潜在债权人的利益。因为，作为发起人的中介组织具有其他发起人所不具有的业务优势，并且由于公司发起人对于公司设立各有独立的利益和目标，这种优势很难作为资源由全体发起人共享。例如：中介组织发起人可能利用其熟知评估业务的优势，在对实物出资进行评估作价时损人利己。即便这种优势地位能够被遵守信义义务的中介组织发起人贡献出来，作为集体资源使用，但这一贡献过程很可能就是潜在的公司外部债权人利益受损的过程，因为全体发起人的出资可能被中介组织利用其业务关系而整体高估。因此，应当对中介组织作为投资主体加以必要的限制，限制的目的和途径就是使其丧失该特定社会角色给其带来的优势地位。

## 八、公司成立后出资不足发起人的责任承担

股份有限公司的设立过程甚为繁杂，很多国家都强制规定股份公司设立需由发起人签订发起人协议。我国现行《公司法》对此也作了相应的规定。第79条规定："股份有限公司发起人承担公司筹办事务。发起人应当签订发起人协议，明确

各自在公司设立过程中的权利和义务。"发起人协议是一种典型的合伙契约,其中规定了发起人之间相互承担的权利与义务,如发起人的出资义务、发起人的违约责任等等。发起人没有按规定出资,就会因违反发起人协议而向其他股东承担违约责任。《公司法》第83条第2款明确规定:"发起人不按照规定缴纳出资的,应当按照发起人协议承担违约责任。"可见,发起人协议是发起人承担违约责任的理论与法律基础。

但是,有权请求未履行出资义务或未完全履行出资义务的发起人承担违约责任的,应当是已按期足额缴纳出资的其他发起人。虽然已足额缴纳出资但未按期缴纳的其他发起人,或者是未足额缴纳出资的其他发起人,或者是以非货币财产出资(尽管其出资数额和缴纳时间均符合发起人协议或者公司章程的规定),但未依法办理其财产权转移手续的,都无权要求未履行出资义务或未完全履行出资义务的发起人承担违约责任。尽管按照我国《合同法》的规定,合同当事人都违约的,各自应承担相应的违约责任,即双方当事人都可请求对方承担违约责任,但《公司法》将违约责任的请求权仅赋予了守约的发起人,未守约的发起人无权要求其他违约发起人承担违约责任。

还需要说明的是,上述违约责任的请求权是受诉讼时效的限制的。对于其他已按期足额出资的发起人所主张的违约责任,尽管其对应的请求权是因投资关系所产生(因投资关系发生的请求权一般不受诉讼时效的限制),但违约责任的基础关系仍然是发起人之间的协议关系,即合同关系,而合同关系是要受诉讼时效的限制的,且适用诉讼时效并不影响发起人以外第三人的利益。

### 九、发起人出资违约责任与股东出资违约责任的区别

尽管发起人在公司成立后成为公司的股东,发起人与股东均可能因出资行为违反义务而承担违约责任,但是发起人出资违约责任与股东出资违约责任是两个不同的概念。

首先,从形式上看,发起人与发起人协议是公司设立阶段的专用术语,股东与公司章程是在公司成立后的专用术语。其中,发起人协议性质上属于合伙合同,在效力上遵循合同相对性原则,其只对发起人生效,而公司章程是公司必备的规定公司名称、宗旨、资本、组织机构及组织活动基本规则的基本法律文件,是以书面形式固定下来的股东或发起人一致的意思表示。其次,发起人待公司成立后必然是股东,因为我国《公司法》规定发起人必然要对公司出资,而股东未必是公司的发起人,可能是认股人、股份继受人或新股权利人。再次,发起人出资违约责任与股东出资违约责任存在交叉之处。在公司成立前,发起人未依发起人协议缴纳出资属于发起人出资违约责任,在公司增设新股时,各认购人作为股东身份未对认购部分按期足额缴纳出资,自然是对公司章程的违反,这方面毋庸置疑。但是,在有限公司和以发起方式设立的股份公司中,如果采取发起人分期缴付出资方式

时,当发起人缴纳首期出资后公司就可能成立。从形式上看,发起人身份已转变为股东身份,但针对其他批次的出资如出现未足额缴纳情形,此时肯定是违约行为,但究竟是以发起人身份对发起人协议的违反,还是以股东身份对公司章程的违反来追究违约责任,则不无争议。我们认为,从形式上看发起人身份与发起人协议效力止于公司成功设立,上述问题的解决方案似乎应为股东违反公司章程的违约责任,但究其实质,发起人协议的终止并不意味着其已失去法律意义。发起人出资义务起因于发起人协议的约定,公司章程基本遵循发起人协议,发起人协议仍旧可以约束发起人的出资行为。因此,在公司成立后,从形式上来看分期付款的股东因未履行其他批次的出资义务而承担违约责任,究其实质仍是以发起人身份对发起人协议的违反。

### 十、违约出资发起人对其他违约出资发起人违约责任的承担

违约出资发起人必然对按期、足额缴纳出资的发起人承担民事责任,其是否对其他违约出资发起人承担民事责任,依照我国《公司法》的规定[①],针对有限责任公司的回答是否定的。但是我们认为,违约出资发起人也应当对其他违约出资发起人承担违约责任。理由是:首先,发起人协议是发起人基于各自的意思表示一致而达成的、性质上属于合伙的合同,每一发起人都是合同的主体,其中某一发起人违约时,必然损害其他发起人的信任,损害发起人协议。不论其他发起人是否按时、足额出资,出资违约人必然要对其他发起人承担违约责任。其次,如果某一发起人的出资违约行为损害了其他违约发起人的利益,其中最极端的一种情况是,所有的发起人均存在出资违约行为,此时,可比照合同双方违约的情况处理。我国《民法通则》第113条规定:"当事人双方都违反合同的,应当分别承担各自应负的民事责任。"《合同法》第120条规定:"当事人双方都违反合同的,应当各自承担相应的责任。"各方都违约后,应首先向其他方承担违约的民事责任,然后再根据各自的过错程度即违约程度,计算其实际应当承担的民事责任。这是两个步骤,虽然最后的结果可能是违约出资发起人仅向非违约出资人承担民事责任,但这只是极其特别的一种情况,而不应该在法律条文中明确规定违约出资发起人仅向非违约发起人承担民事责任。因此,修订后的《公司法》关于股份有限公司的规定是合理的,而修订后的《公司法》关于有限责任公司的规定存在不足之处。鉴于此,我国《公司法》第28条第2款可以修改为:"发起人不按照前款规定缴纳出资的,除应当向公司足额缴纳外,还应当向其他发起人承担违约责任。"

### 十一、公司因故未成立时发起人对外责任的承担

公司设立无非两种结果,设立失败和公司成立。结果不同,合同责任承担亦

---

① 《公司法》第28条第2款:"股东不按前款规定缴纳出资的,除应当向公司足额缴纳外,还应当向已按期足额缴纳出资的股东承担违约责任。"

不同。但在一般的归责原则上,多采用严格责任原则,不以发起人主观上是否存在过错为要件;在发起人内部责任分担机制上会采取过错原则,以确定责任范围。在公司设立失败未成立的情况下,基于设立公司行为的共同行为理论,设立公司行为产生的费用和债务,应当由全体发起人共同承担连带责任,多数国家如此规定。《公司法解释三》第4条第1款即规定,公司因故未成立,债权人可请求发起人对设立费用和债务承担连带清偿责任。按照连带责任的一般原理,债权人有权选择向全体发起人或者部分发起人请求清偿全部债务,即便被请求的为部分发起人,其也仍需对全额负清偿责任,而不能以超过内部约定比例或者出资比例为由对抗债权人。需要注意的是,当债权人向人民法院起诉请求部分发起人承担连带责任时,由于公司未成立产生的连带责任之诉,并非《民事诉讼法》中规定的必要共同诉讼,因此,法院不负有通知未被起诉的其他发起人参与诉讼的义务。但是,由于全体发起人承担的是连带责任,法院判决的结果对全体发起人的利益均会产生直接或者间接的影响,因此未被起诉的发起人与案件的处理结果存在法律上的利害关系,应当有权向法院申请以第三人身份参与诉讼。此外,对于此处规定的"费用和债务"的认定,存在目的性限制与合理性限制。目的性限制是指必须是因设立公司行为所产生的费用和债务,凡是与设立公司行为无关的,应当由作出该行为的发起人承担责任。合理性限制是指因设立公司行为产生的费用和债务应当是在合理范围内的,不得超过必要的限度。

### 十二、公司因故未成立,部分发起人对外承担责任后发起人之间的内部责任分担

如上述问题所述,因公司设立行为产生的费用和债务,本应当由全体发起人共同承担连带责任,因此,如果债权人根据《公司法解释三》第4条第1款的规定,仅请求部分发起人对设立公司行为产生的费用和债务承担连带清偿责任,则部分发起人承担责任后,有权要求其他发起人承担相应的责任。至于其他发起人分担责任的比例,首先,应尊重当事人自治,即发起人有权对其在设立过程中所可能产生的责任如何承担进行约定,这是发起人对其自身行为以及可能产生的行为结果的判断,以寻求最适合自己的责任分配方式,法律没有理由不尊重发起人这一选择。其次,如果发起人对此无约定,则按照约定的出资比例承担,这与确认股东权利义务的原则是一致的,体现了权责统一,同时也体现了发起人与公司成立后的股东在权利义务责任方面的承继。最后,如果既未约定承担比例,又未约定出资比例的,则根据公平原则,由发起人按照均等份额分担责任。

### 十三、因部分发起人过错导致公司未成立时发起人之间的内部责任分担

根据《公司法解释三》第4条的规定,不论公司未成立的原因是否是由于部分发起人的过错,其他发起人对债权人都应当承担连带责任,不得以部分发起人存

在过错为由进行抗辩。在对外承担连带责任后,如果存在因部分发起人过错导致公司未成立的,其他发起人享有选择权,可以选择按照该条第2款规定的"约定的责任承担比例—出资比例—均等份额"方式分担责任,也可以选择向人民法院起诉请求该具有过错的部分发起人承担设立公司行为所产生的费用和债务,由人民法院根据过错情况进行判断,确定过错责任一方的责任范围。如果其他发起人仍需承担责任的,其责任分担方式仍参照该条第2款确定的规则处理。另外,从某种意义上来说,发起人即使不存在主观过错,但只要出资未到位,导致公司未成立的,也可以认为公司未成立是因为该发起人的"过错",但这种过错是一种原因过错。而《公司法解释三》第4条第3款中规定的部分发起人的过错,其指的是行为过错而非原因过错,即该过错是指部分发起人的行为存在故意或过失,从而导致公司未能成立。如果因不可抗力导致部分发起人出资不能,进而导致公司未能成立的,不属于本款规定的范围。①

### 十四、发起人因设立公司而发生职务侵权行为时受害人的救济

发起人既然为设立中公司的机关,就要履行职权,执行公司设立事务,在此过程中就有可能懈怠其注意义务而致人损害,应为此承担侵权责任。不过,在公司有效成立且发起人已严格遵循公司章程规定,并尽到善良管理人之注意义务的情况下,应由公司承继此侵权责任。否则,发起人就不可免责,并且还要对公司承担损害赔偿责任。在具体立法上,各国差异较大,一般有两种模式。第一种是由公司对受害人单独承担,其以德国、瑞士为代表;第二种是由公司和有过错的执行事务之发起人连带承担,如日本《商法典》第193条第2款规定:"发起人有恶意或重大过失时,该发起人对第三人承担连带损害赔偿责任。"以及韩国《商法》第322条第2款规定:"发起人因恶意或重大过失怠于执行职务时,该发起人对第三人也应承担连带赔偿责任。"在发起人对第三人承担侵权责任的构成要件上可如此认定:(1)须为公司设立之行为;(2)因职务行为而引起;(3)是否以过错为侵权之构成要件。各国立法无统一定论,如我国台湾地区就不考虑过错的要件,而日本《商法》则规定以故意或重大过失为要件。

我国《公司法解释三》第5条规定:发起人因履行公司设立职责造成他人损害的,公司成立后由公司承担侵权赔偿责任的,人民法院应予支持;公司未成立,由全体发起人承担连带赔偿责任的,人民法院应予支持。公司或者无过错的发起人承担赔偿责任后,可向有过错的发起人追偿。可见我国《公司法》并未采用其他国家的两种立法模式,而是以自己的特色规定之:公司成立时,先由公司单独承担,若发起人有过错,公司取得对此过错发起人的追偿权;而在公司不能成立时,由于

---

① 参见奚晓明主编:《最高人民法院关于公司法解释(三)、清算纪要理解与适用》,人民法院出版社2011年版,第72页。

公司已不存在,法人的权利能力和行为能力已消灭,便由发起人连带承担之,无过错的发起人对有过错发起人同样享有追偿权。至于履行公司设立职责的具体范围,主要包括对外签订合同、筹集资金、征用场地、购买设备或者办公用品等。对于认定发起人是否是因履行公司设立职责,其举证责任应由受害人承担,受害人举证不能的,公司或其他发起人可以此为由进行抗辩。[①]

---

[①] 参见奚晓明主编:《最高人民法院关于公司法解释(三)、清算纪要理解与适用》,人民法院出版社 2011 年版,第 86 页。

# 第十三章　公司盈余分配纠纷裁判精要

> **案由释义**
>
> 　　股东的盈余分配请求权即股利分配请求权,是股东自益权的一种,指股东基于其股东地位依法享有的、请求公司按照自己的持股比例向自己分配股利的权利。
>
> 　　在公司存续的情况下,盈余分配请求权是股东从公司获取投资回报的主要手段。但由于股利分配方案需要经过股东(大)会通过,在资本多数决原则下,公司大股东可能利用股利政策损害中小股东的利益。在公司实际运作中,公司可能有可供分配的盈余,但却以各种理由,不正当地拒绝向股东派发盈余;或者公司过分提取任意公积金,损害股东的股利分配权,从而引发公司盈余分配权纠纷。此种诉讼的原告为权利受到侵害的股东,被告为公司。根据《公司法》第37条、第46条等规定,公司利润的分配方案由董事会制订,由股东会决定。因此,由于董事会不是盈余分配的决策机关,董事不应成为公司盈余分配诉讼的当事人。
>
> 　　公司盈余分配纠纷主要发生在有限责任公司中。在有限责任公司中,大股东往往兼任公司管理职务,因此,可以通过薪水、奖金等形式从公司实质获得回报,而小股东则被排除在公司管理层之外,无从通过这些方式从公司获得回报。比较而言,股份有限公司尤其是上市公司,由于存在公开的股份交易市场,在公司无正当理由拒绝分配股利时,股东可以较为容易通过转让股份而退出公司。

## 一、盈余分配纠纷的当事人诉讼地位

　　分红权诉讼的原告应当是股东。因为分红权是股权的权能之一,不享有股权则无法行使分红权。股东行使分红权,是否有持股数量和持股时间上的要求?各国立法例中未见分红诉讼中对股东的持股数量和持股时间进行限制,这种限制不具有正当性。

分红权诉讼的被告应当是公司。股东向公司主张分红权,而公司对股东负有分红的义务,因此公司是被告。依照我国《公司法》的规定,董事会在分红中的作用是制订分红的方案,董事会不能作为分红权诉讼中的被告。实践中,分红权诉讼中还存在董事长或公司其他负责人应否列为第三人的问题。依据董事长或其他负责人的职责与分红决策的关系来考量,法院审理时无必要追加公司董事长或其他负责人为第三人。美国绝大多数法院对此也是持否定态度。刘俊海教授认为:"在我国公司法中,董事不应成为单独被告或者共同被告(董事与公司)。当然,只有当原告股东能够证明公司推行低分红或者不分红的政策不具有必要性、合理性与平等性时,法院方可判令公司分配红利。"[1]

其他不同意分红的股东是否可以作为被告?这些股东与公司作为共同被告的理由不够充分。分红权是股东的一项基本权能,是股东的法定权利,也是公司对股东的义务,而股东之间并无相互向对方支付红利的义务,因此,将其他股东列为分红权纠纷的共同被告并无法律依据。但其他股东可以作为第三人。美国法院也大抵采取这种态度。强制分派股利之诉的原告为股东,被告为公司。

《公司法司法解释(四)》(征求意见稿)第 21 条规定:"原告请求分配公司利润纠纷案件,应当列公司为被告。他人以相同理由请求参加诉讼的,应当列为共同原告;公司其他股东不同意分配利润的,可以第三人身份参加诉讼。"该司法解释征求意见稿的规定,基本反映了前述理论主张。

## 二、股权转让中分红权的行使

通常情形下,股权转让与分红权是互不影响的,即谁拥有股东资格,就拥有向公司请求分配红利的权利,因为分红权是股权的内容之一,没有股东资格就没有分红权。但是,实践中出现的情形是,股权进行转让,但是可以确定进行的分红尚未进行,则分红权应当由谁行使?

我们认为,股权转让协议应当对股权转让后的未分配利润达成约定。未分配利润可以作为股权转让价格的构成。如果当事人对未分配利润达成协议的,按照协议的约定来处理。但是,当事人也可能对未分配利润没有进行约定。对此,我们认为,对未约定的未分配的利润分配,需要考虑几点因素:第一,区分直接分红权和债权。分红权行使的前提条件是主张权利的人具有股东资格。无股东资格则无分红权。但是,如果公司已经作出分配的方案,只是尚未履行而已,则股权的分红权转为具体的债权。债权的行使不要求以具有股东资格为基础。第二,坚持权利义务相一致的原则。股东将股份转让给他人之后,如果在其担任股东期间公司有未分配的利润,并且股权转让价格中并不包含转让前的未分配利润,则出让

---

[1] 刘俊海:《新公司法的制度创新:立法争点与解释难点》,法律出版社 2006 年版,第 214 页。

人有权向公司主张分配其具备股东资格期间的未分配利润。①

山东省高级人民法院在其《指导意见》第71条中规定:"股权转让前,公司股东会、股东大会已经形成利润分配决议的,转让人在转让股权后有权向公司要求给付相应利润。转让人因股权转让丧失股权后,股东会、股东大会就转让前的公司利润形成分配决议,转让人要求公司给付相应利润的,人民法院不予支持。转让人或受让人不得以其相互之间的约定对抗公司。"②

这一指导意见,区分了分红权和债权的行使的基础。股权转让前,公司股东会、股东大会已经形成利润分配决议的,转让人在转让股权后向公司要求给付相应利润,属于转让人以债权向公司提出请求。尽管转让人已经将股权转让,不具有股东资格,但是股权转让前公司股东会、股东大会已经形成利润分配决议,确立了公司与转让人之间的债权债务关系。因此,即使股权已经转让,但是并不影响转让人基于债权主张权利。转让人因股权转让丧失股权后,股东会、股东大会就转让前的公司利润形成分配决议,转让人要求公司给付相应利润的,人民法院不予支持。这里的问题是,分红权没有在其丧失股东资格之前转化为债权。但是,是否一概不予支持,是有疑问的。

### 三、有限公司超出人数上限时盈余分配的处理

我国《公司法》基于有限公司人合性的考量,对有限公司股东人数有上限限制。《公司法》第24条规定:"有限责任公司由五十个以下股东出资设立。"在公司经营的过程中,由于股份转让或者隐名股东的问题,可能会发生股东人数超过50个的现象。这种情况下,究竟应该如何处理盈余分配问题,值得探讨。

我们主张,应先从法律解释的角度分析一下《公司法》第24条的性质。换言之,《公司法》第24条究竟属于效力性规范抑或管理性规范。对此,我们认为《公司法》第24条不属于效力性规范。即使超出人数上限,也可以确认其股东身份。③

另外,我们也可以采用体系解释的方法,通过对比《公司法》第78条的规定,正确理解《公司法》第24条的内涵。《公司法》第78条对股份公司的发起人人数作出了规定。该条规定:"设立股份有限公司,应当有二人以上二百人以下为发起人……"对比两个条文:第24条对于人数限制用的是"由",而且没有用"应当"加以限定;第79条用的是"有",而且用"应当"二字加以限定。所以,我们可以据此

---

① 参见吴越:《公司法先例初探》,法律出版社2008年版,第195页。
② 《山东省高级人民法院关于审理公司纠纷案件若干问题的意见(试行)》(2006年12月26日省法院审判委员会第68次会议讨论通过)。
③ 这一点,可从相关司法解释获得佐证,《合同法解释二》第14条规定:"合同法第五十二条第(五)项规定的'强制性规定',是指效力性强制性规定。"另外,最高人民法院印发《关于当前形势下审理民商事合同纠纷案件若干问题的指导意见》第15条也规定:"……违反效力性强制规定的,人民法院应当认定合同无效;违反管理性强制规定的,人民法院应当根据具体情形认定其效力。"

去探寻立法者的立法原意。之所以把有限责任公司的股东限制在50个人之内,其目的在于保障有限公司的人合性。股东人数越多,公司的资本往往也就越雄厚,对于债权人来说,也往往就越有保障。所以,即使股东人数超过了50人的上限,也并不能据此否认他们的股东资格。

总之,我们认为,仅仅突破《公司法》第24条的股东人数上限,并无其他不法情形,我们不能据以否认其股东身份,否认其盈余分配主张。

### 四、公司与股东内部约定"定期分红"的效力认定

由于有限责任公司规模较小,经营比较灵活;实践中还出现"内部约定"定期分红的盈余分配方式。对此约定的效力如何?我们认为,《公司法》是一部利益平衡的法律,其保护的利益主体并不仅限于股东。这种"内部约定"和资本维持原则存在一定的紧张与冲突。换言之,如果全体股东按照约定领取的盈余没有超过该年度公司盈利的总额,亦即依"内部约定"领取盈余不违背资本维持原则,也不会损及公司债权人的权益,对于该约定,应当认定为有效。如果该年度并无盈余,或者盈余的数额少于全体股东按照"内部约定"领取的盈余总额,这就不是一个盈余分配的问题,而转变成一个非法分配盈余的问题,实质上将造成公司财产减少,是一种违法行为。

### 五、在公司未作出分配利润的决议之前,股东可否直接向法院起诉请求分配利润

对此我们认为:第一,缺乏必要性。按照大陆法系的传统观点,一般认为原告有请求法院为之判决的必要。如日本学者兼子一教授所认为的,诉之利益是诉权的要件,判断一个请求是否具有正当的利益,必须看原告对请求具有要求判决的现实必要性。[①] 在公司作出决议后未实际支付利润,或者股东对决议持有异议的,股东有必要提起诉讼,股东享有请求公司实际给付利润的权利和请求撤销决议的权利,法院应受理这类案件,并根据具体案情对实体权利争议作出判决。但在公司未作出决议的情况下,是否分配利润仍属于公司自行决定的范畴,股东若认为权益受损,可通过转让股权、要求公司回购其股份等方式获得相当的收益,并非没有其他救济途径。因公司未作出分配利润决议,股东无法如期获取投资收益而导致的损失,尚不具备请求法院采取司法介入的方式予以保护的必要。第二,不符合效率原则。有学者认为,法官在判断原告是否具有诉的利益时,必然要考虑将该纠纷纳入司法程序处理是否是适当的或最佳的选择。只有在确信原告具有足够的正当理由利用诉讼制度,并不会因此使被告遭受讼累时,才可能判定原告具

---

① 参见廖永安:《论诉的利益》,载《法学家》2005年第6期。

有诉的利益,而对其争议作出实体上的裁决。① 我们同意这个观点。只有在能够有效地、最恰当地解决纠纷时,司法才有介入的必要。小股东未必能了解公司的真实盈利状况,即使通过起诉的方式得到一定的利润,也未必是该股东应得的、完整的利润收益。而且,公司具有人合性,股东起诉公司,一般会造成股东和股东之间、股东和公司之间的关系恶化,对该股东来讲,起诉不是最佳的选择。第三,不能终局性地解决股东和公司之间利益失衡的状况。股东起诉公司后,由于股东和公司关系的恶化,股东可能因此而失去了另外的商业机会,股东和公司之间的矛盾不会因为司法的介入而化解。而且,在股东起诉请求分配利润指向的时间段,公司可能是盈利的,但法院作出判决时,公司可能发生亏损,股东获得判决支持的利润额可能得不到实际支付。第四,有的观点认为应先赋予股东诉权,到实体审查阶段再决定应驳回还是支持诉讼请求,对股东实体权利的审查不应前移到程序性审查阶段。我们认为,不可割裂程序审查和实体审查的关系。如前所述,如果股东在公司没有决议分配利润的情况下就直接起诉,法院采取司法介入不是最佳的选择,那么只赋予原告孤立的程序内涵和价值,而无法给予实体价值,实现实体目的,原告的起诉就算被受理也没有实际意义。

### 六、公司盈余分配纠纷中股东如何举证证明其未接受分配或未接受充足分配

股东举证证明其未接受分配或未接受充足分配,这是股东主张其收益分配权的基础,依据"谁主张,谁举证"的民事诉讼基本举证规则,由原告举证。但事实上,在有关公司的信息、单据、资料等方面,毫无疑问,小股东较之公司会处于劣势。在小股东举证困难,或者对公司资讯信息掌握不清、出现争议时,举证责任应为公司承担。

对公司来说,其证据要对抗原告股东的主张,应证明的事实可分为三种:第一种为公司事实上没有盈利,没有可供分配的利润或资产。应提交的证据是足以证明公司真实经营状况的财务报告或相关文件。依据当事人不能自我证明的原则,这种情况下公司为自己提供的财务文件的证明力是有限的。但公司已发生的纳税记录由于经过税务机关的审核,可以成为较为有力的证据。第二种为公司确有盈利或资产收益,但出于正当的商业目的,暂时不对股东分配,或转为投资或其他用途对公司更为有利。这种情况下公司要提交的证据应论证其将资产他用的合理性,应证明公司的董事会或控制股东没有违背忠实勤勉义务,是出于有利于公司的商业目的而决策的。这种情况下,面对公司提交的投资可行性报告,法院是难以判断的。且实践中,被告公司与关联公司或商业组织甚至个人虚构合同或夸

---

① 参见常怡、黄娟:《司法裁判供给中的利益衡量:一种诉的利益观》,载《中国法学》2003年第4期。

大缩小交易金额也很容易,对这种证据的辨别,超出了法院的职能,不应使之成为诉讼的争议点。第三种为原告股东个人的原因而不应接受分配。如,公司的对抗理由为原告股东对公司负有赔偿责任,并且数额上大于其应受分配的红利。

## 七、公司盈余分配纠纷中如何负担公司有可用于分配利润的举证责任

股东对公司利润和资产收益主张分配的纠纷,可以按照公司有无作出收益分配的决议分为两类:第一类纠纷是公司已经作出了分配的决议而没有执行,有股东起诉要求分配。股东的收益权已经在诉讼中转化为对公司的债权。这类纠纷中诉讼双方对公司有收益可分没有争议,不存在举证责任分担的问题。第二类纠纷是公司没有作出分配的决议,而股东主张分配。公司事实上拥有可供分配的利润是原告主张权利的必要条件,但这一条件若交由原告举证,显然对不掌握公司财务记录的小股东是极其不利的。但如果将这一举证责任规定由公司负担,那么公司为自身出具的财务证明又有多大的证明力?"不能自我证明"也是基本的证据规则。可见,对于公司是否有可供分配的利润或资产,既不能由原告也不能由被告证明,而应由第三方专业的审计机构出具财务审计报告来确定。也就是说,既要满足其公允性,又要保障效率,不能一再反复,拖而不决。在有的案例中,有公司委托会计师事务所审计,原告股东接受的,法院也认可其报告。也有案例中由法院委托会计师事务所进行审计。

综上,我们认为,公司自行委托第三方会计机构出具的财务证明,也属于自我证明的范畴,原则上不具有证据的作用。如果公司和原告股东协商后共同委托的会计机构出具的财务证明,应认可其证据效力。如果公司不配合诉讼的话,则应由法院委托会计机构对公司财务状况进行审计。这种情况下,就涉及法院如何选取确定会计机构的问题。如果将这一做法制度化,这将是法院的权力,也是法院的义务。但选取的时限、程序,机构的资格,审计费用的负担,选取责任的承担等各方面目前都没有规范性的文件作为法院作为的依据,还待立法确定。

## 八、公司违法分配的法律后果

《公司法》第166条规定了公司利润的使用顺序,并且《公司法》第22条第1款规定公司股东会或者股东大会、董事会的决议内容违反法律、行政法规的无效。因此,违法分配的股东(大)会和董事会决议无效。此外,根据第166条第5款的规定,股东会、股东大会或者董事会违反法律规定,在公司弥补亏损和提取法定公积金之前向股东分配利润的,股东必须将违反规定分配的利润退还公司。根据《民法通则》,这种返还在性质上属于不当得利返还。无论股东接受股利分配是善意抑或恶意,接受违法分配的股东均应返还。至于谁有权请求股东返还股利分配,公司当然享有该种权利,如果公司怠于请求股东返还,公司债权人可以根据《合同法》第73条行使代位权。当然,在实践中,公司和债权人的请求存在落空的

风险,此时公司有权根据《公司法》第 149 条,请求参与违法决议的公司董事承担赔偿责任。至于公司债权人,则可以以债权受到损害为由提起侵权之诉,请求公司董事承担赔偿责任。

### 九、瑕疵出资股东是否享有分红诉讼的诉权

瑕疵出资的股东依然具有股东资格——除非资格通过除名决议被强行剥夺。因此,瑕疵出资的股东依然可以行使其股权。瑕疵股东的分红权可以受到限制。基于权利与义务相一致的基本原则,公司可以通过章程限制瑕疵出资股东的分红权。山东省高级人民法院在其《指导意见》第 72 条规定,股东瑕疵出资的,公司或者其他股东可以主张按实缴出资数额向该股东分配公司利润。《公司法解释三》第 16 条也规定,公司可以根据公司章程或者股东会决议对瑕疵出资股东的利润分配请求权进行限制。事实上,《公司法》第 34 条规定,"股东按照实缴的出资比例分取红利"。如无另行约定,实缴出资比例是分红的依据。

如果公司股东会决议,瑕疵出资者不得分红,则该决议是有效的。实践中认为未足额出资股东不具备起诉资格的观点是不正确的。在作出除权判决之前,瑕疵出资的股东仍应具有股东资格,可以基于股东资格提起诉讼。

### 十、盈余分配请求权与盈余分配给付请求权的区别

由于现代公司所有权与经营权的分离,股东投资之后往往聘用专业管理人员,以弥补自己在经营管理方面的不足。所以,对于涉及盈余分配以及弥补亏损等事宜,往往交由董事会负责,先由董事会制定出盈余分配的方案,然后交由股东会表决。在股东会表决通过以后,股东个人对于公司享有的盈余分配权也就由抽象转化为具体的、可以直接请求公司予以给付的权利。通常情况下,我们必须考虑到盈余分配权的权利层次,单个股东不能凭借自己的股东身份,在股东会没有作出盈余分配决议的情况下,直接请求公司分配红利。这也正是股东作为最终所有者与传统民法上的所有者的不同之处。

在认识到盈余分配权权利层次的基础之上,我们可以将股东的盈余分配权划分为盈余分配请求权与盈余分配给付请求权两个层面。两者之间的区别是显而易见的,主要有以下几个方面:第一,从权利属性上看,盈余分配请求权属于期待权,而盈余分配给付请求权则属于既得权。盈余分配请求权(也称盈余分派请求权、抽象盈余分配权),系股东权之一种,当公司有盈余时,其属于期待权。而盈余分配给付请求权(也称盈余分派给付请求权、具体盈余分配权),"系对已经股东会承认之确定盈余分派金额之具体的请求权,属于单纯(独立于股东权)之债权"。①从权利属性上来说,属于既得权。第二,从二者相对于股权的独立性角度看,盈余

---

① 王仁宏主编:《商法裁判百选》,中国政法大学出版社 2002 年版,第 80 页。

分配请求权不得与股份分离而独立存在,当股份转让时,应一并移转于股份受让人。"盈余分派给付请求权则自股东盈余分派请求权分支而生,系对已经股东会承认之确认盈余分派金之具体请求权,属于单纯之债权,得与股份分离而独立存在。"①在股东会决议分配盈余之后,股东可以将盈余分配给付请求权独立转让,此与债法上普通的债权转让在本质上并无区别,只是需要按照《合同法》的规定通知债务人(即公司)即可。第三,从权利所受到的限制上看,盈余分配请求权属于股权的内容,与股权有无休戚相关,受制于股东身份本身;而盈余分配给付请求权由于在本质上属于债权,因而受诉讼时效的限制。

---

① 王仁宏主编:《商法裁判百选》,中国政法大学出版社2002年版,第80页。

# 第十四章　损害股东利益责任纠纷裁判精要

> **案由释义**
>
> 　　损害股东利益责任纠纷是指公司董事、高级管理人员违反法律、行政法规或者公司章程的规定,损害股东利益,应当对股东承担损害责任而与股东发生的纠纷。所谓公司高级管理人员包括公司的经理、副经理、财务负责人,上市公司董事会秘书和公司章程规定的其他人员。
>
> 　　现代公司实行两权分离,即所有权和经营权分离的制度,股东对公司享有股权,但并不一定直接参与公司的经营管理,而是通过选任公司董事、高级管理人员,由董事、高级管理人员对公司进行经营管理。为了防止公司董事、高级管理人员侵害公司股东的利益,《公司法》规定了董事、高级管理人员的忠实义务和勤勉义务,并赋予了股东直接诉权,规定股东在其利益被公司董事、高级管理人员侵害时,有权直接提起诉讼。
>
> 　　股东直接诉讼是股东自行保护权益的重要手段,也是股东控制董事、高级管理人员行为的有效途径。自《公司法》赋予股东直接诉讼权之后,这类纠纷在实践中不断增多。

## 一、股东直接诉讼与股东代表诉讼的区别

股东代表诉讼与股东直接诉讼既有共性,又有不同。

两者的共性包括:发生原因都是股东经济利益受到侵害,原告都是公司股东,都是维护股东利益的手段等。

两者的不同包括:(1)诉因不完全相同。虽然股东代表诉讼与直接诉讼都源于股东经济利益受到侵害,但是代表诉讼的诉因是公司的权利和利益受到侵害,该种侵害间接侵害了股东的经济利益,但并未侵犯股东的法定权利,而股东直接诉讼的诉因是股东的个人权利受到了侵害。(2)当事人不同。就原告而言,股东代表诉讼中只有符合法定条件的股东方可成为适格原告,而股东直接诉讼中任何股东均可成为适格原告。就被告而言,股东代表诉讼的被告是公司董事、监事、高

级管理人员以及外部第三人,但并不包括公司,而股东直接诉讼的既包括公司董事、监事、高级管理人员,也包括公司,但很少是外部第三人。(3)程序规则不同。股东直接诉讼按照民事诉讼的一般规则进行,而股东代表诉讼往往要遵守公司法的特别规则。(4)诉讼利益归属不同。股东直接诉讼的胜诉利益归属原告股东,而股东代表诉讼的胜诉利益归属公司。

## 二、股东直接诉讼与股东代表诉讼常见案件情形

我国《公司法》对股东直接诉讼作出了规定。《公司法》第152条规定,董事、高级管理人员违反法律、行政法规或者公司章程的规定,损害股东利益的,股东可以向人民法院提起诉讼。该条就是关于股东直接诉讼的法律依据。《公司法》第20条规定,公司股东应当遵守法律、行政法规和公司章程,依法行使股东权利,不得滥用股东权利损害公司或者其他股东的利益。公司股东滥用股东权利给公司或者其他股东造成损失的,应当依法承担赔偿责任。这里虽然没有明确规定股东可以提起诉讼,但该条规定显然已经为股东提起损害赔偿之诉提供了足够的诉讼理由。导致直接诉讼的利益损害既可能发生在股东会议层面上,也可能发生在董事会议层面上。在股东会议层面上,由控制股东控制的股东会议所作出的决议可能构成对个别或者少数股东的欺压。譬如,股东会议决议剥夺种类股份的某些权利。在这种情况下,受到欺压的股东可以提起直接诉讼。在董事会议层面上,董事会议的决议同样可能侵害个别或者少数股东的权利,如董事会长期不宣布分配股利,但是对参与管理的股东却以高额薪酬的方式代替股利分配。又如,股东根据《中华人民共和国证券法》(以下简称《证券法》)提起的违反披露义务的诉讼是直接诉讼,因为所主张的损害赔偿属于个人利益,而不是公司利益。

究竟何种案件应当提起派生诉讼,何种案件应当提起直接诉讼呢?这个问题很重要,因为选择不同的诉讼,其法律程序和法律效果是不一样的。对于该问题,我们认为,一般而言,如果涉及错误行为是对公司的侵害,应当选择派生诉讼;而涉及对股东个人利益的侵害,则应当选择直接诉讼。

1. 适用直接诉讼的主要情形

(1)涉及股东知情权方面的案件。如股东有权查阅公司账簿和公司记录,如果公司没有合理理由拒绝股东行使该种权利,股东可以提起直接诉讼,请求法院命令公司接受股东的查阅。(2)涉及股东表决权方面的案件。如股东会议或者董事会议限制或者剥夺了个别,或者某些,或者某类股东的表决权。(3)涉及股东优先认购权方面的案件。公司在发行新股时,一般而言,公司的原有股东享有认购新股的优先权。股东会议或者董事会议限制或者剥夺了个别,或者某些,或者某类股东的优先认购权,受到侵害的股东可以提起直接诉讼。(4)涉及股利分配的案件。如果公司采取"不分配股利"政策,并构成对少数股东的欺压,少数股东可以提请法院命令公司改变分配政策。(5)涉及股份回购方面的案件。如果

公司在向股东回购时实施了不公平的回购政策,股东可以直接提起诉讼。如公司向某一股东以特别优惠的价格回购其股份,而拒绝回购其他股东的股份或者以低价回购其他股东的股份。再如,公司在采取以股份回购作为反收购防御措施时,将特定股东的股份排除在外。(6)涉及公司并购、解散和清算方面的案件。在公司并购、解散和清算中,如果出现欺压少数股东或者任何其他不公平现象时,股东可以提起诉讼。(7)涉及证券方面的案件。如公司在其证券的发行和交易过程中,所披露信息虚假、误导或者有重大遗漏,因受骗而购买或者出售证券的股东有权要求公司及其他连带责任人员承担赔偿责任。这类案件最为常见。

2. 适用派生诉讼的主要情形

派生诉讼主要适用于对注意和忠实之受信义务的违反,包括如下情形:

(1)涉及公司管理层重大过失的案件。如公司在项目投资上的重大失误,在存在竞争收购的情况下,公司选择了较低价格出售公司股份,或者公司管理者的其他重大过失情形。应当注意的是,由于公司管理者受到商业判断规则的保护,因而,原则上管理者须有重大过失,才能构成对注意义务的违反。(2)涉及浪费公司资产的案件。如公司进行不合理的巨额捐赠,却与公司利益没有明显关系,将构成公司资产的浪费。(3)涉及自我交易的案件。如公司董事将自己的土地出售给公司,公司董事向公司贷款或者从公司贷款等。在现代法律上,上述行为并不为法律所禁止,但是交易本身必须符合公平标准,否则将构成对忠实义务的违反。(4)涉及关联交易的案件。利用关联交易损害公司利益的,构成对忠实义务的违反,从事关联交易的行为人应当承担违信责任。(5)涉及管理报酬的案件。如果公司管理者报酬过高或者公司给管理者提供边际利润,而接受报酬的人实际上没有对公司作出相应的贡献,同样构成前述对公司资产的"劫掠"和"浪费"。所不同的是,在(2)之情况下,是种对注意义务的违反,而这里则是将其作为违反忠实义务的案件处理。(6)涉及利用公司机会的案件。公司机会属于公司财产,公司管理者利用其地位和职位将公司机会据为己有,构成对公司财产的侵害。

在上述情况中,无论是对注意义务的违反或者是对忠实义务的违反,均可能导致对公司利益的损害,股东可以基于对公司利益的维护而提起派生诉讼。理论上讲,对公司利益的侵害不仅仅限于公司管理者对受信义务的违反,任何第三人对公司的侵权行为同样可能导致对公司利益的侵害。因而,任何第三人对公司的侵害行为均可能导致派生诉讼的发生。但从立法本意和司法实践来看,派生诉讼主要针对的是公司管理者违反受信义务的情形。

3. 诉讼的重合

现实实践中,有些诉讼可能同时具备两种性质,即产生派生诉讼的同一行为或者事实也可能成为主张直接诉讼的诉由。如在自我交易情形下,既可能对公司造成损害,也可能对股东利益造成损害。如果自我交易构成不公平交易,则是对公司利益的损害;如果该种交易没有披露,购买公司股票的人则可能遭受个人损害。在这种情况下,根据具体事实,原告可以选择或者提起股东直接诉讼,或者提起股东派生诉讼,或者同时提起两种诉讼。①

### 三、公司侵害股东股利分配请求权的主要表现

依据《公司法》的规定,公司利润分配方案拟订和审议批准的权力分别由董事会和股东会行使。当公司存在赢利,且符合分配利润的条件时,股东会应当在董事会拟订分配方案的基础上及时作出分配股利的决议,董事会也应当严格按照决议向每一股东分配股利,否则就可能侵害股东所享有的股利分配请求权。在实践中,由于不分配股利的具体情形各有不同,公司侵害股利分配请求权的性质也有很大差异。

公司不分配股利的情形主要有以下几种:其一,公司的董事会未制定盈余分配的方案,或者已经拟订盈余分配方案,但是未提交股东会会议进行讨论。其二,公司的董事会已经将分配利润的方案提交股东会会议进行讨论,但是股东会会议最终作出不分配股利的决议。其三,公司股东会会议已经作出分配股利的决议,而董事会却拒不执行分配股利的决议,没有向股东分配股利。此种情形下,又存在着不同的情况:有的是董事会不按照股东会决议向所有股东分配股利,有的则仅仅是董事会不按股东会决议向部分股东分红。

在以上几种类型中,前两种情形的共同特点是股东会没有依法作出向公司股东分配股利的决议,而第三种情形则属于股东会会议已经作出分配股利决议的情形。尽管它们均使股东的股利分配请求权受到侵害,但是其所侵害的股利分配请求权的性质是截然不同的。在前两种情形下,公司所侵害的股利分配请求权属于抽象意义上的股利分配请求权,即投资者基于其股东资格所享有的、一种请求公司分配股利的权利。由于并不存在分配股利的决议,所以行使股利分配请求权时尚缺乏明确、直接的依据,有很强的消极性特征。而在第三种情形下,公司所侵害的是一种具体的股利分配请求权,即股东可以依据决议,直接请求公司按其持股类别和比例向其支付特定股利金额的权利。由于已经存在分配股利的股东会决议,所以该请求权在行使时已经是一种现实的、确定的权利,可以由每一个股东个别地积极行使。由于以上诸种情形下公司所侵害的股利分配请求权在性质上存在差异,使得股东在寻求司法救济时,在路径的选择和法律的适用上均存在着不同。

### 四、对公司股东股利分配请求权进行司法救济的合理性

对这个问题的研究应结合上述的不同情形进行分析。首先,对于上述第三种情形下的股利分配请求权,由于其已经是一种现实的、具体的权利,对其进行司法上的救济并无争议。当发生该种情形时,受侵害的股东可以直接依据民法债权的

---

① 参见施天涛:《公司法论》(第2版),法律出版社2006年版,第436—438页。

一般规定,请求公司向其支付股利即可。其次,对于前两种情形下的股利分配请求权,通过司法救济是否具有合理性,则存在较大分歧。在处理此类案件时,有的法院往往以是否应当分配红利属于公司自治的范畴,不宜过多干预为由,拒绝受理。即便受理,往往也驳回诉讼请求。我们以为,这样的做法未尽妥当。对股利分配请求权实施必要的司法救济,既有助于有效平衡公司自治与司法干预的关系,又与《公司法》与《侵权责任法》的立法趋势相契合,具有一定的合理性。理由如下:

首先,对股东的股利分配请求权给予司法保护,是合理平衡公司自治和司法干预关系的内在要求。公司是具有独立地位的法人,包括股利如何分配在内的诸多事项均应由企业通过其意思机关自治解决。多数国家的立法规定,公司股利分配由董事会拟定方案,再由股东大会作出决定,任何一方不得擅自分配股利。我国立法亦是如此。根据《公司法》第37条第1款第(6)项和第46条第1款第(5)项的规定,董事会和股东会分别行使制订公司利润分配方案和审议批准公司利润分配方案的权力。因而,不经过股东会的表决,股东一般不能擅自分配公司的股利;而一旦股东会作出分配股利的决议,公司全体股东应当遵守,一般不能随意违反公司的决议,也不能通过诉讼等方式寻求法律救济。这是公司自治的必然体现,也是维系公司独立人格的基本要求。然而,公司的自治并非绝对,而是有其天然的、内在的局限性。正如有学者所言:"公司自治局限性的实质在于:如果公司自治完全裸露于法治之外,任由自治所形成的摧毁力冲击公司当事方的利益格局,部分当事方必然因利益被无情践踏,而不敢参与公司游戏,公司的包容性将因之摧毁,最终公司自治将被自己毁灭。"[①]这一点在有限公司中体现得尤其明显。由于此类公司本身所具有的人合性与封闭性特征,当有限公司的大股东控制公司机关操纵公司时,中小股东的利益更容易受到严重的损害。一方面,法律对于公司组织机构的设置、运行的规范不如股份公司那么严格,致使对于控制股东的制约机制相对比较薄弱。另一方面,在股权转让上的限制也使得中小股东从公司中退出变得十分困难,很难像股份公司的股东那样比较自由地"用脚投票"。因而,需要采取必要的措施去矫正纯粹依赖公司自治的种种不足。具体到股利分配问题,当公司决议成为大股东侵夺小股东利益的工具而显失公平时,采取一定的措施对股东的股利分配请求权进行及时的法律救济是必要和合理的。而所有的救济措施中,司法救济无疑不可或缺,而且是最为有效的。允许受害的中小股东通过诉讼寻求救济,有助于他们借助司法强制的手段恢复其受控制股东侵夺的利益,确保法律所应彰显的平等理念和公平精神得到充分的实现。

其次,对公司股东的股利分配请求权给予司法保护,与《公司法》《侵权责任法》的立法理念、精神是相吻合的。修订后的《公司法》完善了股东诉讼机制,通过

---

① 蔡立东:《公司自治论》,北京大学出版社2006年版,第162页。

引入包括直接诉讼与派生诉讼在内的诸多机制,切实维护股东的合法权益。在公司实践中,如果公司处于持续的盈利状态,而股东却只能望利兴叹,缺乏必要的救济措施,将不利于其利益的合理维护,也与《公司法》的立法意旨相背离。此外,作为一部私权利的救济法,《侵权责任法》体现了注重保护民事主体权益的法治精神,第 2 条明确将民事权益作为自身的保护范围,并特别规定股权应是能够通过侵权责任形式提供救济的权利类型。作为股权重要甚至是核心内容的股利分配请求权受到侵害时,《侵权责任法》亦应有其适用的空间。当公司有盈利却无故不分红时,股东的利益损害是现实存在的,如果不给予必要的司法救济,往往会显失公平。尤其是在大股东或者公司董事利用其对于公司的控制权恶意不向股东分红时,更是如此。

当然,在引入司法手段对于股利分配请求权进行救济时,还必须考虑公司作为一个独立法人的特殊性,而对司法救济本身进行必要的限制。随意扩张司法对于公司分配股利的干预与不进行司法干预一样,都是不妥当的。"公司自治下的多数原则,即控制股东自由行使控制权仍然是公司运行机制的基本逻辑。"①对于公司自我决定股利分配的适当干预,是对公司纯粹自治的必要限制,而并不是要完全打破作为公司制度基础的公司自治。在司法救济的过程中,既要维护少数股东基于股权平等所享有的股利分配上的平等权利,又要合理维护公司的资合性质所衍生的多数股东的公司控制权;既要通过司法干预确保股利分配请求权的公平实现,又要充分关照公司这一在现代社会中占据主导地位的组织形式所应有的效率优势。因而,对于股利分配请求权进行司法救济时,首先应考虑公司侵害股利分配请求权的行为是否可以通过内部救济加以解决。其次,通过司法的手段对股利分配请求权进行救济,还应当符合严格的条件。概言之,除非确有必要,不可随意地启动诉讼程序。

由于在股东会作出分配股利的决议而董事会拒绝执行决议向股东分配股利时,公司所侵害的是股东所享有的具体股利分配请求权,其与一般的民事债权在保护手段上并无二致,适用债权法的一般规则,即可达到救济的目的。

## 五、公司不召开股东会议情形下股利分配请求权的司法救济

### (一) 可诉性分析:是正常商业判断还是侵害股东权利

在公司不召开股东会议对股利分配问题进行表决的情形下,是否应当运用司法手段对股东进行救济,首先应考虑的是:不分配股利是企业正常的商业判断行为,还是侵害股东权利的行为?

公司合理的商业判断,是公司作为独立的法人意思自治的应有内涵。在判断是否属于合理的商业判断时,通常要考虑以下标准:(1) 判断者与所进行的商业

---

① 蔡立东:《公司自治论》,北京大学出版社 2006 年版,第 187 页。

决策事项不存在利害关系；（2）他对所进行的商业决策是了解的，并合理地相信在该种情况下是适当的；（3）他理性地相信其商业决策符合公司的最佳利益。①在公司不召开会议就股利分配作出决议的情况下，如果董事会不拟定利润分配方案或者不将方案提交股东会会议讨论是为了公司的最佳利益，而且其董事自身与不分配股利本身不存在利害关系，董事会也有合理的理由信赖不分配股利的决策本身是适当的，公司不分配股利的做法应属于合理的商业判断，法院不应进行司法干预。如，为了公司长远发展的考虑，公司从税后利润中提取法定公积金后，经股东会或股东大会决议，提取适当的任意公积金，结果导致公司不分配股利。此种情况下，虽然可能在一定程度上影响到股东的分配利益，但是由于不分配股利本身有利于公司更好地运营，法院一般不宜进行司法干预，强制要求公司分配股利。

而在公司不分配股利不属于合理的商业判断，并且严重侵害股东的股利分配权时，对股东的权利进行司法救济就是必要的了。尤其是在公司不分配股利本身成为大股东压榨小股东的手段，或者攫取和侵占公司利润的工具时，更需要引入一定的司法干预。与小股东往往将股权的实现系于从公司中分取红利不同，大股东通过行使其控制权，往往会有更多获取利益的渠道。在实践中，除了股利、资本利得外，还包括通过与公司进行关联交易而获利，也包括公司对购买自己的股票者给予财务资助。其中，股东与公司之间的关联交易包括股东从公司取得贷款，无偿获得公司的担保，从公司赊购商品和服务，以低价从公司购得产品，免费使用公司的销售网络、信息技术等资源，获得在公司任职的机会及相应的报酬等，可以从中牟取利益。② 如在公司不召开股东会议情形下，董事会不制订或不提交利润分配方案并非正常的商业判断，而是为了实现具有控制权的股东的利益，将会造成股东之间利益的严重失衡，有违股东平等的基本原则，司法机关应当为受到损害的股东维护利益提供合理的渠道。

在公司不分配股利不属于合理的商业判断时，股东提起股利分配之诉，是否需要以长期不分配股利为条件？我们认为，应主要看其是否对股东的利润分配权造成了严重侵害。期限较长，通常可以作为认定严重侵害股东利益的考量因素。但是，严重侵害股东利益并不一定以期限较长为必备要素，即使不分配股利的期限不长，但是对股东利益侵害非常严重，也应允许股东提起股利分配请求权之诉。

（二）对股利分配请求权进行司法救济的具体方式

在公司不召开股东会议就股利分配作出决议的情形下，应当如何处理股东提起股利分配之诉的案件？对此有不同观点。有的认为，应当准许股东提起股利分配的诉讼，并直接判决向股东分配股利。有的则认为，法院无权不经股东会会议

---

① 参见施天涛：《公司法论》，法律出版社2005年版，第477页。
② 参见邱海洋：《公司利润分配法律制度研究》，中国政法大学出版社2004年版，第40页。

而直接处理股利分配的问题。我们认为,"一刀切"的做法未尽妥当,应针对不同的情形分别进行处理。(1)虽然公司不分配股利违背了商业判断的一般要求,但是并不存在大股东压制小股东,利用其控制地位攫取和侵占公司利润的情况。在此情形下,股东应当通过行使临时股东会议召集的提起权,或者依法行使有关股利分配的提案权来维护自己的权利,而不应由法院直接判决如何分配股利。(2)公司不分配股利违背商业判断规则,同时成为大股东压制小股东的手段。在此情形下,大股东运用其对公司的控制权不当攫取和占有公司的利润,已严重侵害了未分配股东利益的合法权益。股东如果向人民法院提起股利分配的请求,则法院应当就如何为该股东分配股利进行判决。其原因是:在此种情形下,公司不分红本身就是大股东操纵公司的结果,已经直接、严重地损害了小股东的合法权益。如果由人民法院判决由公司通过自治解决,不仅对受到损害的小股东不公平,而且公司也很难通过公司自治作出合理的决议。唯有由法院依据公司的盈利状况作出向股东分配股利的判决,才是公正、可行的。

### (三) 人民法院判决向股东分配股利的标准

在公司不召开会议就股利分配进行决议的情形下,法院受理股东提起股利分配的诉讼后,应如何判决向股东分配股利?应该说,各法院在具体操作上未尽一致。有的法院以委托会计师事务所进行审计确定的税后利润为基础,在扣除法定公积金和一定比例的任意公积金之后,将剩余的额度乘以股东在公司所占的股权比例,算出股东应当分配的额度。① 有的法院则采用酌定方式,推算出应向原告分配的数额。如北京市通州区法院审理的毛某与北京海德斯尔科技发展有限公司盈余分配权利纠纷案件中,法院参照相关行业利润水平,酌情确定被告所签订合同的经营利润率为30%,以此为基础扣除20%的法定公积金、10%的任意公积金后,将剩余的额度乘以股东在公司所占的股权比例,作为利润分配给原告。②

我们以为,在司法实践中,人民法院为了保证所分配利润的合理性,委托会计师事务所对拟分配股利期间的利润进行审计,进而确定应分配数额的做法比较科学。上述法院在审计机关无法出具审计意见的情形下,采取酌定的方法直接推算出分配数额的做法值得商榷,其分配额度的确定缺乏充足的法律依据。但是,以审计确定利润额度进行分配的做法也存在着这样的问题:把提取一定比例的法定公积金和任意公积金之后的利润均计算在分配利润的数额内是否合适?我们认为,在确定分配额度时,应当考虑公司自主经营和自身发展的需要,适当扣除公司运营需要从税后利润中支出的合理部分(如公司经营过程中的合理开支,为维护

---

① 参见广东省高级人民法院(2008)粤高法民二终字第110号民事裁定书,载《人民法院案例选编》,2009年第6辑,中国法制出版社2009年版,第101页。

② 参见甘培忠、刘兰芳主编:《新类型公司诉讼疑难问题研究》,北京大学出版社2009年版,第199页。

企业良好形象或者社会公益履行社会责任的合理支出,等等)。至于何为需要从税后利润支出的合理部分则应由公司进行举证。如果其不能进行合理的举证,则相关支出不能从应分配数额中进行扣除,而应作为股利分配给股东。

此外,以审计确定利润额度进行分配的做法还存在着其他需要解决的问题:提取的任意公积金数额应当控制在多大比例?任意公积金是否提取以及如何提取,依照《公司法》应当经股东会会议讨论通过,强制扣除对股东是否公平?所有这些均需要在制度完善的过程中予以明确、统一地规范。

### 六、公司决议不分配股利情形下股利分配请求权的司法救济

#### (一) 可诉性的分析:决议是否存在瑕疵

在决议不分红的情形下,应主要集中于考察公司作出的不予分配股利的决议是否存在瑕疵。这里所说的公司不分配股利决议的瑕疵,在实践中通常包括以下具体情形:

1. 公司不分配股利决议存在着程序上的瑕疵。根据《公司法》的规定,分配股利方案的审批权应属于公司的股东会。因而,不分配股利决议在程序上的瑕疵,应是指股东会议在对股利分配方案进行决议时,其会议召集程序、表决的方式违反法律、行政法规或者公司章程的情形。如,在召开股东会议之前,董事会没有按照法律的要求及时地通知股东,或者遗漏通知部分股东,或者通知中没有写明将讨论股利分配问题等,可以视为召集程序上存在着瑕疵。如果公司没有按照公司章程的表决方式进行表决,则视为表决方式上存在着瑕疵。

2. 公司不分配股利决议在内容上存在瑕疵。主要表现为公司不分配股利的决议在内容上违反法律、行政法规或者公司章程规定的情形。实践中,如果公司的章程明确规定,在符合章程规定的条件时,公司必须要向股东分配股利,则判断公司不分配股利决议违反公司章程应无太大的问题。那么,当公司章程对于在何种条件下公司必须分配股利没有明确规定时,如何认定不分配股利的决议是否违法?这应当首先解决一个前提性的问题,即公司在符合分配股利的条件时,其是否负有必须向股东分配股利的义务呢?换言之,依法向股东分配股利是不是法律要求公司承担的一项强制性的义务?对此,司法实践中存在不同理解。有的认为,公司成立并盈利后,应当按照股东的出资比例向股东分配股利,实际上假定公司向股东分配股利是其应履行的一项强制性的义务。而有的则与此观点相左,认为,《公司法》第34条仅规定股东有权按照实缴的出资比例分取红利,在股东会作出利润分配之前,并未赋予股东越过股东会直接提起分配利润诉讼的请求权。《公司法》并未将分配利润作为公司的强制性义务。如果将《公司法》中公司分配股利理解为一项强制性义务,在公司有盈余并符合盈余分配的条件下作出不分配股利的决议违反法律的规定;而如果不将分配利润理解为公司的强制性义务,则公司作出不分配股利的决议并不违反法律的规定。

## (二) 对股利分配请求权进行司法救济的具体方式

在公司符合盈余分配的条件而不当作出不分配股利决议的情形下,应如何对股东进行司法救济？股东可否直接请求法院强制分配股利？有学者认为,其途径主要包括:第一,如果股东会的决议违法或者违反章程,可以通过申请确认无效或予以撤销的方式寻求救济。第二,如果股东会连续多年决议不向股东分配利润,股东可以提起强制分配股利的诉讼,以维护其股利分配请求权。① 有学者则认为,这两种方式尽管从理论上是可行的,但均存在法院不能取代股东会职权的法律障碍。在此情形下,如果股利分配请求权不能实现时,可在满足《公司法》第74条第1款规定的情形下请求公司回购其股权。②

我们以为,在公司不分配股利决议于程序或内容上存在瑕疵的情形下,寻求通过确认决议无效或撤销来进行法律的救济,应无法律上的障碍。但是,是否只有在连续多年决议不向股东分红的情形下才可请求法院强制分配股利,值得商榷。另外,在公司连续5年盈利而连续5年决议不分配股利的情形下,尽管通过法律赋予有限责任公司的股东回购股权的请求权,可以在一定程度上救济股东的权利,但单纯依靠这样的救济方式,对于股东损失的救济也是不及时、不充分的。而且,这种救济的措施在适用范围上也有一定的局限性,仅仅适用于有限责任公司。在满足一定的条件时,允许股东提起强制分配股利之诉是合理的。

我们以为,在公司决议不分配股利的情形下,对股东股利分配请求权的救济同样要合理平衡公司自治与司法干预二者的关系,但应当区分不同的情况采取不同的救济方式:(1) 公司决议存在程序上的瑕疵,如果股东通过确认决议无效或者撤销决议的同时,通过矫正程序上的不足,可以重新作出分配股利的决议,则不予受理股东所提起的强制分配股利之诉。(2) 公司决议存在程序上的瑕疵,但是由于大股东通过控制公司攫取和占有公司的利润,很难与中小股东重新形成分配股利的决议,则此时应当受理股东提起的强制分配股利之诉。(3) 程序上不存在瑕疵的情形下,如果公司大股东利用其控制地位作出不分配股利的决定而违反法律或者章程的规定时,此时即使确认决议无效或撤销决议,也很难形成新的分配红利的决议,应准许股东提起股利分配的诉讼请求,并依法判决向股东直接分配股利。对于前两种情形下,是否可以矫正程序,形成新的决议,应当由原告方进行举证。原告如果无充分的证据证明其与控制股东不可能通过启动新的决议程序作出新的决议,则对其提起的股利分配之诉不予受理。这样的制度安排,既能保证司法机关不过度地介入公司的治理,又能够在最大限度上维护受损害股东的合法权益。

---

① 参见王欣新:《论法院对股东股利分配请求权的保护》,载2007年1月17日《人民法院报》第5版。

② 参见周友苏:《公司法学理与判例研究》,法律出版社2008年版,第109页。

# 第十五章　损害公司利益责任纠纷裁判精要

> **案由释义**
>
> 　　损害公司利益责任纠纷,是指公司股东滥用股东权利或者董事、监事、高级管理人员违反法定义务,损害公司利益而引发的纠纷。
>
> 　　股东滥用股东权利损害公司利益责任纠纷,是指因股东滥用股东权利给公司造成损害的,应当承担损害责任的民事纠纷。公司股东依照法律和公司章程正当行使权利,是股东的基本义务。实践中,存在大量滥用股东权利的情形,如股东在涉及公司为其担保事项进行表决时,应当回避而不回避。再比如,公司章程规定出售重大资产需股东大会特别决议通过,公司的控股股东无视公司章程的规定,不经法定程序,强令公司出售该资产。《公司法》第20条第1、2款规定了禁止滥用股东权利的原则和应承担的赔偿责任,公司股东应当在法律、行政法规和规章的框架下行使权利,滥用股东权利损害公司或者其他股东利益的,应当依法承担损害责任。
>
> 　　公司董事、监事、高级管理人员损害公司利益责任纠纷,是指董事、监事、高级管理人员执行公司职务时违反法律、行政法规或者公司章程的规定,给公司造成损失而发生的纠纷。为了防止发生董事、监事、高级管理人员的道德风险,《公司法》规定了董事、监事、高级管理人员对公司的忠实义务和勤勉义务,并规定董事、监事、高级管理人员执行公司职务时违反法律、行政法规或者公司章程的规定,给公司造成损失的,应当承担赔偿责任。
>
> 　　《公司法》第151条规定:当公司的股东、董事、监事、高级管理人员损害公司利益时,可以由公司董事会或执行董事、监事会或监事,以公司名义对其提起损害赔偿诉讼,也可以由公司股东提起股东代表诉讼(股东派生诉讼),即当公司董事会或执行董事、监事会或监事未提起损害赔偿诉讼时,可以由符合一定持股条件的股东以自己的名义,直接向人民法院提起诉讼。

## 一、股东代表诉讼原告持股时间"连续180日以上"的认定

依据《公司法》第151条的规定,向人民法院提起诉讼的原告股东,包括两类:一是有限责任公司的股东;二是股份有限公司的股东,但其应连续180日以上单独或者合计持有公司1%以上股份。对于有限责任公司的股东,《公司法》没有进行限制,实践中对其原告资格进行审查并无困难。但股份有限公司中的股东则不同,法律对其进行必要的限制,旨在避免实务中可能发生的滥诉行为。然而,对"连续180日以上"持股的规定,实践中从何日开始起算,又如何计算,存在不同的理解。为了确保原告股东利益与公司利益具有真实的一致性,减少那些仅以诉讼为目的(或其他不正当目的)而购买公司股票的行为,各国《公司法》均规定了原告股东提起代表诉讼应具备的持股时间。不过,基于不同的社会现实与法律传统,各国规定宽严不一,其中最严格的是要求股东在诉争行为发生时、提起诉讼时和整个诉讼程序进行期间三个时段同时持股。

从《公司法》第151条第1款的规定看,对是否要求行为发生时持股没有明确规定。既然法律没有作出限制,应理解为没有行为发生时持股的限制,即法律不要求原告(股东)一定要在董事侵权行为发生时持有公司的股份。相比较而言,放宽了对原告资格的要求。为此,曾有学者提出异议,认为这样放宽限制条件,会给那些以不当目的进行恶意诉讼的人提供可乘之机,进而对公司(特别是上市公司)的正常经营活动产生人为的影响和干扰。一些国家的公司法司法实践也证明,的确存在这样恶意诉讼的事例。然而,考虑到现行《公司法》适用的时间还不长,股东大多还没有提起代表诉讼的法律意识,实践中的相关判例亦不多见,在此情况下,如对原告股东的持股条件再加以严格限制,则不利于该项规则的适用及完善。况且,司法资源是有限的,而侵权行为的情况比较复杂,如果规定行为发生时持股,将会大大增加司法审查的成本,不利于公司整体利益的维护。出于上述考虑,《公司法解释一》第4条规定,180日以上连续持股期间,应为股东向人民法院提起诉讼时,已期满的持股时间。这意味着放弃了行为发生时持股的要求,只要股东持股时间至其起诉时满180日,且符合持股数量要求的,人民法院对其提起的诉讼就应立案受理。[①]

## 二、股东代表诉讼原告持股数量的要求

现行《公司法》集中体现了加强中小股东利益保护的意旨,这条红线一直贯穿于《公司法》的始终,而其最典型的表现莫过于通过代表诉讼的构建,为中小股东的利益提供了司法的最终救济。在《公司法》第151条规定的情形中,董事、监事、

---

① 参见奚晓明主编:《最高人民法院关于公司法司法解释(一)、(二)理解与适用》,人民法院出版社2008年版,第60—61页。

高管人员违法行为的侵害对象本来是公司,但股东利益与公司利益息息相关,如果不允许其代位主张损害赔偿,将会间接地对股东利益造成损害。基于此,法律赋予了原告股东代位求偿的权利。然而,权利存在于将要实现其作用的范围内,超越这一范围,权利享有人就滥用了权利,权利易被滥用的倾向使得《公司法》有必要对代表诉讼的原告资格加以限制。这种限制的用意在于:尽管代表诉讼能够最大限度地保护中小股东的利益,但它毕竟是对债权相对性的重大突破,因而有必要要求代表诉讼的原告能够充分地代表公司,即他与公司的利益关联必须达到一定的程度。这种利益关联将通过持股时间和持股数量表现出来。如果说对持股时间的要求是为了确定原告股东与公司利益关联的持续性,那么对持股数量的要求则更多地是为了确定原告股东与公司利益关联的程度。

各国《公司法》对提起代表诉讼的股份有限公司股东所持有的股份数量要求不等。我国《公司法》第151条规定的持股数量是指原告须单独或者合计持有公司1%以上股份。上述规定在实践中具体应用时可能出现以下几种情形:第一,某一股东单独持股的情况。显然其必须持有1%以上的股份,且持有时间满180日,这样才符合提起诉讼的法定条件。第二,两个以上股东合计持股数量超过公司总股份数1%的,且每位股东的持股时间均满了180日。第三,两个以上股东的持股数量符合条件要求,但存在其中部分股东的持股时间还未满180日的情况。而去除持股时间不足的股东,剩余股东的持股数量又达不到公司股份的1%以上。对此,《公司法解释一》第4条规定,合计持有公司1%以上股份,是指两个以上股东持股份额的合计。因此,上述三种情形中,显然第一、第二种情形符合本条司法解释的规定,而第三种情形则不符合该规定。因此,对于类似情况下提起的代表诉讼,人民法院应不予受理。[①]

### 三、股东代表诉讼的费用担保

为了防止股东滥诉,境外立法例多规定股东代表诉讼的被告或公司在法定条件下可以要求原告股东提供诉讼费用担保。我国《公司法》未作该种规定,最高人民法院2006年发布的《关于适用〈中华人民共和国公司法〉若干问题的规定(二)》(征求意见稿)采纳学者的建议,规定"股东以公司董事、监事或者高级管理人员为被告提起股东代表诉讼时,董事、监事或高级管理人员在答辩期间内提供证据证明原告可能存在恶意诉讼情形,并申请原告提供诉讼费用担保的,人民法院应当准许,担保费用应当相当于被告参加诉讼可能发生的合理费用"。该种意见是对《公司法》的误读,并不可取。从历史解释角度看,在《公司法》修订过程中,2005年6月20日全国人大常委会法工委提出的《公司法修订草案部分条款初步

---

[①] 参见奚晓明主编:《最高人民法院关于公司法司法解释(一)、(二)理解与适用》,人民法院出版社2008年版,第61—62页。

修改方案》中曾针对原草案增加规定"原告依照前两款规定提起诉讼,被告有证据证明可能存在恶意诉讼情形的,可以申请人民法院责令原告提供相应的担保"。①但是最终通过的公司法并未采纳该种意见,仍然沿用原草案的做法,没有规定股东的诉讼费用担保。从体系解释角度看,现行《公司法》第 22 条第 3 款明文规定公司决议撤销之诉的原告应当提供担保,而第 151 条并没有规定股东代表诉讼担保,立法者意图是不要求股东提供担保。从目的解释角度看,我国经济处于转轨阶段,公司内部人控制问题严重,内部人掏空公司的现象普遍,而股东代表诉讼是《公司法》刚刚引入的制度,并不存在滥诉现象,因此应当予以鼓励,而不是抑制。

### 四、股东提起代表诉讼的时效期间

关于股东提起代表诉讼的诉讼时效期间,应否规定一个统一标准,颇值研究。我们认为,应当区分诉讼原因和诉讼请求的不同性质,分别适用《民法通则》《行政诉讼法》即特别法规定的诉讼时效期间,而不应叠床架屋,另搞一套。具体说来,如果股东所在公司的权益受到其他民事主体违约行为或者侵权行为的侵害,股东提起代表诉讼时应当区分不同情况,分别适用《民法通则》第 7 章规定的普通诉讼时效期间(2 年)、短期诉讼时效期间(1 年)和长期诉讼时效期间(20 年)。如果股东所在公司受到行政机构具体行政行为的侵害,股东应当在知道作出具体行政行为之日起 3 个月内提起代表诉讼。如果民事特别法尤其是商法和行政特别法对诉讼时效期间另有规定,则应遵守该特别诉讼时效期间。例如,《海商法》第 13 章区分不同情况分别规定了 1 年或者 2 年的诉讼时效期间。根据特别法优于普通法的原则,在股东代表诉讼中,特别法规定的诉讼时效期间优于《民法通则》和《行政诉讼法》规定的诉讼时效期间而得到适用。

股东提起代表诉讼的时效期间,原则上自股东知道或者应当知道公司权利被侵害之日起计算,但特别法另有规定的除外。具体说来,当董事、监事、经理、代理人、合同当事人违反对公司所负义务或者侵害公司利益时,应当自股东知道或者应当知道义务违反行为或者侵权行为发生时起算;当公司的请求权附条件或者附期限时,应当自条件成就或者期限届至时起算;当公司的请求权有履行期限时,应当自期限届满时起算;当公司的请求权没有履行期限时,应当自公司可以行使权利时起算;当行政机构的具体行政行为侵害公司利益时,应当自股东知道或者应当知道具体行政行为作出之时起算。

为充分保护股东的代表诉讼提起权,股东在诉讼时效期间的最后 6 个月内,因不可抗力或者其他障碍不能行使请求权的,诉讼时效中止;从中止时效的原因消除之日起,诉讼时效期间继续计算;若继续计算的时效期间不满 6 个月时,应当延长到 6 个月。在诉讼时效期间内,如果公司提起了诉讼,或者有股东代表公司

---

① 刘俊海:《新公司法的制度创新:立法争点与解释难点》,法律出版社 2006 年版,第 256 页。

提起了代表诉讼,公司或其股东已将公司纠纷提交仲裁或已要求对方履行债务或者承担责任,对方已同意履行义务,则发生诉讼时效中断。从中断时起,诉讼时效期间重新计算。但是,公司或其股东撤回起诉、仲裁请求或者起诉被裁定驳回的,诉讼时效不发生中断。①

### 五、股东代表诉讼中的举证责任分配

股东代表诉讼中举证责任,不宜按照"谁主张,谁举证"的规则来分配。原因在于,代表诉讼之所以被启动,是因为公司董事会、监事会不配合的结果。如果董事会、监事会愿意代表公司提起诉讼,则就不会有代表诉讼。因此,在股东代表诉讼中原告将会面临巨大的举证困难。

在股东代表诉讼的举证责任分配方面,可以考虑依据被告身份不同,进行不同的举证责任分配。如果被告是公司内部经营管理人员,由于公司内部经营管理人员控制了主要的证据,原告股东很难获取证据,其举证能力很弱;如果被告是公司外第三人,则原告股东的举证能力要强一些。因此,裁判者可以依据举证能力的不同而进行举证责任的分配。例如一些法官提出,对公司董事、监事、高级管理人员执行职务侵害公司利益的纠纷,原告股东提起代表诉讼的,人民法院可以依据最高人民法院《关于民事诉讼证据的若干规定》第7条"在法律没有具体规定,依本规定及其他司法解释无法确定举证责任承担时,人民法院可以根据公平原则和诚实信用原则,综合当事人的举证能力等因素确定举证责任的承担"之规定,通过举证责任倒置制度来确定举证责任的承担。对公司以外的第三人侵害公司利益,原告股东提起股东代表诉讼的,则应当按照一般举证责任进行分配,即当事人对自己提出的主张,有责任提供证据加以证明。②

但是,即使是依据被告身份不同进行举证责任的分配,这并不意味着原告股东不承担任何举证责任。在公司董事、监事、高级管理人员侵害公司利益的场合,原告股东仍然需要对事实进行初步的举证。

### 六、股东代表诉讼中原告股东在诉讼期间丧失股东资格时的处理

代表诉讼是股东代表公司向侵权人主张权利,其诉权来源于公司,股东推进诉讼的全部目标是恢复公司利益。当股东在诉讼中丧失股东资格或不满足持股比例要求时,公司的利益就与他无关或者关系不大,法院应裁定驳回起诉。但随之而来的另一个问题是,继受股东地位的人可否继受代表诉讼的原告资格?

我们认为,应当根据公司类型的不同而有所区别。在股份有限公司中,股东只有连续持股180日以上才具有代表诉讼的原告资格。而继受股东的持股时间应

---

① 参见刘俊海:《新公司法的制度创新:立法争点与解释难点》,法律出版社2006年版,第274页。

② 参见朱江、刘兰芳编:《新公司法疑难案例判解》,法律出版社2009年版,第370—371页。

从受让股份之时开始计算,在代表诉讼进行过程中继受股东地位的人当然不具有原告资格。而在有限责任公司中,只要是股东都具有代表诉讼原告资格,受让公司股份的人因受让行为而具有了股东身份,也就当然的具备了代表诉讼的原告资格。

### 七、公司可否申请撤销股东提起的代表诉讼

为了限制股东滥用代表诉讼制度,以特拉华州为代表的美国少数州规定,公司可以申请撤销股东提起的代表诉讼,是否准许由法院决定。上述做法无疑大大限缩了股东代表诉讼的适用空间。不过,我国《公司法》和相关诉讼规则未作此等规定。鉴于股东代表诉讼本身是对公司内部治理机制失灵的补充,而我国的成文法体系和股东代表诉讼处于起步阶段,应予鼓励而非抑制,在我国,公司宜无权申请撤销股东提起的代表诉讼。特别是在小股东提起股东代表诉讼之后,控制股东更不能通过股东大会作出撤销股东代表诉讼的决议。倘若允许股东大会作出撤诉决议,势必从根本上窒息股东代表诉讼。比如,某小股东持股40%,大股东持股60%,小股东当选为董事长。小股东以法定代表人的名义对公司的债务人(扣划公司款项时存在过错的某商业银行)提起诉讼,而大股东反对小股东对债务人提起诉讼。在这种情况下,小股东无论是以小股东名义提起股东代表诉讼,还是以公司法定代表人身份提起公司诉讼,都应当受到尊重,大股东不得操纵股东会阻碍小股东为捍卫公司利益提起诉讼。即使股东会作出了撤诉决议,倘若小股东有证据证明该项决议损害了公司利益,小股东依然可以向人民法院提起股东会决议无效确认之诉。

### 八、股东提起代表诉讼后,公司可否就同一事项再次起诉

《公司法》明确了股东提起代表诉讼的权利,但是并未明确公司就同一事项可否再次起诉。对此,应当根据公司法原理和民事诉讼法一般规定确定。《公司法》赋予股东提起代表诉讼的权利是为了弥补公司治理机制的缺陷,而并非否认公司诉讼的权利,因此股东提起代表诉讼后,公司可以就同一事项再次起诉,但是为了保障法院判决的一致性,此时公司只能以有独立请求权第三人身份向已经受理股东代表诉讼的法院起诉。该种理解既能防止原告股东因举证能力不足而败诉,或者与被告共谋诉讼而损害公司利益,也能保障人民法院判决的一致性。不过,公司就同一事项再次起诉,只能在股东代表诉讼判决作出前,如果法院已经作出股东代表诉讼的判决,则受该判决既判力制约,公司不得再次起诉。

### 九、股东可否对其成为公司成员之前的侵权行为提起派生诉讼

股东是否可以对其成为公司成员之前的侵权行为提起派生诉讼,在司法实践中存在不同观点。一种观点认为,应当允许股东对其成为公司成员之前的侵权行

为提起派生诉讼。因为股东是为公司提起诉讼的，不应受其个人取得股份的时间限制。也有一种观点认为，应当采用"当时股份持有原则"，限定原告的股东资格。对于股东起诉时具备股东资格，但是对其成为公司股东之前的侵害行为或者非法决议，该股东不能提起股东派生诉讼，只能对其成为公司股东之后的侵权行为或者非法决议提起诉讼。如果侵权行为是持续行为，在侵权行为发生时不是公司的股东，但在该侵权行为持续期间获得股东身份的，可以提起股东派生诉讼。在提起诉讼之后的整个审理过程中，股东必须持有公司股份，因为享有股权是股东据以行使公司诉权的基础，而股东权的享有又以持有股份为前提。如果原告股东在诉讼过程中丧失了股东的资格，继受股东地位的人不能继受派生诉讼中的原告地位，派生诉讼应当终止，除了几种例外情形，如自然人股东死亡后其合法继承人提起股东诉讼等。① 我们认为，第二种观点更为合理。

### 十、股东代表诉讼中的被告能否对原告股东提起反诉

《民事诉讼法》第51条规定被告有权提起反诉，第140条还规定被告提出的反诉可以合并审理。那么，股东代表诉讼中的被告能否对原告股东提起反诉，以吞并、抵消或者削弱原告股东的本诉请求？

我们认为，反诉的重要特征在于反诉对象的特定性，即反诉只能由本诉被告对本诉原告提出，从而把本诉原告推向被告席，把本诉被告置于原告席。虽然反诉具有相当的独立性，但反诉中蕴涵的利益冲突仍在本诉的原告与被告之间展开。如果允许股东代表诉讼中的被告对原告股东提起反诉，则反诉中的利益冲突是在本诉被告与原告股东之间展开的，而本诉中的利益冲突实质上是在本诉被告与原告股东所在公司之间展开的。因此，严格说来，股东代表诉讼中被告对原告股东提起的诉讼请求不能构成对股东代表诉讼的反诉，不能合并审理，只能另案提起。

至于股东代表诉讼中被告对原告股东所在公司提出的诉讼请求，能否视为股东代表诉讼的反诉？不能。因为，在这种情形下，即使被告的诉讼请求和理由与本诉具有相当的关联性，该诉讼请求的被告并非代表诉讼中的原告股东，故与反诉特征不符；而且，即使不考虑该特征的要求，也很难保障原告股东能够忠诚、有力地抵御被告对公司提起的诉讼请求。因此，股东代表诉讼中的被告对原告股东所在公司提起诉讼时，应当另行起诉，由公司另行委托代理人参加诉讼，而不宜作为代表诉讼的反诉与代表诉讼一并审理。

### 十一、股东代表诉讼的前置程序

从《公司法》第151条第1款前段"董事、高级管理人员有本法第一百四十九条

---

① 参见奚晓明、金剑峰：《公司诉讼的理论与实务问题研究》，人民法院出版社2008年版，第302页。

规定的情形的"和后段"监事有本法第一百四十九条规定的情形的"的表述可以看出,该款是追究第 149 条下责任的机制,而第 149 条规定的是董事、监事、高管人员执行职务违反相关规定应当对公司承担赔偿责任,所以结合起来分析,就是:第 149 条中董事、高管对公司的责任,如果未被履行,股东可以请求监事会(或监事)代表公司提起诉讼;第 149 条中监事对公司的责任,如果未被履行,股东可以请求董事会(或执行董事)代表公司提起诉讼。上述情况下,如果监事会或董事会不提起诉讼,依照第 151 条第 2 款,有限公司股东可以以自己的名义直接向法院起诉。

从第 151 条第 1、2 款规定的逻辑看,当有限公司利益受到董事、监事、高管人员侵害时,首先,应由公司向侵害人直接行使请求权,要求该侵害人对公司承担责任。由于这是通过一般侵权法的机制来维护公司利益,其不属于公司法的保护机制,所以《公司法》无须列明。其次,在公司未主动提起诉讼时,公司股东可以请求公司提起诉讼,这实际上仍然是敦促公司直接行使诉权,法律希望尽量通过公司直接诉讼的方式进行审理。但公司毕竟是拟制的主体,而股东的请求必须向实在的对象作出,《公司法》将公司机关作为这一对象的"人选"。当监事执行职务侵害公司权利时,公司法规定股东应向公司经营机关董事会请求其代表公司提起诉讼,这不仅可以发挥董事会作为经营机关的效率性优势,而且还可以防止作为侵害人的监事与监事会间的利害关系影响监事会作出独立判断。① 而当董事、高管人员执行职务侵害公司权利时,为防止作为侵害人的董事等与董事会间的利害关系影响董事会作出独立判断,《公司法》规定股东应向公司监督机关监事会请求其代表公司提起诉讼。股东向公司机关提出请求的程序被认为是股东提起代表诉讼的前置程序。股东依法无论向哪一机关提出请求,都是为了实现公司的直接诉讼。最后,只有在股东向公司机关请求无果、法律所期望的公司直接诉讼无望时,股东才可以直接以自己名义向董事、监事、高管人员这些侵害人提起诉讼,代替公司主张利益补偿(情况紧急的除外)。这是第 151 条前两款展现给我们的受董事、监事、高管人员侵害时公司利益的救济程序,这一程序实现了竭尽公司内部救济与股东(公司)利益保护之间的平衡。

当公司利益受到第三人(他人)侵害时,其救济程序体现在《公司法》第 151 条第 3 款。但是该款没有明确规定应当如何救济,只是规定股东可以依照同条前两款的规定向法院提起诉讼。如何依照值得探讨,尤其是在股东请求公司提起诉讼时,应当履行何种前置程序。依照同条前两款的规定,第三人侵害公司利益,公司不主动提起诉讼时,股东仍然应当请求公司机关直接提起诉讼,作为经营机关的董事会和作为监督机关的监事会都可以作为被请求的机关。在第三人侵害的场合应当向哪一机关提出请求,法律没有明确规定,对此有进一步解释的必要。我

---

① 《公司法》第 149 条规定的责任是执行职务时的侵害行为。第 151 条前两款也是对这种行为的责任进行追究。监事在执行职务时的侵害行为很多都与监事会具有一定的关系,所以在这种情况下监事会一般不愿提起诉讼。董事与董事会间也是如此。

们认为,第三人侵害公司利益时,该第三人与公司董事会间的关系一般不如董事与董事会间的关系那样容易使机关丧失独立的判断,从公司诉讼的效率化和程序便捷的角度考虑,由股东向董事会提出请求比较合理。即只要股东向董事会提出了起诉的请求,董事会不提起诉讼时,股东就完成了前置程序,就可以直接对第三人提起诉讼。这样可以避免股东承担过重负担,因为在第151条前两款的规定中,股东只需根据侵害人的身份就可以准确地确定相应的请求机关,在选择请求机关上所付的成本较少。同样第3款也应当遵循相同的标准,应当方便股东选择恰当的机关。毕竟,对第三人与公司机关间的关系进行判断不是股东所能胜任的。

## 十二、股东代表诉讼的和解程序

我国《民事诉讼法》第96条规定:"调解达成协议,必须双方自愿,不得强迫。调解协议的内容不得违反法律规定。"调解协议性质上属于合同,按照合同法原理,当事人双方间的合同不得损害第三人的利益,如果调解协议损害了他人的利益,当然就违反了法律的规定,应当无效。

在通常的民事诉讼中,法院主持调解时只要双方当事人达成协议,而协议内容不违反法律,一般无须经由诉讼外主体的同意,法院就可以依照当事人的协议内容制作调解书,经送达后就发生法律效力。这是民事诉讼法处分原则的内容,也是诉讼当事人行使处分权的表现。但是在股东代表诉讼中,提起诉讼的股东在与对方达成的调解协议中处分的不是股东自己的利益,而是公司的利益,这样的调解协议就有可能损害公司的利益,比如股东由于道德风险被对方当事人所"俘获",不以公司利益为重,在协议中随意作出妥协和让步,使公司利益受损;甚至侵害人与公司部分股东串通,让部分股东提起诉讼,然后在诉讼中通过调解达成协议,取得民事调解书,并以此阻断公司或其他股东行使诉权。在调解协议损害了公司利益时,该协议应当无效,法院不能确认其效力,更不能制作调解书。所以,在股东代表诉讼程序中的调解,法院必须对调解协议的内容进行审查,只有该协议不损害公司利益时才能对这些调解协议予以确认。

对是否损害公司利益的问题,法院在审查中应交由公司来判断,即调解协议应当经过公司同意,法院才能确认。但此"公司之同意"应当由谁来作出,是公司股东会还是公司董事会?回答这一问题必然又要涉及"股东会中心主义"和"董事会中心主义"问题之争,我们在此无意展开这一话题,只是认为,所谓的"中心主义"在不同的立法模式下有不同的回答,我国《公司法》授权公司章程对股东会和董事会的权力进行"超额"规定,这也意味着我国公司中以何为中心很大程度上由公司章程决定,但实践中的公司很少有在章程中对其作出比较系统和成型的规定,所以现实中的公司实践无法提供理论逻辑所需的基本资源,这也就决定了我们对前述问题无法给出确定的回答,而只能采取比较务实的立场来处理眼前的问题。我们认为,考虑到有限公司股东与公司关系紧密,股东对公司利益也比较关注,而且公司原本可以通过直接诉讼追究侵害人的责任,但是公司由于种种原因没有行使此诉权,这不能排除公司有故意放弃权利、损害股东利益的可能。为了让公司的意思能够得到充分的体现,最大限度维护有限公司股东的利益,调解协议除了由董事会代表公司表示同意外,还应当由公司中除提起代表诉讼的股东之外的其他股东表示同意,在公司和股东全体均同意且调解协议没有其他违法事由时,法院才能对调解协议进行确认,也才能相应地制作民事调解书。实际上,在国外法例上,也有法院在股东代表诉讼和解中征求公司和其他股东意见,保证他们行使知情权和异议权的规定。①

### 十三、股东代表诉讼的再审之诉

当事人申请再审,是指民事诉讼的当事人对已经发生法律效力的判决、裁定、调解书,认为有错误,向原审人民法院或者上一级人民法院申请再行审理的行为。我国《民事诉讼法》第 199 条规定,"当事人对已经发生法律效力的判决、裁定,认为有错误的,可以向上一级人民法院申请再审"。再审程序是民事诉讼程序制度中的一项补救制度,是一种特殊的复审程序,也是民事诉讼程序制度不可缺少的重要组成部分。在我国的民事诉讼中,人民法院行使国家审判权,依法作出的判决和裁定,一经发生法律效力,任何机关、团体、单位和个人都无权变更或撤销,以维护法律的严肃性和权威性,确保当事人之间权利义务关系的稳定性。但是,生效判决的稳定性必须建立在判决合法、正确的基础上。目前我国社会处于急剧变革之中,民事法律尚处于完善的过程中,司法实践中各种民事案件错综复杂,加之地方保护主义等其他因素的影响,客观上说,即使经过一审、二审作出的、已经发生法律效力的终审判决,也有可能存在裁判错误。按照"以事实为依据,以法律为准绳"的原则,如果已经发生法律效力的裁决确实存在错误,应当依法予以纠正。所以,从一定的意义上讲,设立再审程序的目的就是为了纠正错误的判决,以保证判决、裁定的正确性。

将我国《民事诉讼法》有关再审的规定适用于股东代位诉讼,原告股东、被告认为生效判决认定事实、适用法律有错误的,可以依法申请再审。对此,应当没有什么疑问。但是,公司和其他股东能否申请再审,情况就比较复杂。日本《商法典》第 268 条第(3)项的规定,在股东代位诉讼中,如果原告与被告合谋侵害公司利益,公司和其他股东可以提起再审之诉。我国《民事诉讼法》如何规定公司和其他股东申请再审的权利,还需要深入研究。一方面,股东代位诉讼涉及的当事人范围比较广泛,在有些情况下公司和其他股东没有参加诉讼,但案件的处理结果与其有直接或间接的利害关系,案件的胜诉或败诉与他们的切身利益密切相关。

---

① 参见奚晓明总主编:《最高人民法院商事审判裁判规范与案例指导》(2010 年卷),法律出版社 2010 年版,第 413—414 页。

如果不赋予公司和其他股东提起再审权，已发生既判力的判决可能使公司和其他股东的合法权益受到损害。据此而论，法律应当赋予公司和其他股东提起再审之诉的权利。另一方面，股东提起代位诉讼的前提是，公司怠于或者拒绝起诉，而其他股东得知原告股东提起代位诉讼后亦未参加诉讼，这些都表明，就公司权益受到的特定侵害而言，原告股东是最关心公司利益的人。因此，对于法院作出的生效判决是否需要申请再审，申请再审是否符合公司利益，最好还是应当由原告股东作出决定。公司和其他股东既然未参加诉讼，就应当认为原告股东的决定是符合公司利益的。因此，在通常情况下，为维护公司利益，法律赋予原告股东申请再审权就足够了。只有在特殊情况下，才有必要赋予公司和其他股东申请再审的权利。

根据股东代位诉讼的利益和后果主要由公司承担的特点，我们认为，在下述两种情况下，应当允许公司和其他股东申请再审：(1) 原告股东与被告串谋损害公司利益，或者原告在诉讼中实施了不利于公司和其他股东的诉讼行为的。在这些情况下，原告股东可能不会申请再审，如果不赋予公司和其他股东申请再审的权利，原告的违法行为或不正当行为就会通过生效判决的既判力，给公司和其他股东的利益造成损害。从维护公司和其他股东合法权益，抑制原告股东不法侵害行为的角度出发，应当允许公司和其他股东申请再审。(2) 法院判决由公司承担实体义务的。如前所述，股东代位诉讼的后果最终可能由公司实际承担，例如，原告股东善意诉讼的，如果法院判决原告股东败诉，诉讼费用通常要由公司承担。在这种情况下，公司并未参加诉讼，但却被判决承担实体义务，如果不允许公司和其他股东申请再审，对公司和其他股东就显得不太公平。如前所述，法院判决并未要求公司承担实体义务的，是否申请再审，应当尊重原告股东的意见，不必再赋予公司和其他股东单独提出申请再审的权利。

### 十四、股东代表诉讼中执行申请的提起

股东代表诉讼判决以后，如果被判决承担责任的义务人逾期不履行义务，法院可以应权利人的申请依法强制执行。根据我国《民事诉讼法》和相关规定的精神，申请人必须是法律文书确定的权利人，或者权利继承人、权利承受人。对于股东代表诉讼制度而言，公司作为判决确定的权利人，通常具有申请人民法院强制执行的权利。但是公司被从事违法行为的控股股东、实际控制人、董事控制时，有可能无法有效地提出执行申请。为了保障判决的顺利执行，维护公司的合法权益，法院应当允许股东作为申请人向其提起执行申请。如果公司已经提出了强制执行申请，则股东没有再提起执行申请的必要。

## 十五、如果公司监事会（监事）应股东书面请求向损害公司利益的第三方提起诉讼，但所列诉讼请求与股东请求的事项并不一致，股东能否单独提起诉讼？或者能否允许股东直接加入诉讼？

我国《公司法》第151条在赋予股东提起派生诉讼权利的同时，亦规定了股东提起此类诉讼前向监事会（监事）提出书面申请的前置程序。司法实践中，股东与公司监事会（监事）在公司利益受损之救济方面的利益取向未必完全一致。特别是在公司控股股东或者实际控制人损害公司利益的场合，上述人员在公司中的实际影响力可能直接影响公司监事会（监事）原有职能的正常发挥，其至可能操纵公司监事会（监事）的行为，以怠于提供证据、进行不实陈述等虚假诉讼的形式规避股东正常提起派生诉讼的可能。为避免上述情形发生，如果公司监事会（监事）与股东就公司利益受损情形及损失赔偿范围存在不同诉讼主张的场合，建议不宜以公司监事会（监事）的诉讼主张直接替代股东的诉讼主张，否则可能影响股东派生诉讼制度的功能发挥，甚至可能导致监事会（监事）变相沦为加害人逃避法律责任的避风港。因此，对于股东请求与监事会（监事）诉讼主张并不一致的情形，可以考虑扩大解释《公司法》第151条第2款的规定，视为监事会（监事）拒绝根据股东的书面请求提起诉讼的场合。

至于具体的诉讼形式，如果允许监事会（监事）与股东同案进行诉讼，因双方诉讼主张存在冲突，可能加剧案件审理过程的复杂性。同时，因上述股东与监事会（监事）提起诉讼的事实基础和法律依据均不一致，二者起诉所依据的请求权基础及诉讼标的亦属不同，如列为共同原告，则违背一案一诉的基本要求，也不符合必要共同诉讼中关于共同诉讼标的之要求。此外，在监事会（监事）作为原告提起诉讼的场合，因诉讼结果与公司利益直接相关，故允许公司以第三人身份参加诉讼。此种情况下，如将上述股东追加为有独立请求权的第三人，似乎亦属不妥。股东对于监事会（监事）起诉的诉讼标的并无独立请求权，其系为公司利益提起诉讼，但公司已作为第三人在诉讼中出现，故上述股东以该身份参加诉讼并不符合《民事诉讼法》关于有独立请求权第三人的法定要件。因此，我们建议，可以考虑允许股东就该部分诉讼主张另案单独提起派生诉讼，但可以视具体案情考虑采取合并审理，即采取所谓的普通共同诉讼形式：两个诉在实质上相互独立，其中一原告的诉讼行为对其他共同诉讼人不发生效力。

# 第十六章　股东损害公司债权人利益责任纠纷裁判精要

> **案由释义**
>
> 　　股东损害公司债权人利益责任纠纷是指公司股东因滥用公司法人独立地位和股东有限责任,逃避债务,严重损害公司债权人利益,对公司债务承担责任的民事纠纷。
> 　　《公司法》对公司股东滥用公司法人地位和股东有限责任作出了规制,确立了公司人格否认制度。公司人格否认制度,又称揭开公司面纱、刺破公司面纱制度。该制度是在承认公司具有法人人格的前提下,在特定的法律关系中对公司的法人人格及股东有限责任加以否定,以制止股东滥用公司法人人格及有限责任,保护公司债权人的利益。
> 　　《公司法》确立公司人格否认制度,符合中国公司实践的客观需要,有利于解决股东滥用公司法人地位和股东有限责任逃避债务、侵害债权人利益的问题。

## 一、司法实践中运用法人人格否认的常见情形

目前我国司法实践中运用法人人格否认理论否认子公司人格,主要集中在以下情形:(1) 子公司法人人格的形骸化。主要表现在财产、人员与业务的混同,如子公司与母公司营业场所、办公设施同一,董事或高管完全相同,母、子公司之间的业务活动完全相同,具体交易行为也不单独进行。(2) 过度控制。主要表现在子公司的决策权掌握在母公司手中,母、子公司之间的合同更有利于母公司,子公司长期以无利润的方式经营。(3) 子公司成立瑕疵。主要表现在子公司成立程序不合法,或母公司对子公司出资不实。(4) 母子公司之间关联交易。母公司任意占用子公司资金,以不利于子公司利益的方式与子公司进行交易,达到转移子公司资产的目的。现实生活中,关联交易大多发生在上市公司与母公司之间,母

公司在与上市公司进行关联交易时,可以利用其在上市公司中的优势地位影响关联交易正常进行,以不合理的高价将其产品或劣质资产出售或置换给上市公司,换取上市公司的现金或优良资产;或者以不合理的低价从上市公司购买产品或资产,甚至不支付价款,致使上市公司资金被长期占用,严重影响上市公司的正常生产经营,进而损害中小股东和债权人的合法权益。[1]

## 二、公司法人人格形骸化的具体表现

公司法人人格否认制度适用的主要情形之一为公司法人人格形骸化。公司法人人格完全形骸化的情形是指公司实际上是完全由一个股东控制的公司,公司已变成一个空壳,成为股东的另一个自我,或成为代理机构和工具,双方无法区分,以至于形成股东即公司、公司即股东的情况。在一人公司中尤为常见。公司人格形骸化一般从以下几个方面来认定:

(1) 财产混同。财产混同是指公司的财产不能与该公司的成员及其他公司的财产作清楚的区分,或公司的盈利与股东的收益之间没有区别,公司的盈利可以随意转化为公司成员的个人财产,或者转化为另一个公司的财产。财产混同主要表现在,公司营业场所与其股东的营业场所相同;公司账簿与股东账簿不分;股东与公司之间相互转移财产等。

(2) 机构与人员混同。主要表现为母子公司、姐妹公司的董事会成员相互兼任,总经理及高级管理人员统一任命,甚至连雇员都基本相同。"一套人马、几块牌子",就是我国存在的一种典型的公司机构人员混同的情形。由于人员的高度一致性,致使各个公司之间很难真正形成独立的决策。

(3) 业务混同。公司业务经营常以股东个人名义进行,以至于与之进行交易的相对方根本无法分清到底是与公司还是股东进行交易活动。[2]

## 三、资本显著不足可否作为否定公司法人人格的事由

2013年《公司法》虽然取消了法定最低资本额的规定,但与公司资本相伴而生的股东出资义务却并不随之消灭。公司资本来源于股东的出资,要保障公司资本的真实与可靠,必以股东出资的真实有效为条件,在最低资本额制度之下,既有法定最低资本额的门槛,必有股东出资义务的底线,而今没有了最低资本额,股东的出资义务没有了最低的极限,但并不意味着股东出资义务的免除。决定每一公司股东出资范围的并非法定最低资本额,而是公司自我设定的注册资本。该资本一经确定并注册登记,即产生了全体股东的出资义务。最低资本额的取消,改变的只是股东出资义务的数额,而非股东出资义务本身。股东出资义务既是约定义务

---

[1] 参见宋建立:《法人人格否认理论的实际应用》,载《人民司法·案例》2008年第16期。

[2] 参见同上。

也是法定义务。就约定义务而言,每一公司的资本多少和各个股东认购的出资额的确完全取决于股东的自愿。与此同时,当资本被注册、股东认购的出资额被登记后,股东即应依法承担资本项下的出资义务,这又体现出股东出资义务的法定性,而这种义务从约定转换到法定的合理根据则在于注册资本应有的公示效力。

与此相关的更深层次司法问题则是公司资本不足对公司法人人格及股东责任的影响。尽管法无最低资本要求,但不意味着从事特定营业活动的公司没有最低资本的经营需求。因此,在法理上,公司资本不足是公司法人格否认的重要事由,而公司法律人格一旦被否定,股东对公司债务的清偿责任就不再限于其认缴的出资额。我国的法人格否认制度引进时间尚短,在最低资本额的限制之下,资本显著不足的问题被掩藏,没有了法定最低资本,以资本显著不足而否定公司人格的问题将会凸显。

### 四、股东之间的共有关系可否作为否认公司法人人格的事由

无论是在学界抑或审判实务界,常常否认股东之间存在财产共有关系的公司的法人人格,对于夫妻公司更是毫不留情。此种认识,实为对公司法的误解。

首先,法人人格的独立性表现为独立的财产、独立的意思和独立的责任。法人财产独立性是指法人的财产独立于其出资人和经营管理人员以及其他社会主体。法人财产独立性并不包括出资人之间财产的相互独立。公司出资人之间是否存在共有关系,并不影响公司法人人格的独立。其次,否认公司法人人格必须备齐各个法定要件,最主要的是必须存在股东滥用公司法人独立地位和股东有限责任的行为。股东之间的共有关系只是提供了这种滥用的可能,绝不等同于滥用行为本身。再次,对于一人公司,我国法律都予以认可,而非不盲目否定其独立人格,则对共有人之间的公司更无理由仅因股东之间存在共有关系而否认其法人人格。

### 五、公司人格否认原告的范围

《公司法》第20条所称的"公司债权人",既包括民事关系中的各类债权人(包括但不限于契约之债的债权人、侵权行为之债的债权人、无因管理的债权人和不当得利之债的债权人),也包括劳动关系中的债权人(劳动者),还包括行政关系中的特殊债权(如国家税收债权)等。因此,在纳税人滥用公司法人资格偷漏税时,税收征收管理机关也有权援引该条规定,请求公司及其背后的滥权股东承担缴纳税款的连带责任。

我们认为,法官在揭开公司面纱之时,还应区分自愿的债权人与非自愿的债权人。侵权行为之债的债权人(受害人)在通常情况下往往缺乏事先与侵权人讨价还价的机会,更无从容的时间与机会向侵权人索要真实、合法、有效的担保手段。而且,在侵权行为发生之前,侵权的具体损害往往并不确定。

鉴于侵权行为中的受害人往往是社会弱势群体(如劳动者、行人、消费者),为充分体现以人为本的思想,法官在应债权人之所请揭开公司面纱之时,应当对非自愿的债权人(侵权行为的受害者)稍微宽容一些。倘若契约之债的债权人蒙受债务人公司及其控制股东的不法欺诈,人民法院也应采取与非自愿的债权人相同或者近似的态度。

有人问,控制股东可否为了自己的利益而主张揭开子公司的面纱?答案是否定的。因为,揭开公司面纱制度是为了保护公司债权人而非股东的利益而设,《公司法》第20条第3款亦不允许控制股东援引该条之保护。否则,控制股东可以随心所欲地揭开公司面纱,进而为自己规避风险,给他人制造风险。

公司保证人承担保证责任后,享有对公司进行追偿的权利,该种追偿权本质上仍然是一种债权,因此承担了保证责任的公司保证人可以依据《公司法》第20条第3款规定请求否认公司法人人格。不过,根据《中华人民共和国担保法》(以下简称《担保法》)规定,即使保证人尚未承担保证责任,在债务人进入破产程序后,债权人未申报债权的,保证人可以参加破产财产分配,预先行使追偿权。此时,对于公司保证人是否可以主张否认公司法人人格或有争议。我们认为,此时的公司保证人应当享有该种权利,因为此时的公司保证人是公司的或有债权人。虽然公司的或有债权人原则上不得在债权确定之前对债务人主张权利,但是债务人进入破产程序构成该原则的例外,无论是《中华人民共和国企业破产法》(以下简称《企业破产法》)第47条抑或《担保法》第32条均体现了该种精神。因此,公司保证人预先行使追偿权时,有权主张否认公司法人人格。

### 六、公司人格否认原告债权人的举证责任

根据我国《公司法》第20条第3款的立法精神,公司的债权人要主张揭开公司面纱,请求股东承担连带责任,必须就以下内容承担举证责任:(1)股东实施了滥用公司法人独立地位和股东有限责任的行为,而且构成了逃避债务的行为。其中的"公司法人独立地位"和"股东有限责任"乃一体两面,法律并不苛求被告股东既滥用公司法人独立地位,又滥用股东有限责任。实际上,滥用公司法人独立地位的同时就滥用了股东有限责任;滥用了股东有限责任,就等于滥用了公司法人独立地位。(2)债权人利益受到严重损害,而非一般损害。揭开公司面纱是救济债权人的最后一个手段。此处的"严重损害",不是一般损害,更不是轻微损害,而是指公司不能及时足额清偿全部或者大部分债务。不能简单地因为债务人公司暂时不能清偿债务,就视为债权人利益受到了严重损害。造成严重损害的原因不仅在于债务人公司拒绝或者怠于清偿债务,更在于债务人公司滥用公司法人资格。(3)股东的滥权行为与债权人的损失之间存在合理的因果关系。以上三大举证责任缺一不可。可见,债权人承担着比较沉重的举证责任。

不过,《公司法》第63条对于一人公司采取了法人人格滥用推定的态度,即举

证责任倒置的态度。接踵而至的问题是,如何理解第63条与第20条第3款之间的相互关系?通读立法框架,第20条第3款的规定位于第一章总则,而第63条的规定位于分则中的第二章有限责任公司。可见,前者为一般法律规定,后者为特别法律规定。依据特别法优于普通法的原则,第63条有关举证责任倒置的规定应当优先适用。实践中,有人建议将举证责任倒置态度从第63条规制的一人有限责任公司推广到第20条规制的各类公司。我们认为,为慎重适用揭开公司面纱制度,建议未来《公司法》修改时维持区分对待一人公司和多人公司的立法态度。

## 七、公司人格否认被告范围

揭开公司面纱不等于说追究所有股东对公司债务的连带责任。揭开公司面纱的后果仅应加之于控制股东。《公司法》第20条所称的"股东"既包括一人公司中的唯一股东,也包括股东多元化公司(含有限责任公司和股份有限公司)中滥用权利的控制股东,但不包括诚信慎独的股东尤其是小股东。因此,揭开公司面纱时应当注意区分消极股东与积极股东。只有积极股东或者控制股东才应当蒙受公司面纱被揭开的不利后果。

实践中,奸诈之人有可能滥用"稻草人"股东之名,行滥用公司法人资格之实。对于此等"实际控制人",可否适用第20条第3款?我们主张对第20条所称的"股东"作扩张解释,从而将实际控制人(包括实质股东)涵盖其内。

至于法院应否区分自然人股东与法人股东,应当具体情况具体分析,不宜一概而论。诚信的自然人股东有可能慎独自律,而奸诈的法人股东也有可能大肆玩弄厚黑学与三十六计,疯狂地欺诈债权人,逃废巨额债务。

《公司法》第20条第3款规定的揭开公司面纱制度仅就股东与公司之间的公司面纱而言,至于兄弟公司的债权人可否主张揭开相关联公司的面纱,责令兄弟公司对彼此债务连带负责,只能留待法律解释。我们对此持肯定见解,但需要对《公司法》第20条第3款作出扩张解释。当控制股东滥设一串"糖葫芦公司",导致此类公司间财产和责任界限模糊,坑害兄弟公司的债权人时,法院也可否定公司法人资格,责令控制股东、沦为木偶的兄弟公司与债务人公司一道对债权人承担连带债务清偿责任。换言之,否认公司人格不仅适用于控制股东与公司之间、母公司与子公司之间的法律关系,也可能适用于兄弟公司之间的法律关系。

有人问,揭开公司面纱后对公司债权人承担责任的主体是否仅限于股东,抑或适用于公司董事等高管人员?我们认为:倘若董事违背对公司的忠实与勤勉义务,应当对公司承担民事责任。倘若公司怠于或拒绝对其提起诉讼,股东可以依据《公司法》第151条之规定,为维护公司利益而对其提起股东代表诉讼;倘若公司及其股东均不对董事提起民事诉讼,公司的债权人可以基于《合同法》第73条之规定,对失信董事提起代位权诉讼。因此,公司债权人可援引《公司法》第20条第3款要求滥用公司人格的股东对公司债务连带负责,而不宜据此要求公司的董事对公司的债务连带负责。倘若董事自身兼具股东身份,则债权人可以针对该董事的股东身份向法院提起揭开公司面纱的诉讼。

## 八、公司人格否认被告股东滥用事实的认定

《公司法》第20条在实践中能否得到妥当执行的关键难点在于如何理解"滥用"二字?毕竟,法官和仲裁员都不能滥用"滥用"二字。滥用公司法人独立地位和股东有限责任是相对于合理使用公司法人独立地位和股东有限责任而言的。因此,"滥用"二字是一个模糊语词,是一个具有高度弹性化的概念。稍有不慎,合理使用就有可能被认定为滥用。而合理使用公司法人独立地位和股东有限责任恰恰是现代公司帝国得以成长壮大的制度秘笈。因此,努力消除"滥用"二字的不确定性,增强可操作性,便成为法解释学中的难点问题。

我们认为,所谓"滥用公司法人独立地位和股东有限责任",是指股东为了追求不当利益,以违背诚实信用原则、严重损害债权人的方式而利用公司法人独立地位和股东有限责任。从我国公司实践看,控制股东滥用公司法人独立地位和股东有限责任的情况五花八门。我们将最常见的情形概括为两种:股权资本显著不足以及股东与公司之间人格的高度混同。

### (一) 股权资本显著不足(资本弱化)

#### 1. 股权资本显著不足的认定要综合考虑多种因素

股权资本显著不足(Undercapitalization)又称"资本弱化",是指股东投入公司的股权资本与公司从债权人筹措的债权资本之间明显不成正比例的公司资本现象。股权资本显著不足的公司(Thin Corporation, Undercapitalized Corporation)就是一家股权资本过于稀薄的公司。其中的"股权资本"是指被告股东在内的股东投入公司的股权资本总额,而债权资本是指公司从包括原告债权人在内的所有债权人筹措的债权资本,而不限于主张揭开公司面纱的特定债权人的债权数额。

判断一家公司的股权资本是否显著不足,不是看其股东出资是否低于最低注册资本。即使股东的股权出资大大高于最多注册资本的门槛,仍有可能导致公司股权资本显著不足。我们认为,股权资本显著不足的精髓在于,股权资本与债权资本之间的比例过低,如1:10甚至1:20。当然,除了研究股权资本与债权资本之间的比例,更要综合考虑该公司所属的行业性质、经营规模(包括营业额、销售量)、雇工规模和负债规模、责任保险等多种相关因素,进而判断公司对股权出资的需求程度。

假定一家房地产有限责任公司的股东投入公司的股权资本为1000万元人民币,而公司从银行筹措的债权资本为10亿元人民币,则股权资本和债权资本的比例为1:100。这显然是一家"小马拉大车"的资本显著不足的公司。法院或者仲裁机构就应毫不犹豫地揭开这家"骨瘦如柴"的公司的面纱,责令背后"大腹便便"的控制股东对公司债务连带负责。

当然，法院或者仲裁机构在考虑股东投入公司的股权资本的充足性时，还可以附带考虑股权资本的替代化风险抵御措施，如责任保险范围的充分性等。倘若一家公司的股权资本及其为赔偿用户等债权人的潜在损失而购买的责任保险共同作用，足以保护公司的债权人，则法院或者仲裁机构可以不揭开公司面纱。

2. 揭开公司面纱是对资本弱化现象的后端控制

美国法院在司法实践中提炼出股权资本显著不足的概念，并乐意在此种情形下为了保护公司的债权人而揭开公司面纱。如果把最低注册资本门槛划入前端控制的范畴，则揭开公司面纱可纳入后端控制的范畴。美国诸州公司法已无最低注册资本制度。这意味着，美国公司法对公司债权人的保护策略是后端控制策略，也就是"秋后算账"，而非前端控制策略。其优点之一是，立法者非形而上学地预设一个缺乏科学性的最低注册资本门槛，因而不压抑投资者兴办公司的积极性与创造性，允许与鼓励投资者白手起家，这也是鼓励个人奋斗的美国精神之一；优点之二是不放弃在公司设立之后审视股权资本之多寡，进而决定是否揭开公司面纱。在缺乏前端控制的情况下，投资兴业活动如鱼得水。于是，有些幸运的投资者空手套白狼也能成功。也就是说，虽投资者投入公司的股权资本过低，但经过其诚信而苦心的经营活动，公司业绩蒸蒸日上，公司债权人获得圆满清偿。此时，空手套白狼的股东也没有连带责任之忧。倘若投资者惨遭失败、公司债台高筑，则公司的债权人可以运用后端控制手段追究投资者的债务清偿责任。

3. 判断资本显著不足的标准不能拘泥于最低注册资本

最高人民法院在1994年3月30日所作的《关于企业开办的企业被撤销或歇业后民事责任承担问题的批复》第1条区分投资者实际出资的不同程度，系统地阐述了运用最低注册资本制度判断投资者是否对企业债权人承担债务清偿责任的三大"傻瓜公式"。企业开办的其他企业被撤销、歇业或者依照《企业法人登记管理条例》第22条规定视同歇业后，其民事责任承担问题应根据下列不同情况分别处理：(1) 企业开办的其他企业领取了企业法人营业执照并在实际上具备企业法人条件的，根据《民法通则》第48条的规定，应当以其经营管理或者所有的财产独立承担民事责任；(2) 企业开办的其他企业已经领取了企业法人营业执照，其实际投入的自有资金虽与注册资金不符，但达到了《企业法人登记管理条例施行细则》第15条第(7)项或者其他有关法规规定的数额，并且具备了企业法人其他条件的，应当认定其具备法人资格，以其财产独立承担民事责任。但如果该企业被撤销或者歇业后，其财产不足以清偿债务的，开办企业应当在该企业实际投入的自有资金与注册资金差额范围内承担民事责任；(3) 企业开办的其他企业虽然领取了企业法人营业执照，但实际没有投入自有资金，或者投入的自有资金达不到《企业法人登记管理条例施行细则》第15条第(7)项或其他有关法规规定的数额，或者不具备企业法人其他条件的，应当认定其不具备法人资格，其民事责任由开办该企业的企业法人承担。

在该《批复》的影响下，许多地方法院自觉不自觉地套用其中的"傻瓜公式"以认定股东对公司债务的清偿责任，不仅将之适用于公司开办的其他公司被撤销或者歇业的情形，而且适用于公司尚未被撤销或者歇业的情形。

鉴于2005年修订的《公司法》大幅下调公司的最低注册资本以及2013年修订的《公司法》整体上取消最低注册资本，最低注册资本在保护债权人方面的功能也就大打折扣甚至不复存在。这意味着《批复》创设的、以最低注册资本作为判断公司资本是否显著不足的"傻瓜公式"已经失灵了。法院或者仲裁机构应当与时俱进，改弦易辙，将静止、僵化的"傻瓜公式"升级为动态、弹性的股权资本显著不足标准。须知，达到最低注册资本是股东享受有限责任待遇的必要条件，但不是充要条件。当然，倘若股东的实际缴纳出资不但低于公司的注册资本，更低于法定最低注册资本，当然应当揭开该公司的面纱。

4. 资本弱化策略导致的避税与反避税

以投资风险与投资收益的内容为准，商人的投资方式包括权益投资（股权投资）和债权投资。在实践中，很多企业之所以愿意对其子公司采用债权投资的方式，进而相应减少权益投资，并非偶然。首先，债务人支付给债权人的利息可在税前抵扣，而股东获得的股利却不能在税前扣除，这就使得某公司的债权投资享有得天独厚的"天然税收优势"。母公司对子公司提供借款，一方面缓解了子公司的融资难问题，另一方面使得母公司获得了比权益投资更大的投资回报。其次，许多国家对非居民纳税人获得的利息征收的预提所得税税率低于对股息征收的企业所得税税率，致使跨国公司对其子公司采用债权投资比采用股权投资的税收负担大大减轻。为降低集团整体的税收负担，甚至实现避税或逃税的目的，债务人和债权人同属于一个利益集团的跨国公司就有动机操纵融资方式，刻意设计资金来源结构，加大借入资金比例，扩大债务与权益的比率，人为弱化子公司的股权资本结构，导致在公司出现"软骨病"现象。

有鉴于此，许多国家在税法上对关联方之间的债权性投资与权益性投资比例作出限制，防范企业通过操纵各种债务形式的支付手段，增加税前扣除，降低税收负担。我国2007年颁布的《企业所得税法》第46条也规定了应对资本弱化的法律对策："企业从其关联方接受的债权性投资与权益性投资的比例超过规定标准而发生的利息支出，不得在计算应纳税所得额时扣除。"《企业所得税法实施条例》第119条将"债权性投资"界定为企业直接或者间接从关联方获得的，需要偿还本金和支付利息或者需要以其他具有支付利息性质的方式予以补偿的融资。企业间接从关联方获得的债权性投资，包括：关联方通过无关联第三方提供的债权性投资；无关联第三方提供的、由关联方担保且负有连带责任的债权性投资；其他间接从关联方获得的具有负债实质的债权性投资。"权益性投资"被界定为企业接受的不需要偿还本金和支付利息，投资人对企业净资产拥有所有权的投资。至于《企业所得税法》第46条所称的"标准"，则由国务院财政、税务主管部门另行规定。

**(二) 股东与公司之间人格的高度混同**

在股东对公司的过度控制下,股东与公司之间人格的高度混同现象错综复杂:既包括核心人格特征(如人员、机构、业务、财务、财产)的混淆,也包括外围人格特征(如信封信纸、电话号码、传真号码、电子邮件地址、网址、工服)的混淆。最常见的现象是"一套人马,两块牌子"。

具体说来,有以下几种表现形式:(1) 股东与公司之间在资产或财产边界方面的混淆不分。属于子公司的财产登记在母公司名下;子公司的财产经常处于母公司的无偿控制和使用之下;控制股东长期掏空公司的资产尤其是优质资产,而未对公司予以充分、公平的赔偿等;控制股东对公司负有巨额债务,而公司在控制股东的操纵下长期拒绝或者怠于追索。(2) 股东与公司之间在财务方面的混淆不分。股东甚至和公司共用一本账,共享一个银行账号。(3) 股东与公司之间在业务方面的混淆不分。股东与交易伙伴签订的合同往往由公司履行;公司与交易伙伴签订的合同往往由股东履行。(4) 股东与公司之间在机构方面的混淆不分。例如,母子公司共有一个营销部、人力资源部、办公室等。(5) 股东与公司之间在人员方面的混淆不分,母子公司之间的董事、经理和其他高级管理人员交叉任职过多过滥。(6) 子公司的机关陷入瘫痪状态,母公司直接操纵子公司的决策活动。例如,有些母公司直接向子公司发号施令,下达生产指标;或越过股东会直接任免子公司的董事、监事;或越过子公司的董事会直接任免子公司的经理和副经理。(7) 其他方面的人格混同。例如,母子公司共用落款同一公司的信封信纸,共用一部电话总机,共用一个网站,共用一个电子邮件。

为慎重起见,法院或者仲裁机构在认定股东与公司之间人格高度混同的事实时,应严格掌握标准,不宜因为存在单一的、非关键的混淆现象就遽然否定公司法人资格。

除了股权资本显著不足以及股东与公司之间人格的高度混同,控制股东滥用公司法人独立地位和股东有限责任的情况还有其他表现形态。例如,有人建议控制股东操纵下的公司拒不清算,也可视为揭开公司面纱的情况。我们亦深表赞同。

## 九、公司人格否认的公司类型

从理论上而言,否认公司人格适用于各类股东设立的各类公司,既适用于上市公司,也适用于非上市公司;既适用于股东主体多元化的公司,也适用于一人公司。在2013年修订后的《公司法》基本取消最低注册资本的门槛后,各类公司及其控制股东势必良莠不齐,有限公司股东滥用法人资格的概率可能高一些,法院否定公司法人资格的概率因而水涨船高。

由于《公司法》第63条对一人公司股东采取了法人人格滥用推定态度,大幅降低了一人公司的债权人的举证负担,可以预言:在未来司法实践中,一人公司被揭开公司面纱的概率将在诸多公司类型中位居榜首。尤其是在市场准入门槛很低、经营风险很高的产业。例如,出租车司机张某以自己一辆价值20万元的轿车作价出资设立一人公司后,由于交通肇事导致多名行人丧生。倘若一人公司没有购买足额的责任保险,而且在交通肇事时汽车毁损,受害人家属就可以考虑请求法院揭开公司面纱,由一人股东张某对受害者家属承担损害赔偿责任。这一观点不仅适用于一人单车公司,也适用于一人单船公司。

有限责任公司尤其是一人公司被揭开公司面纱的概率高,并不意味着股份有限公司就不能被揭开公司面纱。只要股东滥用公司法人资格、逃避债务的,债权人就有权请求法院揭开公司面纱。上市公司的面纱可否被揭开?在美国,至今尚未发生上市公司被揭开公司面纱的案例。这与美国上市公司的股权结构高度分散,不存在一股独霸的市场结构,恶意股东很难滥用公司法人资格有密切关联。鉴于我国许多上市公司存在着一股独大和一股独霸的高度集中的股权结构,不少控股股东尚未养成慎独自律的行为习惯,控股股东滥用上市公司人格欺诈债权人、悬空债权人的现象此起彼伏。我们认为,倘若恶意股东滥用上市公司的人格,导致上市公司丧失法人应有的独立性,具备了揭开公司面纱的条件,人民法院也应大胆而审慎地揭开上市公司的面纱。

对设立过程中的公司可否适用揭开公司面纱制度?不能。因为,设立中的公司尚不具备独立法人资格。倘若设立中的公司对外发生债务,发起人违约侵权,则债权人完全可以追究发起人的民事责任,而无需启动揭开公司面纱的程序。另外,从逻辑上说,揭开公司面纱的默示前提是存在可资揭开的法人面纱。倘若一家设立中的公司未取得法人资格,自然无公司面纱可以揭开。

揭开公司面纱制度究竟仅在公司破产阶段适用,还是在公司正常经营阶段适用?我们认为,在公司进入破产阶段当然可以适用揭开公司面纱制度,但在公司正常经营阶段也可以适用。关键是,债权人要举证证明被告股东滥用了公司法人资格和股东有限责任待遇,并且给债权人造成严重损害。这一解释也符合我国许多资不抵债的公司迟迟不进入破产程序的国情。不能因为英美法院多在公司进入破产程序后才使用揭开公司面纱制度,就要求我国亦步亦趋。

### 十、公司人格否认在一人公司中的适用

一人公司在一片争论声中获得了《公司法》的承认,却未能消除人们对一人公司弊病的种种担忧。一人公司是特殊的公司形态,依法只有单一股东,这种法律特性决定了一人公司在运营中容易产生"由股东个人行使股东会全部职权""股东一人身兼股东、董事、经理数职并行使相应职权""公司'所有'与'经营'难以分离"等现象。一人公司由单一股东组成,单一股东当然拥有较大控制权,因为缺少了其他股东的牵制,公司内部制衡有所削弱,一人公司股东滥用公司法人人格独

立地位和股东有限责任,损害债权人利益或社会公共利益的机会主义风险大为提高。作为应对之策,各国除了加强对一人公司的特殊立法规制外,实践中还加强了法人人格否认法理的适用力度。

必须指出,一人公司无疑是最适于适用法人人格否认的公司形态,也是最容易出现滥用法人人格否认法理的领地。对于一人公司的高度不信任感,更容易诱发法人人格否认法理的滥用。法人人格否认制度作为法人人格独立制度的必要补充和修正,它在形式上与法人人格独立相互对立,在实质上却是对同一事物的不同展现,前者强调正面揭示,后者侧重于反面阐释。法人人格独立体现了鼓励投资等效率价值的追求,法人人格否认旨在对矫正不当利用公司法人人格所产生的不公正结果。唯将两者结合适用,才能充分实现法人制度的价值功能。相反,过度强调法人的人格独立,抑或是无度适用法人人格否认法理,都将损害到公司法的价值追求,损及法人制度的整体价值功能。在将法人人格否认规则适用于一人公司时,必须贯彻这样的理念,不能基于一人公司独特的制度属性而否定一人公司的法律人格。否则,就将彻底背离了法律承认一人公司的立法初衷。

在一人公司中,究竟应当如何适用法人人格否认制度?我们认为,一人公司是特殊的公司形态,自当适用法人人格否认的规则。但是,考虑到公司股东单一性和股东控制权过大的法律特征,以及由此易于产生法人人格形骸化的现实特点,在适用法人人格否认规则时,应当重点关注如下具体情形:

1. 过度控制行为的认定。基于股东单一性的特点,我国《公司法》规定,一人公司不设股东会并由股东行使股东会的全部职权,结合公司法其他规定,一人公司还可只设执行董事,该执行董事还可兼任经理。由此可见,法律本身就允许股东身兼数职并拥有很大控制权,这既是一人公司的法律特征,也是一人公司易于决策、治理结构简单、治理成本较低、机动灵活的优势所在。在实践中,绝不能仅仅因为股东身兼数职或控制权较大就断然否定其公司人格,对一人公司也必须结合《公司法》第20条等规定,综合认定是否构成公司人格否认。只有在出现股东滥用控制权,并以非法抽走公司财产等方式逃避公司债务时,才能适用公司人格否认规则。

2. 财产混同的认定。一人公司股东身兼数职并对公司有极大控制权,容易诱发股东财产和公司财产界限模糊不清,股东恶意转移财产等现象。针对此等情况,我国《公司法》第63条规定,一人有限责任公司的股东不能证明公司财产独立于股东自己的财产的,应当对公司债务承担连带责任。但是,该条款只是确立了在财产独立性上实行举证责任倒置规则,而不能说明一人公司的财产没有独立性。在实践中,只要股东能在股东财产与公司财产上做到分别列支列收,单独核算,利润分别分配和保管,风险分别承担,就应当认定实现了公司和股东财产的分离。至于有的集团公司对一人公司在财务事项,包括预算结算、投资建设等方面进行的统一管理,并不破坏一人公司财产的独立性和导致财产的混同。

3. 业务混同的认定。在法人人格否认中,业务混同主要表现为股东和公司从事同一业务,而且彼此开展营业时不加区分,从而使交易相对人无法辨认交易主体的身份。因此,在实践中,只要股东和公司能够分别以不同身份开展营业,并且不存在篡夺公司机会或恶意使公司逃避债务等情形,就应当尊重和维护一人公司的独立人格。

4. 组织机构混同的认定。当一人公司作为其他公司的子公司或公司集团成员时,容易出现"一套机构、两块牌子"的现象,乃至出现集团统一任免管理人员的现象。是否因此而一概直接否定一人公司的法人资格？我们认为,也应区别具体情况,分别作出认定。"一套机构、两块牌子"只是一种实务上的称谓,实际上有两种情况:一是集团公司和子公司共同受一个董事会、监事会和经理机构的直接管理;二是集团公司和子公司分别设有各自的董事会、监事会和经理机构,仅在机构成员上存在重合。前者无疑是否认子公司人格的重要事实之一,但在后者情况下,如果这些机构管理人员在履行职责时,分别使用不同公司的身份,并就公司管理事项分别实施相应的行为,就不应得出机构混同的结论。

综上,公司和股东的分离原则已成为我国公司人格独立的制度前提,也是适用法人人格否认法理的风向标。只有当公司未能达到分离原则的相应标准时,才能根据"不尊重公司人格者,也不应主张公司独立人格保护"的法理否认公司的人格。唯有如此,才能使法人人格独立与法人人格否认制度分别得到恰如其分地应用,充分实现一人公司的制度价值。在将法人人格否认规则适用于一人公司时,司法工作者应当坚持这一核心理念,并应结合有关一人公司的特殊要求以及《公司法》第 20 条的规定,作出具体和准确的认定。既要及时以法人人格否认制度纠正在适用公司独立性中的偏差,又要防止滥用人格否认损害一人公司的应有价值,避免在事实上废止法律规定的一人公司制度。

## 十一、公司人格否认的法律效果

揭开公司面纱的效力仅限于特定当事人间的具体法律关系,具有浓郁的相对性与特定性,而不具有绝对性与对世性。即使某公司的法人资格被否认,也并不意味着该公司的法人资格在其他法律关系中被否认。这与公司因解散、破产而清算,从而在制度上绝对、彻底丧失法人资格的情形大相径庭。因此,公司人格否认法理的适用条件和法律效果,比起彻底消灭公司法人资格要缓和、温和得多。

公司人格否认的不利后果只能降落于有过错的当事人(尤其是控制股东)头上,而不殃及无辜当事人。假定控制股东滥用法人资格,大量侵占公司财产,给公司债权人造成不利,债权人只能追究控制股东的债务清偿责任,但不能伤及其他善良的中小股东。

## 十二、公司人格否认是否应当考虑股东的过错因素

法院在决定适用人格否认法理时,是否需要考虑股东滥用公司法人人格的行

为在主观上存在过错,一直存在争议。德国及澳大利亚的民法均要求以"对他人施加损害为目的",而日本从举证责任的角度出发,在20世纪50年代末期司法判例中就不再强调主观故意,如日本学者我妻荣主张,要从客观的角度出发,而不应拘泥于权利滥用者的主观态度。德国的司法判例也开始转变观念,形成了客观滥用学说占主导的局面。①

我国法院适用公司法人人格否认制度时,应当坚持客观滥用说,无须考虑公司股东是否具有主观过错。首先,我国《公司法》第20条第3款规定:"公司股东滥用公司法人独立地位和股东有限责任,逃避债务,严重损害公司债权人利益的,应当对公司债务承担连带责任。"该条并未要求股东须具有主观过错,与《民法通则》第106条第2款规定侵权行为的过错要件形成鲜明对比。法律既无要求,法院自然不宜强加。其次,侵权责任以过错为构成要件,目的是为了调和个人自由与社会安全之间的紧张和冲突,也是伦理道德和公平正义的要求。公司制度下,股东滥用公司法人独立地位和股东有限责任的行为本身就是对权利的滥用,侵害交易安全,侵犯债权人的优先受偿权,违反公平正义,因此无须再另外要求行为人的主观过错。

### 十三、公司人格否认引起的股东连带责任性质的认定

我国理论界和实务界针对公司人格否认引起的连带责任性质,存在不同的学说,主要是无限连带责任说、无限责任说和补充责任说。无限连带责任说认为,股东对公司债务承担无限连带责任,因为这样理解符合《公司法》第20条第3款的文义解释。本条明确使用了"连带责任"的提法,对公司人格予以否认,股东承担责任自然不限于其出资,因此应当认定为"无限责任"。无限责任说认为,我国《公司法》规定的连带责任是错误的,因为在公司人格否认的场合,是股东独自承担无限责任,公司不应当被连带进来。因为是股东滥用公司的独立人格和股东的有限责任,应当由股东承担无限责任。补充责任说认为,各国均在特定条件下追究股东对公司债权人的债务责任,这种责任并非是连带责任,而是有所限制,即仅要求股东在对公司造成损失的限度内承担补充责任。因为在有些情形下,股东滥用公司人格的行为对公司实施控制造成的损害或者不利可能不大,却要求其对由于公司本身经营不善而产生的巨额债务承担连带责任,不符合公平原则。因此,应当认定为补充责任,且限于由于股东不当行为给公司造成的损害范围之内。②

我们认为,从解释论角度来看,由于《公司法》明确规定了连带责任,因此"无限连带责任说"符合《公司法》的本意和第20条第3款的文义。公司股东滥用公司法人独立地位和股东有限责任,逃避债务,严重损害公司债权人利益的,应当对

---

① 参见吴剑平:《完善法人人格否认制度之我见》,载中国民商法律网。
② 参见奚晓明、金剑锋:《公司诉讼的理论与实务问题研究》,人民法院出版社2008年版,第565页。

公司债务承担连带责任,这一点已为《公司法》明确规定,诚无疑义。但是尚有争议的是股东的连带责任是共同连带责任抑或补充连带责任。实际上,该问题在公司法制定过程中即有争议。全国人大常委会法工委副主任安建主编的《中华人民共和国公司法释义》明确否定了补充连带责任说,认为基于公司已经失去法人人格的现实,应当追究股东和公司的共同责任。该种观点符合公司法人人格否认制度的本质,应当采纳。主要理由是,第一,补充连带责任说不利于提高效率,操作中必将违背立法本意。具体而言,如果赋予股东先诉抗辩权,意味着债权人在提起法人人格否认之诉之前增加了一个前置程序,即必须先起诉公司,只有对公司不能清偿的部分才可以起诉股东主张连带责任,大大增加了债权人起诉的成本。事实上,等到第一个终审判决作出之日,股东如果真想恶意躲债,早已将资产转移殆尽,即使后面的法人人格否认之诉债权人能够胜诉,也无法得到执行。第二,共同连带责任说有充足的理论根据。补充连带责任说一个重要理由在于《公司法》规定的法人人格否认要件之一在于严重侵害债权人利益,如果公司尚有清偿能力,自然谈不上对债权人利益的侵害,更谈不上严重侵害,因此提起法人人格否认之诉必须以公司不能清偿为前提。实际上,上述观点混淆了法院受理案件的标准与证明标准两个不同的概念。根据诉讼法的基本原理,在某类案件的起诉是否需要前置程序问题上,如果需要前置程序,如复议、行政处罚、诉讼、执行不能等,必须有法律明文规定,否则按照《民事诉讼法》的一般规定处理。《公司法》中所谓"严重损害债权人利益"是诉讼中证明标准的问题,即如果原告无法证明其权益受侵害的严重性,需要承担败诉风险。这显然是裁判环节中的问题,而非为此类诉讼设置前置程序,否则《公司法》的表述应当是"公司股东滥用公司法人独立地位和股东有限责任,逃避债务,严重损害公司债权人利益的,应当对于公司不能清偿的那部分债务承担连带责任"。[1]

综上,《公司法》第20条第3款规定的"连带责任"系为无限连带责任中的共同连带责任,法院不应为债权人起诉设置前置程序,在执行程序也不应有先后执行之分。

### 十四、公司人格否认制度与代位权等制度的区别

现有制度资源尤其是《合同法》中的代位权制度能否取代否认公司人格制度?不能。代位权制度的实质在于授权债权人直接以自己的名义要求债务人的债务人(次债务人)对债权人承担债务清偿责任。但我国《合同法》第73条第1款规定债权人行使代位权的先决条件是"债务人怠于行使其到期债权,对债权人造成损害"。而在股东滥用法人资格的情况下,债权人很难知晓该股东是否对公司负债,负债几何。在股东出资虽然达到最低注册资本,但与公司的经营规模和行业性质

---

[1] 朱庆:《公司股东逃避债务的连带责任性质辨析》,载《人民司法·应用》2008年第9期。

显然不相称的情况下,债权人要借助代位权实现自我保护更是难上加难。当然,倘若债权人能够举证债务人公司怠于对其股东行使其到期债权,对债权人造成了损害,债权人就可以对公司股东行使代位权。因此,代位权制度与否认公司人格在保护交易安全、维护债权人利益方面相辅相成,缺一不可。同理,《合同法》第74条规定的撤销权制度也取代不了揭开公司面纱制度。

"一把钥匙开一把锁",代位权、撤销权制度与揭开公司面纱制度并行不悖。揭开公司面纱制度不同于追究瑕疵出资、抽逃出资股东民事责任的制度安排。从理论上说,瑕疵出资、抽逃出资不一定损害特定债权人的利益。对于瑕疵出资、抽逃出资股东的民事责任问题,暂容后述。

## 十五、审慎适用公司人格否认制度

否定公司人格的适用范围是严格限定好,还是适度扩大好,是法官颇感困惑的问题。严格限定可预防法官滥用自由裁量权,但在救济公司债权人方面可能鞭长莫及;适度扩大也许更加理想、公正,更能保护债权人免受控制股东欺诈和失信之苦,但存在法官滥用自由裁量权的风险。

从欧美的经验看,股东有限责任依然是原则,揭开公司面纱依然是例外。前已述及,我国立法者积极引进了国外的揭开公司面纱制度。但是,人民法院和仲裁机构一定要慎用揭开公司面纱制度。对于揭开公司面纱制度不能作扩大化解释,更不能动辄就用,将之视为人民法院解决执行难的灵丹妙药。

鉴于毫无限制地否认公司人格可能严重打击股东投资热情,人民法院原则上应当尊重公司的法人资格,严格把握否认公司资格的构成要件,将否认公司法人资格的情形控制在例外情形下,避免揭开公司面纱的判决遍地开花。须知,《公司法》第20条第3款将揭开公司面纱制度上升为成文法,但并不等于说揭开公司面纱已经成为《公司法》中的一条基本原则。实际上,立法者将揭开公司面纱制度成文化的理由不仅仅在于要引进揭开公司面纱制度,更在于要预防揭开公司面纱制度之滥用。在公司法人资格可否定、也可不否定的情况下,坚决不否定。

法人人格否认制度是法人制度具体运用发生异化时应运而生的一种新的法律制度。法人制度和法人人格否认制度从正反两个方面确保了法人的人格独立性和股东的有限责任;即当法人具备独立性人格特征时,适用法人制度,股东享受有限责任的庇护;当因某些股东滥用法人人格造成法人缺乏独立性时,则适用法人人格否认制度,否认滥用者的有限责任,直接追究其对法人债务的无限责任。法人人格否认制度是对法人制度必要、有益的补充,是对法人制度的严格遵守,是以维护法人人格独立为使命的。该制度设计的理念是为个案中债权人权利实现提供司法救济,以对失衡的公司利益关系进行事后规制,实现法律公正、公平的价值目标,而不是为了对公司法人人格作出是否合法的评价。其制度设计的目的是通过对事实上已经丧失独立人格特征的法人状态的揭示来凸显隐藏于公司背后的人格滥用者,借此突破股东有限责任的局限,使滥用者的责任由有限责任向无限责任复归,实现股东与公司之间责任的再分配。该法理的适用是在承认公司具备独立法人人格前提下,针对特定法律关系对法人人格暂时的、个案的否认,而不是从根本上全面地否认其法人人格。个案中对法人人格否认的效力不及于公司其他法律关系,也不影响该公司作为独立法人继续存在。即法人人格否认的效力是对人的,而非对世的,是基于特定原因,而非普遍适用。因滥用法人人格,以法人作为损害他人利益工具的行为是违背法人制度的,亦违背了民事法律规范的诚实信用原则和权利不得滥用原则。故在适用法人人格否认制度时一定要慎重,以防对法人制度的破坏。

慎重适用法人人格否认制度,就是要严格法人人格否认制度适用的条件,尤其要注意滥用行为的认定,以及滥用行为和债权人损失之间的因果关系这两个要件。法人人格否认制度的适用首先是存在滥用者对法人人格的滥用行为。由于滥用法人人格行为本身是规避法律的行为,一般情况下手段都极为隐蔽,所以很难概括什么是具体的滥用行为,给司法实践认定滥用行为带来了一定难度。但无论何种形式的滥用行为,均应表现出忽略法人制度本质和目的,将法人人格作为其牟取私利的工具和手段,无视法人利益,将自身意志强加于法人意志之上这些基本特征。理论界现存在一种倾向,即简单地将财产混同、业务混同和人员混同(组织机构的混同)视为滥用法人人格的行为,并在出现几种混同情形时不加任何条件地要求股东承担无限责任。我们认为,不论是哪种混同,仅仅是为某些股东滥用法人人格提供了方便,或者说是一种表象,至于其是否滥用了法人人格,不能简单地以混同来认定,而应视其在具体法律关系中是否利用混同之方便,以牺牲法人利益为代价,将法人作为其牟取个人利益的工具。只有股东确实实施了滥用法人人格的行为,才可适用法人人格否认制度追究其责任。这里还特别要强调,滥用法人人格行为还必须给债权人造成实际损失,如果股东的行为虽然有悖于法人人格独立和股东有限责任的宗旨,但客观上并未造成任何第三人利益的损害,没有影响到平衡的利益关系,则无须适用法人人格否认制度去矫正并未失衡的利益体系。同时滥用行为与债权人损失之间必须存在因果关系。如果滥用行为与债权人的损失之间并不存在因果关系,因无法确定滥用行为者的法律责任,故不能在具体法律关系中通过适用法人人格否认制度直接追究股东的民事责任。法人人格否认制度一定要在条件严格成就的前提下谨慎适用。毕竟该制度的精髓是对法人制度的维护,其建立的目的在于完善法人制度,而不是为了否定它。在引进和适用该制度时绝不能任意扩大其适用范围,否则会颠覆我们刚刚构筑起来的法人制度之"大厦",同时也背离了法人人格否认制度设立的初衷。

## 十六、公司人格否认案件的诉讼程序

债权人请求人民法院否定公司法人资格,应严格适用《民事诉讼法》规定的程序规则,包括二审终审原则和审判监督程序。我们建议借鉴最高人民法院《关于审理证券市场因虚假陈述引发的民事赔偿案件的若干规定》的做法,对债权人请求人民法院否定公司法人资格的案件实行专属管辖原则,由债务人公司所在地的中级人民法院作为一审法院,由高级人民法院作为二审法院,以收统一裁判结果之效。由于揭开公司面纱原则上仅限于个案把握,建议参照死刑复核制度,由最高人民法院或者省高院对揭开公司面纱案件予以备案。其实质是,鼓励司法机关自己"清理门户",自觉"纠偏"。

倘若滥用公司法人资格的事由发生在债权债务案件执行阶段,法院可否以裁定方式否定被执行人或被执行人关联公司的法人资格,抑或告知债权人重新启动审判程序?两利相衡取其大,两弊相衡取其轻。为尊重被揭开公司面纱的股东的诉讼权利(如举证权、质证权、辩论权、上诉权等),为维护程序正义,债权人请求人民法院揭开公司面纱的案件应通过审判程序,以判决形式解决,而不宜在执行程序中解决。当然,在司法实践中,重新启动审判程序费事耗力,且易发生不测。为了遏制失信股东转移、雪藏和隐匿公司财产的道德风险,有必要允许债权人请求人民法院采取诉前保全措施,从而把失信股东的失信风险降至最低限度。至于原告债权人主张揭开公司面纱的诉讼时效,要受制于原告债权人对公司的诉讼时效。倘若原告债权人对公司所享债权已经罹于诉讼时效,则主张揭开公司面纱诉讼请求亦罹于诉讼时效。

### 十七、股东的债权人可否逆向揭开公司面纱

控制股东滥用公司法人资格,并从公司获得财产利益时,法院通常责令控制股东向公司的债权人清偿债务。顺向否定公司法人资格是否定公司法人资格的经典形态。《公司法》对于应否承认逆向否认公司法人资格的情况,语焉不详。我们主张,股东为规避义务或责任而滥用公司法人资格,故意将自己财产无偿转移给公司时,法院也可责令被操纵法人资格、但从股东无偿受让财产的公司以其接受财产程度为限,向股东的债权人承担债务清偿责任。此为逆向否定公司法人资格,通常适用于股东人为制造的"瘦父(股东)、胖子(公司)"的情形。在1992年东京地方法院审理的案件中,曾有一个争议焦点:母公司承担损害赔偿责任,可否通过否认子公司的法人资格,向子公司追究与母公司同样的损害赔偿责任?判决认为,欲适用公司人格否认理论,除应具备母公司对全资子公司的支配要件,还要具备法人资格滥用目的的要件。从本案子公司的设立和运营情况看,不存在滥用法人资格的目的。法院遂判决否定子公司的赔偿责任。虽然该院判决并未逆向否定公司法人资格,追究子公司的连带赔偿责任,但从一个侧面说明逆向否定公司法人资格的可能性是客观存在的。

法院或仲裁机构在逆向否定公司人格时,在公司股东有多人的场合要审慎而为。例如,作为债务人的控制股东为逃避债务,可能将大量自有优质资产转移给

子公司,导致控制股东的债权人求偿落空。但子公司其他中小股东也许并无此等行为。一旦子公司的法人资格被否认,控制股东债权人即可追究子公司的债务清偿责任,但不能追究其他中小股东的债务清偿责任。即便追究子公司的债务清偿责任,也应以子公司从控制股东接受资产的价值为限承担债务清偿责任,否则就侵害了子公司中诚实股东的合法利益。当然,控制股东的债权人也可以运用合同法中的撤销权实现债权,只不过要受制于1年的除斥期间。

### 十八、执行程序中公司人格否认制度的适用

司法实践中,经常发生在执行程序中直接追加股东为被执行人,追究股东的连带责任。对此做法如何评价,是更有效率、值得提倡,还是侵害了股东的诉权、应予禁止,存有不同意见。

我们认为,不应允许在执行程序中适用公司人格否认制度。因为在民事诉讼中,应当平衡原告、被告双方的利益。在执行程序中直接追加股东为被执行人并强制执行,意味着股东未经审判程序便沦为被执行人,这无疑侵害了股东的诉权,显然有失公正。

进入执行程序后、债权人发现股东出资不足或有抽逃出资、转移资产等行为时,究竟应当依据最高人民法院《关于人民法院执行工作若干问题的规定》(以下简称《执行规定》)第80条的规定,申请追加该股东为被执行人,还是依据《公司法》第20条的规定,主张揭开公司面纱?

我们认为,《执行规定》第80条的原理在于出资不足或者抽逃出资、转移资产的股东对公司违反出资义务或者构成侵权,从而产生的债务并无履行期限的限制,属于到期债务。公司债权人对股东主张在此债务范围内承担清偿责任,是基于代位权制度原理,代公司之位向股东主张债权。而《公司法》第20条的原理在于股东出资不足的状态或者抽逃出资、转移资产的行为严重侵害了公司债权人的利益,从而有必要揭开公司面纱,追究股东与公司连带责任。因此,是两个不同的制度,各自的依据与功能、适用的法律效果、对债权人的救济并不相同。《执行规范》中股东仍然承担有限责任,而《公司法》的规定中股东承担无限责任。因此,在执行程序中,不能适用公司人格否认制度。①

### 十九、破产案件中公司人格否认制度的适用

公司进入破产程序,债权人无法获得完全清偿。如果债权人发现股东有滥用公司人格的行为,对股东提起公司人格否认之诉,以谋得更高比例的债权清偿,人民法院应予支持。但有必要对相关制度加以明确,以实现各方主体之间的利益平

---

① 参见奚晓明、金剑锋:《公司诉讼的理论与实务问题研究》,人民法院出版社2008年版,第567页。

衡。我们认为,债权人对于已经进入破产程序的公司的股东提起公司人格否认之诉的,应当另案起诉,法院应当另案审理。

破产程序中的衡平居次规则,又称为"深石原则",是控制公司对从属公司的债权,在从属公司支付不能或者破产受理时不能与其他债权人共同参加分配,或者分配的顺序应次于其他债权人。如果控制公司和从属公司同时发生支付不能或者破产受理时,由控制公司和从属公司合并组成破产财团,按照比例清偿控制公司和从属公司的债权人的债权。我国法律对衡平居次原则未作规定。但是,我们仍然可以通过法律解释的方法为其在司法实践中创造适用的空间。因为法官既然可以对公司人格进行否认,让股东承担连带责任,自然也可以将通过股东的债权实现顺位后置,从而实现不揭开公司面纱也能有效保护债权人利益的效果。[①]

## 二十、法院能否主动适用公司人格否认制度

从实践层面来看,公司法人人格否认的案件在诉讼类型上通常可以分为提起之诉和认定之诉。前者是指原告在向法院提起诉讼时即明确主张涉诉的案件为公司法人人格否认之诉,直接将公司股东或者控制人拉到诉讼中与公司一起作为共同被告,要求法院认定公司在涉诉案件中不具有独立的人格,判令公司股东或控制人与公司承担连带责任。这种是典型的、彻头彻尾的公司法人人格否认诉讼。而后者是相对于提起之诉而言的,一般是指原告在立案时并没有主张涉诉案件为公司法人人格否认诉讼,仍然按照普通民事纠纷进行,只是法院在经过审理后认为涉诉案件中公司的独立人格被公司股东所滥用,应当在此个案中否认公司的独立人格,由公司股东或者控制人承担相应责任。此时股东如果不是诉讼当事人,由法院追加其为被告。这种可以说是转化的公司法人人格否认诉讼。

有的学者认为,我国司法实践中既可以有提起之诉,又可以有认定之诉。[②] 对此我们认为,在我国目前的司法实践下,在原告没有提起否认公司法人人格的诉讼主张的情况下,审判人员应采取谨慎的态度,不应主动适用该制度。理由如下:

第一,该制度设立的初衷是为了加强对受到损害的债权人的保护,是否选择适用该制度,应该是法律赋予受到损害的债权人的权利,对于是否要求滥用公司法人人格的股东承担责任,也应该由债权人作出选择。既然这是一种赋予债权人的权利,审判人员在债权人没有主张的情况下就不应该主动适用,除非其损害了国家或社会的公共利益。在实践中,确实存在债权人虽然明知公司股东存在滥用公司人格的行为,但是出于诸多因素的考虑,并不愿意"揭开公司面纱",而仍希望判令公司承担责任的情况。

第二,按照我国诉讼法的基本理论,审判人员应在原告诉讼请求范围内进行

---

① 参见甘培忠、刘兰芳主编:《新类型公司诉讼疑难问题研究》,北京大学出版社2009年版,第98页。

② 参见钱卫清:《公司诉讼司法救济方式》,人民法院出版社2006年版,第131—133页。

审查,而不应作出超出原告诉讼请求范围的判决。如果原告并未提出否认公司法人人格的诉讼请求,法院则不应主动审查并作出判决,否则就违背了诉讼法的相关规定。

第三,尽管《公司法》规定了公司法人人格否认制度,但是应当认识到,在公司人格独立制度和公司法人人格否认制度的关系上,前者始终属于本位的主导原则,而后者仅为适用于特定场合和特定事由的例外性规定,是一种补充的救济手段。① 所以审判人员应当审慎适用该制度,否则不仅将导致整个公司法人制度处于不稳定状态,而且也违背了立法创立该制度的本来意义,从而减损公司人格独立制度的价值,影响社会经济的稳定和发展。

基于上述的原因,我们认为,对于公司法人人格否认诉讼,应当仅在债权人提起否认公司人格的主张时,审判人员才进行审查,不鼓励审判人员主动适用该制度,即"不告不理",除非损害了国家和社会的公共利益。不过在司法实践中,也有很多债权人对于该制度的相关法律规定并不知情,在这种情况下,我们认为审判人员应当对其进行释明,防止其权利受到损害。另外,对于债权人在立案时并未主张否认公司人格,但是在审判过程中随着案情的进一步查清,债权人提出变更诉讼请求,要求追加滥用公司法人人格的股东为共同被告,与公司承担连带责任的情况,只要符合《民事诉讼法》上对于变更诉讼请求的规定,审判人员应予准许。

## 二十一、企业集团与公司人格否认制度

在现今社会中,企业集团因其所具有的优化资源配置、创造规模经济效益、降低交易费用等功能而备受投资者的青睐,以跨国公司为最新发展模式的企业集团已成为经济生活中不可忽视的重要因素之一。企业集团中母公司(或称集团公司)对其成员所具有的股权控制以及统一管理,是公司集团发挥其优势的必要条件,但同时也易导致滥用此种控制和支配,从而形成集团公司与成员人格混同的现象。因此,有必要专门探讨企业集团中法人格否认制度的适用问题。

我国《公司法》未明确企业集团的含义。银监会发布的《企业集团财务公司管理办法》将企业集团定义为在我国境内依法登记,以资本为联结纽带、以母子公司为主体、以集团章程为共同行为规范,由母公司、子公司、参股公司及其他成员企业或机构共同组成的企业法人联合体。据此,可以归纳出企业集团所具有的特征:(1)以母子公司为主体,由母公司、子公司、参股公司及其他成员企业(以下简称成员公司)共同组成;(2)各成员之间存在共同行为规范,即具有管理上的统一性;(3)母公司对成员公司形成控制或具有支配性影响。可见,管理和控制行为是企业集团的重要特征,相反,没有统一的管理与控制行为,也就谈不上企业集

---

① 参见朱海溶:《浅谈揭开公司面纱制度的司法适用》,载《南京广播电视大学学报》2007年第1期。

团。如何区分作为企业集团特征的管理与控制行为与滥用成员公司法人人格的行为,是在企业集团中适用法人格否认制度的关键所在。

在企业集团运营过程中,母公司对成员公司存在天然的控制和管理行为。这些行为表现在成员公司经营过程的方方面面。在人事安排上,母公司向成员公司派驻董事、监事、高级管理人员,这既是行使股东权的表现,也是基于统一管理的需要。在普通的公司中,公司董事、监事和高级管理人员也通常由股东决定。在母公司对成员公司拥有支配性控制权的情况下,派驻管理人员以体现股东的意志应是再正常不过的事情。只要通过了成员公司选任高级管理人员的程序,母公司的人事安排不属于滥用其支配权的行为。在公司经营中,母公司会对成员公司的经营计划、投资战略、生产任务、合同签订等进行管理和安排,如安排成员公司之间签订合同,选择成员公司对外签订合同,给成员公司下达生产任务等。在这样的安排下,成员公司的经营自由受到限制。这是因为,成员公司作为企业集团的一部分,在公司运营过程中应当在集团共同目标及行为准则下限缩自己的行为自由,从而实现整个集团的经营目标。只要这些管理和安排对于成员公司自由的限制尚处于合理限度之内,不能认定为滥用成员公司独立人格的行为。在财产独立及利益分配方面,财产独立方能保证公司法人格的独立。在某些情况下,允许母公司为了集团的整体利益而在利益分配方面作出对某些成员公司不利的安排,如要求某一成员公司将其资产低价转让给另一成员公司,以帮助其渡过难关。这种安排损害了某一成员公司的利益,母公司应当及时对成员公司所受损失予以弥补。德国《股份公司法》第311条规定,当这种母公司牺牲子公司利益的情况发生时,母公司必须对子公司因此而遭受的损失予以弥补,并且不得晚于下一个财政年度结束之前,否则母公司将要承担相应责任。当然,母公司对成员公司利益的侵害还不能完全等同于母公司与成员公司的人格混同。前者仍可通过成员公司向母公司主张权利方式得以解决,而后者则直接导致成员公司的独立人格被否认。

企业集团中基于共同行为规范而必然存在的控制与安排,会在一定程度上削弱成员公司的独立性。这是企业集团的组织形式所必然包含的内容。在统一的管理与一定程度的控制下,成员公司的行为自由虽然受到一定的限制,但仍然保持独立的法人格,可以成为独立承担责任的主体。换言之,成员公司的独立性在一定程度上的削弱,并不必然意味着成员公司丧失独立性,沦为母公司逃避债务的工具。欲在企业集团中否认成员公司的独立法人人格,还应当依照法律规定对成员公司的独立人格是否已经被滥用进行判断。

在企业集团中适用法人格否认制度,既要严格把握法人格否认的适用条件,又要考虑企业集团在经营中存在的特殊性,以避免滥用法人格否认制度,损害企业集团的合法利益,最终阻碍社会经济的发展。根据《公司法》第20条第3款规定,公司股东滥用公司法人独立地位和股东有限责任,逃避债务,严重损害公司债权人利益的,应当对公司债务承担连带责任。从本条规定来看,适用法人格否认应当具备主观要件和行为要件,才能产生股东与公司对债务承担连带责任的后果。从主观要件看,本条连续使用了"滥用""逃避"和"损害"词语,表明股东在滥用公司人格时应当存在主观过错。换言之,如果企业集团对成员公司的管理或者控制行为是基于集团整体运营的需要,不存在逃避债务的主观过错,则不能认定为滥用成员公司法人格的行为。从行为要件看,股东对公司的支配行为已经构成人格混同,通常认定人格混同是通过认定机构混同、意志混同和财产混同等实现的。所谓人员、机构或者意志混同,是指同一个人同时代表集团公司和成员公司,有时候代表集团公司,有时候又代表成员公司,导致无法分清究竟是代表集团公司还是成员公司,从而使得成员公司失去了独立的意思表达,进而分不清哪一项决定是代表集团公司的意志,哪一项决定是代表成员公司的意志。而作为股东的集团公司就是利用这种混同,一方面支配成员公司获取利益,另一方面又以成员公司独立法人格和股东有限责任来逃避应承担的责任。所谓财产混同,是指集团公司将成员公司的财产当成自己的财产随意支配处分,而没有遵循任何公司财产支配处分的程序和手续,也没有给予成员公司以任何补偿,从而使成员公司丧失了财产上的独立性,沦为集团公司的财务部或提款机。唯有满足公司法人格否认的主观要件和行为要件,通过具体事实确认成员公司的人格已经混同于集团公司的人格时,方可适用法人格否认制度,令集团公司对成员公司的债务承担连带责任。

## 二十二、股东侵权责任及举证规则

我国公司特别是上市公司的股权高度集中,公司的经营者实际上受命于或受制于公司大股东,所有与经营无法实现彻底分离,容易发生大股东滥用对公司的控制权,侵犯公司、其他股东、债权人以及其他人合法权益的行为。以下对股东侵权责任的界定、构成要件、股东侵权诉讼的举证规则作一探析。

### (一) 股东侵权责任的界定

我国《公司法》第 20 条规定:"公司股东应当遵守法律、行政法规和公司章程,依法行使股东权利,不得滥用股东权利损害公司或者其他股东的利益;不得滥用公司法人独立地位和股东有限责任损害公司债权人的利益。公司股东滥用股东权利给公司或者其他股东造成损失的,应当依法承担赔偿责任。公司股东滥用公司法人独立地位和股东有限责任,逃避债务,严重损害公司债权人利益的,应当对公司债务承担连带责任。"因此,从《公司法》的角度而言,股东侵权责任,是指公司股东滥用股东权利给公司或者其他股东造成损失,应当依法承担的赔偿责任;或者公司股东滥用公司法人独立地位和股东有限责任,逃避债务,严重损害公司债权人利益,应当承担的赔偿责任。但从更为广泛的民事侵权视角看,股东侵权责任还应当包括股东滥用股东权利侵犯公司、其他股东、债权人之外的其他人的合法权益,应当承担的赔偿责任。

由此,从侵犯对象的角度,可以将股东侵权责任案件分为四种类型:

1. 股东侵犯公司权益案件。股东侵犯公司权益的典型行为表现为,股东主要是控股股东,违反法律规定或者章程规定,为他人提供贷款或者担保,进行关联交易等损害公司利益的行为。这类股东直接侵害公司利益的行为,有些情况下会使中小股东的共同利益间接受损,中小股东在符合《公司法》第151条规定条件的情况下,可以提起股东代表诉讼。

2. 股东侵犯其他股东权益案件。这类案件主要是控股股东滥用控制权,直接侵犯中小股东权益,如发布虚假信息,导致中小股东权益受损。

3. 股东侵犯债权人权益案件。在司法实践中,法院受理的股东侵权案件大多为此类。最高人民法院《关于适用〈中华人民共和国公司法〉若干问题的规定(二)》(以下简称《公司法解释二》)《公司法解释三》的规定也多是针对股东侵犯债权人权益应当承担责任的情形。

4. 股东侵犯其他人权益案件。这类案件并不是严格意义上《公司法》中规定的股东侵权案件,但从探讨股东侵权责任的角度,其也应作为一种类型,而司法实践中也有相关案例。如法国名酒轩尼诗被"傍大牌"获赔50万元案件中,浙江省高级人民法院作出二审判决,由持有杭州勃根地公司90%股份的控股股东顾某和杭州勃根地公司,对受害者法国轩尼诗公司承担连带赔偿责任。

(二) 股东侵权责任构成要件

根据我国《民法通则》《侵权责任法》等现行法律中的相关规定,股东侵权行为是一般的侵权行为,应当适用过错责任归责原则。而如何判断作为侵权者的股东存在过错,成为司法实践中的一个难题。为了强化对受害者的救济,侵权法领域的过错(过失)概念已呈现客观化的趋势,判断过错已经从主观标准向客观标准的方向发展。如对于如何认定证券侵权领域中的过错,我国民法学者王利明提出,只要违法违规就可视为过错,不需要再判断其主观上的故意或过失等。因此,我们主要探讨股东侵权责任的其他三个构成要件:违法行为、损害后果、违法行为与损害后果之间的因果关系。

1. 违法行为

根据我国《公司法》第20条第1款的规定,股东违反法律、行政法规和公司章程规定,滥用权利侵犯公司、其他股东、债权人利益的行为构成违法行为。目前司法实践中,股东的违法行为集中表现为哪些形态,可以从最高人民法院总结《公司法》适用中的审判实践经验发布的《公司法解释二》《公司法解释三》的相关规定中加以总结。《公司法解释二》第18至20条规定,股东未及时清算、怠于履行义务导致无法清算,在公司解散后恶意处置财产,未经清算注销导致债权人利益受损的,应当承担赔偿责任;其第22条规定,公司解散时,未缴纳出资的股东在其未缴纳出资范围内,对债权人承担责任。《公司法解释三》第13、14条规定,瑕疵出资(包括增资时)的股东、抽逃出资的股东,在其瑕疵出资、抽逃出资的范围内,对公司、债权人承担责任;其第18条规定,瑕疵出资的有限责任公司的股东转让股权的,仍应对债权人承担责任。

在司法实践中也有股东违反其他法律规定,如违反《反不正当竞争法》的规定,侵犯公司、其他股东、债权人之外其他人利益的违法行为。

2. 损害后果

股东的违法行为致使公司、其他股东、债权人以及其他人的合法利益受到损害,是其承担侵权责任的另一构成要件。具体的损害后果在不同类型的案件中表现形态不一,如股东侵犯债权人利益案件的损害后果是,股东的违法行为导致债权无法受到清偿,而股东抽逃出资的行为可直接认定其侵犯公司利益,并造成损害后果。

3. 违法行为与损害后果之间的因果关系

股东对其违法行为承担侵权责任的最后一个构成要件是,其违法行为与公司、其他股东或债权人等受害者所受损害之间存在因果关系。如《公司法解释二》第18至20条规定了股东未及时清算、怠于履行义务导致无法清算,在公司解散后恶意处置财产,未经清算注销的违法行为,导致债权人利益受损的,才应当承担赔偿责任。如果债权人利益受损不是由于股东的上述违法行为导致的,则股东无须对债权人承担赔偿责任。

(三)股东侵权诉讼举证规则

目前我国法院受理的股东侵权诉讼案件中,受害者最终获得救济的所占比例很小,主要原因在于:股东侵权行为很难像典型的侵权行为那样被认定和证明,尤其对于受害者,其证明股东存在违法行为、自己所受损害与股东违法行为存在因果关系更是异常困难。为减轻受害者的证明责任,最高人民法院尝试在司法解释中,对此作出部分规定。

1. 违法行为的证明

对于股东的行为是否违反法律规定,一般应由受害者承担举证责任。但在有些情形中,受害者很难证明股东存在违法行为。例如,在股东瑕疵出资类型的案件中,债权人作为受害者,很难证明股东是否履行了出资义务。因为债权人并不属于公司的成员,其并不清楚作为被告的股东是否履行了出资义务。针对这种情况,《公司法解释三》第20条规定:先由作为原告的债权人初步举证,证明其有合理理由怀疑被告股东没有履行出资义务,再由被告股东证明其已经履行了出资义务。

2. 损害后果的证明

对于股东的违法行为造成了公司、其他股东、债权人等受害者的合法权益受到损害,则由受害者承担举证责任。

3. 因果关系的证明

对公司、其他股东、债权人等受害者而言,因果关系的证明构成实践中其对侵权股东提起诉讼的最大障碍。为解决此问题,在某些特殊侵权责任领域,如证券侵权领域,产生了一些特殊的因果关系理论和证明规则。在一般股东侵权领域,还没有产生特殊的因果关系理论。但为使股东侵权案件的受害者获得有效救济,减轻其对于因果关系的举证责任,我国一些地方法院同样作了有益探索,最高人民法院对于其中的某些探索性做法也给予了一定肯定。例如,对于债权人主张股东没有及时组织对公司进行清算,导致公司财产贬值、流失、毁损灭失,无法清偿债务的,法院确立了因果关系推定规则,即推定涉诉股东没有及时组织对公司进行清算,导致公司无法清偿债务(债权人权益受损),由涉诉的被告股东证明公司无法清偿债务不是由于其没有及时组织对公司清算造成的。

# 第十七章　公司关联交易损害责任纠纷裁判精要

> **案由释义**
>
> 关联交易及其法律控制是现代各国《公司法》正在形成和发展的制度,也是公司法学正在发展和不断创新的理论。在我国,关联交易广泛地存在于公司企业尤其是上市公司的日常经营活动之中。近年来,在司法实践中,有关不公平关联交易的法律诉讼也已成为审判工作无法回避的问题。
>
> 《公司法》规范了关联交易。关联交易是指关联方之间的交易。而关联关系,按照《公司法》第216条第(4)项的定义,是指公司控股股东、实际控制人、董事、监事、高级管理人员与其直接或者间接控制的企业之间的关系,以及可能导致公司利益转移的其他关系,但是,国家控股的企业之间不仅因为同受国家控股而具有关联关系。
>
> 作为新的合同类型,关联交易合同给传统民法奉行的平等原则、自愿原则及公平原则带来了严重挑战,不公平的关联交易严重损害了公司的利益。为保护公司的合法利益,遏制不公平关联交易行为,《公司法》第21条规定:公司的控股股东、实际控制人、董事、监事、高级管理人员不得利用其关联关系损害公司利益。违反前款规定,给公司造成损失的,应当承担赔偿责任。其间产生的纠纷,即公司关联交易损害责任纠纷。

## 一、关联交易常见的表现形式

公司关联交易行为的具体表现是多样的,一般而言,民事法律关系中的交易行为都有可能构成关联交易行为,对关联交易行为的判断主要依据是交易双方的主体关系。但是由于公司关联人产生的目的特定性,关联交易也有其常见的表现形式。结合具体的司法实践,在我国公司的关联交易中,主要包括以下几种类型:

1. 公司与其关联人之间所进行的资产买卖。这种资产买卖在实践中通常表现为企业并购行为。

2. 公司为其关联人提供担保。公司为其关联人的债务提供担保,已成为我国上市公司中关联交易的一个重要类型,这不但使公司增加了经营风险,而且也损害了公司少数股东的利益,对债权人也制造了更大的风险。

3. 控制公司或者控股股东无偿占有从属公司资产或者拖欠从属公司资金及贷款。这在习惯上称为"大股东占款"。"占款"就是资金占用,是对公司财产实施的无权占有行为,或者因此形成的债权债务关系。在法律上,控股股东对公司资金的占用可以表现为两种形式:一是控股股东直接从公司获取货币并对该货币进行事实上的占有,如从公司借款或者直接挪用公司的资金,是一种对公司资金的直接占用;二是所占用的资金并不直接表现为货币形式,如虽然未直接从公司获取货币并进行占有,而是获取公司的其他财产,但不向公司支付相当的对价,在公司的账目上形成应收款,从而构成间接地占用公司的资金。前者的概念等同于货币,而后者则只是一种财产利益的代名词。关联占款是股权滥用的具体表现之一。一方面,它从利益方向看是属于索取型关联交易,即控股股东利用其控制地位,通过关联交易占有公司的资料或者直接将公司的利润转移至母公司或者其他关联公司。另一方面,关联占款又往往是控股股东无偿或者低于正常利率占用公司的资金,这会直接或者间接提高公司的产品成本,因此也属于转嫁成本型关联交易的一种。

4. 控制公司或者控股股东的债务由从属公司的债权或者资产进行充抵。控股股东在这种情况下,实际上是将其自身与从属公司的资产相混同,将从属公司的资产当做其自己的资产,明显违背了公司法人的独立性原则,侵害了从属公司少数股东与债权人的利益。

5. 控制公司或者控股股东掠夺从属公司的利润。由于许多公司与控制股东之间存在行业上的依存关系,控制公司常常以高价向从属公司销售原材料或者以低价向从属公司收购产成品,或者抢占从属公司利润较好的项目,掠夺从属公司的利润,影响从属公司的经营或者降低公司的偿债能力。

## 二、关联股东表决关联事项时是否必须回避

我国《公司法》虽然规定了关联股东表决权回避制度,但是仅将其限制在关联担保事项上,而并未规定全面适用。不过,证监会2006年修订的《上市公司章程指引》第79条规定:股东大会审议有关关联交易事项时,关联股东不应当参与投票表决,其所代表的有表决权的股份数不计入有效表决总数。此外,证监会于同年发布的《上市公司股东大会规则》第31条规定:股东与股东大会拟审议事项有关联关系时,应当回避表决,其所持有表决权的股份不计入出席股东大会有表决权的股份总数。从法理上看,证监会的上述两个文件并非部门规章,而只是规范性文件,并且限制了表决权这一基本的股东权利,有违立法法之嫌。从上述文件内容看,实际上要求上市公司必须遵守,比如《上市公司章程指引》规定上市公司仅得对规定的内容做文字和顺序的调整或变动,《上市公司股东大会规则》规定证

监会将对违反"规则"的上市公司责令限期改正并由证交所予以公开谴责。需要注意的是,上述两个文件的内容和实践效力存在一定区别:内容上,《章程指引》规定的关联股东表决权回避适用于关联交易,而《股东大会规则》规定的关联股东表决权回避适用于关联事项,"交易"与"事项"并不完全等同,比如母公司合并绝对控股的子公司属于关联事项而并不属于关联交易。实践效力上,上市公司必定遵守《章程指引》,否则证监会很可能不核准股份公司的公开发行股票申请。是故,上市公司违反《章程指引》第79条的,股东可以依据《公司法》第22条请求法院撤销股东大会决议;而上市公司即使违反《股东大会规则》,也只是被责令限期改正和被公开谴责,股东大会决议效力并不受影响。

此外,对于未上市的股份公司和有限责任公司而言,其仅受《公司法》规范,关联股东在股东大会决议关联担保事项时必须回避,而在其他事项上,若公司章程未予限制,则无须回避。

### 三、关联股东表决程序合法是否构成绝对抗辩事由

《公司法》第16条第3款规定公司为公司股东或者实际控制人提供担保的,关联股东或者受实际控制人支配的股东,不得参加该项表决。《公司法》第124条规定,上市公司董事与董事会会议决议事项所涉及的企业有关联关系的,不得对该项决议行使表决权,也不得代理其他董事行使表决权。该董事会会议由过半数的无关联关系董事出席即可举行,董事会会议所作决议须经无关联关系董事过半数通过。出席董事会的无关联关系董事人数不足三人的,应将该事项提交上市公司股东大会审议。公司的关联股东或关联董事违反上述规定,参与公司决议的,构成违法行为,造成损害的,应当承担民事责任,并无争议。但是,公司的关联股东或关联董事遵守了上述规定是否可以绝对免责,各界意见尚未统一。对此,必须明确,程序和实体虽然紧密相关,但是两个性质不同的问题,《公司法》第21条规定的公司关联方对不当关联交易的赔偿责任并不以程序违法为构成要件。即使公司的关联股东或关联董事已经按照法定程序予以回避,但是通过施加影响诱使公司进行不公正关联交易的,仍然应当承担赔偿责任。

### 四、关联交易中关联人的识别和认定

关联交易是公司与关联人进行的交易,研究关联交易必须要明确关联人。根据《公司法》第216条第(4)项的规定,可以将关联人分为两种情况:一是公司内部人;二是与公司内部人有"关联关系"的人。公司内部人是对《公司法》第216条第(4)项规定的"公司控股股东、实际控制人、董事、监事、高级管理人员"的合称。这些人员因为持股和所担任的职务与公司有非常密切的关系,可以直接影响甚至利用公司来为自己谋取利益,因此,公司内部人是当然的关联人。与公司内部人有"关联关系"的人,这里的"关联关系"也来自于《公司法》第216条第(4)项的规

定。该项对"关联关系"所作的解释是:"指公司控股股东、实际控制人、董事、监事、高级管理人员与其直接或者间接控制的企业之间的关系,以及可能导致公司利益转移的其他关系。"从这一内容看,《公司法》上的"关联关系"不是指公司与公司内部人的关系,而是指公司内部人与其直接或者间接控制的企业之间的关系。可见,这种关联人是除公司内部人以外的与公司发生交易的当事人。由于其与公司内部人的"关联关系",因此,它与公司发生的交易往往要受公司内部人的影响、控制或支配,从而可能出现损害公司利益的情况。

对于关联人的具体界定,目前主要见诸中国证监会、中国证券业协会和沪深两个证券交易所发布的规则、准则等规范性文件中。根据上海证券交易所和深圳证券交易所的《股票上市规则》的规定,我国上市公司的关联人,被分为关联法人、关联自然人两类。[①] 其中,上市公司的关联法人包括:直接或者间接控制上市公司的法人;由前述法人直接或者间接控制的除上市公司及其控股子公司以外的法人;上市公司的关联自然人直接或者间接控制的,或者由关联自然人担任董事、高级管理人员的除上市公司及其控股子公司以外的法人;持有上市公司5%以上股份的法人;中国证监会、证券交易所或者上市公司根据实质重于形式的原则认定的其他与上市公司有特殊关系,可能导致上市公司利益对其倾斜的法人;根据与上市公司关联人签署的协议或者作出的安排,在协议或者安排生效后,或在未来12个月内,将具有上述情形的法人;过去12个月内,曾经具有上述情形的法人。上市公司的关联自然人包括:直接或间接持有上市公司5%以上股份的自然人;上市公司董事、监事和高级管理人员;上述所述人士的关系密切的家庭成员,包括配偶、年满18周岁的子女及其配偶、父母及配偶的父母、兄弟姐妹及其配偶、配偶的兄弟姐妹、子女配偶的父母;直接或者间接控制上市公司的法人的董事、监事和高级管理人员;中国证监会、证券交易所或者上市公司根据实质重于形式的原则认定的其他与上市公司有特殊关系,可能导致上市公司利益对其倾斜的自然人;根据与上市公司关联人签署的协议或者作出的安排,在协议或者安排生效后,或在未来12个月内,将具有上述情形的自然人;过去12个月内,曾经具有上述情形的自然人。上述关联人与公司发生的交易,属于关联交易,就是我们要讨论规制的关联交易行为。

## 五、关联交易的效力认定

关联交易的效力就是对关联交易本身合法性与否的法律判断,符合法定条件的,关联交易行为有效,当事人可以顺利地实现其交易目的;不符合或违反法定条件的,关联交易行为就可能不产生效力,当事人不仅不能实现其交易目的,而且还

---

① 此外,2007年4月6日保监会出台的《保险公司关联交易管理暂行办法》将关联方分为以股权关系为基础的关联方、以经营管理权为基础的关联方、其他关联方三类。该种分类方法以关联关系产生的根源来划分关联方,有利于更进一步规范关联交易。

可能因此承担相应的责任。鉴于关联交易可能产生的弊端,立法通过采取双轨制的方式来对关联交易实行规制。也就是说,一方面通过一般的民商事法律对其效力进行规范,如《合同法》《民法通则》;另一方面通过公司证券法律规范对其效力进行规范,如《公司法》所规定的表决权回避、特殊事项由股东会通过等制度,以及《证券法》所规定的披露义务。就关联交易的生效条件来讲,可以从实质条件和程序条件两个方面进行把握。

1. 实质条件。关联交易生效的实质条件就是指关联交易的主体要适格,意思表示要真实,处分权无瑕疵以及内容要合法。从《民法通则》和《合同法》角度看,关联交易是否实质有效,主要看关联方是否具备相应的民事行为能力和民事权利能力;处分权是否有瑕疵;是否以欺诈、胁迫的手段订立合同;是否恶意串通,损害国家、集体或者第三人利益;关联交易是否以合法形式掩盖非法目的,是否损害社会公共利益,是否违反法律、行政法规的强制性规定。从公司、证券法律规范角度看,主要看关联交易的内容是否违反公司、证券法律规范的禁止性规定。例如,《公司法》第16条第1款规定,公司向其他企业投资或者为他人提供担保,"公司章程对投资或者担保的总额及单项投资或者担保的数额有限额规定的,不得超过规定的限额"。

2. 程序条件。程序条件是关联交易订立合同过程中所要遵循的程序要件,其主要体现在公司证券法律规范之中。关联交易生效的程序条件主要有三个:一是审议批准,二是表决权回避,三是信息披露。

(1) 关联交易的审议批准。关联交易的审议批准主要包括关联交易的审批机关和关联交易议案通过所需要的表决数。对公司关联担保而言,《公司法》第16条就规定,公司向其他企业投资或者为他人提供担保,依照公司章程的规定,由董事会或者股东会、股东大会决议;其中公司为公司股东或者实际控制人提供担保的,必须经股东会或者股东大会决议,且该项表决由出席会议的其他非关联股东所持表决权的过半数通过。可见公司关联担保的审议批准机关为公司董事会或者股东(大)会,表决数为过半,公司章程另有规定的从其规定。就上市公司的关联交易而言,按照沪深证券交易所发布的《股票上市规则》的规定,上市公司与关联人发生的交易金额在3 000万元以上,且占上市公司最近一期经审计净资产绝对值5%以上的关联交易,除应当及时披露外,还应聘请具有执行证券、期货相关业务资格的中介机构,对交易标的进行评估或审计,并将该交易提交股东大会审议。上市公司为关联人提供担保的,不论数额大小或者上市公司为持有本公司5%以下股份的股东提供担保的,均应当在董事会审议通过后提交股东大会审议。此外根据《公司法》第124条的规定,董事会在通过涉及关联交易事项时,"该董事会会议由过半数的无关联关系董事出席即可举行,董事会会议所作决议须经无关联关系董事过半数通过。出席董事会的无关联关系董事人数不足三人的,应将该事项提交上市公司股东大会审议"。可见上市公司的关联交易在达到一定数额后,还要经相应机构评估或审计,并交股东大会审议。

(2) 关联交易的表决权回避。表决权回避又称表决权排除,是指股东大会或董事会在涉及关联交易的事项表决时,关联人应当回避的制度。《公司法》针对一般公司关联担保和上市公司的关联交易规定了表决权回避事项。前者体现在《公司法》第16条第3款规定,公司为公司股东或者实际控制人提供担保的,该股东或者受该实际控制人支配的股东,不得参加股东(大)会该事项的表决。可见,我国《公司法》关于一般公司股东表决权回避的范围较为狭窄,只涉及为公司股东或者实际控制人提供担保的事项,换句话说,如果是除此之外的其他关联交易事项,《公司法》并没有强行要求股东回避。后者体现在《公司法》第124条规定,上市公司董事与董事会会议决议事项所涉及的企业有关联关系的,不得对该项决议行使表决权,也不得代理其他董事行使表决权。两者相比,前者只适用于公司的关联担保,后者适用于上市公司。因此两者的表决权回避规制的重点是不同的,前者规制的是关联担保这一行为,后者规制的是上市公司的所有关联交易行为。此外,深圳证券交易所《股票上市规则》第十章对关联交易作出专章规定的内容中,第10.2.1条第1款就规定:"上市公司董事会审议关联交易事项时,关联董事应当回避表决,也不得代理其他董事行使表决权。"第10.2.2条规定了上市公司股东大会审议关联交易事项时,应当回避表决的关联股东的具体构成。

(3) 关联交易的信息披露。充分的信息披露是保障关联交易公正与公平的关键措施。有限责任公司由于股东人数有限,法律上没有要求必须进行信息披露,但根据股东享有知情权的有关规定,公司应当让所有的股东知晓关联交易的情况。《证券法》对上市公司信息披露的具体内容和程序等有明确的规定,关联交易的事项如果涉及法定信息披露的内容,则应当依法予以披露,由此可从一定程度上防止交易双方的暗箱操作行为。专门关于关联交易信息披露的规定还主要见诸中国证监会和证券交易所的规则、准则。2005年10月19日发布的由国务院批准、中国证监会出台的《关于提高上市公司质量意见》第12条规定,要规范关联交易行为。上市公司在履行关联交易的决策程序时要严格执行关联方回避制度,并履行相应的信息披露义务,保证关联交易的公允性和交易行为的透明度。公司董事、监事和高级管理人员不得通过隐瞒甚至虚假披露关联方信息等手段,规避关联交易决策程序和信息披露要求。对因非公允关联交易造成上市公司利益损失的,上市公司有关人员应承担责任。根据沪深证券交易所《股票上市规则》的有关规定,关联交易的信息披露分为两种:一是临时信息披露,每发生一次关联交易就应当披露一次,使股东或潜在股东及时了解公司情况;二是定期披露,即在会计报表中披露该会计期间内发生的所有关联交易。关联交易无论临时披露还是定期披露,其披露的内容应包括:关联方关系的性质、交易类型、交易要素。关联交易涉及的金额达到一定金额的,应当按照交易所的要求履行报告和公告义务。

## 六、关联企业在债务人公司已经丧失清偿能力时抢先清偿自身债务的效力认定

一般认为,我国《企业破产法》第 31 条、第 32 条规定了破产程序中的偏颇清偿法律制度。第 32 条规定:"人民法院受理破产申请前六个月内,债务人有本法第二条第一款规定的情形,仍对个别债权人进行清偿的,管理人有权请求人民法院予以撤销。但是,个别清偿使债务人财产受益的情形除外。"第 31 条第(3)(4)项规定:"人民法院受理申请前一年内,涉及债务人财产的下列行为,管理人有权请求人民法院予以撤销:……(三)对没有财产担保的债务提供财产担保的;(四)对未到期的债务提前清偿的……"上述规定填补了原《破产法》的法律漏洞,有利于遏制关系人抢先受偿的行为,在债务人丧失清偿能力时真正实现债权人之间的公平受偿,维护正常的市场秩序。但是,该条规定的适用仅限于债权人或者债务人已经申请破产的情况,对于债务人或者债权人都不申请破产的情况则不能适用。因此,司法实践中出现了大量的关联企业抢先清偿自身债务的情况,这时由于债务人已经丧失清偿能力,资产被抵偿给关联企业之后,造成其他外部债权人无法受偿,严重损害了社会信用。此类关联公司的债权优先受偿行为,虽然不符合偏颇性清偿行为的形式要件(因为没有进入破产程序),但在实质上则与偏颇性清偿行为无异,如果不赋予其相应的法律后果,将形成明显的法律漏洞,对于债权人利益的保护也显然不利。我们认为,目前在法律对此还没有明确规范的情况下,解决这一问题,可以有以下几种选择。

1. 关联方恶意串通,优先清偿关联公司债权,造成外部债权人无法受偿的,可以适用《民法通则》以及《合同法》的相关规定,认定清偿行为无效。《民法通则》第 58 条规定:"下列民事行为无效……(四)恶意串通,损害国家、集体或者第三人利益的……"《合同法》第 52 条规定:"有下列情形之一的,合同无效:……(二)恶意串通,损害国家、集体或者第三人利益……"在从属公司已经陷入偿债能力不足的情况下,控制公司利用自身的控制优势,抢先清偿自身债权,是明知债务人将因此而丧失清偿能力,从而损害其他债权人利益的。从属公司作为债务人,明知自身已成就破产原因,仍然对于控制公司优先清偿,也同样具有损害其他债权人的恶意。因此,双方之间存在共同侵害债权人利益的恶意,可认定为恶意串通。当然,如果控制公司能够证明自身并不明知债务人的财务状况,或者从属公司清偿债权时尚未陷入清偿不能的境地,则可排除责任,清偿行为也应认定为有效。

2. 控制公司抢先清偿自身债权,从而使债务人无力清偿其他债权的,应当认定为侵害债权的行为,适用《民法通则》第 5 条、第 106 条第 2 款,《侵权责任法》第 2 条、第 6 条予以解决,由控制公司承担侵权赔偿责任。根据通说,第三人恶意侵害他人债权,导致债权人无法实现期待利益的,构成侵害债权的侵权行为,应承担相应责任。控制公司明知从属公司存在其他债权人,却抢先清偿自身债权,导致其他债权人无法受偿,存在明显的恶意,属明知且放任或者追求外部债权人受害

结果的行为。在外部债权人因此而丧失清偿利益之后,控制公司的行为与外部债权人的损害之间存在必然的因果联系,符合故意侵权行为的构成要件,应承担侵权赔偿责任。

3. 鉴于控制公司与从属公司之间的关联关系,且从属公司优先清偿控制公司的债权,往往与控制公司的控制行为有关,因此,在从属公司因此而无法清偿其他债权人的债权时,应适用揭开公司面纱原理,由控制公司承担连带清偿责任。《公司法》第20条第3款规定:"公司股东滥用公司法人独立地位和股东有限责任,逃避债务,严重损害债权人利益的,应对公司债务承担连带责任。"控制股东明知从属公司存在多个债权人,且从属公司已经资不抵债,却仍然抢先从从属公司获得债务清偿,从而造成其他债权人失去受偿机会,属于对公司法人独立人格和股东有限责任的滥用,应对从属公司的债务承担连带责任。

## 七、由于关联企业人格混同而严重侵害债权人合法权益时,可否将各关联企业视为同一主体,判令其承担连带清偿责任

关联企业的出现是社会经济发展的必然,其积极进步意义是毋庸置疑的。不过,由于关联企业之间存在着较一般企业更为紧密的联系,所以也就更容易滋生人格混同等弊端。最常见的是关联企业的法定代表人利用对各公司的控制权,无视公司独立人格,人员、财务等不作区分,并在各公司间随意移转、处置财产及债权债务关系,造成关联企业的人格混同。由于关联企业人格混同而严重侵害债权人合法权益的,可以将各关联企业视为同一主体,判令其承担连带清偿责任。但适用时必须把握好以下问题。

根据《公司法》第20条的规定,适用法人人格否认必须满足三个要件:第一,主体要件。只有公司的债权人能够提起法人人格否认之诉,其余股东、董事、监事、高级管理人员即便与公司存在债权债务关系也不得主张公司法人人格否认。第二,行为要件。须有股东实施滥用公司法人独立地位和股东有限责任的行为。第三,结果要件。股东滥用权利的行为严重损害了公司债权人的合法权益。相应地,对人格混同的关联企业适用法人人格否认也应当依循这几个要件:

1. 主体要件——唯有债权人可得诉请对关联企业进行人格否认。从《公司法》的立法表述来看,我国法人人格否认与国外的法人人格否认还是有所不同的。国外的法人人格否认一般从法院的角度表述,反映出其法人人格否认制度是作为在司法判例基础上形成的司法救济手段的特点,而我国的法人人格否认则是从股东的义务和责任的角度来表述的,反映出我国法人人格否认制度首先是作为债权人请求权构成内容的特点。既然是作为债权人的一项请求权,则法院只有在债权人积极主张的时候才能够依法适用人格否认,而不能依职权去主动地揭开公司的面纱。另外,债权人主张人格否认的诉请应是针对关联企业提起的,对于非关联企业则不宜轻易适用人格否认。一般说来,只有关联企业之间才有可能出现人格

混同。不过,也不能完全排除非关联企业之间发生人格混同的可能。我们认为,适用法人人格否认必须严守适度的底线,该原则是针对滥用法人主体资格的行为所作的否定性评价,而并不是为了给债权人提供更多的救济,不能因为企业之间出现了人格混同就动辄予以人格否认。非关联企业不存在共同的经济目的,其人格混同也很难说是滥用法人主体资格的行为所致,所以对于非关联企业的人格混同,没有必要适用人格否认予以规制。

2. 行为要件——关联企业之股东假借人格混同,滥用法人独立地位。关联企业的人格混同主要表征为组织机构的混同、经营业务的混同和企业财产的混同。在组织机构混同的情况下,关联企业之间的董事会成员相互兼任,总经理和高级管理人员统一调配、统一聘任或统一任命,企业之间的雇员无甚差异,公司的重大决策不经过审慎的讨论和独立的审议,等等;在经营业务混同的情况下,关联企业从事大致相同的业务,相互之间的交易行为、交易方式、交易价格等都取决于握有最终控制权的股东,资金在企业之间随意流转,根本谈不上自由竞争,经常出现"舍己为人"的行为;在企业财产混同的情况下,公司的营业场所、机器设备以及办公用品难分彼此,一企业名下的财产可以被其他企业法人随意处分,公司的财会账簿稀里糊涂,资金流向不知所终。上述三种情况都表明关联企业已经出现了人格混同,特别是企业的财产混同,从根本上违反了资本维持原则和资本不变原则,有可能严重影响企业的偿债能力,因而也是认定关联企业人格混同最为重要的依据。不过,外人很难证明股东存在故意虚化公司治理结构的行为,要求债权人对企业经营管理的内部行为举证亦不现实。所以我们认为,在证明关联企业的股东存在假借人格混同而滥用法人独立地位的行为时,应当秉持客观滥用主义的标准,只要债权人举证证明关联企业构成人格混同,便可以认定控股股东假借人格混同滥用法人的独立主体地位。倘若关联企业认为其虽然构成了人格混同,但并不存在滥用公司法人格的行为,则应由其举出相反的证据。

3. 结果要件——唯有否认关联企业的法人人格方能保护债权人利益。法人人格否认适用于关联企业人格混同的结果要件要求债权人的利益由于关联企业的人格混同而受到严重的侵害,不否认不足以保护债权人。该结果要件实际上包含了两方面的内容:其一,债权人的权益因为关联企业之人格混同而受到了严重的侵害。其二,如果不适用法人人格否认在关联企业之间揭开公司的面纱,将无从保障债权人的利益。如果债权人的债权之上已经设定了保证、质押等债的担保,债权人的债权基本上能够通过债的担保而获得救济,则没有必要适用法人人格否认。另外,如果作为债务人的企业对外还有未获清偿的债权,债权人可以通过行使代位权或撤销权使自己的债权受偿,同样没有必要适用法人人格否认。再者,如果能够对债务人企业的股东揭开公司面纱,也没有必要对整个关联企业适用法人人格否认。因为对关联企业适用人格否认将导致所有的关联企业都被视为同一主体,而无论其他关联企业与债务人企业之间是否存在控股或者参股关系。如果直刺债务人企业的控股股东就已经足以保障债权人的权益,就没有必要将与之存在关联关系的企业都牵涉其中。

总之,对于关联企业的人格混同可以适用法人人格否认,《公司法》第20条关于股东承担连带责任的规定应当有所突破。但我们也必须清醒地认识到,法人人格否认理论是一把双刃剑,在审判实践中必须非常审慎地适用,以免滞碍企业的集约化和规模化发展。①

## 八、关联方拟用非现金资产清偿占用的上市公司资金的条件限制

针对上市公司关联方特别是大股东通过关联交易占用上市公司资金的市场顽疾,自2005年起证监会发起清欠风暴,在强大的压力下,上市公司大股东返还占用上市公司资金的积极性有所提升,但是很多上市公司的控股股东使用实物、知识产权等非现金资产清偿对上市公司的欠款。从经济学角度而言,实物、知识产权等非现金资产同样具有资产属性,具有价值和交换价值,并且从民法角度而言,交易对价的形式应当归属当事人意思自治。但是由于关联方对公司具有控制力,并且关联方很可能滥用该种控制力,导致公司的意思被异化,因此上市公司关联方可能用没有价值或价值较低的非现金资产高额作价清偿对上市公司债务。为了打击该种现象,证监会规定关联方拟用非现金资产清偿占用的上市公司资金,必须遵守以下规定:(1)用于抵偿的资产必须属于上市公司同一业务体系,并有利于增强上市公司独立性和核心竞争力,减少关联交易,不得是尚未投入使用的资产或没有客观明确账面净值的资产。(2)上市公司应当聘请有证券期货相关业务资格的中介机构对符合以资抵债条件的资产进行评估,以资产评估值或经审计的账面净值作为以资抵债的定价基础,但最终定价不得损害上市公司利益,并充分考虑所占用资金的现值予以折扣。审计报告和评估报告应当向社会公告。(3)独立董事应当就上市公司关联方以资抵债方案发表独立意见,或者聘请有证券期货相关业务资格的中介机构出具独立财务顾问报告。(4)上市公司关联方的以资抵债方案应当报中国证监会批准。中国证监会认为以资抵债方案不符相关规定,或者有明显损害公司和中小投资者利益的情形,可以制止该方案的实施。(5)上市公司关联方以资抵债方案须经股东大会审议批准,关联方股东应当回避投票。

---

① 参见裴莹硕、李晓云:《关联企业人格混同的法人人格否认》,载《人民司法·案例》2009年第2期。

# 第十八章 公司合并纠纷裁判精要

> **案由释义**
>
> 公司合并是指两个或两个以上公司依照法定的条件和程序,合并为一个公司的行为。公司合并包括吸收合并和新设合并两种形式。吸收合并又称归并,是指一个以上的原有公司并入现存公司,被吸收的公司消灭。新设合并是指两个以上原有公司合并设立一个新的公司,原有公司消灭。公司合并是企业调整经营战略,实现规模经济的重要手段。
>
> 公司合并主要产生两个方面的法律后果:一是公司组织结构的变化,二是权利义务的概括转移。公司合并必然导致一个或一个以上的公司的消灭,此种公司消灭不需经过清算程序。同时,吸收合并中的吸收公司继续存在,但发生了变化;新设合并中产生了新的公司。公司合并的结果导致存续公司或者新设公司承受被合并公司的债权债务。
>
> 由于公司合并将产生上述法律效果,涉及多家公司股东及债权人的利益,为了防止公司合并侵害中小股东或债权人的利益,《公司法》为之规定了严格程序。公司合并需要由合并各方签订合并协议,经过股东会决议通过,编制资产负债表及财产清单,并应通知或者公告债权人,履行相应的登记程序。
>
> 如果公司合并没有依照合并协议进行,或者违反法律、行政法规的强制性规定,则会引发纠纷。公司合并纠纷中比较常见的是公司合并无效纠纷,如公司股东认为公司合并决议未经股东会通过,或者债权人认为公司合并过程中公司未履行通知义务,或者被合并的公司没有清偿债务或者提供相应的担保,或者有其他违反法律或行政法规之情形,而提起的公司合并无效之诉。常见的合并无效原因主要有合并协议无效、合并决议瑕疵、合并违反债权人保护程序等。
>
> 近年来,公司合并频繁发生,因公司合并发生的纠纷也日益增多。

## 一、公司合并与公司并购、公司收购、资产收购、股权收购、企业兼并的区别认定

### (一) 公司合并与公司并购

经济学上常用公司并购(Merger & Acquisition)的概念,公司并购与公司合并既有联系又有区别。公司并购是指一切涉及公司控制权转移与合并的行为,它包括资产收购(营业转让)、股权收购和公司合并等方式,其中所谓"并"(Merger),即公司合并,主要指吸收合并,所谓"购"(Acquisition),即购买股权或资产。[①]

### (二) 公司合并与公司收购

合并与收购有许多相同之处:首先,二者都是通过产权流动实现企业之间重新组合的途径;其次,都是通过取得对其他公司的控制权来实现企业对外扩张的手段;再次,都不需经过清算而实现企业财产关系的转移。公司合并与收购还具有密切联系,收购往往当做合并的手段,产生合并的后果。企业往往交替使用合并、收购两种手段。

合并与收购毕竟是两种不同的法律行为,也存在很多重大区别:(1) 主体不同。合并是公司间的行为,主体是参加合并的各公司。收购是公司(收购公司)与目标公司股东之间的交易行为,主体是收购公司与目标公司股东。(2) 效力不同。合并的后果(效力)是公司实体的变化,被并公司解散,法律人格丧失(换公司)。收购的后果(效力)是目标公司控股股东的变化,目标公司依然存续。(3) 性质不同。合并中必须由双方达成合并协议,是双方平等协商、自愿合作的结果。收购则不尽然,既有协议收购,也有要约收购(敌意收购)。(4) 程序和法律适用不同。合并应遵守《公司法》规定的法定程序;收购则主要遵守《证券法》规定的有关程序。[②]

### (三) 公司合并与资产收购

公司合并不同于公司的资产收购,资产收购是一个公司购买另一个公司的部分或全部资产,收购公司与被收购公司在资产收购行为完成之后仍然存续。公司合并与资产收购的差异在于:(1) 资产转移不同。在公司合并中,资产转移是概括转移,所转移的是解散公司的全部财产,而非部分资产;而在资产收购中,所转让的既可以是全部财产,也可以是部分财产。(2) 债务承担不同。在公司合并中,被合并的公司的全部债务转移至存续公司或新设公司;而在资产收购中,除合同中明确约定收购方承受被收购方的债务外,收购方不承担被收购方的债务。(3) 股东地位不同。在公司合并中,存续公司为承继解散公司的资产而支付的对价如现金或存续公司的股份,直接分配给解散公司的股东,解散公司的股东因此

---

[①] 参见赵旭东主编:《公司法学》(第 2 版),高等教育出版社 2006 年版,第 470 页。
[②] 参见陈丽洁:《企业合并的若干法律问题》,载《中国经贸导刊》1999 年第 13 期。

获得现金,或成为存续公司的股东。而在资产收购中,收购方为资产转让而支付的对价属于出售公司,而与出售公司的股东无直接关系。(4)法律后果不同。公司合并必然导致合并一方或双方公司的解散,被解散的公司的全部权利和义务由存续公司或新设公司承受;而资产收购则不必然导致一方公司或双方公司的解散。(5)法律性质不同。公司合并的本质是公司人格的合并;而资产收购的性质是资产买卖行为,不影响公司的人格。

### (四)公司合并与股权收购

公司合并也不同于公司的股权收购,公司的股权收购是指一个公司收买另一个公司的股权,以取得控股权,收购公司和被收购公司在股权收购行为完成之后仍然存续。公司合并与股权收购的差异在于:(1)主体不同。公司合并的主体是公司;而在股权收购中,一方主体是收购公司,而另一方主体则是目标公司的股东。(2)内容不同。在公司合并中,存续公司或新设公司承受解散公司的全部权利和义务;而在股权收购中,目标公司的股东将其对目标公司的股份转让给收购方。(3)法律后果不同。公司合并必然导致合并一方或双方公司的解散,被解散的公司的全部权利和义务由存续公司或新设公司承受;而股权收购则不必然导致一方公司或双方公司的解散。(4)法律性质不同。公司合并的本质是公司人格的合并;而股权收购的本质是股权的买卖行为,不影响公司的人格。

总之,股权收购和资产收购在本质上都是买卖行为,而公司合并的本质是公司人格的合并。

### (五)公司合并与企业兼并

企业兼并与公司合并是两个既有联系也有区别的概念。企业是依法成立并具备一定组织形式,以营利为目的,独立从事生产经营和服务性活动,具备独立主体地位的经济组织。企业不但包括公司制企业,也包括独资企业和合伙企业等。可见,企业概念更加宽泛,由此企业兼并之内涵与外延也大于公司合并。传统公司法理论多是公司合并的概念,少有企业兼并之说,企业兼并也更多具有市场乃至经济学上的价值。虽然从严格意义上企业兼并不同于公司合并,但二者有重叠交叉之处,甚至有时互相指代。企业兼并可以包容公司合并,如同企业可以将公司包容其中一样。企业兼并以被吸收合并的企业的法人资格宣告消灭,吸收合并企业成为存续企业的合并形式为特征,此点与公司合并中的吸收合并极为类似,故也有观点认为,公司合并被视为企业兼并的组成部分,其仅属于企业合并中的吸收合并。另外,企业兼并与公司合并在承继因兼并或合并而消灭的各家公司项下的全部权利义务(包括资产和负债)方面亦有一定的互通性。

兼并双方之间达成的、包括债务处理在内的兼并协议,是双方当事人就企业兼并中的事项经过协商达成一致而签订的、明确双方当事人权利义务关系的协议,是全面反映企业兼并活动过程及双方当事人意思表示的唯一法定形式,本质上是一种合同。合并往往也是以订立合并协议为基础。在私法领域有着一个显著的法律特征即意思自治,企业的兼并或合并必须遵循市场经济的规则,不能由政府来操纵,企业自主决定其存在的法律形式。但是,中国的这种企业之间的兼并或合并,并非出自主观的愿望,更多的是出自政府的行为,这与企业合并的意思自治原则相悖。因为中国的企业,特别是国有企业,一直承担着社会的各项功能,它必然受到政府的强烈干涉,效益好时政府找企业,效益差时企业找政府,官商混合的经济给中国的改革带来了前所未有的困难。效益差的企业被兼并给效益好的企业,未必能改变其效益差的现状,反倒可能增加好企业的负担。不少地方政府对企业兼并的命令式行为,主要出于解决就业、保持社会安定等因素的考虑,但对经济的损害却是不可低估的,很可能加深企业改革的困惑。总之,我们认为,无论是企业兼并还是公司合并,两者皆不能简单以协议行为处理。二者往往从一开始就不仅仅是兼并与合并各方之间的事,是涉及与他们相关的多方主体的法律关系。如内部涉及主管部门乃至公司股东的批准与认可,对外涉及各方主体债权债务人的协商与处理等。任何将兼并与合并仅按协议行为处理,或按合同法而不按公司与企业法处理的话,均可能会带来被动,或引发更多矛盾与纠纷。

### 二、公司合并引发的债务承继

因公司合并引发的债务承继纠纷,是公司合并纠纷乃至于公司诉讼中较为常见的一类。在通常情况下,尤其是在强强联合的情况下,公司合并对债权人来说都是大好事。因为两家债务人公司的优质资产加在一起,更有利于债权人的及时足额受偿。但是在强弱联合的情况下,强公司的债权人则未必欢迎公司合并。因为此种合并有可能将强公司彻底拖垮。债权人的优质债务人公司有可能一夜之间净资产由上亿元变成零甚至负数,这种深刻的教训在现实生活中也经常发生。在弱弱联合的情况下,也有可能发生债权人利益受到贬损的情况。正因为公司合并潜伏着对债权人利益的损害,故现实中因公司合并引发的纠纷比较常见,而解决此类纠纷的关键点在于对公司合并引发的债务承继原则的把握,即什么情形下合并后的公司才应对合并前的公司债务承担法律责任。

我们认为,公司合并属于公司经营中的重大变动事项,会发生公司消灭和股东身份变化的法律效力。在吸收合并中,被合并公司的全部资产并入合并公司,被合并公司债权人赖以保障其利益的全部资产发生了转移,可能影响被合并公司债权人的利益;在新设合并中,合并各方公司的全部资产并入新设公司,合并各方公司债权人赖以保证其利益的全部资产都发生了转移,这就使得合并各方债权人的利益都可能受到影响。从公司合并的一般效果看,似乎公司合并会导致公司资产的增加,也就相应提高了公司的偿债能力,但是从现实情况来看,公司合并强强联合的情形不是没有,但只是少数。可见公司合并会产生公司组织体的变化,并且在转移资产的同时,将概括转移原公司所有负债,所以公司债权人并不会因为合并而使其债权更加有保障,虽然法律规定债权具有股权的特性,但是公司合并中资产减少的可能性,尤其是在与一个资产负债率极高的公司合并的情形下,对原有公司债权人具有极大的危害。因此,对公司合并中债权人利益的保护势必应成为公司法规制的重要内容。对此,各国《公司法》往往都有公司合并致使权利义务概括转移的规定。

正确理解和把握权利义务的概括转移,是解决公司合并引发的债务承继问题的关键。第一,因合并而消灭的各家公司项下的全部权利义务(包括资产和负债)一概由存续公司或新设公司继受。消灭公司的财产也要依法(包括物权法、知识产权法等)办理权利移转手续。这种继受不仅在存续公司或新设公司与被合并公司之间生效,而且对第三者也产生法律效力。我国《公司法》第174条规定,公司合并时,合并各方的债权、债务,应当由合并后存续的公司或者新设的公司承继。我国《合同法》第90条也规定:"当事人订立合同后合并的,由合并后的法人或者其他组织行使合同权利,履行合同义务。"据此,合并后公司继受合并前公司的债权时,无需通知债务人公司即可生效;合并后公司继受合并前公司的债务时,亦不以债权人的同意为生效要件。权利义务的概括继受不仅包括实体法上的权利义务,也包括程序法上的权利义务。就消灭公司尚未完结的诉讼、仲裁(包括商事仲裁与劳动仲裁)及其他争讼程序而言,均由存续公司或新设公司承受其当事人地位。第二,根据私法自治原则,如果合并时,各合并公司与其债权债务人协商处理过相关债权债务的话,则依相关约定进行处理。第三,对于遗漏的债权债务,对外而言依然是先由合并后的公司主体承担。对合并公司内部而言,如果有对遗漏债权债务等有内部约定的承担责任范围,则应当按照内部约定处理,承担责任的公司主体当然可以按照约定向有关责任主体行使追偿权。

### 三、债权人对公司合并有异议,债务人不能清偿且不能提供担保,公司合并是否有效

对此问题,实践中存在两种不同观点。一种观点认为,合并行为有效。理由是:修订前的《公司法》有强行性规定,即债权人有权要求公司清偿或者提供相应担保,以及不清偿债务或者不提供相应担保,公司不得合并。修订后的《公司法》保留了合并中债权人可以要求清偿债务或者提供相应担保的要求,但却删除了不清偿债务或者不提供相应担保,公司不得合并的硬性规定。删去原来的强制性规定,体现了立法机关对合并行为支持的立场,也照顾了合并公司的债权人的利益。另一种观点认为,即使删去了原有的强制性规范,也不能理解为在合并公司不能清偿特定债权人债务或者不提供相应的担保的情况下,公司合并行为有效。

一些法官认为,债权人的异议没有解决,合并协议的效力不受影响,仍然有效。理由是:(1)合并公司的债权人不是合并协议的签约主体,根据合同相对性原则,债权人的异议不能否认合并协议的效力。(2)根据《合同法》规定,违反法律强制性规定的合同无效。现行《公司法》已经取消了关于债权人异议没有解决

不得合并的强制性规定,因此,合并协议并没有因违反法律的强制性规定而无效。(3)如果债权人利益因合并协议未经其同意而受到损害,可以根据不同的情况依法主张权利:如合并协议没有履行之前,债权人可以提起要求原债务人立即清偿债务及提供担保请求,并可以请求采取财产保全措施;如果合并行为已经实际发生,则债权人可以根据《公司法》对其保护的规定,向合并后的公司主张权利,也可以请求相关责任人承担相应的侵权责任。①

我们认为,如果债务人不能清偿债务且不能向债权人提供担保的,就否认公司合并的效力,则成本太高。公司合并涉及各方利益,且合并双方在前期已经投入了大量成本,不能因此否认。但是,如果承认合并有效,则置《公司法》第173条于任意性规范的地位,这显然是不利于债权人保护的。因此,《公司法》第173条应修改为:债务人不能清偿,或不能向债权人提供担保的,债权人可于一定期间内提起合并撤销之诉的权利。但是在目前的裁判规则内,我们认为,债权人的异议没有解决,合并协议的效力不受影响,应仍然有效。

### 四、仲裁条款是否因公司合并而失去效力

仲裁条款是当事人协商一致将纠纷提交仲裁解决的合意,是合同当事人关于合同争议处理的程序条款,也是合同当事人的程序法律义务与负担。仲裁条款是一项争议解决从条款,在商事合同无效、变更、解除或者终止等情形下,如何认定其中仲裁条款的效力,是仲裁理论和实践中一个非常重要的问题。仲裁条款的独立性理论就是为解决该问题而在仲裁实践中发展起来的一种仲裁理论。仲裁条款的独立性,又称仲裁条款的分割性、仲裁条款自治性,是20世纪80年代以后发展起来的关于仲裁协议有效性的理论。② 该理论认为:含有仲裁条款的主合同与仲裁条款应被看做是两个单独的协议,主合同关系到当事人在商事交易方面的(权利)义务,仲裁条款作为从合同则关系到当事人之间的另一项(权利)义务,即通过仲裁解决因履行商事交易而产生的争议。因此仲裁条款具有保障当事人通过寻求某种救济而实现当事人商事权利的特殊性质,具有相对独立性,其有效性不受主合同有效性的影响。主合同的效力变动,例如主合同无效、失效、变更或终止等,不影响仲裁协议的效力,仲裁协议独立存在。

公司合并后,对合并各方的法律地位、法律人格的重大变更,各国《公司法》均做了规定。为了维护利害关系人的利益和公司的稳定,公司结构性变更的法律效力应当贯彻概括承受的原则。合并导致消灭公司可以不经清算而解散,其财产以合并合同确定的日期和状态概括转移给存续公司,消灭公司的股东可在合并的同时,根据合同规定的条件取得存续公司的股东地位。当合并生效时,除非在合并

---

① 参见张海棠主编:《公司法适用与审判实务》(第2版),中国法制出版社2013年版,第394—395页。

② 参见杨良宜:《国际商务仲裁》,中国政法大学出版社1997年版,第129页。

之前就已经被转移或者消灭,合并前公司的全部资产和责任都将由合并后存续的公司所有和承担。"双方不再需要准备特别的证书或清单,也不需要验明他们准备承担的债务。"①换言之,权利义务的转移依法律规定而产生,只要合并生效,被合并公司的权利和义务就直接一并移转给存续公司或新设公司,并且权利义务的形式和内容与在其原公司中时一致。我国《公司法》第174条规定,公司合并时,合并各方的债权、债务,应当由合并后存续的公司或者新设的公司承继。我国《合同法》第90条也规定:"当事人订立合同后合并的,由合并后的法人或者其他组织行使合同权利,履行合同义务。"据此,合并后公司继受合并前公司的债权时,无需通知债务人公司即可生效;合并后公司继受合并前公司的债务时,亦不以债权人的同意为生效要件。讲公司合并的概括继承,更多地着眼在各方对内资产与人员的合并,合并各方对外发生的债权与债务的承继。其实,权利义务的概括继受不仅包括实体法上的权利义务,如合并一方产品可能发生的对外质量责任;也包括程序法上的权利义务,就消灭公司尚未完结的诉讼、仲裁(包括商事仲裁与劳动仲裁)及其他争讼程序而言,均由存续公司或新设公司承受消灭公司的当事人地位。

综上所述,根据我国《合同法》第57条"合同无效、被撤销或者终止的,不影响合同中独立存在的有关解决争议方法的条款的效力"的规定,仲裁条款是具有独立性的,它不因合同的无效而无效,也不因合同被撤销而失效,仲裁委员会仍然可以依照合同中的仲裁条款所确定的仲裁事项行使仲裁权。因此,合同主体的变化,并不必然影响合同中仲裁条款的独立有效性。

### 五、公司合并中利害关系人可否提起公司合并无效之诉

具有比较成熟的公司法制的国家的法律都规定了公司合并无效制度,但是,我国《公司法》没有规定这一制度。那么在我国,公司合并的利害关系人可否提起公司合并无效之诉?

我们认为,虽然我国《公司法》没有直接规定公司合并无效制度,但是,由于公司合并是参与合并的公司基于合并合同而进行的法律行为,如果合并行为存在违反法律和行政法规的强制性规范的事由,利害关系人可以提起请求确认合并合同无效之诉,其法律效果相当于其他国家公司法所规定的公司合并无效之诉制度。当然,在此类诉讼中,还应注意以下问题:

1. 合并无效的原因。公司合并因为只要违反了法律和行政法规的强制性规范,都可以作为合并无效的原因,其中违反《公司法》第37条和第99条规定,未经股东(大)会决议进行的合并是导致合并无效的常见原因。

2. 无效原因的补正。虽然公司合并存在无效原因,但为保护交易安全,稳定社会关系,在法院判决合并无效之前,应给予当事人以补正的机会。若当事人在

---

① 〔美〕罗伯特·C.克拉克:《公司法则》,胡平等译,工商出版社1999年版,第327页。

法院判决前,补正有关无效原因,合并应确认有效。最高人民法院《关于审理与企业改制相关的民事纠纷案件若干问题的规定》第 30 条对此作出了明确的规定:"企业兼并协议自当事人签字盖章之日起生效。需经政府主管部门批准的,兼并协议自批准之日起生效;未经批准的,企业兼并协议不生效。但当事人在一审法庭辩论终结前补办报批手续的,人民法院应当确认该兼并协议有效。"

3. 合并无效的法律后果。一是恢复到合并前的法律状态。在吸收合并中,消灭公司应从存续公司中分离,存续公司进行变更;在新设合并中,新设公司解散,恢复被消灭的公司。二是无效判决的溯及力的限制。合并无效的判决只对将来有效,不影响此前存续公司或新设公司以合并有效为前提而产生的法律关系,如与第三人签订的买卖合同等。如果合并无效判决溯及既往,自合并始无效,则会影响交易安全,导致法律关系混乱,损害第三人利益。①

### 六、公司合并时未到期债权能否要求清偿

我国有学者认为:"对于已到期的债权可要求合并公司予以清偿,对于未到期的债权可要求提供担保,不可主张立即清偿,因为这将损害债务人的期限利益。只有在公司合并各方不能提供担保的情况下,债权人才可主张立即清偿。"②我们认为,该种理解有违《公司法》的本意,因为《公司法》并未区分到期债权和未到期债权,要求公司清偿债务或者提供担保是公司债权人的选择权,而并不以债权是否到期而区别对待。事实上,对于到期债权,公司债权人根据《合同法》当然有权要求公司清偿,与公司是否合并无关,也无须《公司法》另行规定。《公司法》在此处对于债权要求清偿的规定,就此种意义上来说,应该包含到期债权与未到期债权两种,未到期的债权在公司合并中既可以要求合并公司担保,也可以要求其清偿。虽然合并公司的期限利益值得保护,但是面对债权人的债权利益,其利益应当让位于对债权人的保护,正如同在公司破产时,未到期的债权视为到期。

我国《公司法》对这一问题未为区分到期债权和未到期债权的规定,有利于公司债权人。因为公司债权人作为外部人,无法及时获得公司合并的准确、全面的信息,无法证明公司合并是否危害公司债权,要求公司债权人承担该合并危害其债权的证明责任过于苛刻。但是,《公司法》的该种规定确实对公司责任规定得过于严格,很可能导致公司合并无法正常进行,比较公正的方式是将提前清偿或者提供担保的权利赋予公司而非债权人。现行《公司法》取消了公司不满足公司债权人的异议权不得合并的规定,债权人的异议权不再具有阻止公司合并的效力,这种修改符合《公司法》的效率要求。

---

① 参见赵旭东主编:《公司法学》(第 2 版),高等教育出版社 2006 年版。第 477 页。
② 王欣新、张秀春:《公司合并中对债权人的保护》,载 2001 年 11 月 30 日《人民法院报》第 3 版。

## 七、债权人向合并后的公司主张债权是否以其申报债权为前提

在公司合并中为了充分保护债权人的利益,实行债务概括转移制度。需要注意的是,该种义务的概括转移是法定转移,既不以债权人同意为必要,也不以债权人申报债权或提出异议为条件。虽然我国《合同法》规定当事人将义务转移给第三人或将权利义务概括转移给第三人,应经相对人同意,但是公司交易不同于单笔合同,期限较长,当事人众多,为了提高效率,《公司法》特别规定公司合并导致的债务转移不以公司债权人同意为必要。公司合并未经清算而转移了公司全部资产,合并后的公司当然继受原先公司的全部债务,无论公司债权人是否申报或提出异议,因为公司合并仅导致债务主体的变更,并不影响公司债权人债权的内容和效力。我国最高人民法院的有关司法解释规定公司债权人向合并后的公司主张债权,以其在合并程序中申报债权为前提,诚为对《公司法》的误解。

# 第十九章　公司分立纠纷裁判精要

> **案由释义**
>
> 　　公司分立是指一个公司依照法定条件和程序,分裂为两个或者两个以上公司的行为。分立包括创设分立和存续分立两种形式。创设分立又称新设分立,是指公司分立为两个或两个以上的新的公司,原公司消灭。存续分立又称派生分立,是指公司分立为两个或两个以上的新的公司,但原公司仍然存续的公司分立形式。公司分立有利于实现公司经营的专门化,提升公司的经营效率。
>
> 　　公司分立主要产生两个方面的法律后果:一是公司组织结构的变化,二是权利义务的法定转移。首先,公司分立导致一个或一个以上的公司设立,该公司的营业来自于既有公司营业分割,而不是既有公司的转投资行为。对于创设分立,还同时导致既有公司的消灭,其消灭也不需要经过清算程序。其次,公司分立的结果导致了分立公司债务的法定承担,即除非公司在分立前与债权人就债务清偿达成的书面协议另有约定,公司分立前的债务由分立后的公司承担连带责任。
>
> 　　由于公司分立产生上述法律效果,因此涉及多家公司股东及债权人的利益,为了防止公司分立而侵害中小股东或债权人的利益,《公司法》规定了严格的公司分立程序。公司分立需要经过股东会决议通过,制定分立计划或者分立协议,编制资产负债表及财产清单,通知或公告债权人,进行财产分割,并办理登记手续。
>
> 　　如果公司分立未依照该公司分立计划或分立协议进行,或者违反了法律、行政法规的强制性规定,则会导致纠纷。公司分立纠纷中比较常见的是公司分立无效纠纷,如公司股东认为公司分立决议未经股东会通过,或债权人认为公司分立过程中公司未履行通知义务,或有其他违反法律或行政法规之情形,而提起公司分立无效之诉。
>
> 　　近年来,公司分立频繁发生,因公司分立发生的纠纷也日益增多。

## 一、营业转让与公司分立的区别认定

营业转让与公司分立在经济效果上非常类似,都是一个公司将其资产、负债及人员等同时转让给另一个公司的行为。可是,两者在法律效果上却存在着较大差别。因此,对于同一资产重组行为,究竟是将其定性为前者,还是后者,会对当事人尤其是对债权人产生极大的影响。我国由于未在法律中正式确立营业转让制度,也未对公司分立的种类以及法律效果作详细的规定,故在司法实践中很难判断某一资产重组到底是属于前者还是后者。有观点认为财产与债务同时转让的行为为公司分立[1],我们认为,这种观点太过绝对。

### (一) 营业转让与公司分立存在意义

营业转让是大陆法系所特有的法律概念。营业转让与单个的财产转让不同,是指转让人向受让人转让作为有机整体而发挥功能的组织性财产。其中,营业的概念是为一定的营业目的而被组织化的功能性财产,其不仅包括各种有形或无形的财产,而且还包括商誉、客户关系、营业秘诀及销售渠道等具有财产价值的、事实上的利益。

营业转让合同是类似于买卖合同的、以营业的转让为目的的债权合同,完全可通过转让当事人的意思自治而得以实施。至于作为实现营业转让目的最关键因素的营业财产范围(尤其是各种具有财产价值的事实利益,如客户关系、营业秘诀及销售渠道等)的确定,则可通过转让当事人签订的、详细周密的合同而得以实现。因此,营业转让是客观存在的经济现象与手段,即使法律没有明文规定营业转让制度,当事人也可以自觉地运用营业转让来实现公司重组的目的。[2] 相对于营业转让的天然属性,公司分立制度由于需要法律赋予某些特殊的法律效果,所以必须法定。

公司分立制度最早于 1966 年由法国《商事公司法》创立,事实上并非所有的国家都有公司分立制度,如美国立法就没有规定公司分立。在美国,公司是以其资产向其他公司出资,并将其取得的受让公司股份分配给本公司股东的方式而实现事实上的公司分立的。其实,公司分立所要实现的经济功能(如将自己的一部分资产转让给新设公司,或将一部分资产转让给既存公司等),利用营业转让或资产转让都可实现。那么,为什么仍有必要另创设公司分立制度?以下日本 2000 年公司分立制度的创设背景与理由给这个问题作了一个很好的诠释。

---

[1] 参见吴伟央:《公司财产、负债及人员等同时转让的行为性质及债务承担——兼评"中国进出口银行诉广州万宝电器、万宝冰箱等公司借款纠纷案"》,载赵旭东主编:《公司法评论》,人民法院出版社 2005 年第 3 辑,第 101—105 页。

[2] 如著名的联想收购 IBM 全球 PC 业务的事例,就是十分典型的营业转让。因为在此次收购中,联想集团收购的并非只是单纯的财产,更重要的是受让了 IBM 的各种无形财产(包括专利、商标与品牌)以及具有财产价值的各种事实利益(如客户、营销渠道与技术等)。

日本在2000年之前,一直都没有规定公司分立制度,而是利用营业转让制度来达到公司分立所能达到的重组目的。在企业国际竞争日趋激烈的情势下,为提升企业经营的效率,确保企业治理的实效以及使企业能快速灵活地进行并购重组,日本于21世纪初在立法上进行了一系列有关企业重组制度方面的改革,在商法中创设公司分立制度就是其中重要的一环。

由于营业转让为特定继承,即权利义务的转移需要个别地履行程序,且债务的转移还必须债权人同意,程序非常繁杂。在以营业出资设立新公司的情形下,还必须经裁判所选任的检察官检查,这需要半年至一年的时间,故日本企业界对此相当不满,要求创建公司分立制度的呼声很高。而公司分立制度的最大特点就是可实现对分立公司权利义务的概括性继承,分立公司的债务不需债权人的同意就可由继承公司继承,且为免责性的继承。[①] 因此,利用公司分立制度,可免去实施营业转让所必需的繁杂手续,实现快捷便利的企业重组。[②]

### (二) 公司分立与营业转让的比较

1. 在经济功能上的类似

营业转让与公司分立所转让的对象均为营业,两者的经济功能是极其类似的。不过,利用公司分立达到与营业转让同样目的的程度,因可否进行合并分立[③]而不同。假设我国不允许进行合并分立,营业转让就具有公司分立所不具备的经济功能;而如果我国允许进行合并分立,那么利用公司分立制度同样可完成所有利用营业转让所能完成的并购重组。这说明两者在经济功能上的差异已经很小,几乎可以互相替代。不过,由于公司分立仅适用于公司制企业,而营业转让则适用于所有的商事主体,故后者的适用范围较之前者要大一些。

2. 在法律效果上的区别

虽然两者在经济功能上极其类似,但两者在法律效果上却存在较大的差别。鉴于我国并未正式确立营业转让制度,且关于公司分立的规定也只寥寥数条。而且,世界各国关于营业转让与公司分立的规定也是各有差异,笼统、空泛的规定比较无助于澄清问题。因此,我们在下文中将主要以日本法为例,阐述两者的区别。

(1) 债权债务的继承

营业转让为特定继承,即权利义务的转移需要个别地履行程序,债权的转移需要通知债务人,而债务的转移必须经债权人的同意。正因为如此,营业转让不需履行债权人保护程序。而公司分立则为概括性继承,即当事人可在分立计划或分立协议中记载转移的债务,并将其内容公告或通知债权人,如债权人在规定期

---

① 免责性继承是指转让人对所转让的债务不再承担连带责任。

② 事实上,我国《公司法》规定公司分立制度是不存在这个背景的,当时创建这个制度的理由可能主要是因为国外有这个制度。

③ 所谓合并分立是指被分立公司将其营业转让给既存公司的分立,韩国、日本、德国、法国等均明文规定了合并分立。而我国《公司法》及相关法规尚未明确是否可进行这类公司分立。

间内没有提出异议的,该债务转移就为免责性的转移;对于未记载的债务,分立后的各公司承担连带责任。

正因为在债务的继承方面存在这样的重大差别,所以这两种方式各有利弊。前者虽然在程序上相对繁杂,但具有可遮断偶发债务的优点;而后者虽然不能遮断偶发债务,但可完成概括性的继承,具有程序简单、快捷便利的好处。

(2) 劳动合同关系的继承

如同一般的债权债务转移一样,在营业转让中,劳动合同关系的继承也为特定继承。转让当事人可以约定是否继承劳动合同关系,但继承劳动合同关系必须经劳动者本人同意。鉴于这样处理容易对劳动者造成损害,日本判例通常运用法人人格否认、不当劳动行为等法理来实现对劳动者的救济。

而在公司分立中,原则上也将劳动合同关系的继承视为概括性的继承,但为保护劳动者的利益,法律对其进行了如下修正。如在分立计划或合同中,以从事被继承营业为主的劳动者被记载为继承的对象的,该劳动合同关系被继承公司当然地继承(日本《劳动合同继承法》第3条),即该继承为概括性继承,不需取得该劳动者的同意。在该类型的劳动者被排除在继承对象之外的情形下,如劳动者在一定的期限内提出异议的,该劳动合同关系由继承公司继承(日本《劳动合同继承法》第4条)。如以从事被继承营业为辅的劳动者被记载为继承对象,该劳动者在提出异议期限内提出异议的,其劳动合同不被继承(日本《劳动合同继承法》第5条)。

(3) 对价的种类及交付

营业转让被视为交易法上的行为,故作为转让营业的对价,既可以是受让公司的金钱,也可以是受让公司的股份,当然还可以是其他财产。而公司分立是关于公司组织上的变更,被视为组织法上的行为,故在2005年日本《公司法》制定之前,通说认为不能仅以现金作为对价。不过,对于合并分立,其《公司法》承认可仅以金钱等作为对价交付。

在营业转让中,只能由转让公司接受受让公司所交付的对价。① 而在公司分立中,分立公司接受受让公司所交付的对价后,可继续将其分配给分立公司的股东,也就是实施所谓的人的分立。

(4) 股东保护

因营业转让被视为交易行为,因此,除非是对全部或重要的营业进行转让,一般不需履行股东大会的决议程序。而且,即使是重要营业的转让,如果该转让资产的账簿价额不超过转让公司总资产额1/5的,也不需履行股东大会的决议程序(日本《公司法》第467条)。而公司分立被视为公司组织上的变更,一般需要通过

---

① 当然,转让公司接受对价后,可自由地将所接受的对价交付给股东,但要受到分配规制的限制。

股东大会的特别决议。不过,当该转让资产的账簿价额未超过分立公司总资产额1/5 的,也不需要履行股东大会的决议程序(日本《公司法》第416 条第4 款)。

(5) 出资的检查与解散

如果因转让营业所取得的对价为受让公司的股份,则构成对受让公司的实物出资,需要接受检察官的检查,这样既花钱,又费时间。而公司分立则不需接受检察官的检查。

营业转让后,如果转让公司消灭的,需要履行清算程序;而公司分立后分立公司消灭的,可不经清算程序。①

(6) 盈余公积金等的继承

在合并分立中,除了物的分立之外,受让公司可继承分立公司的盈余公积金、未分配利润,而营业转让则不允许受让公司继承转让公司的盈余公积金及未分配利润。

3. 小结

从以上关于营业转让与公司分立的制度比较中可以得知,营业转让与公司分立实际上在经济效果上极其类似,几乎可以互相取代,但在法律效果上却各具特点,各有利弊。两者在债权债务、劳动合同关系的继承、对价的交付、股东的保护、出资的检查、解散的程序与财会处理等方面存在着不同。因营业转让不产生特别法律效果,故实施营业转让仅凭民商法的一般性规定以及当事人间的协议就可完成。而公司分立的法律效果则比较特别(如债权债务的概括性继承等),必须依据法律的特别规定,否则无法实施。

不过,正是因为有了这些法律效果上的差别,公司重组的手段才变得丰富多样。当事人才可根据自身的需求,比较两者之间的利弊,合理地选择合适的重组手段。

## 二、公司分立与公司转投资的区别认定

公司转投资是公司以现金、实物、无形资产或者购买股票、债券等有价证券的方式向其他单位投资。转投资并不必然导致公司资产变现困难,公司通过转投资获得的股权仍然是公司资产的组成部分,仍然构成对债权人的担保。转投资实际上是资产置换,是资产间的形态变换。资产具有实物形态和价值形态两种形态:实物形态是以生产资料的物质实体为存在形态;价值形态则是它的价值表现,即以货币、股票、债券等形式表示的凝结在生产资料中的劳动量,又可分为货币形态和证券形态或虚拟形态。从理论上讲,两种形态应该是一致的,因为实物形态是价值形态的物质载体,价值形态是实物形态的货币表现。从实践中看,两者又常不能保持一致。但总体看来,两种形态的资产增值、保值的机遇与风险是同时存

---

① 这只是在解散分立中才存在的问题。不过,日本法并没有规定解散分立制度。

在的。一方面,作为实物形态的资产在经营生产、创造价值的物质流过程中,既面临着生产、经营、销售和市场的风险,也存在实物资产损耗、闲置等带来的价值减少;另一方面,作为货币、股票、债券的资产在价值流过程中,同样面临着证券市场的风险。

就公司分立和公司转投资比较而言,两者有如下区别:一是股东构成不同。公司分立属于公司组织法的问题,强调的是公司组织的变更。公司分立后,分立公司与新设公司或承继公司之间发生股东构成的重叠,即新设立公司的部分或全部股东是原公司的部分或全部股东;而在转投资中,转投资公司获得新设公司或接受投资公司的全部或部分股权,即投资公司成为被投资公司的部分或全部股东。二是公司资产数量变化不同。公司分立必然导致公司资产数量减少;公司转投资不发生公司资产数量变化,只是公司资产的形态发生变化。以现金、实物、无形资产作为转投资的,其资产的实物形态变为股权形态。三是公司之间的相互关系不同。公司分立后,分立前的公司与分立后的公司之间属于并列平行关系,彼此分立的公司之间互相独立,且相互并不持股,不存在控制和被控制关系;而公司转投资则是纵向关系,相互之间存在控制和被控制关系。四是决议程序不同。公司分立涉及公司债权债务人利益的保护程序,应当由公司的股东作出特别决议,一般需要2/3以上代表通过;而公司转投资一般纯属于公司可自行决策行为,公司股东会作出普通决议即可,一般只需经过1/2以上代表通过。五是债务承继不同。在公司分立中,分立公司与新设公司承担连带责任;在公司转投资中,投资公司与被投资公司之间并不存在债务承继问题。被投资公司显然一般不对投资公司投资前后的债务负责,更不会连带负责。但当投资公司无法清偿自身债务时,债权人可以申请执行转投资收益,即用被投资公司到期应分得的股息、红利偿还,也可以通过受让转让公司的股份或转让转投资公司的出资获得债权保护。这体现了法人财产独立原则。

### 三、未到期债权在公司分立时能否要求担保清偿

关于担保清偿制度的主要问题,是权利的享受是否要以履行期限届满为条件。对履行期限已经届满的债务,要考虑的是:首先,是否要赋予债权人请求担保或者清偿权;其次,由谁决定担保或者清偿。我们认为,由于公司分立对公司的未来影响巨大,对债务人责任财产范围的变动亦会带来难以预测的变化。债权人的利益范围是特定的,不会因为责任财产的增加而使债权收益增加;相反,债务人却有冒险追求利益最大化的动机。因为债务的范围是比较确定的,而利用责任财产获得额外的收益则是可能的,因此债务人有分立公司追求利益的冲动,所以为保护债权人特定责任财产安全,应该赋予债权人请求担保或者清偿的权利。至于债权人是否行使,则在于他自己的理性判断。关于最后公司是提供担保还是清偿债务,其决定权当然应该属于公司。原因在于,债权人的利益范围是特定的,债权人

的目的是实现债权或者使其债权具有优先性，其权利亦在于此。而担保或者清偿对债务人来说，可能具有不同的影响，公司会选择对其影响最小的方式来满足债权人的要求，这样的结果对双方都是有利的。

对于履行期限未届满的债务，是否应该允许债权人享有提前届满利益？如果不允许其享有，那么就会出现这样的情况：其他债权人实现了债权，导致债务人责任财产减少，加之异议股东可能会行使股份回购请求权而使责任财产进一步缩减，这样就会使未届满之债权受到多重威胁，明显对此类债权人不利。因此，我们认为，应该允许该债权人享有提前利益，与期限届满之债权人同等待遇。至于是否行使则应由其本人决定，而最后选择担保还是清偿亦应由分立公司自己决定。我国现行《公司法》取消了异议阻却制度，但担保清偿制度仍然存在。

### 四、不享有公司分立异议权的债权情形

根据债权发生的时间，可以将债权人分为公司分立公告之前成立的债权人与分立公告成立之后的债权人。一般认为，分立公告登出后产生的债权，不享有提出异议的权利。因分立公司已履行其告知义务，债权人已知或应知债务人的分立，仍与其发生债务，视为自愿承担相应风险。对其他债权人，如公司内部职工对公司享有的劳动债权、税务债权以及其他相似的国家债权则不宜享有异议权。的确，职工的劳动债权是应予充分保护的，但对此种债权的清偿及对职工的安置，一般均属于分立合同的重要条款，通常已在分立中予以解决，加之其在清偿顺序中处于优先地位，故不宜再给其提出异议的权利。税务债权以及其他相似的国家债权亦不宜享有异议权，这些基于行政关系产生的债权，通常也是须在分立中加以解决的问题，且其清偿顺序优先，已有较充分的保护。

债权人的异议申诉要在法律规定的时间内提出。债权人在规定期限内未提出异议的，视为承认分立，债权人丧失清偿、担保请求权，但并不影响债权效力。

### 五、非货币债权人是否享有公司分立异议权

我国《公司法》规定对分立存有异议的债权人可向公司请求提供清偿或相应的担保，因此对货币债权成为行使异议权的对象没有任何异议，但是对非货币债权是否也成为异议的对象的问题意见却不一致。所有债权由于不履行其债务可变更为损害赔偿请求权，所以存在除债权请求人以外都可以成为债权人异议权的对象的见解，以及对行使异议权的债权人的保护措施限定为清偿、提供担保及财产的信托，所以货币债权被限于可计算其金额的债权的见解。后者对于非货币性债权者而言，从债务的性质上不可能及时清偿债务，而在不履行债务的情况下应负担的损害赔偿额的计算也将混乱，所以很难判断需要何种程度的担保。另外，例如劳动合同上的债权，在已发生具体的报酬债权或退职金债权的情况下，其债权人一般被认为成为债权人保护程序的对象。但未来劳动合同上的债权、继续性

供给合同上的未来债权、非金钱债权的债权人被认为是不包括于其中的。像继续性供给合同,双方均未履行的情况下,有主张认为,对其双方未履行的部分,债权人向合并公司要求提供担保是不公平的。

我们认为,没有区别货币债权人和非货币债权人的理由。但是对非货币债权,在现实中很难预测分立当时是否可履行其债务,而且向分立当事公司事前要求提供以不履行债务为前提的担保,是因为公司力图通过分立艰难地实施企业组织改造,所以将成为债权人异议对象的债权限定解释为货币债权才是合理的。

### 六、公司分立时股票期权持有者的保护

一般设置股票期权的目的在于无资金负担地雇用专门经营者或高级技术人员,使他们与企业的利害关系一致而具有主人公意识,并加强其成功动机。考虑到通过赋予股票期权的方法明确所属的事业业绩与股价的关系,可以鼓励经营管理层及职工的创造力,也可激励其从事营业活动的主观能动性,公司分立时如何调整股票期权,对经营者及职工而言意义重要。

公司分立中股票期权的问题可用两种方案解决。

第一,分立后自分立公司转移至新设公司或承继公司的经营管理层及职工丧失分立公司的股票期权,可对其赋予新设公司或承继公司股票期权的调整偿还其从事方法。此时成为选择权对象的新设公司或承继公司的股份数及行使价格应规定为反映分立前分立公司股份价格,留在分立公司的职工维持与以住相同的有关分立公司股票期权的权利,而作为选择权对象的分立公司股份数量及行使价格会因分立受到影响,所以应充分考虑这些而作相应的调整。

第二,与经营管理层及职工归属于哪个公司无关,可向分立公司或新设公司或承继公司选择性地赋予股票期权的调整偿还方法。此时职工在公司分立的同时将被赋予对应于分立公司股票期权(选择条件)的新设公司及承继公司的股票期权,但是成为选择权对象的新设公司或承继公司的股份数量及行使价格应调整至同分立前分立公司赋予的股票期时相同的价值。

我们认为,分立公司和新设公司或承继公司享有完全不同的独立法人人格,对经营管理层及职工赋予股票期权也应充分考虑与其他股东的利害关系,因此第一个依据因分立归属于哪个公司而赋予各自公司的股票期权的调整偿还方案是恰当的。总之,对持有股票期权的经营管理层及职工,有必要同股东进行类似的保护。

### 七、公司新设分立后新公司又被吸收合并时原公司债务的承担

甲公司分立为乙、丙两公司,后乙公司再与丁公司发生合并,乙公司注销,丁公司存续,丁公司是否应当对合并时未知的、甲公司的债务承担责任?

对此,实践中也存在两种不同的认识。一种意见认为,乙公司与丁公司发生

合并时，丁公司对甲公司的债务并不知晓，因此，如果由丁公司承担其未知的甲公司的债务，违背其真实意思表示。另一种意见认为，丁公司是否知晓甲公司的债务，不影响债权人对丁公司的请求。因为根据《公司法》的规定，甲公司分立的，乙公司具有承担连带清偿甲公司债务的责任。同时根据《公司法》第174条的规定，乙与丁公司发生合并时，丁公司对乙公司的债权债务自然承继。因此，丁公司应当与丙公司一起对甲公司的债务承担连带责任。我们赞同第二种观点。

# 第二十章　公司减资纠纷裁判精要

**案由释义**

公司减资,即公司注册资本减少,是指公司依法对已经注册的资本通过一定的程序进行消减的法律行为。公司减资纠纷是指公司注册资本减少过程中因减资行为引起的民事纠纷。公司减资分为实质减资和形式减资。实质减资是指减少注册资本的同时,将一定资产返还给股东,从而减少公司的净资产。形式减资,是指只减少注册资本额,注销部分股份,不减少公司净资产的减资。这种减资往往是亏损企业的行为,目的是使公司的注册资本与净资产水平保持相当。

《公司法》并未明确区分实质减资与形式减资,对公司的减资行为规定了严格的条件和程序。按照规定,公司减资必须符合以下条件和程序:(1) 股东(大)会作出减资决议,并相应地对章程进行修改。在有限责任公司中,作出减资决议必须经代表2/3以上表决权的股东通过,在股份有限公司中,必须经出席会议的股东所持表决权的2/3以上通过。同时,公司减少资本后,其注册资本不得低于法定注册资本最低额。(2) 公司必须编制资产负债表及财产清单。(3) 通知债权人和对外公告。(4) 债务清偿或担保。债权人自接到通知书之日起30日内,未接到通知书的自公告之日起45日内,有权要求公司清偿债务或者提供相应的担保。(5) 办理减资登记手续。

公司资本的减少,直接涉及股东的股权利益,同时资本的减少也意味着公司责任财产范围的缩小,在实质减资时,甚至还直接导致资产流出公司,直接影响到公司债权人的利益。因此,根据资本维持原则,注册资本减少一般不被允许,虽然世界上大多数国家都对减资行为采取认可态度,但都规定了较为严格的减资程序,同时规定减资后的注册资本不得低于法定的最低限额。

因此,为保护中小股东的利益和债权人的利益,针对违反法定程序的减资,公司股东可以提起诉讼确认减资行为无效或撤销公司减资决议,债权人有权要求公司清偿债务或者提供相应的担保。

## 一、公司可以采用的减资方法

从各国公司立法的有关规定来看,公司减资的方式不外乎有减少股份总数、降低每股金额、减少股份总数的同时又降低每股金额、退还股东实缴资本和免除股东未付资本等若干种。一般来说,公司可以自由选择具体的减资方式。但在特定情况出现时,公司只能以某种特定的方式减资。例如,当公司经营严重亏损,资产已不能满足经营的需要时,公司就不能进行实质上减资,而只能进行形式上减资,此时,就不能采用退还股东实缴资本和免除股东未付资本的方式。同时,公司不论采用何种减资方式,均应满足股东平等原则的要求,不得强迫股东进行不等比例的减资,更不能通过减资剥夺特定股东的股权。

1. 减少股份总数

减少股份总数是指每股金额并不减少,只是通过减少公司股份总数以减少公司资本,具体可分为股份合并、股份注销和股份回购。(1) 股份合并,即将多个股份合并起来发行少于该股份数的股份,例如将每 10 股合并为 8 股,那么持 50 股的股东的股份应减至 40 股;(2) 股份注销,即在公司存续期间,绝对消灭一部分已发行的股份,各国都允许在依法减资时注销公司的股份;(3) 股份回购,即上市公司利用融资或盈余所得的积累资金,以一定的价格购回公司已发行在外的普通股进行注销,是公司减少股份总数的主要方式。

减少股份总数通常适用于公司经营严重亏损的情形,股份总数的减少,实质上只是公司亏损的相应注销,并不实质影响公司的偿债能力,因而不会实质损及公司债权人的利益,属于形式上减资。减少股份原则上应满足股东平等待遇的要求,即应按原有股东持股比例同等地减少股东的持股数目。

2. 降低每股金额

降低每股金额是指通过降低现有股份面值,从而降低公司资本总额。与减少股份总数相同,其通常也适用于注销公司亏损的情形,属于形式上减资。例如公司共有 1 000 万股,每股面值原为 8 元,则原注册资本为 8 000 万元,现每股面值从 8 元降至 5 元,股份总数不变,则注册资本减少至 5 000 万元。减少股份金额,通常亦适用于注销公司亏损的情形,而公司债权人对于此类因亏损而进行的减少股份金额从而减少资本的行为,原则上亦无异议的权利。

3. 减少股份总数的同时又降低每股金额

减少股份总数的同时又降低每股金额这种方式是前述两种方式的结合,因较为复杂,实践中很少采用。

4. 退还股东实缴资本

退还股东实缴资本是指公司以实物、现金等资产退还股东已实际缴纳的资本,从而减少公司资本。一般适用于公司自有资产丰厚,盈利资金足以满足债权人的要求,偿债能力有余的情形。退还股东实缴资本作为公司减资的方式,不仅在形式上涉及股东出资责任正当履行与否的法律问题,而且实质上是将公司资产分配给股东,从而减少了公司净资产,减轻或免除了股东的出资责任,因此,各国很少有不加约束予以许可的:要么严加禁止,如德国《股份公司法》第230条的规定;要么赋予债权人异议权,以确保债权人利益不因此受到损害,如英国。

5. 免除股东未缴资本

免除股东未缴资本是指通过免除股东已认购但尚未缴纳的出资从而减少公司资本。这种减资方式直接部分或全部免除股东的出资责任,大多数国家的公司法皆严禁以此种方式达到公司减资的目的。如美国特拉华州《普通公司法》第244条第4款规定,任何减资皆不得导致股东未付股款责任的免除。

但是,也有国家有条件的允许采用这一方式来减资,如英国规定,只要公司不仅为债权人提供了正当行使异议权的机会,而且满足了债权人异议之请求,或者确已为债权人之债权做出了法院认可或批准的偿付安排,就可以采取这一减资方式。

我国《公司法》对公司减资的方式没有作出规定,在其他法律、法规、司法解释中也未有规定,属于立法上的空白,可以适当参照上述方法进行减资。

## 二、形式减资时能否启动债权人保护程序

实质减资之际,净资产从公司流出,必然导致净资产的减损。相应之连锁反应则是公司信用或偿债能力的减弱,公司债权人的债权有受到不能实现之虞,应当严格减资的债权人保护程序。形式减资之际,仅仅是资本额减少,而不发生净资产的流动。[1] 显然,实质性减资击破了债权人优先获得清偿的定律,实际上使公司股东优先于债权人获得保护。形式性减资,不产生公司资产的向外流动,而旨在实现公司资产与公司资本的真实回归。这一减资模式往往发生在亏损企业之上,其目的在于使公司章程的注册资本与公司净资产水准相接近。

在公司形式减资的情形下,一方面,由于不产生公司资产的流动,仅仅是一个"纸面交易",是一个公司资产负债表两端科目的等比例消除,并不导致公司净资产减少,所以并不会使公司的清偿能力降低。"如果公司净资产不变且财务回归真实状况,那么认为形式减资会引发公司信用或偿债能力减弱的观点,是经不起推敲的。"[2]另一方面,如果公司的实有资本远少于注册资本,那么在这种情形下,公司不减资反而不但会损害债权人的利益,而且还会给整个社会经济秩序带来混乱。因此,当公司具有形式减资的必要时,即公司亏损达到法定额度时,法律就应当强令要求该公司减资。故从某种意义上来说,无论是实质减资还是形式减资,均可能直接影响到公司债权人的债权实现,只是在实质减资的情形下是危害债权

---

[1] 参见何美欢主编:《公众公司及其股权证券》(中期),北京大学出版社2000年版,第113页。
[2] 傅穹:《公司减资规则论》,载《法学评论》2004年第3期。

的实现,而在形式减资的情形下则是可能有利于债权的实现。

我国《公司法》目前没有区分形式上减资和实质上减资,无论何种减资形式均要求履行同样的债权人保护程序。形式上减资事实上没有导致公司净资产的减少,不会影响公司的偿债能力,如果法律同样要求履行债权人保护程序,则不但会给公司减资造成不必要的成本,而且可能使公司因畏惧繁琐的程序而怠于履行法定减资义务,从而使不实的注册资本误导债权人,给债权人带来损害。因此,我们认为,应借鉴德国公司法的规定,区分形式上减资和实质上减资,对形式上减资的程序予以简化,豁免部分债权人保护程序,对债权人仅赋予知情权,不赋予异议权。

### 三、公司减资时的债权人保护

我国《公司法》对公司减资中债权人的利益进行保护的规定集中在第177条,该条规定:"公司需要减少注册资本时,必须编制资产负债表及财产清单。公司应当自作出减少注册资本决议之日起十日内通知债权人,并于三十日内在报纸上公告。债权人自接到通知书之日起三十日内,未接到通知书的自公告之日起四十五日内,有权要求公司清偿债务或者提供相应的担保。"通过对比可以发现,我国《公司法》关于债权人保护的规定内容过于简单,且可操作性差,不利于切实保障债权安全。我们建议从以下几个方面完善该程序:

1. 根据不同减资类型制定不同规则。我国《公司法》对于公司减资的类别不加以区分,只是都规定了一种严格的程序,这样必然会牺牲公司的利益和效率。从前面所述也可以看出,有些国家实际上针对不同的减资类别采取不同的规则,如德国《股份公司法》将减资分为普通减资、简易减资、回赎减资和减资的列示分别制定不同的程序和制度。① 对于这些不同的分类适用不同的规则,可在一定程度上避免过高的减资成本。

2. 明确界定应予特殊保护的债权人的范围。在我国《公司法》上,对于应予特殊保护的债权人的范围未加限定。从国外立法例看,多数国家的公司法都对需要保护的债权范围作出了限制,如德国《股份公司法》第225条将应受保护债权人的范围界定为"其债权在决议的登记公告前已经设定的债权人"。我们认为,我国《公司法》也应明确界定应予特殊保护的债权人的范围,可以参照德国公司法的表述,将应保护的债权人的范围界定为"其债权在决议的登记公告前已经设定的债权人"。

3. 完善通知及公告程序。我国现有规定只要求公司自作出减资决议之日起10日内通知债权人并于30日内在报纸上公告,但对于需要直接通知的情形和公

---

① 参见杜景林、卢堪译:《德国股份法·德国有限责任公司法·德国公司改组法·德国参与决定法》,中国政法大学出版社2000年版,第101—107页。

告的内容、公告发布的载体未加规定。实践中有些公司在减资时,对已知的债权人也采取公告形式进行通知,且公告发布在当地的县市级报刊上。由于报纸发行的局限性,客观上造成了减资的通知、公告流于形式,未达到真正的通知效果,使得债权人无法及时主张权利。

### 四、公司减资时清偿债务或者提供担保的选择权归属

对于清偿债务或者提供担保的选择权由公司享有还是由债权人享有,我国《公司法》规定债权人有权要求清偿债务或提供担保,将清偿债务或提供担保的选择权赋予了债权人。

然而,从债的关系看,对未到期债务公司并不负有立即清偿义务,在公司减资的情况下,为避免公司减资有害债权人权利的实现,对债权人未到期债权设定相应的保护是必需的,但这种保护应仅限于确保债权人权利不会因公司减资而受到损害,而不应使债权人享有超越其原债权本身的利益,包括提前清偿的期限利益。除保证债务偿还外,亦不应对公司附加其他限制,或剥夺公司其他正当利益。充分的担保即构成了对债权人权利的有效保护。在公司提供充分担保的情况下,债权人没有理由要求公司提前清偿债务。《公司法》将清偿债务或提供担保的选择权赋予债权人实在有点不妥。"如果过度地给予一方群体的特殊关注或许从整个社会的交易效率或公司灵活运作机能或股东利益的保障看来,则未必是一种效率的安排。"[①]

我们以为,对于清偿债务或者提供担保的选择权问题,应区分为两种情况,第一种是公司提出清偿的,期限届满的债权人应予接受清偿;期限尚未届满的债权人,可以接受清偿,债权人不接受清偿时,公司有权向有关部门提存,此时,债权人无权提出担保要求。第二种情况,公司未明确愿意清偿时,对于到期债权,基于权利的期限利益以及民事权利自由处分原则,选择权应赋予债权人,债权人要求清偿的,公司必须进行清偿而无权提出担保;对于未到期债权,选择权应赋予公司,公司提出担保的,在担保符合法定要求时,债权人无权要求公司立即清偿。

### 五、存在到期债权未清偿时能否启动实质减资

公司实质减资时,应当启动债权人保护程序,债权人享有减资异议权,并可以就债权要求公司提供担保或者清偿。

债务范围是仅限于未到期债务,还是包括已到期债务?公司不能清偿到期债务,债权人可申请法院宣告公司破产。从保护债权人角度出发,在公司对已到期债务都无力清偿的情况下,根本不可能再去实质减资。已清偿所有到期债务是公

---

① 傅穹:《重思公司资本制原理》,法律出版社2004年版,第78页。

司实质减资程序启动的前提,如果公司尚有到期债务没有清偿,董事会根本就不应将实质减资议案提交股东(大)会审议。因此,此处的债务应指未到期债务。

### 六、债权人保护程序是否是减资的生效要件

公司以其全部资产对公司债权人承担责任,公司债权人利益的实现与否在于公司资产的变化情况。公司实质减资将会对公司债权人的利益产生较大的影响,因而各国公司法都规定,公司实质减资必须启动公司债权人保护程序,赋予债权人减资异议权。但是对于此种债权人保护程序以及异议权的效力,却存在不同的观点。有的观点认为,由于公司实质减资对公司债权人利益影响巨大,因此债权人保护程序的履行是公司减资的生效要件,如不履行,将导致公司减资的无效;有的观点认为债权人保护程序只是为了保护债权人利益,不应将其作为生效要件,公司减资中的其他制度也能配合保护债权人的利益。

关于实质上减资情况下债权人异议的效力,我国现行《公司法》未予以界定。我们认为,应采我国香港和台湾地区之规定,将保护债权人程序之履行,不视为减资的生效要件,而仅视为对抗要件,即公司不为通知或公告,或对于在法定期限内提出异议之债权人不为清偿或提供相当之担保者,并不影响减资效力,但公司不得以其减资对抗债权人,债权人仍可在公司原有资本范围内对公司主张权利,如公司不能为清偿,减资涉及的股东在公司减资的总额度内应对此负连带清偿责任。将保护债权人程序之履行仅作为对抗要件,可以避免公司在付出了大量的时间和精力,履行了其他各项程序后,仅仅因为个别债权人的异议而使减资归于无效,这是依据效率优先的价值取向应做出的选择。当然效率优先并不能以不顾债权人的利益为代价,因此,我们可以通过设定股东的连带清偿责任使债权人的权利得到与公司减资前同等的保障。

### 七、必须减资的情形

必须减资的情形,是指法律明确规定,当某种情形出现或某个条件具备时,公司必须采取特定方式减资。我国《公司法》中并没有这一规定,实践中可能导致公司债权人、股东的利益的严重受损。当公司亏损达到一定程度时,须强制公司减资,经由减资后资本的公示,使潜在债权人了解公司的资产状况和经营能力,避免严重脱离净资产额的注册资本引起的误导。

我们认为,我国可借鉴世界各国的立法经验,将必须减资的情形规定为以下两种:(1)当净资产显著低于注册资本时,公司必须减资。如果公司因高风险经营遭受巨额损失,强制减资有可能导致减资后的注册资本额不符合法定最低限额,面临解散的危险。也就是说,强制减资一定程度阻却了公司从事高风险投资的赌博心理。(2)当公司累计亏损额达股本总额的一定比例(如1/3)时,必须减资。该规定对那些经营不善、资产不良、连续亏损公司仍在市场上招摇过市的状

况予以遏制,对于公司的管理层、决策层也是一大震动,促其反思经营管理的活动,慎重决策,及时纠正决策的失误。

非自愿减资时必须采取法定减资方式。即公司因亏损而减资时必须采取特定的减资方式,一般认为,此时公司须采取形式减资。即不允许任何公司实际资产通过减资的方式而流出。

# 第二十一章 公司增资纠纷裁判精要

> **案由释义**
>
> 公司增资,是指公司基于筹集资金,扩大经营等目的,依照法定的条件和程序增加公司资本的行为。公司增资纠纷是指公司在增加注册资本过程中因增资行为引起的民事纠纷。
>
> 公司资本增加会增强公司实力,有利于保障债权人的利益和维护交易安全,各国立法通常对增资条件和增资程序限制较少,但公司资本增加必然调整现有的股权结构,直接影响现有股东的利益并可能在股东之间引发利益之争。因此,《公司法》规定,有限责任公司或者股份有限公司增加资本的,需经公司股东(大)会作出决议,并且有限责任公司增加资本时,除非全体股东约定不按照出资比例优先认缴出资,股东有权优先按照实缴的出资比例认缴出资。对于违反程序作出的决议,股东可以向人民法院提起诉讼请求确认增资决议无效。

## 一、公司增资纠纷类型

一是股东主张公司增资违反程序而无效,其实质是特殊的公司决议无效之诉;二是有限责任公司的股东主张行使新增资本的认购优先权。应注意该纠纷与新增资本认购纠纷之间的区别。新增资本认购纠纷主要是发生在新出资人与公司之间以及原股东与公司之间的纠纷,而公司增资纠纷主要是公司在增加资本过程中因增资行为而引起的民事纠纷。

## 二、公司能否强制股东增资

《公司法》对于公司增资并没有规定一定的法定条件,公司法将公司增资的自由权几乎全部赋予了公司,由公司自己根据实际情况决定是否增资。依据《公司法》的规定,由董事会制定相应的公司增资方案,然后报公司股东(大)会批准,可见有关公司增资事项,公司法赋予了公司相当的自治权。但是由于现代公司的表决制度遵从资本多数决原则,公司内部无论是董事会还是股东会的权力往往掌控在大股东或者实际控制人手中。一方面大股东拥有强大的经济实力,他们可以轻易追加出资,而小股东则有时则往往不具备追加出资的经济实力,中小股东的股权面临着进一步被稀释的危险,中小股东可能更进一步成为大股东或者实际控制人资本游戏中的装饰和点缀。另一方面,可能有些大股东希望通过公司增资吸收中小股东的更多投资来扩充公司资本,增强公司实力,则此时中小股东被强行绑上了继续增资的轨道,要么退出游戏,要么掏钱增资,那些想继续持股而又不愿继续增资的中小股东,无疑面临着困难的局面。

这里应当明确的是,增资是股东的权利而非义务。由于每个股东自身的财产能力和情况不同,不能强求股东向公司追加出资,股东原来对公司的出资是自愿的,后来增资时的出资也应是自愿的。不能以股东会通过的增资决议对全体股东具有约束力为由,认为股东负有按原有出资比例追加出资的义务。强制要求股东按照增资协议的金额向公司缴纳出资,如果这样,在一定的条件下可以否认该股东会决议的效力。

### 三、司法能否介入有限责任公司的增资扩股协议

一般而言,对于有限责任公司而言,公司法赋予其较大的自治性,并不过多干预有限责任公司内部决议。但是公司增资极有可能给中小股东的利益带来损害,在特殊情况下,司法应该介入有限责任公司增资扩股协议。

**(一)司法对有限责任公司增资扩股决议内容以合法性审查为原则**

股东会决议作为公司的意思表示,其本质是透过会议形式由多数股东所决定的意思决定,因此,只有股东会决议程序和内容均合法有效才能发生法律效力。如果决议程序或者内容上有瑕疵,就不能认为是正当的公司意思表示,司法可以基于部分股东的请求予以介入。然而,法院毕竟不熟悉公司的运作,随意介入意味着司法对公司正常商业经营的干预,不仅影响公司的正常经营,也干扰了公司自治。因此,司法介入公司股东会决议须秉持审慎原则。①

司法介入股东会决议须充分体现对公司机关分化以及公司独立人格的尊重,尤其是尊重股东会为公司最高意思机关的地位,承认股东会是股东得以对公司控制的合法途径。因此,司法程序对股东会议的介入是适度的,以合法性审查为原则。亦即,法院只能就股东会召集和决议发放等会议程序以及决议内容的合法性进行审查,对股东会程序和内容的合理性或妥当性一般不予审查。

**(二)少数情况下,司法亦可基于"禁止资本多数决的滥用"原则对有限责任公司增资扩股决议的内容进行妥当性审查**

司法对有限责任公司增资扩股决议的内容不进行实质性审查,意味着尊重公

---

① 参见范黎红:《大股东滥用资本多数决进行增资扩股的司法介入》,载《法学》2009年第3期。

司意思自治,赋予公司股东会自由决定是否增资及如何增资的自由,但这一自由实际赋予了公司的控制股东,带来了控股股东追求自身利益而损耗或者限制公司或其他股东利益的风险。这就有必要规范股东的资本多数决行为。亦即,控股股东在行使表决权时,负有对小股东的诚信义务,不得滥用资本多数决,恶意侵害小股东的合法权益。

事实上,司法对有限责任公司增资扩股决议的内容进行妥当性审查,在我国《公司法》上亦可找到依据。《公司法》第 20 条第 1 款规定,公司股东应当遵守法律、行政法规和公司章程,依法行使股东权利,不得滥用股东权利损害公司或者其他股东的利益;不得滥用公司法人独立地位和股东有限责任损害公司债权人利益。第 2 款规定,公司股东滥用股东权利给公司或者其他股东造成损失的,应当承担赔偿责任。上述条款是对公司股东不得滥用股东权利的原则性规定。

尽管根据《公司法》第 20 条的规定,在某种情形下,法院可以依据"禁止资本多数决的滥用"原则对有限责任公司增资扩股决议的内容进行妥当性审查。但是"禁止资本多数决的滥用"原则的适用存在严格的前提,并非控股股东实施所有的对小股东不利的行为都能够被认为是滥用权利的行为。为此,必须结合案情,在尊重商业判断原则的基础上进行自由裁量。

### 四、大股东恶意增资扩股侵害小股东权益,是否符合《公司法》第 20 条第 1、2 款有关"滥用股东权"规定的严格前提

禁止资本多数决的滥用,是为了平衡资本多数决原则与小股东权益保护之需要。因此,适用《公司法》"滥用股东权"规定的一个隐藏的前提是:小股东权益因控股股东的行为受到侵害。此外,并非控股股东实施的所有的对中小股东不利的行为都能够被认为是滥用权利行为,还需要结合具体情况予以认定。

#### (一) 小股东权益因增资扩股决议受到损害

《公司法》对有限责任公司增资行为的规范主要体现在股东优先购买权的规定上,公司增资时的优先购买权是股东股权的重要组成部分,是保证股东维持其原有地位,保障其原有权利,确保公司的人合性和稳定性的重要制度。若违反该制度,侵犯股东的优先购买权,则会给股东的利益造成重大的损害。

#### (二) 从"权利滥用理论"的法理出发,大股东恶意利用多数决增资扩股的行为构成"滥用股东权"

禁止资本多数决滥用的基本法理,存在着多种理论。[①] 我们认为,无论是诚信义务理论还是权利滥用理论,作为资本多数决滥用的法理基础都有一定的合理性。诚信义务理论更多是从股东间关系平衡的角度出发,显示的是股东的积极义务;权利滥用理论则着眼于规范股东权的行使,强调股东的消极义务。

---

① 参见刘俊海:《股份公司股东权的保护》,法律出版社 2004 年版,第 511—521 页。

### 五、滥用资本多数决进行增资时大股东能否援引商业判断原则进行抗辩

公司增资行为能够使公司及时应对市场需要，筹集足额资金，以引进技术、开拓市场，维持和扩大公司生产经营规模，实现其资金调度利益。大股东按股权比例行使资本表决权促使公司通过增资扩股决议，即使未进行评估而按注册资本价格引入第三方，也是从公司利益出发，存在正当的商业目的。然而，欠缺公平性的公司增资方案可能侵犯股东依据股份平等原则享有的比例性利益。当大股东援引商业判断准则进行抗辩时，意味着强调公司资金调度利益优位于股东比例性利益。对此，如何处理二者之间的冲突？司法对大股东的这一主张是否予以支持？商业判断准则能否成为大股东逃避其诚信，行使表决权义务的避风港？这就需要平衡禁止资本多数决滥用原则与商业判断准则的关系。

我们认为，一般情况下，应认可公司的资金调动利益优位于股东比例性利益，赋予公司治理机构自由决定是否增资及如何增资的自由，尊重公司意思自治，亦即认可商业目的作为避风港的存在。但是，在以商业目的为由正当减损股东的比例性利益时，尚需满足严格的形式要件和实质要件。形式要件体现为，排除股东比例性利益应由股东会以特别多数决议通过。实质要件体现为，为公司筹集资金或追求其他正当目的所必需，舍此别无他途，可以排除股东的比例性利益。亦即，大股东必须举证证明该增资扩股决议具有正当的商业目的，且是实现该商业目的的唯一途径，并不存在对小股东的歧视。

### 六、大股东恶意增资时小股东的救济

因大股东恶意增资扩股而权利受损害的小股东，存在两种救济途径。

#### （一）申请确认股东会决议无效

滥用资本多数决原则而作出的股东会决议，其效力如何，在学说上存在不同的见解。一种观点认为，股东会决议并无具体违法。因为多数股东牺牲公司或者少数股东的利益，以追求自己或第三人利益所为实质上不当的决议，不论股份公司的具体规定或精神为何，都不认为有违法的地方，所以应认为有效。另一种观点则认为，如认定股东大会决议的作成是因为多数股东滥用多数决的结果时，应认为该决议无效。因为这时可以认为该决议的内容违反了公序良俗原则而无效。还有一种观点认为，滥用多数决所为的决议内容的违法性，不宜以同一方式处理，应依具体情况决定决议可撤销或无效。我们认为，滥用资本多数决作出的决议，违背了公司法最基本的关于保护中小股东的核心精神，是对公司法律制度最根本的违背，有可能危害整个公司制度，因而应当认定其无效。

#### （二）申请损害赔偿

就能否给予小股东损害赔偿，有观点认为，给予损害赔偿的金额高于小股东的注册资本金，存在抽回出资之嫌，因而不能给予损害赔偿，小股东只能申请确认

股东会决议无效。我们认为,小股东可以申请损害赔偿,理由在于:《公司法》第20条第2款明确规定,公司股东滥用股东权利给公司或者其他股东造成损失的,应当依法承担赔偿责任。尽管小股东受到的财产利益损害金额高于其投入的注册资本金,但予以赔偿并不意味着小股东变现抽回出资。事实上,小股东在增资之前,基于公司运营状况良好且存在大量未分配利润,小股东所持股权含有的财产利益已经远远超过投入的注册资本金额,赔偿的是持有股权价值缩水的部分,而非允许小股东抽回出资。

# 第二十二章　公司解散纠纷裁判精要

**案由释义**

公司解散是指引起公司人格消灭的法律事实。根据公司解散事由的不同，公司解散可分为公司自行解散、强制解散和司法解散三种形式。自行解散又称任意解散，是指公司基于自身的意思解散公司，比如因公司章程规定的营业期限届满或者公司章程规定的其他解散事由出现，或股东会或者股东大会决议解散，或因公司合并或者分立需要解散。强制解散是指公司依法被吊销营业执照、责令关闭或者被撤销。司法解散又称裁判解散，是指公司的目的和行为违反法律、公共秩序和善良风俗的，依法律的规定命令其解散；或者公司经营出现显著困难，面临重大损害或董事、股东之间出现僵局时，依据股东的申请，由法院裁判解散公司。这里所指的公司解散纠纷主要是指公司僵局出现时，公司股东提起解散公司申请而引发的纠纷。

《公司法》第182条规定了公司僵局作为申请法院裁判解散的事由。该条规定：公司经营管理发生严重困难，继续存续会使股东利益受到重大损失，通过其他途径不能解决的，持有公司全部股东表决权10%以上的股东，可以请求人民法院解散公司。

公司存续期间如果长期存在严重的内部矛盾，将导致公司的正常经营无法进行，甚至使股东的利益受到严重损失。此时，若公司继续存续，则对股东利益明显不利。尤其是有限责任公司，具有较强的人合性特点，公司能否正常运营依赖股东之间的相互信赖关系，若股东之间关系恶化，或当公司经营出现严重困难、公司继续存续无法实现公司目的时，应赋予股东申请解散公司的权利。《公司法》第182条就规定了公司僵局出现时，股东申请解散公司的权利。实践中，经常会出现公司僵局，股东也经常会提起解散公司的申请，这类争议日益增多。

公司解散之诉是解决公司僵局的最终机制，也是公司被实施"安乐死"的一种形态之一。从文义解释的原则来看，提起该类诉讼需满足几个关键的法律要件：一是股东之间的合作关系已经完全破裂，导致公司的"经营管理"发

> 生"严重困难",从而形成了所谓的"公司僵局";二是公司的继续存在不仅不能为股东带来投资利益,反而使得股东利益受到严重损害;三是通过"其他途径"不能解决股东争议,只能解散公司后进行清算。应当说,由于《公司法》只有上述原则性规定,导致公司解散之诉的受理条件与裁判要件在司法实务中极易产生争议。尤其是在如何理解"经营管理"的含义;如何判断公司已经形成了"严重困难"和"僵局";以及通过"其他途径"的救济等是否属于解散之诉应予受理或公司应被解散的前置条件等方面容易产生歧见。为此,《公司法解释二》作了比较具有可操作性的规定。

## 一、公司解散之诉的受理条件

《公司法解释二》对可以作为法院受理公司"解散之诉"的法定事由列举性地规定了下列四种情形:

(1) 公司持续两年以上无法召开股东会或者股东大会,公司经营管理发生严重困难的;

(2) 股东表决时无法达到法定或者公司章程规定的比例,持续两年以上不能做出有效的股东会或者股东大会决议,公司经营管理发生严重困难的;

(3) 公司董事长期冲突,且无法通过股东会或者股东大会解决,公司经营管理发生严重困难的;

(4) 经营管理发生其他严重困难,公司继续存续会使股东利益受到重大损失的情形。

我们认为,上述四方面的情形既是法院对此类案件的受理条件,也是法院能否据此作出解散公司判决结论的实体裁判规则。在提起解散之诉时,请求解散公司的股东在涉诉理由方面的表达必须满足上述四项条件之一,法院方可将其起诉纳入可予受理的范畴。当然,法院对原告所提交的立案证据仅限于形式审查,这些证据是否具备对公司僵局的实质性证明力则是实体审理的任务,法院不得在立案时要求原告证实的确已经构成了公司僵局。

必须注意的是,上述条件中的经营管理和严重困难所指向的内容是指公司的治理机构及治理状态,而非指公司本身的日常经营性事务遇到了困难。公司实务中往往存在这样的情形,即公司的股东会、董事会等公司治理机构已经完全瘫痪,但公司在实际控制人的管控下本身的经营能力却并未受到损害,依然运转正常并能够开展正常的商事交易和经营活动。因此,这里的经营管理和严重困难应当理解为在公司的治理状态方面构成了冲突和僵局,而不能望文生义地认为是公司的商业经营能力陷入困境。否则,等于认可当存在公司僵局但公司在实际控制人的管理下依然能够正常经营情形下的股东解散诉权将被永远剥夺。

## 二、受理条件的限制性规定

《公司法解释二》设定了三种不予受理的情形：一是股东以知情权、利润分配请求权等权益受到损害为由而要求解散公司的；二是以公司亏损、财产不足以偿还全部债务，以及公司被吊销企业法人营业执照未进行清算等为由，提起解散公司诉讼的；三是股东提起解散之诉的同时又申请人民法院对公司进行清算的，人民法院对其提出的清算申请不予受理。

我们认为，上述后两项规定是正确的。这是因为，公司资不抵债应属破产法调整的范畴；吊销营业执照后则公司等于丧失了继续经营和存续的资格，应当直接进入清算程序并在清算完毕后注销公司，故亦与公司解散之诉制度无关。对于要求解散公司但同时申请清算的，由于解散判决是启动清算的前置条件，故人民法院只应受理解散之诉，但可以告知原告，在判决解散公司后，股东有权自行组织清算或者另行申请人民法院对公司进行清算。

第一项规定则显然在《公司法》中无法找到充分的根据。事实上，多数公司僵局的形成或股东严重冲突的产生就是因为股东的知情权无法得到充分的保护，导致股东的利润分配权及对公司的决策权无法实现，且这些权能恰是股东权的重要组成部分。

## 三、司法保全措施的适当运用

现行司法解释允许股东在提起解散公司诉讼时，向人民法院申请财产保全或者证据保全，前提条件是在"股东提供担保且不影响公司正常经营的情形下"。

我们认为，对于是否影响公司正常经营的问题，应当主要从公司的主业范围来考察。尤其是在财产保全方面可以允许公司继续保有和使用既有资产，但公司不得实施任何转移及处分行为。当然，在证据保全中采取查封账簿资料等措施的不得被视为"影响"公司的正常经营。

## 四、股东在公司解散之诉中的注意义务

涉诉的案由或诉求不同，各方当事人承担的举证责任及预期效果会大不相同。尤其在公司解散之诉这类新类型案件中，更应当精密结合有关司法解释，注意有关诉由表述的合法性、合理性问题。

《公司法解释二》即作出了"股东以知情权、利润分配请求权等权益受到损害……为由提起解散公司诉讼的，法院不予受理"的规定。也就是说，即便你解散公司的真实原因是由于自身的股东知情权或利润分配请求权等核心权利无法实现；即便公司的存续对你而言完全是一种继续损害你权利的工具，但是你要求解散公司时的诉由也不能如此表述，否则就可能遇到不予受理的处理结果。因此，在公司解散之诉中对诉状中的表述尽一些合理的注意义务就成为一种必要。

我们认为,有关司法解释对以股东知情权和利润分配权受到伤害作为诉由的案件作出"不予受理"的规定显然有其合理性考虑,主要是《公司法》已经对股东知情权等股东权益的救济做出了明确的制度安排,不宜因知情权无法得到充分保障即动辄行使对公司的解散权。《公司法》第182条关于解散之诉启动条件的规定很明了,即"公司经营管理发生严重困难,继续存续会使股东利益受到重大损失,通过其他途径不能解决的,持有公司全部股东表决权百分之十以上的股东,可以请求人民法院解散公司"。虽然从公司实务来看,因股东知情权纠纷而导致的公司僵局和公司经营管理困难状态十分常见,利润分配权受损,公司亏损等情形下的公司存续显然会使股东利益遭到重大损失,但是,当无法穷尽此类法定救济途径而且公司没有形成僵局时是无法直接进入解散诉讼程序的。

但是,多数公司"僵局"的形成或股东严重冲突的产生根源就是因为股东的知情权无法得到充分保护,导致股东的利润分配权及对公司的决策权无法实现而造成的,且这些权能恰是股东权的重要组成部分。因为任何投资权能必然要包括对公司的决策权、管控权和投资收益权,故而股东知情权的充分享有是实现该三项权能的必然前提条件。

因此,股东在涉诉公司解散案件时必须注意自身诉由表述的合理性与合法性,充分注意到有关司法解释的制度性安排,合理地实现自身的司法救济权。

### 五、公司解散之诉的审理原则

"调解优先"是现行司法解释所确立的对公司解散之诉案件的审理原则之一,这主要是考虑到股东人合性的重要性及其在遭受"创伤"时进行修补的必要性,以尽量维护公司的市场主体地位,保护交易相对人的合法权益及各类债权、债务法律关系的稳定性。调解结果包括股东之间和解且原告撤诉,公司自然存续;原告股东退出公司,但公司继续存在;各方均同意公司解散,等等。

保护原告在股权结构方面的"退出权"是另一项重要的审理原则,即当事人协商同意由公司或者其他股东收购原告的股份,或者各方同意以减资等方式使公司继续存续的,且不违反法律、行政法规强制性规定的,人民法院应予支持。应当注意,减资额与对原告股权的收购价不能等同,减资额是原告股权形成的原初注册资本额或比例,收购价是原告股权份额对应的价格。收购价完全是公司、其他股东与原告股东之间协议的产物,法院不得动用司法评估的方式强制确定,除非争议各方一致同意启动评估程序并认可评估结论。

当事人不能协商一致使公司存续的,此时法院应当及时判决,不得久调不判。

司法实务中会遇到一种特殊的公司股权结构,即只有两名股东且双方各占一半的股权份额,此种情形下裁判思路应当倾向于解散。除非双方在诉讼中取得和解并同意公司继续存续,否则强制要求公司存续的司法裁判结论将无法得到执行。当然,通过另一方收购原告股权的方式达成和解并使得公司继续存续的方案在现实中也可行,但公司必须被改制为个人独资企业或一人有限责任公司。

## 六、穷尽"其他途径"不是解散公司的前置条件

对于是否确定应当解散公司,有关司法裁判必须要考虑原告股东的意志和各方股东继续合作的可能,强制性地拒绝公司解散往往会在客观上导致股东之间被迫进行"捆绑式"合作,无法消除公司僵局。

有一种观点认为,在提起公司解散之诉前原告股东必须穷尽一切救济途径,这种观点过于机械。公司实务中,有些股东冲突是十分严重的,甚至发生了一方对另一方的恶性侵权或刑事犯罪事件,股东寻求自行和解等其他途径解决公司僵局是不具备可行性的,此时直接涉诉即成为一种必然。

总之,审查公司解散之诉的核心是对股东意志的遵从,而非保护公司法人地位的独立性。此时,是否消灭公司法人地位的独立性是司法审查的产物,不能以公司法人地位的独立性反过来作为驳回股东解散诉讼请求的根据。否则,就会架空股东解散诉权制度。

## 七、解散公司诉讼中原告资格的审查和被诉主体的确认

根据《公司法解释二》第1条的规定,我们认为,在受理解散公司诉讼中原告资格的审查需注意:第一,单独或合计持有公司全部股东表决权10%以上,是指股东向人民法院起诉时所持有的表决权比例。受理过程中,法院只要审查起诉时原告单独或合计持有公司全部股东表决权10%以上,即视为符合条件,对于起诉前的原告持有该比例股份的持续时间没有限制。第二,法院只对原告股东所持股份事实进行形式审查,只要股东能够依工商登记、股东名册等资料证明其所持股份情况即可,在受理案件时不必对原告股东缴资是否真实,出资是否存在瑕疵等实质情况进行积极审查。第三,法院受理了股东请求解散公司诉讼之后,在案件审理的过程中,如果原告股东的持股比例发生了变化,比如原告丧失股东资格或实际享有的表决权达不到公司全部股东表决权10%的,人民法院应裁定驳回起诉。

《公司法解释二》明确了公司解散之诉的被告应当是公司本身。但我们认为,限制对公司实际控制人的起诉,将导致公司解散之诉的审理失去重点,导致该类诉讼中的调解优先机制将无法落到实处。为弥补这一缺陷,《公司法解释二》又规定:"原告提起解散公司诉讼应当告知其他股东,或者由人民法院通知其参加诉讼。其他股东或者有关利害关系人申请以共同原告或者第三人身份参加诉讼的,人民法院应予准许。"因此,被涉诉的股东应当享有实体诉讼权利,但也应当承担实体法律责任。之所以要其他股东参与诉讼,是因为原告启动此类诉讼本质性的根源是股东之间的严重冲突。

## 八、原告股东对公司僵局的形成负有责任对其诉讼主体资格的影响

《公司法》第182条规定,公司司法解散请求权的主体为持有公司全部股东表

决权 10% 以上的股东。《公司法》并没有规定原告股东对公司僵局的形成如果负有责任则会影响其诉讼主体资格。虽然其并不能影响诉讼主体资格，但人民法院可以考虑将其在审理案件中作为是否支持其诉讼请求，判决解散公司的衡量因素。公司答辩时如果提出非常有力的证据证明，公司僵局系原告股东故意出于维护其独立于公司利益的个人利益所致，人民法院可以考虑不予支持原告司法解散公司的诉讼请求。比如，公司其他股东提出的公司经营方针、投资计划切实可行，而且公司已经有了一定的经营基础，但个别小股东因为公司拟进行的投资计划与自己投资的其他公司构成竞争而恶意否决公司的投资计划，导致公司僵局。当然，人民法院在进行审理时，应特别把握司法介入公司僵局的界限。因为公司僵局在很多情况下是由于股东之间、董事之间对公司的重大经营决定存在争执而无法排解所生，至于冲突股东之间是哪一方的决策对公司有利、对全体股东有利，作为局外人的法官可能很难判断，过度干涉会造成司法资源的浪费。①

### 九、董事僵局的认定

董事僵局是我国司法解释所明确列举的、可以适用股东解散公司之诉的情形。司法解释规定，在公司僵局情况下适用解散公司之诉的条件是公司董事长期冲突，且无法通过股东会或者股东大会解决，公司经营管理发生严重困难的。在理解时应注意以下几点。(1) 公司董事长期冲突，主要表现为董事之间可能存在着不可调和的矛盾。这种矛盾可能源于其自身利益的需要，也可能是由于他们所代表的股东利益的矛盾所造成。(2) 无法通过股东会或股东大会解决。这里所谓的通过股东会或者股东大会解决主要指或者是重新选出新的可以合作的董事，或者相关的事项不再由董事会作出决议，而是直接交由股东会进行决议。(3) 公司董事冲突，且无法通过股东会或者股东大会解决，必须要达到公司经营管理发生严重困难的程度。这里的严重困难，应主要表现为董事会无法召开或者召开后无法通过决议。具体包括以下几种不同的情形：由于程序上的要求，各方均无法按照法律或公司章程规定，合法有效地召集董事会；公司多数董事之间形成对立，各方均无法达到法定的召开董事会的人数，无法形成决议；利益分歧的董事势均力敌，导致开会时赞成票与反对票相同，无法达成有效的决议。在实践中，应结合以上诸方面对董事僵局进行审慎判断。②

### 十、债权人或其他利害关系人提起解散公司之诉的认定

债权人或其他利害关系人是否可以提起解散公司之诉？有学者认为，公司债权人有权向法院起诉，要求法院颁布命令解散公司，无论其债权是有担保的债权

---

① 参见彭力保：《司法解散公司诉讼对公司僵局之适用》，载《人民司法·应用》2008 年第 21 期。
② 参见李东侠：《股东解散公司诉讼适用范围的界定》，载《人民司法·应用》2008 年第 17 期。

或无担保的债权,无论其债权数额是大还是小。我们认为,司法解散不同于行政解散或任意解散,后两者或者从维护公共利益的角度,或者出于股东会意愿而影响公司的存亡,而司法解散制度多被认为是保护股东(或社员)利益的制度,解散判决是以公司的存续能否再为股东设立公司的目的做出贡献为根据的,因此请求权人仅限于股东(或社员),其他利害关系人不能申请司法解散。如果授予债权人以解散公司请求权,实务中往往难以避免债权人滥用该项制度以损害公司利益。此外,即使债权人因公司行为受到损害,其也可以通过民事诉讼如主张合同债权,要求侵权损害赔偿等获得补偿。而对于公司存在违反行政法规行为的(如制售假冒伪劣商品等),还可以申请相应行政机关对公司给予吊销其营业执照、责令停业或关闭等,因而没有必要赋予债权人向法院请求解散公司的权利。

### 十一、受损小股东提起解散公司之诉的认定

对于控股股东压制小股东的行为是否属于公司司法解散的事由,我国《公司法》未予明确。有学者指出,公司在经营管理上虽未处于瘫痪状态,但大股东通过对股东会及董事会或执行董事的控制直接控制公司日常事务的经营,导致公司继续存续会使股东利益受到重大损失。当少数股东被压制,其参与分配股利的权利长期得不到实现,尤其当这种压制逼迫少数股东不得不以偏低的价格向其他股东转让其股权时,申请法院裁决公司解散即成为少数股东退出公司并得到公平补偿的唯一救济方式。《公司法解释二》第1条第1款第(4)项规定,经营管理发生其他严重困难,公司继续存续会使股东利益受到重大损失的情形属于公司解散的事由。该裁判解散事由作为兜底条款为受压制的少数股东提供了一条救济渠道。值得注意的是,《公司法解释二》第1条第2款规定,对于股东以知情权、利润分配请求权等权益受到损害等为由,提起解散公司诉讼的,人民法院不予受理。该款规定限制了公司解散之诉的适用范围。在具体的公司解散之诉案件中,也不得不思考司法是否或者多大程度上介入公司内部治理的问题。公司的控制股东与小股东或者非控制股东之间的利益冲突是封闭公司的主要问题。司法克制过度可能会放纵大股东侵害小股东权益的行为。因此,我们认为,对于控股股东压制小股东、严重损坏小股东利益的,小股东有权提起解散公司之诉。

审判实践中有观点认为,即使小股东的合法权益受到控制股东的严重压制,法院如判决一个盈利状况良好的公司解散,影响就业及经济发展,明显不符合市场经济发展的基本要求,且小股东也完全可以依法通过诉讼途径寻求相应救济,因此不宜判决公司解散。我们不同意这种观点,理由在于:首先,仅公司盈利状况良好并不能成为不解散的理由。控股股东违反诚信义务将会导致小股东的期望落空,则公司的契约基础就被动摇了,应允许小股东退出公司,这是法的自由、公平价值的应有之义。正如单纯 GDP 数量的增长不是经济发展的唯一目的,以人为本,实现人的自由发展才是最终目的。消灭公司的主体资格,使作为小股东的投

资者退出公司,同样是以人为本。即使从经济层面来看,当存在控股股东严重压制小股东时,允许小股东退出公司也不会损害经济增长。由于有限责任公司的股份不存在公开交易市场,股东的公司解散请求权是小股东用以维护权益的最后一种手段,如果小股东在遭受压迫时能获得司法救济,投资流动性得到保障,则解散公司并不会阻碍经济发展,反而会刺激投资者的投资热情。其次,社会责任理论的适用需要慎重。公司社会责任的根本内容在于公司的行为要对社会有益,不能对社会造成危害。当然,公司解散可能会造成员工失业,也可能会造成税收的流失。这是解散公司的必然结果,但是,这不是公司社会责任的应有之义,更不能成为阻止公司解散的理由。道理很简单。例如,根据《企业破产法》,不能以让公司承担社会责任为由阻止某一公司的破产。事实上,需要承担社会责任的往往是拥有巨大资产的上市公司,而对于规模很小的公司,如果要让其承担社会责任,岂不是使其承担不能承受之重?[①] 公司解散的司法实践中,除公司制的医院、学校等特殊主体外,不应使中小公司担负过多的社会功能。再次,股东其他维权诉讼存在局限性。股东权是个权利束,若小股东为行使知情权等股东权而提起诉讼,会使股东间关系更趋于恶化,小股东此后行使其他股东权时可能更困难。此外,即使少数股东通过派生诉讼使公司得到董事或控股股东的赔偿,由于有限责任公司的所有权与经营权基本上是合一的,控股股东仍可能会侵占此种赔偿利益,因而派生诉讼的效果被弱化了。司法审慎介入公司解散纠纷的理念本身没错,但要防止矫枉过正。如果审慎介入异化为不介入,那么审慎解散的司法实践就与司法解散制度的立法目的相违背了。

## 十二、发挥公司章程作用尽可能预防和避免出现公司僵局

目前大多数中小公司股东,缺乏对公司僵局的充分预见,大部分公司设立时,对于公司章程不重视,常常是复制法律条文或按工商登记机关提供的公司章程格式制定,千篇一律,而这些章程样本中基本没有关于公司僵局的内容。公司章程是公司的"宪法",有僵局危机意识的股东在设立公司订立公司章程之时,或双方尚处于关系友好状态期间,对将来可能出现的公司僵局情形及其解决方案在公司章程中作出约定,无疑是将会起到很好的预防作用,同时也是最为经济的办法。现行《公司法》给了公司章程更大的自治空间,根据新《公司法》中体现的"约定优于法定"的精神,股东可以通过发挥公司章程中授权性条款的作用,为预防公司僵局、破解公司僵局、确保公司正常运营提供有效的途径。

我们根据现行《公司法》授权公司章程自治的相关条款,就如何制订公司僵局预防性条款提出几点建议:

1. 在章程中对公司治理机构进行合理设置。比如:可以在章程中规定一方担

---

[①] 参见梁上上:《公司僵局案的法律困境与路径选择》,载《浙江社会科学》2006年第2期。

任董事长的,则另一方委派的董事可以占多数;双方的董事人数相等时可以以公司的名义聘请中介机构出面委派独立董事。又比如:一方担任执行董事的,则另一方担任总经理,并明确执行董事无权聘任或解聘总经理等。这样股东之间可以通过分享公司的控制权,来避免僵局的发生。

2. 在章程中对股东表决权进行科学设计。(1)可以规定利害股东、董事表决回避制度(主要是依据《公司法》第16条的规定)。如果股东或董事与股东会或董事会讨论的决议事项有特别利害关系的,比如关联交易,为股东、董事提供担保等,该股东或董事及其代理人不得行使表决权,股东也不得代理其他股东行使表决权。将之在章程中加以明确、具体规定,以免损害公司和其他股东利益。(2)限制控股股东所享有表决权的最高数额,防止控股股东利用资本多数表决制度,侵害少数股东的合法权益。(3)可以规定特定事项由特定类别的股东行使表决权(所依据的是《公司法》第44条"股东会议事方式和表决程序,除本法有规定的外,由公司章程规定")。

3. 在章程中设定具体的权利制衡措施。比如赋予董事长在出现表决僵局时以最终的决定权;又比如规定董事会成员与股东会成员不得完全重合,在董事会出现表决僵局时将该事项提交股东会表决;再如规定大股东应履行诚信义务,不得不正当侵害公司和其他少数股东利益,不得在合法形式的外表下进行实质违法行为,保障少数股东知情权和会议召集权。

4. 在章程中设定股东退出条款。可在章程中约定,当公司股东或董事之间发生分歧或纠纷,出现公司僵局时,由控制股东以合理的价格(协商或中介机构评估)购买相对方的股份,从而让弱势股东退出公司,以达到解决僵局之目的。

5. 在章程中对公司的解散进行合理规定。

对于预防"公司僵局",通过在公司章程中制订相应的自治条款无疑将会起到一定的作用。但是,辩证法告诉我们,单纯地依赖于章程事先的预防也是不现实的。当公司僵局出现时,如果股东不按章程执行,即使公司章程设立了相应的解决僵局的条款,也将发挥不了实际作用,此时须启动司法救济程序,解散公司仍不失为打破公司僵局最彻底的方法。《公司法解释二》的出台也为打破公司僵局进一步提供了有利的法律途径。我们相信,随着公司投资者的法治意识不断增强,章程作为公司"宪法"的作用将会越来越大![1]

### 十三、股权结构与公司僵局

公司股权结构的设定既是一种资本融合的产物,也是体现公司治理智慧的一个标志。如果股权结构设定合理、精密,则从制度层面上可以防止公司僵局的出现;反之,公司僵局的产生似乎是一种必然。

---

[1] 参见张玲燕:《利用章程自治预防"公司僵局"》,载2010年3月18日《法治快报》第5版。

公司僵局的产生原因众多。其中,以表决权结构和股东结构为主导性因素。

表决权结构以出资比例为准则,实务中存在几个表决权"节点":一是一方股东持有出资比例达到33.4%以上的;二是只有两位股东且双方出资比例分别为51%和49%的;三是一方出资比例超过66.7%的;四是有两股东且各方出资比例均为50%的。

前述第一种出资比例是相对控股能力最弱的一种控股股权结构。一般在股东人数众多且存在以"1/3表决权"为节点的表决事项时才能形成控股态势,这种股权结构一般难以形成公司僵局。第二种出资比例在中外合资企业和只有两名股东的内资企业中较为常见。其意味着,在以"1/2表决权"为节点的表决事项中,占有51%表决权的一方具有绝对控股地位,对此另一方股东应当对自身的商业风险有着高度的认知。但在以"2/3"为表决权节点的表决事项中,必须由双方一致同意方可作出有效的股东会决议,否则任何一方无法单方达到绝对控股态势。第三种出资比例意味着,公司在任何情形下都不会形成僵局,因为表决权比例已经高达"2/3"以上,对任何表决事项都可以单方形成有效的公司决议,除非公司章程对股东须"同意"的人数作出最低限制。

最为糟糕的是第四种股权结构,在两股东各占50%表决权的机制下,意味着公司作出任何决议均必须由双方一致同意方可有效。有观点认为,对于表决权节点为1/3或1/2的表决事项中,任一股东可因其权比例达到"1/2以上(含本数)"为由而单方作出有效决议。但实际上,此种观点难经推敲。因为既然一方可以单方作出一个肯定性的决议,则另一方亦可单方作出一个否定性的决议,等于还是没有形成有效的公司决议。因此,除非公司的人合性高度契合,否则一旦股东之间的信任遭到破坏,则不但易于形成公司僵局,而且难以通过公司自身的治理结构打破僵局。

股东结构中,两人股东和两人以上是重要的分界点。因为只有两名股东时,在公司实务及司法实践中易于引发误解,似乎股东意见必须一致方可作出决议。但实际上,是否需要股东一致同意并不取决于股东数量而是由表决权结构决定的。比如,在一方占有表决权比例高达66.7%以上的情形时,则无需全体股东一致同意;但如果是表决权比例为双方各占50%的,则必须由双方一致才可作出有效决议。

股东人数越多,公司僵局越难以形成;反之,公司的人合性越易于遭到破坏。因此,设置合理的股权结构是防范公司僵局的有效之道。

### 十四、公司解散后订立与清算无关合同的效力认定

对于公司在解散后订立的与清算无关的合同效力问题,很多学者主张依交易相对方是否善意而定,即如果交易相对方不知公司已经解散的,该种合同有效,反之,则合同无效。我们认为,此种交易一律无效。首先,从法理上说公司此时的行

为能力受到了限制,其所签订的超越其行为能力的合同又不可能得到追认。其次,我国《公司法》明文规定:"清算期间,公司存续,但不得开展与清算无关的经营活动。"清算中的公司与第三人订立的与清算无关的合同,违背了法律的强制性规定,依据我国《合同法》第52条应当认定为无效。可能有人认为此时应当适用《合同法》第50条规定:"法人或者其他组织的法定代表人、负责人超越权限订立的合同,除相对人知道或者应当知道其超越权限的以外,该代表性为有效。"实则,此时无该条之适用余地,盖《合同法》第50条针对的情形是法人有相应的行为能力,法律并不禁止其从事某种行为,只不过是法人对代表人施加的一种自我约束,而清算中的公司签订的、与清算无关的合同则是超越了法人自身的行为能力,违反了法律的强制性规定。当然,实践中确实经常出现善意第三人误以为已经解散的公司是正常经营的公司,从而与其签订与清算无关的合同,此时法律认定该种合同无效并不是拒绝对该善意第三人提供救济,该善意第三人可以依我国《合同法》第58条请求公司承担缔约过失责任。

### 十五、自愿解散中异议股东请求收购其他股东股份从而维持公司的认定

自愿解散中异议股东可否请求收购其他股东的股份从而维持公司?有人认为应支持股东该种请求,毕竟公司的存续比解散更有利于整个社会经济。该种观点有待商榷。公司作为一个营利法人,在其产生和存续过程中起关键作用的是资本,公司本质上是资本的结合。① 因此,投入资本更多的股东享有更大的权利天经地义,毕竟公司的存在,大股东起了主要作用,公司运营的风险也主要是由大股东承担。虽然法律出于公正的需要,在大股东和小股东之间拟制了信托关系,但是并不意味着大股东应该为了小股东利益而放弃自己利益,信义义务要求的只是大股东不能侵蚀小股东利益,大股东拥有更多的发言权构成法律拟制的信托关系的前提,也是作为大股东和小股东契约的公司章程的重要条款。除非大股东自愿放弃,法律不能剥夺大股东股份中的表决权。也许有人认为,既然小股东愿意支付适当的对价,则不会损害大股东利益,因此应准许其收购大股东股份的请求,以维持公司。问题是这种对价是否充分?如果这种对价是充分的,则小股东完全可以另外设立一个公司,又何必一定要限制大股东的权利;如果这种对价是不充分的,这种限制更是不公正的。当然,大股东在公司解散程序中可能滥用控制权,比如以低廉的价格收购公司的主要设备,但这是如何保持清算公正性问题,而不涉及大股东支配下的解散公司决议的正当性问题。

---

① 当然,其他因素如人力资源对于公司的生存亦功不可没,但是这并不能否认资本对公司的基础性作用。因为没有资本,公司就不可能产生,又谈何运营?因此各国《公司法》对公司设立的基本和主要的要求即是资本的要求,毕竟在市场经济条件下,货币,而不是其他因素,是一般等价物。

## 十六、公司解散诉讼中,法院在当事人双方或股东之间同意回购或收购一方股份的情况下,是否可径行裁决以合理价格回购或转让该股权

公司的经营资产(包括无形的商誉)作为一个整体的价值通常要比解散后高。① 鉴于公司解散的消极作用,解决公司僵局的首要思路是以股东离散代替公司解散②,即应尽量达成由股东收购退出方股份的调解方案,维持公司的注册资本不变,避免公司收购股东股份后可能发生的减资程序。司法实践中,已有一些公司通过股权转让的方式,成功地避免公司遭强制解散。但是,在公司解散诉讼阶段,能够达成收购协议的案件毕竟是少数,确定被收购股份价格的过程是一个长期的、反复协商的过程,如果没有将收购股份的调解意向及时固定下来,双方股东可能会因价格因素而反悔,浪费大量时间。对此,我们建议应当确定双方协商的期限,并根据双方的协商结果分别作出不同处理。具体而言,如在期限内双方能就股价达成一致意见,则法院可以直接出具以股份收购方案为内容的调解书。该调解书的具体内容可以包括股权的出让方和收购方、拟收购股权的数量和比例情况、股权收购的对价、对价的具体支付方式及期限等内容。上述调解书的内容对双方当事人而言均具有强制执行的效力。如协商期限届满后,双方对股价仍有分歧,则可以首先通过签署调解协议的方式将股东之间股份收购的意思表示固定下来,明确由公司或股东收购退出方股东的全部股份。在此基础上,依法释明原告可变更诉讼请求,要求法院裁决收购的合理价格。然后,由法院组织双方当事人进入股权评估阶段,待专业机构作出评估结果后,再由法院通过判决最终确定股份价格。在调解过程中,对股权定价合理性的顾虑往往会影响当事人对股份收购调解方案的接受程度。当事人对于会计师事务所这样的专业机构作出的股权评估结果的意见往往存在较大分歧,评估机构对股权价格的客观评估不会考虑股东行为对股权价格的影响以及股东损害公司利益应当对公司承担的赔偿责任。因此我们认为,应将确定被收购股份合理价格的权力交给法院,由法院在评估结果的基础上,就各方股东是否滥用公司资产,是否存在损害公司合法利益的交易行为等事实进一步查明并明确责任,最终综合确定股权价格。

## 十七、公司解散的撤销

公司解散的撤销是指因一定原因将已经解散的公司再次恢复到解散前的状态,维持与解散前公司的统一性而继续存在。公司可以继续存在的解散事由主要有:因公司章程规定的存立期限届满、股东会决议解散、破产程序中作出的强制和

---

① 参见〔美〕罗伯特·W.汉密尔顿:《公司法概要》,李存捧译,中国社会科学出版社1999年版,第213页。

② 参见李国光、王闯:《审理公司诉讼案件的若干问题——贯彻实施修订后的公司法的司法思考》,载2005年11月21日《人民法院报》。

解或破产废止决定等。公司解散撤销制度的意义在于：在某些解散事由出现后，如果不存在必然阻止公司存立的事由，只要公司成员愿意公司继续存在，则尊重成员的意志，允许公司继续。这更符合公司维持理念①，较之于强制公司进行清算再由公司成员设立新的公司更为经济、效率。应当说明的是，公司解散的撤销应当在剩余财产尚未分配之前进行，因为如果已将公司剩余财产对股东进行分配，则此时公司由于缺乏必要的资本，实质上很难继续存续，强制其存续已无实际意义，且公司解散撤销制度所蕴含的效率价值并不能得到维护。公司解散撤销的法律后果是，公司恢复解散之前的状态而存在，但它并不溯及地排除公司解散的效果，也不影响解散后清算人所谓的清算事务的效力。

很多国家和地区都有此项制度。日本《商法典》第 406 条规定，公司在营业期限届满时，或发生其他章程规定事由时，或通过股东大会的决议解散时，根据股东大会的特别决议可以继续运营公司。美国《公司法》对此规定，公司自愿解散后，在解散生效后 120 天内可以撤销解散，撤销解散的批准方式和程序与解散一样，只有在批准解散文件上有特别授权时，才允许董事会单独决定撤销解散。具体的办法是向州务卿送交一份撤销解散文件及原解散文件，撤销文件归档时，撤销即生效，公司解散生效日即为撤销解散生效日，这是为了使公司的业务经营具有连续性。在公司被行政机关命令解散后，在解散生效后的两年内，当公司解散的根据消除时，公司可以向州务长官申请恢复。德国《股份公司法》第 274 条规定，股份公司基于下列原因解散的：(1) 公司经营期限届满或股东大会决议解散；(2) 因破产而解散，公司申请取消破产程序；(3) 破产强制和解协议生效，因章程缺陷而解散，但股东会已作出消除缺陷的修改章程的决议，如果公司剩余财产尚未被分配给股东，则股东大会可以作出使被解散的公司继续存在的特别决议，但需有占股份 3/4 以上股东同意。决议应申报商业登记簿登记注册后方可生效。

我国台湾地区"公司法"将该制度称之为"公司解散之防止"，具体表现为以下规定：(1) 公司设立登记后 6 个月尚未开始营业或开始营业后自行停止营业 6 个月以上者，主管机关得依职权或利害关系人之申请，命令解散之；但前者如已办妥延展登记，后者如已办妥停业登记，主管机关即不得命令解散公司。(2) 公司因章程所定解散事由须解散时，在无限公司或两合公司，得经全体或一部分股东之同意（不同意之股东，视为退股），在有限责任公司得经全体股东之同意，变更章程，在股份有限公司得经股东会议变更章程后，继续经营，无须解散。(3) 公司因所营事业已成就或不能成就而解散时，在无限公司或两合公司，得经全体或一部分股东之同意（不同意之股东，视为退股），在有限责任公司得经全体股东之同意，变更章程，继续经营，无须解散。股份有限公司未设类似规定，宜类推适用前项规定，得经股东会之特别决议，继续经营。如该所营事业已载明于章程，则须向主管

---

① 参见刘敏：《公司解散制度研究》，载《中国民商审判》，法律出版社 2007 年版，第 147 页。

机关申请为变更之登记。(4) 无限公司或两合公司，其股东经变动而不足本法所定之最低人数而须解散时，得加入新股东，变更章程，继续经营。在股份有限公司当有记名股票而非法人或政府之股东不满两人而须解散时，得增加有记名股东继续经营。①

我国现行《公司法》只针对由于公司章程规定的营业期限届满或章程规定的其他解散事由出现而导致的解散情形，规定可以修改公司章程使公司存续，并无公司解散的撤销规定。考虑到这一制度所彰显的效率价值，应当吸收与借鉴国外相关立法，这对完善我国公司法规范具有重要意义。

公司解散也是股东的意思表示所致，本应解散的公司还要继续存在，这可能会不符合部分股东的期许，因此他们应当有权提出让公司回购其股份。《公司法》第74条规定了该种情况下投反对票的股东有权向公司提出按照合理的价格收购其股权，期限为决议形成后60日，如不能达成收购的协议，则该股东可于股东会决议通过后的90天内向法院起诉。

---

① 参见柯芳枝：《公司法论》，中国政法大学出版社2004年版，第63页。

# 第二十三章　申请公司清算裁判精要

> **案由释义**
>
> 公司清算是指在公司面临解散的情况下,负有清算义务的主体按照法律规定的程序,清理公司债权债务,处理公司剩余财产,终止公司法律人格的行为。公司清算分为普通清算和特别清算,普通清算是指公司在解散后依法自行组织清算机构,按照法定程序进行的清算;特别清算是指公司因某些特殊事由解散或者被宣告破产后,或者在普通清算发生显著障碍无法继续进行时,由政府有关部门或者法院介入而进行的清算。
>
> 申请公司清算是指在公司特别清算过程中,例如公司董事、控股股东和实际控制人在公司解散后,怠于履行职责,未在《公司法》规定的期限内组成清算组开始清算,或者虽然成立清算组但故意拖延清算,或者存在其他违法清算,可能严重损害公司股东或者债权人利益的行为,公司股东或者债权人申请人民法院对公司进行清算的,人民法院应当予以受理。
>
> 《公司法》对公司清算、清算组职权、清算程序等内容作出了规定。该法第183条规定:公司因出现本法第180条第(1)项、第(2)项、第(4)项、第(5)项规定而解散的,应当在解散事由出现之日起15日内成立清算组,开始清算。逾期不成立清算组进行清算的,债权人可以申请人民法院指定有关人员组成清算组进行清算。人民法院应当受理该申请,并及时组织清算组进行清算。申请公司清算不同于清算责任纠纷,清算责任纠纷是指清算组成员在清算期间,因故意或者重大过失给公司、债权人造成损失,应当承担赔偿责任的纠纷。

## 一、公司无法清算的认定主体

我国《公司法》赋予了债权人在作为债务人的公司存在清算事由,而逾期不成立清算组进行清算的,申请人民法院指定有关人员组成清算组进行清算的权利。《公司法解释三》则进一步赋予了债权人在有限责任公司的股东、股份有限公司的董事和控股股东因怠于履行义务,导致公司主要财产、账册、重要文件等灭失,无法进行清算时,主张其对公司债务承担连带清偿责任的权利。上述规定的实施有效遏制了应注销而未注销的"僵尸公司"的出现,在一定程度上保护了债权人的利益。

依据上述规定,债权人主张有限责任公司的股东、股份有限公司的董事和控股股东对公司债务承担连带清偿责任的前提,是清算义务人主观上存在怠于清算的过错,客观上也导致公司主要财产、账册、重要文件等灭失,而无法进行清算。在司法实务中存在困扰的是,谁有权利认定作为债务人的公司无法清算,即作为司法机关的法院是否可以依据收集到的材料径行认定无法清算,还是必须依法成立清算组后,由清算组认定是否无法清算。

针对上述问题,实务中存在两种不同意见:第一种意见认为,从司法效率的角度出发,在清算组依法成立之前,如果司法机关依据已收集到的证据足以认定公司无法清算,则无需再成立清算组,而可直接裁定无法清算,终结清算程序。第二种意见则认为,根据《公司法》及其司法解释的规定,公司是否属于无法清算情形的结论,应由清算组作出。司法机关只能根据清算组的结论再依法作出相关裁定。司法机关无权在清算组成立之前自行认定公司是否无法清算。

债务人公司是否属于无法清算情形,直接关系到公司清算义务人连带清偿责任的承担以及公司债权人债权的实现,具有重要的法律意义。就公司是否无法清算的认定,我们认为,应在清算组成立后,由清算组根据案件情况进行认定。主要理由如下:

首先,从《公司法》第183条条文的文义分析,相关法律规定的是逾期不成立清算组进行清算的,债权人可以申请人民法院指定有关人员组成清算组进行清算。根据该条规定,在司法强制清算的情况下,司法机关的职责在于指定有关人员组成清算组进行清算,并负责监督清算过程,而没有赋予司法机关在清算组成立之前可自行决定清算能否进行的权力。

其次,从清算的客观要求方面考量,公司清算专业性极强,涉及利益众多。如由司法机关自行决定是否无法清算,一方面司法机关因清算专业知识不足,极有可能作出错误结论;另一方面,因司法机关在清算过程中负有裁断有关争议、审批有关决议的职责,直接作出无法清算结论,将有违中立裁判原则。

第三,公司清算的目的除核查公司现有资产外,还包括确认公司对外债权债务等内容。公司主要财产、账册、重要文件等灭失,只是导致公司资产无法核查,并不直接影响公司对外债权债务等的认定,对外债务等的认定同样需要清算后确认。如由司法机关不经清算而直接认定公司无法清算,将有违公司清算立法的初衷。

综上,债务人公司是否无法清算,必须依法成立清算组后,由清算组认定是否无法清算,不宜由司法机关直接认定。

## 二、公司无法清算之举证责任分配

《公司法解释二》第18条第2款对公司清算义务人怠于履行义务,导致公司主要财产、账册、重要文件等灭失,无法进行清算时,清算义务人对公司债务的连带清偿责任作出规定。本文拟对无法清算的举证责任承担进行探讨。

"无法清算"属于消极事实,与之相对应的"可以清算"属于积极事实。简言之,消极事实就是指某事物不存在的事实,积极事实就是指某事物存在的事实。消极事实本身没有证据予以证明。只有在特殊情况下,根据"谁主张,谁举证"的原则,消极事实的主张者才负有举证责任。只是与积极事实不同,消极事实的证明方式不是直接提供证据的方式,而只能是间接证明的方式——运用经验法则来推测消极事实的盖然性面貌或通过辩证逻辑思维的方式明确其真伪。

1. 无法清算的举证责任分配规则

根据上述消极事实举证责任分配原理,无法清算的举证责任分配应适用《民事诉讼法》第64条第1款、最高人民法院《关于民事诉讼证据的若干规定》(以下简称《规定》)第2条"谁主张,谁举证"的规定和第7条举证责任实质分配的规定。只要原告提供的证据(如人民法院因债务人下落不明或无财产可供执行作出中止执行裁定或终结本次执行裁定)证明债务人无法清算存在一定的可能性,即视为债权人对债务人无法清算的主张完成了初步的或行为意义上的举证责任。然而,该消极事实结果意义上的举证责任由谁承担,取决于被告清算义务人对无法清算的态度:如果清算义务人未出庭,法院缺席判决清算义务人承担连带清偿责任;如果清算义务人出庭,在法庭辩论阶段,由审判人员向清算义务人调查债务人是否无法清算,如果清算义务人明确表示债务人无法清算,或经审判人员充分说明和询问后仍不置可否的,构成诉讼上自认,可认定债务人无法清算;如果清算义务人否定债务人无法清算的事实,就等于主张债务人可以清算,则清算义务人应当对债务人可以进行清算(包括债务人已经在诉前进行了清算或截至诉讼债务人虽未进行清算但能够进行清算)提供证据(本诉前法院受理债务人清算的法律文书或债务人的财产、账册、重要文件)加以证明,否则承担举证不能的不利后果——法院直接认定债务人无法清算,进而判决清算义务人对债权人承担连带清偿责任。进一步而言,清算义务人否认无法清算,导致该消极事实结果意义上的举证责任由债权人转移至清算义务人。

2. 初步或行为意义上的举证责任

无法清算作为一种消极事实不具有任何物质形态,其本身没有证据予以证明。所以,诉讼中,只要债权人用经验法则能够证明无法清算的存在具有一定的可能性,即完成了证明责任,也即完成了行为意义上的举证责任。债权人完成初步或行为意义上的举证责任的关键是,债权人如何用经验法则对债务人无法清算事实的证明达到盖然性程度。

首先，债权人根据已知事实可以推定债务人无法清算（债务人公司财产、账册、重要文件等灭失）。一是工商资料显示债务人尚未经过清算。根据我国《公司法》《企业法人登记管理条例》的相关规定，公司经过清算并注销登记是公司退出市场的必经程序，若债务人工商资料未显示债务人经过清算，债权人有充足理由相信该公信力文件所表明的事实。二是债务人已人去楼空，法院以债务人无财产可供执行为由作出中止执行裁定或终结本次执行裁定。

需要特别说明的是，中止执行裁定或终结本次执行裁定是债权人证明债务人无法清算的核心证据，因为上述裁定往往载明债务人"人员下落不明""无财产可供执行"。债权人据此有充足理由认为：经过公权力机关穷尽调查手段，仍未查得债务人的财产以供执行，说明债务人财产确实已经灭失，导致无法清算。况且，同样是法院作出的文书，中止执行或终结本次执行的裁定已经载明债务人无财产可供执行、人员下落不明等事实，其在证据资格上，与法院终结清算程序的裁定无异；在证明力上，其亦足以使债权人达到应有的证明标准。所以，我们认为，根据《规定》第7条，通过举证责任分配制度可以解决的问题，没有必要让债权人花费8个月甚至更多的时间去法院取得一个本不必然应由其取得，亦非必不可少的证据。所以，如果债权人提供了法院以债务人无财产可供执行为由作出的中止执行裁定或终结本次执行裁定，即可视为其完成了债务人无法清算的举证责任。

其次，债权人根据经验法则可以推定债务人无法清算。出现解散事由时及时自行清算或申请破产清算是清算义务人寻求有限责任原则和法人制度保护的明智选择，然而清算义务人却放弃这一法律保护之"利"，寻求承担连带责任之"害"。根据人具有趋利避害的本性之常识，债权人有充足理由相信，清算义务人这种"趋害避利"其实是由于债务人实际上已经无法清算而造成。债权人完成了上述举证，就达到了应有的证明标准。

3. 结果意义上的举证责任

如果清算义务人自认（广义上包括不出庭参加诉讼）债务人无法清算，则法院可直接认定无法清算，就不会有消极事实导致举证责任的转移，也不会有清算义务人对债务人可以清算的事实主张具有结果意义上的举证责任。但是，如果清算义务人否认债务人无法清算，根据博登海默的辩证逻辑的思维方法，就等于清算义务人提出了债务人可以清算的事实主张，那么无法清算的举证责任转移给清算义务人。清算义务人应根据"谁主张，谁举证"的原则提供证据证明债务人可以清算（包括有条件进行清算和已经进行清算）；且证明应达到足以使人打消怀疑债务人无法清算的标准——可以清算的概率大于无法清算的概率——债务人有财产、账册、重要文件等齐备或者有法院法律文书证明其已经开始清算，否则，由清算义务人依法承担举证不能的不利后果——法院以"无法清算"存在的概率大于"可以清算"为由，认定债务人确实无法清算，进而要求清算义务人承担连带清偿责任。

让清算义务人承担上述举证责任是基于《规定》第7条、第75条，综合考虑了举证能力、证据距离等因素。第一，清算义务人作为债务人的投资者、经营管理者，掌控债务人的财务状况和经营决策权，因而与债务人是否已经进行清算的证据（诉讼前法院作出的受理破产清算的法律文书或强制清算的法律文书）、债务人能否进行清算的证据（债务人财产、账册、重要文件）距离较近，而债权人作为第三人无法或不易知晓债务人能否进行清算或已经进行清算的真实情况，故举证能力相对较弱。第二，清算义务人作为债务人公司的投资者、经营管理者持有债务人公司可以清算的证据，如果其不能提供，则可根据《规定》第75条推定债务人"无法清算"。第三，清算义务人怠于履行清算义务本身是一种违法行为，更是一种违背诚实信用原则的行为，违法者不应从违法行为中获利，因而由清算义务人承担积极事实的举证责任是法律公平原则的要求。

需要特别提出的是，除提供上述两种证据加以证明外，清算义务人提出的任何抗辩均不能成立。所以，实践中，如清算义务人仅提出债务人可以清算的主张，而拿不出债务人的财产、账册、重要文件等或诉讼前法院作出的受理债务人清算的法律文书，此时法院正确的做法应是：判定清算义务人举证不能而直接认定债务人无法清算，进而判决清算义务人对债权人承担连带清偿责任。而实践中，法院中止诉讼、要求债权人向法院申请债务人清算的做法是欠妥的。因为如此便免除了清算义务人积极事实主张的举证责任，这显然是违反了《规定》第2条、第7条，无异于将债权人启动清算程序作为诉讼的前提。

总之，"无法清算"情形下对清算义务人无限责任的追究，不以启动清算程序为前提是《公司法解释二》第18条第2款的生命力所在。片面强调"谁主张，谁举证"的原则，将"无法清算"的举证责任全部归于债权人，既违反证据学原理和《规定》第2条、第7条的规定，更有可能使清算程序事实上成为无法清算情形下对清算义务人无限责任追究的前置程序，导致司法解释出台的初衷落空。

### 三、股东对清算行为效力的异议之诉

《公司法》规定，公司可因股东（大）会决议解散；有限责任公司的清算组由股东组成，在清理公司财产、编制资产负债表和财产清单后应当制订清算方案，并报股东（大）会确认；清算结束后，清算组应当制作清算报告，报股东（大）会确认，并报送登记机关申请注销登记，方可公告公司终止。因此，在由公司股东自行组织的清算中，应当保证各股东的知情权、参与权、表决权及确认权。一般来讲，公司清算行为、注销行为及清算报告的效力确认等是公司清算中利益关切的主要环节。

在清算环节中，公司控制人可能实施的、侵害其他股东权益的情形包括隐瞒真实财务信息的违法清算或拖延清算等。当股东发现公司控制人存在前述可能的，则可以公司为被申请人，提起司法强制清算。在申请审查阶段，受案法院应当召开听证会，并采取举证责任倒置，即要求被申请人提供其在自行清算中不存在

故意拖延清算,或者不存在其他违法清算和可能严重损害股东利益的相应证据。被申请人未能举出相反证据的,人民法院对股东提出的强制清算申请应予受理。而且,对于被申请人即公司方面提出的主要财产、账册、重要文件等灭失,或者公司实际控制人、财务人员、经办人员等下落不明导致无法清算的抗辩,人民法院不得以此为由不予受理。

对公司清算行为、注销行为及清算报告的效力确认之诉一般是以债权人涉诉较多,在《公司法》中并没有直接设立股东的此类诉权制度。最高人民法院对《公司法》的有关司法解释也只是规定了因违规清算而导致的赔偿责任可以起诉。显然,股东对清算行为的效力异议之诉是一种新的诉权类型。

一般来讲,股东对公司清算的异议之诉中的被诉主体应当根据公司是否被注销而有所不同。公司未被注销前,则被诉主体应为公司及持对立清算主张的另一部分股东,一般为公司控制人。此时,其他无对立清算主张的股东则应当列为第三人。在公司已经被注销的情形下,如果在债权人涉诉的情形下,则被告方应当为清算组成员。但在清算组成员本身系由股东组成的情况下,则股东异议之诉的被诉主体只能是公司控制人和持对立清算主张的其他股东。

### (一)股东异议之诉的法律根据及制度价值

由于债权人对债权确认及清算方案享有异议权,故在清算程序中债权人的异议权处于最为优先的法律地位。但是,股东也应当享有相应的异议权,股东对清算行为的异议之诉,必然涉及对股东内部侵权行为的制约问题。

在股东自行清算时,如果清算报告、清算行为的确认协议及注销决议等有关法律文件存在效力瑕疵时,有异议的股东有权援引《公司法》第22条第1款关于"公司股东会或者股东大会、董事会的决议内容违反法律、行政法规的无效"的规定起诉。这是股东对清算行为提起效力异议之诉最直接的法律根据。

应当说,股东提起清算行为、注销行为效力异议之诉的法律价值并不在于恢复公司本身的主体资格。我们认为,此类诉讼的价值在于当前的清算行为及注销行为被确认为无效后,涉诉股东可以获得重启清算程序的权利。尤其是在违规清算导致赔偿责任时,确认有关清算行为或注销行为无效更具有司法价值。根据有关司法解释,执行未经确认的清算方案给公司或者债权人造成损失,公司、股东或者债权人主张清算组成员承担赔偿责任的,人民法院应依法予以支持。

即便是在被诉股东拒绝重新清算的情形下,有关股东仍可以根据有关确认之诉的判决结论享有对公司启动司法清算的申请权。在新的清算程序中,公司控制人负有保障全部股东知情权的义务。

### (二)股东异议之诉中的时效与期间制度

当股东对清算行为的法律效力提出异议之诉后,公司控制人一般会以异议股东所提出的确认之诉超过诉讼时效为由而进行抗辩,其所援引的法律依据是《公司法》第22条第2款关于股东会决议撤销权制度的规定,即"股东会或者股东大会、董事会的会议召集程序、表决方式违反法律、行政法规或者公司章程,或者决议内容违反公司章程的,股东可以自决议作出之日起六十日内,请求人民法院撤销"。

我们认为,此时的确认之诉不应当适用时效抗辩制度。尤其是在公司进入清算程序后,原有的公司治理结构已经被清算组织所取代,故不能机械地套用股东会决议撤销权制度中的 60 日的起诉期间。实际上,在清算行为及注销行为效力的异议之诉中,是否能够适用上述期间制度还取决于原告方的诉讼策略。如果原告方机械地套用撤销权制度,则只能适用该 60 日的起诉期间;但异议股东如果选择的是无效确认之诉,则无论是起诉期间制度或是诉讼时效制度均没有被适用的法律空间。

### 四、公司清算中未足额出资股东的法律责任

在公司清算中,股东权益应当受到公平的保护,对未出资或未足额出资股东(以下统称为未足额出资股东)的责任追究即成为必要。未足额出资股东的法律责任包括:公司有权直接对未足额出资股东行使资本差额追缴权,包括动用诉讼的方式进行追缴,清算组亦有权对出资不实者进行资本追缴。但应当注意,在公司清算后注销前,有关公司的民事诉讼应当以公司的名义进行。

追究出资不实者对守约股东和公司的违约责任,在只涉及原始股东的情形下应当以原初的投资协议为据;在涉及继受股东的,则公司章程应当作为责任依据。但现实中,章程的作用多数被弱化,一般在其中难以找到有关违约责任的条款。提醒公司实务中应当注重强化章程的协议性,以便使章程能够在公司治理中更具可操作性。

当守约股东对公司承担了连带补缴责任后,享有对违约股东的垫资追偿权。应当明确的是,守约股东的垫资并非是无因管理行为,而是根据《公司法》的规定所应当承担的法定义务。相对于公司法人财产权而言,全体股东对公司资本的足额缴纳负有连带责任。但承担了连带责任的股东显然应当享有追偿权,因为该义务归根结底应当由未足额出资的股东承担。

在股东未履行足额出资义务前,其在清算阶段的有关决策权、表决权、知情权等应当受到出资瑕疵的制约。由于股东权的来源是股东对公司的出资,故未足额出资的股东损害了公司法人财产权的构成,其股东权当然要受到限制,在清算阶段亦是如此。

公司在开展清算期间,可以要求法院动用民事制裁权保护守法股东的权益。本来,《公司法》针对公司的发起人、股东未交付或者未按期交付出资规定了相应的法律责任制度,即由公司登记机关责令改正,并可处以虚假出资金额 5% 以上 15% 以下的罚款。但实际上,公司实务中的登记机关很少动用这一监督权。因此,在公司清算阶段,足额出资股东有权要求司法机关动用民事制裁权对未足额出资股东进行处罚。

追缴抽逃出资股东的资本。公司法规定的法律责任是由公司登记机关责令改正,并处以所抽逃出资金额5%以上15%以下的罚款。当进入清算程序中,守法股东有权通过司法程序追缴被抽逃的出资,并可要求法院动用民事制裁权,对抽逃出资者进行处罚。

未足额出资股东对公司或其他股东的资本差额追缴行为不能援引时效进行抗辩,否则将会架空《公司法》的资本充实制度,严重损害债权人的利益。而且,借鉴《企业破产法》第35条的规定,对差额资本的追缴不受出资期限的限制。

### 五、清算方案的确认机制

清算方案的确认分为股东自行确认和司法确认两大类。

由公司自行组织清算的,则应当由公司股东为主体确认,为此而产生的法律责任也应当由相关股东承担。清算方案应当由清算组报股东会或者股东大会决议确认;如果清算组执行了未经确认的清算方案,而给公司或者债权人造成损失的,则清算组应当对股东或者债权人承担赔偿责任。此类赔偿纠纷可以通过独立的诉讼机制解决。

通过司法程序清算的,则清算方案的确认权在法院。而且,清算组应当在6个月内完成清算任务。司法清算包括两大类型,当资产足以清偿债务时,则按照清算方案处置;当发现公司已经资不抵债的,则可与债权人协商制作有关债务清偿方案。该清偿方案经全体债权人确认且不损害其他利害关系人利益的,法院可依清算组的申请裁定予以认可。

难点是司法清算与破产清算的衔接问题。按照有关司法解释,当债权人对债务清偿方案不予确认或者法院不予认可的,清算组应当依法申请宣告破产。问题是,当清算程序进行至对清算方案的确认阶段时,此时的清算工作已经过半,因清算方案未获通过而终止清算程序后再重新启动破产程序,实际上导致了明显的诉累。事实上,两者唯一的差别在于法院在破产程序中享有对破产清偿方案的强制裁决权。因此,在非破产的清算程序中没有设定法院对清算方案的裁决权,应当说是《公司法解释二》的一个缺陷。

### 六、对公司控制人的制约机制

我们认为,《公司法》及其解释对公司控制人干扰清算程序规定了相应的责任机制。公司控制人应当与公司董事及控股股东承担同等的法律责任,包括:公司控制人未在法定期限内成立清算组开始清算,导致公司财产贬值、流失、毁损或者灭失的,公司及其他无过错的股东和债权人有权要求公司控制人在所造成损失的范围内承担赔偿责任;公司控制人因怠于履行义务,导致公司主要财产、账册、重要文件等灭失,公司控制人应当对无过错的股东及债权人承担赔偿责任;公司实际控制人在公司解散后,恶意处置公司财产给股东或债权人造成损失,或者未经依法清算,以虚假的清算报告骗取注销登记,无过错的股东及债权人有权要求公司控制人承担相应的赔偿责任;公司控制人未经其他股东同意而将未经清算的公司注销的,债权人有权要求公司的实际控制人及股东对公司债务承担连带清偿责任;导致其他无过错股东损失的,公司控制人及有过错的股东也应当承担相应的法律责任。

总体而言,对股东清算权益的合理保护必须始终把握一个重要原则,就是应严格防止控股股东及实际控制人对其他股东权益的不当侵害。为此,应当重视对公司控股股东及实际控制人侵权行为法律责任的追究,除民事责任外,在极端情形下还应追究其刑事责任。

1. 违规披露、不披露重要信息罪(原"提供虚假财会报告罪")

股东清算权益的保护须有一前提条件,即股东所获得的公司财务信息是充分、完整和真实的。如果公司在实际控制人的支配下向股东披露了虚假的财务信息,那么股东的清算权益就不可能得到充分保护。

公司控制人涉嫌此项犯罪的环节一般有三种情形。一是在清算阶段提供虚假财务信息。其通常以公司主要财产、账册、重要文件等灭失为申辩理由抗拒清算。在司法清算中,法院面对前述情形,经向控制股东、董事等直接责任人员释明或采取民事制裁措施后,仍然无法清算或者无法全面清算的,则法院可以终结强制清算程序。但是,发现公司控制人存在提供虚假财务信息而情节严重涉嫌构成违规披露、不披露重要信息罪的,应当移交公安机关进行侦查。二是在公司开始清算前,股东以解散公司和清算为目的,以行使股东知情权为由,要求提供财务信息,但公司却提供了虚假财会报告的。三是公司在股东知情权案件的执行中提供了虚假财会报告的,均可能构成本罪。应当注意,如果法院发现实际控制人存在上述犯罪情形而未向公安机关移交的,则权益受到侵害的其他股东及债权人均有权行使独立的控告权。

追究公司控制人提供虚假财会报告行为的刑事责任,其法律依据应当说是非常充分的。国务院颁布的《企业财务会计报告条例》规定,企业编制、对外提供虚假的或者隐瞒重要事实的财务会计报告,构成犯罪的,依法追究刑事责任;《刑法》规定,公司向股东和社会公众提供虚假的或者隐瞒重要事实的财务会计报告,严重损害股东或者其他人利益的,对其直接负责的主管人员和其他直接责任人员应当追究相应的刑事责任。

司法实践中,公安、检察机关对涉嫌构成该项犯罪的立案条件包括:造成股东、债权人或者其他人直接经济损失数额累计在50万元以上的;虚增或者虚减资产达到当期披露的资产总额30%以上的;虚增或者虚减利润达到当期披露的利润总额30%以上的;在公司财务会计报告中将亏损披露为盈利,或者将盈利披露为亏损的;多次提供虚假的或者隐瞒重要事实的财务会计报告,或者多次对依法应当披露的其他重要信息不按照规定披露的,等等。

因此，股东如果发现公司控制人在清算程序中或清算开始前存在上述严重违法情形的，可以独立行使刑事控告权，以保护自己的清算权益不受非法侵害。

2. 妨害清算罪及相关民事法律责任

公司控股股东及实际控制人在对公司、企业进行清算时，故意隐匿财产，对资产负债表或者财产清单作虚伪记载或者在未清偿债务前分配公司、企业财产，严重损害债权人或者其他人利益的，完全有可能涉嫌构成妨害清算罪。对此，应当追究公司直接负责的主管人员和其他直接责任人员的刑事法律责任。

应当注意的是，追究对公司控制人妨害清算的刑事法律责任，并不意味着可以减轻或免除其民事责任。当无过错的股东要求公司控股股东、实际控制人、董事及对妨害清算应当承担过错责任的清算义务人承担赔偿责任时，妨害清算责任人，尤其是有过错的股东，已经不再受《公司法》关于股东有限责任机制的保护了。

对于因清算义务人妨害清算行为所造成的无法清算局面，法院可以作出终结强制清算程序裁定，但应当在有关裁定法律文书中履行释明义务，即应当告知债权人和无过错的股东有权另案向控股股东等实际控制公司的清算义务人主张有关权利。

在司法清算程序中，在尚未对妨害清算责任人启动刑事侦办程序前，法院如果发现妨害清算人存在诸如"不向清算组移交财产、印章和账簿、文书等资料，或者伪造、销毁有关财产证据材料而使财产状况不明，股东未缴足出资、抽逃出资，以及公司董事、监事、高级管理人员非法侵占公司财产"等情形的，均可参照《企业破产法》及其司法解释的有关规定进行相应的民事制裁。

3. 职务侵占罪

职务侵占罪既可以发生在公司的正常运行阶段，也可以发生在公司的清算程序中，涉嫌该罪的主体包括公司控股股东、实际控制人、董事、经理层、财务负责人、清算组成员等。

公司在进行清算时，有关责任人实施职务侵占，一般也是以"隐匿财产，对资产负债表或者财产清单作虚假记载或者在未清偿债务前分配公司财产"等为手段。有关清算责任人之所以能够采取此类侵占方式，就是因为其享有管理公司财物的职务便利。故打击此类犯罪的主要途径是，赋予合法权益受到侵害的股东或债权人对妨害清算罪和职务侵占罪独立的刑事控告权。

应该说，无论是对无过错的股东或是债权人合法权益的保护，还是对有关责任人进行责任追究，其机制都是相通的。但相对而言，债权人的权益应当受到更为优先的保护。因为股东权益的保护归根结底是公司内部责任机制的一种调整，而内部责任或内部权利不能对外对抗债权人是我国民商法的一个基本原则。同时，有关司法或行政执法机关在罚款、罚金的执行程序中，应当优先保护无过错股东及债权人的民事权利。

### 七、申请人申请公司强制清算时,公司存在资不抵债等破产原因的,法院应否受理强制清算申请

依据《公司法》和《企业破产法》及其司法解释等相关规定,企业破产清算的受理条件是企业法人发生破产原因,即不能清偿到期债务,并且资产不足以清偿全部债务或明显缺乏清偿能力。而公司强制清算案件的受理条件是公司自行清算无法启动时,公权力依据法定事由介入。故二者的启动条件完全不同。

当然,公司出现特定清算事由时,往往会伴随不能清偿到期债务且资产不足以清偿全部债务或明显缺乏清偿能力等《企业破产法》规定的破产原因情形,根据最高人民法院《关于审理公司强制清算案件工作座谈会纪要》(下称《强制清算座谈会纪要》)中"关于强制清算和破产清算的衔接"之规定,在强制清算程序中,清算组或有关权利人发现公司出现符合企业破产法规定的破产原因的,应依法向法院提起破产申请。该条款含义很明确,即公司存在资不抵债等法定破产原因的,需通过破产程序清理关闭、退出市场。依此推论,法院在审查强制清算申请时就已发现公司存在破产原因的,也应有统一的处理思路,即应向申请人释明,按照《企业破产法》第 7 条的规定以及最高人民法院《关于债权人对人员下落不明或者财产状况不清的债务人申请破产清算案件如何处理的批复》的规定,变更申请为直接破产清算。如果申请人坚持申请强制清算的,因公司已出现《企业破产法》规定的破产原因,法院应裁定不予受理强制清算申请。

### 八、申请强制清算的债权人所持债权已超过诉讼时效的,法院可否受理其申请

债权人申请启动公权力介入的强制清算程序的债权,与依民事诉讼程序要求法院保护的债权性质一致,同样应受到诉讼时效制度的约束。否则,未在诉讼时效期间内积极主张债权的债权人,将已不受法律保护的自然之债来申请启动强制清算程序,实际上等于变相得到了司法保护,诉讼时效制度被打破。因此,我们认为,法院应依职权主动审查债权人持有的债权是否超过诉讼时效,如是,则不能受理该债权人的强制清算申请。

需要讨论的是,最高人民法院曾在《关于审理企业破产案件若干问题的规定》第 61 条第 1 款第(7)项规定中明确,超过诉讼时效的债权不属于破产债权,但同时在第 2 款规定,不属于破产债权的权利债权人申报的,在破产程序中仍应当予以登记。那么,参照上述规定的精神,强制清算程序中债权人持有的、超过诉讼时效的债权,是否也应接受申报并登记?若予以登记,是否意味着超过诉讼时效的、已转为自然之债的债权受到了公权力的保护?既然自然之债也可在破产程序中得到登记和清偿,为何启动清算程序就不被允许?我们认为,接受登记并不意味着自然之债受到了法律保护,因为登记仅是对公司债权债务情况的一种客观记录,并无效力认定意义,最终是否对自然之债给予清偿系由债权人会议所决定,该

决定结果属全体债权人意思自治，非法院公权力介入的结果。因此，给予超过诉讼时效的债权人登记，与是否可启动强制清算程序的性质不同，两者不应混为一谈。

### 九、股东申请强制清算但又无法提供账册等文件时，法院决定受理是否需区分股东对公司的控制程度

《公司法》第163条明确规定，公司应当依照法律、行政法规和国务院财政部门的规定建立公司财务会计制度，故建立公司财务会计制度是股东的法定义务。因此，股东依法向法院申请公司强制清算时，应当提供账册等清算必需文件。

但是，实践中出现股东申请强制清算却不能提供公司财务资料的情形，法院是否应予受理，相关规定并未明确区分。我们认为，法院应区分申请股东对公司的控制程度，理由如下：

第一，控制股东与非控制股东对公司账册的掌控不同。当申请股东为公司的控制股东时，其实际掌控公司的日常经营管理，而账册等财务资料又是公司经营的必需材料，因此，控制股东不可能也不应该不掌握账册等重要文件。如果该控制股东不能提供账册且无法合理说明的，明显不符常理，甚至可能存在故意隐匿账册以转移财产等恶意行为，故法院不宜在此情形下受理其提出的强制清算申请。

但是，若申请股东非公司的控制股东，因其未参与公司经营，确实不掌握账册等重要文件，客观上又不能自行组织清算，特别是在公司僵局或受大股东欺压情形下，非控制股东的清算意愿应予以满足，便于其能够依法履行清算义务，故此情形下应根据《公司法解释二》第7条规定予以受理。

第二，符合《强制清算座谈会纪要》的精神。《强制清算座谈会纪要》第28条规定，法院在审理强制清算案件中，因被申请人无账册等重要文件而无法清算或无法全面清算的，法院应当以无法清算为由终结强制清算程序。因此，法院在审查股东强制清算申请时即发现控制股东不能提供账册等文件且无合理理由，若仍予以受理，必然会因无法清算而终结强制清算程序，不仅公司仍然得不到全面清算，还白白耗费有限的司法资源。但是，非控制股东申请强制清算有所不同，根据《强制清算座谈会纪要》第29条规定，法院以无法清算为由终结强制清算程序的，应在终结裁定中载明，股东可以向控股股东等实际控制公司的主体主张有关权利。因此，清算程序的终结，对非公司控制人的申请股东具有权利救济的程序意义，法院应就其清算申请予以受理。

第三，防止司法程序被控制股东利用而工具化。《公司法解释二》第18条规定，股东不履行清算义务的，赋予债权人追究股东赔偿责任的权利。如果控制股东申请强制清算又不提供账册，法院仍受理的话，有可能在实践中产生这样的导向，即控制股东为规避该条规定而不被债权人追究责任，其先主动向法院申请强

制清算,同时隐匿有利润记载的财务账册等清算材料,由法院按照《强制清算座谈会纪要》第 28 条规定终结强制清算程序。由此,控制股东仅在形式上履行了清算义务,而实际上达到了既隐匿公司资产又逃避债权人追究其清算不作为责任的法律后果,最终损害债权人利益。因此我们认为,为防止司法程序被工具化,促进股东依法、诚信地履行清算义务,法院对公司控制股东提出强制清算申请应秉持严格审查态度,要求其提供账册等清算必需的财务资料方可受理。

需注意的是,《关于债权人对人员下落不明或财产状况不清的债务人申请破产清算案件如何处理的批复》规定债权人申请对"人员下落不明或者财产状况不清"的债务人破产的,法院不能拒绝受理。该批复中的申请主体是债权人,而债权人是公司外部人员,很难了解、掌握账册等公司内部文件,故不能对债权人苛求必须提交债务人财务资料,抬高破产案件受理门槛。但是,控制股东与公司联系紧密,不可能不掌握账册等公司重要文件,两类主体不能相提并论。

### 十、法院以无法清算为由终结强制清算程序后,可否再次启动强制清算程序

实践中,有股东在法院以无法清算为由终结强制清算程序后,又持公司账册申请法院再次对公司进行清算,法院可否再次启动程序?对此有不同意见。

一种意见认为:法院以无法清算或者无法全面清算为由终结强制清算程序后,如果未办理注销登记,则公司尚未终止。从全面清理债权债务、保护债权人和股东权益角度出发,股东再次申请对公司进行强制清算,且能提供账册等清算所需重要文件的,法院应该受理。

另一种意见认为,强制清算程序的性质与破产清算程序相同,具有不可逆转性,故程序一旦终结,法院就不能受理股东提出的再次清算申请。

我们认为,强制清算程序终结之后,除非基于特殊原因,不能再次启动清算程序,理由如下:

第一,严格清算程序的再次启动符合强制清算程序不可逆性的特点。强制清算期间,清算组从事的各项工作均需按程序规定有步骤地进行,整个过程具有不可逆性,比如,财产变现后很难再行回购,税款缴纳后不可能要求税务机关返还,职工安置后也难以再回公司,公司注销登记后更不可能再恢复到设立状态,等等。因此,强制清算程序的再次启动牵涉到各方利益主体权利义务状态的恢复问题,不能轻易再次开启。

第二,严格清算程序的再次启动有利于促进股东诚信履行清算义务。前述论及,公司应当依照法律、行政法规和国务院财政部门规定建立财务会计制度,股东依法负有妥善保管义务。当公司因账册灭失而无法清算终结程序后,对符合《公司法解释二》第 18 条规定的责任要件的有过错的股东,债权人可以追究其法律责任。因此,法院不轻易再次启动强制清算申请,既不会妨害债权人权利救济,又可

促进股东诚信维护公司财务制度以及诚信履行清算义务。

第三，严格清算程序再次启动可防止司法程序被工具化。实践中发现，控制股东有隐匿公司账册之嫌，本人又下落不明，清算程序因无法清算被法院终结后，债权人依据《公司法解释二》第18条规定提起诉讼，向其追索怠于履行清算义务的责任，此时该股东却又现身并持公司账册要求法院再次清算，以此对抗债权人。因此，法院若轻易再次开启清算程序，司法程序极可能被恶意股东利用，沦为合法逃避债权人追索、不诚信履行清算义务的工具，不利于司法程序的稳定，还可能产生清算案件与债权人追究股东清算责任诉讼案件之间的冲突。

第四，清算程序再次启动的条件必须严格掌握。我们认为，若要再次启动强制清算程序，只能在特定条件下进行，即法院在已终结的强制清算案件中，存在程序上不符合相关规定的问题，以致公司本能够依法清算完毕而未能清算完毕，如有条件通知到相关股东，法官却未按规定送达相关法律文件等。同时，再次启动清算程序还需考虑公司能够清算的可能性，如股东提供了能够保证清算进行的公司完整账册、公司尚未注销登记等，以及不进行清算将导致债权人等相关权利人受损的可能后果。

### 十一、清算组怠于向公司债务人主张债权时，债权人可否行使代位权

该问题司法实践中有两种意见：一种意见认为：依据《公司法》第184条规定，清算组在清算期间行使清理公司债权债务等职责。若清算组怠于向公司债务人主张债权，可能会影响债权人债权的有效清偿，债权人可以依据《合同法》第73条规定，以自己的名义提起代位权诉讼。代位权诉讼成立的，公司债务人向公司履行清偿义务，清偿财产归入公司清算财产。

第二种意见则认为，公司清算期间，债权债务应当由清算组统一清理，公司债权人不能代位向公司债务人请求清偿债务。如清算组有拒绝或怠于履行职责的行为，造成债权人损失的，债权人可根据《公司法》第189条第3款规定，追究清算组成员的赔偿责任。

我们倾向第二种意见，理由如下：

第一，公司清算期间的清算事务由清算组统一行使职责。根据《公司法》第183条、第184条规定以及《公司法解释三》相关规定，公司清算期间的清算事务，属清算组职责范围，对外清理债权债务应由清算组负责进行，其他任何人都不应替代，否则会导致清算程序的混乱。

第二，依据《合同法》司法解释规定，代位权诉讼制度在清算程序中不应予以适用。《合同法》第73条规定了债权人代位权制度，依据代位权入库规则原理，若在清算程序中适用代位权制度，代位获得的债权财产似不会产生混乱清偿的情形。然而，最高人民法院《关于适用〈中华人民共和国合同法〉若干问题的解释（一）》（以下简称《合同法解释一》）第20条规定，债权人提起代位权诉讼，法院经

审理后认定代位权成立的,由次债务人向债权人履行清偿义务,债权人与债务人、债务人与次债务人之间相应的债权债务关系即予消灭。该条规定突破了《合同法》第 73 条规定的入库规则。据此,若在强制清算期间允许公司的债权人提起代位权诉讼,就完全可能产生如下局面,即债权人只要认为清算组怠于清收债权就可以提起代位权诉讼,且代位权诉讼一旦成立,债权人就有权直接接受次债务人的清偿财产,换言之,公司债务人应清偿公司的财产就直接归公司债权人所有。如此,会引发各方债权人纷纷提起代位权诉讼,直接从次债务人(公司债务人)处获得清偿,从而导致清算秩序混乱,清算程序公平清偿全体债权人的作用就会因此而丧失。

第三,防止司法程序间的冲突和不必要的协调问题。债权人主张代位权系通过提起代位权诉讼程序以及胜诉后的执行程序完成的,若允许债权人提起代位权诉讼,则客观上会形成代位权诉讼程序或执行程序与强制清算程序并存,在现行司法解释规定允许债权人可直接从次债务人处获得清偿的制度设计下,极易形成代位权诉讼中的债权人与清算程序中的公司、其他债权人之间的利益争夺,并可能造成两种程序之间的冲突,由此带来代位权之诉个案判决、执行与强制清算程序公平分配公司财产之间的冲突,增加法院之间不必要的协调困扰和麻烦。

第四,清算组怠于履行清算义务行为可通过法律已有责任追究制度来规制。《公司法》第 189 条及《公司法解释二》第 23 条明确规定了清算组应忠实履行职责的义务以及相应法律责任,因此,强制清算期间债权人发现清算组怠于向债务人主张债权的,可以依据已有法律规定追究清算组的法律责任。

此外,法院对清算组的清算行为拥有监督职权,故当债权人发现清算组存在怠于清收债权等行为时,还可以通过请求法院监督清算组履行职责的途径,敦促清算组依法及时地履行清算义务。

### 十二、债权人依照《公司法解释二》第 18 条追究清算义务人责任时,是否有清算前置程序

该问题司法实践中有两种意见:一种意见认为,基于对"无法进行清算"认定标准的严格把握,宜统一以先经过法院强制清算或破产清算程序并裁定无法清算为认定标准,便于审判实务操作。第二种意见认为,《公司法解释二》第 18 条第 2 款规定的债权人主张公司股东等清算义务人承担连带清偿责任的构成要件是明确具体的,法院完全可在审查债权人提交的证据后作出认定,不应以经过强制清算或破产清算程序为前提条件。

我们倾向于第二种意见,理由如下:

第一,司法解释已明确规定了清算义务人的责任构成要件。《公司法解释二》第 18 条对公司股东等清算义务人就公司债务向债权人承担责任的构成要件为:一是行为要件,即公司股东等清算义务人"怠于履行义务"的消极不作为行为;二

是主观要件,即清算义务人在主观上有怠于履行清算义务的故意或重大过失;三是结果要件,即公司无法进行清算、债权人利益受损;四是因果关系,即债权人利益受损的结果与清算义务人怠于履行义务的不作为之间具有因果关系。因此,债权人依据《公司法解释二》第18条追究清算义务人责任的诉讼性质是侵权赔偿之诉,法院完全可逐项审查上述要件成立与否,对清算义务人的责任作出认定,而不必以经过强制清算或破产清算程序认定无法进行清算为标准。

再者,权利人主张权利的前置程序必须有法律明确规定,如《公司法》第151条规定的股东派生诉讼明确了前置程序,但《公司法解释二》第18条并无前置程序的规定。

第二,符合司法解释保护债权人和规制清算义务人的立法目的。最高人民法院民二庭就《公司法解释二》答记者问时指出,该解释中第18条目的是通过明确具体地规定清算义务人的民事责任来督促清算义务人依法清算,解决实践中应清算但不清算的突出问题。法院审理此类诉讼不设前置程序,在证据审查把握等方面会有难度。但是,债权人作为公司外部人员,收集提供相关证据材料的难度也是较大的,如果债权人追究清算义务人责任要以先经清算程序为前提,就意味着法院在债权人权利救济的道路上设置了障碍和限制,不利于债权人得到及时有效的保护,更不利于规制股东等清算义务人的依法清算行为,显然与上述司法解释的目的不符。

第三,债权人直接提起清算赔偿诉讼需承担必要的举证责任。债权人依据《公司法解释二》第18条追究清算义务人赔偿责任的,应按照"谁主张,谁举证"的原则,承担必要的举证责任,包括清算义务人怠于履行义务的行为、公司无法清算的事实、债权人损失等证据。但是,债权人毕竟属公司外部人员,对公司清算义务人怠于履行义务等事实证据的掌握是有限的,故《解答》认为法院对债权人起诉时的举证要求不能过于苛求,只需对相关要件事实提供初步证据即可。

### 十三、有限责任公司非控股股东怠于履行清算义务责任免除抗辩的处理

实践中有非控股股东提出,公司运营和账册等资料被控制股东所掌控,其不履行清算义务实属无奈,就债权人追究其怠于履行清算义务责任的主张,提出免责的抗辩。对此存在两种意见:第一种意见认为,非控股股东对公司不具有控制权,客观上不能履行清算义务,故对公司解散后未清算不具有过错,不应向债权人承担责任;第二种意见则认为,关于清算责任的担当主体,《公司法》及《公司法解释二》未作控股股东与非控股股东区分,故控股股东与非控股股东一样,均负有法定清算义务,均应对公司债权人承担清算赔偿责任。

我们倾向第二种意见,理由如下:

《公司法》第183条及《公司法解释二》第7条规定,有限责任公司的股东是清算义务人,并未区分控股或非控股,故非控股股东亦负有依法对公司进行清算的

义务。如果非控股股东确实存在无法召集其他股东组织清算的客观障碍，其完全可通过依法向法院申请强制清算来完成清算事务。所以，非控股股东仅以其处于非控股地位为由提出抗辩请求免责的，法院不予支持。

但是，非控股股东清算义务的不予免除与该股东是否承担清算赔偿责任后果是两个不同问题。非控股股东实体责任承担与否，需根据《公司法解释二》第18条规定的侵权赔偿责任构成要件，由法院审查后认定。审判实践中需注意，并非只要股东存在怠于清算行为，就当然承担赔偿责任后果。我们认为，应当注意审查股东消极行为与无法清算结果之间的因果关系。在举证责任证明方式上，股东提出请求免责抗辩的，则需先对因果关系不存在的免责事由承担举证责任，如果股东能够举证证明公司财产、账册灭失是意外事件或控制股东所造成，不可归咎于其，才导致公司无法清算的，则其不承担责任。

### 十四、公司自行清算时有关债权人通知事项与虚假清算认定的标准

审判实践反映出对虚假清算的性质认识和成立条件，还存在需要理清的问题。如股东在自行清算期间，对已知债权人采取刊登公告方式而非直接通知方式，是否构成虚假清算；对债权存在时效、抵消等争议的债权人未通知，是否构成虚假清算的，等等，实践处理的标准存在不同。

根据《公司法解释二》第19条规定，清算义务人的虚假清算行为具有以下两个要件特点：一是主观恶意要件，股东等清算义务人主观上具有恶意处置或欺骗登记机关，逃避债务的故意；二是积极作为的行为要件。因此，判断债权通知行为是否属于虚假清算，需要按照条文规定的特定要件来认定。只有符合规定要件的，才属于虚假清算行为。

对实践中出现的已知债权人通知方式问题、未通知有争议债权的债权人问题，应注意对照上述特定构成要件准确认定，若清算程序总体合法，清算义务人主观上也并无逃避债务损害债权人利益的恶意，行为上只是存在一定瑕疵，则不宜认定为虚假清算。至于清算义务人对其瑕疵行为是否需承担法律责任，还需结合个案情况，审查是否存在《公司法解释二》其他条文规定的情形。

### 十五、股东以公司解散时实际财产已不能清偿全部债务为由对抗债权人责任追究的抗辩能否支持

我们认为不能予以支持，理由如下：

第一，《公司法解释二》规定的股东对债权人的责任并未将公司解散时财产数额作为认定要件。前已述及，债权人追究股东等清算义务人清算责任的要件包括行为要件、主观要件、结果要件和因果关系要件，法院认定股东是否应承担清算责任，需审查上述要件，尤其要注意审查因果关系要件。至于公司解散时实际财产已不能清偿全部债务，仅说明了公司财产状态，并不能反映出该种状态的产生原

因,如果该种状态系因股东的违法行为所致,股东仍然应依法承担责任;反之,则不承担。

第二,《公司法》及《公司法解释二》对股东等清算义务人的外部责任和内部责任作了区分。《公司法》第189条和《公司法解释二》第18条、第19条、第20条规定了清算义务人的对外责任,责任范围是债权人的损失;《公司法解释二》第21条则规定了清算义务人的内部责任,即股东对外承担全部责任后,有权主张其他人员按照过错大小分担责任。因此,股东等清算义务人一旦经法院认定需向债权人承担清算责任的,责任范围并不以公司解散时的实际财产为限,其对外承担责任后,再由内部其他人员按过错大小分担。

# 第二十四章　清算责任纠纷裁判精要

> **案由释义**
>
> 　　清算责任纠纷是指清算组成员在清算期间,因故意或者重大过失给公司、债权人造成损失,应当承担赔偿责任的纠纷。
>
> 　　公司清算期间,清算组是对内执行清算事务,对外代表公司处理债权债务的公司机关。《公司法》第189条规定:清算组成员应当忠于职守,依法履行清算义务。清算组成员不得利用职权收受贿赂或者其他非法收入,不得侵占公司财产。清算组成员因故意或者重大过失给公司或者债权人造成损失的,应当承担赔偿责任。

## 一、强制清算的启动事由

　　公司清算有自行清算与强制清算之分。我国《公司法》规定,公司在解散后逾期不成立清算组进行清算的,债权人可以申请人民法院指定有关人员组成清算组进行清算。该项规定对于克服清算义务人怠于履行清算义务、保护公司债权人利益具有重要作用,但是规定的强制清算事由过于狭窄,因为公司控制者侵害公司其他参与方利益的手段不仅有怠于清算的方式,还可以通过拖延清算、违法清算等方式。因此,为了保障清算程序的公正,更好地实现参与方在清算程序中的利益平衡,最高人民法院发布的《公司法解释二》第7条第2款规定的强制清算的启动事由除公司解散逾期不成立清算组进行清算外,还包括公司虽然成立清算组但故意拖延清算和违法清算可能严重损害债权人或者股东利益。

　　1. 公司解散逾期不成立清算组进行清算的。根据《公司法》第183条及《公司法解释二》第7条第1款规定,公司除因合并或者分立而解散外,应当在解散事由出现之日起15日内成立清算组,开始清算。它们均对清算组应当成立的开始时间及期限进行了明确的规定。因公司解散后自行清算出现障碍,公司未能自行清算(这也包括公司清算义务人等主观上不清算),客观上即表现为公司解散后逾期仍不成立清算组的,强制清算的申请人即可以提请人民法院指定清算组进行清算。

解散事由出现之日起15日内,不成立清算组的,视为逾期。因此,解散事由出现是该15日期间的起算点,由于解散情形不同,该起算点的认定标准亦不同。第一,公司章程规定的营业期限届满的,解散之日为公司营业期限届满之日;第二,公司章程规定的其他解散事由出现的,解散之日为该事由成立之日;第三,股东(大)会决议解散的,股东(大)会作出该解散公司决议的时间为公司解散之日,但国有独资公司的解散之日应为国有资产监督管理机构作出解散决定之日,重要的国有独资公司的解散之日为解散决定经国有资产监督管理机构审核后,报本级人民政府批准之日;第四,依法被吊销营业执照、责令关闭或者被撤销的,工商行政管理部门吊销营业执照或有关部门正式决定关闭、撤销之日为公司解散之日;第五,人民法院依法判令解散公司的,该解散判决生效之日为公司解散之日。

2. 虽然成立清算组但故意拖延清算的。在公司解散情形下,由于清算工作往往不能给投资人带来积极利益,因此,有时虽然公司依据法律规定自行组织并成立清算组开始清算,但是,相关主体却在清算中故意拖延而致使不能及时有效地完成清算,这实际上也是对有相关利益主体的利益的一种侵害。基于公平正义的考量,应当赋予受害人提请人民法院指定清算组进行强制清算的权利。

3. 违法清算可能严重损害债权人或者股东利益的。公司强制清算制度构建的目的,即是为了通过建立正义的程序以公平地清偿公司债务、分配公司财产,从而维护债权人和所有股东的合法权益,实现各方利益主体的平衡保护。当公司自行组织清算,但在清算过程中清算组执行清算事务违反法律规定,可能严重损害债权人或者股东的利益时,应当允许债权人或者公司股东申请人民法院指定清算组进行清算。

## 二、股东强制清算申请权不受持股比例的限制

《公司法》及《公司法解释二》对此没有明确规定。《企业破产法》在规定债务人出资人申请债务人重整时,对出资人的出资比例进行了限制。根据《企业破产法》第70条第2款规定,债权人申请对债务人进行破产清算的,在人民法院受理破产申请后、宣告债务人破产前,债务人或者出资额占债务人注册资本1/10以上的出资人,可以向人民法院申请重整。之所以要对出资人申请作出资本额的限制,是为了避免过于轻率的申请。同理,公司解散诉讼的提起也有持股比例的限制。但是这里规定的出资额占债务人注册资本1/10以上的出资人,可以是单个出资人,也可以是多个出资人。持股额的限制,是对股东破产重整和解散诉讼的申请权自由行使的一种限制,但对于强制清算则不应当如此考虑,公司解散后必然要进行清算,有限责任公司的股东是清算义务人,股份有限公司的控股股东也是清算义务人之一,没有履行义务,必然要承担责任。现行法律并没有规定对一定持股比例之下或一定持股时间以内的股东可以不履行清算义务,当然应该赋予任

何股东提起强制清算的权利,特别是小股东,因为大股东具有控制权,其完全可以也应该发起自行清算。小股东出于保护自己利益,在大股东或者公司董事不履行清算义务、清算组怠于清算或违法清算时,其申请强制清算也是应该允许的。因此,股东的申请权不应当受持股比例的限制。①

### 三、公司遗留债权债务的处理

按照理想的清算制度设计,公司注销前所有未结的债权债务应被纳入清算程序进行清理。然而,当前公司制度运作普遍不规范,公司法人意识和股东责任意识缺乏,市场机制的内部约束和工商行政管理的外部监督严重缺位,公司遗留债权债务的现象于实务中广泛存在,主要表现为以下几种情形:(1) 公司债权人因特殊原因未能在清算期间申报债权;(2) 清算组怠于主张公司债权;(3) 公司清算注销后新发现可追回的财产。一般认为,公司经过清算注销程序后,公司所有债权债务关系消灭。但是这些传统观念已经突破,一方面,出于实质公平和情理考虑,审判实践中对于公司清算注销后遗留债权债务的,往往按照有利于保护原本受益人的原则,尽量提供补充救济的法律途径,避免不当得利的出现。另一方面,立法也逐渐体现了对传统观念的修正。如《企业破产法》《公司法解释二》等,都表达了公司清算注销后的遗留债务并不自然归于消灭的理念。

公司遗留债权债务的处理,因公司清算的具体形式为普通清算还是破产清算而有所区别。对于公司遗留债务的处理:(1) 普通清算的公司遗留债务处理。普通清算中,公司资产足以清偿公司债务,除非公司资产正好清偿公司债务的特殊情况出现,否则将发生原公司股东分配公司剩余资产的法律事实。在此种情况下,如果公司债权人愿意参与到公司清算程序当中,那么公司债权人将获得依照清算程序受偿的权利,并受清算程序的约束,也就不存在公司遗留债务的问题。而如果公司债权人不愿意参与到公司清算程序当中,那么公司债权人将丧失依照清算程序受偿的权利,清算程序约束也不得彻底消灭原公司债权人的基本民事权利。只要存有原公司剩余资产的继受主体,那么原公司债权人基于其与原公司的基础法律关系所享有的基本民事权利,仍应受《公司法》之外的其他法律保护。(2) 破产清算的公司遗留债务处理。在破产清算中,如果不存在清算瑕疵,那么原公司债权人将丧失依《企业破产法》而获得的参与分配请求权,并且由于原公司破产注销后不存在继受主体而将导致原公司遗留债务的实际消灭,也即不会出现公司遗留债务问题。只有在负有清算义务的原公司股东或清算组存有清算瑕疵而导致原公司债权人没有加入清算程序的情形下,才存在公司遗留债务的特殊侵权损害请求权。此时的法律关系为特殊侵权法律关系,主体明确,即应根据负有

---

① 参见奚晓明主编:《最高人民法院关于公司法解释(三)、清算纪要理解与适用》,人民法院出版社2011年版,第468—469页。

清算瑕疵责任的清算组成员或原公司股东的过错大小,按照正常参与破产清算后的分配率来确定向遗留债务之原公司债权人的受偿范围。

公司遗留债权处理:(1) 普通清算之公司遗留债权处理。普通清算中,一般情况下原公司资产应有剩余,那么公司遗留债权的法律关系主体不应包括原公司债权人,而是原公司股东和原公司债务人。(2) 破产清算之公司遗留债权处理。在破产清算中,由于公司资产不足以清偿债务,因而并不存在原公司股东主张剩余资产所有权的问题。倘若存有公司遗留债权,则一般情况下破产清算之公司遗留之债权的法律关系主体是原公司债权人和原公司债务人。此时,原公司债权人可以依照《企业破产法》第123条的规定主张权利。①

## 四、解散公司之诉与公司清算之诉能否合并审理

股东请求解散公司诉讼与股东申请法院强制清算是两种不同性质的案件,不能合并审理,必须进行分离——即对于股东提起解散公司之诉时,同时提起清算申请的,人民法院对其提出的清算申请应当不予受理。主要理由在于:第一,在案件性质上,两者所属诉的种类不同。股东请求解散公司诉讼属于诉讼案件中的变更之诉,公司清算案件属于非讼案件。股东提起司法解散之诉的目的是公司将要永久性停止存在并消灭法人资格和市场经营主体资格,属于终止或消灭公司组织的法律关系的诉讼,其实质是为了变更(消灭)与公司之间投资与被投资的法律关系,故此类诉讼性质上应当属于变更之诉。② 申请法院强制清算公司案件只是让法院组织相关力量对本该清算的公司按照法定的程序进行清产核资,本该清算的公司不涉及其他的民事权益争议,该案件仅仅是使这一法律关系得以确认,属于法律上的非讼案件。第二,在审判操作上,两者的审理程序不同。股东请求解散公司之诉按照普通的民事诉讼进行,即原告起诉之后,有管辖权的法院依法受理,然后进入规范的审判程序;而申请法院强制清算公司的案件程序是当事人(债权人或股东)提出申请,法院依法受理并组成清算组,然后进入实质性清算程序。可以看出,两者在程序上是截然不同的,是不能合并审理的。

《公司法解释二》第2条对此问题明确进行了规范,即:第一,坚持两案分离的原则,不能对两案进行合并审理。第二,实行部分受理,两诉同时提起虽然不合乎法律规定,但不能一并拒绝受理,如果请求解散公司之诉符合相关法律规定,可以依法受理,但对于同时提起的清算公司申请不予受理。因为在人民法院对是否解散公司作出生效判决前,公司是否解散尚无定论,且即使判决解散后,公司是否能够自行清算亦无定论,在此不定因素下,人民法院尚无法就是否受理股东提起的强制清算申请作出裁决。第三,法院可以告知原告相关的处理方式。人民法院拒

---

① 参见张尚谦:《公司遗留债权债务法律问题探讨》,载《人民司法·应用》2008年第19期。
② 参见刘敏:《关于股东请求解散公司之诉若干问题的思考》,载《法律适用》2006年第10期。

绝受理清算申请时,可以告知原告,在人民法院判决解散公司后,可依据《公司法》第 183 条等规定自行组织清算,公司不能自行组织清算时再另行向人民法院提起强制清算的申请。因为法院判决公司解散也仅仅是使得公司出现了法定的解散事由,对于出现了法定解散事由的公司应当先由公司的股东、董事及相关人员进行自行清算,这是公司自治的一种体现,如果公司能够自行清算,法院是不应该介入的。只有在公司不依法进行清算时,法院在相关的债权人和股东的申请之下,才可以介入公司的内部事务——指定清算组进行强制清算。

### 五、申请强制清算的主体是否只局限于公司债权人

对于公司强制清算申请的主体,《公司法》第 183 条仅规定债权人可以申请,而对于其他主体包括公司的股东是否可以提出申请没有作出规定。然而,考虑到在司法实践中,因公司的股东之间矛盾深刻导致公司僵局等情形而司法强制解散公司时,同样也存在着由于股东之间矛盾深刻或者公司为控制股东所操控而在解散之后公司无法自行清算等情形,这将对公司其他股东的利益造成严重损害,同样需要相应的法律救济手段。此时股东提起公司清算的愿望要远甚债权人。为了更好地解决公司法案件纠纷、满足实践需要,《公司法解释二》规定将提出公司强制清算申请的权利主体扩大到了公司股东。但是,司法解释毕竟是作为《公司法》的解释而出台,其规定不能违背《公司法》的相关规范,而且必须要与《公司法》的规范衔接适应。因此,《公司法解释二》第 7 条第 3 款规定:"债权人未提起清算申请,公司股东申请人民法院指定清算组对公司进行清算的,人民法院应予受理。"即司法解释将"债权人未提起清算申请"作为公司股东提起强制清算申请的前提条件,只有在公司债权人没有申请人民法院指定有关人员组成清算组进行清算时,公司股东才可以申请人民法院指定清算。

### 六、清算组在公司清算期间以公司名义还是以自己名义进行清算活动

公司因出现某种法定事由而解散时,并不因解散事由的出现而立刻导致法人资格的消灭。从公司解散事由出现到公司的法人资格消灭需要一个过程,这一过程即为公司的解散清算。在清算过程中,公司的法律人格继续存续,但公司的权利能力和行为能力仅限于清算的目的范围内,除为清算的目的,公司不得经营业务。有关清算中的公司是否享有民事主体资格问题,我国《公司法》第 186 条已明确规定,清算期间,公司存续。既然清算期间公司的主体资格仍然存在,那么涉及该清算中公司的民事诉讼当然应当以公司作为诉讼主体。《公司法解释二》正是根据《公司法》的立法精神,在《公司法》第 186 条规定的基础上,进一步明确规定,公司依法清算结束并办理注销登记前,有关公司的民事诉讼,应当以公司的名义进行。这一条文的规定非常明确地澄清了清算中公司的诉讼主体地位问题,从而有利于解决司法实践中清算中公司诉讼地位模糊不清、适用法律混乱的问题。

此外,清算组本身作为一个组织机构,在我国现行法律框架下,可能由一人构成也可能由多人组成,而且在大多数情况下是由多人组成的。当清算组只有一人时,该人即代表清算组、代表公司而为相应的行为,自无争议。但是,当清算组由多人组成时究竟由谁代表公司,《公司法》并未规定。为了解决这一实际问题,《公司法解释二》在《公司法》的基础上,进一步明确规定应当由清算组负责人代表公司参加诉讼活动。另外,对于在实践中公司解散之后清算完毕前尚未成立清算组的,规定仍由原法定代表人代表公司参加公司诉讼活动。原法定代表人代表清算中的公司参加诉讼,是为解决司法实践中的实务问题而进行的一种变通规定。司法解释的这一规定是基于以下考量:(1)公司清算组的组建需要一个过程,公司自解散后至清算组组建前,既可能参与正在进行的诉讼,又可能面临新的诉讼,此时必须有人代表公司参加诉讼;(2)公司解散后可能怠于清算,根本就未组织清算组,其他权利人亦未向法院申请指定清算组,此时由清算组代表公司参加诉讼根本不具有现实可行性。上述两种情形下,由公司原法定代表人代表公司参加诉讼显然是最为可行的选择。当然,该规定并不表明在公司清算过程中,公司可以以原法定代表人仍能够代表公司为由而拒绝成立清算组。①

### 七、债权人在公司清算时能否对清算组核定的其他债权人的债权提出异议

《公司法解释二》第12条规定:"公司清算时,债权人对清算组核定的债权有异议的,可以要求清算组重新核定。清算组不予重新核定,或者债权人对重新核定的债权仍有异议,债权人以公司为被告向人民法院提起诉讼请求确认的,人民法院应予受理。"该条没有明确说明公司清算时债权人能否对清算组核定的其他债权人的债权提出异议。我们认为,上述司法解释规定在条文表述中也未强调异议对象只能是自身债权,根据"法无禁止即自由"的原则,债权人应该是既可以对自身的债权又可以对他人的债权提出异议。债权人对清算组核定的自身债权提出异议是对其权利的直接保护。因为清算组核定的债权性质、数额是清算分配的唯一依据,若核定内容与实情不符,将直接影响到债权人的受偿程度。而债权人对清算组核定的他人债权提出异议却是对其权利的间接保护。因为公司处于清算状态后,其责任财产是一定的,清算组对他人债权性质的误核和对债权数额的多核都有可能侵害到提出异议的债权人的权益。因此,应当赋予债权人对他人债权提出异议的权利。

### 八、公司清算中债权人补充申报债权清偿范围的确定

我国《公司法》对公司清算中逾期未申报债权的后果未作规定。逾期未申报

---

① 参见奚晓明主编:《最高人民法院关于公司法司法解释(一)、(二)理解与适用》,人民法院出版社2008年版,第232页。

既可能是由于债权人的过错造成的,又可能是由于清算组的故意、重大过失或不可抗力导致的。如果对逾期未申报债权的后果不加区分的一概否定,将对债权人的利益保护极为不利。针对这种情况,《公司法解释二》考虑到债权人补充申报的时间不同,对补充申报债权的清偿范围,作了以下三个层次的规定。第一,尚未分配财产的处理。对补充申报的债权,首先在公司尚未分配的财产中依法受偿。如果债权人在财产分配开始后,财产分配结束前,向公司清算组申报债权主张清偿的,公司仍应予以清偿。但是,对补充申报债权的清偿不能影响其他已经申报并分配财产的债权人的利益。第二,股东已经分配财产的处理。当所剩余未分配财产不足以清偿补充申报的债权而公司股东已经获得了剩余财产的分配时(前提是公司清算程序尚未终结),债权人可以请求在公司股东分配所得财产中受偿,实际上,此前股东所得的剩余财产即为法律上的不当得利,可以不当得利返还之诉实现债权人的利益。但债权人对未在规定期限内申报债权有重大过错的,如清算组依法通知其申报债权,而其因为自己的原因没有及时申报债权的,补充申报后即使公司尚未分配财产不足以全额清偿其债权,债权人也无权要求在公司股东已经分配所得的财产中受偿。民法上将过错区分为故意、重大过失与一般过失。该条规定的重大过错与轻微过错相对,其范围涵盖了故意和重大过失。之所以使用"重大过错"而非"过错",是为了缩小不能就股东已分配财产主张权利的债权人范围,债权人对未在规定时限内申报债权有重大过错的,只丧失向公司股东要求以其剩余财产分配中已经取得的财产予以清偿的权利,仍然拥有补充申报债权的权利,可以在公司尚未分配的财产中得到清偿。这样规定,主要是在存在重大过错的债权人和股东之间寻求一种利益上的平衡,即在补充申报债权人存在重大过错的情形下,基于正常清算顺序已经完成的剩余财产分配应为有效,不得因为债权的补充申报而否定原已进行行为的效力。只有当补充申报债权人未及时申报债权不是由于自己的故意或者重大过失造成时,才通过适当否定股东剩余财产分配的效力,以保护补充申报债权人利益。第三,其他债权人已经分配财产的处理。如果所剩未分配财产和股东分配所得财产仍不足以清偿其债务的,即公司事实上已经出现了破产原因,此时,债权人无权要求以已经分配给其他债权人的财产获得清偿,也不得向人民法院提出破产清算申请。①

## 九、公司登记机关主动注销公司登记是否能够免除清算义务人责任

实际经济生活中,公司未经清算而办理注销登记的情形除由于清算义务人的不当行为外,还可能是由于公司登记机关主动注销了公司登记。虽然根据基本法

---

① 参见奚晓明主编:《最高人民法院关于公司法司法解释(一)、(二)理解与适用》,人民法院出版社 2008 年版,第 277—278 页。

理和我国相关的法律制度,公司登记机关无权直接注销公司登记①,然而登记机关主动注销公司登记的情况在实践中是存在的,突出表现在工商登记机关把注销登记作为一种处罚措施,强行将违法的公司予以注销登记。我们认为,该种情形下,清算义务人仍然负有对公司财产进行清算的义务。首先,法律规定清算义务人清算义务的目的,是对公司财产进行公平处理以满足各方当事人的合法利益。公司未经清算而被注销登记时,公司的各项财产仍然存在,各方当事人的合法利益亦未获得满足,所以清算义务人的清算义务并未消灭。其次,登记机关主动注销公司登记是对公司的处罚,而不是对清算义务人义务的免除。否则,清算义务人基于其在公司中的特殊地位,一方面可以继续对公司财产进行占有、使用、收益和处分等,另一方面却可以拒绝承担对其他当事人的法律义务,显然有违法律的公平正义。因此,公司登记机关主动注销未经清算的公司时,公司清算义务人的清算义务仍然存在,如果其怠于履行清算义务而给公司债权人造成损失,公司债权人有权请求其承担相应赔偿责任。

综上,公司登记机关主动注销未经清算的公司的,虽然可以从规范登记机关行政行为等途径解决,但并不能以此否定清算义务人应清算而未清算的法律责任。②

## 十、清算组成员基于股东大会决议而实施违法行为是否承担民事责任

清算组成员实施违法行为既可能是为了谋取私利,亦有可能是为了执行股东大会的决议,比如根据股东大会决议放弃公司债权,拒绝清偿公司债务,不按股东出资比例或股份比例进行分配,不进行适当公告等。如果清算组成员的不当行为是基于股东大会决议而做出,则清算组成员是否承担民事责任就存在争议。如果股东大会决议内容违反法律、行政法规的强制性规定,比如要求清算组不按法定比例分配剩余财产或者仅在地方小报上公告公司解散清算事项,则根据《公司法》第 22 条第 1 款该种决议无效,而且是当然无效、绝对无效、自始无效,清算组成员亦不能以无效的股东大会决议为依据而请求免责。如果股东大会决议内容只是违反公司章程,比如公司章程规定清算事项应当书面通知所有股东,或者章程赋予某个股东优先购买公司特定财产的权利,而股东大会决议与上述规定冲突,则

---

① 我国《行政处罚法》规定部门规章和地方政府规章只能设定警告或者一定数量罚款的行政处罚,地方性法规只能设定除限制人身自由、吊销企业营业执照以外的行政处罚。可见注销公司登记必须有法律或行政法规为依据,而我国法律根本就没有任何赋予行政机关主动注销公司登记的规定,我国行政法规中也只有《企业法人登记管理条例》规定了一种行政机关主动注销公司登记的情形,而作为其特别法的《公司登记管理条例》根本没有赋予行政机关主动注销公司登记的权力。行政法定是行政行为最基本的准则,我国公司登记机关主动注销公司,于法无据。我国《行政处罚法》亦明确规定没有法定依据或者不遵守法定程序的,行政处罚无效。

② 参见奚晓明主编:《最高人民法院关于公司法司法解释(一)、(二)理解与适用》,人民法院出版社 2008 年版,第 385—386 页。

只要清算组成员行为时股东大会决议尚未被依法撤销,清算组成员对公司就不承担个人责任,因为根据《公司法》第 22 条第 2 款该种决议只是可撤销,在其被依法撤销前,其仍然是有效的,清算组成员依其行事并不违反对公司的忠实义务和勤勉义务。不过,清算组成员不单仅对公司负有忠实义务和勤勉义务,由于清算的特殊目的,清算组成员的清算工作直接会影响到债权人的利益,其对债权人的利益依法实现同样负有义务。故清算组成员不能以其行为系根据股东大会决议作出而对抗公司债权人,比如公司股东大会决议放弃对关联公司的债权或者担保,则公司债权人可以以清算组成员的故意行为给自己造成损失为由,请求承担赔偿责任。①

### 十一、隐名股东能否申请公司强制清算

隐名股东和显名股东之间一般都存在一个合同关系,有学者将该协议称之为代持股协议,隐名股东和显名股东之间存在委托合同关系,可以运用《合同法》关于委托合同的相关规则解决隐名股东身份问题。只要合同建立在双方合意和善意的基础上,就会对双方当事人产生约束力。所以,如果在当事人没有异议的情况下,应当可以认定其股东身份。但是隐名股东申请人以其为公司实际出资人为由申请强制清算,但不能提供公司股东名册记载其为股东等证据材料的,人民法院是否应当受理其强制清算申请?我们认为,隐名出资人提出的股权确认之诉请或者股权变更诉请是否应当得到支持的问题虽然在《公司法解释三》中已有定论,但隐名出资人是否享有股权,仍需要通过诉讼程序予以确认或者变更,应当在提出强制清算申请之前明确,故被申请人对其股权提出异议时,应当适用《强制清算座谈会纪要》的规定:"被申请人就申请人对其是否享有债权或者股权,或者对被申请人是否发生解散事由提出异议的,人民法院对申请人提出的强制清算申请应不予受理。申请人可就有关争议单独提起诉讼或者仲裁予以确认后,另行向人民法院提起强制清算申请。但对上述异议事项已有生效法律文书予以确认,以及发生被吊销企业法人营业执照、责令关闭或者被撤销等解散事由有明确、充分证据的除外。"即人民法院应当告知其另行诉讼或者通过其他途径确认其股东身份后再行申请强制清算,其坚持申请的,人民法院应当裁定不予受理。

### 十二、强制清算中未通知已知债权人的处理

债权的申报、审核与确认是制订清算方案和分配剩余财产的前提。因为强制清算程序的前提是公司资产足以清偿债务,因此,债权的申报确认比破产程序中的相关规定要简单。但我们认为,清算中的债权申报更应体现对债权人权利的保

---

① 参见奚晓明主编:《最高人民法院关于公司法司法解释(一)、(二)理解与适用》,人民法院出版社 2008 年版,第 429 页。

护。清算程序中并未设置债权人的利益诉求机构——债权人会议,清算组成员中也一般将公司股东列入其中,如果法律规定债权的申报确认程序存在漏洞,很可能将这一原本的讨债程序沦为债务人的逃债程序。《公司法解释二》中所补充的债权异议核定和未申报债权的补救,很好地保护了债权人的利益,填补恶劣债务人可能会钻的法律漏洞。另外,我们对以下问题提出一些设想:

第一,未通知已知债权人且其亦未申报之情形如何处置?清算组应当及时告知债权人申报债权,对于已知的、明确的债权人,公司一般因曾与其有过业务往来而留有联系方式,清算组应以书面形式予以通知;对于不确定的债权人,应以公告方式催告债权申报,以免因遗漏而妨碍债权的行使。《公司法解释二》规定了债权人在公司清算程序终结前补充申报的,清算组应予登记;补充申报的债权可以在公司尚未分配财产中依法清偿。但是,对于清算组未通知已知债权人且其亦未申报之情形该如何处置?我们认为,对于已知债权人的债权保护应更明确、实际。法律绝不鼓励、纵容或允许债务人以清算程序逃避、解脱债务。既然清算组已经明知某人为债权人,自应将其债权计入将要清偿的债权中,这与债权人是否按期申报并无关联,即便清算行将结束而又联系不到债权人的,也可通过提存方式保障债权人的权利。我国台湾地区"公司法"第 327 条规定:清算人于就任后,应即以 3 次以上之公告,催告债权人于 3 个月内申报其债权,并应声明逾期不申报者,不列入清算之内。但为清算人所明知者,不在此限。"德国《股份法》第 272 条也规定:知名的债权人不申报的,应将负担的金额为其提存。由此,对于已知债权人的债权,清算组应作充分安排,如果最终因未提存或未预留而导致债权无法实现,则可从公司尚未分配的财产甚至股东所得的剩余财产中获偿,若仍无法实现权利,清算组应当承担法律责任。

第二,不确定债权申报后如何处置?不确定债权又称悬疑债权,它一直是法律处理中的难点。通常而言,悬疑债权分为争议债权和或然债权,前者司法解释已经规定了核定程序,并最终可付诸诉讼。或然债权是指尚未变成现实的债权,其是否成立及数额多少尚不确定。或然债权以担保债权为代表,主要发生在公司为担保人的情况,如清算前已有生效法律文书确定主债务成立,但是否存在担保责任尚不确定。由于悬疑债权常在清算中被有意或无意地排斥或忽略,而在公司清算或注销后又被债权人提出,对它的处置经常陷入两难的困境,这其实是法律在交易安全和效率这两种价值间取舍的问题。保护公司债权人利益应包括保护悬疑债权人的利益。如果公司解散后的债权可因悬疑而被忽略甚至消灭,则无疑会助长公司利用种种手段制造债权的不确定因素来逃避债务,交易安全将遭到破坏。而由于悬疑债权确定化过程漫长甚至遥遥无期,清算久拖不决必将影响效率,所以,必须兼顾和协调实现悬疑债权以保障交易安全与追求效率。我们认为,首先,悬疑债权纳入清算范围的首要条件是申报,否则应排斥在清算范围之外,这是出于效率的考量。其次,已申报的不确定债权在实体上应经清算组或法院确认后纳入清算债权范围。各国立法对此有不同态度:如美国《标准公司法》将争议债权和或然债权都排斥在清算债权之外,需要当事人通过法律规定的其他程序就公司未分配的资产范围内求偿,或向分得公司资产的某个股东提出解决。而德国《股份法》第 272 条规定,如果某项债务目前还不能予以校正或存在争议,那么只有在向债权人提供担保时,才可分配财产。日本《商法典》第 430 条第 1 款规定,为了加速债务的清偿,未届清偿期的债务也可以清偿,清算人除非在清偿完公司债务之后,不得向股东分配财产。其第 131 条规定,留下清偿有争议的债务所需财产后,可将剩余财产进行分配。我们认为,德国和日本的做法既可避免财产分配久拖不决,同时又可避免债权人的债权受到侵害,比较可取,即可以规定在公司剩余财产分配以前,要预留不确定债权的份额或向债权人提供相应的担保。

### 十三、清算期间非清算组成员股东就公司的债权能否提起股东派生诉讼

根据《公司法解释二》第 23 条第 1、2 款的规定,清算组成员从事清算事务时,违反法律、法规或者公司章程给公司造成损失的,股东可以依据《公司法》151 条第 3 款的规定提起股东代表诉讼。该条规定赋予了股东向清算组成员提起股东派生诉讼的权利,但是对于清算过程中清算组怠于向债务人行使债权时,股东可否直接提起代位诉讼,法律没有作出明确规定。实践中有两种观点。一种观点认为:在公司清算过程中,公司实质上为清算组所控制,清算组取代董事会成为公司的意思机关,完全可能出现类似公司正常存续中,董事、高管控制公司,怠于以公司名义向债务人行使债权的情形。如果规定股东仅能在损失造成以后向清算组成员提起赔偿诉讼,等于剥夺了股东本能获得清偿的良机。因此,清算程序中应当允许非清算组成员的股东在清算组不行使或怠于行使债权时直接提起股东代表诉讼。也有一些人表示反对,他们认为:强制清算程序启动的很大一部分原因是股东间争议激烈无法达成一致意见,如果允许非清算组成员的股东在清算过程中直接提起代位诉讼,很可能干预清算组的独立行为,造成清算举步维艰,久拖不决,违背了效率原则;而且,股东可以通过向清算组成员提起诉讼挽回损失,没有必要赋予其提起代位诉讼的权利。

我们认为,强制清算中股东代表诉讼这一救济途径的存在是必要的。在强制清算过程中,人民法院并非处处监督、时时干预。这一救济途径有利于对清算组的行为进行最好的监督,充分保障股东的合法权益。强制清算进行到最后,股东具有对公司剩余财产的分配权,因此只有股东,对清算组估价、处置、保管和清理公司财产的行为抱有最密切的关注和最谨慎的小心。而大多由中介结构和专业人员组成的清算组虽能保持中立,但终究对所处置之财产难有如同处分自己财产一样关切。至于某些学者对清算效率表示的担心,我们认为可以通过以下方法解决:第一,强化股东代表诉讼的前置程序。一般股东代表诉讼都需要在公司监事会或监事、董事会或董事怠于或拒绝提起诉讼的情况下才能启动,在此也同样适

用。股东需要先向清算组提出向债务人提起诉讼或行使权利的要求,清算组应当在一定期间内答复股东。第二,清算中的股东代表诉讼应由受理清算的合议庭统一审理,以方便合议庭成员快速进入状态,及时挽回损失。

### 十四、清算组能否代表强制清算公司与相对人达成请求仲裁的协议

对于强制清算申请受理之前,双方当事人就权利义务争议约定的仲裁条款,如无无效情形,应当成为当事人选择仲裁方式解决争端的依据。但对于事先并无仲裁条款,清算组在强制清算申请受理之后,能否代表清算中公司与相对人达成仲裁协议,实践中不无疑问。一般而言,作为相互独立的两种纠纷解决方式,仲裁与诉讼在法律上的地位是平等的,并不存在优劣之分。但仲裁方式程序简单且一裁终局,程序保障救济功能弱于诉讼方式。因此,从保障当事人权益的角度出发,应当对清算组选择仲裁方式解决争端作出限制。《强制清算座谈会纪要》规定:"当事人双方就产生争议约定有明确有效的仲裁条款的,应当按照约定通过仲裁方式解决。"由于仲裁条款在《仲裁法》中特指合同中订立的仲裁条款,不包括争议发生后达成的请求仲裁的协议,所以《强制清算座谈会纪要》只表述"仲裁条款",而未表述"仲裁协议",意在排除事后仲裁协议的适用余地。综上,就强制清算公司的权利义务争议,在强制清算申请受理后,清算组原则上不能代表强制清算公司与相对人达成请求仲裁的协议,应当通过诉讼方式解决。①

### 十五、清算义务人承担赔偿责任范围的界定

公司清算涉及众多利益群体,如果清算义务人不及时选任清算人(清算组)、启动清算程序,甚至借解散之机逃避债务,不仅将严重损害公司债权人利益,也将扰乱经济秩序。有鉴于此,清算义务人必须尽到善良管理人的注意义务,审慎地处理公司事务,否则要承担相应赔偿责任。

我国现行法律上没有"清算义务人"的概念,更没有明确清算义务人的范围,但将有限公司的股东、股份有限公司的控股股东和董事纳入到清算义务人的范围,争议并不大。如《公司法解释二》第19条规定,有限公司的股东、股份有限公司的董事和控股股东,以虚假的清算报告骗取公司登记机关办理法人注销登记,债权人主张其对公司债务承担相应赔偿责任的,人民法院应予以支持。由此可见,当清算义务人非法注销登记时,其要承担责任是毫无疑问的,但责任大小、范围等问题仍不明确。

要确定赔偿责任大小、范围等问题,必须首先明确清算义务人承担责任的理论基础。

---

① 参见奚晓明主编:《最高人民法院关于公司法解释(三)、清算纪要理解与适用》,人民法院出版社2011年版,第583—584页。

关于清算义务人承担责任的理论基础,学界主要有三种观点:(1)第三人侵害债权行为理论。公司解散后,清算义务人未及时履行清算义务,或具有恶意清算、虚假清算等不当清算情形时,不仅将导致公司财产贬值、毁损、流失,也将损害公司债权人合法利益。这种行为属于第三人侵害债权行为,清算义务人应据此承担损害赔偿责任。(2)法人人格否认理论,又称为揭开公司面纱理论、直索责任理论。公司在正式登记注销以前,仍然具有独立的法人资格,清算义务人的行为属于公司行为,产生的后果也应由公司承担。公司解散后,清算义务人本应尽到善良管理人的注意义务,及时履行清算义务。如果清算义务人利用股东责任的有限性以及清算程序,恶意损害公司债权人利益,应该否认公司的独立人格及股东的有限责任,责令清算义务人直接对债权人或社会公众直接负责。(3)清算责任理论。清算义务人未尽清算义务而给公司和债权人造成损失时,应当承担民事责任,这是法定义务向法律责任的转化。

上述三种观点中,我们赞同法人人格否认理论,理由为:清算义务人作为公司一员,代表公司选任清算人、审查清算报告、启动清算程序等行为,该行为的法律后果应由公司承担。换句话讲,清算义务人不属于第三人,不应适用第三人侵害债权理论。同理,清算义务人未尽到清算义务造成的法律后果也应由公司承担,意味着清算责任理论也是不恰当的。根据《公司法》第20条第3款之规定,股东滥用公司法人独立地位和股东有限责任,逃避债务,严重损害公司债权人利益的,应当对公司债务承担连带责任。清算义务人利用虚假的清算报告骗取公司登记机关办理法人注销登记,意味着公司债权债务未加清理即被取消了独立法人资格,应属于利用清算程序逃避债务、故意损害债权人利益的行为。此时,否定法人的独立人格,责令清算义务人直接对债权人承担赔偿责任是合理的。

至于清算义务人承担赔偿责任的范围,理论界主要有三种观点:对公司债务承担全部赔偿责任,在公司财产受损失的范围内承担赔偿责任,以公司债权人受到的实际损失为限。

我们认为,清算义务人赔偿范围不能一概而论,应对公司资产状况具体分析。总体来说,当公司净资产为正时,即资产大于负债,清算义务人对公司债务承担全部赔偿责任;当公司净资产为负时,应该以债权人受到的实际损失为限,否则,债权人将获得不当利益。这是因为否定公司独立的法人资格,实际上是让清算义务人替公司承担侵权责任,赔偿公司债权人受到的损失,自然应符合侵权法基本原则。

最后,关于公司净资产情况,应当由清算义务人举证证明。当因公司会计账簿丢失、会计混乱等无法证明公司净资产状况时,应当推定公司净资产为正,责令清算义务人全额承担公司债务,进而促使有限公司股东、股份有限公司控股股东、董事等清算义务人高度重视公司会计业务,并在履行清算义务时尽到善良管理人的注意义务。也许有人认为,这将加大清算义务人的责任,与法人基本制度相背离。但从我国现实国情考虑,此举对遏制清算义务人利用清算程序逃避债务具有极大意义。就像最高人民法院在关于《公司法解释二》答记者问时强调的那样:"规定清算义务人该清算不清算要承担民事责任后,清算义务人会在借解散逃废债务和依法了解公司债务中进行权衡的,如果其仍然选择该清算不清算的,则说明其愿意承担这样的后果。因此,根本不用担心这样规定会损害清算义务人的合法权益。"而之所以将公司资产状况的证明责任分配给清算义务人,是因为清算义务人有遵守会计准则、保存会计账簿的义务,其对公司经营状况较为了解,证明公司资产状况也比较容易。加大清算义务人的举证责任,有利于规范清算义务人的日常经营行为,有助于建立一个健康、有序的法人退出机制,有利于经济秩序的稳定。

### 十六、无法清算案件中控股股东的赔偿责任

司法实践中,经常有股东申请强制清算,而因公司主要财产、账册、重要文件灭失无法清算或者无法全面清算的情形。这种情况下,股东是否可以向控股股东或实际控制公司的主体主张有关权利,依据是什么,赔偿范围是什么?对此,我们认为:

#### (一)控股股东的赔偿责任

控股股东的赔偿责任是一种新型的侵权责任。控股股东作为清算义务人,若怠于履行清算义务,导致公司主要财产、账册、重要文件等灭失,无法进行清算,应视为控股股东违反了对少数股东的信义义务而导致少数股东的剩余财产索取权无法实现。我国《侵权责任法》第2条明文规定股权为调整对象。股权是一种集合性权利,不属于物权,也不属于债权,涵盖了剩余财产索取权在内的多种财产权利。因此,无法清算时,控股股东应承担赔偿责任,处于受害人地位的少数股东有权向控股股东主张损害赔偿请求权。

控股股东在公司无法清算时承担赔偿责任的归责基础在于控股股东对公司行使了控制权,且怠于履行清算义务。无法清算的原因往往是控股股东不依法提交有关财产状况说明、债务清册、债权清册、财务会计报告以及职工工资的支付情况和社会保险费用的缴纳情况等文件。那么,如何确定控股股东有无过错,举证责任如何分配?

我们认为,根据控股股东与董事的关系,可分为三种情况来讨论:其一,控股股东与董事的身份重合,则推定其对无法清算具有过错,控股股东有权举证证明其没有过错,或仅有部分过错。因为,控股股东基于其股东与董事的双重身份直接负责公司的日常经营管理,还可行使股东权利,比非股东董事所起之作用更大,且往往是公司解散的当然第一知情人,应成为公司的第一清算义务人,在无法清算时理应比少数股东负有更重的清算义务,即基于其对少数股东的信义义务,无法清算即视为违反义务,具有过错,举证责任归控股股东。其二,控股股东并非董

事,少数股东却担任董事。此时,少数股东因为董事的身份直接参与清算事务,即使公司无法清算,应认为控股股东没有过错,少数股东不能向控股股东主张损害赔偿。其三,董事为第三人,非控股股东,也非少数股东。在这种情形下,若令控股股东承担公司无法清算时对少数股东的损害赔偿责任,主要是由于资本多数决(控股股东有可能滥用表决权,欺诈、排挤少数股东),故对控股股东科以之信义义务。因而,此时的举证责任应归少数股东,只有在有证据证明控股股东滥用股东权利,欺诈少数股东或者排挤少数股东时,才能认定非董事的控股股东有过错而应对少数股东承担赔偿责任。

另外,少数股东有过错的,应适当减轻或免除控股股东的赔偿责任。当公司清算因主要财产、账册、重要文件而导致无法清算时,由于少数股东既是受害人,也是清算义务人,故对于少数股东的损害不能一概归责于控股股东,而应比较控股股东与少数股东的过错大小,进行相抵。

### (二) 赔偿责任的具体范围

控股股东赔偿责任范围的确定以填补损害为原则。我们认为,公司无法清算时控股股东对少数股东承担赔偿责任的范围应是少数股东的出资及利息损失,原因是:

其一,损失难以证明。在公司无法清算的情况下,少数股东的损失应当是若正常清算,少数股东应当分得的剩余财产。但既然公司已经处于无法清算的状态,剩余财产数额已经无法评估和认定,那么少数股东很难举证证明剩余财产分配权未能实现的损失。

其二,损失可以推定。虽然公司的资产状况和盈亏状况无法证明,但是至少可以推定公司回归最原始的状态,而且根据"资本三原则",公司在存续期间应该保持注册资本的稳定,非因法定原因不得随意减资。公司在其整个存续过程中,应当保持其实际财产始终处于一定水平之上,该种基准即是公司实收资本。因此,可以推定公司解散时公司净资产大于实收资本,即出资至少可以推定为损失。当然,既然是推定,就应允许控股股东提出反证推翻推定的事实。无论公司资产的真实状况如何,只要控股股东就上述免责情形举证不能,则承担返还出资并赔偿损失的责任。难点在于出资之外的损失如何确定。股东对公司的出资属于资本范畴,资本作为生产要素有权参与收益分配,一般而言,资本所有者的投资收益应相当于出资及按中国人民银行同期贷款利率计算的利息。因此,上述利息也应推定为少数股东的损失。控股股东对少数股东承担赔偿责任的范围应是少数股东的出资及利息损失。当然,上述利息损失仅是推定,如果少数股东能举证证明公司有营业收入,要求按照同行业平均利润率计算投资收益的,也是合理的。

### (三) 赔偿责任与清偿责任

控股股东对少数股东的赔偿责任有别于控股股东对债权人的清偿责任,两者主要有以下区别。

首先,责任性质和理论基础不同。控股股东对少数股东的损害赔偿是一种新型的侵权责任,源于"信义义务"法理。控股股东由于其控股而拥有直接或间接"干预"公司事务的能力,可能滥用优势地位,损害少数股东的利益,因而,需要对控股股东科以信义义务,使其为了公司整体利益善意行事,不得欺诈、排挤少数股东,否则应该对少数股东承担赔偿责任。而控股股东对债权人的清偿责任则是控股股东作为清算义务人之一,怠于履行清算义务而承担的一种责任,它是清算的"继续",也可以理解成是适用"公司法人人格否认"法理而责令控股股东承担的连带责任。

其次,责任主体不同。无法清算时,对少数股东的赔偿责任,责任主体是控股股东;而对债权人的清偿责任,责任主体却包括全体股东。对于外部债权人,控股股东与少数股东一样均是清算义务人,应与其他股东一起对公司的债权人承担连带清偿责任,它处理的是股东与债权人之间的责任分配问题。债权人与少数股东对公司的意义是完全不同,前者是公司的外部人员,后者是公司的内部人员,应区别对待。考虑到债权人的"外部人"身份,为了债权人利益的充分维护与救济程序简化的需要,当公司清算义务人不履行清算义务时,令控股股东与少数股东作为一个整体对外部的债权人承担连带清偿责任,能够更好地保护债权人的利益,有效防止控股股东与少数股东合谋恶意灭失公司主要财产、账册、重要文件,逃废债务的情形。

再次,责任范围不同。控股股东对少数股东的赔偿责任范围包括少数股东的出资及利息损失。审判实践中,当公司资产状况、盈亏情况不明,少数股东的损害无法证明的情形下,只能通过推定来确定责任范围。而控股股东对债权人的责任范围是确定的,即以公司的实际债务数额为限。

### 十七、公司主要财产、账册等灭失无法清算时清算义务人连带责任的认定

实践中,大量公司解散后应当清算而不清算,甚至故意借解散之机逃废债务,不仅损害了债权人利益,而且还对社会经济秩序造成了严重的危害。为建立一个健康有序的法人退出机制,维护市场运行秩序和促进经济社会和谐稳定,《公司法解释二》第18条第2款,专门针对公司清算义务人怠于履行义务,导致公司主要财产、账册、重要文件等灭失,无法进行清算时,清算义务人对公司债务的连带清偿责任作出了规定,社会反响很好。人民法院在审理相关案件时,应当注意以下几点:

第一,"怠于履行义务",包括怠于履行依法及时启动清算程序进行清算的义务,也包括怠于履行妥善保管公司财产、账册、重要文件等的义务。有限责任公司的中小股东虽然是公司的清算义务人,但如果其不掌控公司的主要财产、账册、重要文件等,没有能力决定清算程序的启动和对公司主要财产、账册和重要文件进行妥善保管的,公司解散未依法清算时,如果该股东有证据能够证明其已及时向公司提出了依法清算申请或者向法院提出了强制清算申请,或者能够证明公司主

要财产、账册和重要文件灭失导致公司无法清算系公司控股股东和实际控制人行为所致,与其行为无关的,则该股东可不承担对公司债务的连带清偿责任。

第二,清算义务人承担公司债务连带责任的前提是清算义务人怠于履行相关义务导致公司无法清算,落脚点在于"无法进行清算"。也就是说,由于清算义务人怠于履行及时启动清算程序进行清算的义务,以及怠于履行妥善保管公司财产、账册、重要文件等义务,导致公司清算所必需的重要会计账簿、交易文件等灭失,无法查明公司资产负债情况的;或公司主要财产灭失且无法合理解释去向的;或因公司财务制度不规范,无法确定公司账簿真实性与完整性而无法清算或公司清算义务、主要责任人员下落不明,等等。这些情况下,负有相关义务的清算义务人要对公司的债务承担连带清偿责任。如果仅仅是公司未在法定的15日期限内组成清算组开始清算,但未达到"无法清算"程度的,则应由清算义务人在造成法人财产减少的范围内对公司债务承担补充赔偿责任,而不是连带责任。

第三,"无法清算"情形下对清算义务人无限责任的追究,不以启动清算程序为前提。只要债权人能够举证证明由于清算义务人怠于履行义务,导致公司主要财产、账册、重要文件等灭失,无法进行清算的,人民法院即应对其要求清算义务人承担连带责任的诉讼请求予以支持。这里主要是举证问题。如果债权人无法自行举证证明债务人无法清算的,可以先行向人民法院申请对债务人进行破产清算或者强制清算。人民法院依法受理债权人的破产清算申请或者强制清算申请后,由于债务人"人去楼空"无人提交,或者债务人的有关人员拒不向人民法院提交,或者提交不真实的财产状况说明、债务清册、债权清册、有关财务会计报告以及职工工资的支付情况和社会保险费用的缴纳情况,人民法院以无法清算或者无法依法全面清算为由裁定终结破产清算程序或者强制清算程序的,债权人即可依据人民法院作出的终结裁定另行向人民法院提起诉讼,请求判决清算义务人对公司债务承担无限责任。人民法院可以根据破产清算和强制清算中作出的无法清算和无法依法全面清算的裁定,径行作出判决,而无需债权人再行举证证明,即人民法院作出的无法清算和无法依法全面清算的终结裁定具有当然的证据效力。

**十八、清算赔偿责任在诉讼程序中举证责任的分配**

公司解散后,清算义务人未尽清算义务所导致的民事责任大致可以分为三种类型:一是清算责任,二是清算赔偿责任,三是连带清偿责任。[①] 我们认为其中清算赔偿责任的认定在审判实践中是最难的。相关的《公司法解释二》第18条第1款规定:"有限责任公司的股东、股份有限公司的董事和控股股东未在法定期限内成立清算组开始清算,导致公司财产贬值、流失、毁损或者灭失,债权人主张其在

---

① 参见奚晓明主编:《最高人民法院关于公司法司法解释(一)、(二)理解与适用》,人民法院出版社2008年版,第343页。

造成损失范围内对公司债务承担赔偿责任的,人民法院应依法予以支持。"该条其实涉及违法行为、主观过错、损失后果、因果关系等诸多方面要件的认定。但实践中,由于公司解散后的控制权掌握在清算义务人手中,公司会计账簿等重要文件由其保管。相对于公司清算义务人而言,公司债权人乃"局外人",其离证据的距离较远,其举证能力较弱,往往难以完成对这些赔偿要件的举证。

在这种情况下,如何分配举证责任,决定了《公司法》及司法解释规定的清算赔偿责任是否能够落到实处。我们认为,公司股东作为公司出资人,享有对公司资产重大决策和选择管理等知情决定权。在公司解散后,股东负有妥善保管公司资产,避免贬值、流失,追索公司债权,依法定程序处置公司资产的权利和义务。债权人作为公司外部利害关系人,无权介入公司的内部管理,缺乏保护自己债权的积极手段。其关于公司被吊销营业执照后的资产状况及流失贬值的数量,股东侵占处置的数量,在证据的取得上明显处于劣势,难以充分举证。因此,有必要对此类事实的证明责任采用举证责任倒置和因果关系推定。这样更符合公平、诚实信用原则的要求和当事人的实际举证能力。

在举证责任的具体规则上,可作如下分配。(1)债权人的举证责任:债权人与公司间合法存在的债权事实;公司被吊销营业执照的事实;股东怠于清算的事实;公司财产流失、贬值、灭失,与股东财产混同、被股东侵占、股东抽逃资金恶意处置公司财产的初步事实(如果债权人能够提供)。(2)清算义务人的举证责任:怠于清算但具有法定免责事由的事实;公司解散时的资产状况与目前的资产状况(即损失范围);通过财务资料反映出来的公司资产贬值、流失、灭失的数额;上述资产减损的原因属于天灾及其他不可抗力等原因;股东不存在侵占、恶意处置公司财产,抽逃出资的行为。

在因果关系的推定上,股东怠于履行清算义务是一种消极不作为的行为,应当包含两层因果关系:一是公司资产的减少与债权得不到清偿具有因果关系。这一层因果关系争议不大,因为公司资产是公司经营的基础,资产减少必将影响公司对外的清偿能力;二是股东怠于清算的不作为与公司资产的减少具有因果关系。导致公司资产减少的原因既有人为因素,也有自然因素。股东的清算责任就在于预防和排除这些因素对公司资产可能带来的损害。原则上推定只要公司依法进行清算,债权人在清算程序中理应得到全额的清偿。因此,如果怠于履行清算义务与公司资产的减少具有时间上的先后关系,就应当认为因果关系成立。除非清算义务人能够提供证据证明公司在解散时已经因正常经营亏损,达到破产状态而不是由于其他原因(如财产被股东挪用、侵占、抽逃出资等)无法清偿债权人。此时否定这一层因果关系的推定,则进而可以免除或者部分免除清算义务人的责任。

# 第二十五章　上市公司收购纠纷裁判精要

> **案由释义**
>
> 上市公司收购是指为取得或巩固对上市公司的控制权而购买该上市公司股份的行为。上市公司收购按照收购方式,分为要约收购、协议收购以及其他方式的收购,如集中竞价交易收购等。其中,要约收购与协议收购这两种方式较为普遍。要约收购是指收购人以向目标公司所有股东公开发出要约的方式进行的收购。协议收购是指收购人依照法律、行政法规的规定,以与目标公司特定股东签订协议的方式进行的收购。上市公司收购是公司进行资产重组、调整企业经营战略的重要措施,也是调整国家产业结构的重要手段。在我国证券市场完成股权分置改革以后,上市公司收购掀了一个新的高潮。
>
> 上市公司收购纠纷是指购买者在购买上市公司股份以获得其控制权的过程中与被收购者之间发生的纠纷,收购者之间发生的纠纷不属于此案由。近年来,上市公司收购频繁,从而发生在上市公司收购过程中的纠纷也不断增多。

## 一、上市公司收购与公司兼并、公司合并

按照英美法系国家有关法律词典的解释,兼并有广义和狭义之分。广义兼并,是指一个企业收购另外一个企业的资本控制权,达到对该企业控股的目的,称为"控股并购式"兼并,包括上市公司收购。狭义兼并是指一个企业吞并另外整个企业,即对另外一个企业整体兼并,即公司合并中的吸收合并。具体来说,它们之间又存在很多区别,这主要表现在以下几个方面:

第一,法律行为主体不同。上市公司收购的主体是收购人和目标公司股东,收购人和目标公司的股东都可以是法人,也可以是自然人;而公司兼并的当事人则为两个或两个以上的独立法人。

第二,适用的法律不同。上市公司收购主要是收购者与目标公司股东之间的买卖行为,无需经过股东大会的同意,主要受证券法调整;而公司兼并属于企业重

大经营行为,因此《公司法》对其有特殊规定,即公司兼并需经过股东大会的批准方能生效。因此,公司兼并主要受公司法调整。

第三,法律后果不同。上市公司收购的后果主要是公司控股权的转移;而公司兼并必然导致一方或多方公司的解散、法人资格的丧失。

第四,债务承担不同。上市公司收购中的收购人对目标公司的原有债权债务仅以其控股比例承担;而公司兼并各方的债权债务应由合并后存续的公司承担。

由此可见,在公司兼并中,兼并各方的股东通常也是兼并后公司的股东。而上市公司收购则是其中一个公司购买另一上市公司的股份,同时被收购公司的股东不再是该上市公司的股东。并且,兼并后的公司一般会形成一个新的实体。而在上市公司收购中,被收购的公司则成为收购方的一个子公司。因此,从取得控制权来看,上市公司收购和公司兼并都表现为证券市场取得控制权的行为,但公司兼并会导致被控制方丧失法律人格,而上市公司收购一般不会导致被控制方丧失法律人格。

公司合并,是将两个或两个以上的公司按照法律规定及约定变成一个公司的法律行为。根据我国《公司法》的规定,公司合并有吸收合并和新设合并两种形式。如果一个公司吸收其他公司而被吸收的公司解散则为吸收合并(也即狭义的公司兼并),如果两个以上的公司合并设立一个新的公司而合并各方解散则为新设合并。在上市公司收购中,收购方只是收购目标公司的股份,而公司合并是两个或两个以上的公司依法变更某一个公司的法律行为,其中至少有一个公司会因合并失去法人资格。上市公司收购中,收购方作为目标公司的股东,对目标公司的原有债权债务仅以其控股比例承担,而在公司合并中,合并各方的债权债务应由合并后存续的公司或新设公司承担。至于上市公司收购取得目标公司的控制权或部分控制权后,进而通过两个公司的意志行为而进行合并,只是公司收购完成后的一种可能,并不是公司收购的直接法律后果。

## 二、上市公司收购与股权转让

股权转让,是与上市公司收购概念最接近和相似的实践性概念。按照字面含义解释,股权转让应是股东将其股权转让给其他人的法律行为。在我国现实经济生活中,股权转让主要适用于两种情况:(1)有限责任公司出资份额的转让,即有限责任公司股东将其对公司的股权转让给其他股东或者第三人;(2)股份有限责任公司中的股份转让,即股份有限责任公司的股东将其对公司所持股份转让给他人的行为。就第一种情况而言,主要适用《公司法》关于有限责任公司出资份额的转让规定。就第二种情况而言,与上市公司收购有相当密切的联系。在该股份有限责任公司为上市公司时,如果转让股份达到一定比例时,并且有控股意图时,当然就构成《证券法》规定的上市公司收购行为。

实际上,从本文上面关于上市公司收购的概念分析一节可以看出,上市公司收购包括"股份转让""证券交易所""实际控制权"这三个最基本要素。其实上市公司收购就是一种股权转让行为,只不过它是发生于上市公司身上的股权转让行为,由此观之,股权转让应当是大概念,上市公司收购应当是小概念。由于上市公司的特殊性和收购行为必须要通过证券交易所来完成,因此,上市公司收购就具有了不同于一般股权转让(尤其是有限责任公司的股权转让)的许多特点。从法律规范的角度来看,主要体现在股权转让应主要由公司法规范,而上市公司收购应主要由证券法规范。

### 三、实际控制人能否成为上市公司收购主体

上市公司收购的主体是通过收购一定比例的股票以获得上市公司控制权的特殊投资者,包括具备履约能力的自然人或法人。根据《上市公司收购管理办法》(以下简称《收购办法》)第5条规定,收购人可以通过取得股份的方式成为一个上市公司的控股股东,可以通过投资关系、协议、其他安排的途径成为一个上市公司的实际控制人,也可以同时采取上述方式和途径取得上市公司控制权。收购人包括投资者及与其一致行动的他人。由此可见,上市公司收购的主体不仅包括持有股份的股东,还包括虽未直接持有股份但通过证券交易所股份转让以外的股权控制关系、协议、安排等合法途径控制由他人持有的上市公司股份的股份控制人,以及通过协议、合作、关联等合法途径扩大对上市公司的控制比例,或者为巩固对上市公司控制地位的"一致行动人",他们的持股数额应当合并计算。但是要注意的是,上市公司不能收购自己公司的股票,特殊情况下进行的收购本公司股份的行为属于"公司股份回购"而非本章所指称的上市公司收购行为。另外,法律法规禁止买卖股票的主体或者受限制的主体在一定条件下或在一定时期是不能成为上市公司收购主体的。

### 四、收购要约的变更和撤销

收购要约的变更,是指收购要约生效后,要约人对要约条件进行修改的行为。要约作为一项意思表示,根据传统合同法理论,一经到达受要约人,就发生了法律效力,要约人就应受要约约束,不得随意更改要约条件。收购要约同样如此,一旦公布即发生法律效力,不得随意变更。否则要约人随意更改要约条件,要约就如同儿戏,这不利于证券市场的稳定和投资者权益的保护。但是,考虑到证券市场的复杂和多变性,如果修改要约对承诺人有利,各国一般允许在要约期间对要约进行修改。我国《证券法》第91条规定:"在收购要约确定的承诺期限内,收购人不得撤销其收购要约。收购人需要变更其收购要约的,必须事先向国务院证券监督管理机构及证券交易所提出报告,经批准后,予以公告。"《收购办法》第40条第1款规定:"收购要约期限届满前15日内,收购人不得变更收购要约;但是出现竞争要约的除外。"

收购要约的撤销,是指收购要约生效后,受要约人作出承诺前,要约人欲使收购要约丧失法律效力而将其取消的行为。由于上市公司收购面对的是不特定的目标公司股东,且目标公司的股票价格对收购要约的敏感度较高,如果允许要约人在发出要约后、承诺人承诺以前撤销要约,很有可能引起证券市场剧烈波动,不利于证券市场的稳定,也不利于保护投资者的利益。因此,各国都原则上禁止撤销要约,只有在要约附有可以撤销的特别条件或者经过主管机关的同意的情况下才可以撤销。如英国的《城市法典》规则2.7规定,当作出要约的确实意图公布时,未经小组的同意,要约人必须继续进行要约,除非要约的作出事先规定了其履行要约的特别条件并且该条件没有满足。我国《证券法》和《收购办法》也做了类似的规定。

### 五、一致行动人与关联人的比较

一致行动人是指通过协议、合作、关联方关系等合法途径扩大其对一个上市公司股份的控制比例,或者巩固其对上市公司的控制地位,在行使上市公司表决权时采取相同意思表示的、两个以上的自然人、法人或者其他组织。相同意思表示的情形包括共同提案、共同推荐董事、委托行使未注明投票意向的表决权等情形,但是公开征集投票代理权的除外。我国对一致行动人的界定包括四个基本点:(1)采取"一致行动"的法律依据是协议、合作、关联方关系等合法方式;(2)采取"一致行动"的手段是行使目标公司的表决权;(3)采取"一致行动"的方式是采取相同意思表示;(4)采取"一致行动"的目的是为了扩大其对目标公司股份的控制比例,或者巩固其对目标公司的控制地位。

关联人可以是关联法人,也可以是关联自然人。在企业财务和经营决策中,如果一方有能力直接或间接控制、共同控制另一方或对另一方施加重大影响,或者如果两方或多方同受一方控制,则将该各方视为关联人。

关联人和无关联关系的一致行动人二者又有不同的特点。对于关联人,我国沪深两个交易所的《股票上市规则》都有较为详细的规定,除非有相反证明,否则应视为一致行动人。对无关联关系的一致行动人的认定,却有认定口径宽窄的问题,这也是难点所在。从最宽泛的意义上讲,无关联关系的一致行动人包括:(1)有明确协议的人和无明确协议但行动上有默契的人;(2)有投票权或处分权或选择权、认股权、可转换证券的人;(3)长期(战略)的一致行动人或短期(临时)的一致行动人。在实际操作中,究竟如何确定一群人是否为一致行动人,并没有一个较为确切的绝对的标准,即使在英美等国,有关一致行动人认定的诉讼案件也很多。认定口径窄,则收购人有机会分割持股,规避披露义务,降低收购成本,容易纵容内幕交易和市场操纵行为,对目标公司股东不利;认定口径宽,则容易发生虚假"一致行动",庄家可以表面上"一致行动",摆出联手收购的架势,引发股价大幅上涨,背地里却行市场操纵之实,靠牺牲广大投资者利益来获取非法利益。

这里,我们又再一次看到了立法过程的权衡本质。

## 六、《公司法》和《证券法》关于公司收购诉讼原告的不同规定

在上市公司收购涉及的民事责任方面,《证券法》第214条明确收购人或收购人的控股股东在上市公司收购中对被收购公司及其股东造成损害的,要承担赔偿责任。中小股东可以依据本条,根据具体情况,以收购人或其控股股东为被告提起直接或间接的诉讼。现行《公司法》为了保护中小股东的利益,也确立了股东直接诉讼和代表诉讼制度。《公司法》与《证券法》在上市公司收购中中小股东诉讼制度上存在制度交叉点,但是也存在一定的差异。

《证券法》第214条赋予被收购公司及其股东以民事诉讼权。股东认为收购人或收购人的控股股东侵害自己利益的,可以提起直接诉讼。对于直接诉讼,《证券法》《公司法》并未对原告主体资格作出具体规定。人民法院只需要判断提起诉讼的股东是否具备《民事诉讼法》规定的起诉条件即可。股东提起诉讼的原因是认为收购人的行为损害了其合法利益,由此可推断只有权益受收购行为影响的公司股东才享有原告的主体资格。在收购行为实施前已经卖出股票、不再具备股东资格的,或行为揭露后才成为公司股东的,不能提起此类诉讼。在股东以被收购公司或董事、监事和高管人员为被告提起的诉讼中,对原告的主体资格也有同样的要求。对于间接诉讼,即股东为公司利益提起诉讼时应当符合《公司法》第151条的规定。即必须是股份有限公司连续180日以上单独或者合计持有公司1%以上股份的股东才有提起间接诉讼的资格。法律之所以对间接诉讼的原告主体作出了这样的限定,主要是为了让提起诉讼的股东具有一定的代表性和确实与公司具有长期的共同利益。同时,提起间接诉讼的原告也应是受到收购行为影响的股东。

## 七、收购协议公告后,中小股东对股权转让提出异议的处理

《证券法》第94条对收购协议的签订和履行作了规定,第3款规定在收购协议公告之前不得履行该协议,只有公开之后,才能进行股权的转让。证券监管机构和登记结算公司对收购协议的履行可以进行直接的监管,对于未经公告的协议可以不予办理证券过户手续。

《证券法》既然规定了收购人的公告义务,也就相应地赋予了公司股东对收购协议提出异议的权利。对于收购协议中可能出现的违反法律法规的情形,比如《公司法》规定公司的董事、监事、高级管理人员所持本公司的股份自公司股票上市交易之日起1年内不得转让,如果董事等签订出让股份的协议,中小股东就享有异议权。问题是该种异议权该如何行使?我们认为,应以行政解决为主。证券市场上的各种交易都处于证券监管机构的严密监管下。这种监管具有效率高、专业性强等特点,与证券交易这种经济举动的特点相适应,且行政机关具有灵活高

效的手段,可对存在的问题进行快速有效的处理。因此,如果中小股东认为收购协议存在违反法律法规有关规定的情况,可依行政法和行政诉讼法的规定寻求救济。但是,如果收购协议中存在直接损害中小股东利益的内容,如无权处分中小股东股权的情形,权利人当然可以直接寻求民事方面的救济。

### 八、收购协议履行后,协议一方主张协议无效或可撤销应如何处理

《证券法》对上市公司收购协议并未规定特殊的成立或生效条件,只是规定双方达成协议后,未经公告不得履行。需要注意的是,上市公司收购协议关系到上市公司股权结构的重大变化,直接对投资者利益产生影响。因此,法院在处理针对上市公司收购协议提出的无效或撤销请求时,应采取谨慎的态度。

第一,如何处理确认协议无效的请求。首先,应当充分分析无效原因的性质。如是否仅构成部分无效,不影响其他部分效力的,按《合同法》的规定,其他部分仍然有效。其次,如果当事人请求判令协议无效的理由是违反法律、行政法规的强制性规定,要判断相关的法律规定是管理型的还是效力型的。如果是管理型的强制性法规,可结合具体事实,不判定协议无效。最后,如果协议无效不可避免,则应当尽可能地不判令返还证券,而代以折价赔偿。

第二,如何处理撤销协议的请求。《合同法》规定,可撤销事由不损害国家或第三人利益,而只是可能对一方当事人不利的,该当事人可提起撤销之诉。但上市公司收购合同对上市公司影响巨大,涉及广大投资者的利益,不应轻易被撤销,否则可能侵害其他投资者的利益。要严格审查当事人的主张是否真实。一般来说,上市公司收购协议双方都具有较强财力和专业队伍,其提出重大误解或显失公平,理由很难成立。

第二部分

# 公司纠纷裁判规则适用

# 第二十六章 公司设立相关的纠纷与裁判

规则1 【企业性质认定】法院可以根据查明的事实所确认的企业实际状况直接对企业性质作出认定。

[规则解读]

公司设立行为是一种民事行为,法院有权对该设立行为是否有效进行认定。法院可以根据查明的事实所确认的企业实际状况,直接对企业性质作出认定。

[案件审理要览]

### 一、基本案情

铭达公司、美祥公司、林国祥、林国平、詹正茂、洪考杰六方经口头协商,决定合作经营企业,为取得便利,在得到台湾人徐瑞强同意后,上述六方决定借用其名义,以铭达公司、美祥公司、徐瑞强为股东登记注册中外合资的太阳雨公司。2004年4月19日,太阳雨公司获工商行政管理局审批核准,注册资本100万元,铭达公司占公司股权的20%,出资20万元。同年4月24日,合作六方为明确真实股东之间的权利义务,签订了《合作经营合同》,明确太阳雨公司虽以铭达公司、美祥公司、徐瑞强三方的名义登记,但实际上是铭达公司等六方共同出资、出技术并借用徐瑞强的名义注册的公司。合同约定,铭达公司占公司股权的20%,实际投资34.5万元。2006年1月24日,6位股东召开董事会并达成协议,约定公司所有股权由林国祥一人承继,公司现有全部财产折价115万元,林国祥应于公司股权变更手续办结后支付铭达公司26.45万元,原股东应协助新股东办理公司变更登记手续等。后原股东未及时办理股权变更登记,林国祥也未将股权转让款支付给铭达公司。铭达公司诉至法院,请求判令林国祥偿还尚欠的股权转让款26.45万元。

### 二、审理要览

本案争议的法律问题为:法院能否根据查明的事实所确认的企业实际状况,直接对太阳雨公司的企业性质作出认定?

第一种观点认为,法院无权改变工商管理部门对企业性质的认定,否则便形成司法权对行政权的干预;

第二种观点认为,法院可以根据查明的事实所确认的企业实际状况,直接对太阳雨公司的企业性质作出认定。

[规则适用]

我们同意第二种观点,理由如下:

1. 司法解释认可法院直接据实认定企业性质。虽然工商行政管理局的注册资料表明太阳雨公司系中外合资经营企业,但注册资料中的外资股东徐瑞强明确表示其并非股东,是他人借用其名义进行工商注册登记的,"徐瑞强"的签名也并非其本人所签。因此,可以认定徐瑞强确非太阳雨公司股东。最高人民法院《关于贯彻执行〈中华人民共和国民法通则〉若干问题的意见》(以下简称《民通意见》)第49条规定:"个人合伙或个体工商户,虽经工商行政管理部门错误地登记为集体所有制企业,但实际为个人合伙或个体工商户的,应按个人合伙或个体工商户对待。"根据上述相关规定精神,在企业性质和工商登记不符的情况下,应以企业实际性质认定。太阳雨公司虽然登记为中外合资企业,但实际是内资企业,真实股东为铭达公司等六方。

2. 根据《公司法》的规定,公司设立行为是一种民事行为,法院有权对该设立行为是否有效进行认定。《公司法》第198条规定,违反本法规定、虚报注册资本、提交虚假材料或者采取其他欺诈手段隐瞒重要事实取得公司登记的,由公司登记机关责令改正。本案中,太阳雨公司的股东提交虚假证明文件骗取公司登记,违反《公司法》及《民法通则》的有关规定,该公司设立行为无效,法院可以通过行使司法审查权,对该设立行为的效力进行认定。

**规则2 【预备期营业执照吊销】被吊销预备期营业执照的企业能否成为诉讼主体的认定标准在于企业是否已依法成立。**

[规则解读]

认定被吊销预备期营业执照的企业能否成为诉讼主体时,不应拘泥于行政审查,法院应依据相关法律规定中企业成立的条件审查企业是否已依法成立,进而确定该企业是否具有主体资格。

[案件审理要览]

一、基本案情

2003年,被告田某等4人欲成立沐浴公司,经营范围涉及烟酒等须办理前置许可的事项。因在许可未经批准前,无法领取正式企业法人营业执照,田某等四人遂以公司股东身份于同年11月21日向工商局申请领取了6个月的预备期营业执照,并共同向工商局出具了一份承诺书:"预备期营业执照仅限于公司筹建工作使用,不作营业使用,等完成相关行政审批手续后立即到贵局核发正式营业执照,若在预备期限内完不成相关行政审批则交还预备期营业执照。此期间若因违法违规行为造成一切法律后果,全体股东承担全部责任。"但田某等4人并未遵守承诺,领取预备期营业执照后即以沐浴公司的名义与某化妆品商行的业主胡某建立沐浴用品买卖业务关系。2004年5月20日,预备期营业执照到期,田某等4人既未申请领取正式营业执照,亦未将预备期营业执照交还工商局。同年9月25日,工商局发出行政处罚决定书,以沐浴公司未进行年检为由,作出吊销其营业执照的决定。但田某等4人仍以沐浴公司的名义继续与原告胡某发生买卖关系。2009年4月30日,沐浴公司向原告出具一张欠条,确认尚欠原告货款29 088元,并加盖了沐浴公司的财务专用章。胡某多次催要所欠货款,沐浴公司及田某等4人一直未支付。

二、审理要览

本案争议的问题是:被工商登记机关吊销营业执照的沐浴公司是否具有诉讼主体资格?

第一种意见认为,只有依法成立的企业,才会因未按时年检被行政机关处以吊销营业执照。鉴于司法审查不应超越登记机关的职权与能力,而应与行政审查标准保持一致,本案应认定沐浴公司具备企业主体资格。

第二种意见认为,司法审查不应拘泥于行政审查,法院应依据相关法律规定中企业成立的条件审查企业是否已依法成立,进而确定该企业是否具有主体资格。

[规则适用]

我们同意第二种意见。

1. 法院应依据法律规定的企业成立的条件,审查企业是否已依法设立,进而确定该企业是否具有诉讼主体资格。

《公司法》第6条第2款规定,法律、行政法规规定设立公司必须报经批准的,应当在公司登记前依法办理批准手续。《公司登记管理条例》第3条第1款规定,公司经公司登记机关依法核准登记,领取《企业法人营业执照》,方取得企业法人资格。该条例第22条规定,公司申请登记的经营范围中属于法律、行政法规或者国务院决定规定在登记前须经批准的项目的,应当在申请登记前报经国家有关部门批准,并向公司登记机关提交有关批准文件。

本案被告田某等4人领取的仅为预备期营业执照,虽然这时已具备企业成立的其他基本条件,如已完成企业名称核准、注册资本验资、注册申请材料填制等,生产经营场地也已确定,但《公司法》第6条第2款与《公司登记管理条例》第22条是公司成立的强制性规定,违反上述规定,企业就不具备成立的条件。由于田某等4人在预备期满后未向登记机关提供获得有关部门批准的文件,重新领取正式营业执照,因此,沐浴公司在法律上尚未依法设立,不具有企业法人资格。

2. 法院可以根据查明的情况对企业的法人资格不予认定。

营业执照预备期制是地方行政机关为促进企业发展、提供更好服务的一种举措。这一举措是让经营范围中涉及前置行政许可事项的企业,不会因等待审批而影响企业筹建等先期工作。行政机关亦明确表明领取预备期营业执照的企业不具有企业法人资格,这与法律规定是一致的。因此,不能因行政机关对企业处以吊销营业执照的处罚来反推沐浴公司已具备企业法人资格。法院在审理案件中,应依据查明的事实,对不具备法人资格的企业不予认定。

综上,沐浴公司不能作为诉讼主体承担责任。本案实际是发起人田某等4人与原告胡某之间的买卖关系,田某等4人违反向登记机关所作的承诺,以沐浴公司名义从事经营活动,此经营行为产生的债务应当由其4人连带承担。

规则3 【设立中公司】发起人以设立中公司名义对外签订合同,公司成立后合同相对人请求公司承担合同责任的,法院应予支持。

[规则解读]

企业在预先核准阶段不具备诉讼主体资格。发起人以设立中公司名义对外签订合同,公司成立后合同相对人请求公司承担合同责任的,法院应予支持。

[案件审理要览]

一、基本案情

冯某等三股东以预先核准的生产兽药企业亿诚公司的名义与中奥公司签订《项目合作协议书》,主要约定:中奥公司将约70亩土地以每亩24万元的价格转让给亿诚公司,亿诚公司向中奥公司支付土地使用权转让定金15万元后,中奥公司在30日内将地面上的附属物清理结束。协议订立后,亿诚公司将15万元定金交与中奥公司,中奥公司拆除了部分建筑。因中奥公司取得该土地使用权后欠交土地出让金,亿诚公司到国土资源局办理土地使用权转让手续时被拒,土地转让未果。双方因退款等事宜形成纠纷。冯某等以亿诚公司的名义将中奥公司起诉,要求双倍返还定金。

另查明,亿诚公司经预先核准后,多次申请延期,直至起诉时仍未登记成立。

二、审理要览

本案在企业预先核准阶段是否具备诉讼主体资格以及以预先核准公司的名义签订合同的效力问题上,产生了不同意见。

[规则适用]

1. 企业预先核准阶段是否具备诉讼主体资格

有意见认为,企业名称经过工商行政管理局预先核准,虽然不具法人资格,不能进行经营活动,但可以参照《最高人民法院关于适用〈中华人民共和国民事诉讼法〉若干问题的意见》(下称《民诉意见》)第40条的规定,视为具有诉讼主体资格的"其他组织"。因此,亿诚公司可作为原告。

我们认为,根据《公司登记管理条例》第3条第1款规定,公司经公司登记机关依法核准登记,领取《企业法人营业执照》,方取得企业法人资格。本案中,亿诚公司仅仅取得了企业名称的预先核准,未经登记机关登记成立发放营业执照,也没有必要的财产、经费以及场地,更不能独立承担责任,不符合《民法通则》中对法人所规定的条件。同时,《民诉意见》规定的其他组织指合法成立、有一定的组织机构和财产,但又不具备法人资格的组织。该司法解释列举的其他组织中除银行、保险公司的分支机构以及社会团体,无一例外要求取得营业执照。而亿诚公司处于预先核准阶段,并没有取得登记机关发放的营业执照,也不是民诉法上的其他组织。

《民诉意见》第49条规定:"法人或者其他组织应登记而未登记即以法人或者其他组织名义进行民事活动,或者他人冒用法人、其他组织名义进行民事活动,或者法人或者其他组织依法终止后仍以其名义进行民事活动的,以直接责任人为当事人。"亿诚公司符合该条规定,应由直接责任人,即股东冯某等作为诉讼当事人进行诉讼。

2. 本案中双方所签订的合同效力

有意见认为,亿诚公司虽取得了公司名称的预先核准,但公司本身在法律上并不存在,要以其名义从事民事法律行为,必须有法律的授权。而对于法律没有授权可以实施的其他行为,应认定为无效。

我们认为,企业在设立过程中,虽不具备法人资格,不具有民事权利能力和行为能力,但设立中的公司不可避免需要与外界进行活动,在法律规定的情况下,可进行与设立有关的法律行为。《企业名称登记管理实施办法》第19条第1款规定,预先核准的企业名称在保留期内,不得用于生产经营活动。从此项规定可以看出,法律限制设立中的企业进行经营行为,但并未限制设立行为,企业在设立阶段可以进行包括:开设银行临时账户、租赁房屋、购买原材料、厂房、雇用员工等行为。本案中设立的亿诚公司为兽药生产企业,根据国务院颁布的《兽药管理条例》规定,应先具备相应的厂房等条件,方可申请兽药生产许可证,之后持生产许可证办理工商登记手续。亿诚公司与中奥公司所签订的《项目合作协议书》,正是亿诚公司为取得生产场地而签订的合同,系设立行为,并不属于经营行为,符合法律规定。《公司法解释三》第3条规定,发起人以设立中公司名义对外签订合同,公司成立后合同相对人请求公司承担合同责任的,法院应予支持。该条进一步说明设立中的公司可以以自身名义与第三人进行必要的民事法律行为,只是应由成立后的公司承担民事责任。结合本案而言,公司股东冯某等以预先核准的亿诚公司名义与中奥公司签订的合同,不属于《合同法》规定的无效合同情形,应为有效合同。

---

规则4 【抵押物出资】抵押物不是适格的公司出资标的。

[规则解读]

以设有抵押权的财产作为出资标的,一旦抵押权人主张优先受偿,将会危及公司财产的完整性,并降低公司的对外偿付能力,从而有违公司资本确定原则,故抵押物不是适格的公司出资标的。

[案件审理要览]

**一、基本案情**

2005年9月19日,三门峡湖滨公司与工行湖滨支行签订了最高额抵押合同,约定三门峡湖滨公司以其所有的319台机器设备作为其与工行湖滨支行最高贷款额为4223万元的所有借款的抵押担保,2005年9月21日,双方在三门峡市工商局办理了抵押登记,三门峡湖滨公司提供的《抵押物清单》显示:用于抵押的上述大部分机器设备所在地为三门峡市,少部分机器设备存放地点为三门峡湖滨公司临猗分公司,该分公司位于山西省运城市临猗县。

2005年9月29日,三门峡湖滨公司与国投中鲁果汁股份有限公司、新湖滨公司三方在北京共同签订《关于设立临猗湖滨公司》的合同,约定:三方共同出资在山西省临猗县设立临猗湖滨公司,三门峡湖滨公司认缴注册资本2000万元,以其所拥有的临猗分公司的全部生产设备、厂房及在建工程出资。2006年1月14日,三门峡湖滨公司就其在临猗分公司拥有的全部生产设备、厂房及在建工程交付给临猗湖滨公司,但并未将出资财产已抵押的事实告知临猗湖滨公司,也未将财产转让的事实通知工行湖滨支行。

三门峡湖滨公司于2005年9月至2006年3月分别向工行湖滨支行借款共计3660万元。借款到期后,均没有偿还,工行湖滨支行依据三门峡市湖滨区公证处的三份《执行证书》、郑州市仲裁委员会的裁决书申请三门峡中院执行。三门峡中院对三门峡湖滨公司为本案借款抵押登记的财产依法进行了查封、评估、拍卖,被三门峡百佳工贸有限公司竞拍买受。2009年6月3日,该院通知临猗湖滨公司,要求其将抵押物评估清单中显示存放在临猗湖滨公司处的三门峡湖滨公司抵押的财产交付给三门峡百佳工贸有限公司。

临猗湖滨公司向法院提出异议,认为涉案财产系已所有。三门峡中院于2010年3月10日作出了(2008)三行执字第5-5号裁定,驳回其异议。临猗湖滨公司以工行湖滨支行为被告,就前述标的物向三门峡中院提起了确认之诉。

**二、审理要览**

一审法院经审理认为:三门峡湖滨公司向三门峡市工商局申请办理抵押登记并无不当,该抵押已发生法律效力。同时依照《担保法》第49条的规定,三门峡湖滨公司在未将出资财产已抵押的事实告知临猗湖滨公司和工行湖滨支行的情况下,其将已设立抵押的财产用于出资的行为无效,不产生抵押财产所有权转移的效力。临猗湖滨公司请求停止对上述财产的执行的依据不足。

一审法院判决:驳回临猗湖滨公司的诉讼请求。

临猗湖滨公司不服一审判决,提起上诉。

二审法院判决:驳回上诉,维持原判。

[规则适用]

本案争议的焦点在于公司设立时,能否用抵押物出资。我国现行《公司法》扩大了股东出资的财产的范围。但是对于能否用抵押物出资,还没有明确的肯定或否定的态度。

抵押权的核心内容在于抵押权人可以直接支配抵押物的交换价值,而非取得或限制抵押物的使用价值,抵押人对抵押物依然享有处分权。《担保法》第49条第1款及《最高人民法院关于适用〈担保法〉若干问题的解释》第67条有条件地肯定了抵押人有权转让抵押物,但是,"转让抵押物"与"用抵押物出资"是不同的概念。因为转让抵押物通常仅涉及抵押人、受让人、抵押权人三方的利益,处理这三方的关系时仅需平衡抵押权人与受让人的利益,即可较为妥当地解决其中的利益纠纷。但是用抵押物出资设立公司,除了牵涉抵押人、作为受让人的公司以及抵押权人的利益外,还要波及公司的债权人、公司的其他股东等利害关系人,处理这几方当事人的关系,要纵观公司法律关系的全局,综合考虑公司内、外部关系的稳定与抵押权人利益的维护,从而决定如何平衡其中的利益,以恰当地解决利益争执。所以,从"抵押人有权转让抵押物"推导出"抵押人可以用设定了抵押的财产出资",缺乏逻辑推理的同一性与连贯性,其结论也有失客观。"抵押人有权转让抵押物"是"抵押人可以用设定了抵押的财产出资"的必要条件,而非充分条件。

资本制度是公司法的基本制度之一,我国《公司法》从立法到司法及至整个公司法的学理,都表现出鲜明的、贯穿始终并协调一致的资本信用的理念和法律制度体系,从公司资本制度到股东出资形式,无不体现了资本信用的明晰观念和要求。从资本确定原则入手,《公司法》虽未明确禁止将所有权上设有抵押权负担的财产作为出资标的物,但明确规定以非货币财产出资的应当办理财产权转移手续。而以设有抵押权的财产作为出资标的,该财产的自由转让将受到抵押权的限制。这将使公司在成立之初就呈现资本额不确定的状态,一旦抵押权人主张优先受偿,将会危及公司财产的完整性,并降低公司的对外偿付能力,从而有违公司资本确定原则。因此,《公司注册资本登记管理规定》和《登记管理条例》就明确规定实物出资必须是未设定担保物权的实物。

就本案而言三门峡湖滨公司在未告知利害关系人的情况下,将设立抵押的财产出资,导致临猗湖滨公司营业执照上所载明的注册资本不真实,构成对公司的虚假出资,该出资行为无效。而临猗湖滨公司就其遭受的损失,有权依法追偿。

> **规则5 【劳务出资】出资形式必须符合法律规定,对民办学校的劳务贡献不得作为出资。**

[规则解读]

开办资金虽是民办学校的登记事项之一,但并非行政许可的具体内容,当事人就出资事项发生争议,属人民法院民事审判范畴。出资形式必须符合法律规定,对民办学校的劳务贡献不得作为出资。

[案件审理要览]

一、基本案情

2000年3月18日，黄山市教育委员会向黄山市歙州学校(简称歙州学校)颁发了《社会力量办学许可证》。2000年9月，歙州学校开始招生，为小学至高中十二年一贯制学校。洪敬秋任歙州学校校长、总监、法定代表人。2000年8月方建成到歙州学校工作，历任学校副校长、副总监。2007年1月17日，洪敬秋因车祸死亡。2007年12月29日黄山市民政局通知责令歙州学校须于2008年1月31日前办理法定代表人变更手续，并于2008年1月28日核准同意歙州学校变更洪献忠为法定代表人，同年2月1日该局又发文撤销该核准意见。2008年2月3日，黄山市民政局发文同意变更洪献忠为歙州学校法定代表人。对此，方建成以在查阅歙州学校登记档案后发现其举办者身份被洪献忠替代为由提起诉讼，请求判令：(1) 确认其为歙州学校举办者、出资人(股东)身份；(2) 确认其在歙州学校出资150万元，享有该校30%股权；(3) 洪献忠不具有歙州学校举办者、出资人身份。

二、审理要览

一审经审理认为，本案举办者身份和出资份额确认纠纷，系自然人基于投资行为引起的、平等主体之间基于财产和人身关系产生的纠纷，属于人民法院民事法律调整的范围。《社会力量办学条例》《民办教育促进法》等法律、法规对民办学校举办者的出资形式无明确规定。方建成提交的150万元收据，虽然会计和出纳均未收到该款项，但歙州学校按此做账，至少证明作为学校举办者和法定代表人的洪敬秋对该事实的认可，也是洪敬秋基于方建成在学校创办过程中所做的贡献而对其身份和出资150万元的认可。民办学校虽不能按公司的模式划分股权，但出资人的出资份额依法应予认定。

一审判决：(1) 确认方建成是歙州学校的举办者；(2) 确认方建成在歙州学校出资150万元，享有30%的出资份额；(3) 驳回方建成的其他诉讼请求。

歙州学校、洪献忠不服一审判决，提起上诉。

二审经审理认为，该案在法律适用方面既涉及程序又涉及实体，程序上，对要求确认或变更民办学校举办者不属于人民法院民事受案范围的主张，裁定驳回其起诉；对方建成诉请的出资问题，因缺乏证据，不予支持。

二审法院判决：撤销一审法院原判第(2)项，驳回方建成要求确认其在歙州学校出资150万元，享有30%的出资份额的诉讼请求。

[规则适用]

本案主要涉及两个问题：

1. 关于方建成要求确认其出资150万元的诉讼请求是否属于民事诉讼审理范围

根据《民办非企业单位登记管理暂行条例》的规定，开办资金确系民办学校的登记事项之一，但针对其是否属于人民法院民事诉讼范畴的争议，我们认为需要对单位设立登记行为的性质及其在民事诉讼中的效力进行具体分析。民办非企业单位设立登记行为是指有关国家行政机关根据相对人的申请,对设立事项进行审查、核准,将其记载于登记簿并颁发有关证照,使其取得经营主体资格的法律行为,属于系促成私法效果的行政行为,如有争议无疑应当通过行政复议或行政诉讼途径解决。但同时法院在民事诉讼中能否审查有关登记事项,取决于该登记事项的内容及其在民事诉讼中的效力。如单位的性质、注册资本、股权分配等事项,是民事主体的意思和行政机关代表的国家意志共同作用的结果,但民事行为与行政行为在单位设立登记私法效果中所起作用存在根本区别:民事行为起决定性和基础性的作用,行政行为仅起辅助性和促成性的作用,如登记机关对单位的性质、出资数额及比例等事项的审查主要是形式上的审查,具体内容完全取决于申请人自身的民事行为。国家意志因素对民事基础关系和基础事实没有渗透和介入,法院对民事基础关系和基础事实的查明判断,也仅意味对民事主体意思的审查,并不涉及对国家意志的审查。

综上,对于出资事项的认定与对民办学校举办者身份许可的审查性质根本不同。虽然《民办非企业单位登记管理暂行条例》规定"开办资金"属于登记事项内容之一,但行政机关在审查批准的过程中主要是遵照民事主体的意思表示,并未融入行政机关意志因素,故开办资金登记并不属于行政许可事项,而属于备案登记内容,人民法院对于出资及出资数额的认定,是关于对民事主体意思表示的审查(属于案件事实认定),可依据事实做出与登记不符的认定,故对是否出资及出资数额的争议应属于民事诉讼审理范围。

2. 关于对学校的贡献能否作为民办学校出资的形式问题

现行《公司法》就股东出资形式较原公司法作了很大改变,该法第27条规定:股东可以用货币出资,也可以用实物、知识产权、土地使用权等可以用货币估价并可以依法转让的非货币财产作价出资;但是,法律、行政法规规定不得作为出资的财产除外。从规定来看,公司法对股东出资形式在立法技术上采取了列举和概括相结合方式,即将实践中常用的货币、实物、知识产权、土地使用权等出资形式加以列举的同时,以抽象的出资标准对其他非货币财产出资进行概括,以适应发展的需要。股东出资方式可以有两种:一是货币出资,二是非货币财产出资。作为出资的非货币财产应该具备以下条件:可估价性、可转让性、合法性。在我国,立法者基于劳务难以估价及具有人身依附性而不能转让,劳务出资一直未被《公司法》所承认,现行法律中也找不到有关劳务出资的依据。出资形式的法定,主要考虑到公司的注册资本不仅仅是公司运营的资本,也是信用的基础之一。

同样道理,为了更好地办好公益性事业,《中华人民共和国民办教育促进法实施条例》对民办学校的出资形式也做了类似《公司法》的明文规定,该条例第5条第1款规定:"民办学校的举办者可以用资金、实物、土地使用权、知识产权以及其他财产作为办学出资。"所以,民办学校出资形式的核心要求是"财产"。

本案原审判决是以在创办过程中洪敬秋基于方建成对学校的贡献作为对其学校举办者身份和出资150万元认可的理由,但根据上述法理,民办学校出资的东西应具备可估价性、可转让性、合法性等法定条件。方建成对民办学校的"贡献"显然并不具备上述条件。

> **规则6** 【出资与验资】股东将出资款交给公司但未经法定验资程序的行为无法被认定为足额缴纳了出资,其对公司债务不能清偿的部分需承担补充赔偿责任。

[规则解读]

股东须将货币出资足额存入公司在银行开设的账户,且出资必须经法定验资机构验资并出具证明。股东将出资款交给公司但未经法定验资程序的行为无法被认定为足额缴纳了出资,其对公司债务不能清偿的部分需承担补充赔偿责任。

[案件审理要览]

### 一、基本案情

2008年11月10日,黄红忠、季伟明和张欣注册成立上海芭芭拉娱乐有限公司(简称芭芭拉公司),注册资本为50万元。黄红忠认缴出资额17.5万元,实缴出资额3.5万元;季伟明认缴出资额17.5万元,实缴出资额3.5万元;张欣认缴出资额15万元,实缴出资额3万元。根据芭芭拉公司章程约定,股东的出资应当在公司成立两年内缴足。2008年12月1日,上海铭亭贸易有限公司(简称铭亭公司)与芭芭拉公司签订协议,约定铭亭公司向芭芭拉公司独家供货啤酒、饮料等,并对销售目标、折扣让利费等作了约定。2010年11月17日,芭芭拉公司出具欠款确认书,确认尚欠铭亭公司货款131 100元及进场费10万元。

铭亭公司起诉要求芭芭拉公司支付货款和返还折扣让利款,并要求季伟明、张欣在未出资范围内对公司债务承担补充赔偿责任。

### 二、审理要览

一审法院经审理认为,张欣、季伟明作为芭芭拉公司的股东,应当按期足额缴纳公司章程中规定的、各自所认缴的出资额,但上述两股东未提供证据证明其已经按期履行缴纳出资的义务,故应当在各自的未出资范围内对芭芭拉公司的债务承担补充赔偿责任。

季伟明不服一审判决,提起上诉称,其向芭芭拉公司出资25万元,由芭芭拉公司开具了出资证明,当时公司装修需要垫付大量工程款,故在公司工商注册验资时确认的实际实缴出资额为3.5万元,是公司未进行尚缺的14万元实缴资本的验资,其本人已实际认缴了资本17.5万元。

二审人民法院经审理认为,股东缴纳的出资必须经依法设立的验资机构验资并出具证明,季伟明直接将出资款交给公司但未经法定验资程序的行为,此既不符合公司法对股东出资应履行法定验资程序的要求,亦难以保证股东按期足额缴纳其认缴的出资及落实公司资本充实原则。季伟明作为公司的股东,其未提供充分的证据证明已经按期履行缴纳出资的义务,应当在未出资的本息范围内对芭芭拉公司的债务承担补充赔偿责任。法院判决:驳回上诉,维持原判。

[规则适用]

本案的争议焦点在于芭芭拉公司股东季伟明将出资款交给了公司,却未经验资程序的行为可否视为对公司履行了出资义务。股东向公司缴纳出资是其法定义务,亦是依公司章程之约定对公司设立时其他股东的契约义务。股东出资后,出资财产即脱离了原出资股东而归入公司财产范围,成为公司资本的重要组成部分。我国2005年修订的《公司法》第28条和第29条规定了股东须将货币出资足额存入有限责任公司在银行开设的账户,且出资必须经法定验资机构验资并出具证明。其目的在于保障公司有相应的财产开展基本的经营活动,有确定的资本保护公司债权人利益。而且,公司成为独立的民事主体、承担民事责任的物质基础均离不开独立的法人财产。公司成立后,若股东未按时足额缴纳出资或始终出资不到位,必将侵蚀公司注册资本制度,使该制度的目的落空,损害公司财产的完整性和独立性,对债权人利益的保护亦十分不利。就其自身内部关系而言,股东不仅需向公司缴纳未出资部分,而且需向其他已按期足额缴纳出资的股东承担违约责任。

为保障注册资本制度的落实,以及从股东出资义务的法定性和公司资本充实的必要性角度,股东出资须经法定验资机构验资并出具验资证明,成为一种必要。设立公司或增资时,验资是一道必不可少的"工序",公司在银行开设临时账户,股东将出资款存入账户后,由法定的验资机构出具相应验资报告。取得验资报告后,同其他材料一并递交公司登记机关申请设立登记。公司营业执照和工商档案机读材料中对认缴额和实缴出资都作记录,载明该股东出资的情况。

在本案中,季伟明称将出资款交给了公司,其已履行了出资义务,公司也出具了出资证明和收条。从举证责任看,季伟明应当对自己已完全履行了出资义务承担举证责任,但除了公司的出资证明和收条,并无其他证据证明其交了出资款,亦未提供相应的验资报告、银行进账单等;从证据的证明效力看,公司内部出具的股东曾向公司出资的出资证明或借条或收款凭证,证明效力低于公司登记机关对各股东认缴额和实缴额的记载;从法律关系看,曾收到过股东款项的事实或以出资款名义开具的收条,仅表明股东与公司之间存在资金往来关系,无法证明将该款项用于验资或成为公司资本。故季伟明将出资款交给公司但未经法定验资程序的行为无法被认定为足额缴纳了出资,其对公司债务不能清偿的部分需承担补充赔偿责任。

当然随着2013年《公司法》的再次修订,2005年《公司法》第29条关于"出资必须经法定验资机构验资并出具证明"的规定已经被删除,需要读者注意。

### 规则7 【出资诉讼时效】请求股东履行出资义务的权利不受诉讼时效限制。

[规则解读]

股东履行出资义务是股东的法定义务,是为了保持公司资本的充实,也是为了保护公司债权人的利益,不应受诉讼时效的限制。

[案件审理要览]

一、基本案情

北京某商贸公司于2005年5月28日注册成立,注册类型为有限责任公司,注册资本为400万元,股东及其出资情况分别为常某200万元、邓某100万元、张某100万元。2005年5月26日,常某、邓某、张某共同委托北京某登记注册代理事务所办理企业开立登记,当日,北京某登记注册代理事务所开始为北京某商贸公司办理登记开立手续。2005年5月27日,北京某登记注册代理事务所将北京某商贸公司的注册资金400万元缴存入验资专用账户,2005年5月28日,北京某商贸公司注册成立。2005年6月2日,北京某登记注册代理事务所将该注册资金400万元收回。后常某和邓某将其各自的出资款补足,但张某拒绝补足其应出资的100万元。2010年9月,北京某商贸公司将张某起诉至北京市朝阳区法院,要求张某补足其应出资的100万元,但张某认为其已经履行了出资义务,且北京某商贸公司的请求已超过诉讼时效。

争议:张某是否已经履行了出资义务,北京某商贸公司要求张某履行100万元出资义务的请求,是否超过诉讼时效。

二、审理要览

本案经过一审二审程序,两审法院均认为张某未履行出资义务,且北京某商贸公司的请求不受诉讼时效限制,最终判决张某向北京某商贸公司补缴出资款100万元。

[规则适用]

本案是因股东出资引发的纠纷,对于有限责任公司而言,股东是以其出资对外承担责任的,而公司是以股东的出资(注册资本)为基础,用公司的全部资产对外承担责任的。所以,股东是否及时履行出资义务,不仅关系到公司的资本是否充实,而且关系到公司是否对其债权人具有清偿能力,直接影响到公司债权人的利益。因此,我国《公司法》明确规定,要求股东必须如实履行出资义务。《公司法》第28条规定:股东应当按期足额缴纳公司章程中规定的各自所认缴的出资额。股东以货币出资的,应当将货币出资足额存入有限责任公司在银行开设的账户;以非货币财产出资的,应当依法办理其财产权的转移手续。股东不按照前款规定缴纳出资的,除应当向公司足额缴纳外,还应当向已按期足额缴纳出资的股东承担违约责任。

本案中,常某、邓某、张某三位股东,在公司注册成立时,并没有如实履行对公司的出资义务,而是采用由公司注册代理事务所代理三股东将出资款打入验资账户,验完资后再将出资抽回的方式,逃避了其出资的义务。该行为实际上是一种抽逃出资的行为,若抽逃出资数额巨大、后果严重或者有其他严重情节的行为,是要按照抽逃出资罪追究刑事责任的。尽管张某的100万元出资,确实打入了北京某商贸公司的验资账户,但很快就又被抽走了,张某依此抗辩其已经履行了出资义务,是完全没有事实和法律依据的。另外,股东履行出资义务是股东的法定义务,是为了保持公司资本的充实,也是为了保护公司债权人的利益,不应受诉讼时效的限制。最高人民法院《关于审理民事案件适用诉讼时效制度若干问题的规定》第1条第(3)项已明确规定,当事人对基于投资关系产生的缴付出资请求权提出诉讼时效抗辩的,人民法院不予支持。因此,张某的诉讼时效抗辩也是无法成立的。

总之,股东通过虚假出资或抽逃注册资本的方式逃避出资义务的,不仅要在其未履行出资数额的范围内,对公司的债权人承担连带赔偿的民事责任,而且情节严重的,还可能构成虚假出资罪或抽逃注册资本罪,被追究刑事责任。因此,作为公司的股东一定要如实履行出资义务,不要企图通过违法的形式来逃避出资义务,否则,将要承担相应的法律责任。

规则8 【抽逃出资】没有正常的业务往来和正当的理由,将公司设立时的出资额在设立后转移、挪作他用或者非法占有的,均有可能涉嫌构成抽逃出资。

[规则解读]

一般而言,如果在公司验资成立后,股东没有正常的业务往来和正当的理由,比如合法的借贷关系、劳动关系,或者因经营活动的需要等,而将公司设立时的出资额,在设立后转移、挪作他用或者非法占有的,均有可能涉嫌构成抽逃出资。

[案件审理要览]

一、基本案情

2004年7月25日,被告乔某、麦某与黄氏两兄弟共4人合力筹建原告依力玛公司。根据公司章程约定:乔某出资10万元,占出资额20%;麦某出资5万元,占出资额10%。同年7月27日,两被告足额认缴了全部出资。然而根据顺德区农村信用合作社永丰分社的两份进账单,在同月30日,原告分别向两被告开具了金额为5万元和10万元的支票两张。同日,两被告分别凭该两张支票从原告账户中转走了上述款项。

2009年9月27日,原告依力玛公司向法院起诉,认为该转账行为是两被告在抽逃出资,要求两被告补缴抽逃的出资。

庭审中,两被告答辩称:原告依力玛公司已于2008年8月28日被工商部门依法吊销,虽然至今还没有办理注销,但已经不在原址办公,已没有诉讼主体资格;

同时,根据公司的验资报告,两被告已履行了出资义务;且原告在2009年向法院起诉,距2004年7月30日已五年多,原告的起诉已超过诉讼时效,请求法院驳回原告的诉讼请求。

二、审理要览

法院经审理认为,原告依力玛公司虽处于吊销状态,但由于其尚未经过清算并注销的程序,法人资格仍未消灭,依法可以进行清理公司财产的行为,因此原告在本案中具有适格的民事主体资格及诉讼主体资格。两被告从原告处取得涉案款项的行为违反了《公司法》的规定,损害了公司的独立法人资格及法人财产制度,构成了抽逃出资的情形。故判决被告麦某、乔某分别向原告依力玛公司补缴抽逃出资款5万元、10万元及利息。

[规则适用]

所谓股东抽逃出资,是指股东将已交纳的出资又通过某种形式转归其个人所有的行为。即在公司财务账册上,关于实收资本的记载是真实的,并且在公司成立当日足额存于公司,但之后股东或出资人又以撤回、转移、混同、冲抵等违反公司章程或财务会计准则的各种手段从公司转移为个人所有的行为。根据《公司法》第28条第1款"股东应当按期足额缴纳公司章程中规定的各自所认缴的出资额"以及传统公司法法理"资本确定""资本维持""资本不变"的资本三原则要求,股东出资构成的注册资本是公司信誉及其承担责任的物质基础。股东向公司出资后,股东的投资款即转化为公司的独立资产,股东丧失了对其出资的所有权,从而获得基于出资而带来的股权。因此,法律规定公司发起人、股东在出资后,不得抽回出资。禁止股东抽逃出资意在保护公司的独立法人资格,保护公司财产的完整性,维护国家建立的公司法人制度,维护公司相关权利人的合法利益。一般而言,如果在公司验资成立后,股东没有正常的业务往来和正当的理由,比如合法的借贷关系、劳动关系,或者因经营活动的需要等,而将公司设立时的出资额,在设立后转移、挪作他用或者非法占有的,均有可能涉嫌构成抽逃出资。

# 第二十七章 股东资格确认纠纷的裁判

**规则9** 【股东权利与股东资格】享有股东权利不是认定股东资格的决定条件。

[规则解读]

出资证明只是确认股东资格的初步证明,实际享有股东权利不是认定股东资格的条件。在审理公司债权人要求公司股东承担有限责任以外的其他责任而涉及公司股东资格的确认时,主要依据证明并公示股东权的条件,审查公司的工商登记资料、公司章程、股东名册、出资证明等文件记载内容。在上述证明材料出现内容不一致时,法院优先采信公示效力较强的工商登记资料、公司章程。在审理涉及股东之间、或者股东与公司之间的股东资格确认纠纷,主要依据股东权的法律性质,实质审查当事人的出资意思表示。

[案件审理要览]

一、基本案情

南昌某药业公司为能进一步吸引人才,激励在职员工积极工作,决议在员工中实行内部股份制,制定《股份制内部管理条例》。条例规定持有公司内部股份的员工在公司中具有双重身份,既是公司员工,又是公司股东;员工的股权收益是根据其个人工作业绩考核确定,个人工作业绩远不及公司要求而给公司带来负面影响或损失者,年终按其业绩完成比率系数确定分红或不分红;员工因辞职、开除等原因离开公司,公司有权回收员工所持股份等。

2001年8月,药业公司与何某签订《股权协议书》。协议约定,何某出资40万元入股公司,成为公司持股员工。持股员工享有参与公司管理、分红,优先认购公司新增注册资本及其他股东转让的股权,依照《公司股份制内部管理条例》规定转让所持股权等权利;负有以认缴出资额有限承担公司债务,遵守股份制内部管理条例等义务。何某出资40万元后,取得药业公司内部发行的股权证。在何某出资至2004年1月期间,药业公司给予了何某股权分红及105.8万元的内部配股。2004年之后,药业公司以何某已离职,依约无权获得公司分红为由,未再给何某分红或配股。

药业公司为有限责任公司,于2000年7月成立。注册资本一直保持3 000万元。该公司的工商登记资料记载公司成立时的注册资本3 000万元由李某、某蓝天实业公司等四股东认缴并实际交纳,后药业公司股权经过几次转让,公司股东现为李某、熊某二股东。何某等其他持公司内部发行股份的员工未受让过药业公司原始股东或继受股东的股份。

何某起诉要求法院:确认其向药业公司出资145.8万元,占公司注册资本的4.86%;确认药业公司的股权结构及股权比例;判令药业公司依据经确认的股权结构及股权比例依法进行工商变更登记。

二、审理要览

一审法院审理认为,依《公司法》规定,有限责任公司股东资格的取得方式为:发起人在公司成立时认购出资,取得公司股份;受让公司原有股东股份;公司增资扩股,出资人认购公司新增注册资本。药业公司的注册资本3 000万元已由公司股东李某等人认缴及交纳,何某初始投入公司的资金并非为公司发起人认缴公司注册资本,其也不能举证该出资款是隐名于某公司显名股东名下。何某投资后,未取得公司股东的受让股份。公司成立后,未决议增资扩股。何某出资取得公司内部股份,参与分红,依股权协议约定具有合同权利义务。药业公司依《股份制内部管理条例》规定与何某签订《股权协议书》,内部发行股权证不符合《公司法》关于出资人取得公司股份的规定程序,何某的出资未计入公司资本,药业公司虽按协议约定收取何某出资款,发行股权证,给予何某相应股东收益,但何某并不具有公司法意义的公司股东资格,判决驳回何某全部诉讼请求。

何某不服,提起上诉。

二审法院审理认为,何某取得的药业公司内部股份依据的仅仅是其与药业公司签订的《股权协议书》及股权证,该公司内部股份并非《公司法》所规定的公司股份。何某上诉理由不足,驳回上诉,维持原判。

[规则适用]

在公司运行实践中,常常出现公司章程中记载的股东未经《公司法》规定的程序获得股权,应登记的股东未在工商部门登记的公司文件中记载等引发股东资格确认纠纷。由于《公司法》未明确规定股东资格的认定标准,在审判实务中,该类纠纷案件的审理难度较大。

依据公司章程、股东名册、工商登记等证据对股东资格确认的不同作用,审判实践对股东资格确认,通常采取形式要件与实质要件兼顾的原则。公司章程是经股东签署并提交公司登记机关核准的法律文件,对内具有对抗股东之间其他约定的效力,对外具有公示效力,对确认股东资格具有决定性意义。股东名册主要是解决公司与股东之间关系的法律文件,对认定股东资格具有推定力。工商部门对公司股东的登记只是证权性登记,无创设股东资格的效力,只具有对善意第三人公示股东资格的证权功能,在确认公司股东资格时具有相对优先的效力。出资证明只是确认股东资格的初步证明。实际享有股东权利不是认定股东资格的条件。在审理公司债权人要求公司股东承担有限责任以外的其他责任而涉及公司股东资格的确认时,主要依据证明并公示股东权的条件,审查公司的工商登记资料、公司章程、股东名册、出资证明等文件记载内容。在上述证明材料出现内容不一致时,法院优先采信公示效力较强的工商登记资料、公司章程。在审理涉及股东之间、或者股东与公司之间的股东资格确认纠纷,主要依据股东权的法律性质,实质审查当事人的出资意思表示。

根据《公司法》的相关规定,法院对何某的股东资格认定进行了实质性的审查判断。何某虽主张其在药业公司成立前即向公司投入资金,但其与公司发起人并无出资协议约定。公司的注册资本已由公司的工商登记股东出资认缴,何某也不能证明其投入的资金是计入公司的注册资本,或隐名于公司某显名股东名下。何某与公司的工商登记股东之间,未发生股份转让。公司成立后,未决议增资扩股。药业公司的公司章程中记载的股东并无何某姓名,药业公司与何某签订的股权协议书、内部发行的股权证不符合《公司法》关于公司股东资格的取得程序,何某实际享受股权收益不是认定股东资格取得的条件。因此,法院未确认何某的公司股东身份。

庭审中,何某一方提出,药业公司与其签订了《股权协议书》,发行了股权证。在何某投入资金后,公司也给予其股东收益,应确认何某的投资,何某具有药业公司股东资格。

对此,我们认为,《公司法》规定,有限责任公司增资扩股,应严格履行以下法律程序:公司的增资必须经股东会议决议,且经代表2/3以上表决权的股东通过,并变更、签署公司章程。出资人认缴新增出资,新增出资经过会计师事务所验资,到公司登记机关办理相应的变更登记手续。何某未证明药业公司在与其签订《股权协议书》、签发股权证时,公司有决议增资的股东会议,对此主张,法院不予支持。

**规则10 【名义股东】名义股东亦应对公司的债务担责。**

[规则解读]

名义股东是公司登记材料中的记名人,根据商法交易中的公示主义和外观主义原则,第三人凭借登记内容的信赖,可以合理地相信登记的股东(即名义股东)就是真实的股权人,可以要求其在未出资范围内对债权人未获清偿的债权承担补充赔偿责任。

[案件审理要览]

**一、基本案情**

为享受招商引资政策,潘某找到外地的朋友李某,欲借用李某的身份成立公司,李某同意。2010年5月31日,潘某分别以自己和李某的名义各存入公司账户50万元,并于当日委托某会计师事务所进行了验资。公司成立后,登记的股东为李某和潘某,但李某未参与经营。后因经营不善造成亏损,债权人对公司提起诉讼,案件进入执行程序后,发现公司已无财产清偿债务。经查,2010年6月1日即验资后的次日,存入公司账户的100万元注册资金分两次从公司账户以现金方式取走。执行法院根据当事人的申请以股东抽逃出资为由,追加潘某和李某为被执行人,裁定二人各自在50万元范围内承担赔偿责任,并冻结了李某的银行存款。李某对法院的裁定不服,提出复议申请。

二、审理要览

本案中,对能否追加李某为被执行人存在两种意见:第一种意见认为,李某系名义股东,并未实际出资,抽逃出资的是潘某,应当由潘某承担责任,不应追加李某为被执行人;第二种意见认为,李某虽是名义股东,但债权人可以合理地相信李某就是真实的股东,在出资被抽逃的情况下,可以追加李某为被执行人,由其在50万元范围内承担补充赔偿责任。

[规则适用]

我们同意第二种意见。

根据《公司法》第32条的规定,股东姓名或者名称在公司登记机关登记的,该登记可以对抗第三人。由于名义股东是公司登记材料中的记名人,根据商法交易中的公示主义和外观主义原则,第三人凭借登记内容的信赖,可以合理地相信登记的股东(即名义股东)就是真实的股权人,可以要求其在未出资范围内对债权人未获清偿的债权承担补充赔偿责任。《公司法解释三》第26条第1款规定:"公司债权人以登记于公司登记机关的股东未履行出资义务为由,请求其对公司债务不能清偿的部分在未出资本息范围内承担补充赔偿责任,股东以其仅为名义股东而非实际出资人为由进行抗辩的,人民法院不予支持。"由此可见,本案中,李某不能以其为名义股东为由拒绝承担赔偿责任。

本案中,潘某将出资款转入公司账户验资后,于次日即将出资款转出,且无证据证明系正常的公司经营行为,应当认定为抽逃出资行为,依照最高人民法院《执行规定》第80条的规定,可以裁定追加李某为本案的被执行人,由其在50万元范围内承担补充赔偿责任。李某承担了赔偿责任后,可以向实际出资人潘某追偿。但需要说明的是,本案中,若潘某已履行出资义务,并不存在抽逃出资的情况下,即使李某是并未真实出资的名义股东,亦因潘某代李某履行了出资义务,而不应追究李某未出资的责任。

规则11 【实际出资与股东资格】实际出资并非认定隐名出资人股东资格的唯一要件。

[规则解读]

无论涉及隐名出资人的是公司内部纠纷还是外部纠纷,实际出资均不是认定隐名出资人具有股东资格的唯一要件。尽管现行《公司法》对隐名出资人的股东资格认定没有明确规定,但其着重强调股东资格的外观形式要件和登记公示力,且实际否定了实际出资这一作为股东资格认定的实质要件。

[案件审理要览]

### 一、基本案情

被告成都某酒店公司由原四川省某机械厂全体股东所属资产分割组建成立。2002年1月,被告经成都市成华区工商行政管理局注册成立,法定代表人为贾某。原告罗某、王某、刘某、江某均为被告的实际出资人,持有公司股东出资证。受有限责任公司股东人数的限制,被告在设立公司时采用了以贾某、管某、夏某、翁某等48名股东代表持股的形式,该48名股东代表经工商登记,记载于被告股东名册,而包括上述四原告在内的其他出资人未被记载于被告股东名册。

2005年9月,被告第一届三次股东大会决议对《转让公司全部股权》正式表决通过。2007年10月,被告与四川某房地产公司签订《成都某酒店公司股权转让的框架协议》。2008年3月,被告股东会对《公司整体股权转让实施方案》正式表决通过。2008年6月,四原告在与四川某房地产公司签订《股权转让协议》以及与被告签订《成都某酒店公司与个人终止劳动、人事、工伤、经济关系协议》时,发生纠纷并诉至法院,四原告要求被告提供公司股东会议通过的《股权转让协议》的决议、《终止劳动协议》的决议、《框架协议》的决议及被告的审计报告等供四原告查阅。

### 二、审理要览

一审法院经审理认为,四原告以被告股东身份要求行使股东知情权,应首先确认其股东资格。由于本案四原告未经工商登记并记载于被告股东名册,不具备股东的法定形式特征,故不能确定四原告的股东资格,据此判决驳回四原告的诉讼请求。四原告不服,提起上诉。2009年4月,二审法院经审理判决驳回上诉,维持原判。

[规则适用]

在案件审理过程中,存在以下不同观点:

第一种观点认为,四原告均为被告的股东,应依法享有《公司法》规定的股东权利。被告不能否认向公司九百多人发有股东出资证明的事实,工商登记的48名股东只是公司股东代表;被告仅因为《公司法》中对有限责任公司登记股东人数规定的限制,未经任何选举与授权,便将贾某等48名股东进行工商登记,否定了包括四原告在内的九百多名在册股东的合法身份,于法无据。

第二种观点认为,四原告不是被告经工商登记注册并记载于公司股东名册的股东,不是《公司法》规定享有股东知情权的适格主体;且被告已通过多种形式将原告诉请要求查阅的绝大部分资料进行了告知或公示,已最大限度满足了四原告的查阅要求,故四原告的诉讼请求不应得到支持。

第三种观点认为,根据《公司法》有关规定,取得股东资格是以具备法定外观形式为必要条件,而出资并非必要条件。故以法定外观形式为要件来确认股东资格,是处理涉及隐名出资纠纷的基本原则,但在适用时也不能绝对化,实践中还需要根据隐名出资纠纷涉及的不同法律关系,结合《公司法》规定和有关法律原则来处理。本案四原告既未经工商备案登记,也未记载于公司股东名册,其仅以对被告实际出资为由要求行使公司股东权利,不应得到支持。

第四种观点认为,认定股东资格需要明确股东资格的标准和条件。从《公司法》有关规定看,取得股东资格需要具备实质条件和形式条件两个方面。实质条件是指股东实际出资,形式条件是指股东资格为他人所认知的形式,包括公司章程的记载、登记机关的登记和股东名册的记载等。隐名出资人的股东资格认定也不例外,应当按照《公司法》来规范和调整。举例来说,如果没有履行《公司法》规定的登记等手续,隐名出资人就不能当然取得股东资格。

我们认为,实际出资并非认定隐名出资人股东资格的唯一要件。本案系一起典型的涉及公司实际出资人(隐名出资人)股东资格认定的股东知情权案件。根据《公司法》第33条之规定,股东知情权的行使主体必须为公司股东,故本案的焦点在于判定向被告实际出资的四原告是否具有公司股东身份。虽然被告并不否认四原告的出资行为,但四原告只是以被告出资人的身份记载于公司内部名册,其股东身份并未在工商机关备案登记,也未记载于公司章程所登记的股东名册中,其权利和义务是通过贾某等48名股东代表来体现的,因而四原告不具备公司的股东资格,不能以被告股东身份要求行使股东知情权。

一、从学理研究观点看,实际出资并非认定隐名出资人股东资格的唯一要件

从学理研究来看,股东资格认定包含实质条件和形式条件两方面。实质条件即指股东实际出资;形式条件是指股东资格为他人所认知和识别的形式,包括公司章程、股东名册、公司登记文件等对股东姓名或名称所做的记载。在实质条件和形式条件同时具备的情形下,确定公司股东资格自然没有问题,但隐名出资人因其通常只具备实质条件而没有形式条件,如何确定其股东资格,就成为股权纠纷的常见疑难问题。目前,学界对于隐名出资人的股东资格认定主要有"形式说"和"实质说"两派观点。"形式说"以表示主义为理论,认为投资人必须具备股东的外观形式要件才能被认定为股东;"实质说"以意思主义为理论,注重投资人内心真实意思的表达,而不单纯以外在形式确定行为效力。我们认为,上述两种观点既有一定的合理性,也均有不足之处,实践中应坚持"双重标准,内外有别"的原则来处理隐名出资人的股东资格认定问题。具体而言,在涉及善意第三人的外部情形下,应坚持"形式说"以保护善意第三人的利益,此时不应认定隐名出资人的股东资格;在不涉及善意第三人的内部情形下,应考虑有限责任公司的人合性特点,在一定条件下可以确认隐名出资人的股东资格。这里的条件主要包括两个:一是隐名出资人与显名股东对隐名出资人的股东地位有明确约定,且该约定属于双方

的真实意思表示,此时应确认隐名出资人的股东资格;二是在公司存在多个股东的情形下,公司其他股东对隐名出资人和显名股东的关系知情,隐名出资人也实际参与了公司的经营管理,或以其他方式让其他股东知晓了其隐名出资人的身份,此时可以确认其股东资格。由此看出,无论涉及隐名出资人的是公司内部纠纷还是外部纠纷,实际出资均不是认定隐名出资人具有股东资格的唯一要件。

二、从现有立法精神看,实际出资并非认定隐名出资人股东资格的唯一要件

我国现行《公司法》和其他法律并未对隐名出资人及其股东资格进行明确规定,但从现有相关法律规定中,我们能够发现立法者对隐名出资人股东资格认定的倾向性意见。《公司法》第25条规定,有限责任公司章程应当载明股东的姓名或者名称。第31条规定,有限责任公司成立后,应当向股东签发出资证明书。第32条规定,有限责任公司应当置备股东名册,记载于股东名册的股东,可以依股东名册主张行使股东权利;公司应当将股东的姓名或者名称向公司登记机关登记;登记事项发生变更的,应当办理变更登记,未经登记或者变更登记的,不得对抗第三人。从上述规定可以看出,《公司法》强调取得股东资格是以具备外观形式要件为必要条件,隐名出资人不能因其是实际出资人就可以当然取得公司股东资格。同时,现行《公司法》对公司资本制度进行了重大改革,由原来的法定资本制变为认缴资本制。《公司法》第26条及28条的规定进一步表明,法律允许实际出资与取得股东资格的条件相分离,即只要符合法定外观形式,即便没有出资也可合法取得股东资格。综上,尽管现行公司法对隐名出资人的股东资格认定没有明确规定,但其着重强调股东资格的外观形式要件和登记公示力,且实际否定了实际出资这一作为股东资格认定的实质要件。

三、从证据运用规则看,实际出资并非认定隐名出资者股东资格的唯一要件

与股东资格的形式要件和实质要件相对应,大多数学者把司法实践中认定股东资格的主要证据分为形式证据和实质证据:公司章程记载、工商注册登记、出资证明书及股东名册记录等属于形式证据,实际出资、股东签署章程行为及享有实际权利等为实质证据。这些不同的证据形式在司法裁判中具有不同的证明效力,具体来讲,形式证据的功能是对外的,它在与公司以外的第三人的争议中对于股东资格的认定比实质证据更有意义。其中,公司章程的记载具有确认股东资格的最高证据效力,因为公司章程是股东出资意思表示的直接证据,而股东的出资意思表示才是成为股东最重要的前提;其次,工商登记相比较出资证明书和股东名册具有较强的证据效力,因为公司注册登记是公司成立的必要条件,登记的内容在客观上具有使出资人成为股东的推定效果;再次,股东名册的效力高于出资证明书,在没有相反证明的情况下,股东名册具有确定股东资格的效力;当股东名册未在公司登记机关登记或登记不完整时,股东名册记载的股东除不能对抗第三人外,可以依据股东名册主张行使股东权利;最后,出资证明书的效力低于公司章程和工商登记的效力,出资证明书是有限责任公司股东出资的凭证,不具有对外公

示的效力。而实质证据的功能主要是对内的,用于确定股东之间的权利义务,在解决股东之间的争议时其意义优于形式证据。其中,股东签署章程反映出行为人成为公司股东的真实意思表示,因此其又优于实际出资、享有实际股东权利等其他实质证据。综上,在处理隐名出资人股东资格认定时要根据是内部关系还是外部关系而决定优先采用形式证据还是实质证据,此即是实践中隐名出资人股东资格确定的证据运用规则。从中不难发现,实际出资远非确认隐名出资者具有股东资格的唯一要件。

> **规则12** 【实际出资人与名义股东】实际出资人一定要认识到在公司股东名册或登记簿上登记的股东就是公司股东,反之则不是,自己与名义股东之间存在的是委托合同关系。

[规则解读]

未经其他股东过半数同意,法院不能判决实际投资人直接登记成为公司股东。实际出资人一定要认识到在公司股东名册或登记簿上登记的股东就是公司股东,反之则不是,自己与名义股东之间存在的是委托合同关系。

[案件审理要览]

一、基本案情

A公司是于2006年7月7日经广州市工商行政管理局越秀分局核准成立的有限责任公司。该公司的工商登记资料显示:公司设立时的股东为张某和聂某,注册资金5万元分别由张某出资2.55万元(占股份比例51%)和聂某出资2.45万元(占股份比例49%)构成,会计师事务所对注册资金进行了验资,法定代表人为张某,张某和聂某的姓名、出资额、持股比例均记载于公司的股东(发起人)名录中,公司设立时的公司章程载明张某和聂某是公司股东;2006年8月10日,A公司的注册资金从5万元增加至100万元,增资后张某出资额为51万元(占股份比例51%),聂某出资额为49万元(占股份比例49%),会计师事务所对新增注册资本进行了验资,增资后的公司章程仍载明张某和聂某是公司股东;2007年5月30日,A公司法定代表人由张某变更为刘某;2009年12月11日,通过一份股份转让协议,A公司股东聂某将其49%股份转让给刘某,张某将其1%股份转让给刘某,自此A公司的股东由聂某、张某变更为刘某、张某,各占公司股份比例50%;2011年7月1日,通过另外一份股份转让协议,张某将其50%股份转让给郭某,A公司股东由刘某、张某变更为刘某、郭某。

2011年5月,张某向广州市越秀区人民法院起诉刘某和第三人聂某,称2009年12月11日张某与聂某、刘某签订的股份转让协议中的张某签名系伪造,要求:(1)确认该转让协议无效;(2)判令刘某向其移交公司账册;(3)诉讼费用由刘某承担。刘某随后也向越秀区法院提起了反诉,要求:(1)确认张某为公司名义股东,真正股东为刘某;(2)判令张某的股权过户给刘某;(3)诉讼费用由张某承担。2011年6月,张某向越秀区法院撤回了起诉。

2011年8月,张某向越秀区法院提起了行政诉讼,起诉广州市工商行政管理局越秀分局,认为工商局将公司股东登记变更为刘某的具体行政行为错误,要求予以撤销。

2011年9月,刘某向广州市越秀区人民法院另行提起了民事诉讼,起诉A公司和张某,要求确认刘某是张某的实际出资人和真正股东,要求张某停止侵权行为并承担诉讼费用。

2011年12月,越秀区法院以行政诉讼的审判需以刘某诉张某的民事诉讼结果为依据为由,裁定中止了行政诉讼的审理。

刘某诉A公司和张某股权确认纠纷一案立案后,法院先后进行了5次开庭审理,追加了聂某、郭某、金某(美国籍)作为第三人参与诉讼。法院认定如下事实:

在A公司的工商登记资料中,除了公司设立时申请书上的签名被告张某表示可能是其所签之外,其他签名张某都予以否认。

证人作证证明,A公司成立时5万元注册资金是由原告刘某交给证人存入公司的验资账户的。

第三人金某的代理人李某表示,公司设立时张某的身份证是由其交给聂某的,张某是金某的名义股东,代金某持股,并与金某签订有《委托持股协议》,但聂某否认收取过张某的身份证。

张某表示,其名下的注册资金2.55万元是由李某交给聂某的,但其和金某均未能提供交付这一款项的证明,而聂某也否认这一说法,至于后来增资部分,张某和金某均表示当时约定由聂某处理好,后来聂某也没有要求他们补回增资部分。

金某的代理人李某在庭上出示了一张银行卡,表示该银行卡为聂某给予其帮金某领取公司分红用,已经领取过百万元分红,聂某承认银行卡为其名下,但对该卡如何为李某持有表示不清楚,认为是李某盗取了该卡。

二、审理要览

法院认为,案件的争议焦点是:原告刘某是否是持有被告张某名下股份的实际股东问题,原告向A公司实际出资和参与了公司经营管理,能否确定原告享有股东身份。

关于原告是否被告张某名下股份的实际股东问题,其实质是确认原告与被告张某在A公司的股东身份登记上是否存在隐名和显名的关系。对此,法院认为,要确定这一关系,首先双方之间应当在这一问题上存在协商一致的合意,但原告未能提供证明存在这一合意的证据,而且被告张某对于身份证出借给原告办理公司登记的事实不予认可,因此,原告的主张证据不足。第二,从A公司的工商登记资料看,张某作为公司股东的身份已记载于公司章程和发起人名录中,张某符合A公司股东的特征。第三,向公司实际出资并不是取得股东资格的决定性条件,虽然张某本人没有向公司注资，其承认的实际出资人金某也未能举证证明实际出资，但即使原告所述注册资金由其投入的事实成立，所产生的法律关系也只是原告与张某的债权债务关系，原告并不因此当然取得股东资格。第四，股东参与公司经营、管理和决策，是股东行使股东权利的表现，但是否行使这些权利不是判断股东资格的唯一标准，原告以其实际参与了公司的经营管理和决策而认为其是实际股东，缺乏法律依据。最后，原告对于非公示性文件的《股东会决议》上为何要出现被告张某的名字无法作出合理解释，而且对于聂某的银行卡为何由李某持有并知悉密码也未能给出合理解释，因此，不排除张某和金某所述事实成立的可能性。原告未能对疑点进行合理排除，其观点和理由难以成立，因此判决驳回了原告的诉讼请求。

[规则适用]

对于此类案件，目前一般是作为股权确认纠纷处理，但实际上，应该将其作为委托合同纠纷处理比较合适。首先是因为《公司法》规定了除公司章程另有规定外，有限责任公司的股东向股东以外的第三人转让股份须经其他股东过半数同意(《公司法》第71条第2款)，《公司法解释三》第24条第3款也明确了未经其他股东过半数同意，法院不能判决实际投资人直接登记成为公司股东。因此这类纠纷的处理结果一般是判决确认委托持股关系的存在，并解除双方的委托合同，判令受托人将股份转让给委托人，至于如何转让具体遵循《公司法》第71条的规定即可；其次，这类纠纷中委托人并不是公司名义上的出资人，并不能通过诉讼当然取得股东权利，因此将这类纠纷归为股权确认纠纷是不妥的，反而会引起很多混淆，让人误以为委托人本来就应当是公司股东，从而从委托人是否行使了股东权利、得到股东应有的分红等方面去考察案情，很容易导致审判方向上出现偏差，影响当事人、律师、法官等诉讼参与人员的判断。

明晰了其性质为委托合同纠纷，自然会将重点落在委托合同关系上，也就是说，在这类案件中，是否存在这一委托合同关系就成为案件的关键。而现实中，实际出资人出于对实际情况的种种考虑，加上对法律性质的不了解，往往不会与受托人签订一份这样的书面合同，以为只要自己出资、管理公司、领取分红等，就足以证明自己为公司股东，殊不知一旦产生纠纷，自己往往处于极为不利的法律地位。

就像本案，原告实际上证明了自己出资、管理和控制公司，甚至被告张某也已承认了自己是名义股东，只是称实际出资人为金某而不是原告，这种情况下原告都难逃败诉的结局，原因就在于原告证明不了其与名义股东张某的委托代持股关系。越秀区法院的判决当然有值得商榷之处，比如存在以公司登记资料来否认委托代持股关系这样比较明显的错误，但其主旨上是没有错的，其判理部分指原告不能证明其观点的第一个论据就指明了原告证明不了其与张某之间存在委托持股的合意。

对于何为公司股东,很多人认为有以下几个特征:出资、对公司的最终控制、获得股权收益或承担亏损等。一般情况下这样的理解是没有错的,但要注意的是,不能以这几个特征反过来印证股东身份的存在,那将本末倒置。正如英国法学家保罗·戴维斯在《英国公司法精要》一书中所说:"股东,也许是、也许不是公司的董事,通常给公司提供一种特殊类型的融资('风险'资本),而且反过来,通常人们认为他们的股票赋予其持有者两种权利。一种是实施对公司的最终控制……另一种是接受他们投资于股票的资金收益……实际上,这些权利的性质和范围从一个公司到另一公司变化很大。"举例来说,股东可以完全不参与公司管理,许多人成为公司股东往往就是为了"搭别人的便车",从他人的聪明才智中获益,甚至,法律也不排除有限责任公司股东通过章程约定放弃自己对公司的最终控制权(《公司法》第42条),正如股份有限公司股东可以不参加股东大会从而放弃自己的表决权(《公司法》第103条)。再比如出资,在上述案例中,实际出资的就是原告而非股东张某,但这存在着实际出资人借款给股东出资等各种可能性,并不能由此就得出实际出资人为公司股东的结论。

综上,实际出资人一定要认识到在公司股东名册或登记簿上登记的股东就是公司股东,反之则不是,自己与名义股东之间存在的是委托合同关系。

> **规则 13** 【确认不具有股东资格之诉】当事人请求确认其不具有公司股东资格和法定代表人资格,不符合《公司法》及司法解释的相关规定,存在虚假诉讼可能,不宜支持。

[规则解读]

当事人请求确认其股东资格,应当是当事人积极地向人民法院提起诉讼,请求确认其股东身份,而非请求人民法院确认其非公司股东。当事人请求确认其不具有公司股东资格和法定代表人资格,不符合《公司法》及司法解释的相关规定,存在虚假诉讼可能,不宜支持。

[案件审理要览]

一、基本案情

2008年3月,重庆金盾资产清算有限公司(简称金盾公司)经工商机关审核同意设立登记。其工商登记信息显示:法定代表人为曾凌,股东为曾凌和梅可军。同年6月,金盾公司的法定代表人变更为曾祥林,股东也相应变更为曾祥林和梅可军。2009年,曾祥林与"李汶泽"签订《股权转让协议》,将其持有的金盾公司70%的股权转让给李汶泽。同日,梅可军与史官民签订《股权转让协议》,将其持有的金盾公司30%的股权转让给史官民。此后,金盾公司由"李汶泽"担任法定代表人。2011年11月28日,金盾公司被工商行政管理机关吊销营业执照。2012年,李汶泽以金盾公司工商登记信息上所有"李汶泽"的签名均系伪造,自己从未出资购买过金盾公司股份,工商登记管理部门因金盾公司被吊销营业执照不给自己开办的其他公司办理年检手续,也不准许自己新设公司,导致其权利受到侵犯为由,将金盾公司作为被告,将史官民、曾祥林、梅可军、曾凌作为第三人诉至法院,请求判令其不具有金盾公司股东资格和法定代表人资格。因金盾公司已被吊销,四位第三人均下落不明,法院通过公告送达了起诉状副本和传票等诉讼材料。

二、审理要览

一审法院经审理认为,金盾公司的工商登记信息系工商行政管理机关审核后作出的,具有公示公信效力。金盾公司的工商登记信息显示,李汶泽系金盾公司的股东和法定代表人。如李汶泽认为工商行政管理机关作出的登记信息有误,可以依法提起行政诉讼。2012年11月20日,法院判决:驳回原告李汶泽的诉讼请求。

一审判决后,李汶泽服判息诉。

[规则适用]

在审理该案的过程中,有两种截然相反的观点。

一种观点认为,应当对李汶泽的真实入股情况进行法庭调查,如果查实李汶泽的签名和股东身份确实被他人冒用或者盗用,其从未参与该公司经营,也不具有成为公司股东的真实意思表示,则法院应当确认其属于被冒用、盗用身份情况,其不是该公司的股东。

另一种观点认为,股东请求确认其不是股东,属于消极确认之诉,不符合《公司法解释三》第21条的相关规定,人民法院不应支持。

我们赞同第二种观点,主要理由为:

第一,缺少法律依据。《公司法解释三》第21条规定,当事人向人民法院起诉请求确认其股东资格的,应当以公司为被告,与案件争议股权有利害关系的人作为第三人参加诉讼。根据该规定,当事人请求确认其股东资格,应当是当事人积极地向人民法院提起诉讼,请求确认其股东身份,而非请求人民法院确认其非公司股东。且工商行政管理机关登记的公司股东信息具有较强的公示力,否定当事人的股东资格,涉及公司债权人、合伙人、投资人等利害关系人的债权保护问题,不宜以司法裁判方式进行认定。

第二,规范行政行为。如果真的发生李汶泽在不知情的情况下,被人冒用身份信息材料,签署了虚假的《股权转让协议书》并办理了相关工商变更登记手续,那么工商登记机关就存在审查不够严格的问题,应当增强对登记制度的规范性管理。事实上,在本案的审理过程中,通过向工商登记管理部门了解,工商登记管理部门对变更登记事项都作了严格的审查,有些变更登记要求股权转让双方到场并出具股权转让的书面证明材料,才予以核准变更。所以,将本案交回给工商登记部门进行重新审核,更有利于还原案件的本来面目,也更有利于工商登记管理部门从严审查。

第三,排除恶意诉讼。从本案的审理情况来看,有些问题非常蹊跷,审判人员难免会产生一些合理的怀疑。首先,曾祥林和梅可军同时向其他人转让公司股权,似有逃避债务之嫌;其次,在诉讼过程中,金盾公司成了空壳,没有办公场所,该公司曾经的股东也不知去向,法院只能通过公告送达方式发送起诉状副本等诉讼材料,如果硬性判决,可能会导致公司的债务无人承担问题;最后,本案的事实难以核查,本案的书面证据仅有工商变更登记的相关资料和《股权转让协议书》,其他证据仅有李汶泽的诉请陈述,本案的事实情况凭借现有的证据材料无法核查。即便是本案被告和第三人出庭应诉,原、被告对办理虚假变更一事没有异议,法院亦不能轻易判决支持原告诉求,避免原告恶意逃避债务。

本案还有一个反思,如果李汶泽确实被其他人冒用身份信息通过恶意变更登记成为公司股东,则其应当如何对个人权利予以救济?我们认为,在这种情况下,李汶泽可以要求持相关身份证明材料,以股权转让协议不成立为由,要求工商登记管理部门办理变更登记手续,或者向工商登记管理部门提起行政诉讼,要求予以赔偿。

## 规则 14 【股东确认与查封财产】股东以股东身份确认之诉申请查封公司财产不应予以支持。

[规则解读]

身份确认之诉不具有财产给付的内容,也无债权债务的纠葛。因此,以股东身份确认之诉请求查封自己所在公司的财产实属无必要,法院对于此申请应予以驳回或不予受理。

[案件审理要览]

一、基本案情

原告李某、刘某认为自己是 A 公司的股东,得知 A 公司将名下的土地转让给 B 公司后,便向 C 法院起诉请求确认两原告系 A 公司的股东,并在诉讼中申请法院查封了 A 公司名下的土地。经审理,一、二审法院判决均确认了原告李某、刘某系 A 公司股东之身份。判决生效后,李某、刘某并不申请 C 法院解除对 A 公司名下的土地的查封。

不久,B 公司也向 C 法院起诉 A 公司,请求法院判决确认 B 公司与 A 公司之间土地使用权转让合同合法有效,A 公司负有协助 B 公司办理土地过户手续的义务。

二、审理要览

在审理此案中发现,虽然 B 公司与 A 公司之间土地使用权转让合同确系双方真实意思表示,主体合格,内容合法有效,应予支持,但因 A 公司名下的土地处于查封状态,如何裁判成为难于解决的问题。在合议过程中,形成了几种处理意见:

一种意见认为,虽然 A 公司名下的土地在查封之前就已转让给 B 公司,但还未过户,而现在该土地处于查封状态,依照查封之物不能转让的法律原则,故应驳回 B 公司的诉讼请求。

另一种意见认为,法院应告知李某、刘某,由于他们的股东身份经法院判决已得到确认,故应要求其主动向法院申请解除对该公司名下土地的查封。

第三种意见认为,法院应主动解除对 A 公司名下的土地的查封。

[规则适用]

我们赞同第三种意见,理由是,首先,原告以股东身份确认之诉来申请查封公司的财产是不必要的。道理很简单,身份确认之诉不具有财产给付的内容,也无债权债务的纠葛。因此,两原告以股东身份确认之诉请求查封自己所在公司的财产实属无必要,法院对于其申请应予以驳回或不予受理。其次,《公司法》及相关法律没有赋予股东查封其公司财产的权限。公司法赋予股东诸多权限,但并没有赋予股东申请查封本公司财产的权利,其法理在于:股东与股东之间、公司与股东之间的争议和纠纷属于内部矛盾,不能影响公司的对外经营、信誉和形象,更不能对抗与本公司产生业务联系的他公司。如果赋予股东申请查封本公司财产的权利,则会严重损害与本公司产生业务联系的他公司的合法权益,从而破坏了以公司作为基础性经济单元所构成的社会经济秩序。再次,李某、刘某申请查封本公司财产行为,不仅损害公司的利益,也损害本公司其他股东的利益。从股东占有的公司股份比例所享有的权利来讲,如果李某、刘某所占有的股份比例低于其他股东,不足于影响股东大会会议表决结果的,则法院支持其查封申请自然也是与《公司法》相违背的。综上,人民法院对于以股东身份申请查封本公司财产的,不应准许,已经准许的应予解除。

---

**规则 15 【项目合作人与股东资格】项目合作人未被登记为公司股东,并不必然丧失股东资格。**

[规则解读]

项目合作人未被登记为公司股东,并不必然丧失股东资格。但项目合作人未足额出资且未补交出资时,法院可以直接否定项目合作人在项目公司的股东资格。

[案件审理要览]

一、基本案情

甲、乙、丙、丁在《共同开发某市房地产项目合同》(以下简称《合作合同》)中约定四人分别出资 2 500 万元,各占项目股份比例为 25%。随后,4 人借用某房地产公司(乙系该公司的法定代表人)的名义以 5 099.97 万元的价格竞得一块面积为 144.225 亩的国有土地使用权,甲出资 452 万元,乙出资 4 647.97 万元,丙、丁未出资。甲的452万元系戊、己、庚、辛、壬等5人所出,其中的280万元及利息已由项目公司退还给戊、己、庚,乙同意辛、壬参与该项目的开发。后乙另与他人设立项目公司,承接了该项目的开发和经营。甲向法院提起诉讼,要求确认其享有25%的公司股权或25%的项目份额。

**二、审理要览**

针对项目合作人未被登记为公司股东,是否已然丧失股东资格,以及项目合作人未足额出资,是否已然被项目公司除名的问题,存在不同的观点。

[规则适用]

针对上述问题,我们的观点如下:

一、项目合作人未被登记为公司股东,并不必然丧失股东资格

由于土地资源的稀缺性、资本需求的密集性以及政府对开发资质管制的严格性,使得土地、资金、资质①成为我国房地产开发必备的三大要素。一般只能选择以合资、合作的方式进行房地产开发。房地产合作是一个长期的投资过程,始终存在着房屋不能建成的风险,这种风险非由一方当事人承担,而是由全体发起人共同承担。因此,"应探求订约当事人之意思表示及目的决定之。如其契约重在双方约定出资,以经营共同事业,自属合伙;倘契约着重在建筑商为地主完成一定之建屋工作后,接受报酬,则为承揽;如契约之目的,在于财产权之交换(即以屋易地)则为互易"。② 实践中,有的合作方基于自身管理经验、能力等方面的不足,不参与公司经营的,也是符合合同自由原则。既然如此,就应允许当事人在一个合同关系中同时设定多个民事权利义务关系,不能以《合作合同》约定合作一方只分享利润不承担风险为由,断然否定合作行为的性质,这有违当事人意思自治原则之嫌。③ 从法律关系的整体性、全面性来考虑,《合作合同》无论其表现形态如何,实质均应属于合伙合同在房地产合作开发中的应用。④ 各发起人签订的股东协议⑤从性质上说属于民法中的合伙合同,所以发起人之间的关系是合伙关系,每个

---

① 对开发经营房地产的资格问题,虽然目前法律和行政法规没有明确的限定,但根据现行立法精神及以往的判例,基本一致的观点是,房地产开发关系到国计民生和社会安全,作为一个特种行业,房地产开发经营应受到房地产市场准入许可限制,其经营者应是依照《中华人民共和国城市房地产管理法》第30条的规定设立的房地产开发企业法人,否则不得进行房地产开发经营。与此相应,对房地产开发经营的合作各方,也就必然要求至少其中一方必须具备房地产经营资格,否则,合作各方订立的房地产合作开发经营合同无效。参见韩延斌:《国有土地使用权出让、转让纠纷中的法律对策及其展望》,载奚晓明主编:《最高人民法院民事案件解析4》,法律出版社2010年版,第567页。

② 詹森林:《民事法理与判决研究》,中国政法大学出版社2002年版,第34页。

③ 参见韩延斌:《国有土地使用权出让、转让纠纷中的法律对策及其展望》,载奚晓明主编:《最高人民法院民事案件解析4》,法律出版社2010年版,第567页。

④ 参见王振宏:《房地产合作开发中的'合同'与'公司'——对房地产合建纠纷若干问题的分析》,载《判解研究》2011年第3辑。

⑤ 作为发起行为重要内容的股东协议,又称发起人协议、认股协议、公司设立协议、投资协议、项目合作协议等。

发起人都是发起人合伙中的成员①,而且发起人之一必须具有房地产开发的经营资质。

项目公司作为因特定房地产开发项目设立的公司,它的存续期限与开发项目的存续期限一致,房地产项目开发完成后,公司一般会随之解散注销。由于房地产项目的前期工作较多,特别是在土地使用权竞买时,由具有房地产开发资质的合作人对外签订土地使用权成交确认书;项目公司成立后,再由合作人和项目公司一起向项目所在地的土地交易中心出具函告,由项目公司承接该地块上的权利义务,并与项目所在地的国土部门签订《国有土地使用权出让合同》。同时,项目公司又是依据《合作合同》设立的,项目公司往往与《合作合同》存在一定程度上的依附性,因此,《合作合同》是确立项目公司运作准则的基础。项目公司成立后,一般情况下发起人均应转化为公司股东,《合作合同》实质上转变为股东协议,对项目公司具有拘束力。但是,项目公司作为独立法人,已经依法登记,为保护第三人利益,项目公司在运作中必须遵循《公司法》的强行性规范,即使存在重大瑕疵,也不能以《合作合同》不成立或无效来否定项目公司的法人人格。

在公司设立的三要件中,股东协议属发起行为,公司章程属设立行为,登记公告属成立行为。工商登记并非设权性登记,而是宣示性登记,对善意第三人具有证权功能。不能因为工商登记记载的形式要件不一致就否认当事人的实体权利,这有违实质公平正义的司法原则。对权利的认定,应当从法律关系的实质上去考量。股东之所以能够成为股东,从根本上源于其对公司的出资,形式要件只是实质要件的外在表现,或者说是对股东出资事实的一种记载和证明。当然,股东协议的终极目标是成立公司,对公司进行经营管理,最终实现公司股东的权能。根据合同相对性原理,股东协议只能对缔约当事人产生法律约束力,不能对未来公司章程中所表彰的显名股东产生法律约束力,公司设立前的公司章程具有合同的法律性质。《公司法》第11条规定:"设立公司必须依法制定公司章程。"换言之,公司章程是公司成立的必备文件,也是公司行为的基本准则,还是公司对外的信誉证明,更是第三者了解公司组织和财产状况的重要法律文件。公司章程约束的是签署的股东和公司以及未参与签署的董事、监事等,公司成立后的公司章程具有法律规范的性质。因此,公司成立之后,股东协议并不被公司章程所当然取代,在没有被修改、变更、解除之前,股东协议的效力并不自然终止,相反,它与公司章程一同客观存在,各自发挥着不同的法律作用。在个案诉讼中,股东协议与公司章程具有不同的证明对象,不存在以哪个为准的问题。②

问题在于,发起人未被登记为公司股东,是否已然丧失股东资格?我们认为,

---

① 参见奚晓明主编:《最高人民法院关于公司法解释(三)、清算纪要理解与适用》,人民法院出版社2011年版,第31页。

② 参见陈界融:《股东协议与公司章程若干法律问题比较研究》,载《北京航空航天大学学报》(社会科学版)2007年第3期。

应允许当事人享有更多的救济途径。如其选择确认股东资格的,法院可确认侵权方构成违约或侵权,判令其在确定的期限内办理登记手续。侵权方怠于或不履行该义务,则由本应获得股权的当事人凭判决书及有关出资证明办理登记手续。如果工商部门不予批准,还可以另行起诉请求侵权方承担因欺诈行为所导致的损失,也可以请求违约方承担违约责任,包括解除合同、返还投资款并赔偿损失;两者构成责任竞合,受害人可择一行使,这样就拓宽了对受害人的救济途径。①

在上述案例中,甲、乙、丙、丁四人签订的《合作合同》不违反法律、行政法规的禁止性规定,应当认定为有效。乙在办理公司登记时,避开发起人甲、丙、丁三人,与他人另设项目公司,从《合作合同》项下己方义务的履行角度来看,乙的行为已构成违约,其与他人设立的项目公司不能视为对《合作合同》的全部履行。《合作合同》系股东协议,自然不应被公司章程所取代,因乙的原因发起人甲未能转化为公司股东,《合作合同》的效力并不当然终止,甲可以向法院请求确认其股东资格。

二、项目合作人未足额出资且未补交出资时,法院可以直接否定项目合作人在项目公司的股东资格

因团体是为团体成员的共同目的而建立和存续的,因此在共同目的实现之前,团体不得随意解散。若允许成员随意退出,必定会有损团体共同意志的实现。另一方面,若成员一旦加入便永不允许其退出,必定会极大束缚人身自由。罗马法谚有云:"无论何人不负违反其个人之意思,留于团体中之义务。"为使团体能继续维持下去,防止团体走向解散,在保障个人退出自由的同时,在特定情形下,可以剥夺个人继续留在团体中的权利,即团体有权经过一定的程序将某些团员开除。此种条件与程序,依私法自治亦应当由团体成员共同商定,而且同样不能排除法律就某种团体规定在一定条件下团体可将成员除名。在个人脱离团体关系的两种机制中,退出乃符合约定或法定条件的前提下由成员主动作出,此种设计无疑维护了成员利益。

有限责任公司的基础在于股东的出资,具有一定的资合性;从它的产生和特性来看,又具有一定的人合性。人合性包括两方面的含义,对内而言,股东之间相互信任;对外而言,公司以股东的信用取信于人,外人进入公司要受到限制。德国有学者认为:"有限责任公司通常由为数不多的股东组成,股东之间存在相互信任的关系,并且须履行合伙法上的诚实义务。"②出资人应按其认缴的出资额足额缴纳出资且维持出资不变,这既是出资者的义务,更是其享有权利的前提。法院能够直接确定股东资格,自然也就能够直接否定股东资格。如果股东未尽出资义务,一般认为公司可以请求股东履行义务。以诉讼方式督促股东履行出资义务,毕竟不是一种最经济、最便捷的方式。为了保障公司及债权人的利益,股份公司

---

① 参见刘贵祥:《外商投资企业纠纷若干疑难问题研究》,载《法律适用》2010年第1期。
② 〔德〕卡尔·拉伦茨:《德国民法通论》(上),王晓晔、邵建东、程建英、徐国建、谢怀栻译,法律出版社2003年版,第190页。

的发起人可以另行募集股份,相应的有限责任公司也应有类似的规定,公司股东会可以作出决议解除未履行出资义务或者抽逃出资股东的资格,法院不得否定该解除行为的效力,这实际上认可了公司股东会对股东资格的解除。① 事实上,股东失权在我国法律法规中已有雏形,只不过这些做法没有被《公司法》所采纳。②

《公司法解释三》第17条未将诸如股东自身原因、不履行股东出资义务以外的其他义务等除名事由纳入到该司法解释之中,从司法解释本身的规则设计看,其秉持了十分谨慎的态度,对于出资义务违反情形下股东除名适用做了范围限缩,那些情节虽然严重但尚不构成全部不履行出资或全部抽逃出资的情形均被排除于股东除名制度的适用范围之外。缺乏法律依据而扩张股东除名的适用范围,极易侵害被除名股东的合法权益,同时也不利于公司本身的稳定。对于私主体权利的剥夺应当具有正当的法律依据,要么符合法律规定,要么有当事人之间的事先约定。基于此,法律和股东协议或公司章程未规定的事由不能构成除名股东的依据。③

问题之一是,股东未足额缴纳出资或迟延出资,股东协议或公司章程是否可以就股东除名的其他事由作出约定? 我们认为,股东协议作为公司自主安排自己事务的自治性文件,在不违反法律、行政法规强制性规定的前提下,有权就除名事由作出具体规定,这是公司自治的应有之义。未足额缴纳出资或迟延出资与股东未缴纳出资或抽逃出资,都是未按照约定履行出资义务却享有股东权利,这不利于公司的运作和债权人的保护,对其他股东亦不公平。因此,在现有司法解释对于除名事由作严格限缩规定的情况下,应借鉴国外立法经验,允许股东协议或公司章程就除名股东的事由作出具体约定④,这有助于缓和目前因股东除名规则不完善所带来的缺陷与不足。⑤

问题之二是,股东除名是否必须适用诉讼程序? 就其权利性质而言,公司所享有的除名权利应属于形成权,"其行使系一方之行为而为,通常系一方之意思表示而行使之"⑥。但究竟属于一般的形成权还是形成诉权,对此认识不尽一致。有

---

① 参见奚晓明主编:《最高人民法院关于公司法解释(三)、清算纪要理解与适用》,人民法院出版社2011年版,第267页。
② 在《合伙企业法》中也有股东失权制度的影子,被称之为除名,只不过合伙企业法中的除名应用范围更加广泛,不限于出资。该法第49条第1款规定:"合伙人有下列情形之一的,经其他合伙人一致同意,可以决议将其除名:(一)未履行出资义务;(二)因故意或者重大过失给合伙企业造成损失;(三)执行合伙事务时有不正当行为;(四)发生合伙协议约定的事由。对合伙人的除名决议应当书面通知被除名人。被除名人自接到除名通知之日起,除名生效,被除名人退科。"参见李建红、赵栋:《股东失权的制度价值及其对中国的借鉴意义》,载《政治与法律》2011年第12期。
③ 参见郝磊:《公司股东除名制度适用中的法律问题研究》,载《法律适用》2012年第8期。
④ 已有法院依据公司章程的除名条款裁决股东转让股权的先例。参见史友兴:《公司章程规定股东被免职后需转让股份,法院认可除名条款效力》,载2008年10月13日《人民法院报》。
⑤ 参见郝磊:《公司股东除名制度适用中的法律问题研究》,载《法律适用》2012年第8期。
⑥ 林诚二:《论形成权》,载杨与龄:《民法总则争议问题研究》,清华大学出版社2004年版,第55页。

观点认为,只需股东会作出决议送达被除名人即生效①,也有观点认为,该权利的行使必须以诉讼方式进行。② 我们认为,基于《公司法解释三》所明确认可的法定事由进行除名,无需通过诉讼程序。如果是基于股东协议或公司章程约定除名事由,应当由司法机关进行必要的审查,不能任由公司自己去掌握和控制,否则极易导致股东除名权的滥用,影响公司的稳定和发展。

在上述案例中,甲、乙、丙、丁在《合作合同》中约定:"任何一方资金不到位造成该项目流产或保证金毁约产生的损失由责任方承担,股份协议则随之发生变化而改变。"从中可以看出,任何一方合伙人(发起人)不按期出资,不仅要承担违约责任,而且合伙人的份额也随之发生变化。丙、丁未出资,已按协议的约定自动退出了该合伙组织。项目公司成立后,甲、乙两人又进行了磋商,若甲享有25%的股权,尚需补交673万元及相应的利息,但甲未补交出资。因此,法院可以直接否定甲在项目公司的股东资格。

> **规则16 【股东资格与公司内外法律关系】**对于股东资格确认诉讼,应当区分当事人争议的法律关系性质是属于公司内部法律关系,还是公司股东与公司之外第三人之间的公司外部法律关系,然后确定相应的审查标准。

[规则解读]

对于股东资格确认诉讼,首先应当区分当事人争议的法律关系性质是属于公司内部法律关系,还是公司股东与公司之外第三人之间的公司外部法律关系,然后确定相应的审查标准:在诉讼涉及股东与公司之外第三人之间的外部关系上,应贯彻外观主义原则,保护外部善意第三人因合理信赖公司章程的签署、公司登记机关的登记、公司股东名册的记载而作出的行为的效力;在公司股东之间因股权归属产生争议时,应注重股权取得的实质要件,即是否实际出资,是否持有出资证明书,是否行使并享有股东权利。

[案件审理要览]

一、基本案情

1995年4月,田某某、万某某、某塑料编织厂发起设立了某实业有限责任公司(以下简称:实业公司)。后实业公司股东经多次变更。1996年9月,实业公司名称变更为某房地产实业有限责任公司(以下简称:房地产公司)。2000年,田某某离开房地产公司。同年12月,房地产公司股东变更为某艺术发展公司、马某某、康

---

① 参见刘炳荣:《论有限责任公司股东除名》,载《厦门大学法律评论》第8辑,厦门大学出版社2004年版,第55页。

② 参见储陈城、高越:《出资瑕疵股东之股东除名的根基》,载《北京化工大学学报》2011年第1期。

某(向公司缴纳出资35万元)。2002年3月5日,马某某、田某某、康某签订《股权转让协议》,将田某某名下房地产公司全部股份转让给康某,协议书上田某某签名系马某某代签。2006年5月,房地产公司股东变更为马某某、康某两人。2011年年初,马某某因病去世。2012年1月,田某某提起股东资格确认之诉,要求依法确认其在房地产公司的股东资格。

## 二、审理要览

一审法院审理认为,田某某起诉要求确认其在房地产公司股东资格,只提交了房地产公司前身实业公司设立的工商登记注册资料,而没有举证出公司给其签发的股东名册、出资证明书等相应证据,亦不能举出其实际向公司缴纳出资的证据。根据实业公司发起股东万某某的证言,实业公司注册登记时各股东均没有出资,公司资金只有马某某交付的租赁费3万元。另外,田某某2011年提起诉讼,已超过了诉讼时效期间。一审法院据此判决驳回田某某的诉讼请求。田某某不服一审判决,提起上诉。二审法院经审理,判决驳回上诉,维持原判。

[规则适用]

股权归属是诸多公司诉讼案件中的争议焦点问题,也是解决与公司股权有关争议的前提条件。此类诉讼的裁判结果对于公司、公司股东、公司债权人具有重要意义。审判实践中,对股东资格确认纠纷的审查标准,存在不同认识。本案审理中涉及的几个法律问题都具有代表性和典型性。

第一种观点认为,其房地产公司股东资格应该依法确认。理由是:(1)确认公司股东资格应依公司章程、工商登记、股东名册、出资证明书等要件进行综合审查;(2)实业公司设立时的验资证明记载,田某某出资35万元,任公司执行董事、法定代表人、经理;(3)实业公司、房地产公司均未置备股东名册,未向股东颁发出资证明书;(4)房地产公司提交的证据,也不能证明马某某向实业公司及房地产公司交纳出资,田某某不具有股东资格,马某某也不具有股东资格;(5)本案系确认之诉,不应适用诉讼时效规定。

第二种观点认为,田某某只是实业公司设立时的名义股东,其不具有房地产公司股东资格。理由是:(1)实业公司设立登记的验资证明内容不真实,发起人均未实际出资;(2)实业公司设立时,办理工商登记资料的签名是田某某本人签名,之后的签名均由马某某代签;(3)田某某2000年离开房地产公司至诉讼前,未参加公司经营管理活动,对公司运营情况一无所知;(4)田某某应当在公司营业期限届满的2005年4月前知道其股权转让的事实,其在2011年提起诉讼,已超过了诉讼时效。

第三种观点认为,应以2000年田某某离开房地产公司为界限,确认田某某2000年之后不具有公司股东资格。理由是:(1)实业公司设立时的公司章程、工商登记资料都记载田某某为公司股东;(2)田某某自实业公司成立至2000年离开公司期间一直参与实业公司及房地产公司经营管理;(3)即使田某某向公司履行出资义务有瑕疵,不能据此剥夺其在公司的股东资格;(4)田某某2000年离开公司,再未参与公司经营管理活动,不再具有股东资格。

我们认为,股权归属争议应以是否出资或者认缴出资为主要审查标准。

1. 股东资格确认诉讼的审查标准问题

《公司法》规定,股东可以分期缴纳出资,实行分期缴纳出资的,股东虽未出资,公司可以成立,没有出资仍可取得股东资格。即股东出资和股东资格可以分离。《公司法解释三》又规定了公司股东瑕疵出资的民事责任,进一步明确如果符合股东资格及股权的外观形式,即使股东违反出资义务,也应确认股东资格。

《公司法解释三》第22条同时规定,当事人之间对股权归属发生争议,一方请求人民法院确认其享有股权的,应当证明以下事实之一:已经依法向公司出资或者认缴出资,且不违反法律法规强制性规定;已经受让或者以其他形式继受公司股权,且不违反法律法规强制性规定。依据该条规定,当股权归属发生争议时,当事人应当提供取得股权的实质性证据,证明已经依法向公司出资或者认缴出资,即通过出资、认缴出资方式或者受让方式依法原始取得或者继受取得股权。

根据《公司法》及其司法解释的前述规定精神,公司股东取得完整股东资格和股东权利,必须符合实质要件和形式要件。实质要件是出资,形式要件是对股东出资的记载和证明,即公司章程记载、股东名册记载、工商部门登记。股东资格确认纠纷,不仅仅发生在公司股东与股东或者股东与公司之间,在公司债权人要求公司股东承担有限责任之外的其他民事责任时,也必须对当事人是否具有公司股东资格进行确认。《公司法》及其司法解释强调股权取得的形式要件,意在于对公司股东之外的第三人利益的保护。对于公司内部关系而言,实际出资是股东对公司最重要的义务。因此,对于股东资格确认诉讼,首先应当区分当事人争议的法律关系性质是属于公司内部法律关系,还是公司股东与公司之外第三人之间的公司外部法律关系,然后确定相应的审查标准:在诉讼涉及股东与公司之外第三人之间的外部关系上,应贯彻外观主义原则,保护外部善意第三人因合理信赖公司章程的签署、公司登记机关的登记、公司股东名册的记载而作出的行为的效力;在公司股东之间因股权归属产生争议时,应注重股权取得的实质要件,即是否实际出资,是否持有出资证明书,是否行使并享有股东权利。

具体到本案,田某某主张享有房地产公司的股东资格,房地产公司及公司现股东康某并不认可田某某的主张,本案纠纷系房地产公司内部股东因股权归属问题发生争议,不涉及公司之外第三人。由于田某某主张的股权并非以受让或者其他形式继受取得,因此,应重点审查田某某是否具备享有股权的实质要件,即田某某需证明自己已经依法向公司出资或者认缴出资。

依据查明的案件事实,实业公司设立时,该公司章程、工商登记均记载田某某为公司发起人,出资35万元。诉讼中,田某某提交证明其已经向公司履行出资义务的证据,只有1995年3月20日实业公司设立之时出具的验资报告和1996年7

月20日马某某加入实业公司,变更为公司股东时出具的验资报告。房地产公司及康某均否认两份验资报告的真实性,主张田某某没有实际出资。实业公司的发起人之一万某某证明公司设立时登记的发起人股东都没有实际出资。在当事人对田某某履行出资义务的唯一实质性证据验资报告存在争议的情形下,田某某未能提交与这两份验资报告相对应的出资证明书、银行进账单、汇款单等凭证证实其向实业公司履行了出资义务,并且也未能提交在实业公司成立后向该公司或者房地产公司补缴出资的证据。因此,没有充分证据证明田某某向实业公司、房地产公司履行了出资或者认缴出资义务,因而田某某不具备具有房地产公司股东资格的实质性要件。

从当事人确认的另一事实考察,实业公司1995年设立时田某某经工商登记为公司股东,参与了公司的经营管理活动。2000年,田某某离开房地产公司,至本案诉讼,一直未参与公司的任何经营管理活动,对公司的经营情况并不知情,未再实际行使和享有公司股东权利,故田某某不具备实际行使和享有股东权利的实质性要件。

2. 股东资格确认之诉是否适用诉讼时效规定问题

本案一、二审期间,房地产公司、康某均主张田某某提起本案诉讼已过诉讼时效,提出诉讼时效抗辩。一审法院援引最高人民法院给江苏省高级人民法院的(2001)民二他字第19号《答复》中关于股权受到侵害时,请求法律保护的诉讼时效适用《民法通则》第135条的规定,认为田某某对2002年3月5日签订《股权转让协议》提出异议,但其作为股东最迟应当在当年7月中旬定期召开股东会之时知道其股权已转让的事实,或者其作为公司股东应在公司营业期限届满的2005年4月知道其股权转让的事实。其在2011年提起诉讼,已超过了诉讼时效,丧失了胜诉权。

我国法律、法规及司法解释对确认之诉是否适用诉讼时效制度没有明确规定。依据最高人民法院《关于审理民事案件适用诉讼时效制度若干问题的规定》精神,当事人可以对除支付存款本金及利息请求权,兑付国债、金融债券以及向不特定对象发行的企业债券本息请求权,基于投资关系产生的缴付出资请求权等之外的债权请求权提出诉讼时效抗辩。我们认为,诉讼时效的客体为请求权,与实体法上的请求权相对应的诉为给付之诉。对于当事人在确认之诉中提出的诉讼请求所对应的实体法上权利并非请求权,而是形成权。虽然在名义上被称为请求权,但实质并非诉讼时效客体的请求权。

就本案而言,田某某请求确认其为房地产公司股东,其请求权的实质是形成权,因此,田某某的诉讼请求不适用诉讼时效的规定,房地产公司及康某关于田某某的起诉已过诉讼时效的抗辩不能成立。虽然一审法院判决结果二审予以维持,但二审法院认为一审法院适用诉讼时效规定,认定田某某的起诉超过法定诉讼时效属适用法律错误。

规则17 【公司章程与股东资格】当事人在公司章程、股东名册、工商登记材料上等被记载为股东,属于以法定形式公示股东身份的事实,使其在外观上具备了股东特征,善意第三人对此有充分理由予以信赖。

[规则解读]

公司章程在某种意义上属于股东之间的合同,当事人签署章程的行为可反映其具有成为股东的真实意思。客观上,当事人在公司章程、股东名册、工商登记材料上等被记载为股东,属于以法定形式公示股东身份的事实,使其在外观上具备了股东特征,善意第三人对此有充分理由予以信赖。在涉及善意第三人利益时,即便当事人主观上并不具有成为股东的真实意思,也应坚持公示主义和外观主义原则,依法确认其股东身份,以维护交易安全和经济秩序稳定。当事人是否实际出资等事实,并不具有公示性以及使第三人信赖的外观特征,不应作为判断股东身份的依据。

[案件审理要览]

一、基本案情

新亚达公司于2003年4月7日成立,注册资本200万元。工商登记材料显示:公司由自然人郭小全、张铁华、商新娟和方建华四人投资设立,出资比例分别为26%、25%、25%和24%。公司设立时已依法制定章程,四名股东均在章程上签字,且在股东名册中记载。

2006年初,郭小全的丈夫骆正森因犯挪用公款罪被法院判处刑罚,刑事裁判文书认定:新亚达公司的200万元注册资金由骆正森利用职务之便,从浙江金宝典当有限责任公司挪用,在新亚达公司验资、注册完成后,该公款已经归还。在刑事案件侦查过程中,张铁华曾向检察机关陈述:新亚达公司实际由骆正森、商新娟和张铁华三人设立,骆正森属公职人员,故以其妻子郭小全名义登记,方建华持有的股份也由骆正森控制。各股东具体持股比例和公司章程由骆正森、张铁华、商新娟、方建华商定,工商登记手续由张铁华办理,验资手续由方建华办理,但方建华实际上并不持股,亦未参与公司分红。商新娟则向检察机关陈述了骆正森、商新娟、张铁华三人的具体分红情况。骆正森也向检察机关供述:郭小全和方建华都只是在新亚达公司临时挂名,并非真正股东。

新亚达公司经营期间,曾与杭州高得高贸易有限公司(以下简称高得高公司)发生债权债务关系,经法院判决,新亚达公司应偿还高得高公司欠款50万元。判决执行过程中,高得高公司以新亚达公司股东抽逃出资为由,申请追加郭小全、张铁华、商新娟和方建华为共同被执行人,法院经听证后于2006年7月7日裁定予以追加。

2006年9月22日,方建华以其"虽被工商部门登记为新亚达公司股东,但主观上并没有成为股东的真实意思,客观上也没有出资、参与公司经营管理、享受分红的事实"等为由诉至法院,请求判决确认其不是新亚达公司股东。

## 二、审理要览

一审法院认为:方建华在新亚达公司设立过程中提供身份证,在公司章程中签字,办理公司验资事务,都充分证明其对成为股东的事实明知,也作出了相应意思表示。公司作为社团组织,是诸多法律关系的集合,涉及的利益主体多,法律关系复杂,从商事主体维持原则出发,应当保持公司各种法律关系的相对稳定。如果解除某一股东的股东资格,必然会引起相应法律关系的缺失,该股东名下的出资份额以及依附于该出资份额的出资责任将无人承担。《公司法》设定了股东退出公司的三条途径:股权转让、公司回购和减资程序,司法解除股东资格仍应遵从上述规则。方建华不能以刑事裁判为据请求确认自身非公司股东,仍需通过《公司法》规定的程序将股东记载变更后,才能解除自身股东资格。最终该院判决驳回方建华的诉讼请求。

方建华不服一审判决,提起上诉。二审法院认为:新亚达公司的工商登记材料、公司章程、股东名册等均记载方建华为股东,方建华在公司设立过程中自愿提供身份证,在公司章程上署名,处理公司验资事务等事实,充分显示其具有成为股东的真意。实际出资只是股东享有权利的基础,未实际出资说明其为瑕疵股东,但并不否定其股东资格。该院最终判决驳回上诉,维持原判。

判决生效后,方建华仍然不服,向检察机关申诉。省检察院向省高级人民法院提起抗诉认为:签署公司章程,履行出资义务,享有资产受益、重大决策和选择管理者等权利,属于有限责任公司股东的实质特征;在工商登记材料中登记为股东,取得出资证明书,被载入股东名册等,则属于其形式特征。当实质特征与形式特征发生冲突时,法院应当结合争议的法律关系性质,选定合理标准对股东资格作出认定;如果争议发生在内部关系中,应优先根据实质特征,以是否具有成为股东的真实意思表示,是否实际享有股东权利等事实进行认定;但是如果与公司外的第三人等因股东资格发生争议时,基于维护交易安全和保护善意第三人利益的理念,应优先适用形式特征特别是工商部门的登记情况进行认定。本案属于股东与公司之间的内部法律关系,应当优先根据实质特征判断。根据新亚达公司章程、股东名册和工商登记材料的记载,方建华虽然在形式上表现为新亚达公司股东,但其既未实际出资,又没有参与分红,也没有实际参与公司经营管理活动,并不具备股东的实质条件。更为重要的是,方建华本人并没有成为新亚达股东的真实意思表示,没有与其他股东形成入股合意,其在公司设立过程中提供身份证,签署章程以及处理验资事务等,只是为公司设立提供方便。据此,在本案内部关系中,不应确认方建华的股东身份。

省高级人民法院经再审认为:新亚达公司设立过程中,方建华提供了身份证并参与处理公司验资事务,在公司设立后直到提起本案诉讼前的数年间,就自身被记载于股东名册和工商登记材料等事实也未提出异议,对股东身份并非不知情。更为重要的是,公司章程作为公司设立的最主要条件和最重要文件之一,是股东就公司重要事务经协商制定的规范性和长期性安排,属于股东之间的合同。作为理性人,方建华对公司章程的性质、内涵及其意义显然明知,但其仍以股东身份签署公司章程,足以认定具有成为股东的真实意愿与表示行为,而不能认为只是为公司的设立提供方便。退一步讲,即便方建华不具有成为股东的真实意思,其在公司章程、股东名册以及工商登记材料被记载为股东,外观上、形式上完全具备了股东特征,第三人对此有充分的理由予以信赖。如以方建华不具真实意思为由否定其股东身份,将导致许多已经确定的法律关系发生改变,公司与第三人进行的交易将面临全面检讨,不利于维护交易安全和经济秩序稳定,与商法公示主义与外观主义原理相背。在新亚达公司与高得高公司的债权债务关系中,高得高公司作为善意债权人,正是基于对工商登记材料、股东名册记载等外观特征的信赖,才在案件执行阶段对方建华等提出权利要求。而方建华恰恰又是在第三人提出该种权利要求而被追加为被执行人之后,才提起本案诉讼,目的是否定法院追加其为被执行人的裁定,从而意欲免除个人基于股东身份产生的债务,对此无法予以支持。至于方建华是否实际出资,是否享受分红,是否参与公司经营管理等事实,并不具有公示性,不具有使第三人信赖的外观特征,第三人并没有法律上的义务去了解,在本案讼争事项已涉及第三人利益的情况下,上述事项不应作为判断方建华股东身份的依据。综上,方建华关于否定其股东身份的请求不予支持,其与新亚达公司其他股东以及骆正森之间如果存在另外的关系,可通过其他途径解决。该院对检察机关的抗诉理由不予采信,遂作出判决:维持二审民事判决。

[规则适用]

如何把握股东身份确认的标准,是司法实践中的难题,当前比较有代表性的观点是:应当根据具体情形,综合考虑股权权属的实质要件和形式要件予以认定,在实质要件与形式要件发生冲突时,则应根据争议法律关系的不同决定取舍。如果属于公司内部法律关系,不涉及第三人,则应适用个人法来调整,优先运用个人法规则,以民事法律制度的相关理论、规定,探究行为人的内心真实意思作出认定;如果属于公司外部法律关系,牵涉到第三人的利益,则应优先考虑适用团体法规则,适用商事法律制度的相关理论、规定,强调商法的公示主义与外观主义,不需要探究股东行为的真实意思,直接按公示内容进行认定。本案属于消极的股东身份确认之诉,涉及对上述标准的理解与把握问题,在实践中较具典型意义,我们试作粗浅阐释。

一、关于股东真实意思的认定问题

一个人的主观心理状态是通过其客观行为表现出来的,并可以根据客观行为进行检验和判断。本案中方建华的行为,完全可以反映其内心具有成为新亚达公司股东的真实意思。检察机关抗诉认为其不具有成为股东的真实意思表示,尚未与其他股东形成合意,这是缺乏充分依据的。

正如法院所查明的,在新亚达公司设立过程中,方建华对其作为股东之一设立公司这一事实并非不知情,其本人并非完全由他人支配、指使而处于消极被动地位。相反,在此过程中,其主动提供自己的身份证并参与处理公司验资事务。而且,公司设立后直到提起本案诉讼的数年间,其对自己作为股东被记载于新亚达公司股东名册和工商登记材料等事实从未提出异议,这显然不能以"只是为公司的设立提供方便,不表示具有成为股东的真意"为由作出解释。

尤需注意的是,方建华以股东名义亲自签署了新亚达公司章程,该行为更是确证了其内心的真实意思。众所周知,公司章程作为充分体现公司自治的法律文件,堪称"公司宪法",是公司设立的最主要条件和最重要文件。公司的设立程序以订立公司章程开始,以设立登记结束。从制定程序看,有限责任公司章程由股东共同制定,经全体股东一致同意,由股东在公司章程上签名盖章;修改公司章程,也必须经代表2/3以上表决权的股东通过。从效力上看,尽管公司章程也具有涉他性,对公司、股东、董事、监事、经理都有约束力,在特定情形下债权人等公司外部人也可能受章程的约束,但毋庸置疑的是,公司章程首先还是股东在设立公司时就公司的重要事务经协商制定的、规范性和长期性的安排,属于股东之间的合同,体现很强的自治性色彩。作为理性人,方建华对公司章程的性质、内涵及其意义显然是明知的,其既然自愿作为股东之一签署新亚达公司章程并将姓名作为股东载入章程,当然可以据以认定其具有成为新亚达公司股东的真实意思。

二、关于公示主义与外观主义的应用问题

退一步讲,即便认为方建华不具有成为股东的真实意思,从商法公示主义与外观主义的要求看,本案仍应确认其为新亚达公司的股东。

众所周知,公司法具有团体法和交易法的双重性质,作为团体法,其所涉法律关系甚多,影响利益甚众,因此稳定团体法律关系是其创制条文的基点。作为交易法,其条款设计应当考量交易效率的提升和交易安全的维护,尽可能促进经济秩序的稳定。与团体法和交易法的性质相适应,公司法特别强调公示主义和外观主义的贯彻。所谓公示主义,是指公司应将交易上有关的重要事实、营业及财产状况以法定的形式予以公开,使交易相对人周知,免受不测之损害。股东身份以合适的表面证据如工商登记材料、股东名册、公司章程等予以公示,显然是公示主义的要求。所谓外观主义,是指将当事人的外观行为推定为真实意思表示的行为,以行为的外观为准确定行为所生之效果。外观主义旨在保护善意第三人,维护交易安全,表面证据(即工商登记材料、股东名册等材料记载)优先是外观主义的必然要求。假如允许当事人以外观表示与真意不符而撤销商事行为,则显然不利于稳固交易关系,从而造成交易的不安全。正是考虑到公司法的团体法和交易法性质,在股东身份确认方面,一般应当坚持"重形式、轻实体"的立法政策和司法政策,尤其在涉及第三人时更是如此。

本案中,是否确认方建华的股东身份,必然涉及善意第三人的利益,故有商法公示主义与外观主义适用之余地。首先,公司法律关系具有很强的涉他性,在公司设立后并已实际经营的情况下,所谓的内部关系与外部关系相互影响、相互交织,无法明确区分,公司机关的内部决策、内部各民事主体的意思自治,往往涉及外部当事人的利益,内部关系的任何变动都有可能影响到外部关系,都可能涉及股东、公司之外的第三人。在股东身份确认问题上,如果当事人外观表示与真意不符,不顾外观而一味探究当事人真意作出处理,直接的后果可能会导致许多已经确定的法律关系发生改变,公司与第三人进行的交易将面临全面检讨,这显然违反公示主义与外观主义的要求,影响交易安全和社会稳定。本案中,方建华本人签署了公司章程,工商登记材料、股东名册也都将其记载为公司股东,这都属于以法定形式公示股东身份的事实,使其在外观上具备了股东特征,第三人已对此种外观足以产生信赖,在新亚达公司已设立且实际经营的情况下,如以其不具有成为股东的真意为由否定股东资格,显然会令第三人的信赖落空而影响交易安全。其次,就事实而言,本案善意第三人已经对新亚达公司的外观特征产生信赖并据此提出相应的权利要求,是否确认方建华的股东身份已确定地涉及第三人利益。在高得高公司与新亚达公司债权债务纠纷案件执行过程中,高得高公司作为生效判决确认的善意债权人,正是基于对工商登记材料、公司章程、股东名册记载等外观特征的信赖,才以新亚达公司股东抽逃出资为由,申请追加郭小全、张铁华、商新娟和方建华为共同被执行人,并得到了法院的支持。而方建华恰恰又在高得高公司对其提出权利要求而被追加为被执行人之后,才提起本案诉讼,正如前述,此前其对自己作为股东被记载于股东名册和工商登记材料等事实从未提出异议,可见提起本案诉讼目的是为了逃脱依据形式外观所应负的债务清偿责任。在此情况下,法院理应首先保护善意第三人对权利外观的信赖,否则,追加方建华为共同被执行人就失去依据,高得高公司将遭受不测之损害,显然有悖商法公示主义与外观主义的意旨。

三、关于未实际出资等事实与股东身份确认的关系问题

在事实的层面上,设立新亚达公司时,方建华确实未曾实际出资,在新亚达公司实际经营中,也未参与具体的经营管理活动以及享受公司分红,但这些事实并不足以否定其股东资格。对外而言,股东是否实际出资、是否享受分红、是否参与公司经营管理等事实,并不具有公示性,不具有使第三人信赖的外观特征,第三人显然没有法律上的义务去了解,在客观上也无法调查。因此,在本案确定地涉及第三人利益的情况下,从公示主义与外观主义的要求看,上述事项不应作为判断方建华股东身份的依据。

当然,实践中对于未实际出资或出资瑕疵是否影响股东身份认定问题,尚存诸多争议。但需要注意的是,法律规定股东必须实际出资,立法目的在于使公司资本真实、确定,从而尽可能维护交易安全。股东不出资或其他出资瑕疵固然会导致相应的民事责任、行政责任甚至刑事责任,但现行法并未规定未出资或其他

出资瑕疵属于否定股东资格的法定理由。在司法的层面上一般也认为,出资瑕疵或未出资并不必然导致股东身份的丧失;通过受让股份而成为股东者,也不能简单以其未支付对价为由直接否认股东资格。基于稳定公司运营、保护善意第三人利益、维护交易秩序的立场,如果具备认定股东身份的其他因素,就应当赋予股东资格,是否实际出资不应成为决定性因素。最高人民法院民二庭在答复河南省高级人民法院《关于股东未出资,亦未向股权转让人支付对价的股东地位如何认定问题的请示》时(〔2003〕民二他字第4号),亦采此立场。

# 第二十八章　股权转让纠纷的裁判

> **规则18**　【一股二卖】"一股二卖"中,侵犯其他股东同意权而签订的股权转让协议效力待定,其他股东的同意或者推定同意是该协议的追认条件,但侵犯其他股东优先购买权的股权转让协议成立并生效。

[规则解读]

在"一股二卖"中,当股权对外转让协议侵犯股东同意权时,该协议效力待定。而侵犯优先购买权时该协议成立并生效,拟转让方可以自行选择履行对象,但是股权转让的履行顺位受到影响,行使优先购买权的股权转让协议优先履行。

[案件审理要览]

一、基本案情

A公司第一大股东甲公司在违反公司章程规定,未通知其他股东的情况下,与非股东丙公司签订股权转让协议,出让其持有的A公司全部股份,丙公司在协议签订后向甲公司支付了全部款项。当甲公司知悉其行为已经侵害了其他股东的知情权和优先购买权后,在未告知前述股权转让事项的情况下,又与A公司第二大股东乙公司签订了股权转让协议。但是由于丙公司在协议签订后不久即进驻A公司并控制了其经营管理,致使乙公司没法办理股权变更登记以及实际行使股权。乙公司因此诉请法院要求甲公司履行股权工商登记变更手续。

二、审理要览

在该起纠纷的审理中,争论的主要焦点集中在甲公司与丙公司的股权转让协议的效力上。对该协议的效力判断,理论和实践中形成了以下几种观点:(1)认为向非股东转让股权的协议属于无权处分协议,效力待定,本案其他股东未予追认,应为无效;(2)认为向非股东转让股权的协议属于转让股东与第三人恶意串通损害其他股东利益的协议,应为无效,认定恶意串通是因转让双方均知道或应当知道此项转让损害其他股东的优先购买权;(3)认为两个协议都有效,按协议履行规则确定股权的归属。

[规则适用]

这是典型的"一股二卖"的情形,此类案件处理的争议主要集中于两点:一是对未经股东行使优先购买权的股权转让协议的协议效力判断;二是对两份股权转让协议的履行效力比较,以确定股权最终归属。

一、未通知其他股东行使优先权的协议效力判断

对于股东在未通知其他股东行使优先购买权的情况下,即与非股东签订股权转让协议,其效力认定问题,理论和实务界形成了无效说、可撤销说、生效说、附生效条件说、效力待定说等各种不同观点。

我们认为,对侵犯其他股东优先权的协议的效力,判定关键在于分析该协议侵犯的具体权利属性,这要求首先对《公司法》第71条规定的股权转让限制程序作层次性和结构性分析。根据《公司法》第71条第2款、第3款的相应规定,为了保障有限公司的人合性,《公司法》在股东对外转让股权时赋予了其他股东两项权利:同意权和优先购买权。股东对外转让股权时对《公司法》第71条规则的违反,并不能简单地认定为侵犯股东的优先购买权,有些情形需要适用同意权规则。在实践中,侵犯股东同意权主要表现为股东与非股东签订股权转让协议时没有通知其他股东,或者通知但没有得到其他股东同意时即签订股权转让协议两种情形。而侵犯优先购买权的情形主要是指在其他股东过半数同意(抑或时间经过推定同意)的情形下,未经过其他股东行使优先购买权而与非股东签订股权转让协议。

我们认为,侵犯的权利属性不同,对股权转让协议的效力影响也不同。第一,未经其他股东同意,侵犯其同意权时签订的股权转让协议效力待定,其他股东的同意或者推定同意是该协议的追认条件。从《公司法》第71条的立法目的来看,同意规则作为保护公司人合性和股东知情权的刚性程序,约束股东对外转让股权时必须践行通知程序,对股东的处分权产生了一定的限制。股权的"一股二卖"与动产的"一物二卖"情形极为类似,由于《公司法》以及公司章程对此种股权处分有所限制,擅自转让股权的行为性质上属于越权处分,亦属于广义的无权处分。此时协议效力待定,一旦其他股东过半数同意或者30天经过推定同意,则该协议有效。第二,侵犯其他股东优先购买权的股权转让协议成立并生效。优先购买权由于权属在于其他股东,行使与否具有很大的或然性,在其他股东同意转让的情形下,不管其他股东是否放弃优先购买权,该协议都生效。优先购买权的行使与否不应当对股权转让协议效力构成限制,只是会对其协议履行结果产生影响。《公司法》并没有对优先购买权行使的期限作出明确的规定,在此种语境下,如果将该种协议理解成附条件或者效力待定的协议,此时就必须以其他股东放弃优先购买权为协议的生效要件,这无疑将给股权对外再转让增添过多的不确定性和反复性。

综上,我们认为,对于违反公司法关于股权转让限制程序的协议效力,其判断的关键并不在于该协议是否侵犯股东优先购买权,而在于是否侵犯股东同意权。未通知其他股东,或者未征得同意侵犯股东同意权的股权转让协议效力待定,而一旦股东同意或者推定同意股权对外转让,不管其是否侵犯其他股东优先购

权,协议都成立并生效。

本案中,甲公司与丙公司签订的股权转让协议因为在协议签订前没有履行相应的通知程序,如前所述,侵犯了其他股东的同意权,本应该是效力待定的协议。在 A 公司其他股东没有明显意思表示追认该协议的情况下,该协议应属无效。此时甲公司应当履行与乙公司的协议,向其转让股权。

二、两份协议均为有效时的履行效力比较

如果认定两份股权转让协议均为有效,此时需要比较两份协议的履行效力以确定股权归属。两份协议都有效,意味着丙公司能够依据有效协议诉请甲公司履行股权转让程序,并最终取得股权,此时可能侵犯股东优先购买权以及公司人合性。

我们认为,此处混淆了协议效力与协议履行两个概念,股权转让协议有效是股权转让的必备前提,但是股权转让协议的有效并不等同于股权的实际交付或移转。如前所述,优先购买权并不能对股权转让协议效力产生影响,但是这并不意味着优先购买权在股权转让的限制体系中没有作用。不同于股权转让协议的债权行为,股权移转是对所有物的处分行为,而这种处分要受到优先购买权的限制。但是此种限制并不是限制该处分权本身,而只是限制其顺位,即当存在优先购买权时,该行使优先购买的股权转让协议的履行优先于股权对外转让协议。

即使股东与非股东签订的股权转让协议有效,如果其他股东行使优先购买权,为了保证有限公司的人合性,拟转让股东应当优先向行使优先购买权的股东转让股权。此时,对外转让股权的协议将因优先购买权的行使,面临履行不能的问题。

本案中,如果认定两份股权转让协议均为有效,并不意味着丙公司最终能够取得股权。在乙公司行使优先购买权的情况下,甲公司与丙公司的股权协议因为受到优先购买权的限制,将不能得到正常履行,甲公司最终应向乙公司履行股权转让程序并由其取得股权。因此,在两份协议都有效的情况下,应当判决该股权归属乙公司。

在动产"一物二卖"中,由于债权具有平等性,在两份协议均有效的情况下,可以由出让方自由选择受让对象履行协议,而向另一方承担违约责任。而在"一股二卖"中,当两份股权转让协议均有效时,由于其他股东优先购买权的行使,将使得股东与非股东签订的股权转让协议履行不能,这是否意味着股权出让方已经丧失了选择权,只能向行使优先购买权的股东履行?

我们认为,之所以将侵犯优先购买权时签订的股权转让协议确定为成立并生效的协议,另一个重要的原因就是赋予股权出让人以选择权。由于其他股东优先购买权的限制,一般情形下,这种选择没有任何意义。但是在特殊情形下,如果出让方选择向非股东履行股权转让协议,而该拟行使优先购买权的股东最终又放弃了优先购买权,则该股权可以直接有效地转让给非股东,否则将会出现转让方与原拟行使优先购买权的股东双重违约的情形。在上述情形下,股东的优先购买权得到了保护,又保障了转让方的自由选择权,最大限度地平衡了各方的利益。

在本案两份协议均有效的前提下,甲公司拥有履行选择权,可以选择向丙公司抑或乙公司转让股权。当乙公司行使优先购买权取得该股权时,甲公司应当向丙公司承担相应的违约责任。

综上,我们认为,在"一股二卖"中,当股权对外转让协议侵犯股东同意权时,该协议效力待定。而侵犯优先购买权时该协议成立并生效,拟转让方可以自行选择履行对象,但是股权转让的履行顺位受到影响,行使优先购买权的股权转让协议优先履行。

---

**规则 19** 【留存股金认定】股权转让时留存部分股金的性质应根据当事人之间形成的法律关系而认定。

[规则解读]

股权转让时留存部分股金,并约定不参加经营管理但不论盈亏给予分成时,该股金的性质应认定为合伙人的投资。合伙人在分配利润时,应按照双方协议约定进行分配。

[案件审理要览]

一、基本案情

重庆市武隆县和兴水泥厂系原告陈文孝的个人独资企业。2008 年 5 月 7 日,陈文孝与强小华就该水泥厂转让签订了《股份制转让协议合同书》,合同约定陈文孝将该水泥厂以 500 万元的价格转让给强小华,陈文孝留 10% 的股,留 50 万元作股金。每年强小华不论盈亏给陈文孝 40 万元,陈文孝不参加任何经营管理。该合同签订后,双方依约对水泥厂进行了交接。强小华到工商行政管理局变更了投资人,投资额为 500 万元。后因强小华未按时支付相应利润,陈文孝遂诉至法院,要求强小华支付协议约定的固定利润 66.66 万元。

二、审理要览

一审法院经审理认为,原告与被告双方签订的《股份制转让协议合同书》,是双方当事人在自愿的基础上达成的合意,未违背法律和行政法规的禁止性规定,合法有效,应受法律保护。虽然武隆县和兴水泥厂在武隆县工商行政管理局注册登记系个人独资企业,投资人强小华,投资额为 500 万元,但是根据双方签订的股份制转让合同约定,武隆县和兴水泥厂转让总金额为 500 万元,陈文孝留 50 万元作股金,即 10% 的股份,由此可以确定陈文孝实质上是武隆县和兴水泥厂的隐名合伙人。合同约定强小华不论盈亏每年给陈文孝 40 万元,陈文孝不参加任何经营管理,其义务是协调周边和上级各部门关系。根据《合伙企业法》第 69 条"有限合伙企业不得将全部利润分配给部分合伙人;但是,合伙协议另有约定的除外"的规定,协议约定原告不承担风险只收取固定利润,不违背法律规定,故被告应当支付利润 66.66 万元。法院判决:被告强小华于本判决生效之日起 15 日内支付原告陈文孝利润 66.66 万元。

宣判后,双方当事人均未提起上诉,本判决已具有法律效力。

[规则适用]

本案争议的主要焦点在于,在签订《股份制转让协议合同书》时,双方是基于何种法律关系保留 50 万元。有的认为是基于借款关系,有的认为是基于合伙关系,有的则认为是基于买卖合同关系。

我们认为,陈文孝和强小华之间构成合伙关系。陈文孝和被告强小华签订的《股份制转让协议合同书》,是双方当事人在自愿的基础上达成的合意,应受法律保护,且陈文孝自愿从转让价款中拿出 50 万元作为股金投入在强小华的企业中。《民通意见》第 46 条规定:"公民按照协议提供资金或者实物,并约定参与合伙盈余分配,但不参与合伙经营、劳动的,或者提供技术性劳务而不提供资金、实物,但约定参与盈余分配的,视为合伙人。"陈文孝和强小华之间构成合伙关系,陈文孝为强小华个人独资企业的隐名合伙人。同时,在分配利润时,应按照双方协议约定进行分配。在确定了双方属于合伙关系的条件下,根据《合伙企业法》第 69 条的规定,协议约定原告不承担风险只收取固定利润,不违背法律规定,故应按照双方的协议分配利润。

规则 20 【工商登记与股权转让】有限责任公司股东主张行使股东权利的依据是出资证明书和股东名册而不是工商登记文件。工商部门对股东变更情况进行登记仅发生对外公示效果,不影响股权转让协议履行的认定。

[规则解读]

股权转让合同签订后,转让方已向受让方移交公司公章及重要业务合同,应视为受让方已实际控制公司,合同已切实履行;股东变更工商登记仅是附随义务,未办理工商变更登记的,受让方仍应向转让方支付相等于股权转让价款的损失赔偿金。

[案件审理要览]

一、基本案情

广东深圳艾朗金投资有限公司(下称艾朗金公司)的股东为陈嘉权、西子英和汪公,出资比例分别为 50%、20%、30%。2009 年 1 月 8 日,三人签订《股权转让协议》,约定:陈嘉权、西子英两人分别将自己的股权转让给汪公,转让价款共计 50 万元,汪公应于同年 1 月 10 日前支付 30 万元,工商变更公告后 3 日内付清余款 20 万元,三方须在同年 1 月 15 日前完成公司公章等资料的移交和工商变更登记。同年 1 月 12 日,公司员工将公司公章及机场租赁合同等文件移交给汪公,但汪公未支付股权转让款,陈嘉权遂向法院提起诉讼,该案一、二审法院均判决汪公应支付陈嘉权转让款 35.7143 万元并协助陈嘉权办理 50% 股权的变更登记,该生效判决已执行。2010年12月31日,艾朗金公司因未办理年检被工商部门吊销营业执照。法院对工商部门的调查显示:艾朗金公司已被吊销执照,不能再进行股权变更登记,应依法进行清算、申请注销登记。

西子英向法院提起本案诉讼,请求判令汪公支付西子英违约金14.2857万元及利息2.0334万元。汪公则提起反诉,请求判令解除汪公与西子英之间的《股权转让协议》,并赔偿其损失5万元。

**二、审理要览**

法院审理认为,西子英、陈嘉权作为公司登记股东,仍应与汪公一起承担2008年度公司年检义务,对公司被吊销执照、股权变更登记无法办理均有过错。判决如下:(1)解除西子英与汪公关于艾朗金公司20%股权的转让协议;(2)驳回西子英本诉请求和汪公其他反诉请求。

西子英不服,提起上诉。

二审法院审理认为,办理股东变更登记只是股东转让股权后公司的附随义务,并非界定股权转让协议是否切实履行的标准。汪公已收到了公司的公章及机场租赁合同,且未举证证明西子英在协议签订后仍继续行使股东权利,参与经营决策,可见其已受让西子英的股东权利,应支付转让价款。涉案协议约定的剩余转让款20万元"于工商变更公告后3日内付清"的付款条件已无法成就,汪公应就此向西子英赔偿相当于股权转让款的违约损失。

二审法院判决:(1)撤销一审判决;(2)汪公向西子英支付违约损失赔偿金14.2857万元;(3)驳回西子英其他本诉请求和汪公的反诉请求。

[规则适用]

要正确审理本案,关键要把握好以下几个焦点问题:

1. 股东的变更不应以工商变更登记为衡量标准

第一,有限责任公司股东主张行使股东权利的依据是出资证明书和股东名册,而不是工商登记文件。《公司法》第31条规定:有限责任公司成立后,应当向股东签发出资证明书,出资证明书应当载明股东的姓名或者名称、缴纳的出资额等事项,并由公司盖章。第32条第1、2款规定:有限责任公司应当置备股东名册,记载股东的姓名或者名称及出资额等,记载于股东名册的股东,可依股东名册主张行使股东权利。第73条规定:股东转让股权后,公司应当注销原股东的出资证明书,向新股东签发出资证明书,并相应修改公司章程和股东名册中有关股东及其出资额的记载。可见,有限责任公司股东取得出资证明书和股东名册后即成为股东,可依法据此行使股东权利。所以,汪公凭艾朗金公司盖章确认的新出资证明书及修改后的股东名册即可成为股东,行使股东权利,而无需工商变更登记文件。

第二,工商部门对股东变更情况进行登记仅发生对外公示效果,不影响股权转让协议履行的认定。《公司法解释三》第23条规定:当事人依法履行出资义务或者继受取得股权后,公司未签发出资证明书、记载于股东名册并办理公司登记机关登记,当事人请公司履行上述义务的,人民法院应予支持。第 27 条:"股权转让后尚未向公司登记机关办理变更登记,原股东将仍登记于其名下的股权转让、质押或者以其他方式处分,受让股东以其对于股权享有实际权利为由,请求认定处分股权行为无效的,人民法院可以参照物权法第一百零六条的规定处理。原股东处分股权造成受让股东损失,受让股东请求原股东承担赔偿责任、对于未及时办理变更登记有过错的董事、高级管理人员或者实际控制人承担相应责任的,人民法院应予支持;受让股东对于未及时办理变更登记也有过错的,可以适当减轻上述董事、高级管理人员或者实际控制人的责任。"上述规定均表明:股权登记仅是宣示性登记,是否办理该登记并不影响已取得股权的认定;股东转让股权后,公司办理相应变更登记仅是附随义务,如未履行该义务,仅仅是不能对抗转让双方之外的第三人,并不影响转让协议已切实履行的认定。

2. 受让人持有公章,应视为取得了公司的实际控制权和经营决策权

公章是体现公司法人意思表示的确凿凭证,公司在某项文件上加盖公章即视为公司对文件所载内容予以确认,而股东主张行使股东权利的依据即出资证明书和股东名册,经公司盖章确认即可。可见,公司公章由谁持有,就意味着谁就有权出具出资证明书和股东名册,谁就取得了公司的实际控制权和经营决策权。汪公在涉案协议签订后的当月即已取得了公司的公章及机场租赁合同,且未举证证明西子英在该协议签订后仍在继续行使股东权利、参与或影响公司经营决策。可见,汪公确已受让西子英的股东权利,并已经以唯一股东的身份实际控制公司,进行经营决策。所以,汪公应履行支付股权转让款的对价义务。

3. 股权转让协议约定的支付剩余转让价款的条件无法成就时,受让人应支付相当于此价款的损失赔偿金

涉案协议约定的剩余转让款 20 万元"于工商变更公告后 3 日内付清"的付款条件已无法成就,应如何处理?《合同法》第 113 条规定:当事人一方违约,给对方造成损失的,损失赔偿额应当相当于因违约所造成的损失,包括合同履行后可以获得的利益。由于汪公的违约行为确已给西子英造成了无法收取股权转让价款的损失,且该损失恰恰是协议履行后西子英可获得的利益,故汪公应向西子英支付相当于股权转让款的损失赔偿金 14.2857 万元。

**规则 21 【瑕疵出资股权转让】不知受让股权存在出资瑕疵情形时,受让人可采取行使合同撤销权或提起股东派生诉讼进行救济。已知或应知受让股权存在瑕疵出资情形时,受让人只能依据《公司法》的有关规定,积极主动地与瑕疵出资股权出让人一起承担连带出资补足责任。**

[规则解读]

瑕疵出资股权的受让人应全面认清自己的权利和义务,客观评估自己的风险

和责任，充分兼顾合同权利和股东权利，积极采取相应的主动救济方法，提高救济能力和效果，从而最大限度地保护自己的合法权益，最大限度地降低交易风险，避免产生纷争。不知受让股权存在出资瑕疵情形时，受让人可采取行使合同撤销权或提起股东派生诉讼进行救济。已知或应知受让股权存在瑕疵出资情形时，受让人只能依据《公司法》的有关规定，积极主动地与瑕疵出资股权出让人一起承担连带出资补足责任。

[案件审理要览]

一、基本案情

2011年2月，甲公司与乙公司签订了一份《股权转让合同》，约定甲公司将持有的丙公司60%股权转让给乙公司，双方于合同签订后1个月内办理股权变更登记手续；乙公司支付股权转让款60万元，分别于股权变更登记的当月及之后的第一、第二个月内各支付20万元。嗣后，双方按约办理了股权变更登记手续，乙公司替代甲公司成为丙公司的股东。但是，乙公司在按时支付第一笔20万元股权转让款后，发现甲公司在丙公司的出资额尚有一半没有到位，随后就不再付款。甲公司多次催告乙公司按约付款，未果。甲公司遂诉请法院判令乙公司立即支付剩余股权转让款及迟延付款利息。诉讼中乙公司辩称，鉴于甲公司转让的股权存在出资瑕疵，其有权在甲公司解决瑕疵出资问题之前拒付剩余股权转让款，请求法院驳回甲公司诉讼请求。

二、审理要览

针对诉辩双方的观点，法院处理时意见分歧较大。

第一种意见是支持甲公司诉请。理由是：股权转让款的支付与股权瑕疵出资的解决所依据的法律关系不同、救济渠道不同，乙公司可以针对股权出资瑕疵另行提起主张，但不能以此为由拒付剩余股权转让款。

第二种意见是支持乙公司抗辩。理由是：根据《合同法》第111条、第153条规定的有关买卖合同标的物瑕疵担保责任理论，甲公司应该对出让的股权承担权利瑕疵担保责任；如果甲公司出让的股权存在出资瑕疵，其应向乙公司承担违约责任；另外，乙公司也有权依据《合同法》第66条、第67条有关合同履行抗辩权的规定，拒绝甲公司相应的履行要求。

[规则适用]

我们认为，乙公司的抗辩符合我国民法提倡的等价有偿和诚实信用原则，应该支持。但是按照第二种思路处理，案件处理的社会效果和法律效果并不好，因为乙公司的这种抗辩式救济方式是一时简单抗辩，是一种被动救济，其法律后果只能导致乙公司暂时停止支付剩余股权转让款，而无法解决案涉股权瑕疵出资这一根本性问题，甚至可能会导致双方长期僵持不下，即一方面甲公司有关股权转让款的债权难以实现，另一方面涉案股权瑕疵出资问题难以解决。故乙公司这种抗辩式救济方法不是最佳的救济方法，不能促使问题的根本性解决，相反可能会导致问题进一步复杂化。因此,我们建议采取这种抗辩式救济方法时要慎之又慎,主张股权受让人尽可能采取其他行之有效的救济方法。

在当下社会经济快速发展和公司力量不断凸显的背景下,瑕疵出资股权转让纠纷日益增多,受让人提高自身救济能力和效果的关键,是正确认识瑕疵出资股权及产生原因,正确选择行之有效的救济方法。具体分析如下:

一、瑕疵出资股权产生原因

瑕疵出资股权,顾名思义,就是指股东未按公司章程约定完全履行认缴公司出资义务所取得的公司股权,也可以说公司出资人按章程规定所享有的股权因其出资不到位而成为瑕疵股权。在实务中,瑕疵出资股权的情形包括但不局限于股东未出资、出资不实、抽逃资金等,其中主要有两种表现形式:第一种是股东出资不实,即包括股东未足额出资,股东以实物出资但未办理交付和过户手续,股东作为出资的实物价格明显不足等情形。究其根源,与我国公司法所采用的公司资本制度有密切联系。2005年修订前,《公司法》对公司注册资本采取的是法定资本制,坚持资本确定、资本维持和资本不变三原则,即公司成立之前,股东应当足额缴纳经过股东会商定和公司章程确定的注册资本,并经过法定验资机构验资和工商部门等审查登记。股东出资的过程也是股东合意与国家干预相互结合的过程,目的是从法律制度上确保认缴出资与实际出资一致,一般不会产生股东出资不实的问题,除非验资机构和工商机关审查时存在瑕疵。但现行《公司法》重构了我国公司资本制度,确立了认缴资本制,股东足额履行出资义务不再是公司成立的要件,也不是股东资格取得的必要条件和充分条件,出资与股权取得已经不是一一对应关系,股权的取得具有相对独立性。这种公司资本制度凸显了股东意志,削弱了国家干预,有利于公司设立和社会经济发展,但股东分期出资行为的合法化也容易产生股东出资不实问题。另外,公司法第27条规定股东可用"可以用货币估价并可以依法转让的非货币财产作价出资",这条规定的内涵也很广泛,扩大了非货币财产出资范围,势必出现更多、更新的出资瑕疵表现形式。这些都是导致出资不实现象比较普遍的客观原因。第二种瑕疵出资股权的表现形式是股东抽逃注册资金。所谓股东抽逃注册资金是指公司成立不久,个别股东特别是大股东利用对公司控制权通过将出资款项转入公司账户验资后转出,利用关联交易将出资额转出,通过虚构债权债务关系把出资额转出等方式抽逃注册资金,并继续保有股东身份和出资比例,其直接法律后果就是导致股东出资瑕疵。对此,《公司法解释三》第19条在针对公司出资不足的救济问题时,已将抽逃资金与未履行出资义务的情形相提并论。可见,股东抽逃出资也是一种股权瑕疵出资的情形,其与出资不实仅仅是在瑕疵表现形式上有所不同,本质上都是股东出资额不到位,且抽逃出资股东主观恶意更大,不能轻易免除其法律责任。

二、两种情形下的三种主动救济方法

在对瑕疵出资股权的具体救济方法上,我们认为,类似乙公司这样的瑕疵出资股权受让人应改变救济思维,变被动救济为主动救济,正确选择行之有效的救济办法。根据上面对瑕疵出资股权产生原因的分析,我们发现受让人依据现行法律可以采取的救济方法包括但不限于:拒付股权转让款、追究出让人违约责任、请求损害赔偿等。其中我们根据审判经验主张股权受让人应重点依据两种情形分别采用三种主动救济方法:

第一种情形,基于股权受让人签订股权转让合同时不知道受让的股权存在出资瑕疵的情形,受让人知晓后可采取以下两种主动救济办法:(1)行使合同撤销权。由于股东出资不实或者抽逃资金等瑕疵出资情形不影响股权的设立和享有,瑕疵出资的股权仍然具有可转让性,瑕疵出资股权转让不当然无效。故股权受让人如果不希望继续履行股权转让合同的,可以依据《合同法》第54条第2款"一方以欺诈、胁迫的手段或者乘人之危,使对方在违背真实意思的情况下订立的合同,受损害方有权请求人民法院或者仲裁机构变更或者撤销"的规定,行使合同撤销权,撤销股权转让合同并使之自始不产生法律效力,恢复到合同签订之前的状态,这无疑是股权受让人的最大解脱。当然,受让人行使这种撤销权需要在知道或者应该知道撤销事由之日起1年内,否则就会丧失合同撤销权。对此,最高人民法院民二庭宋晓明庭长就2005年修订的《公司法》在答记者问时就明确表示:"因转让瑕疵出资股权引起的纠纷案件,受让方如果明知出让方出资存在瑕疵仍受让股权,对未按期足额的欠款出资部分,应该承担连带补充责任;相反,如果受让方对此不知情,不应该承担责任,并且有权以此为由请求撤销股权转让合同。"(2)提起股东派生诉讼。股东出资以后,财产所有权归于公司,但公司最终属于股东,公司利益与股东密不可分。因此,当受让人发现受让股权存在出资瑕疵,而目标公司又拒绝或者怠于救济,为了维护目标公司利益,作为股东的受让人可以依据《公司法》第151条规定的股东派生诉讼制度,代表目标公司向股权出让人提起诉讼,请求股权出让人向目标公司立即履行出资义务,从而补足相应出资额,确保目标公司出资额真实、确定,同时也可以避免自己日后与出让人承担连带补足出资的责任。在上述案例中,如果乙公司在诉讼中依法向甲公司提起反诉,并代表丙公司要求甲公司及时补足出资款,案件处理效果就会截然不同。当然,这种救济方法可能会引发双方对股权转让价格产生争议,不过受让人完全有理由以出让人隐瞒瑕疵出资且股权转让合同有效为由,要求出让人承担不利后果。

第二种情形,基于受让人签订股权转让合同时已经知道或者应当知道受让的股权存在瑕疵出资的情形。此时,受让人就不能对出让人行使相应的合同撤销权和合同履行抗辩权,而只能依据《公司法》的有关规定,积极主动地与瑕疵出资股权出让人一起承担连带出资补足责任。对此,《公司法解释三》第18条第1款明确规定:"有限责任公司的股东未履行或者未全面履行出资义务即转让股权,受让人对此知道或者应该知道,公司请求该股东履行出资义务、受让人对此承担连带责任的,人民法院应予支持。"可见,股权受让人此时最为有效的救济方式就是尽快请求股权出让人按目标公司章程规定补足出资,或者自己主动补足出资。否则,股权受让人除可能面临承担连带补足出资责任外,还将可能面临承担以下不利后果:(1)股权受让人在目标公司中的股东权利将可能受到限制。瑕疵出资股权的受让人在目标公司出资的比例虽然可以按照目标公司章程所确立的出资额进行确定,但是由于存在瑕疵出资,其不能按照公司章程确定的出资比例足额行使股东权利。对此,法律规定很明确,其中《公司法》第34条规定:"股东按照实缴的出资比例分取红利;公司新增资本时,股东有权优先按照实缴的出资比例认缴出资。但是,全体股东约定不按照出资比例分取红利或者不按照出资比例优先认缴出资的除外。"《公司法》第42条规定:"股东会按照出资比例行使表决权;除非公司章程另有规定。"《公司法解释三》第16条规定,股东未履行或者未全面履行出资义务或者抽逃出资,公司有权根据公司章程或者股东会决议对其利润分配请求权、新股优先认购权、剩余财产分配请求权等股东权利作出相应的合理限制。上述法律规定以强制性法律规范的形式限制了瑕疵出资股东的利润分配权、增资扩股权、表决权等相关股东权利,体现了民法倡导的民事权利与义务相一致的基本原则,也体现了股东行使权利必须以真实出资为基础的立法精神。(2)瑕疵出资股权受让人在目标公司中股东资格将可能被依法解除。上述《公司法解释三》第17条第1款明确规定:"有限责任公司的股东未履行出资义务或者抽逃全部出资,经公司催告缴纳或者返还,其在合理期限仍未缴纳或者返还出资,公司以股东会决议解除该股东的股东资格,该股东请求确认该解除行为无效的,人民法院不予支持。"可见,瑕疵出资股权的受让人不采取积极主动方法予以救济的法律后果是非常严重的,将面临丧失股东资格的危险。

综上,我们主张瑕疵出资股权的受让人应全面认清自己的权利和义务,客观评估自己的风险和责任,充分兼顾合同权利和股东权利,积极采取相应的主动救济方法,提高救济能力和效果,从而最大限度地保护自己的合法权益,最大限度地降低交易风险,避免产生纠争。

**规则22** 【股权回购】有权转让股权的主体仅为公司股东,只有在法律规定的三种情形下,有限公司才可回购股权。

[规则解读]

有权转让股权的主体仅为公司股东,除此之外的主体均不适格。而一般情况下公司不能自持股份成为自身股东。只有在法律规定的三种情形下,有限公司才可回购股权。

[案件审理要览]

一、基本案情

原告诉称,2007年10月23日,原告与被告签订合作协议,约定将原告并入被告的连锁集团,由被告接管并全权负责原告的运营管理工作,原告以现有的库存货物及设备作为实物入股被告,一并归被告统筹。被告出让其自身20%的股份给原告。2008年1月1日,原告将所有财产、公司财务账簿、营业执照、公章及库存商品向被告进行移交,但被告一直未将20%的股权予以变更登记,致使原告无法实现股东权利。故起诉要求被告将其20%股份变更登记在原告名下。被告认为原告的履行有瑕疵,不同意原告的诉讼请求。

二、审理要览

法院经审理认为,公司的股权系由股东向公司出资后取得的权利,公司除为减少注册资本等法定事由外,不能持有自身股份,公司亦不能转让自身股权。据此,本案所涉合作协议中约定由被告公司出让自身20%股份给原告的条款,应属无效。

[规则适用]

有限责任公司在经营中,不可避免地要涉及股权转让问题。在此需明确股权转让的主体。根据《公司法》第71条之规定,有权转让股权的主体仅为公司股东。除此之外的主体均不适格。而一般情况下公司不能自持股份成为自身股东。只有在法律规定的三种情形下,有限公司才可回购股权。本案中,被告属正常经营,并未发生回购股权的特殊情形,未持有自身股份,并非自身股东,并且没有经过被告股东会的议事程序,在此基础上成立的涉案股权转让条款应属无效。

规则23 【股东退股】有限责任公司股东退股后,公司又将其退回股份转让给公司其他股东的行为,名为退股,实为有限责任公司内部股东之间的股权转让。

[规则解读]

有限责任公司股东退股后,公司又将其退回股份转让给公司其他股东的行为,名为退股,实为有限责任公司内部股东之间的股权转让,并不违反法律、行政法规的禁止性规定,应属有效,退股股东不再具备有限责任公司股东资格。

[案件审理要览]

一、基本案情

1997年,原国有企业重庆墨水厂(以下简称墨水厂)以职工出资整体购买企业国有净资产的方式改制设立红岩公司。在改制过程中,墨水厂将企业资产一次性量化给在职职工个人,量化总额为300万元,其中积累股(C股)195万元、岗位股(D股)105万元。职工必须以现金认购基本股(A股)后才能取得资产量化权,出资额与一次性量化给职工个人的股份额之比为25∶100。按照墨水厂改制的相关文件计算,周荣庆应获取的资产量化额为16 246.8元,其应缴现金金额为16 246.8×25% = 4 061.7元。1998年5月29日,周荣庆交款4 059.35元。1998年红岩公司工商档案登记的股东共140人,登记的出资额总计为3 513 500元,其中包括周荣庆,其登记的出资额为 16 246.8 元。据此计算,周荣庆的持股比例应为 0.46%。2000 年 3 月,周荣庆辞职离开红岩公司,并从红岩公司领取了 18 600 元的安置费和 4 061.7 元的退股款。周荣庆离职后,红岩公司将包括其在内的离厂人员退回及其他人员减持的股份按改制时的方式转配给了其他职工。2002 年后,红岩公司自行保留的股东名单中载明的股东共计 145 人,其中无周荣庆。

此后,周荣庆以其从红岩公司离职并不能当然导致其股东身份的丧失为由提起诉讼,请求判决确认其拥有红岩公司 0.46% 的股权。

二、审理要览

一审法院经审理认为:墨水厂改制时周荣庆支付 4 059.35 元获取红岩公司股份,按照红岩公司章程,其股份只能在公司内部转让。2000 年周荣庆离开红岩公司时,红岩公司将其投资款予以退还,此后周荣庆的股份实际为其他股东所获取。故红岩公司向周荣庆退还投资款的行为,实为该司当时为不特定的其他股东垫付转让费的行为,而周荣庆原持股份在 2000 年后已实际转让给他人,周荣庆已丧失红岩公司股东身份,遂判决驳回周荣庆的诉讼请求。

周荣庆不服一审判决,提起上诉。

二审人民法院经审理认为:(1) 周荣庆已从红岩公司退股。第一,周荣庆签字的领款申请单已载明 4 061.7 元的性质为退股款,周荣庆虽称该 4 061.7 元为红利,但却并未举证证明。第二,根据《公司法》第 32 条第 2 款的规定,对股东变更登记实行的是登记对抗主义,在工商登记的股东名单与公司保留的股东名册不一致时,在公司内部对股东身份及股权份额的确认应以公司保留的股东名册为准。故周荣庆在红岩公司自行保留的股东名册中已无其名字的情况下,以红岩公司工商登记的股东名单中仍有其名字为由,认为其仍为红岩公司股东的上诉理由,于法无据。第三,墨水厂改制为红岩公司时,周荣庆所持有的红岩公司股份 16 246.8 元实际均由墨水厂资产量化所得。同时,周荣庆还按比例向红岩公司交纳了 4 059.35 元现金,才取得了前述量化股份。可见,周荣庆向红岩公司交纳的 4 059.35 元现金即为基本责任股(A 股)。因此,本案中的 A 股实为股东获得 C 股和 D 股所应支付的现金对价。第四,本案中,对包括周荣庆在内的、愿意参股改制后的新公司的在职职工,采用的是资产量化的方式安置,然后职工又以其所获得的墨水厂量化资产作出资入股新公司。因此周荣庆于 2000 年从红岩公司获得退股款 4 061.7 元及一次性安置费 18 600 元后,实际已从红岩公司退回了其取得16 246.8 元股份所支付的全部对价,其退股行为已经实际完成。(2) 周荣庆的退股行为有效。首先,红岩公司的注册资本从成立至今,无论从工商登记还是其内部自行保留的股东名册看,均未减少。故周荣庆于 2000 年从红岩公司退股的行为并未导致红岩公司注册资本的减少。其次,红岩公司自行保留的股东名册显示,周荣庆退股后,红岩公司已于 2002 年将其退回及其他股东减持的股份转配给了其余股东。故周荣庆的退股行为实际为红岩公司先代其余股东向周荣庆支付转让款的、有限公司内部的股权转让。此种股权转让方式并不违反《公司法》的强制性规定,应属有效。因此,周荣庆关于其退股行为无效的上诉理由亦于法无据。二审判决驳回上诉,维持原判。

[规则适用]

本案为股权确认纠纷,裁判的难点不在于对事实的认定,而在于法律适用。因《公司法》对有限责任公司股东退股后,公司又将其退出的股份转让给公司其他股东的行为并无明确规定,在公司法法定主义的思维模式下,似乎难以适用《公司法》对本案中周荣庆此种退股行为的法律性质和效力作出界定。

一、该案司法裁判的难点

(一)有限责任公司股权变动效力的界定——公司内部登记生效主义和公司外部登记对抗主义的协调

本案所涉民事行为发生在现行《公司法》出台之前,依法应当适用行为发生时法律,即1999年修订并实施的《公司法》。但1999年《公司法》对有限责任公司股权变动内部和外部登记的效力并未作明确规定。现行《公司法》第32条第2款、第3款规定:"记载于股东名册的股东,可以依股东名册主张行使股东权利。公司应当将股东的姓名或者名称向公司登记机关登记;登记事项发生变更的,应当办理变更登记。未经登记或者变更登记的,不得对抗第三人。"第73条规定:"依照本法第七十一条、第七十二条转让股权后,公司应当注销原股东的出资证明书,向新股东签发出资证明书,并相应修改公司章程和股东名册中有关股东及其出资额的记载。对公司章程的该项修改不需再由股东会表决。"根据上述法律规定,我国对公司股权变动效力的界定,公司内部奉行登记生效主义,公司外部奉行登记对抗主义。

公司内部奉行登记生效主义,指公司内部的股权登记变动之时即为股权变动之时。其法理依据在于,股权关系是股东与公司之间的法律关系,只有公司最清楚自己的股东姓其名谁。[①] 因此,只能以公司将受让方载入股东名册并修改出让方股东的出资情况之时,或向新股东颁发出资证明书并注销原股东出资证明书之时,作为股权变动之时。至于公司在公司登记机关是否办理了变更登记,原则上不影响公司内部股权变动的效力。

对于公司股权变动中的受让方而言,其订立股权转让协议的目的无疑是为了取得和行使公司股权,并由此获利。在公司内部关系中,其相对于公司及其他老股东而言,处于相对弱势一方,在不涉及公司以外第三人(该第三人需为善意且无重大过失)利益的情况下,以公司内部名册登记来确认其股东身份及股权份额,有利于保护股权受让方即公司新股东的合法利益,方便其及时取得和行使股权。

但是,在公司内部的股权变动行为可能影响公司外部行为的情况下,如还以

---

[①] 参见刘俊海:《新公司法的制度创新:立法争点与解释难点》,法律出版社2006年版,第312页。

公司内部登记作为公司外部行为的相对方判断公司股权变动的效力的依据，无疑对该相对方显失公平。此时，公司外部登记对抗主义无疑对公司股权变动的效力起到了很好的平衡作用。

在公司股东变动的内部登记和外部登记同时进行并完成的情况下，公司股权转让的双方及第三人的利益均不受影响，划分公司内部登记生效主义和公司外部登记对抗主义并无实际意义。但在现实中，已办理内部登记但未办理外部登记，或已办理外部登记而未办理内部登记，甚至所有登记均未办理的股权变动现象十分普遍，如本案即是一例公司股权变动后已办理内部登记但未办理外部登记而引发的纠纷。在此公司股权变动的内、外部登记存在差异的情况下，实行公司内部登记生效主义和公司外部登记对抗主义，无疑很好地兼顾了股权受让方的缔约目的和善意第三人的信赖利益。

根据上述分析，我们认为本案作为公司内部的股权纠纷，对股东身份及股权的确定依法应当以红岩公司自行保留的股东名册的记载为准，而不应当以公司登记机关是否进行了变更登记为判断标准。虽然至今红岩公司在工商行政管理部门登记的工商档案中周荣庆仍为股东，但红岩公司内部保留的股东名册已无其姓名，故依据《公司法》第32条的规定，二审判决认定周荣庆已非红岩公司股东。

（二）退股行为的法律性质及效力界定

1. 法律性质界定。退股并非《公司法》中的概念，按照通常理解，是指股东从公司撤回股金，同时公司收回其股份。我们认为，界定本案所谓退股行为的法律性质，应当对周荣庆退股给红岩公司，红岩公司又将股份转让给公司其他股东这一完整的过程进行综合考察。

首先，本案所涉退股并非公司股份回购。1999年《公司法》对有限责任公司的股份回购并未作明确规定，而现行《公司法》第75条所规定的有限责任公司收购股东股权，亦仅限于股东对股东会相关议项投反对票的情形。此外，1999年《公司法》第149条及现行《公司法》第142条规定了股份有限公司收购本公司股份。按对"退股"的通常理解及文义解释，我们很容易把该行为与股份有限公司减少注册资本时收购本公司股份的行为相混淆。但是，我们认为二者存在以下根本区别：（1）行为主体不同。前者行为的主体为有限责任公司及其股东；而后者行为的主体为股份有限公司及其股东。（2）行为目的不同。前者的目的仅为股东撤回出资并退出公司，但并无减少公司注册资本的目的；而后者行为的目的就是减少公司的注册资本，缩小公司规模，股东撤回出资并退出公司仅是达到其目的的行为方式而已。（3）行为模式不同。前者的行为模式表现为"退股股东—退股→公司—转让→其他全部股东"；而后者的行为模式仅为"公司—收购股份→股东"。（4）行为后果不同。前者并未导致公司注册资本变动（减少）的后果，而后行为的直接后果即为公司注册资本发生变动（减少）。因此，我们认为本案中周荣庆的退股行为并非股份回购。

其次,退股亦非抽逃出资。1999年《公司法》及现行《公司法》均规定了公司成立后,股东不得抽逃出资。此规定的法理学依据为公司资本维持原则。资本维持原则又称资本充实原则或资本拘束原则,指公司应当经常维持与资本总额相应的财产,以维持公司应有的资信,保持公司清偿债务的能力,保护公司债权人的利益。[①] 抽逃出资指的是股东在公司成立时先缴付出资,在公司成立后故意又将出资资金的全部或部分抽回的一种违法行为。此行为的违法性在于使公司资本发生非正常减少,从而使公司清偿债务的能力降低,严重危及公司债权人的合法利益。综观本案,第一,周荣庆在退股时并无非法抽回出资的主观故意;第二,周荣庆从红岩公司退股后,红岩公司又将其退回的股份转让给了公司其他股东,即公司因该行为所减少的部分注册资本又由公司其他股东进行了填补,因而该行为也未发生使公司注册资本减少的客观结果,公司外部债权人的利益并未因该行为而发生危险。故我们认为该退股行为并非股东抽逃出资的违法行为。

再次,退股实为股权转让。我们认为发生在本案的退股行为实际可以解释为有限责任公司内部的股权转让。1999年《公司法》和现行《公司法》均规定有限责任公司的股东之间可以相互转让其全部或者部分股权。但同时,《公司法》对有限责任公司股东之间相互转让股权的具体形式并未作明确规定。我们认为,本案中周荣庆从红岩公司领取退股款的行为,实际为向红岩公司其他全部股东发出了股权转让的要约邀请。之后,红岩公司将其从周荣庆处收回的股份转让给公司其他股东,即完成了股权转让的要约和承诺步骤,此时,红岩公司内部股东之间的股权转让协议即告成立并生效。故本案所谓的退股,实为有限责任公司股东之间相互转让股权的方式之一。

2. 效力界定。既然本案中的退股实为有限责任公司内部的股权转让,但此种股权转让形式又有别于我们通常采取的转让股东和受让股东之间直接订立股权转让合同的方式,那么对该股权转让行为的效力应该怎样界定呢?我们认为,股权转让虽然是发生在公司内部股东之间的一种商行为,有别于其他传统民事行为,但其作为发生在平等民事主体之间的、变更平等民事主体之间财产关系的行为应当受《民法通则》《合同法》及《公司法》的调整,故对该行为效力的界定仍应从是否违反法律、法规的禁止性规定,是否存在损害社会公共利益,是否存在恶意串通,损害国家、集体或者第三人利益,是否是一方以欺诈、胁迫手段或乘人之危使对方在违背真实意思的情况下所为等方面去考察。本案中,此种名为退股的股权转让形式并未被公司法及相关法律、法规所禁止;其次,该行为作为一种发生在有限责任公司内部的行为,基于有限责任公司本身具有的股东人数受限制的特点,所涉及公众利益较少,故亦不具有其他如损害社会公共利益等导致行为无效的情形。因此,我们认为,此种名为退股实为股权转让的行为应属有效。

---

① 参见周友苏:《新公司法论》,法律出版社2006年版,第177页。

二、该案引发的对公司纠纷案件审判理念的思考——公司法法定主义向自由主义的转变

经济基础决定上层建筑,同时,上层建筑又可反作用于经济基础,此乃马克思主义辩证唯物主义哲学的基本理念。因此,法律作为上层建筑,在经济发展决定其起源、发展的同时,又对经济发展起着不可小视的反作用。包括公司法在内的商法正是社会经济发展的产物。在传统商法领域,法定主义是公司法一项重要的原则。长期以来,从事商事审判的法官在审理公司纠纷案件时,多受此原则影响,而对只要是公司法没有规定的行为统统认定为非法或无效。但是,随着我国市场经济的高速发展,市场主体从事各种商行为,高度活跃,势必刺激和推动包括公司法在内的商法不断发展创新。在此情况下,如还僵守公司法法定主义,那么商事主体在商事活动中充满智慧的发明创造,将一律被扣上非法无效的帽子,而严重桎梏我国市场经济的发展。因此,现行《公司法》亦与时俱进,抛弃了公司法法定主义,转而向自由主义过渡,即法无禁止均为合法有效。

本案所反映的有限责任公司股东退股后,公司又将其退回股份转让给公司其他股东的行为,即为《公司法》所没有明确规定的行为,如对其法律性质和效力的判断仍僵守公司法法定主义,无疑会得出该行为非法无效的裁判结果,从而向社会公众传达出一种国家严格限制有限责任公司股权的转让行为的信息。显而易见,此种裁判结果不仅有违公司法法理,而且也将制约经济的发展,并影响市场资源在市场主体间的正常流动和合理配置。但按公司法自由主义原则,则该行为并不违反我国强行法的禁止性规定,应属合法有效。一、二审法院也正是据此作出的判决。因此,我们认为,应当彻底改变对公司纠纷案件的裁判理念,准确把握公司法法理,在案件裁判中灵活适用法律,使司法成为市场主体合法创新行为的有力后盾,从而推动市场经济的发展和繁荣。

---

**规则24** 【债转股】是否进行债转股以及转股的条件属公司自治范围,但若债转股过程中存在严重侵害企业职工利益的行为,人民法院可适当介入,予以司法救济。

[规则解读]

公司治理的最大特点在于公司自治,是否进行债转股以及转股的条件是公司根据自身经营的实际情况对商业形势的把握和判断,属公司自治范围。但若转制企业在实施债转股过程中存在严重侵害企业职工利益的行为,人民法院可适当介入予以司法救济。

[案件审理要览]

一、基本案情

2000年5月,包括原告简某等9人在内的83名土产公司职工分别办理了《持

股委托书》，委托 12 名注册股东代持股。"《公司法》规定有限公司的股东人数不得超过 50 人，但改制时我们 95 名公司职工全部都购买了股份。注册股东容纳不下这么多人。为了变通，大家一致同意采取选举股东代表代持股的方式。"土产公司经理刘某介绍改制情况时说，"当时公司专门制定了一个《组建机构细则》，选举、持股方式、股东权利、股东会会议运作等等，在里面都规定得很明确"。《组建机构细则》（下称《细则》）规定，每一企业内部机构选举产生一名显名股东，由注册股东代表人代表非注册股东签署文件。注册股东和非注册股东在公司内部没有差异，同股同酬、同股同权，同样享有章程规定的权利和义务。《细则》同时明确：公司股东会会议由股东按照出资比例行使表决权，每一股份单位享有一个单位的发言权、选举权、表决权、财产占有权和利益分享权；股东离开公司后没有表决权；离开公司包括内退、病退、离退休或调离。

让刘经理感到费解的是："虽然《公司法》中没有明确规定股东代表大会，但公司十多年来一直是采取这种形式对公司经营管理事项进行表决的。9 名原告在退休前，有 6 人都担任过股东代表，也参加过股东代表大会对公司的重大经营管理事项进行表决。平稳运行十多年，为什么倒戈相向呢？"

2006 年，土产公司因资金短缺一度陷入经营困难，向在职股东 59 人集资后，企业终于实现扭亏为盈。2010 年 3 月，实现盈利的土产公司以股东代表大会的形式决定把在 2006 年公司资金严重短缺时，以持股为份额对员工个人的集资款（债权融资）转化为股权融资，同时对《公司章程》中股东人数、出资额和出资比例、股东代表大会等进行了修改，并完成了备案登记。

实现盈利后将职工债权转为股权，本是大喜事，为何又转出了"官司"？问题就出在《债转股方案》中的两项条款：一是债转股对象为有集资款的在职股东；二是债转股数量的分配，员工按原持股数 1 股的基础上转增 1 股，中层按原持股数 1 股的基础上转增 2 股，董事、监事按原持股数 1 股的基础上转增 3 股。虽然该方案得到了当时有集资款的 59 名在职职工的签名确认，但却让原告简某等 9 名退休职工难以接受："他们将我们这些退休股东的利益排除在外，凡是股东都应享有增股的权利。我们的权益受到了严重侵害。"2010 年 9 月 1 日，原告简某等 9 人以出具《取消委托说明书》的方式单方取消对各自受托人的委托。

原告认为：第一，被告没有按照 9 名原告认缴的出资额向工商局办理股东登记备案，严重侵犯了原告的股东权益，请求判决确认 9 名原告的股东身份，责令被告到佛山市工商局办理 9 名原告股东姓名和出资额的登记手续，并置备 9 名原告作为股东的股东名册。第二，被告并未通知 9 名原告参加股东会议，修改公司章程和"债转股"的增资扩股决议均应因程序违法无效，请法院判决支持。同时，原告认为，《债转股方案》中的对象限定在有集资款的在职股东，从而剥夺了退休股东的股东权利，按照职位高低的配股方式也明显不合理，严重侵犯了 9 名原告作为股东的股东权利。

被告土产公司辩称,一、原告与注册股东存在委托持股关系,由注册股东代为行使股东权利,被告没有侵犯原告的合法权益。二、原告未登记在公司章程上,不符合确认股东身份的外在条件;同时按照《细则》,原告退休后已经不能行使表决权,也不具备确认股东身份的实质条件,不能被认定为被告公司的股东。三、根据最高人民法院相关司法解释规定,隐名股东与名义股东有委托持股的约定在先,双方应当遵守在前的约定,法院不予确认隐名股东的身份。四、被告公司转制后一直实行股东代表大会制度,由在职、有表决权的股东选举股东代表行使表决权,决策公司重大事项。因此2010年章程中关于股东代表大会的规定、《债转股方案》及有关的章程修正案、股东会决议不违反法律、行政法规,合法有效,请求法院驳回原告全部诉讼请求。

二、审理要览

一审法院判决确认9名原告股东身份,"债转股对象"的条款无效,驳回9名原告其他诉讼请求。原告不服提起上诉,二审法院驳回上诉,维持原判。

[规则适用]

9名原告是被告公司部分注册资本的实际出资人,是被告公司的股东,依法享有股东权利。但委托持股属原告与相关受托人的真实意思表示,原告须对其作出的上述意思表示及其形成的相关法律事实予以尊重。股东姓名、股东名册的登记变更属土产公司各股东的意思自治范畴,原告必须先与其他股东达成协商。因此,法院对原告直接提出变更股东登记的诉讼请求不予支持。

由注册股东和在职职工选举产生的、非注册股东组成的股东代表大会对土产公司的章程修订、利润分配等一系列重大经营管理事项进行表决,作出决策并最终贯彻执行,该股东代表大会制度已持续实际执行逾十年。上述股东代表大会制度虽在公司法中未有相应规定,但应视为转制职工对参与公司经营管理的一种意思自治,土产公司实行的《细则》应确认为有效。经审查,土产公司于2010年3月20日关于章程修正案的股东会决议亦是通过上述股东代表大会予以表决,并得到当时全部股东代表的一致通过,且修改的内容未违反《公司法》的禁止性规定。因此,土产公司于2010年3月20日关于章程修正案的股东会决议和2010年3月30日向佛山市工商行政管理局登记备案的章程修正案亦应确认为合法、有效。

关于《债转股方案》的效力——公司治理的最大特点在于公司自治,是否进行债转股以及转股的条件是公司根据自身经营的实际情况对商业形势的把握和判断,属公司自治范围。《债转股方案》不仅得到土产公司股东代表大会全体股东代表的一致通过,而且,亦取得对土产公司享有集资款债权的全部在职股东的一致同意,《债转股方案》的通过程序并无瑕疵。但《债转股方案》将债转股的对象限定为有集资款的在职股东,将已退休的股东排除在外,对包括简某等9人在内的已退休股东的相关权益确有损害。因此,为维护土产公司正常的经营管理秩序及其债权人的合法权益,法院确认"债转股对象"条款无效,其他条款有效。

应当说,随着社会经济发展,十多年前企业改制的各种遗留隐患逐渐暴露,不少案件陆续进入司法程序。法官在审判中所面临的不仅仅是处理当事人诉求,还要处理好更深层次的问题:怎样评价历史?怎样规范现在?怎样示范以后?我们认为,改制企业因历史原因通常存在不同程度的"先天不足"的法律短板,但是不能因为这些不足对企业十几年的经营进行简单地全盘否定,对历史问题和当前矛盾在处理上需要作一定的区分。

历史问题历史地看待,基于改制初期的历史特殊性,司法对于历史既成事实不能责备求全,应该持宽容的裁判态度;但对现时阶段的问题,则必须严格依照法律予以规范要求。就本案来看,将股东分为注册股东和非注册股东是当时全体转制职工的共同选择,是对权利的自由处分,已形成既定历史事实,全体转制职工应对自己的选择予以充分尊重。而非注册股东显名化,是目前阶段产生的问题,必须与其他股东协商一致,并严格依照公司法的规定办理。

司法裁判尊重公司自治。鼓励交易、股东自治、公司自治,是公司法的核心。股东间的关系以及股东与公司间的关系,原则上应由股东依其自身意思加以调整,同时由公司自己决策和管理其内外事务,立法以及司法机关不应随意干涉。因此,司法审判原则上应尊重股东之间的私人协议在公司案件中的意义。就本案来讲,《公司法》虽然没有规定股东代表大会制度,但转制企业的经营管理属依全体转制职工共同意愿形成的公司治理契约,转制企业已按该契约作出一系列经营管理决策并实际执行多年。全体转制职工应信守契约,否则转制企业多年的经营成果将被全部推翻,造成企业经营管理混乱。

要处理好公司自治和强制性规范的关系。公司治理的最大特点是公司自治,但公司自治内容不得违反法律强制性规范。强制性规范只应当为了公共目的而存在,通常在私人自治失败的情况下才适用,因此司法介入通常是在公司自治失灵时对公司治理的救济和补充。结合本案,转制企业对是否实行债转股及其具体方案具有充分的主导性。但若转制企业在实施债转股过程中存在严重侵害企业职工利益的行为,人民法院可适当介入,予以司法救济。

---

**规则25 【夫妻转股】夫妻对共同所有的财产有平等的处理权,夫妻一方恶意转让股权的行为无效。**

[规则解读]

夫妻在婚姻关系存续期间所得的生产、经营的收益,归夫妻共同所有,夫妻对共同所有的财产,有平等的处理权,夫妻一方恶意转让股权的行为无效。

[案件审理要览]

一、基本案情

孙亚英与葛锋系夫妻,葛锋以夫妻共同财产出资25万元与他人设立了无锡市平锋净化器配件有限公司(以下简称平锋公司),葛锋持有平锋公司50%股权。2009年6月22日,葛锋在未征得其妻同意的情况下,擅自将双方共有的上述股权全部转让给葛彬忠(系葛锋之父),并签订了股权转让协议。孙亚英认为葛锋与葛彬忠之间的股权转让行为已经严重侵害其合法利益,故请求法院判令葛锋与葛彬忠的股权转让协议无效。

二、审理要览

一审法院认为,孙亚英要求确认股权转让协议无效,并将葛彬忠名下的平锋公司股权恢复为葛锋所有的主张缺乏事实和法律依据,不予支持。

孙亚英不服提起上诉,二审法院撤销了一审判决,支持孙亚英的诉求。

[规则适用]

本案在审理中有两种观点,一种观点认为按照《公司法》相关规定,作为股东葛锋有权转让其股份,而不必征得妻子孙亚英的同意;另一种观点认为,股份属夫妻共同财产,按照《婚姻法》的相关规定,夫妻一方恶意转让夫妻共同财产的行为无效。

我们倾向第二种观点。首先,孙亚英有权对涉案股权转让协议的效力提出主张。《婚姻法》第17条规定,夫妻在婚姻关系存续期间所得的生产、经营的收益,归夫妻共同所有,夫妻对共同所有的财产,有平等的处理权。公司是由股东投资设立的,是股东资本联合的产物,股权是股东基于向公司出资而享有的对公司的各种权利,其中财产权是股权最基本的内容。本案中,葛锋与孙亚英系夫妻,葛锋在夫妻关系存续期间以共有资产出资与他人设立了平锋公司,则葛锋在平锋公司的50%股权属于夫妻共同所有的财产。股权转让协议涉及对孙亚英和葛锋夫妻共有财产的处理,与孙亚英有着直接的利害关系,故孙亚英有权对股权转让协议的效力提出主张。其次,股权转让协议应为无效。夫妻共有属于共同共有,如果没有特别约定,对共同共有财产的处分须征得全体共同共有人的同意。本案中,葛锋、葛彬忠并未提供葛锋和孙亚英之间就共同共有的财产如何处分有特别约定的证据,且无充分证据证实孙亚英知晓并认可股权转让事宜,现孙亚英提出葛锋擅自处分共有财产的主张应予支持。同时,根据《合同法》第51条规定,无处分权的人处分他人财产,经权利人追认或者无处分权的人订立合同后取得处分权的,该合同有效。本案中,葛锋至今未取得涉案股权的单独处分权。而且,孙亚英不仅未追认葛锋与葛彬忠签订的股权转让协议,反而就此诉至法院要求确认该协议无效,以此寻求保护其作为妻子对夫妻共有财产的平等处理权,法院对此应予支持。

规则26 【经营转让】个人独资企业经营转让的,原投资人对转让前的债务仍应承担清偿责任。

[规则解读]

个人独资企业经营转让的,原投资人对转让前的债务仍应承担清偿责任;在执行程序中,可裁定追加原投资人为被执行人。

[案件审理要览]

### 一、基本案情

2007年10月11日,刘伟驾驶河北省南皮县长江汽车运输队所有的冀J56269号重型半挂牵引车和被执行人泊头市长领汽运服务中心(以下简称长领汽运中心)所有的冀JM312号平板半挂车,在重庆市巴南区发生交通事故,造成两人死亡。受害人秦德渝、周正安、陈元强等起诉要求赔偿,法院于2008年6月作出民事判决书,判决被告李荣吉、长领汽运中心连带赔偿前述受害人共计1 510 723.42元。李荣吉、长领汽运中心不服,提出上诉。二审法院判决驳回上诉,维持原判。因二被告拒绝履行生效判决确定的义务,受害人秦德渝等向一审法院申请强制执行,该院将四案合并执行。执行中,一审法院委托河北省泊头市人民法院执行,泊头市人民法院以被执行人在其辖区未发现有可供执行的财产为由将案件退回。一审法院在执行中查明,长领汽运中心是刘国领(又名刘洪峰)于2003年1月13日投资设立的个人独资企业。2005年4月18日刘国领将该企业全部转让给金连芬(刘国领与金连芬原为夫妻关系);2008年10月28日,金连芬又将该企业转让给刘洪峰;2009年2月17日,该企业再次转让给张占强。这三次转让均办理了工商变更登记。2008年1月11日,长领汽运中心向泊头市人民法院起诉刘国领、刘伟汽车买卖合同纠纷一案,请求确认冀JM312号挂车的所有权人为二被告,判令二被告办理过户手续。泊头市人民法院于2008年4月25日作出(2008)泊民初字第60号民事判决书(刘伟缺席),判决该车辆归刘伟所有,并驳回长领汽运中心的其他诉讼请求。

由于长领汽运中心无财产可供执行,2011年6月7日,一审法院作出执行裁定书,裁定追加金连芬为被执行人,冻结其银行存款195万余元。金连芬不服,提出执行异议。

### 二、审理要览

一审法院作出裁定,驳回其执行异议。金连芬仍不服,以其不是长领汽运中心实际经营人或实际投资人,肇事车辆的实际车主是刘伟,且已经一审法院民事判决书确认,原执行裁定书适用法律错误、程序违法为由向重庆市第五中级人民法院申请复议。

二审法院认为,金连芬作为事故发生时长领汽运中心的投资人,应当对长领汽运中心的债务承担清偿责任。金连芬在事故发生后不主动履行清偿义务,而是将长领汽运中心转让给他人,系逃避债务的行为,执行法院裁定追加金连芬为被执行人,符合最高人民法院《执行规定》第76条之规定。金连芬申请复议的理由不能成立。

二审法院裁定:驳回金连芬的复议申请。

[规则适用]

本案涉及个人独资企业经营转让后原债务的责任主体的确定。

一、交通事故发生后肇事车辆所有权转移不能导致赔偿责任转移

一般情况下,交通事故致人损害的,由车辆所有人承担损害赔偿责任,只有车辆所有人因各种原因丧失运行支配及运行利益时,车辆所有人才不承担责任,由运行支配和运行利益的实际归属者承担责任。《物权法》施行后,机动车辆登记既是交通管理的重要手段,也具有物权公示、公信的效力,交通事故损害发生后,应当推定登记簿上记载的所有人为赔偿责任主体。实践中,有的责任人意图通过转移肇事车辆的所有权来逃避执行,依登记的所有权人确定责任主体也是防止规避执行的可靠方法。本案中,生效判决认定长领汽运中心为赔偿责任主体之一,即使长领汽运中心认为判决错误,也应当通过再审程序解决,而不能提起汽车买卖合同纠纷诉讼,转移所有权来推卸自己的赔偿责任。

二、个人独资企业经营转让的,原投资人对转让前的债务仍应承担清偿责任

有人认为:本案中该企业已转给第三人张占强,并办理了工商登记,金连芬已不是该企业业主,根据《执行规定》第76条的规定,应追加该企业现在的投资人为被执行人,不能在执行程序中直接裁定追加原投资人为被执行人,应当通过诉讼程序判决确认后才予执行。我们认为,这种观点是错误的。《中华人民共和国个人独资企业法》(以下简称《个人独资企业法》)第2条规定,个人独资企业是指由一个自然人投资,财产为投资人个人所有,投资人以其个人财产对企业债务承担无限责任的经营实体。第31条规定:"个人独资企业财产不足以清偿债务的,投资人应当以其个人的其他财产予以清偿。"换句话说,投资人是个人独资企业的终极责任人。这与一人有限责任公司的民事责任的承担方式明显不同。

营业转让是包括财物、权利及事实关系构成的企业财产及债务的概括转让。基于对债权人合法权益的保护,债的转移未经债权人同意,不得对抗债权人。个人独资企业营业转让的,原投资人不能免除责任,并且,根据权利义务一致的原则,受让人还应在受让财产的范围内对债权人承担清偿责任。

本案中,被执行人长领汽运中心为个人独资企业,企业转让后,侵权之债成立时的企业投资人金连芬仍应承担清偿责任。根据《执行规定》第76条的规定,可以在执行程序中直接裁定执行金连芬的其他财产。这样既防止规避执行的行为,又可以减少当事人诉累,有利于提高执行效率。

**规则27 【职工退股】改制企业职工退股应认定为股权转让。**

[规则解读]

在公司章程对于股权转让作出比《公司法》更为严格的规定时,应该肯定章程的效力。尽管公司章程在字面上来看是关于强制退股的规定,但是从内容上来

看,其实质是对于公司股权内部转让的进一步规定。对于股权的内部转让,公司章程作出的进一步规定是有效的。

[案件审理要览]

**一、基本案情**

雷飞平系原璧山县百货公司职工。1994年,璧山县百货公司改制成立璧山县百货有限责任公司,雷飞平等152名公司职工和工会成为公司股东,选举董事会,制定公司章程。该公司章程明确规定:"公司是经璧山县人民政府授权部门批准,在璧山县工商行政管理部门注册登记,有职工个人股152名和工会股股东出资额,并以其缴纳的出资对公司承担有限责任的企业法人。""本公司设立职工个人股和公司工会股,一经出资,不得退股。""股东已缴纳的出资只能内部转让或依法继承。股东转让出资需由股东会讨论通过,转让出资必须到公司指定部门办理转让登记手续,否则无效。"同年7月1日,璧山县体制改革办公室以璧体改办(1994)19号文件印发《关于同意成立重庆市璧山百货公司的批复》,该《批复》明确公司股本由公司工会股188 209元和职工个人股489 000元构成,合计677 209元作为公司的注册资本。股本总额经会计师事务所验证确认,但验资报告中未明确工会股与职工股具体金额,工商登记中无股东花名册。1996年,公司召开股东大会,将公司章程的第17条修改为:"凡以后退休或者调离的股东,如有内部职工接股的就由内部职工接,如没有就由公司收购。股东已缴纳的出资只能内部转让和公司收购(仅指退休、工作调离的股东)或依法继承。股东转让出资需由股东会讨论通过。转让出资必须到公司指定部门办理转让登记手续,否则无效。"1997年,董事扩大会议通过"凡是退休的和调离的可以退股(退股后作为公司的集体股)"的决议。1998年9月,股东大会将公司章程的第4条和第14条分别修改为:"公司注册资本为1 831 460元人民币,系股东缴纳的股本总额。""股东、持股会会员向股东以外的股东转让出资时,必须经全体股东过半数同意,不同意转让的股东应购买该转让的出资,如果不同意转让的视为同意转让。经股东同意转让的出资,在同等条件下,其他股东、持股会会员对该出资有优先购买权。股东、持股会会员的出资可依法继承或转让。转让或继承必须到公司指定部门办理转让登记手续,否则无效。"

原告雷飞平于1997年10月1日退休,同年10月8日,便申请退还并最终领取股金3 000元。雷飞平以公司董事会对其实行单方面的、强制性的退休必退股行为,严重侵犯其合法权益为由提起诉讼,要求法院依法判令百货公司立即恢复其在公司中应当享有的股权,并确认璧山百货公司的退休必退股的行为无效。璧山百货公司辩称,原告雷飞平申请退股,符合公司章程,且当时公司效益不好,出现亏损,员工积极退股。原告雷飞平退出的股份已为工会购买,资本金未发生变化。对于原告雷飞平确认退股无效的请求,公司章程未被宣布无效,原告雷飞平就不能以个人宣告无效。

**二、审理要览**

一审法院经审理认为,被告璧山百货公司改制时,由152名原璧山县百货公司职工和工会出资成立。由于改制的特殊性,对被告璧山百货公司内部股东关系纠纷处理时,应当依据公司章程进行。原告雷飞平曾参加1996年的股东大会,并同意此次股东大会制定的公司章程。该条款明确退休、工作调离的股东只能内部转让股份和公司收购,其实质是股份或股权转让,并非是强制退股规定。公司章程未有职工股东退休必退股的具体规定,而是有关股份的转让或继承的规定。因此,该公司章程的规定未违反当时《公司法》的强制性或禁止性规定。然而,被告璧山百货公司于1997年10月8日向原告雷飞平退还的股金是按照公司章程规定进行的股份或者股权转让,以及原告雷飞平的股份有明确具体的受让人或者受让人出资,二者均证据不足。同时,也无证据证明璧山百货公司对原告雷飞平退股后的资本金依法进行了公司资本减资。因此,原告雷飞平与被告璧山百货公司之间的退股行为实质为抽逃出资,不仅违反1993年、1999年、2004年《公司法》第34条股东在公司登记后不得抽逃出资的强制性的规定,而且亦违反2005年颁行的《公司法》第36条公司成立后股东不得抽逃出资的规定。据此认定被告璧山百货公司退还股金行为无效,原告雷飞平返还股金,被告璧山百货公司立即恢复其股东身份。依照《民事诉讼法》第128条和《公司法》第36条的规定,判决璧山百货公司于1997年10月8日向雷飞平支付股金3000元的退股无效;在判决生效后10日内,雷飞平向璧山百货公司返还所退股金3000元后,璧山百货公司应立即恢复其股东身份;驳回雷飞平的其他诉讼请求。

宣判后,被告璧山百货公司不服,提起上诉称:原告雷飞平退股时写的申请,经公司财务部门审核,由公司出资收购,这一程序符合公司章程规定。尽管对于原告雷飞平的股份未有明确的内部自然人受让,但是公司章程规定公司可收购。公司注册资本由工会股和个人股组成,实际上,公司以工会持股会名义收购原告雷飞平的股份,工会持股会就是明确的受让人,公司未减资并不能证明未转股或退股,且更进一步证明工会持股会为受让人的事实。如果一审判决执行对现有股东不公平,因1997年公司不景气,固定资产不值钱,面临倒闭,所有股东纷纷要求退股,特别是退休和调离人员。本案应尊重上述历史背景,且本案已过诉讼时效。

二审法院经审理认为,原告雷飞平退股后,被告璧山百货公司的股东名单中已无雷飞平的名字。从当时工商登记来看,被告璧山百货为有限责任公司,由国企改制而来。由于改制的特殊性和不规范性,当时的被告璧山百货公司并不是真正公司法意义上的有限责任公司,在一定程度上带有股份合作制企业的特征。按照1997年《国家体改委关于发展城市股份合作制企业的指导意见》(以下简称《指导意见》)第5条"职工离开企业时其股份不能带走,必须在企业内部转让,即取得股东身份的前提是具有在职职工的身份"的规定,被告璧山百货公司1996年公司章程的规定并未违反《公司法》的禁止性规定,也与《指导意见》的精神不相冲突。因此,对纠纷的处理应按公司章程进行。被上诉人雷飞平退股虽然没有明确的受让人,且无转让协议,也未履行相应的减资手续,但可以理解为一种特殊的股权转让形式。一方面,公司资产没有减少,这符合股权转让的行使要件;另一方面,大多数地方的地方行政规范都规定股东退股后由企业收回股东股份,再由企业分配给其他职工。如公司有集体股,可暂时归入集体股。从2002年工商登记变更登记来看,工会股增加了115万余元,因此可以认定被上诉人雷飞平所退出的股份已由工会承接、受让。尽管公司未减资,但是被上诉人雷飞平的名字已从公司的股东名单中删除,且其亦未再参加过公司事务,因而其已不再是公司股东。被上诉人雷飞平退股行为亦不符合抽逃出资的要件。事实上,公司最终是否履行减资手续,是公司与现有股东的问题,与被上诉人雷飞平的转股或退出行为效力无关。因此,认定雷飞平的退股行为有效,遂作出撤销一审判决,驳回雷飞平诉讼请求的终审判决。

[规则适用]

本案系改制后有限责任公司的职工股东以公司董事会对其实行单方面的强制性的退休必退股行为为由,提起确认公司行为无效,判令公司恢复其在公司中应当享有的股权的诉讼。本案在一、二审中争议的焦点是雷飞平的退股行为究竟是抽逃出资还是股权转让?雷飞平的退股行为是否符合公司章程的规定?公司章程是否违反《公司法》中的强制性规定?

一、抽逃出资的实质在于出资的抽逃

股东抽逃出资的实质在于抽逃,它是指股东将已缴纳的出资又通过某种形式转归于自身所有,但是仍然保留股东身份和原有出资额的情形。由此可见,其构成要件为:第一,公司已有效成立。即使未取得营业执照,但验资等手续已完成,抽逃行为不影响公司成立。第二,公司股东的出资已缴纳,并构成公司注册资本的一部分。第三,抽逃出资的主体一般为公司发起人股东,包括单位与个人。只有同时满足形式上仍保留股东身份和原有的出资,实质上仍能行使股东权利但是已无出资的要求,才是抽逃出资。实践中,股东抽逃出资的主要形式有:控股股东强行将注册资金中货币出资的一部分或全部抽走;伪造虚假交易,如公司与股东间的买卖关系,公司将股东注册资金的一部分划归股东个人所有;将注册资金的非货币部分,如建筑物、机器设备、知识产权、场地使用权在验资完毕后,将其一部分或全部抽走;抽走货币出资,以其他未经审计评估且实际价值明显低于其申报价值的非货币部分补账,以达到抽逃出资的目的;通过对股东提供抵押担保而变相抽回出资,等等。股东的出资财产转移给公司之后就已经成为公司财产,为了确保债权人的利益不因股东的有限责任而受到损害,立法上预先设计了一整套关于公司资本形成、维持和退出的机制。这一机制在理论上被归纳为资本确定、维持和不变原则。目前,主要有法定资本制、授权资本制与折中资本制三种资本制度。即便目前我国实行认缴资本制,但依据现行《公司法》及其司法解释规定,股东退出公司撤回出资的方式实行法定主义,包括转让股权、协议减资、股份回购。然而,股东的撤资自由具有限度性,即股东不得以《公司法》未有规定的退出方式退出公司,否则构成抽逃出资。

就本案而言,一审法院认定雷飞平的退股为抽逃出资,我们认为值得商榷。首先,抽逃注册资本的实质在于抽逃,从公司验资时看,无论资产来源如何,资金在账上是实的,但是公司登记注册后这些钱便被抽回。本案中,雷飞平退股后,公司的注册资本并未因此而发生变化。这与股东抽逃出资时,要承担公司人格否认后的责任截然相反。其次,雷飞平的退股行为并不是出于他的恶意,并不是想从退股中获取利益。而是基于当时公司章程的规定,是一种不得已而为之的行为。从意思表示的角度上来说,其不具有抽逃出资的意思表示。再次,就抽逃出资的构成要件而言,雷飞平已经从公司的股东名单中除名,其已经不具备股东资格,因此形式上不具备抽逃出资的要件。实质上,自除名以来,雷飞平未行使股东权利,也不符合抽逃出资隐蔽性的实质要件。因此,对雷飞平这种行为不应当认定为抽逃出资。

二、公司章程对股权转让的影响

作为对公司进行组织与管理基本文件的公司章程,它与《公司法》的规定往往存在一定的差异性,但是其内容的约束性却不可轻视。因此,要分析股东股权转让的效力,必须首先对二者的关系有一个明确的认识。就《公司法》规定而言,我国公司立法采任意法方式对股权转让进行限制,授权公司章程或股东协议可予以排除或变更。并且通说认为,公司章程实质是公司成员之间的契约,本质上是公司合同的理论延伸。即公司是许多自愿缔结合约的当事人、股东、债权人、董事、经理、客户之间的协议,参与公司的有关各方在塑造他们之间的合约安排时,应当是完全自由或者原则上是自由的。公司法一贯强调的原则是契约自由、鼓励股东意思自治。因此,对于法律未禁止章程规定的涉及股东之间利益的事项,章程的规定均有约束力。《公司法》第71条第4款规定:"公司章程对股权转让另有规定的,从其规定。"以公司合同理论为基础,寥寥数字足以堪此重任。事实上,有限责任公司不仅具有资合性,还具有一定的人合性。法律上一般承认有限责任股东不同于股份有限公司的信赖关系,也肯定有限责任公司股东强于一般股东对公司成立后及经营过程中的合理期待。在公司合同理论指引下,公司成立之初章程是经过股东同意的,因此即使公司章程对于股权转让自由作出某些限制性规定,仍然要承认其效力。该条第2款仅仅对股东向外部人转让作了限制性规定,对于内部股东之间的转让未做限制,也就是说公司章程可以在此限制性条款的基础上作出更加严格的规定。综上,在公司章程对于股权转让作出比公司法更为严格的规定时,其章程的效力是应该肯定的。

就本案而言,尽管公司章程在字面上来看是关于强制退股的规定,但是从内容上来看,其实质是对于公司股权内部转让的进一步规定。1996年的璧山百货公司章程规定股东退休必退股,股东已缴纳的出资只能内部转让和公司收购(仅指退休、工作调离的股东)或依法继承。股东转让出资需由股东会讨论通过。转让出资必须到公司指定部门办理转让登记手续,否则无效。该条虽然对股东股权转让的自由作出了限制性的规定,仍属于有效。因此,就我们看来,无论是从效力状况来看,还是从是否适用来讲,公司章程均无不当之处。

三、股权转让旨在促进有效流转

股权为财产权之一种,可转让性为其根本属性之一。法律制度的设计应有利于财产的有效流通。从公司法的角度看,有效流通应首先体现为公司股权投资自由,即投资者既可以投资组建公司或受让股权进入公司,也可以出让股权或通过公司解散退出公司。"资本自由流通是资本企业的生命线。不允许资本自由流通就等于扼杀了资本企业自身的生命。"[1]因此,股权转让自由、公司独立人格与股东有限责任共同构成了现代公司制度的重要特征。作为一种新型的民事权利,股权是投资者所拥有的以财产权为主导的权利束,股东有权利基于资本自由理论、公司资合理论及公司人格理论进行转让。《公司法》第71条第1款规定:股东之间可以相互转让其全部出资或者部分出资。通过对该条的分析可以看出,对于股权转让的自由度,该条第1款用了"可以"一词。那么对于法律中的任意性条款,公司章程中是否可以作出限制性规定?我们认为是可行的。法律之所以规定股份转让自由原则,形成了股权以自由转让为原则,以限制为例外的立法例,主要是为畅通股东在公司的退出机制。

如前所述,我们赞同二审法院对雷飞平的退股认定为股权转让。首先,雷飞平的退股方式符合公司章程,公司的注册资本并不因此而发生变化。其次,雷飞平的退股行为发生在公司改制之后,是因发生一定事由而作出的民事法律行为,符合《公司法》规定的严格程序要求。同时,退股行为是公开进行的,并不存在侵占其他股东投资收益权的问题。再次,璧山百货公司由改制而来,带有股份合作制企业的特征,不是纯粹公司法意义上有限责任公司,就职工内部股权转让事宜的认定与处理与当时的《指导意见》精神相吻合。然而,就股权转让的效力认定,我们认为,还应当分为以下几个层次:第一,股权交付具有当事人间股权变动的效力。本案中工会股增加可以视为当事人间股权的事实交付,一旦交付完成,股权转让在当事人间也就具有了约束力,但此种约束力不具有扩张性,不能及于第三人,对抗性不足。第二,公司登记具有对抗公司本身的效力,同时具有一定的公示性。公司登记本身是为防止新股东接手股权之后向公司主张权利无果而设定的,其本身并不能单独作为认定股权转让效力的要件。本案中由于并没有出现新的股东,因此并不需要进行新设登记,而需要进行撤销登记,所以公司将雷飞平从股东名册中除名具有对抗公示效力。第三,工商登记仅仅具有公示公信效力。股权作为一种资本权,企业要维持生命与活力必须要实现资本流动,股权转让作为资本流动的一种重要方式,法律不应设置过多的障碍。赋予工商登记以公示性而非设权性已经足够。从另一个角度来讲,其公示公信效力的范围又是最广泛的,及

---

[1] 江平:《现代企业的核心是资本企业》,载《中国法学》1997年第6期。

于不特定的第三人,而不仅仅限定于当事人之间或者公司内部。因此,本案中股权转让未进行工商登记,并不影响其效力。

> **规则 28** 【非上市公司国有法人股转让】非上市公司国有法人股转让中涉及国有资产转让,有关进场交易的规定,应当属于效力性强制规范。

[规则解读]

在涉及企业国有资产转让合同纠纷案件的审理中,应将社会公共利益标准运用于审判过程中,以此进行价值判断。即,援用社会公共利益标准去衡量行政规章中的各类禁止性规定,看其是否关系到社会公共利益的维护;同时,审慎判断社会公共利益在具体案件中的存在与否。如果交易行为违反了规章或其他法律文件中有关交易程序的强制性规定,而这种交易程序的设置恰恰是为了使社会公共利益不受侵害,那么法院可以考虑援用违反社会公共利益条款,认定交易合同无效。

[案件审理要览]

**一、基本案情**

2007年2月6日,巴菲特投资有限公司(以下简称巴菲特公司)参加上海金槌商品拍卖有限公司(以下简称金槌拍卖公司)的拍卖会。此前,上海自来水投资建设有限公司(以下简称自来水公司)以董事会决议形式委托其股东之一的上海水务资产经营发展有限公司(以下简称水务公司)代为处置其持有的光大银行(系非上市股份公司)16 985 320股国有法人股。巴菲特公司通过竞拍取得了上述股权。拍卖成交后,金槌拍卖公司出具拍卖成交确认书,巴菲特公司向金槌拍卖公司支付了全部股权转让款计人民币52 654 492元,并与水务公司签订了《光大银行法人股股权转让协议》。此后,自来水公司拒绝履行该协议,并于2007年3月1日向光大银行发送中止股权变更的函,致使巴菲特公司无法取得上述股权。巴菲特公司向自来水公司发函要求尽快办理股权变更申请后无果,遂提起诉讼,请求判令自来水公司履行《光大银行法人股股权转让协议》,将16 985 320股光大银行国有法人股予以转让。诉讼中,被告自来水公司辩称:第一,其未向水务公司出具拍卖光大银行股权的授权委托书,也未订立股权转让协议,巴菲特公司依据该协议向其主张权利没有依据。第二,讼争的股份系国有资产,根据《企业国有产权转让管理暂行办法》等的有关规定,转让国有产权应当履行审批、评估程序,并且按规定进入产权交易场所交易。本次股权转让的过程不符合上述规定,转让行为不合法。自来水公司遂提起反诉,请求判决确认巴菲特公司与水务公司签订的《光大银行法人股股权转让协议》无效。

**二、审理要览**

一审法院经审理认为:(1)自来水公司的董事会决议虽未标明为"授权委托

书",但其内容已体现出授权委托的意思表示,符合授权委托的基本要素,且不违反法律法规和公司章程的规定,依法应认定自来水公司已全权委托水务公司办理光大银行法人股的转让事宜。水务公司以自己名义在自来水公司授权范围内与巴菲特公司签订的股权转让协议,载明了水务公司与自来水公司之间有委托代理关系,根据《合同法》第402条、第403条第2款规定,该协议可以直接约束自来水公司,巴菲特公司有权选择自来水公司或者水务公司主张权利。(2) 水务公司虽然取得自来水公司的授权,可以代理该公司转让讼争股权,但在实施转让行为时,应当按照国家法律和行政规章所规定的程序和方式进行。讼争股权的性质为国有法人股,属于企业国有资产。对于企业国有资产的转让程序和方式,国务院、省级地方政府及国有资产监管机构均有相应的规定。根据国务院国资委、财政部制定实施的《企业国有产权转让管理暂行办法》的规定,企业国有产权转让应当在依法设立的产权交易机构中公开进行,企业国有产权转让可以采取拍卖、招投标、协议转让等方式进行。根据上海市政府制定实施的《上海市产权交易市场管理办法》的规定,本市所辖国有产权的交易应当在产权交易市场进行,根据产权交易标的的具体情况采取拍卖、招标或竞价方式确定受让人和受让价格。上述两个规范性文件虽然不是行政法规,但均系依据国务院授权,对《企业国有资产监督管理暂行条例》的实施所制定的细则办法。而且,规定企业国有产权转让应当进场交易的目的,在于通过严格规范的程序,保证交易的公开、公平、公正,最大限度地防止国有资产流失,避免国家利益、社会公共利益受损。因此,《企业国有产权转让管理暂行办法》《上海市产权交易市场管理办法》的上述规定,符合上位法的精神,不违背上位法的具体规定,应当在企业国有资产转让过程中贯彻实施。本案中,水务公司在接受自来水公司委托转让讼争股权时,未依照上述规定处置,擅自委托拍卖公司拍卖,并在拍卖后与巴菲特公司订立股权转让协议,其行为不具合法性。水务公司依据拍卖结果与巴菲特公司订立的股权转让协议无效。据此,依照《合同法》第52条第(4)项、第56条的规定,判决:(1) 确认巴菲特公司与水务公司签订的《光大银行法人股股权转让协议》无效;(2) 对巴菲特公司的诉讼请求不予支持。

巴菲特公司不服一审判决,提起上诉。二审法院经审理后,判决驳回上诉,维持原判。

[规则适用]

本案是一起以非上市股份有限公司国有法人股为交易标的的股权转让纠纷。

一、关于规范企业国有股权(股份)转让的法律法规的规定

企业国有股权(股份)是企业国有资产的重要表现形式。国有股权(股份)是关系到国有资产出资人权益的重大事项之一,是国家获得投资收益的一种方式。自20世纪90年代以来,我国颁布实施了许多有关国有资产管理方面的规范性文件。其中涉及国有股权(股份)转让的主要有如下内容:一是关于国有资产转让的

基本原则和要求,二是关于国有资产转让的决定权限或备案制度,三是关于国有资产转让的程序和方式,四是关于国有资产转让的禁止性、限制性规范,五是关于违反规定的法律责任。择其最主要的条款,按发布时间的先后列举如下。《国有资产评估管理办法》(1991 年 11 月 16 日国务院令第 91 号)第 3 条规定,国有资产占有单位有资产拍卖、转让情形的,应当进行资产评估。《拍卖法》(1997 年 1 月 1 日起施行,2004 年 8 月 28 日修正)第 28 条第 2 款规定:"拍卖国有资产,依照法律或者按照国务院规定需要评估的,应当经依法设立的评估机构评估,并根据评估结果确定拍卖标的的保留价。"《企业国有产权转让管理暂行办法》(2003 年 12 月 31 日国务院国资委、财政部令第 3 号)第 4 条规定:"企业国有产权转让应当在依法设立的产权交易机构中公开进行,不受地区、行业、出资或者隶属关系的限制。国家法律、行政法规另有规定的,从其规定。"第 5 条规定:"企业国有产权转让可以采取拍卖、招投标、协议转让以及国家法律、行政法规规定的其他方式进行。"《中华人民共和国企业国有资产法》(2008 年 10 月 28 日公布,自 2009 年 5 月 1 日起施行,以下简称《企业国有资产法》)第 53 条规定:"国有资产转让由履行出资人职责的机构决定。履行出资人职责的机构决定转让全部国有资产,或者转让部分国有资产致使国家对该企业不再具有控股地位的,应当报请本级政府批准。"第 54 条第 2、3 款规定:"除按照国家规定可以直接协议转让的以外,国有资产转让应当在依法设立的产权交易场所公开进行。……征集产生的受让方为两个以上的,应当采用公开竞价的交易方式。转让上市交易的股份依照《中华人民共和国证券法》的规定进行。"第 55 条规定:"国有资产转让应当以依法评估的、经履行出资人职责的机构认可或者由履行出资人职责的机构报经本级政府核准的价格为依据,合理确定最低转让价格。"《金融企业国有资产转让管理办法》(2009 年 3 月 17 日财政部令第 54 号)第 11 条规定:"非上市企业国有产权的转让应当在依法设立的省级以上(含省级)产权交易机构公开进行。"第 28 条规定:"转让上市金融企业国有股份和金融企业转让上市公司国有股份应当通过依法设立的证券交易系统进行。"根据以上各项规定,我们将国有股权(股份)转让的基本规范,归纳为以下三方面的程序:

(一) 决策、审批程序

首先,由履行出资人职责的机构决定。根据我国现有的管理模式,履行出资人职责的机构分为三种形式:一是国务院国资委和地方人民政府国资委,二是国务院和地方人民政府授权的其他部门、机构,三是履行出资人职责的机构委派股东代表参加的股东(大)会。其次,如果转让致使国家对该企业不再具有控股地位的,应当报请本级政府批准。

(二) 评估、定价程序

首先,转让方或者标的公司选择委托有相关资质的评估机构依法进行资产评估。其次,将评估报告交履行出资人职责的机构认可或者备案后,作为确定转让价格的依据,合理确定最低转让价格。再次,在交易过程中,当交易价格低于评估结果的90%时,应报国资委或者有关机构批准。

(三) 进场交易、公开竞价程序

首先,非上市公司国有股权(股份)的转让应当在依法设立的省级以上(含省级)产权交易机构公开进行;上市公司国有股份的转让应当通过依法设立的证券交易系统进行,另外还须遵循国家有关国有股减持的规定。其次,公开披露转让信息,广泛征集受让方。征集产生两个以上受让方的,采用拍卖、招投标等公开竞价的交易方式。从严控制直接协议转让。

二、关于确认企业国有股权(股份)转让行为效力的司法依据

应该看到,尽管我国现阶段关于企业国有股权(股份)转让的规范性文件,在各个层面已显得比较全面,但是在具体实践中,针对违反或者不符合上述三方面程序性规定的转让行为是否有效,依然存在较大的争议。产生争议的主要原因是,相关行政法规、规章对这类转让行为的法律效力没有给予明确的界定。即使在新近实施的《企业国有资产法》中,也仅仅是规定当事人恶意串通损害国有资产权益的交易行为无效。① 本案中,光大银行国有法人股的转让未按规定进场交易,该转让协议是否有效,遂成为当事人争议的焦点。有观点认为,在本案涉讼转让行为发生之时,尚无任何一部法律、行政法规规定国有资产转让应当进场交易,法院不得依据行政规章的规定来确认股权转让合同的效力。只要无证据证明股权的受让方为恶意,就应该确认股权转让合法有效。审理本案的两级法院没有支持这种观点,除了已有的判决理由之外,本文对此作进一步的阐述。

(一) 国有资产转让是兼具私法与公法的法律行为,在法律适用上公法与私法应该并重

国有资产转让行为之法律性质的正确界定,对于当前这一特殊历史时期的司法实践,有着至关重要的意义。国有资产转让,首先是一种社会主义市场经济条件下的交易活动,它符合民商事合同行为的一般特征,其交易主体间的法律地位平等,遵循自愿、公平、诚信等私法原则,受到私法的保护。但是,国有资产转让又不仅仅是简单的民事行为:从交易标的上看,它所处分的是涉及面广、数额较大、受公众关注的国有财产;从交易结果上看,它往往导致财产性质从公有到私有的直接转变;从交易影响上看,它会带来现有利益格局的重大调整,也可能产生国有资产流失、职工下岗裁员等问题。因此,在处理国有资产转让的法律问题上,单靠

---

① 在《企业国有资产法》立法过程中,有的地方和专家建议规定,国有资产未按照规定在产权交易场所公开交易等违反本法规定所进行的交易行为无效。但也有专家认为,笼统规定违反规定的交易行为都无效,可能影响交易安全和效率,还可能损害善意相对人的利益。有的企业则认为,国有资产都要评估和进场交易,程序过于繁琐。而且,资产评估在实践中作用有限,进场交易在有些情况下不利于企业开展战略合作。因此,建议增加关于评估和进场交易的豁免规定。参见全国人大常委会法工委编:《中华人民共和国企业国有资产法释义》,法律出版社2008年版,第三部分"附录"。

私法是力不从心的。自《合同法》颁布以来,当事人意思自治、合同自由的原则已深入人心,司法裁判从宽认定合同效力的态势也十分明显。例如,《合同法解释二》对因违反法律行政法规强制性规定而无效的情形作了限缩解释,即将"强制性规定"解释为"效力性强制性规定",排除了管理性强制性规定。这种注重保护私权的积极态度,是民商事审判观念的重要进步,也符合社会生活的发展方向。但是在处理国有资产转让合同效力的问题上,单纯强调私法自治的理念,不符合我国国情。具体来说,不符合国家对国有资产管理的法律精神。国企改革本身是为了解决我国国有企业长期以来存在的、因所有者缺位而导致的效率低下问题,是计划经济向市场经济全面转变的关键一步,带有很强的政策导向性和公共利益性。同时,在此过程中,改制行为失范现象的普遍存在,公众的质疑与日俱增,国有资产的流失迫在眉睫,这些都需要公权力的介入。对法律适用而言,绝非是私法对公法的简单延伸与替代,而应当构建起以私法为横轴、以公法为纵轴的活动象限。基于国有资产及其流转关系具有私法和公法的双重属性,有关当事人在进行国有股权(股份)转让时,不仅要依照《合同法》《公司法》《证券法》等民商法的规定,而且要遵循以《企业国有资产法》为核心的一系列经济法的规定。这些规定是国有资产有序转让的保障,应当作为认定国有资产交易合同效力的法律依据。

(二)根据国务院授权制定的部门规章中的强制性规范,应视为具有行政法规的效力

本案中,是否能以《企业国有产权转让管理暂行办法》等部门规章中对交易程序的规定来否认国有法人股交易合同的效力,成为双方争执的焦点。根据我国《合同法》第 52 条第(5)项的规定,违反法律、行政法规中的强制性规定才能导致合同无效。那么对于部门规章中有关国有资产交易程序的规定,在实践中应如何把握其效力?我们认为,部门规章中有关国有资产交易程序的规定,具有强制性,属于根据国务院授权制定的部门规章中的强制性规范,并且应视为具有行政法规的效力。理由如下:

第一,从法律权源分析,部门规章中有关国有资产交易程序的规定是国务院授权相关部委制定的,与相关行政法规同根同源、一脉相承。《企业国有资产暂行管理条例》第 13 条第 2 款规定:"国务院国有资产监督管理机构除前款规定职责外,可以制定企业国有资产监督管理的规章、制度。"第 31 条规定:"国有资产监督管理机构应当建立企业国有资产产权交易监督管理制度,加强企业国有资产产权交易的监督管理,促进企业国有资产的合理流动,防止企业国有资产流失。"第 44 条规定:"国务院国有资产监督管理机构,省、自治区、直辖市人民政府可以依据本条例制定实施办法。"国务院国资委、财政部发布的《企业国有产权转让管理暂行办法》,在形式上虽然是法律位阶层次较低的部门规章,但却是依据国务院授权对上述条例的实施所制定的细则办法,是行政法规的延伸与细化,权力来源一致,立法精神统一。国务院部委制定的规章,其中的强制性规定是根据国务院授权制定

的,应当具有相当于行政法规的效力。对此,我们应当予以充分注意。

第二,从社会效果分析,国企改革的立法现状是我国经济转型期内特殊立法工作进程的结果,相关部门规章在国企改革过程中的实际作用不容置疑,司法实践中对部门规章的效力应灵活掌握。在社会经济的变革时期,法律稳定性和灵活性之间的矛盾尤为突出。规范企业国有资产交易的法律文件之所以多为部门规章,是因为国企改革牵一发而动全身,它所涉及的社会利益多元而复杂,它所面对的社会问题深刻而严峻,出台正式法律法规的时机尚未成熟,只能处于摸索阶段。同时,改革中不断出现的新情况、新问题,又迫切需要国家行政管理机关作出及时、果断、必要的反应。这种背景下,经国务院授权、各部委下发具有普遍约束力的规范性文件,成为国企改革探索时期我国经济行政管理的基本手段,也是实现当时行政效率的基本要求。① 由此,社会关系的不断变动使得立法进程也显现出渐进式、探索式的特征:一般都是先制定行政法规、部门规章,或准许各地试行地方规范性文件,待关系稳定、经验成熟,再总结、上升为行政法规、法律。在国企改革的十多年里,这一系列规范性文件对国家财产的保全与盘活,对经济秩序的制约与保障作用毋庸置疑。如果面对个案时过分讲究公式化的法规效力等级,而不考虑规范性文件的实际社会效果,对效力较低的规章"一刀切"地排除适用,将会使原本奏效的行政管理陷入难以运行的境地,并对该规章所维护的社会利益带来不利的后果。

第三,从整体立法意图分析,部门规章中有关国有资产交易程序的规定属于强制性规范,其他相关法律文件对其进行了呼应与强化。对法律条文作出正确的理解与判断不应局限于法条本身,而应当将其放置在整体的法律框架中,联系其他相关法律文件,分析探究立法者的真实意图。《企业国有产权转让管理暂行办法》实施以后,国务院国资委、财政部等相关部门屡次发布指导性文件,要求严格执行该办法有关产权交易程序的规定。如国务院国资委《关于做好贯彻落实〈企业国有产权转让管理暂行办法〉有关工作的通知》中强调要"严格落实企业国有产权转让进场制度",国务院国资委、财政部、国家发改委、监察部、国家工商总局、中国证监会联合发布的《关于做好企业国有产权转让监督检查工作的通知》中指出要"严格监督检查企业国有产权转让进场交易情况",2009年5月1日施行的《企业国有资产法》中也有"国有资产转让应当在依法设立的产权交易场所公开进行"的规定。该法虽没有溯及既往的效力,但由于它是对十多年国有资产管理法规的认可、总结与升华,因此至少可以说明立法者对于国有资产交易程序的一贯态度。

(三)有关国有资产转让应当进场交易的强制性规范,既是管理性强制规范,又是效力性强制规范

前文已提到,《合同法解释二》将《合同法》第52条第(5)项所称的"强制性规

---

① 参见蔡小雪:《国务院下属部门规范性文件的法律适用:判断与适用》,载《人民司法》2008年第4期。

定"解释为"效力性强制性规定",即只有在合同违反效力性强制性规定时才能导致合同无效。这一解释旨在尊重当事人意思自治,尽量维护合同效力,其积极意义毋庸赘言。但我们不得不考虑的是,如何识别强制性规范中的管理性强制规范与效力性强制规范。从我国的立法现状看,处于法律位阶上的强制性规范,许多条文的逻辑结构往往只有"行为模式"(包括"应为模式"或者"勿为模式"),而缺少"法律后果"。也就是说,法条只规定了应该、必须怎么做或者不得、禁止怎么做,而没有规定不这样做或者违禁去做的法律后果,更没有直接规定违反这些规定对于相关民事行为的法律效力产生何种影响。处于行政法规、规章位阶上的强制性规范,由于立法主体是行政机关,其制定强制性规范的目的主要在于行政管理,因而规定的法律后果侧重于行政责任,很少会触及甚至根本不会触及民事行为的法律效力。那么,我们是不是就可以据此认定,那些没有规定法律后果的强制性规范,或者没有规定无效后果的强制性规范,仅仅就是管理性强制规范? 结论显然不这么简单。有学者提出了效力性强制规范的区分准则,认为法律法规虽没有规定违反该规定将导致合同无效,但若使该合同继续有效将损害国家利益和社会公共利益的,应属于效力性规定;若只是损害当事人利益的,则属于取缔性规定。[1] 有法官在上述观点的基础上进一步提出,强制性规定仅是为了行政管理或纪律管理需要的,一般都不属于效力性规定。具体而言,首先,可以从立法目的进行判断,倘其是为了实现管理需要而设置,并非针对行为内容本身,则可认为并不属于效力性规定;其次,可以从调整对象来判断,管理性规定很多时候单纯限制的是主体的行为资格。当然,上述两个方面的判断不能以偏概全,还要结合合同无效的其他因素考虑。[2] 以本案为例,我们认为,涉及国有资产转让的强制性规范,它首先是管理性强制规范,但在一定程度上也是效力性强制规范,其中有关进场交易的规定应当属于效力性强制规范。理由如下:

第一,从调整对象上看,我们所归纳的关于国有资产转让的三方面的程序性规定中的决策、审批程序和评估、定价程序,是转让行为正式实施之前的法定前置程序,它所规范的对象是国有资产转让方(履行出资人职责的机构),一般不会涉及其他当事人,体现了强制性规范的管理性目的。而进场交易、公开竞价程序则是直接针对转让行为本身,它所规范的对象包括国有资产转让方、受让方、产权交易机构等。相关当事人之间所构建的转让交易,是否履行了进场交易,是否实现了等价有偿,是否达到了公开公平公正,直接影响到转让行为的法律效力。因此,强制性规范的效力性,在这一程序环节显得比较突出。

第二,从法律解释学上看,通过体系解释、法意解释及目的解释等方法,可以得出有关进场交易的规定属于效力性强制规范的结论。《企业国有资产法》提到

---

[1] 参见王利明:《合同法新问题研究》,中国社会科学出版社2003年版,第320—322页。
[2] 参见沈德咏、奚晓明主编:《最高人民法院关于合同法司法解释(二)理解与适用》,人民法院出版社2009年版,第112、113页。

交易行为无效的仅有第72条,即"在涉及关联方交易、国有资产转让等交易活动中,当事人恶意串通,损害国有资产权益的,该交易行为无效"。该条规定与《合同法》第52条第(2)项的规定完全一致,无非是起到强调的作用。我们不能据此认为,转让行为只有被认定为恶意串通损害国有资产权益的,才可确认无效。因为全国人大常委会法工委对该条的释义是:"当事人恶意违反程序进行的交易活动,自始不具有法律效力,已经进行的财产转让、转移等行为无效,财产状况应该恢复到行为发生前的状态。"①另根据《企业国有产权转让管理暂行办法》第32条的规定,未按照有关规定在产权交易机构中进行交易的,国资监管机构或者相关批准机构应当要求转让方终止产权转让活动,必要时应当向法院提起诉讼,确认转让行为无效。结合上述法条释义和相关的规定,运用体系解释和法意解释的方法,已经可以判断出其具有效力性强制规范的性质。若再基于经济法的公法属性,从国有资产法律法规的立法目的考量,无疑对这一问题的认识就会更为清晰。

第三,从近似的司法实践看,某些法律中被认为管理性强制规范的违法结果往往是导致民事行为无效。例如,《公司法》第16条第2款规定:"公司为公司股东或者实际控制人提供担保的,必须经股东会或股东大会决议。"该款规定的内容,显然具有很强的管理性,但针对其法律责任的规定在《公司法》中阙如。最高人民法院和地方各级法院的司法实践,对于违反上述规定所形成的担保合同,基本上均确认为无效。同样的情况还出现在对《证券法》第144条的理解适用上。该条规定:"证券公司不得以任何方式对客户证券买卖的收益或者赔偿证券买卖的损失作出承诺。"目前的司法实践,对于违反该条规定所形成的委托理财合同,基本上亦是确认合同无效或合同部分无效。

(四)确认《企业国有资产法》实施以前违反国有资产转让强制性规范的行为无效,可以援用《合同法》关于损害社会公共利益的条款,国有资产转让与社会公共利益直接相关

首先,国有资产转让与人民群众利益攸关。企业国有产权流动涉及上万亿国有资产的归属,是新中国历史上空前的利益格局的重大调整。这种利益调整能否在公正的前提下进行,在多大程度上实现公正,关涉人民群众几十年劳动成果的去向,关涉国家与社会的安定团结,关涉经济秩序的健康持续发展,因而是当前社会公共利益最突出的所在。其次,国有资产转让备受社会公众关注。企业国有资产转让之所以引起社会公众如此强烈的关注,不仅仅是由于其资产总量的天文数字,而且关系到人民群众对党和政府的信任,关系到人民群众对改革开放政策的支持度。可以说,在人民法院审理的所有民商事案件中,没有哪一类企业国有资产转让合同纠纷案件不与社会公共利益关系紧密。有关企业国有资产转让的强

---

① 全国人大常委会法工委编:《中华人民共和国企业国有资产法释义》,法律出版社2008年版,第143页。

制性规范,旨在保护社会公共利益。行政规章规定了国有资产交易的特殊程序,这些程序的设置目的是为了通过公开、公平的交易,使国有资产在保值增值的情况下顺利完成转化,防止国有资产流失。因此,维护社会公共利益的任务由这些规章中有关交易的强制性程序规定集中承担,违反了特殊交易程序,就有侵害社会公共利益的可能。本案中的当事人正是违反了国有资产必须进场交易的规定。进场交易是国家加强企业国有资产转让监管的重要措施,其意在让国有资产转让和重大资产处置在依法设立的产权交易机构中公开进行,凭借产权交易市场网络平台功能强大、信息覆盖面广、交易效率高的优势,充分发挥公开市场发现价值、决定价格的功能,使国有资产在公平竞争中实现价值最大化,防止暗箱操作导致的国有资产流失。因此,科学规范的交易程序是国有资产合理流动的必备要求,更是切实维护社会公共利益的前提条件。由此,在涉及企业国有资产转让合同纠纷案件的审理中,将社会公共利益标准运用于审判过程中,以此进行价值判断,可以使国有资产交易合同的效力认定问题迎刃而解。具体地说,就是援用社会公共利益标准去衡量部门规章中的各类禁止性规定是否关系社会公共利益的维护;同时,审慎判断社会公共利益在具体案件中的存在与否。① 如果交易行为违反了规章或其他法律文件中有关交易程序的强制性规定,而这种交易程序恰恰是为了使社会公共利益不受侵害,那么法院可以考虑援用违反社会公共利益原则,认定交易合同无效。

---

① 参见江苏省高级人民法院民二庭:《企事业单位国有产权转让合同的效力认定》,载《法律适用》2005年第12期。

# 第二十九章　股权权益纠纷的裁判

**规则29**　【知情权之合理根据】公司拒绝股东行使知情权须有合理根据。

[规则解读]

股东知情权是公司股东的法定权利,只有在公司有合理根据认为股东有不正当目的且可能损害公司利益情形下,该权利才可以被限制。

[案件审理要览]

一、基本案情

上海华晖建设(集团)有限公司(以下简称华晖公司)与上海宁国房地产有限公司(以下简称宁国公司)共同成立南京其昌置业有限公司(以下简称其昌公司)。2007年3月,华人(中国)置业有限公司(以下简称华人置业公司)、华人国际投资有限公司(以下简称华人国际公司)以增资扩股方式成为其昌公司股东,并将公司更名为东庐湖发展有限公司(以下简称东庐湖公司)且办理了相关工商登记变更手续。因华人置业公司与华人国际公司涉嫌抽逃资金而受到南京市、溧水县两级工商行政管理局的调查,华晖公司于2007年7月要求查阅东庐湖公司自2007年3月18日起所有公司账簿及相关原始凭证、所有股东会和董事会会议记录及相应决议,东庐湖公司拒绝提供。华晖公司遂提起诉讼。

二、审理要览

本案经两级法院审理,均认为,根据《公司法》对股东查阅会计账簿权利的规定,既要对股东权利予以保护,也要对其他股东和公司的利益予以保护。从本案看,根据华人置业公司、华人国际公司与华晖公司、宁国公司签订的《投资协议书》及《投资补充协议书》约定,华晖公司于2007年7月要求查阅东庐湖公司会计账簿时,其股东权利已依约由华人置业公司代为行使,且东庐湖公司的赢亏与其无关。华晖公司以了解工商行政管理机关立案查处东庐湖公司,及华人置业公司、华人国际公司将东庐湖公司资金转移并用于购买关联企业资产的事实真相为由,要求查阅东庐湖公司会计账簿。但南京市工商局已于2007年7月16日向华晖公司发出《关于华人置业公司涉嫌抽逃出资的调查情况说明》,告知华人置业公司、华人国际公司已实际出资4 086万元、2 400万元,通过调查未发现有抽逃出资的行为。同时,华晖公司未履行协议约定的义务,却仍要求查阅公司会计账簿,东庐湖公司认为其有不正当目的是有合理根据的,也存在损害公司合法利益的可能,且华人置业公司代为行使股东权利的条件已经成就,故对华晖公司的诉讼请求不予支持。两级法院分别作出一、二审判决:驳回华晖公司的诉讼请求及其上诉。

华晖公司不服,向高级人民法院申请再审。

省高级人民法院再审认为,华晖公司向东庐湖公司提出查阅公司账册、股东会记录等资料,是依法行使股东知情权的行为。东庐湖公司未能提供足够证据证明华晖公司行使股东知情权的目的不正当且会损害公司利益,且其提出华晖公司在协议履行过程中存在违约行为并对公司造成损失的抗辩并非法定限制股东知情权的理由。另外,华晖公司委托华人置业公司代为行使股东权且不参与公司经营,均不能成为阻止华晖公司行使股东知情权的依据。综上,该院再审判决:撤销原一、二审判决,东庐湖公司应当提供自2007年3月18日起所有公司会计账簿、所有股东会和董事会会议记录及相应决议,供华晖公司依法查询。

[规则适用]

根据《公司法》的相关规定,股东知情权是公司股东的法定权利,只有在公司有合理根据认为股东有不正当目的且可能损害公司利益情形下,该权利才可以被限制。本案东庐湖公司拒绝华晖公司行使股东知情权,依据不足。

首先,在华晖公司发函要求查阅公司账册、股东会记录等资料时,东庐湖公司于2007年8月1日的回复函中载明,查阅资料是股东的固有权利,不会阻挠正常查询。该回复函已表明东庐湖公司是认可华晖公司具有股东身份及享有相应权利的。东庐湖公司主张华晖公司查阅公司账册的目的是为了撕毁协议,但并未提供相应证据证明。其次,尽管在2007年3月30日的《投资补充协议》中约定,华晖公司的股东权利由华人置业公司代为行使,公司的经营状况与华晖公司无关,且约定了在一定条件下,华晖公司应无条件转让其股权。但在协议履行过程中,华晖公司尚未转让股权,其仍是东庐湖公司的股东。即使华晖公司将股东权委托华人置业公司代为行使,但该委托行为并不能排除其作为公司股东所依法享有的权利。东庐湖公司以华晖公司委托他人行使股东权且不参与公司经营为由,认为华晖公司不再享有股东知情权,没有法律依据。最后,虽然华晖公司在协议履行过程中,未按照约定移交原公司证照、印章、财务账册等资料,存在违约情形,但其违约行为与本案不是同一法律关系,且股东的违约行为并不是剥夺股东知情权的法定理由。故东庐湖公司以华晖公司存在违约情形并造成公司损失为由,限制华晖公司行使股东知情权亦没有法律依据。综上,对华晖公司依法行使股东知情权的请求应当予以支持。

规则 30 【知情权之举证】公司主张股东行使知情权具有不正当目的,应由公司承担举证责任。

[规则解读]

股东知情权是股东固有的、法定的基础性权利,无合理根据证明股东具有不正当目的,则不应限制其行使。公司主张股东行使知情权具有不正当目的,应由公司承担举证责任。

[案件审理要览]

一、基本案情

原告李淑君、孙杰、吴湘、王国兴系被告江苏佳德置业发展有限公司(简称佳德公司)股东,其中,李淑君的股份系受让于公司原股东张育林。2009年4月8日,四原告向佳德公司递交《申请书》,申请于4月23日前在公司住所地查阅或复制公司的所有资料。孙杰、吴湘、王国兴在申请书上签字,李淑君由案外人张育林代签字。4月20日,佳德公司函复四原告,拒绝提供相关资料给四原告查阅、复制。四原告遂提起诉讼。另查明,李淑君的代签人张育林现为广厦建设集团有限公司(简称广厦公司)的项目经理,该公司与佳德公司就某楼盘工程款问题已提起仲裁。

二、审理要览

一审法院经审理认为,《公司法》第33条第2款的规定明确股东对公司会计账簿行使知情权的范围仅为查阅,且不能有不正当目的。但李淑君的代签人张育林现为广厦公司的项目经理,因佳德公司和广厦公司之间涉及巨额工程款的仲裁案件未决,与佳德公司之间存在重大利害关系。申请书和四原告的民事起诉状及授权委托书上均有张育林签字,四原告对此不能作出合理解释,证明张育林与本案知情权纠纷的发动具有直接的关联性,也证明四原告在诉讼前后与张育林之间一直保持密切交往,其提起知情权诉讼不能排除受人利用,为公司的重大利害关系人刺探公司秘密,进而图谋自己或第三人的不正当利益的重大嫌疑。法院判决:驳回四原告的诉讼请求。

二审法院经审理认为,四上诉人向佳德公司提出书面请求,说明其行使知情权的目的是了解公司实际经营现状,显属其作为公司股东应享有的知情权。佳德公司以四上诉人具有不正当目的为由拒绝其查阅,则应对四上诉人是否具有不正当目的并可能损害其合法利益承担举证责任。佳德公司仅凭四上诉人提交的申请书、诉状及授权委托书中均由张育林代李淑君签名,不足以证明四上诉人具有不正当的目的且可能损害佳德公司合法利益。基于诚实信用原则,案件当事人理应对法庭或仲裁庭如实陈述,并按法庭或仲裁庭要求提供自己掌握的真实证据,以拒不出示不利于己的证据为手段而获得不当利益,为法律所禁止。如佳德公司持有在仲裁一案中应当提供而未提供的相关证据,则不能认定股东查阅公司账簿可能损害其合法利益。2010年1月6日法院判决：撤销原判。佳德公司于本判决生效之日起10日内提供自公司成立以来的公司会计账簿和会计凭证供上诉人查阅；驳回其他诉讼请求。

[**规则适用**]

　　股东知情权是股东固有的、法定的基础性权利，无合理根据证明股东具有不正当目的，则不应限制其行使。本案中，首先，因李淑君的股份系受让自张育林，故其临时委托张育林代为签名在情理之中。李淑君本人后在诉状及授权委托书上亲自签名，表明提起知情权诉讼系其真实意思表示。张育林之前受李淑君委托在诉状及授权委托书中代为签名，其法律效力及法律后果应由李淑君承担，张育林本身不是本案主张行使知情权的主体，最终能够实际行使知情权的，也只能是佳德公司股东李淑君，而非张育林。其次，四上诉人合计持有佳德公司54%的股权，其与佳德公司的利益从根本上是一致的。佳德公司如在与广厦公司仲裁一案中失利，客观上将对四上诉人的股东收益权造成不利影响。且提起本案诉讼的系上诉人李淑君等4名股东，而非李淑君1名股东，佳德公司仅以张育林代李淑君签名，而认为四上诉人提起本案诉讼的目的在于为其利益冲突方广厦公司收集仲裁一案的不利证据，依据不足。最后，《公司法》第33条第2款规定的公司拒绝查阅权所保护的是公司的合法利益，而不是一切利益，且案件当事人理应对法庭或仲裁庭如实陈述，并提供其掌握的证据。如佳德公司持有在仲裁一案中应当提供而未提供的相关证据，则不能认定股东查阅公司账簿可能损害其合法利益。

　　四上诉人查阅权行使的范围应当包括会计账簿和会计凭证。股东知情权是股东享有的、对公司经营管理等重要情况或信息真实了解和掌握的权利，是股东依法行使资产收益、参与重大决策和选择管理者等权利的基础性权利，其立法价值取向在于保护中小股东合法权益。公司法第33条第2款规定，股东可以要求查阅公司会计账簿。账簿查阅权是股东知情权的重要内容。股东对公司经营状况的知悉，最重要的手段之一就是通过查阅公司账簿了解公司财务状况。公司的具体经营活动只有通过查阅原始凭证才能知晓，根据会计准则，相关契约等有关资料也是编制记账凭证的依据，应当作为原始凭证的附件入账备查。据此，四上诉人查阅权行使的范围应当包括会计账簿（含总账、明细账、日记账和其他辅助性账簿）和会计凭证（含记账凭证、相关原始凭证及作为原始凭证附件入账备查的有关资料）。对于四上诉人要求查阅其他公司资料的诉请，因超出了《公司法》第33条规定的股东行使知情权的查阅范围，不应支持。

　　四上诉人要求复制佳德公司会计账簿及其他公司资料，无法律依据。《公司法》赋予了股东知情权，同时也规定了股东知情权的范围。《公司法》第33条第1款将股东有权复制的文件限定于公司章程、股东会会议记录、董事会会议决议、监事会会议决议和财务会计报告。第2款仅规定股东可以要求查阅公司财务会计账簿，但未规定可以复制，而佳德公司章程亦无相关规定。因此，四上诉人要求复制佳德公司会计账簿及其他公司资料的诉讼请求,既无法律上的规定,又超出了公司章程的约定,不应支持。

> **规则 31** 【知情权之前置程序】《公司法》对股东会计账簿查阅权设置前置程序,履行前置程序存在瑕疵不能通过诉讼程序救济。

[规则解读]

《公司法》对股东会计账簿查阅权设置前置程序,如果股东没有履行前置程序就向法院提请诉讼,提起诉讼不能视为向股东提起请求,在诉讼中说明查阅目的也不能视为履行了前置程序中的说明目的。即前置程序存在的瑕疵不能通过诉讼程序救济。

[案件审理要览]

一、基本案情

2005 年 6 月,机电公司由北京市西直门内机电产品采购供应站改制设立。改制时,徐尚忠、付秀兰分别认缴了占公司注册资本 4% 的股金,成为机电公司的股东。机电公司章程规定:公司应当依照法律、行政法规和国务院财政主管部门的规定,建立公司的财务会计制度,并在每一会计年度终了时制作财务会计报告,经审查验证后于第二年 2 月 1 日前送交各股东。

但是,出资之后,徐尚忠、付秀兰一直未参与公司的实际经营活动,公司也从未向二人出具全部的年度财务会计报表,更未提供会计账簿供二人查阅。

2010 年 1 月 8 日,徐尚忠、付秀兰通过康达物流快运向机电公司寄送文件,快运单上载明的快运内容为"查阅机电公司会计账簿请求书"。同年 1 月 11 日,机电公司签收了该文件。

关于上述文件的具体内容,机电公司认为,文件中只包括一份落款为打印字"徐尚忠"的请求书。请求书中记载:"(徐尚忠、付秀兰)出资完成后一直未能参与公司的实际经营活动,现请求公司提供年度财务会计报告和会计账簿供其查阅、复制。"

在法院开庭审理过程中,徐尚忠认为,虽然落款为打印字"徐尚忠"的请求书上没有其亲笔签字,但请求书是其真实意思表示。付秀兰表示请求书上虽没有其签字,但也是其意思表示。另外、徐尚忠、付秀兰还向法院陈述,其于 2010 年 1 月 8 日向机电公司寄送的文件,除了机电公司出具的请求书外,还包括落款为付秀兰的请求书,该份请求书中写明了查阅会计账簿的目的。

机电公司收到文件后,没有向徐尚忠、付秀兰提供财务会计报告和会计账簿,徐尚忠、付秀兰遂向北京市西城区人民法院提起诉讼,要求机电公司:向其提供自 2005 年 7 月 1 日至 2009 年 12 月 31 日的公司年度财务会计报告(包括资产负债表、损益表、财务状况变动表、财务情况说明书、利润分配表),供其查阅、复制;提供自 2005 年 7 月 1 日至 2009 年 12 月 31 日的会计账簿及原始凭证,供其查阅、复制。

机电公司答辩称:不同意徐尚忠、付秀兰的诉讼请求。理由为:(1) 机电公司每年都会向包括徐尚忠、付秀兰在内的股东提供财务会计报告;(2) 财务会计账簿及原始凭证不属于股东知情权范围,并且是机电公司重要的商业信息,徐尚忠、付秀兰多年来从事的职业与机电公司经营范围一致,其查阅财务会计账簿及原始凭证的目的不明确,可能会损害机电公司的利益。

本案在开庭审理过程中,法院询问徐尚忠、付秀兰查阅会计账簿的目的,二人认为,改制之前机电公司连年盈利,改制之后几乎没有盈利甚至亏损,故二人希望通过查阅会计账簿,了解公司真正的经营情况。

## 二、审理要览

一审法院经审理认为,徐尚忠、付秀兰分别拥有机电公司 4% 的股权,故其不应当作为共同原告提起诉讼。在法院向二人释明后,二人坚持作为共同原告起诉。因徐尚忠、付秀兰作为共同原告并不影响当事人的程序和实体权利,为了减少当事人的诉累,法院决定以徐尚忠、付秀兰为共同原告审理本案。

徐尚忠、付秀兰认为邮寄给机电公司的文件中还包含付秀兰的请求书。对此法院的意见为,机电公司签收了徐尚忠、付秀兰寄送的文件,应就文件的内容举证予以证明。快运单上快运内容为"查阅永盛联公司会计账簿请求书",本案在审理过程中,机电公司提供证据证明文件内容是落款为打印字"徐尚忠"的请求书。机电公司提交的请求书名称及内容均与快运单上快运内容一致,因此机电公司的证明责任已经完成。如果徐尚忠、付秀兰认为文件中还包含付秀兰的请求书,应当举证证明。但是除口头陈述外,徐尚忠、付秀兰没有提交其他证据对此予以证明。因此根据证据规则,法院对徐尚忠、付秀兰的口头陈述不予采信,进而认为,徐尚忠、付秀兰于 2010 年 1 月 8 日向机电公司寄送的文件中,不包括另外一份请求书。

根据《公司法》第 33 条的规定,股东有权查阅、复制财务会计报告,因此对于徐尚忠、付秀兰要求查阅财务会计报告的诉讼请求,法院予以支持。

《公司法》规定,股东有权查阅公司会计账簿,但是需要向公司提出书面请求并说明目的;如果公司在 15 日内拒绝提供查阅,股东才可以寻求司法救济。根据前文的分析,机电公司签收的文件不包括付秀兰签字的、声称写明查询目的的请求书。因此,在起诉之前,徐尚忠、付秀兰只是向机电公司提起要求查阅会计账簿的请求,但是没有说明目的,这违反了《公司法》的强制性规定,属于履行前置程序存在瑕疵。即使在开庭审理过程中徐尚忠、付秀兰向法院说明了查阅目的,该瑕疵并不能因此得到救济。

一审经审理判决如下:机电公司于本判决生效之日起 10 日内在本公司备置该公司 2005 年 7 月 1 日起至 2009 年 12 月 31 日止的年度财务会计报告供原告徐尚忠、付秀兰查阅、复制;驳回原告徐尚忠、付秀兰的其他诉讼请求。宣判后,双方均没有上诉，一审判决已经生效。

[规则适用]

一、股东知情权的含义和设立目的

股东知情权是指对一组股东权利集合、抽象之后形成的理论概念，是法律赋予股东通过查阅公司会议决议、财务报告资料、账簿等有关公司经营、决策、管理等相关资料，以及询问与上述有关的问题，实现了解公司运营状况和公司高级管理人员业务活动的权利。① 世界各国和地区的《公司法》中并没有明文规定知情权这一概念，我国《公司法》也不例外。《公司法》在第33条规定了有限责任公司股东的查阅权；第96条、第97条规定了股份有限公司股东的查阅权和质询权；第165条规定了有限责任公司应向股东提供财务会计报告及股份有限公司置备、公告财务会计报告，以上内容共同构建了我国《公司法》中的股东知情权制度。最高人民法院《民事案件案由规定》在第247条规定了股东知情权纠纷，其法条依据即为《公司法》的上述规定。

股东知情权作为股东的一项基本权利，是股东行使其他权利，例如参与公司决策、选择公司管理者、资产收益等权利的基础。股东如果对公司的基本信息缺乏了解，其他权利就很难实现。但是在实践中，公司的优势股东可能会利用其优势地位，压制弱势股东的权利，使弱势股东的知情权难以得到实现。为了充分保护弱势股东的权利，《公司法》赋予了股东知情权，并规定在知情权受到侵害之时，股东可以寻求司法保护。

本案涉及的股东知情权指的是《公司法》在第33条规定的有限责任公司股东的权利。该条规定，股东有权查阅、复制公司章程、股东会会议记录、董事会会议决议、监事会会议决议和财务会计报告。股东可以要求查阅公司会计账簿。股东要求查阅公司会计账簿的，应当向公司提出书面请求，说明目的。公司有合理根据认为股东查阅会计账簿有不正当目的，可能损害公司合法利益的，可以拒绝提供查阅，并应当自股东提出书面请求之日起15日内书面答复股东并说明理由。公司拒绝提供查阅的，股东可以请求人民法院要求公司提供查阅。这些规定为有限公司股东保护自己的权益提供了明确的思路。相对于2005年修订前《公司法》，修订后的《公司法》对股东知情权的行使以及公司的相应义务规定得较为全面、具体，一方面扩大了知情权范围，另一方面增加了实现手段，增强了知情权纠纷的可诉性。但是，《公司法》关于知情权的规定尚存若干不足，致使法院在审判实务中对相关问题难以进行界定。

二、《公司法》对股东会计账簿查阅权设置了前置程序

根据《公司法》第33条第1款的规定，股东查阅、复制公司章程、股东会会议记录、董事会会议决议、监事会会议决议和财务会计报告的权利没有任何限制。

---

① 参见宋从文：《股东知情权行使与限制之维》，载《法律适用》2009年第7期。

股东提起查阅要求,其要求只要符合公司章程的规定,公司就应该提供条件供股东查阅、复制这些材料。

而公司的会计账簿作为对公司生产运营过程中财务状况的记录,是对公司经济状况的真实反映。由于会计账簿对公司财务和经营状况的反映更加深入,可能会涉及公司的商业秘密,允许股东随意查阅就可能会对公司利益造成损害。因此,在保护弱势股东利益的同时,为了平衡股东和公司的利益,《公司法》对股东查阅公司会计账簿的诉求持谨慎态度,虽然规定对股东查阅会计账簿的权利进行司法保护,却设置了前置程序,即股东应当向公司提出书面请求,说明目的。如果公司在15日内拒绝提供查阅,股东才可以寻求司法救济。

三、履行前置程序存在瑕疵能否通过诉讼程序得到救济

《公司法》对股东会计账簿查阅权设置了前置程序。问题在于,股东没有履行法律规定的前置程序就提起了知情权诉讼,但在诉讼过程中对前置程序存在的瑕疵进行了补正(例如在诉讼中说明了查阅目的),是否可以视为前置程序履行中存在的瑕疵因此获得了救济?另外,股东提起诉讼是否可以视为向股东提起了请求?这些是审判实践中经常会遇到的问题。对此,有两种不同的观点:第一种观点认为,《公司法》对股东查阅会计账簿设立前置程序,目的是让公司对股东的查阅请求进行审查。股东如果没有履行前置程序就提起诉讼,并且在诉讼过程中说明了查阅目的,则前置程序存在的瑕疵就可以得到救济。法院可以给公司15日的审查时间。公司如果15日内同意了股东的查阅要求,则可以调解或者撤诉结案。如果公司不同意股东的查阅要求,则诉讼可以继续进行。第二种观点认为,前置程序作为《公司法》的强制性规定,股东行使此项权利时,必须严格遵守法律规定的程序。提起诉讼不能视为前置程序中向公司提起请求,在诉讼中说明了查阅目的也不能救济履行前置程序存在的瑕疵。股东如果违反规定未经前置程序直接提起知情权诉讼,应当不予受理,受理之后也应当裁定驳回起诉。

我们同意第二种观点,理由如下:

第一,公司治理首先应坚持公司自治。《公司法》从本质上来说是私法,私法以自治为生存基础。私法自治要求,私人的生活关系原则上应由个人依其自由意思予以调整,国家只需消极加以确认,并赋予其拘束力,不宜妄加干涉。公司的私法自治包括公司自治,"公司自治意图在公司内部和外部将公司锻造为一种独立的法律主体,由公司自己决策和管理其内外事务。对这种决策和管理,股东、立法和司法机关均不得随意干涉"。① 《公司法》赋予公司以自治的精神,司法机关就应该充分尊重并保护公司自治,不得过分介入公司治理。只有在公司自治损害公司、股东、他人合法利益的情况下,司法机关才可以介入公司治理中,对公司自治

---

① 蒋大兴、金剑锋:《论公司法的私法品格——检视司法的立场》,载《南京大学学报》(人文社会科学版)2005年第1期。

进行合法干涉。《公司法》为股东查阅会计账簿设置前置程序,也是尊重公司自治的表现。因为,如果股东提出书面申请并说明目的,公司就可以根据股东的申请和查阅目的决定是否同意股东的要求。如果公司认为股东要求合理,进而同意股东的要求,股东就不需要提起司法救济。股东没有提起书面申请,或者提出了申请但没有说明目的就直接提起司法救济,如果将提起诉讼视为提出请求,将在庭审中说明目的视为对前置程序的瑕疵进行了补正,那么就等于剥夺了公司的相关决定权。允许不经过前置程序直接提起诉讼,这无疑和《公司法》的立法目的相违背。

第二,进行知情权诉讼前应穷尽内部救济。《公司法》规定了前置程序,意味着股东可以在公司内部寻求救济,以此为基础,司法对股东知情权的干涉还应遵循穷尽内部救济的规则。如果股东的权利通过前置程序在公司内部即可得到救济,就没有必要再寻求司法保护。司法机关不得直接干预公司内部事务,只有在股东寻求内部救济未果的情况下,司法才可以进行实体性的干预。因此,如果股东没有向公司提出书面请求,要求查阅会计账簿,公司就不可能知道并进而决定是否同意股东的要求。股东直接向法院提起诉讼,违背了公司自治的精神和穷尽内部救济原则。只有股东向公司提起书面请求并说明目的,公司拒绝了股东的要求,使内部救济无法得以实现,股东才可以向法院提起诉讼,寻求司法救济。

第三,架空前置程序违反了法律效果和社会效果的统一。如果可以在诉讼过程中对前置程序进行救济,不仅会消耗司法资源,还会增加公司负担,干扰正常的经济秩序。表面上看来,股东知情权诉讼的起诉成本很低,诉讼费只需要70元或者35元。但是,审判权的启动和运行需要花费一定的司法成本,一个知情权纠纷案件消耗的成本远远不是诉讼费所能体现的。司法资源是有限的,如果前置程序存在的瑕疵可以通过诉讼程序得到救济,加之股东知情权诉讼的诉讼费用少、起诉成本低,会导致股东滥诉知情权,极大地加重法院的负担。同时,还会干扰公司的正常秩序,给公司增加不必要的负担。另外,如果在诉讼中前置程序存在的瑕疵可以得到救济,对于个案而言,其不利的一面容易被忽视。但由于判决具有榜样作用,其他人可能会参照特定案例,不经过前置程序就直接提起诉讼,不仅违背了立法目的,还干扰了正常的经济秩序。

四、本案的处理结果

(一)关于查阅、复制财务会计报告

根据《公司法》第33条第1款的规定,股东有权要求查阅、复制公司财务会计报告。机电公司认为,每年召开股东会时,其已经向股东提交了财务会计报告,因此,不同意徐尚忠、付秀兰要求查阅、复制财务会计报告等项诉讼请求。法院认为,《公司法》并没有规定在已经向股东提交相关资料的情况下,股东不得再行使知情权。机电公司既然已经向徐尚忠、付秀兰提供了财务会计报告,再次向其提供,更不会影响机电公司的利益。并且,机电公司章程记载,公司应在每一会计年度终了时制作财务会计报告,经审查验证后于第二年2月1日前送交各股东。因此,机电公司2009年度的财务会计报告应在2010年2月1日前送交各股东。另外,《公司法》并没有规定财务会计报告的具体内容,机电公司章程对此也没有具体规定,因此,法院对财务会计报告的具体内容不进行一一列举。

综上,法院对徐尚忠、付秀兰要求查阅、复制机电公司自2005年7月1日至2009年12月31日公司年度财务会计报告的诉讼请求予以支持。

(二) 关于查阅、复制会计账簿和原始凭证

本案中,徐尚忠虽然向机电公司提出书面查阅会计账簿的要求,但是并没有说明目的,这违反了《公司法》的强制性规定,属于履行前置程序存在瑕疵。即使在开庭审理过程中徐尚忠、付秀兰向法院说明了查阅目的,该程序存在的瑕疵并不能因此得到救济。因此,法院对于二人要求查阅会计账簿和原始凭证的诉讼请求不予支持。另外,《公司法》并没有赋予股东复制会计账簿、原始凭证的权利,对于徐尚忠、付秀兰要求复制会计账簿、原始凭证的诉讼请求,法院亦不予支持。

**规则32** 【知情权之正当目的】股东查阅公司会计账簿需要有正当目的。对正当目的的审查,可以从具体、合法、关联、安全等四个方面来把握。

[规则解读]

股东查阅公司会计账簿需要有正当目的。对正当目的的审查,可以从具体、合法、关联、安全等四个方面来把握。为了使股东知情权的行使规范有序,在确定查阅账簿的时间范围时,应当有明确的针对性;在确定能否查阅会计凭证时,应当考虑必要性和合理性。同时,为了有效解决股东行使权利与公司经营管理秩序之间的矛盾,还要对知情权的实现方式作出适当、可行的安排。

[案件审理要览]

一、基本案情

1997年4月,联华新新超市经工商核准设立,股东为新吴淞公司和联华超市商业公司(后更名为联华超市股份有限公司)。联华新新超市的公司章程约定:联华新新超市应当在每一年度终了时制作财务会计报告,经依法审验后,10天内送交各股东及政府有关部门,并接受其监督;股东有权自行聘请审计师、会计师查阅公司账簿,查阅时,公司应当提供方便。

2005年3月23日,新吴淞公司向联华超市出具承诺函一份,承诺放弃在联华新新超市中对宝山世纪联华的经营管理权、利润分配权、表决权等一切股东权利,该承诺在联华新新超市存续期内持续有效。

联华新新超市提供给新吴淞公司的2007年3月31日资产负债表记载,期末股东权益为12 243 880.16元,经上海汇洪会计师事务所有限公司审计调整后的期末股东权益为8 835 166元。

2008年9月至2009年8月,新吴淞公司多次向联华新新超市发函,要求联华新新超市向其提供经营和资产情况报告以及会计师事务所的年度审计报告。联华新新超市收函后,或以新吴淞公司要求过于广泛为由拒绝,或以有关审计报告和资产评估报告已经提供并得到确认为由拒绝。新吴淞公司遂向法院提起诉讼,请求判令联华新新超市提供2000年1月至起诉当月止的公司月度、年度会计报告、账簿及原始凭证供其查阅、复制。

二、审理要览

一审法院经审理认为:首先,关于财务会计报告,根据联华新新超市公司章程的约定,联华新新超市负有主动向股东提供财务会计报告的义务,应当予以提供。其次,关于查阅会计账簿,《公司法》规定,股东应当向公司提出书面申请说明理由。新吴淞公司确有以书面方式提出查阅的意思表示,但由于联华新新超市的原因致使上述申请未被受理。此后新吴淞公司又以诉讼方式提出,因此新吴淞公司的申请是明确的。新吴淞公司不仅在申请书中对查阅目的进行了说明,在诉讼中再次明确了查阅目的,并无损害公司利益或其他不当目的的可能。联华新新超市仅以提供过审计报告和评估报告为由拒绝提供2007年3月之前的会计账簿,缺乏依据。最后,关于原始凭证的查阅,公司章程对此并无特别约定,但原始凭证是登记会计账簿的原始依据,最能真实反映公司的资金和经营状况。联华新新超市出具的2007年3月31日资产负债表反映的净资产额,与评估基准日为同一日的项目评估结果汇总表反映的净资产额有较大差距,新吴淞公司因无法知悉具体情况而对联华新新超市会计账簿的真实性存有合理怀疑,故给予新吴淞公司查阅原始凭证的权利更为合理。据此,依照《公司法》第33条的规定,判决:(1)联华新新超市于判决生效之日起20日内提供2000年1月1日起至2009年9月8日止每个会计月度、年度公司的财务会计报告,供新吴淞公司查阅、复制;(2)联华新新超市于判决生效之日起20日内提供2000年1月1日起至2009年9月8日止会计账簿及原始凭证,供新吴淞公司查阅。

联华新新超市不服一审判决,提起上诉,请求撤销原判并驳回新吴淞公司的诉讼请求。

二审法院经审理认为:新吴淞公司作为联华新新超市的股东,有权查阅、复制公司财务会计报告。股东行使该项权利,依法无须审查其查阅目的。故一审判决第(1)项符合法律规定,应予维持。本案的争议焦点在于,新吴淞公司是否可以查阅公司会计账簿,以及查阅的范围如何确定。联华新新超市认为会计账簿不应给予查阅的主要理由是,新吴淞公司明知财务状况并认可经审计的2007年3月31日财务报表,无再次查阅的必要性。该理由不符合《公司法》的规定,也与公司章程规定不符。按照《公司法》的规定,公司可以在有合理根据认为股东查阅会计账簿有不正当目的,可能损害公司合法利益的情形下,拒绝提供查阅。在公司不能举证证明股东有不正当目的,且股东对系争财务资料存在合理怀疑的情况下,股东有权行使查阅的权利。从审计调整前后的报表数据看,同一基准日的公司净资产额相差 340 余万元,联华新新超市在二审中说明了产生差额的原因是将对外投资的利润直接调整出表外,该种做法不完全符合企业会计制度的规定。因此,新吴淞公司要求查阅相关财务资料,不仅符合公司章程规定,而且具有一定的必要性。一审判决支持新吴淞公司查阅联华新新超市部分会计账簿及凭证是正确的。

关于查阅的范围,应当结合本案实际情况,充分考虑在正当目的下的针对性、适当性和可行性,以避免股东知情权过度行使给公司经营管理秩序带来的负面影响。首先,新吴淞公司对报表数据真实性的合理怀疑集中在截至 2007 年 3 月 31 日的股东权益上。而审计调整这一数据的原因,至少从新吴淞公司当时出具的承诺函和联华新新超市董事会决议上看已基本清楚,即所调整的是投资于宝山世纪联华的利润。故新吴淞公司有权查阅的会计账簿及原始凭证的时间范围应是 2002 年至 2004 年。另外,由于太仓联华新新 2006 年累计利润也有所调整,联华新新超市自称对 2007 年 1 月至 3 月的利润应调整而未调整,故 2005 年、2006 年以及 2007 年 1 月至 3 月的会计账簿及原始凭证也应提供查阅。其次,关于 2007 年 3 月份以后的会计账簿及原始凭证能否查阅的问题,根据公司章程的规定,新吴淞公司有权查阅的是账簿。至于能否查阅凭证,因尚无证据证明该阶段的财务记录存在问题,而公司股东权的行使与日常经营管理权的行使显然有别,故新吴淞公司仅以股东身份要求查阅会计凭证,缺乏针对性和适当性,其要求查阅该阶段凭证的主张不应予以支持。原审判决没有根据本案的实际情况对股东知情权的行使范围作出必要的、合理的区分,应予部分改判。再次,为了平衡行使股东知情权与维护公司经营管理秩序之间的利益关系,有必要对当事人行使权利、履行义务的时间与方式作出具有可行性的安排。对联华新新超市而言,应有适当准备的时间;对新吴淞公司而言,要约束其查阅时间。关于查阅地点,根据两便原则,可由当事人自行协商确定,但应以尽量不移动会计账簿、凭证为妥,以保证公司会计资料的完整与安全。

据此,二审法院终审判决:(1) 维持原审判决第(1)项;(2) 撤销原审判决第(2)项;(3) 联华新新超市应于本判决生效之日起 20 日内向新吴淞公司提供 2002 年 1 月至 2007 年 3 月的会计账簿及原始凭证,新吴淞公司应在对方提供查阅之日起的 20 日内完成查阅;(4) 联华新新超市应于本判决生效之日起 10 日内向新吴淞公司提供 2007 年 4 月至 2009 年 9 月的会计账簿,新吴淞公司应在对方提供查阅之日起的 10 日内完成查阅。

[规则适用]

根据《公司法》第 33 条第 2 款的规定,有限责任公司股东要求查阅公司会计账簿的,应当说明目的。公司有合理根据认为股东有不正当目的,可能损害公司合法利益的,可以拒绝提供查阅。司法实践中,如何准确把握该条款所规定的正当目的? 相关举证责任如何分配? 股东在查阅会计账簿时能否请求查阅会计凭证？股东知情权与公司经营管理权如何平衡保护？上述问题目前尚无司法解释可循，存在较多分歧意见。本案的审理对此进行了有益的探索，下文对该案的审判思路作进一步的阐释。

### 一、股东查阅公司账簿持有正当目的的认定

究竟什么是正当目的？如何判断股东说明目的的正当性？其实，上述问题也是世界各国司法认定中的难题。例如在美国，股东查阅公司记录必须有正当目的，但在美国公司法中正当目的又是一个比较模糊的概念。在各州的成文《公司法》中，很多甚至没有定义。特拉华州的《一般公司法》对正当目的的定义是：与股东个人利益有合理联系的目的。这个定义对于司法实践操作而言也过于抽象和原则。[①] 而在一些成文法国家中，从保护股东利益出发，有的无须说明正当目的而直接赋予股东行使会计账簿查阅权，如日本《有限公司法》第44条之二的规定；有的推定股东持正当理由，随时可要求查阅公司账簿，但公司提出非正当目的的异议且成立的除外，如德国《有限责任公司法》第51a条的规定。[②]

纵观各国立法例，股东要求行使会计账簿查阅权，应当或者推定持有正当目的是一项普遍性规则。但对于正当目的的定义，无论是普通法国家还是成文法国家，均无确切表述，需由法官在具体案件中运用法律解释方法，对股东查阅目的的正当性作出准确认定。在此过程中，我们认为，需要注意把握以下原则和要件。

#### （一）落实保护股东合法权利的立法价值取向

如何认定股东目的的正当性，在个案中很大程度上取决于法官如何解释"说明目的"这一法律规定。在法律解释方法上，既可以采用相对有利于公司的限制性解释，也可以采用相对有利于股东的扩张性解释。我们的观点是，应当从《公司法》第33条的立法目的，保护股东的利益出发，在个案中尽可能地作出有利于股东的解释。当然，同时要考虑请求查阅与公司成本以及风险之间的平衡。关于对正当目的的目的性解释，美国纽约州上诉法院于1976年审理的克兰公司诉阿纳孔达公司案（Crane Co. v. Anaconda Co.）[③]具有一定的参考价值。该案争议焦点在于原告作为股东因提出收购其他股东股权的要约而要求查阅公司记录，其目的是否正当。该案法官从公司法保护股东权益的目的出发，对成文法关于股东正当目的的规定作出了有利于股东的扩展解释，即查阅权目的的正当与否取决于事情是否与公司业务有关，只要公司面临着有可能对其利益或价值产生实质性影响的形势，股东也必然受到影响。根据以上解释，原告的要约收购显然可能对公司利益或价值产生实质影响，并进而影响其他股东的投资利益，因而与公司业务有关，遂判定原告收购要约的目的属于正当目的。

---

① 参见苗壮：《美国公司法制度与判例》，法律出版社2007年版，第168、171页。
② 参见卞耀武主编：《当代外国公司法》，法律出版社1995年版，第309页。
③ 382 N.Y.S.2d 707 (1976)，转引自苗壮：《美国公司法制度与判例》，法律出版社2007年版，第169—170页。

(二) 遵循诚信原则认定股东的正当目的

主要体现在以下四个方面：一是目的事由的具体化。《公司法》规定股东在请求查阅会计账簿时，应当说明目的，即必须有比较具体的原因事由，一般不能简单地以实现知情权、监督权等空泛的理由主张查阅账簿。二是目的事由的合法化。股东行使会计账簿查阅权的原因事由须涉及股东合法利益，如盈余分配等。原因事由虽不违反法律法规禁止性规定，但与国家政策及社会公序良俗相抵触，依照诚信原则也不宜认定为正当目的。三是目的事由的关联化。股东所提原因事由须与公司业务和经营管理之间存在事实上的内在联系，与其股东利益存在法律上的利害关系，如公司对外投资、公司增资、股权转让等。股东从事公益事业、政治活动等与公司经营管理无关，或者原因事由虽涉及公司业务，但与公司账簿内容无关，不宜视为正当目的。四是目的事由的安全化。即使股东查阅请求满足上述所有条件，但因公司账簿所涉信息属于公司核心秘密，目的事由存在同业竞争等方面的风险，如果提供查阅客观上存在较大的泄密可能，将会给公司利益带来直接影响，股东若无切实可靠的防范措施，则该项查阅请求也是不适宜的。

(三) 依法分配有关正当目的争议的举证责任

在股东请求行使账簿查阅权的诉讼中，股东与公司之间围绕正当目的的争议，各自负有法定的举证责任。一是股东负有说明目的的法定义务，这决定了股东必须就查阅公司账簿所依据的目的性事由的存在加以举证证明，如存在股东股权转让、盈余分配等原因事实。此外，股东还应就这些事实与公司业务相关，以及其与股东利益存在因果关系加以举证证明。比如在证明股权转让事实的同时，必须证明该交易须通过查阅公司账簿来合理评估交易基准日公司股权的价值。二是公司负有拒绝股东查阅须说明理由的法定义务，这决定了公司必须就拒绝股东查阅账簿所依据的具体事由的存在加以举证证明，如股东查阅账簿系出于违法交易或与公司业务无关的个人原因等事实。同时，公司对在反驳股东目的正当性的过程中所提出的可能损害公司合法利益等事实主张，也须承担相应的举证责任。

二、查阅会计凭证与股东正当目的的有效实现

虽然《公司法》第33条在规定股东查阅公司资料的范围上较2005年修订前的《公司法》已大为扩展，但是仍未直接规定股东可查阅会计凭证。股东依法查阅公司账簿的同时，能否请求查阅会计凭证？司法实践对此存在两种截然相反的观点。肯定说认为，法律未作明确规定的，司法享有裁量权。股东只要持有正当目的，对其查阅会计凭证的请求应当予以支持。否定说则认为，《公司法》已将股东查阅公司资料的范围扩展至公司账簿，却不将会计凭证纳入可查阅范围，显然有其立法考量。允许股东查阅会计凭证，对公司而言履行成本高且风险大，存在股东权利滥用之困扰，现时立法不予提倡，司法裁判也不应予以支持。从司法效果上看，上述两种观点都存在"一刀切"的缺陷。前者意在突出保护股东利益，通过穷尽查阅手段确保股东知情权的全面实现。但这种股东在查阅公司资料范围上

的无限扩展,与公司信息披露成本和风险的合理控制必然存在矛盾冲突,一味舍弃公司利益,显不足取。后者则从法律限制解释角度,突出强调公司与股东利益之间的制衡。但是这种对股东行使查阅权范围和手段上的刻意限制,客观上使股东在获取公司信息的全面性和准确性上打了折扣,不利于股东知情权的有效实现。权衡两种观点的利弊,我们的观点是,应当根据具体的个案,在确有必要并且具备相应条件的情况下,对持有正当目的的股东在提出查阅公司账簿的同时提出查阅会计凭证的请求,可审慎地作出支持的裁判。理由如下:

1. 股东请求查阅会计凭证有其会计意义上的合理性。《会计法》规定,各单位必须根据实际发生的经济业务事项进行会计核算,填制会计凭证,登记会计账簿,编制财务会计报告。可见,会计凭证、会计账簿、财务会计报告之间存在互为关联的会计流程关系。会计凭证是后端会计账簿登记和财务会计报告编制的基础性依据,核对会计账簿是否与会计凭证和会计报表相符,是会计核算和监督必需的法定程序。因此,股东查阅公司账簿的同时结合查阅会计凭证,具有会计核对上的必要性。如法国《商法典》就通过设立专门制度来满足股东的会计核查要求。该法规定,有限责任公司股东可通过决议任命会计监察人,对公司某项经营管理活动所提交的报告进行相应的会计审核。①

2. 股东请求查阅会计凭证有其现实的必要性。股东知情权真正得以全面和有效实现的一个重要前提是,其所查阅的会计账簿应该是正确和完整的。虽然公司负有法定的会计核算责任,但如果股东在查阅账簿中就合理怀疑缺乏必要的会计核对手段,是无法查证问题并获取真实信息的。股东行使查阅权面临信用风险,特别是在当前信用机制尚不完善的市场环境下,财务作假、虚假陈述等诚信缺失现象较为常见。在规范企业财务行为、加强监督的过程中,强化公司内部治理显然是十分重要的环节。股东查阅公司账簿,从中获取相关公司信息,同时也是在行使对公司经营的检查和监督权。股东查阅公司账簿结合查阅会计凭证,是直观验证会计账簿及其所反映经营活动是否真实、合法的有效方法。如果在一些个案中置股东对公司账簿的合理怀疑于不顾,简单驳回股东查阅会计凭证的请求,可能无形中掩护了公司的假账行为,这不利于股东查阅权的真正实现,也不利于市场诚信的树立。

3. 股东查阅会计凭证的司法把握。从各国立法例看,股东可查阅公司资料的范围均较为宽泛,只要满足法定条件,股东可查阅包括会计凭证在内的多种文档资料。例如美国《标准商事公司法》第16.02节股东对记录的检查中规定,如果出于正当目的且作出合理的具体陈述,公司股东在规定时间和地点,有权检查和复制股东会会议纪要、公司财务记录、股东登记簿等任何公司记录。② 我国《公司法》

---

① 参见罗结珍译:《法国公司法典》(上),中国法制出版社2007年版,第88—89页。
② 参见沈四宝编译:《最新美国标准公司法》,法律出版社2006年版,第237页。

并未直接规定股东可以查阅会计凭证,但是也没有禁止股东查阅公司会计凭证。在某些个案中,股东查阅会计凭证的请求确有其相应的合理性和必要性,在不危及公司商业秘密或给公司带来损害的情况下,司法应当在规范程序下积极又审慎地把握裁量权,从保护股东合法权利的立法价值取向出发,对《公司法》第33条第2款关于股东查阅公司账簿的规定适度地予以扩张解释,将股东查阅会计凭证作为查阅公司账簿的必要补充,以确保股东正当目的及其查阅公司账簿的法定权能的有效实现。

当然,司法实践中对股东结合查阅公司账簿进一步提出查阅会计凭证的请求,除要求其说明目的之外,还须严格把握以下要件:

1. 正当目的下的必要性。股东应充分证明其所需查阅的公司账簿不真实、不完整,或者针对公司账簿提出足以引起合理怀疑的依据。股东还须证明非经结合查阅会计凭证,不足以验证公司账簿的真实性和合法性,或者不足以有效实现其正当目的。如针对公司账簿中的具体疑点,应当说明不查证会计凭证不能获得确实信息,且无其他核对手段替代会计凭证等。

2. 正当目的下的可行性。即使股东查阅公司账簿的过程中确有必要核对会计凭证,但公司提供会计凭证存在较大困难,或可能存在损害公司利益的潜在危险的,仍不宜提供查阅。如股东与公司间正处于尚未确定过错责任的利益冲突之中,提供会计凭证将导致泄密,不利于公司利益的;又如公司因正在实施的经营业务需要,出于竞业禁止或不正当竞争防范上的考虑,不适宜即时披露会计凭证的,等等。

3. 正当目的下的适当性。股东查阅会计凭证应当遵循效率、安全、谨慎的原则。首先要在公司指定或可接受的合理时间和场所进行查阅;其次在方式上以股东自身直接查阅为宜,可以摘抄相关内容,但不宜复制;此外在查阅范围上应与正当目的紧密联系,并向公司作出具体而明确的说明,如根据原因事由提出需要查阅某时段或某项业务的会计凭证等,查阅次数也尽量以一次为宜。

---

**规则33 【股东会决议的追认】公司股东未出席股东会应视为弃权,不能再对股东会所决的事项进行表决,"追认"股东会决议不产生效力。**

[规则解读]

公司股东未出席股东会应视为弃权,不能再对股东会所决的事项进行表决,"追认"股东会决议不产生效力。

[案件审理要览]

一、基本案情

某有限责任公司原有两名股东陈某和罗某,其持有的股份分别为50%,陈某系公司法定代表人。后新增吸收股份10.5%,其中蔡某占公司股份6%,王某占公司股份的1%，梁某占公司股份的1%，应某占公司股份的1%，叶某占公司股份的1%，金某占公司股份的0.5%，同时原公司注册股东陈某调整为44.75%，罗某调整为44.75%，以上合计股份为100%。后在陈某因涉嫌职务侵占被采取强制措施期间，罗某召集并通知所有股东于2009年1月6日召开股东会会议。会议当天，陈某、蔡某、王某未到场，亦未委托他人到场，股东罗某、金某、应某、叶某、梁某委托代理人到会。会议以到会5票全部通过并形成决议，撤销陈某法定代表人职务，选举罗某为公司执行董事，并到工商部门办理了变更登记。

二、审理要览

一审法院认为，因公司章程规定"股东会决议由代表二分之一以上表决权的股东通过"，与会的5名股东虽然全票通过，但持有的表决权为48.25%，不符合公司章程规定以及《公司法》的规定，故2009年1月6日的股东会决议应予撤销。

上诉人不服上诉称，其在会议当天通知了股东蔡某，且蔡某本人同意股东会的决议，因蔡某所持股份为6%，故已经达到章程所规定的1/2以上，上诉人并在二审中提供蔡某情况说明予以证明。

[规则适用]

一种观点认为，蔡某的认可应为有效，其行为可视为民法上的追认；自蔡某单方确认后，股东会的决议即为有效，其效果等同于另行召开股东会重新表决，有利于减少公司运营成本，提高公司办事的效率。另一种观点认为，蔡某的追认不能构成民法上的追认，实际上属于一种认可。如果确认其效力将会使股东会决议的效力一直处于不确定的状态，不利于公司的正常经营。

蔡某会后同意股东会决议这一行为的效力，可否借鉴民法中关于追认的相关法律规定，我们认为值得探讨。

一是这一行为是否构成追认。追认权是本人通过特定的行为，使无权处分人、无权代理人或限制行为能力人所为的行为成为有效法律行为的权利，追认权的行使结果是使效力待定的民事法律行为变成有效的民事法律行为。本案中，蔡某会后同意的是股东会的决议，并非是对其无权代理人所为行为的一种确认，所以蔡某的行为不能构成追认。

二是这一行为是否有效。选举和更换公司董事、监事如果是以召开股东会会议的方式进行，股东在收到通知的情况下未能出席则应视为弃权，股东会应根据当时的表决结果形成决议，如果未出席的股东对股东会决议有异议，也只能另行召开股东会重新表决，否则股东会的决议将永远处于不确定的状态。本案中蔡某未出席股东会，应视为弃权，不能再对股东会所决的事项进行表决，其会后认可也不能改变2009年1月6日股东会决议未能达到章程规定的1/2以上表决权的股东支持而未能通过这一事实。故蔡某的行为对股东会决议不产生效力。

**规则34** 【股东会越权】即使在程序和形式合法的情况下,股东会超越职权或法定议事范围,为小股东设立法定外的义务,未征得小股东同意,不当然取得合法效力,并无约束力。

[规则解读]

公司股东会的议事范围和法定职权,不含为股东或他人设定法定义务以外的义务。股东对公司承担法定义务以外的义务,应遵循自愿或协商原则。股东会决议侵犯股东合法权益被主张无效的,该决议无拘束力。

[案件审理要览]

一、基本案情

2004年4月,王某等二人各出资20万元,陈某出资10万元成立原告某公司,王某为公司法定代表人兼任总经理。

2006年3月,陈某又成为另一公司股东,并持有该公司70%的股份,且任该公司执行董事即法定代表人。

在2006年6月至次年9月,陈某接受王某的委托,代为管理原告某公司。

2008年8月,王某等二人按照合法的程序和形式,召开临时股东大会,并以超过2/3的表决权形成决议:任何股东不得自营或为他人经营与其所在公司经营相同或相近的项目,也不得从事损害公司利益的活动,否则一旦发现将赔偿公司80万元。2009年4月,王某等二人又将上述决议形成的公司章程修正案报工商管理机关备案。而上述决议不但是在陈某未到场情况下形成的,也未征得陈某的同意。

之后,原告公司以陈某为原告公司经理同时又为另一公司法定代表人,损害原告公司利益为由,起诉要求陈某停止侵害经营印刷业务及赔偿80万元,支付其代管原告公司至其停止印刷业务前的收入1万元等。

原告公司在审理中提交伪造的任命书一份,载明任陈某为原告公司总经理。

二、审理要览

一审法院认为,就该案事实及相关证据,并不能证明陈某正式担任过原告公司的经理或总经理,其作为股东,不负有对原告公司的同业禁止义务。期间陈某虽也代管过原告公司,但原告公司却无充分证据证明陈某给其造成相应损失。而当前陈某已未代管原告公司,其作为股东依法可经营同类业务,实际已不再对原告公司负忠实和勤勉义务。原告公司股东会形成的决议超出职权范围,剥夺了股东的合法财产权、经营权和收益权,因违法而无效,对陈某无约束力。故依法作出了驳回原告诉请的判决。

一审宣判后,原告公司不服提出上诉,二审法院依法维持原判。

[规则适用]

依照法定程序形成的股东会决议、修改备案的公司章程,对股东具有约束力,但应当遵循三个原则:不能超越股东会职权和法定议事范围;内容合法;不损害股东、国家、集体及他人合法权益。本案中,原告的诉请无法获支持,原因有三:

首先,公司股东会的议事范围和法定职权,不含为股东或他人设定法定义务以外的义务。依照《公司法》的规定,有限责任公司股东会由全体股东组成,是公司的权力机构,股东会依法行使职权,主要是决定公司的经营方针、投资计划、财务和利润方案、人事安排、增减注册资本、发行债券及修改公司章程等日常经营发展和运行管理事项,并依据法律和公司章程进行内部管理。公司股东会通过决议在其职权范围内为公司经营管理作出决策,是《公司法》和公司章程规定的一般性的公司事务的管理事项,对公司和股东均具有约束力,法律不予以干涉。

股东会虽然是股东行使股东权最主要的途径之一,但其议事范围并不包含公司如何管理股东的日常行为和个人生产经营活动,即股东会是股东规制和管理公司运行的途径,而不是公司规制和管理股东的途径。股东可以通过股东会为公司运行设定规则和义务,但股东会却无权为股东设定任何义务。股东也只以其出资为限,对公司经营管理的后果即公司的盈利或亏损承担责任。股东会无权对股东设定义务,如超越这一职权,将受到法律的规制。

其次,股东对公司承担法定义务以外的义务,应遵循自愿或协商原则。作为社会成员的人,需承担的义务无外乎法定、约定两种。就本案来讲,股东的出资,公司高管的勤勉忠实、遵守劳动纪律等就是法定义务。约定义务则是由公司和股东、高管、劳动者之间在平等自愿的前提下协商达成合意。如公司规章制度中的不得迟到早退、高管上班须着西装等,目的是便于管理、提高劳动效率,规范公司运行,其既不违法,也未损害公司员工的合法权益,应属有效的规则。而有的公司要求员工之间不能谈恋爱等,则因违法而当然无效。而目前《公司法》中竞业禁止义务的设置理念是基于公司董事、高管人员实际管理控制公司的日常经营活动,存在损害公司利益的可能性,作为一般股东,并不承担此义务,但若其自愿对公司承担竞业禁止义务,且不损害他人、国家和集体利益的,应予以准许。

最后,股东会决议侵犯股东合法权益被主张无效的,该决议则无拘束力。现实中股东会依法进行表决实行资本多数决原则,小股东的意志表达不可避免地受到限制。为保护小股东的权益,《公司法》也规定了股东会决议的纠偏机制,即股东会决议内容违反法律和行政法规的,股东可以申请宣告股东会决议无效;股东会的召集程序、表决方式或内容违反法律、行政法规或章程规定,或者决议内容违反公司章程的,股东可以申请撤销。

本案中,原告公司的召集程序和表决方式均合法,但其内容却超越了股东会的职权,强加给股东竞业禁止义务。该决议还给股东预设80万元赔偿责任,也违反我国《民法通则》的相关规定。依照《民法通则》的规定,公民承担民事责任的原因是:违反合同或不履行其他义务的;由于过错侵害国家、集体的财产,侵害他人财产和人身的;没有过错,但法律规定应当承担民事责任的。可见,公民应承担的民事责任除了法定和合同的明确约定,并不是由其他个人或组织有权预先确定的。先给股东预设竞业禁止义务,再强加违背这项非法义务的赔偿金给股东,均是违法的,受到该决议侵害的小股东有权主张决议内容无效,不受决议的拘束。

> **规则35 【股东会会议的召开】** 不召开股东会会议而直接作出决定,对于一致同意的事项,由全体股东在决定文件上签字、盖章,即具有与召开股东会的决议相同的法律效力。

[规则解读]

不召开股东会会议而直接作出决定,对于一致同意的事项,由全体股东在决定文件上签字、盖章,即具有与召开股东会的决议相同的法律效力。但如果没能形成统一的意见,还是要采取召开股东会会议的方式来解决。

[案件审理要览]

一、基本案情

原告申保生、郭秀凤、王太平及被告王献忠均系河南省安阳市泰和耐火材料有限责任公司(以下简称泰和公司)职工,申保生原系泰和公司法定代表人。泰和公司2009年3月2日的书面股东会决议载明:泰和公司职工杨雷、王玉斌、刘思良分别与王献忠签订股权转让协议1份,将32%股权以8万元转让于王献忠。决议由申保生、王献忠、杨雷、王玉斌、刘思良等10人签名。王献忠持该决议办理了公司股权变更登记,登记表落款时间为2009年3月1日,股东由16名变更为去掉杨雷、王玉斌后的14名,王献忠现为公司法定代表人。事后,申保生、郭秀凤、王太平以2009年3月2日申保生在住院,郭秀凤、王太平未在决议上签名,泰和公司未实际召开股东会,股东会决议系虚构为由,以泰和公司和王献忠为被告,提起诉讼,要求确认虚构的2009年3月2日股东会决议无效。庭审中,原告提交杨雷、王玉斌2名证人的证言,证明未召开股东会。被告提交刘思良等10名证人的证言,证明召开了股东会。

二、审理要览

一审法院经审理认为:安阳市泰和耐火材料有限责任公司2009年3月2日的股东会决议不成立。一审宣判后,双方未上诉。

[规则适用]

本案在审理过程中,是否真正召开了股东会,股权转让的股东会决议是否有效或可撤销,是争执的焦点。围绕争议焦点,存在两种不同意见。第一种意见认为:王献忠与杨雷、王玉斌、刘思良之间转让股份未按照公司章程召开股东会,3月2日股东会书面决议未有全体股东的签字,也没有会议记录,不能认定其内容合法,该虚构的股东会决议并不成立。第二种意见认为:股东会决议有10人签名和确认,且现已办理了公司股权变更登记,对原告主张2009年3月2日股东会决无效的诉请,应不予支持。

我们同意第一种意见。根据《公司法》的规定,有限责任公司的股东会议,其召集程序、主持人、议事方式、表决程序均有明确的法律规定。股东通过股东会议行使股东权利,实际参与股东会会议并作出真实意思表示,是股东会议及决议有效的必要条件。由于有限责任公司具有人合性,股东彼此间通常都是认识的,对某些事项容易达成一致意见,在这种情况下,《公司法》第37条2款规定:"股东以书面形式一致表示同意的,可以不召开股东会会议,直接作出决定,并由全体股东在决定文件上签名、盖章。"因此可以不召开股东会会议而直接作出决定的前提是:对于一致同意的事项,由全体股东在决定文件上签字、盖章。这样的决定具有与召开股东会的决议相同的法律效力。但如果没能形成统一的意见,还是要采取召开股东会会议的方式来解决。本案中会议决议上只有10个人的签字,不能证明其余6人均达成一致同意意见,侵犯了这些股东的权利。2009年3月2日,决议载明的会议主持人申保生尚在住院,王献忠进行股权工商档案变更登记的《企业变更登记表》上记载的申请股东变更时间是3月1日,也就是说在3月2日召开股权转让会议前股权转让的事实已经成就。且股权转让的两名当事人也明确证明股权系私下转让,未召开股东会;同时,3月2日的会议并无会议记录,决议上也未有全体股东的签名,可以认定股东会议并未实际召开。《公司法》第22条第1、2款规定:"公司股东会或者股东大会、董事会的决议内容违反法律、行政法规的无效。股东会或者股东大会、董事会的会议召集程序、表决方式违反法律、行政法规或者公司章程,或者决议内容违反公司章程的,股东可以自决议作出之日起六十日内,请求人民法院撤销。"因此,未按照法律、行政法规或公司章程规定召开的股东会、股东大会或董事会形成的决议,为可撤销行为,而只有违反法律、行政法规的方属无效。而本案中股东会决议并未实际召开股东会,该决议系虚构股东会会议形成,其自始不存在,因此不存在是否无效或可撤销的情形,对于虚构的股东会决议只能是尚未成立,故应依法判决3月2日的股东会决议不成立。

---

**规则36** 【股东会决议的签名】缺乏部分股东签名或表决并不必然导致股东会决议应予撤销,应否撤销关键取决于决议本身是否违反《公司法》或公司章程的效力性规定。

[规则解读]

缺乏部分股东签名或表决并不必然导致股东会决议应予撤销,应否撤销关键取决于决议本身是否违反《公司法》或公司章程的效力性规定。

[案件审理要览]

**一、基本案情**

原告杨甲、杨乙、覃某、陈某等人系被告某商贸公司(有限责任公司)的出资股东。2010年4月8日上午9时,商贸公司在未提前15天以合理方式通知原告杨乙参加的情况下召开了股东会,但杨乙实际参加了会议。股东在会议期间因故与在场维持秩序的保安发生争执,原告陈某以及原告覃某委托参会的代理人邓某被公安民警带离会场。当天下午,股东会主持人商贸公司董事长龚某宣布了9个议案的投票结果,其中包括以商贸公司所持有的其他公司股份对外提供担保,以及商贸公司其他日常经营事项内容。原告以商贸公司未依法提前15天通知股东杨乙参会,股东会会议记录无全体出席会议的股东签名,以及存在其他程序违法为由,起诉至法院,请求撤销商贸公司该次股东会的全部"决议",但未能提供股东会会议记录或决议文本。

**二、审理要览**

一审法院经审理认为,原告未能举示该次股东会所形成的决议,其所举示的其他证据不足以证明股东会的召集和表决程序违反法律和公司章程的规定,本案中原告关于撤销股东会决议的诉讼请求难以支持。故一审判决驳回原告诉讼请求。

原告不服一审判决,提起上诉。

二审法院经审理认为,尽管商贸公司未提前15天通知股东杨乙参加股东会,通知程序上存在瑕疵,但杨乙已实际参加了该次股东会;原告未举示该次股东会所形成的会议记录,所举示的其他证据亦不足以证明该次股东会存在程序违法,故原告的上诉理由不充分。二审判决驳回上诉,维持原判。

[规则适用]

本案所争议的对象——公司股东会决议并非一般意义上的协议,是具有商事关系特点的一种特殊的团体意志形态,其效力问题值得探讨。就本案商贸公司所形成的股东会决议是否应予撤销,存在不同的观点:

第一种观点认为,商贸公司未在股东会议召开15日前通知股东杨乙参会,违反了《公司法》的强制性规定,召集程序违法。形成的决议系在陈某以及覃某的代理人邓某因故离场期间形成,缺乏二人的签名,表决程序违法。因此,商贸公司2010年4月8日股东会所形成的决议应予撤销。

第二种观点认为,实践中,公司股东由于种种原因拒不出席股东会、中途无故离场或拒不在股东会会议记录上签名的情形较为常见。若法院在审判实践中机械地认定欠缺股东签名的股东会决议无效或予以撤销,将对公司的内部管理和正常经营产生不良影响。本案不应对仅具有轻微瑕疵的股东会决议进行撤销。

第三种观点认为,我国的公司在运作中无论是治理结构还是经营决策方面都存在诸多不足。其中,股东间的利益保护不平衡是一个老生常谈的问题,弱势股东的利益得不到很好保障。实践中一些公司不依法提前通知部分股东参与股东会,或在明知部分股东缺席的情况下仍继续进行股东会议程,侵害股东利益的恶意十分明显,应受到相关法律的制裁。

第四种观点认为,本案股东会决议应为出席数瑕疵决议。出席数是股东大会决议的成立要件,若股东大会的出席数未达法定要求,即便作出决议也不能成立。然而,出席数通常存在两方面的理解,一是指股东人数上的出席数,二是指股权比例上的出席数,在我国学界和司法实践中,后一种理解获得更多人的认可。因此,是否满足最低出席数,不应仅凭参与表决的股东人数作出判断,而应主要考虑参与表决的股东所代表的股权比例。

我们认为,不应机械地认定瑕疵股东会决议的效力。

股东会决议制度是将多数出资者的意思吸收为单一的团体意思的制度,这决定了股东会决议的内容和形式必须充分代表股东真实意思,否则应作出相应的不利法律评价。与民事关系不同,股东会决议系商事关系的产物,与社会公共利益的关系更为密切,相关法律规定具有更为浓厚的国家干预色彩,因而判定股东会决议的效力,不宜机械地与民事法律关系类比,根据民事法律关系的效力原理确定股东会决议有效、无效、效力待定以及可撤销等效力状态。

我国《公司法》第41条第2款规定:"股东会应当对所议事项的决定作成会议记录,出席会议的股东应当在会议记录上签名。"但是,并不能就此得出结论,认为缺乏部分股东签名或表决必然导致股东会决议应予撤销。我国公司法学界和司法实务界对瑕疵股东会决议的效力问题亦未形成统一的认识。缺乏部分股东签名或表决的股东会决议应否撤销,关键取决于决议本身是否违反公司法或公司章程的效力性规定。

1. 针对普通事项的决议满足最低表决权数即可生效

在出席数方面,我国《公司法》并未对有限责任公司股东会的有效出席数作出明确规定,对此应按公司章程的规定判断。本案中,未有证据显示股东会决议违反了公司章程中关于有效出席数的规定,故不宜据此否定股东会决议效力。

在表决权数方面,《公司法》对股东会的普通决议和特别决议作了不同规定。《公司法》第42条规定:"股东会会议由股东按照出资比例行使表决权;但是,公司章程另有规定的除外。"第43条规定:"股东会的议事方式和表决程序,除本法有规定的外,由公司章程规定。股东会会议作出修改公司章程、增加或者减少注册资本的决议,以及公司合并、分立、解散或者变更公司形式的决议,必须经代表2/3以上表决权的股东通过。"也就是说,除修改公司章程、增加或者减少注册资本的决议,以及公司合并、分立、解散或者变更公司形式等特别事项的决议须经代表2/3以上表决权的股东通过外,针对普通事项的决议满足最低表决权数即可生效。本案中,以商贸公司所持有的其他公司股份对外提供担保,以及商贸公司其他日常经营事项,均不属于上述特别事项。尽管出席商贸公司股东会的部分股东因故离场,未能在决议上签名,但由于一方面不属于特别决议,无法通过是否满足2/3的法定表决权数进行判断;另一方面,原告亦未能证明决议违反公司章程中的表决权数,故仅凭这一点尚不足以否定股东会决议的效力。

此外，尽管未提前15天通知，但股东实际参加了股东会，亦不能机械认定程序违法。《公司法》第41条第1款规定："召开股东会会议，应当于会议召开十五日前通知全体股东；但是，公司章程另有规定或者全体股东另有约定的除外。"根据该条文的除外条款，公司章程的规定、全体股东的约定均可改变提前15天通知的前置程序。况且，从该款保护股东参与权、表决权的立法初衷来看，若股东实际参加了股东会，可以认为未提前通知参会的程序瑕疵已经消除。

2. 股东会决议应予撤销的证明责任主要由原告承担

"谁主张，谁举证"系民事诉讼证据规则中的一项基本原则，撤销公司股东会决议纠纷案件作为一类典型的商事纠纷案件，亦应遵守这一原则，除非有关法律对举证责任倒置作出了明确的规定。我国《公司法》及相关司法解释并未就股东会决议效力状态的证明问题作出举证责任倒置的规定，故股东会决议应予撤销的证明责任主要由原告承担。

原告在举示证据过程中，应重点考虑以下方面：一是股东会的召集和召开是否符合规定，如是否履行了必要的通知手续，出席数是否满足公司章程的要求；二是股东会的表决事项属于普通决议事项抑或特别决议事项，针对不同的决议事项是否具备相应的规范性要求；三是股东会决议的表决程序是否符合规定，整个表意过程是否能真实反映股东的自由意志；四是是否存在其他足以影响股东会决议效力的事项。人民法院根据原被告所举示的证据，结合案件的全面情况进行认定。

本案中，尽管出席商贸公司股东会的部分股东因被民警带走协助调查治安事件而离场，但未有证据证明此行为应归咎于商贸公司。原告未能举示股东会决议或会议记录，更无从证明股东会决议因缺少上述股东的签名表意而成就《公司法》或公司章程中关于决议无效的要件，故不宜断然否定商贸公司的股东会决议的效力。

3. 把握股东会决议效力应坚持依法、审慎、有利的原则

依法保障商事自由是社会主义市场经济健康发展的需要，也是我国《公司法》贯穿始终的立法宗旨之一。人民法院具体在把握股东会决议效力过程中，常常面临着实质要件与形式要件、法律规定与团体自治原则等方面的取舍，其背后实质是司法对经营自由干预深浅的问题。人民法院在把握这一尺度时，应坚持依法原则、审慎原则及有利原则，具体而言，即撤销事由仅限于法律和公司章程的规定，审慎裁量认定具体决议无效，确保商事主体经营自由和意思自治的有利实现等原则。

与此同时，我国《公司法》第4条规定："公司股东依法享有资产收益、参与重大决策和选择管理者等权利。"公司的经营、决策行为必须限定在法律框架内，依法平等保障全体股东的合法权益，经营自由不得以牺牲中小股东的利益为代价。现实生活中，大股东凭借掌控公司实际权力的优势侵害中小股东合法权益的现象并不鲜见，这值得全社会加以重视，并从制度层面予以规制。

本案表明，与实际控制公司的大股东相比，中、小股东由于不深入参与公司的经营，一般难以接触公司的重要资料和文件，举证能力受到一定限制。一旦发生纠纷，中、小股东往往难以举示足够的证据以维护自身权益。因此，中、小股东应树立风险意识，丰富相关法律知识，在日常经营活动中尽可能做好重要证据的保全工作，以便在诉讼中争取主动。

---

**规则37**　【债务加入】鉴于债务加入会影响到公司的财产安全和稳定发展，是事关公司和股东利益的重大行为，应当由公司的最高权力机构即股东会作出决议。

---

[规则解读]

第三人对债务人所负担的债务进行债务加入后，除当事人对责任承担方式另有约定外，债权人可以请求第三人与债务人共同承担责任。鉴于债务加入会影响到公司的财产安全和稳定发展，是事关公司和股东利益的重大行为，应当由公司的最高权力机构即股东会作出决议。

[案件审理要览]

一、基本案情

徐建忠原系江苏省江阴市建恒化工有限公司（以下简称建恒公司）股东。2008年8月，徐建忠与许晓磊约定，徐建忠将其持有的建恒公司股份转让给许晓磊，同时约定2008年8月31日前建恒公司的债务由徐建忠承担，建恒公司代偿的，建恒公司和许晓磊有权向徐建忠追偿。同年12月，徐建忠和常州市蓝浩化工有限公司（以下简称蓝浩公司）向建恒公司出具一份承诺书，载明："2008年8月30日前建恒公司的债务，由我本人（徐建忠）及现公司（蓝浩公司）承担一切法律责任。"该承诺书有徐建忠签名及蓝浩公司印章，另"各股东签名"一栏中，有徐建忠、陈建新签字，某村委会盖章。其后，建恒公司对外承担债务107万元。2011年12月，许晓磊、建恒公司将徐建忠、蓝浩公司诉至法院，向两被告追偿107万元。蓝浩公司辩称，徐建忠作为蓝浩公司股东和实际控制人，未经其他股东同意就以公司名义作出承诺，应属无效担保，请求驳回对蓝浩公司的诉讼请求。

另查明，蓝浩公司出具承诺书时，有徐建忠、陈建新、某村委会三位股东，持股比例分别为50%、40%、10%，徐建忠为法定代表人，承诺书上"陈建新"签字不是其本人所签。诉讼中，许晓磊明确由建恒公司来追偿债务。

二、审理要览

一审法院经审理认为，徐建忠和许晓磊签订股权转让合同时，约定由徐建忠承担股权转让前建恒公司的债务，该约定不违反法律、法规的强制性规定，应为合法有效。建恒公司承担了股权转让前的债务，徐建忠应根据约定承担相应的法律后果，即由其承担该债务。徐建忠和蓝浩公司出具的承诺书从形式上看并不符合法律规定的担保的要件,从内容来看,蓝浩公司亦没有作出提供保证的意思表示,且蓝浩公司股东是否签名及签名真伪并不影响承诺书的效力,该承诺书合法有效,徐建忠和蓝浩公司应根据承诺书承担责任。法院判决:徐建忠、蓝浩公司向建恒公司偿付107万元。

蓝浩公司不服一审判决,提起上诉。

二审法院经审理认为,蓝浩公司在承诺书上加盖公章并由该公司法定代表人徐建忠签名,该承诺书即对蓝浩公司发生法律效力,蓝浩公司应按承诺书履行。现有法律没有规定公司加入公司股东的债务需经股东会决议,故蓝浩公司出具承诺书虽未经过股东会决议,但不影响债务加入的效力。法院判决:驳回上诉,维持原判。

[规则适用]

1. 承诺书的性质

蓝浩公司出具承诺书的行为属于债务加入。债务加入在《合同法》中未作明确规定,但作为债务承担的一种方式,在经济交往中还是颇具市场。根据民法理论,债务加入又称并存的债务承担,是指第三人、债务人与债权人达成三方协议,或第三人与债权人达成双方协议,或第三人向债权人单方承诺,由第三人履行债务人的债务,但同时不免除债务人履行义务的债务承担方式。债务加入后,除当事人对责任承担方式另有约定外,债权人可以请求第三人与债务人共同承担责任,同时,第三人享有债务人对债权人享有的抗辩权。

本案中,徐建忠与许晓磊在2008年8月约定建恒公司和许晓磊有权向徐建忠追偿债务,这种约定明确了建恒公司在承担股权转让前的债务后,取得对徐建忠的追偿权,徐建忠处于建恒公司的债务人地位。同年12月,徐建忠和蓝浩公司出具的承诺书载明"2008年8月30日前建恒公司的债务,由我本人(徐建忠)及现公司(蓝浩公司)承担一切法律责任",该份承诺书不具备法律规定的担保的要件,而且蓝浩公司也没有提供保证的意思表示,该承诺书不属于担保。从性质上分析,该承诺书属于典型的第三人、债务人向债权人出具承诺,由第三人、债务人共同向债权人履行债务,由此,蓝浩公司对徐建忠结欠建恒公司的债务进行了债务加入。

2. 蓝浩公司债务加入行为的效力

对徐建忠负担的债务进行债务加入,是蓝浩公司的真实意思表示,不违反法律、法规的强制性规定,合法有效,建恒公司可以要求蓝浩公司和徐建忠共同承担相应债务。首先,根据《合同法》规定,当事人采用合同书形式订立合同的,自双方当事人签字或者盖章时合同成立,依法成立的合同,自成立时生效。现行公司相关法律法规没有对公司债务加入进行条件限制,蓝浩公司章程也没有规定,因此,蓝浩公司在承诺书上盖章后,该承诺书就成立并生效,对蓝浩公司产生约束力。其次,承诺书上蓝浩公司法定代表人徐建忠及其他股东的签名是对蓝浩公司进行债务加入的进一步确认。虽然其中一位股东陈建新的签名系伪造,但一方面建恒公司不可能参与到蓝浩公司的内部决策过程中,也不具备对该股东签名进行实质审查的能力，即使有伪造，也应由伪造人承担内部责任，而作为善意的建恒公司，应该说已经尽到审查义务，况且另两位真实签名的股东股份已经占到全部股份的60%；另一方面，股东的签名与否并不影响承诺书本身的效力。

3. 进一步的思考

尽管现行法律法规对公司债务加入没有作出限制，但由于债务加入的责任承担和担保责任有相似性，《公司法》第16条对公司担保的规定极其严厉，如果不对公司债务加入行为进行一定的规制，则无疑放纵当事人通过债务加入的形式规避《公司法》第16条的强制性规定，使该条形同虚设，也会损害公司其他股东及债权人的利益。因此，《公司法》应对公司债务加入行为进行规制。我们建议，鉴于公司债务加入会影响到公司的财产安全和稳定发展，是事关公司和股东利益的重大行为，应当由公司的最高权力机构即股东会作出决议。具体来说：公司为其他企业或他人承担的债务进行债务加入的，依照公司章程的规定，由股东会、股东大会决议；公司章程对债务加入的总额有限额规定的，不得超过规定的限额；公司为公司股东或者实际控制人承担的债务进行债务加入的，该股东或者受实际控制人支配的股东不得参加股东会或股东大会的表决，该项表决由出席会议的其他股东所持表决权的过半数通过；如果章程对债务加入行为没有规定，则由股东会或股东大会临时决议。

---

**规则38** 【公司决议撤销的审查】人民法院在审理公司决议撤销纠纷案件中应当审查以下事项：会议召集程序、表决方式是否违反法律、行政法规或者公司章程，以及决议内容是否违反公司章程。

[规则解读]

人民法院在审理公司决议撤销纠纷案件中应当审查以下事项：会议召集程序、表决方式是否违反法律、行政法规或者公司章程，以及决议内容是否违反公司章程。在未违反上述规定的前提下，解聘总经理职务的决议所依据的事实是否属实，理由是否成立，不属于司法审查的范围。

[案件审理要览]

一、基本案情

李建军系上海佳动力环保科技有限公司（以下简称佳动力公司）股东，并担任总经理职务。佳动力公司股权结构为：葛永乐持股40%、李建军持股46%、王泰胜持股14%。三人共同组成董事会，由葛永乐担任董事长，其余二人为公司董事。公司章程规定：董事会行使包括聘任或者解聘公司经理等权力；董事会须由2/3以上的董事出席方为有效；董事会对所议事项作出的决定应由占全体股东2/3以上的董事表决通过方为有效。2009年7月18日，经葛永乐电话召集，佳动力公司召开董事会，会议经葛永乐、王泰胜表决同意通过了"鉴于总经理李建军不经董事会同意私自动用公司资金在二级市场炒股,造成巨大损失,现免去其总经理职务,即日生效"的决议。决议由葛永乐、王泰胜及监事签名,李建军未在决议上签名。李建军提起诉讼,要求撤销上述董事会决议。

**二、审理要览**

一审法院经审理认为,虽然本案董事会决议在召集、表决程序上与《公司法》及公司章程并无相悖之处,但董事会形成的罢免原告总经理职务决议所依据的"未经董事会同意私自动用公司资金在二级市场炒股造成损失"的这一事实存在重大偏差,在该失实基础上形成的罢免总经理决议,缺乏事实及法律依据,其决议结果是失当的。故判决对董事会决议予以撤销。

一审判决后,佳动力公司提起上诉。

二审法院经审理认为,聘任和解聘总经理是公司董事会的法定职权,只要董事会决议在程序上不违反《公司法》和公司章程的规定、内容上不违反公司章程的规定,法院对解聘事由是否属实不予审查和认定,其对董事会的决议效力亦不构成影响。本案适用《公司法》第 22 条予以审查,认定系争董事会决议在召集程序、表决方式上均无任何瑕疵,不符合应予撤销的要件。2010 年 6 月 4 日,法院判决:撤销原判,对李建军原审诉请不予支持。

[规则适用]

一、我国公司决议撤销之诉的确立

人们一般认为,股份公司和有限公司,由于受到三权分立的政治思想影响,而有意思机关、执行机关和监督机关之分立。其中意思决定机关为股东会。股东会是由全体股东所组成的会议体,是依据股东的合意在公司内部决定公司意思的法定必备最高机关。股东会依据召集时期的不同可区分为股东常会(或定期股东会议)和股东临时会,依据组成股东会的股东范围的广狭可分为股东会和特别股东会。① 基于股东民主的考虑,应召到会的、享有表决权的股东对决议事项按照多数决原理、法定及章定程序作出可决或否决,从而形成股东会的意思表示,进而形成公司的意志,这就是股东会决议制度。这是一种将多数出资者的意思吸收为单一的团体意思的制度,因此其内容和程序必须合法、公正。反之,如果决议程序或者内容上存有瑕疵,就不能认为是正当的团体意思,应当否认其效力。如果适用有关民事法律行为瑕疵的一般原则,那么当股东会决议有无效原因时,即使不特别主张,该决议的效力亦应视为自始就不发生,而当股东会决议有撤销原因时,依撤销权人单方面的撤销,决议亦应溯及既往地丧失效力。但是股东会决议是社团性法律行为,因此在其形成过程中必然要介入多数人的意思和利害关系,并且决议一经形成,就以决议有效为前提形成各种后续行为。倘若依据行为无效、撤销的一般法理来解决,将会导致团体法律关系的不稳定,从而将损害多数人的利益。

---

① 参见柯芳枝:《公司法论》,中国政法大学出版社 2004 年版,第 206 页。

因此现代法治国家将之作为公司法上特别地否定决议效力原因的瑕疵类型规定出来，要求原则上只能以起诉的方式来主张。

域外立法例通常将股东会决议的程序或者内容违反法令、章程时，或者程序显著不公正时出现的问题，称为股东会决议的瑕疵，进而依据瑕疵的种类，把为救济这些不同瑕疵而提起的诉的类型分为撤销之诉、确认无效之诉等，并分别规定对其判决之效力。① 其中，前一类型，大陆法系国家（地区）公司法中几乎都有规定，它是一种主要适用于股份公司，并在有些法域亦适用于有限公司的救济方式。

参考综合有关国家的立法表述，所谓股东会决议撤销之诉，指的是股东会的召集程序或者决议方法违反法令或者章程，或者显著不公正，或者决议内容违反章程时，股东、董事或者监事等利害关系者自决议之日起法定期间内得请求法院撤销股东会决议的诉讼救济制度。股东会决议撤销之诉只适用于积极决议（可决），消极决议（否决）即使在其召集程序、决议方法上有瑕疵也不能转为可决，因此不可能进行撤销诉讼。

我国股东会决议撤销之诉制度的构建完善经历了相当漫长的时间。1993年《公司法》颁布实施后，实践中公司内部围绕股东会决议的瑕疵问题及其效力而引起的纷争时有所见。虽然学界不少人主张，该法第111条规定可以作为我国提起决议撤销之诉的请求权法律依据②，但是司法实务上长期以来，人民法院对公司法上的纠纷案件倾向于采取不受理或不支持的消极裁判思维，能够实际进入审判程序的股东会决议撤销案件少之又少。2000年最高人民法院下发《民事案件案由规定（试行）》，明列"公司决议侵害股东权纠纷""股东会议召集权纠纷"两种案由③，才使法院受理这一类型案件情况稍有好转。除原《公司法》第111条之外，我国关于股东会决议效力争议解决的更为明了的具有规范效力的文件是中国证券监督管理委员会2000年5月18日发布的《上市公司股东大会规范意见》（2006年3月16日废止），其中第42条规定："对股东大会的召集、召开、表决程序及决议的合法有效性发生争议又无法协调的，有关当事人可以向人民法院提起诉讼。"这赋予了股东对股东会决议瑕疵直接诉讼的权利。自此可以认为我国已经基本确立了股东会决议撤销之诉的救济制度，法院受理这类纠纷应无问题。然而股东会意思决定瑕疵的复杂性、多变性及深层性的矛盾，却不是上述规定所能涵盖的。伴随我国《公司法》的实施，社会上对于"《公司法》欠缺可诉性"的批评声音始终不绝于耳，立法者似乎也发现了问题所在。紧跟着有两项促进立法再造的准备工作需要交代：一是最高人民法院为维护司法统一，正确审理公司法上的纠纷案件，满足审

---

① 依有关国家或地区实定法上规定研判，德国及我国台湾地区，规定了撤销之诉和确认无效之诉，日本规定有撤销之诉、确认无效之诉、确认决议不存在之诉，而韩国公司法在日本规定基础上还增加了一种撤销、变更不当决议之诉的类型。
② 参见刘俊海：《股份有限公司股东权的保护》，法律出版社1997年版，第300页。
③ 《案由规定》列举的这两种案件类型是否可严格解读为股东会决议撤销诉讼也是有争议的。

判实践的需要，2003年11月份向社会公布《关于审理公司纠纷案件若干问题的规定（一）》（征求意见稿），其中于第39、41条规定了股东会决议撤销之诉制度。二是以王保树先生为代表的"公司法修改研究小组"，推出的《中国公司法修改草案建议稿》第120、121、122、123条也对此作了规定。① 之后，水到渠成，2005年修订《公司法》，其第22条第2、3款就股东会决议撤销诉讼救济制度重新作了规制，立法语言表述也渐趋清晰明确了。

2005年修订的《公司法》第22条对公司决议的不同瑕疵进行了区分，分为公司决议无效和可撤销两类。第1款规定公司决议内容违反法律、行政法规的无效，第2款规定了公司决议可撤销的情形。《公司法》第22条第2款规定："股东会或者股东大会、董事会的会议召集程序、表决方式违反法律、行政法规或者公司章程，或者决议内容违反公司章程的，股东可以自决议作出之日起六十日内，请求人民法院撤销。"相应地，最高人民法院《关于印发民事案件案由规定的通知》（法发〔2008〕11号）中第249种案由规定为"股东会或者股东大会、董事会决议效力纠纷"，又细分为股东会或者股东大会、董事会决议效力确认纠纷和股东会或者股东大会、董事会决议撤销纠纷。2011年2月18日，最高人民法院印发《关于修改民事案件案由规定的决定》的通知（法〔2011〕41号），对上述案由进行了修订，修改后的第250种案由规定为"公司决议纠纷"，又细分为公司决议效力确认纠纷和公司决议撤销纠纷。

二、公司决议撤销原因的认定

相对诉讼程序上议题而言，撤销原因的认定是股东会决议撤销之诉的实体法律问题。在决议撤销之诉的事由认定上，德国、日本规定的理由大致为：股东会召集程序或者表决方法违反法令、章程或者明显不公正，股东会决议的内容违反章程，或者因对股东会决议有特别利害关系的股东行使表决权而形成明显不当的决议等。台湾地区"公司法"第189条规定的决议撤销之原因一为股东会的召集程序违反法令或章程，二是股东会的决议方法违反法令或章程。我国大陆《公司法》所规定的决议撤销事由有三：股东会的召集程序违反法律、行政法规或者公司章程，股东会的表决方式违反法律、行政法规或者公司章程，股东会决议内容违反公司章程。

股东会应由有召集权人依法定程序进行召集。各国法律上的召集程序大体上分为董事会的召集决定和对股东的通知。前者在所有和经营相分离的原则下将股东会召集权归属于董事会，从而起到排除股东的无秩序的经营干涉的功能，后者则起着向股东赋予出席股东会，并改进意思表示的机会的功能。决议方法，即指在股东会场所中引出公正的决议而进行的程序和形式，包括议事方式和表决程序。召集程序和决议方法的合法、公正与决议内容的如何无关，如果违反它，就

---

① 参见王保树主编：《中国公司法修改草案建议稿》，社会科学文献出版社2004年版，第26页。

成为撤销事由。依据我国法律规定,可以认定的撤销原因大致包括:

第一,召集程序上的瑕疵。(1)董事会的召集决议的瑕疵。存在召集股东会的董事会决议,但就其效力有争执可能性时,这将成为股东会决议撤销事由。(2)由无召集权人召集。根据监事会(或不设监事会的有限责任公司的监事)或少数股东或有限责任公司少数董事的提议召集股东会时,也应由正当的召集权人召集。若由《公司法》上规定之董事会(或不设董事会的有限责任公司的执行董事)、监事会(或不设监事会的有限责任公司的监事)、少数股东以外的主体,或章程上的非召集权人进行召集时①,均视为无召集权之人召集的情形。(3)通知的瑕疵。《公司法》为保护股东出席会议的权利,要求召集人在一定期限内对记名股东寄发会议通知,对无记名股东发出公告。② 未向部分股东进行召集通知,或不遵守通知期间,或通知方法不正确(例如口头联系,因为通知应采取发信主义)等,构成通知方面的瑕疵。还有,通知事项不齐全(例如未记载目的、漏掉时间、场所等)也相当于召集程序违法。除这些外,比如选择股东很难出席的场所、时间等,也属于通知的瑕疵,成为召集程序显著不公正的情形,应作为撤销事由。然而我国撤销事由中未包括明显有失公正的情形,看来只有留待以后《公司法》修改时再作进一步完善。(4)目的事项(审议事项和临时提案③)以外的决议。例如就股东会召集目的之外的事项进行决议,即使是紧急事件也是撤销事由。(5)在外国公司法应法例中,一人公司的股东会,即使召集程序中有瑕疵,该瑕疵亦被视为治愈。④ 而我国《公司法》规定,一人有限责任公司不设股东会,国有独资公司不设股东会,由国有资产监督管理机构行使股东会职权。因此,在一人有限责任公司和国有独资公司不致发生股东会召集、出席等适法性问题。⑤

第二,决议方法的瑕疵。(1)不具有股东身份的人参加决议。股东会由全体股东组成,只有身份确为本公司股东的自然人或组织方可出席股东会议,参与议事及进行表决。既不是股东(例如,有限公司股东向他人转让股权后,凭未及注销的出资证明书而参加股东会的,其身份已非股东),又不是股东代理人的人出席股

---

① 参见我国《公司法》第40条、第102条。

② 参见我国《公司法》第41条、第102条。国外公司法有关股东会出席的规定也都会要求召集人在一定期限内对记名股东寄发会议通知书,对无记名股东发出公告。例如美国《示范公司法》第7·05条规定公司必须于股东常会及特别会议召集10天前但不超过60天内,将会议的日期、时间及地点通知股东。德国《股份公司法》第123条第1款规定股东会至迟应于大会召开1个月前召集,《有限公司法》第51条第1款规定股东会的召集通知至少须于开会日1周前以挂号信通知股东。日本《商法》第232条规定召开大会时,要在开会日两周前通知股东。

③ 根据我国《公司法》第102条第2款规定,临时提案满足如下条件始得作为目的事项:(1)临时提案由单独或者合计持有公司3%以上股份的股东以书面形式提出;(2)于股东会召开10日前提出并交董事会;(3)董事会应当在收到提案后2日内通知其他股东,并将该临时提案提交股东会审议;(4)临时提案的内容应当属于股东会职权范围,并有明确议题和具体决议事项。

④ 参见赵德枢:《一人公司详论》,中国人民大学出版社2004年版,第250—254页。

⑤ 参见我国《公司法》第61条、第64条第2款。

东会并参加决议的,视为决议方法有瑕疵。(2)表决权受限制股东行使表决权。这样的情形有:一是对决议有特别利害关系者行使表决权时,例如公司股东或者受实际控制人支配的股东违反我国《公司法》第 16 条第 3 款规定,参加就公司为该股东或者实际控制人提供担保之事项的股东会或者股东大会决议的表决的;二是无表决权的股东行使表决权时;三是公司持自己股份或者子公司持母公司股份行使表决权时,例如我国《公司法》第 103 条第 1 款的规定。(3)违反决议要件。定足数①、表决权计算违法时即属于违反决议要件。诸如将特别决议事项以普通决议来决议时,赞成股份数不足于发行股份总数的一定比例而召集人宣布决议时等。上市公司股东大会把公司在一年内购买、出售重大资产超公司资产总额 30%的问题作为普通决议事项,经出席会议的股东所持表决权的不足 2/3 以上通过的,就是其例。②(4)种类股东会的欠缺。在要求有种类股东会决议的事件中,未经其决议,只以股东会决议来进行了章程变更、合并契约承认时,由于是否要求有种类股东会决议上也会产生争论,以未经种类股东会决议为由将股东会决议视为当然无效是不恰当的。这时,应视为缺少股东会决议发生效力的程序要件,成为决议撤销事由。(5)对于不公正的议事进行,例如不当地限制股东的发言或使股东退场,或者动员股东会专业户造成不安全的气氛而决议,或者蓄意指使他人利用威胁或利诱手段干扰股东表决权及相关权利的行使等,应属于决议方法显著不公正的问题。上述问题我国现实中有实际发生,但 2005 年修订《公司法》未能汲取《公司法修改研究小组建议稿》的有益尝试③,把显著不公正情形排除在外,乃一憾事。

一人公司(包括国有独资公司)股东仅为一人,适用通常以复数股东为基础的决议程序则有事实上的困难,故一般而言对一人公司股东会之决议方法,大多在《公司法》相关规定之解释上另作不同于一般公司的考量。④ 然就我国而言,如前所述,一人有限责任公司和国有独资公司不设股东会,有关股东会之职权法律明文概由一人股东或国有资产监督管理机构行使,故在此情形下,将不致发生诸如外国一人公司议决事项及程序的问题。

第三,决议内容违反章程。大陆法系的通说认为:章程对已经成为其成员者,不管其意思如何,都具有普遍的约束力;不管其成员的个别意见如何,章程都可根据成员的一般意思而变更;因制定章程或股东转让其股份而发生人员结构的变化,仍不影响章程的效力等,这一切都是基于章程的法规性质。从我国《公司法》规定来看,我国亦将章程视为具有自治法规的性质。股东会的决议一旦违反章

---

① 包括或者分为成立定足数和决议定足数,我国仅规定有决议定足数,没有规定出席会议的股东最低法定人数。参见我国《公司法》第 43 条第 2 款、第 103 条第 2 款规定。
② 参见我国《公司法》第 121 条规定。
③ 参见王保树主编:《中国公司法修改草案建议稿》,社会科学文献出版社 2004 年版,第 266 页。
④ 参见赵德枢:《一人公司详论》,中国人民大学出版社 2004 年版,第 257 页。

程,也就破坏了公司的自治法规,违反了股东自决的行为规范。例如,多数派股东利用决议违反其对公司和少数派股东所负之诚信义务,滥用表决权,则侵害了章程赋予公司和少数派股东的利益。再如,章程规定公司的董事在 7 名以内,监事在 3 名以内,但股东会决议超过这些名额选任董事、监事,章程规定只能选任中国公民担任董事长,决议却选任外国公民出任董事长,以及其他决议内容或方法侵害了章程规定的少数派股东的共益权和自益权等,均属于决议违反章程。章程具有如此重要的性质、效力及地位,如果将其排斥于决议瑕疵的原因范围之外,公司章程的严肃性及其部分价值便无从体现。因此,股东会决议违反公司章程当属决议撤销的事由。但是应注意的是,决议内容违反章程的同时,又违反法律、行政法规时,则当然成为无效事由。

三、公司决议解聘经理的事由不属于公司决议撤销的法定事由

《公司法》第 22 条第 2 款对可撤销公司决议的司法审查内容已有规定,但实践中仍然存在一些困惑,比如公司决议解聘经理的事由是否属于公司决议撤销的事由。对此我们认为,人民法院在审理公司决议撤销纠纷案件中应当审查的是会议召集程序、表决方式是否违反法律、行政法规或者公司章程,以及决议内容是否违反公司章程。在未违反上述规定的前提下,解聘总经理职务的决议所依据的事实是否属实,理由是否成立,不属于司法审查的范围。我们的理由主要有以下三个方面。

1. 强调公司自治原则。公司自治是现代公司法的灵魂,也是私法自治和市场经济的要求。公司自治精神的核心是尊重公司的商业判断,尊重公司、股东、董事依法作出的自主选择。只有当公司自治机制被滥用或失灵时,才能启动司法程序。从《公司法》的规定看,对公司行为的规制着重体现在程序上,原则上不介入公司内部事务,以最大限度赋予公司内部自治的权力。总经理的聘任和解聘关涉公司日常经营决策的核心和关键,公司董事会基于公司发展需要而调整公司高级管理人员,行使的是公司自治权。

2. 尊重公司章程的规定。公司章程是公司的自治规章,对公司及其股东、董事、监事和其他高级管理人员均具有约束力。如果公司章程对经理的聘任和解聘有特殊规定,只要没有违反法律和行政法规的强制性规定,就应当按照章程规定处理。《公司法》中规定聘任和解聘经理是董事会的职权,未作其他特殊规定。公司董事会可以行使公司章程赋予的权力作出解聘公司经理的决定。至于解聘经理是出于什么原因,基于何种理由,以及解聘的理由是否真实存在、是否合理,均属公司自治的范畴,法院不应予以审查。

3. 符合董事会与经理之间委托代理关系的法律性质。现代公司运营的专业化、技术性和市场化,需要具有专业技能和管理能力的专门人才从事公司的日常经营工作。因此,董事会需要聘任经理人专门从事公司的经营管理。关于董事会与经理之间的关系,法学界一般认为是委托代理关系。经理之所以能够参与公司

的经营管理,能够对外进行交易行为,是源于董事会的聘任;董事会聘任合同的法律性质即是委托合同,基于该委托而使经理人拥有经理的身份,授权其行使各种职权。委托合同是以当事人之间的信任关系为基础的,而信任关系属于主观信念的范畴,具有主观任意性,没有严格的判断标准。如果当事人在信任问题上产生疑问或者动摇,即使强行维持双方之间的委托关系,也势必会影响委托合同目的的实现,故委托合同中当事人具有任意解除权。《合同法》第410条规定,委托人或者受托人可以随时解除委托合同。根据委托代理关系的法律性质,董事会可以随时解聘经理,法院也无须审查其解聘事由。

此外,《公司法》对于解除董事职务的规定,对于董事会解聘经理的问题具有参照作用。尽管学界对董事与股东之间的法律关系是信托关系还是代理关系尚有争议,但董事与股东之间的关系也是以信任关系为基础的,这与董事会和经理之间的委托代理关系是基于信任关系具有共通性。公司法曾对解除董事职务有所限制,1993年《公司法》第115条第2款规定:"董事在任职届满前,股东大会不得无故解除其职务。"在2005年修订时,删除了此项规定,这表明《公司法》放弃了对股东罢免董事的强制约束。从境外的相关立法看,多数国家和地区的《公司法》对于董事的解除是否需要理由,采取了公司在章程中自行选择的办法。如美国《示范公司法》§8.08(a)规定,股东可以免除一个或多个董事的职务,可以说明原因,也可以不说明原因,除非在公司组织章程中规定董事的被免除一定要有原因。日本《公司法典》第339条规定,公司负责人及会计监察人,可随时依股东大会的决议而解任。依前款规定而被解任者,除对其解任有正当理由的情形外,可向股份公司请求因解任所生损害的赔偿。我国台湾地区"公司法"第199条规定:"董事得由股东之决议,随时解任;如于任期中无正当理由解任时,董事得以向公司请求赔偿因此所受之损害。"[①]上述关于股东会解除董事职务的规定,对董事会解聘经理具有参照意义,董事会解聘经理是否需要理由,也应由公司在章程中自主选择规定。如果章程中没有规定,法院不必审查解聘事由。

四、提起决议撤销之诉超过法定期限的如何处理

我国《公司法》第22条第2款规定,股东会或者股东大会、董事会的会议召集程序、表决方式违反法律、行政法规或者公司章程,或者决议内容违反公司章程的,股东可以自决议作出之日起60日内,请求人民法院撤销。可见,《公司法》明确规定决议作出之日为决议撤销之诉60日期限的开始,此处的决议作出之日意味着决议于这一日生效。《公司法》将决议生效这一客观事实作为法定期限的起算日期,而并不对股东知道与否或应当知道与否的主观状态进行考量,这不但便于当事人确定股东起诉时是否超过了《公司法》规定的期限,也方便人民法院作出接受起诉或者裁定不予受理的选择。决议通过的日期可以分为两种情形予以确

---

[①] 朱慈蕴:《公司法原论》,清华大学出版社2011年版,第291页。

定;其一,以会议(股东会、股东大会、董事会)形式通过决议。此时可能出现两个日期,即召开会议通过决议之日和与会人员在决议文件上签名之日。通常情况下,这两个日期是统一的,即与会人员表决通过决议并同时在会议记录等决议文件上签名。但实践中也可能出现决议通过时间与参会人员在文件上的署名日期不同的情况,此时应当以会议通过决议的日期为准,作为期限的起算日。除非公司无法证明会议通过决议的时间,并因此与股东所认定的在文件上签章的日期有争议,则认定股东在决议上签章之日为决议通过之日。其二,传签书面文件通过决议。此时最后一个应当参加表决的股东或者董事在传签的决议上签章的日期,为该决议通过之日。

依照《公司法解释一》第3条"原告以公司法第二十二条第二款、第七十四条第二款规定事由,向人民法院提起诉讼时,超过公司法规定期限的,人民法院不予受理"的规定,原告提起决议撤销之诉超过60日的法定期限,人民法院不予受理。此时股东消灭的是诉权,是进入到诉讼程序的权利,而不是胜诉权利或实体权利的消灭。因此,该期间既区别于诉讼时效,也不同于除斥期间。为了反映其具有的这种起诉唯一性的特征,应当将其性质确定为商法上特殊的起诉期限。根据其性质的认定,此期间不适用诉讼时效中的中止、中断和延长制度。

不予受理是指人民法院对原告起诉进行审查时,认为不符合起诉条件,依法裁定不予接受的诉讼行为。裁定不予受理发生在人民法院审查起诉阶段,它不同于裁定驳回起诉。

由于决议撤销之诉法定期间的起算之日比较明确,人民法院在审查起诉阶段无须对当事人是否知道或应当知道决议的通过日期,起诉期间有没有中止、中断或者延长事由等事实因素进行审查和认定,更无需通过原、被告间的抗辩来确认期间是否已经经过,因此当事人在进入诉讼程序前即可确定是否超过60日(决议撤销之诉)的法定期限。同时,基于平衡各方利益、节省当事人的时间精力和节约司法成本的考虑,本条司法解释明确规定原告向人民法院提起此类诉讼但超过公司法规定期限的,人民法院不予受理。这对决议撤销之诉意味着:已生效的股东会或者股东大会、董事会的决议继续具有法律效力。可见,一旦法定期间届满,股东就丧失了通过诉讼途径保护其利益的权利,即使其向法院提起诉讼,法院也将裁定不予受理。当然,若法院认定期间错误,当事人可以依据我国《民事诉讼法》的规定提起上诉或申请再审。

五、公司决议未当场表示异议的股东能否提起决议撤销之诉

为了尽量缩小具有撤销决议诉权的股东范围,维护股东大会决议的效力和社会关系的稳定,许多国家和地区的《公司法》引入了股东异议制度,即只有出席股东大会并在决议的当时明确表示异议的股东,方可提起股东大会决议撤销之诉,如德国《股份公司法》第245条第1项对于受合法通知而出席股东大会的股东规定了享有撤销权的前提,即提起撤销之诉的股东资格限于"出席股东大会,并在议

事录中记载反对决议"的异议股东。美国《示范公司法修订本》第7.06节规定,当股东出席会议时,除非股东在会议开始时反对开会或反对作出决议,否则便是该股东虽未收到会议通知,或会议通知有缺陷却放弃提出反对会议召开的权利;除非股东反对讨论该议题,否则便是该股东对会上讨论的目的事项外的议案放弃反对讨论的权利。我国台湾地区"民法"第56条第1项规定:"总会之召集程序或决议方法,违反法令或章程,社员得于决议后3个月内请求法院撤销其决议,但出席社员对召集程序或决议方法,未当场表示异议者,不在此限。"

在此问题上,《公司法》对作为提诉讼主体的股东资格未加任何限制,这是否意味着股东异议制度在我国大陆不适用,未当场表示异议的股东当然的具备合法的提诉讼主体资格呢?

分析股东异议制度,各国(地区)引入该制度的法理性基础在于诚实信用。美国法依照弃权、允诺禁反言等衡平法上的原则禁止未当场表示异议的股东提起撤销权之诉。所谓"允诺禁反言",又称允诺后不得翻供或不得自食其言,是指根据诚信原则,允诺人所作的赠与、无偿或不等价的允诺具有法律拘束力,应当强制执行。作为一项起源于英美衡平法的制度,允诺禁反言是以英美法中的对价理论为前提,为避免不公平现象的发生,旨在特定情况下维护当事人之间的既存法律关系的制度,它与我国的诚实信用原则存在较大差异。

所谓诚实信用原则,是指任何当事人对他方不得隐瞒欺诈,必须善意地、全面地履行自己的义务。作为民法中的"帝王条款",诚实信用原则对作为民法特别法的公司法当然适用。一般而言基于诚实信用原则的考虑,投赞成票的股东不得任意撤销其同意的表示,提起股东大会决议撤销之诉。但是投赞成票的股东行使决议撤销权并不必然违背诚实信用原则,这是因为:首先,未当场表示异议的情况既包括股东对股东大会决议内容投赞成票,也包括对于程序上的瑕疵,股东出席股东大会进行表决时未表示异议。当股东对决议内容投赞成票时,其赞同的仅仅是股东大会决议的实质内容,而对实体的赞同并非等同于对于股东大会决议程序违法行为的认同。由于股东是一般投资者,而现代公司普遍存在信息不对称现象,股东对股东大会程序违法的事项,尤其是对部分股东漏发通知等召集程序或表决方法的瑕疵很难当场发现。如果完全否认这部分股东的撤销诉权,当其事后发现程序违法事由,希望通过撤销诉讼维护程序正义以维护公司长期发展时,就会因为其在实体上的赞成阻却了程序上权利的行使,承担程序违法带来的风险,这是不合理的,不符合风险与控制相一致的规则。其次,在现代社会,股东对股东大会决议的同意具有很多不同的表现形式,如名义上的同意、混合利益冲突的同意、被胁迫的同意、无可奈何的同意等,在这些同意的表现形式中,很多情况下的同意并非出于股东的真实意愿。由于股东不是专业的经营管理者,不精通公司事务的经营,对于一些隐含的决议很难作出准确的判断,当其事后发现因受欺诈而作出了错误的意思表示,有权基于欺诈的理论撤销自己的意思表示,这并不违背诚实信用的原则。当股东撤销自身的意思表示致使股东大会决议形成的要件欠缺，该决议的正当性就会受到质疑，此时股东可以通过行使撤销权的方式进行救济。

因此对于未当场表示异议股东的诉讼主体资格问题，我们不能一概而论，而应该区分股东同意的类型和瑕疵事由分别探讨。对于自己程序履行上的瑕疵，股东出席大会并在决议时未当场表示异议的，基于诚实信用原则的考虑，该股东不得反悔而于事后就该瑕疵事由提出撤销主张。但是对于有证据证明自身的意思表示并非出于自愿的股东，应当允许其撤销意思表示，当其撤销行为导致股东大会决议要件缺失时，应当允许其提起股东大会决议撤销之诉。对于有证据证明本人只是对股东大会决议的内容表示赞同，但不知决议程序存在瑕疵的股东，应当允许其在发现股东大会存在程序瑕疵时提起撤销之诉，对股东大会决议的撤销瑕疵进行救济，以维护公司的长远利益和资本市场的正常秩序。

六、股东会决议撤销的效力能否溯及到股东大会决议成立之时

决议撤销判决是否有溯及力，即股东大会决议撤销的效力能否溯及到股东大会决议成立之时，还是只能向将来发生法律效力。按照民事法律行为的一般理论，被撤销的民事行为从行为开始起无效。因此决议作为一种特殊的民事法律行为，原则上其撤销的效力应当溯及于决议产生之时。

综合判决既判力的原理，股东大会决议撤销的判决效力可以溯及性地约束诉讼当事人之外的公司成员，那么公司成员以外的第三人是否亦应受到决议撤销判决溯及力的约束？

"为求得法律关系的确定性和划一性，撤销股东大会决议的判决效力不仅应当及于原告股东与公司之间，而且原则上及于当事人之外的所有人，此即撤销决议判决的对世效力。"[①]"如果决议撤销的效力在部分人的法律关系上有效，而在其他人的法律关系上视为无效则会引起团体法上法律关系的混乱。"[②]因此，包括公司成员之外的第三人在内的所有人原则上均应受到决议撤销判决的约束。对于纯粹的内部决议而言，由于其不涉及任何公司以外其他人的利益，承认决议撤销的对世效力不会对公司成员之外的第三人产生影响，因此此承认不会带来任何非议。但是对涉外性内部决议和外部决议而言，承认决议的对世效力将会"带来以决议的有效为前提积累的过去的法律关系一时崩溃的严重的问题"[③]，它必将对第三人的利益造成严重的损害。如何衡平股东大会决议撤销的效力与善意第三人的保护之间的关系，便成了公司法的一大课题。

在这一问题上，日本公司法通过一方面承认决议撤销判决的溯及力，一方面

---

① 刘俊海：《股份有限公司股东权的保护》，法律出版社2004年版，第306页。

② 张闽、刘宵：《浅析〈公司法（2005修订版）〉对少数股东权益保护——从股东大会决议瑕疵救济角度》，载《金融经济》2006年第2期，第74页。

③ 〔韩〕李哲松：《韩国公司法》，吴日焕译，中国政法大学出版社2000年版，第430页。

通过类推适用限制代表权、表见代理的法则的方式来保护善意第三人的利益。如日本《公司法典》第839条规定，不具有溯及力的涉及公司诉讼的生效判决，并不适用于决议撤销之诉，决议撤销后，发生决议自始不生效的后果。而对于代表董事基于撤销的决议而代表公司与第三人成立的法律行为，依照公司对于代表董事代表权所加的限制不能对抗善意第三人的法理，来保护善意第三人。如选任董事的决议被撤销后，第三人针对该董事作为代表董事行使的行为的可以通过表见代理、表见代表董事、虚假登记等规定来保护。韩国《商法典》虽然没有直接规定限制撤销判决的溯及力，但是在司法实践中，也是通过援引限制不真实登记的对抗力以及表见代理等法理来保护善意第三人的利益。① 此外韩国商法还通过对部分后续性法律关系限制溯及效力来解决防止法律关系一时崩溃的问题，如限制关于新股发行、合并等的无效判决的溯及力。②

我国台湾地区"最高法院"认为，当法院判决撤销董事选任的股东大会决议时，董事在判决撤销前根据该决议内容或根据董事会惯常的代理权限而从事的各种交易行为、签订的各类合同，应适用表见董事、表见代表或表见代理的法理保护。善意第三人的主要理由在于，主管机关之公司登记有公信力，公司董事之选任虽无效，但既经公司主管机关登记，其代表公司所签发之票据、从事之行为，除持票人恶意外，对公司均应发生法律效力。③ 从实现利益平衡、维护法律稳定和交易安全的角度看，日本、韩国和我国台湾地区的经验是值得借鉴的。

对于选举董事、监事、授予董事监事权限等涉外性内部决议而言，该决议要发生法律效力，需要经过公司登记机关的登记确认。而决议的内容一经登记即产生公示公信力，善意第三人基于信任公司登记的效力而与公司之代表人员所为之合法行为，不因公司股东大会决议的撤销而受影响，这是公示公信力的具体要求和体现。公司涉外性内部决议被撤销后，该决议所涉及的公司登记代表人之代理权即自始失去正当性基础，但是公司登记机关之登记足以看成是客观上存在的使第三人相信行为人具有代理权的外表现象，公司不得以公司内部的事由对抗第三人权利的行使，此时由公司对该行为承担法律责任，符合表见代理的基本法理。综上，对于涉外性内部决议而言，一方面应当承认股东大会决议撤销的溯及力以维护法律关系的划一性；另一方面应当通过登记公示公信力和表见代理等理论，维护公司对外行为的效力，对善意第三人进行保护，以衡平股东大会决议撤销的效力与善意第三人的保护之间的利益，维护社会关系的稳定。

对于外部决议而言，由于外部决议在董事会对外表示之前只是公司对外行为的意思要素（效果意思），并不直接对公司以外的第三人产生拘束力，因此从理论上讲，股东大会决议被撤销之后原则上并不必然造成第三人利益的损害。但是作

---

① 参见钱玉林：《论可撤销的股东大会决议》，载《法学》2006年第11期，第41页。
② 参见《韩国商法典》第431条1款、第530条2款之规定。
③ 参见刘俊海：《股份有限公司股东权的保护》，法律出版社2004年版，第307页。

为意思表示中重要因素的效果意思,外部决议被撤销后,公司对外所作的意思表示将会因为欠缺主要要件而不成立,进而影响到公司与第三人之间行为的效力,使双方行为不成立或者无效,从而产生缔约过失责任。根据民法中有关缔约过失的基本理论,为衡平社会各方的利益,公司应当对第三人信赖利益的损失进行赔偿,以此弥补第三人的损失,达到保护第三人的目的。所谓信赖利益的损失,是指缔约人信赖合同有效成立,但是由于法定事由致使合同不成立、无效或被撤销等所造成的损失。具体而言,信赖利益的损失既包括缔约费用和准备履行合同所支出的费用等直接损失,也包括其他合理的间接损失。但是当公司的行为涉及重大公共利益时,为维护社会关系的稳定和社会公共秩序,应当禁止股东大会决议撤销判决发生溯及力,维持公司行为的效力。

因此,决议撤销的法律效力原则上应当溯及到股东大会决议成立之时,但是公司行为涉及重大公共利益的除外。至于对第三人利益的保护,可以通过表见代理、缔约过失等现有民法制度来进行。

**规则39** 【董事会决议】董事会决议是公司的意思表示。合同虽经公司盖章,但就董事会决议与格式条款不一致的内容应认定双方并未达成合意。

[规则解读]

董事会决议是公司的意思表示。合同相对方在明知董事会决议的情况下,持含有与之内容不一致的保证合同至公司盖章,且未就格式条款作出明确说明。合同虽经公司盖章,但就董事会决议与格式条款不一致的内容应认定双方并未达成合意。

[案件审理要览]

一、基本案情

2005年11月21日,江苏捷诚车载电子信息工程有限公司(简称捷诚公司)形成董事会决议一份,同意为江奎公司向镇江商业银行贷款750万元提供担保,担保期限6个月,该决议由董事签名并加盖公司公章后,交至镇江商业银行。同年11月25日,镇江商业银行与江奎公司订立《借款合同》一份,约定由江奎公司向该行借款750万元用于转贷。同日,镇江商业银行与捷诚公司订立《保证合同》,约定捷诚公司为江奎公司提供连带责任保证。合同第6条第6.1款以打印方式载明:"本合同项下的保证期间为自主合同确定的借款到期之次日起两年。"捷诚公司在保证合同上加盖了公章及法定代表人的印鉴章。2006年5月,借款到期,江奎公司未能按期清偿债务。2007年、2009年,镇江商业银行向捷诚公司寄送《贷款催收通知书》主张担保债权,捷诚公司均未予回复。镇江商业银行后更名为江苏银行股份有限公司镇江分行(以下简称江苏银行)。江苏银行诉至法院主张捷诚公司承担连带保证责任。

## 二、审理要览

一审人民法院经审理认为,捷诚公司董事会决议系该公司真实意思表示的直接体现,该董事会决议既已送达贷款银行,并在本案中由银行作为证据提供,说明银行已完全了解捷诚公司有关担保期限为6个月的真实意思。然而在签订保证合同时,由银行提供的保证合同文本中,却以格式条款的形式确定保证期间为两年,这与捷诚公司董事会决议所确定的担保期限6个月不同。捷诚公司有关具体签约行为人的代理行为属于无权代理行为,银行亦知道捷诚公司负责签约人员超越权限,故约定保证期限为两年的代理行为对捷诚公司不发生效力。双方对保证期间没有达成一致,视为没有约定,保证期间应推定为6个月,银行未在此期间内主张担保权利,捷诚公司免除保证责任。法院判决:驳回原告的诉讼请求。

二审法院经审理认为,捷诚公司就为江奎公司借款提供担保且保证期间为6个月形成董事会决议,并提供给银行,因此,捷诚公司的真实意思已经向银行明示,后者对捷诚公司的真实意思亦是明知的。银行在收到捷诚公司董事会决议后,持保证期间与董事会决议不一致的《保证合同》到捷诚公司办公室盖章,其主张《保证合同》系经双方协商确定,但并未举出双方就保证期间问题再行协商的证据,也没有举出捷诚公司变更保证期间为两年的董事会决议。且从《保证合同》文本分析,合同内容有手工填写和打印两部分,而保证期间内容属打印部分。该合同的打印条款具有预先拟订、重复使用的特点,属于《合同法》第39条规定的格式条款,即当事人为了重复使用而预先拟定,并在订立合同时未与对方协商的条款。有关保证期间的格式条款字体并未加粗或加下划线,也无其他证据证明江苏银行已经告知或提醒捷诚公司注意。因此,江苏银行主张《保证合同》包括保证期间部分经过双方协商确认,亦没有合同依据。本案双方当事人就保证期间问题没有达成合意,依法应认定保证期间为6个月。而银行向捷诚公司主张保证责任时已超过保证期间,故捷诚公司保证责任免除。2010年6月13日,法院判决:驳回上诉,维持原判。

[规则适用]

《公司法》第36条规定,股东会是公司的权力机构。该法第46条规定,董事会对股东会负责,执行股东会决议,决定公司经营计划。因此,董事会是执行股东会决议、决定公司经营计划的公司日常的意志机关,董事会决议是公司的意志。而当该意志以董事会决议等特定的形式固定并向相对人送达后,应认定公司的真实意思已经向相对人明示。

公司作为法人组织,其意思表示形式有多种,包括法定代表人签字、公司盖章、出具公司盖章的授权委托手续委托个人进行具体经营行为等。通过上述行为作出的意思表示与公司董事会决议、股东会或股东大会决议并不一定一致,这也是《公司法》就有关公司利益的重大事项如投资、担保作出特别规定,要求形成董事会决议或股东会(股东大会)决议的法律基础。

本案中，银行收到了捷诚公司关于提供保证期间为 6 个月的担保的董事会决议，后持含有保证期间为两年的格式条款的保证合同至捷诚公司盖章。银行没有提供在收到捷诚公司董事会决议后再行与捷诚公司磋商的证据，也没有提供证据证明其已经提醒捷诚公司注意该条款。银行的行为存在误导捷诚公司的不诚信之处。在合同双方就保证期间的具体期限产生争议时，应当结合合同的签订过程，基于平等、诚实信用原则解释相关合同条款。本案应作出不利于提供格式条款一方的解释，即不能以保证合同认定捷诚公司关于保证期间问题的意思表示，捷诚公司的盖章行为并不能推翻之前其向银行提供的董事会决议中关于保证期间为 6 个月的意思表示。在双方就保证期间未达成一致的情形下，依法应认定保证期间为 6 个月。

---

**规则 40　【股东分红】股东分红仅以股东身份的确认为条件。**

**[规则解读]**

对《公司法》关于股东按照实缴的出资比例分取红利，全体股东约定不按照出资比例分取红利的除外的规定的理解应当是：一旦股东身份得以确认，分红权则系股东的固有权利，任何个人或组织不得以任何形式加以剥夺、损害或者限制。

**[案件审理要览]**

**一、基本案情**

张忠梅系科创公司股东，出资额为 12 000 元，占公司注册资本（620 800 元）的 1.933%。2008 年 9 月 5 日，科创公司召开股东会，作出退款决议，内容包括：退款范围为《汇报》中所列的超产奖、工龄工资、高新企业奖、领导班子奖、通讯费；2008 年 1 至 4 月份工资，按科创公司第四届董事会第二次会议决议即新的工资标准发放，超出部分退还……根据该决议，张忠梅须退还的款项共计 104 578 元。2009 年 6 月 10 日，科创公司召开股东大会，作出关于 2008 年分红事宜的决议，决议股东按出资比例分取红利，但涉及 2008 年 9 月 5 日股东会决议退款事项的人员暂缓分红，等退款诉讼结果出来后再作处理。2010 年 6 月 28 日，科创公司股东会作出关于 2009 年分红事宜的决议，决议股东按出资比例分取红利，已完清退款金额及利息的人员可享受公司股东正常分红权益，尚未执行上述股东大会决议的相关人员继续执行关于退款和缓分红利的决议精神。张忠梅在以上两份股东会决议上均未签字，后诉至法院，要求科创公司给付红利，并支付逾期利息。

**二、审理要览**

本案审理中有两种观点：

第一种观点认为，根据《公司法》规定，股东会有权审议批准公司利润分配方案，股东按照实缴出资比例分取红利，全体股东约定不按照出资比例分取红利的除外。本案中，既然股东会决议系按出资比例作出的利润分配方案，那么该决议对于股东分取红利设立前置性条件并无不妥,股东应当服从决议内容。

第二种观点认为,科创公司作出暂缓向张忠梅等股东进行分红的决议,侵犯了张忠梅作为股东按照出资比例分取红利的权利,科创公司应当向原告支付分红及相应损失。

[规则适用]

我们同意第二种意见。

公司股东又系公司劳动者的情形十分常见,实践中往往存在公司与劳动者产生争议后,公司利润分配方案为又系劳动者的股东设立义务的情形。本案的争议焦点在于科创公司股东会是否有权作出暂缓向张忠梅等股东分配红利的决议。

公司利润系所有者资产权益的重要内容,而用于分红的利润又是公司存续期间所有者资产权益中唯一脱离于公司经营资产之外,归于股东个人的财产权益。因此,股东投入公司的资本系股东分红权根本和唯一的基础。鉴于此,对《公司法》关于股东按照实缴出资比例分取红利,全体股东约定不按照出资比例分取红利的除外规定的理解应当是:一旦股东身份得以确认,那么分红权则系股东的固有权利,任何个人或组织不得以任何形式加以剥夺、损害或者限制。

尽管股东会具有审批公司利润分配方案的权利,但其作出以股东义务为分红前置的利润分配方案,实际上否定了所有者资产权益以股东实缴资本为前提,系限制所有者资产权益,损害股东分红权之行为,则该前置性条件对股东不发生效力,股东仍可按照公司利润分配方案分红。

**规则41　【盈余分配关系与债权债务关系】公司无可供分配利润,而通过决议把分配给股东的利润份额以借据的形式载明,这违反资本维持原则的强行规范而不能转化为合法的债权债务关系。**

[规则解读]

公司无可供分配利润,而通过决议把分配给股东的利润份额以借据的形式载明,这违反资本维持原则的强行规范而不能转化为合法的债权债务关系。

[案件审理要览]

一、基本案情

郑国凤为淮安第一钢结构有限公司(以下简称第一钢结构公司)股东,出资额为10万元,出资比例为16.67%。

第一钢结构公司章程规定:公司分配当年税后利润时,应当提取利润的10%列入公司法定公积金,并提取利润的5%至10%列入法定公益金。公司从税后利润中提取法定公积金后,经股东会决议,可提取任意公积金。公司弥补亏损和提取公积金、法定公益金后所余利润,按照股东的出资比例分配。

2003年1月4日,第一钢结构公司股东会决议:2002年度实际利润应按100

万元报告;按100万元利润和各股东出资份额比例分配;利润分配额暂作为公司的借款,并按同期银行利率计息。同年2月21日,第一钢结构公司出具给郑国凤的借据载明,其欠郑国凤2002年度分红款166 700元。同年5月16日,第一钢结构公司股东会决议:因公司业务扩展、流动资金规模不断上升,导致公司资金十分紧张,运转不灵,决定2002年度按60万元分配利润。

另,第一钢结构公司在工商部门的年检报告书反映,2002年其暂时性亏损。2002年度终了时,第一钢结构公司没有按照《公司法》规定由会计师事务所对该年度财务会计报告进行审计。

郑国凤以第一钢结构公司出具2002年度分红款借据后,利润分红款性质已转变为借款,双方之间已由盈余分配关系转化为债权债务关系为由诉至法院,请求判令被告支付分红款166 700元及利息73 918元。

二、审理要览

一审法院经审理认为:公司分配股利必须符合《公司法》规定的实质要件和形式要件,即公司依法有可分配的利润,公司的利润分配方案经过股东会批准。因为,基于保护公司及其债权人利益的需要,公司必须贯彻资本维持原则,分配股利的资金来源不能是公司的资本,只能是公司的利润,否则就意味着向股东返还出资。而关于公司可否进行股利分配,除了审查是否有利润外,还应审查是否有可供分配的利润,即判断是否具备分配利润的实质要件。其在证据审查上,必须有符合《公司法》规定的依法经过审计的财务会计报告和利润分配计划,以及公司是否按照《公司法》第166条之规定确定可分配利润,即公司当年可分配的利润,应当是在弥补了上年度亏损,扣除税款,提取法定公积金、任意公积金(按公司章程规定由股东会决议)等之后剩余的利润。此外,公司实际分配股利与否,还取决于公司的意思,即通过公司意思表示机构股东会作出是否分配利润的决议。而公司应当依照法律、行政法规和国务院财政主管部门的规定建立本公司的财务、会计制度,公司应当在每一会计年度终了时制作财务会计报告,并依法交会计师事务所审计;股东会审议批准公司的利润分配方案时,应当以依法经会计师事务所审计的财务会计报告为依据。本案中,被告在2002年度终了时并没有对该年度财务会计报告依法交会计师事务所审计。被告两次股东会关于利润分配的决议违法,可能损害公司及其债权人的利益。另外,股东会决定分配利润前并未按照《公司法》规定扣除税款,提取法定公积金等。综上,原告的请求无法律依据,不予支持。

一审法院判决:驳回原告郑国凤诉讼请求。

一审宣判后,郑国凤不服,提起上诉。

二审法院于2011年3月2日终审判决:驳回上诉,维持原判。

[规则适用]

本案争议的焦点是:公司无可分配利润而通过决议把分配给股东的利润份额以借据的形式载明,其是否由盈余分配关系转化为债权债务关系。

1. 公司的意思自治不得违反法律和行政法规,损害公司债权人的利益。为了保证公司正常运转,维护公司债权人利益,《公司法》在坚持公司意思自治原则时,对公司和股东的行为规定了强行性规范。首先,公司必须以符合《公司法》规定的、依法经过会计师事务所审计的财务会计报告作为利润分配的依据,不能仅凭公司股东意思表示一致就分配公司资产。其次,公司作出分配利润决议时,必须坚持资本维持原则,保护公司债权人的利益。公司分配的利润必须是在弥补了上年度亏损,扣除税款,提取法定公积金、任意公积金之后的利润。而根据本案查明的事实,第一钢结构公司并无利润可供充实资本。因此,依据《公司法》第 22 条第 1 款之规定,本案股东会的决议内容违反法律、行政法规的规定,应属无效。

2. 公司股东行使股东权不得损害公司或其他股东、公司债权人的利益。股东行使股东权应当遵守法律、行政法规和公司章程,依法行使股东权利,不得滥用股东权利损害公司的利益。在公司无可供分配利润时股东要求分配,其实质是分配公司资本,非法向股东返还出资或股东抽回出资,会导致公司资本减少,影响公司的正常运行。而公司债权人基于对公司的信赖而发生了与其资本实力相应的交易量,现在公司资本发生不利于债权人的变化,一旦其遭遇商业风险,必然影响到债权人的利益实现。

3. 公司向股东出具的借据无合法性基础,应属无效。公司无可供分配利润而通过决议把分配给股东的利润份额以借据的形式载明,看似形成普通的债权债务关系,其实不然。依据《合同法》第 52 条之规定,该借款合同违反了公司资本维持原则,损害了公司和公司债权人的利益,属于违反法律和行政法规的强制性规定,应属无效。

---

**规则 42** 【公司与股东代表诉讼】公司在股东代表诉讼中的地位应为无独立请求权的第三人。

[规则解读]

公司在股东代表诉讼中的地位应为无独立请求权的第三人。

[案件审理要览]

**一、基本案情**

2008 年 6 月,张某、贾某与王某共同投资成立了一家有限责任公司,公司成立董事会,张某任董事长。2009 年 8 月,该公司与某贸易中心进行交易,将一批布料卖给该贸易中心。收到布料后,该贸易中心支付了部分货款后,以资金周转困难为由,不再支付剩余货款。王某多次向董事会提议,要求以公司的名义向法院提起诉讼,董事会却未予理会。后王某调查发现,该贸易中心的总经理李某系该公司董事长张某的表弟。2010 年 10 月,王某以自己的名义直接向法院提起诉讼,要求该贸易中心承担违约责任。该公司得知诉讼情况后要求参加本案审理。法院受理此案后,将该公司列为无独立请求权的第三人的地位。

**二、审理要览**

关于该公司在本案中的地位,产生了三种意见:

第一种意见认为,应由法院通知该公司参诉作为共同原告。该观点认为,股东与公司的利益在根本上是一致的,公司之所以不提起诉讼并不是其不想提起诉讼,而是因为其不能提起诉讼,因为公司的控制权是掌控在该公司董事长张某的手里。

第二种意见认为,公司应作为被告参加诉讼。该观点认为,公司拒绝或怠于提起诉讼实际上是一种侵害股东合法权益的违法行为,其间接地对股东利益进行了侵害。因此,公司与股东是对立的,代表诉讼中公司是站在原告股东王某的对立面的。

第三种意见认为,公司作为无独立请求权的第三人参加诉讼。该观点认为,公司与股东代表诉讼有极其密切的关系,但公司因为不愿起诉而丧失了对代表诉讼标的的独立请求权,丧失了独立的诉权。王某提起股东代表诉讼的诉因直接起源于公司利益遭受的损害,而不是由于其自身的利益遭受的损害,诉讼权利并不源于王某自身而是源于公司,王某并不代表自己而是代表公司,因而诉讼结果归属于公司而不归属于王某本人。

[规则适用]

我们赞同第三种意见,主张将该公司列为无独立请求权的第三人,主要理由如下:

1. 公司在股东代表诉讼中不可能作为原告。股东代表诉讼的提起是因为公司怠于或无法行使属于自己的诉讼权利,公司若主动提起诉讼,将排除股东提起代表诉讼的可能。因此,如果公司和原告股东就同一诉讼标的提起诉讼,就与其在诉讼之前的行为相违背。从逻辑上来说,公司和原告股东是不可能同时成为代表诉讼的原告的。在本案中,该公司的法定代表人张某拒绝以公司的名义提起诉讼,不符合诉讼关系中的原告作为诉讼活动发动者的主观意愿,因此公司不可能和王某成为共同的原告。

2. 公司在股东代表诉讼中也不可能成为被告。公司是通过股东会、董事会等代表机关进行意思表示的,其意志在公司的董事、大股东控制下,公司之所以不提起诉讼是因为公司的董事、大股东不愿意提起诉讼。在本案中,原告股东王某的利益受损表面上是公司造成的,实质上是由公司的董事长张某造成的,其实公司也是受害者。法律设置股东代表诉讼的目的是为了解救陷于困境中的公司,将公司置于被告的地位,一方面无形中剥夺了公司维护自己合法利益的权利,另一方面在原告股东胜诉的情况下,将会出现一被告(不法行为人)被判决向另一被告(公司)支付损害赔偿金的情形,即本案中被告某贸易中心向另一被告公司支付赔偿款。原告胜诉而被告获益的情况,这违背了民事诉讼法的基本原理。

3. 在本案中，将该公司作为无对立请求权的第三人，法院主要基于以下考虑：第一，该公司拒绝行使对被告某贸易中心所享有的损害赔偿请求权，在此情况下，维护公司的利益也就体现对股东利益的保护，因此由原告股东王某代位行使其诉讼权利，则可以认为公司已经丧失了独立的诉讼权利；第二，由于原告股东王某的胜诉权益最终还是归属于该公司，公司参加诉讼可以防止诉讼产生对其不利的后果，所以公司对代表诉讼的处理结果有法律上的利害关系；第三，该公司作为无独立请求权的第三人参加诉讼，可以促使其向法院提交有关的证据材料，有利于法官进一步分清是非责任，查明案件事实。

故此，我们认为，在本案中，法院将公司列为无独立请求权的第三人是妥当的。

> **规则43** 【股东代表诉讼原告资格】必须通过严格限定代表诉讼原告的资格条件来防止恶意诉讼，其中关于原告提起该诉讼主观是否善意则是考察的重点。

[**规则解读**]

股东代表诉讼是法律在原有的公司治理机制不能发挥作用的情况下赋予中小股东的救济权，但若被恶意投机者滥用，则不仅会损害公司利益，而且终将危及股东利益的实现。为此，必须通过严格限定代表诉讼原告的资格条件来防止恶意诉讼，其中关于原告提起该诉讼主观是否善意则是考察的重点。

[**案件审理要览**]

**一、基本案情**

甲、乙、丙、丁共同出资设立浩源公司，甲担任公司执行董事兼法定代表人，乙担任公司总经理兼财务负责人，丁任公司监事。2008年10月14日，浩源公司召开股东会，所有股东一致同意向银行贷款1 000万元用于偿还工程款。同日，甲与乙签订了一份关于贷款用途情况备忘录，载明：1 000万元贷款中700万元归还工程款，剩余300万元由甲和乙按5∶1的比例分配，名义上作为两人内部的股份收购调整之用。其后，银行向浩源公司发放了1 000万元贷款，甲、乙各从公司提取了250万元和50万元。2010年1月后，因甲、乙在公司经营问题上屡屡发生矛盾与分歧，乙遂以甲侵占公司资产250万元为由，书面请求公司监事丁提起诉讼，遭拒后于2011年1月诉至法院，请求判令甲向浩源公司偿还欠款250万元并赔偿相应的利息损失。

**二、审理要览**

本案的争议焦点在于乙是否具有提起股东代表诉讼的原告资格。

一种意见认为：乙作为浩源公司的股东，认为执行董事甲擅自挪用公司资金，损害公司利益，致使公司遭受损失，有权书面请求公司监事丁提起诉讼。在丁拒绝提起诉讼后，乙为了公司利益以自己名义直接向法院起诉符合法律规定，系本案股东代表诉讼的适格原告,故应判决支持乙的诉讼请求。

另一种意见认为:以股份内部调整为由从公司领取300万元,是甲、乙通谋的结果,允许乙提起股东代表诉讼,既有悖于诚信原则,亦难保其能够公允代表公司利益,其不是本案的适格原告,故应裁定驳回乙的起诉。

[规则适用]

我们赞同第二种意见,理由如下:

股东代表诉讼是法律在原有的公司治理机制不能发挥作用的情况下赋予中小股东的救济权,但若被恶意投机者滥用,则不仅会损害公司利益,而且终将危及股东利益的实现。为此,必须通过严格限定代表诉讼原告的资格条件来防止恶意诉讼,其中关于原告提起该诉讼主观是否善意则是考察的重点。这涉及以下几个方面。

1. 起诉动机是否纯正。原告股东起诉动机不纯、目的不正当的情形具体表现为:原告股东为获得个人利益与董事通谋提起投机诉讼,原告股东为争夺公司的控制权提起骚扰诉讼,原告股东为谋取非法利益提起勒索诉讼,等等。法院判别时,一方面可以从原告的诉请和在诉讼中的行为表现予以分析,另一方面也可以由被告主张并加以举证。本案中,被告甲向法院提供贷款用途情况备忘录和公安机关报案记录,以证明乙不仅事先明知300万元贷款的用途,而且在起诉前又擅自取走公司公章、财务专用章、税务登记证以及部分重要的财务账册等公司财物。因此乙时至今日才提起诉讼,纯粹是为了争抢公司的经营权和决策权。法院最后也认定乙起诉动机值得怀疑,很难排除骚扰诉讼之嫌疑。

2. 对于不正当行为有无过错。原告股东应该对于侵害公司权益的行为没有过错,如果原告股东曾参与、批准或默认被诉的不正当行为,那么其将因不具备"纯洁之手"而丧失原告资格。本案中,备忘录内容恰能印证乙所诉的侵占公司财产之不正当行为,均是其与甲共同意思表示、共同决策的结果。而且事实上,两人亦共同瓜分了公司300万元贷款,乙的行为性质与甲如出一辙,因此与其说乙是原告,不如说是实质的共同被告。

3. 公司利益能否被公正代表。股东代表诉讼具有代表性和代位性特征,即由股东代表公司的利益来代位行使公司的诉权,一旦某一股东提起股东代表诉讼并最终作出判决,那么公司和其他股东便不能就同一诉讼标的再行起诉。因此,必须要求原告股东能够公正并充分地代表和维护公司的利益。此外,在程序规则的层面上,法院可引入股东间的相互制约机制,赋予其他股东以广泛的知情权和监督权。本案审理中,法院向丙和丁了解到本案纠纷的缘起完全是乙与甲的私人恩怨所致,由于两人长期冲突,导致公司财物大量流失,经营发生严重困难,他们也深受其害,只想避而远之。鉴于其他股东消极观望之态度,再加之乙自身也参与了侵占公司贷款的行为,故法院认为事实上已经很难相信并保证乙能公允代表公司利益。

综上,由于乙提起诉讼的动机不纯,本人也实际参与了所诉之不正当行为,且不能公允代表公司利益,因此主观上不构成善意,应认定其不具备提起股东代表诉讼的原告资格,故我们同意第二种意见。法院最后亦作出了驳回起诉之裁定。

> **规则44** 【股东代表诉讼胜诉利益】股东通过代表诉讼取得的胜诉利益理所当然归属公司,而不是按比例分配给原告股东。但法院可以在特殊情况下将被告的赔偿金额直接判给原告股东。

[规则解读]

股东通过代表诉讼取得的胜诉利益理所当然归属公司,而不是按比例分配给原告股东。当赔偿金额直接判给公司,将会使控股股东、无关股东、不法董事或者违法行为的支持者不当得利时,法院可以在特殊情况下将被告的赔偿金额直接判给原告股东。当然,依据不告不理的原则,原告股东欲主张胜诉利益分享权,应当在股东代表诉讼中作为附带诉讼请求提出。

[案件审理要览]

一、基本案情

郭军等31人和利豪公司现为泰和公司股东。2003年4月8日,泰和公司和利豪公司签订《增资扩股协议》一份,该协议约定:利豪公司出资1000万元(出资方式为货币资金)增资泰和公司,4月底以前资金到位。2003年4月28日,利豪公司通过华夏银行向泰和公司转账2465.9万元,并在备注栏中注明其中1200万元用于控股。后经人民法院查实该2465.9万元资金所有权人是烟台住房储蓄银行而非利豪公司,该资金通过利豪公司划入泰和公司后,当天又从泰和公司账上划回烟台住房储蓄银行(刑事案件对此行为已经另案处理)。2003年5月8日,泰和公司和利豪公司签订《增资扩股协议》,该协议约定利豪公司出资1200万元参股控股泰和公司,增资扩股后,泰和公司总股本为1070万股,利豪公司持股800万股,泰和公司股东持有270万股。2003年6月26日,泰和公司召开股东大会并形成决议,同意泰和公司注册资金增加到1303万元。2003年7月16日,重庆天健会计师事务所出具验资报告确认泰和公司原注册资本303万元,现利豪公司新增注册资本1000万元,均以货币出资,并于2003年4月28日前缴足。泰和公司和利豪公司2003年5月8日签订《增资扩股协议》后,利豪公司实际向泰和公司出资450万元,有750万元资金未到位。2008年6月4日,泰和公司董事长及利豪公司董事长曾毅因虚报注册资本罪、虚假出资罪、挪用资金罪三罪并罚被判处有期徒刑10年。2008年12月15日,利豪公司因公司不按照规定接受年度检验被吊销营业执照。2009年12月29日,郭军等31名股东与泰和公司起诉至法院,要求解除2003年5月8日与利豪公司签订的《增资扩股协议》。

二、审理要览

本案审理中存在以下不同观点:

第一种观点认为,2003年5月8日签订的《增资扩股协议》主体虽然为泰和公司和利豪公司,但是增资扩股行为依照法律规定应当为股东权利,泰和公司的行为是代表公司股东行使权利,该协议所享有的一切权利义务应当属于全体股东,股东享有独立的诉权,郭军等31名股东的起诉符合法律规定。因此,郭军等31人是本案的适格主体,对泰和公司的起诉应予驳回。

2003年5月8日的《增资扩股协议》中约定利豪公司向泰和公司增资1 200万元,但至今利豪公司实际出资450万元。现利豪公司已经被吊销营业执照,客观上已经无法再继续投入剩余的750万元资金。利豪公司的行为导致泰和公司和利豪公司签订《增资扩股协议》已经无法完全履行,该合同的目的已经无法实现,依据我国《合同法》规定,合同当事人可以解除该协议。因此,对郭军等31人要求解除《增资扩股协议》的诉讼请求应予以支持。

第二种观点认为,郭军等31人并非《增资扩股协议》的当事人,其起诉请求解除利豪公司与泰和公司签订的《增资扩股协议》诉讼主体不适格;曾毅作为利豪公司的法定代表人,其抽逃出资的行为不能与法人行为相混同;解除《增资扩股协议》,有悖于公司资本确定、维持、不变三原则。

第三种观点认为,人民法院应当向郭军等31人原告股东行使释明权,让其变更诉讼请求,提起股东代表诉讼,要求曾毅、利豪公司对泰和公司及其股东承担赔偿责任;如原告股东不变更诉讼请求,可裁定驳回起诉。

[规则适用]

本案中,郭军等31人以利豪公司出资不实,现营业执照已被吊销,合同目的不能实现为由请求解除利豪公司与泰和公司签订的《增资扩股协议》的诉讼理由不能成立。理由如下:

1. 该《增资扩股协议》的合同相对人为利豪公司和泰和公司,郭军等31人即使系泰和公司股东,但并非该《增资扩股协议》的合同主体或该合同主体的权利义务的继受人,且利豪公司虽被吊销营业执照,但其作为诉讼主体的资格存在,按照合同相对性原则,郭军等31人无权依据合同法的规定行使合同解除权。

2. 公司法定代表人与公司是相互独立的法律主体,一审法院混同了利豪公司和曾毅两者的行为。审理查明,利豪公司已对泰和公司出资到位(2003年4月28日,利豪公司通过华夏银行向泰和公司转账2 465.9万元,并在备注栏中注明其中1 200万元用于控股),利豪公司已经依法成为泰和公司控股股东,《增资扩股协议》已经履行完毕,合同目的已经实现。曾毅个人抽逃出资的行为已经接受刑事处罚,不能将曾毅(法定代表人)的行为与利豪公司(法人)的行为混同。根据《公司法解释三》的规定,只有在股东未履行出资义务或者抽逃全部出资的情形,公司才能以股东会决议形式解除该股东的股东资格。人民法院判决解除《增资扩股协议》,有悖于公司资本确定、维持、不变三原则,不利于公司债权人利益的保护。

3. 要求解除《增资扩股协议》与提起股东代表诉讼有着截然不同的法律效果。《公司法》第151条规定:"董事、高级管理人员有本法第一百四十九条规定的情形的,有限责任公司的股东、股份有限公司连续一百八十日以上单独或者合计持有公司百分之一以上股份的股东,可以书面请求监事会或者不设监事会的有限责任公司的监事向人民法院提起诉讼;监事有本法第一百四十九条规定的情形的,前述股东可以书面请求董事会或者不设董事会的有限责任公司的执行董事向人民法院提起诉讼。监事会、不设监事会的有限责任公司的监事,或者董事会、执行董事收到前款规定的股东书面请求后拒绝提起诉讼,或者自收到请求之日起三十日内未提起诉讼,或者情况紧急、不立即提起诉讼将会使公司利益受到难以弥补的损害的,前款规定的股东有权为了公司的利益以自己的名义直接向人民法院提起诉讼。他人侵犯公司合法权益,给公司造成损失的,本条第一款规定的股东可以依照前两款的规定向人民法院提起诉讼。"股东代表诉讼的诉权属于公司,原告股东提起诉讼的目的或者是为了阻止正在对公司发生的侵害行为,或者是为了使已经受到侵害的公司获得法律救济。股东代表诉讼有其前置程序,即竭尽公司内部救济。本案中,曾毅作为泰和公司的法定代表人,抽逃泰和公司出资,严重损害泰和公司及其股东利益。郭军等 31 人作为股东为维护公司利益直接提出代表诉讼,应当得到人民法院的支持。

代表诉讼制度维护的是公司利益,即使代表诉讼获胜,原告股东也只能与其他股东和债权人共同间接受益。因此,有学者指出,为保护广大股东依法提起代表诉讼的积极性,我国代表诉讼的案件受理费不宜以请求金额为准以计算,而应类推适用有关非财产案件的规定。

股东代表诉讼中,如果原告股东胜诉,享有诉讼费用补偿请求权,原告因提起诉讼支出的合理费用(包括案件受理费、律师费和其他必要的合理费用)都应由败诉的被告承担。与之对应,公司对胜诉原告股东的补偿义务仅限于股东未能转移给败诉被告承担的实际费用支出。原则上只要公司从代表诉讼中获得实质性利益,即使从中未获得财产利益时(如阻止侵害公司利益的非法行为),仍应许可原告股东从公司就其支付的必要费用请求获得补偿。这一做法可有效调动广大诚信股东监督公司经营的积极性,真正起到监督董事、高管人员、控股股东的作用。

股东代表诉讼的价值在于直接捍卫公司利益,这一定位决定了股东通过代表诉讼取得的胜诉利益理所当然归属公司,而不是按比例分配给原告股东。因为原告胜诉,公司的利益得到救济,原告股东和其他股东的利益得到间接保护。但是,公司获得的损害赔偿又将因其不法董事或者控制股东的身份而再次回到他们手中,而作为原告的中小股东则要承担支付诉讼费用以及败诉的风险。原告股东作为公司诉讼的代表,在诉讼中付出了人力、财力和物力,如果不能给予必要的补偿就会使代表诉讼形同虚设。因此,胜诉股东享有胜诉利益分享权势在必行。

原告股东胜诉,被告应向公司承担赔偿责任。但是在特殊情况下,法院也可将被告的赔偿金额的全部或者部分直接判给原告股东。当然,必须满足不危害公司债权人和公司其他利益相关人利益的前提。这些情况包括:(1)如果被告是多数股东且控制整个公司时,赔偿付给公司无异使被告在败诉时获得利益;(2)多数股东是作为诉因的违法行为的支持者,如果将赔偿付给公司等于是让违法行为的支持者获益;(3)原公司因合并而消灭,则赔偿应直接给付原公司的股东,否则合并后存续公司的股东将不当得利。

综上,当赔偿金额直接判给公司,将会使控股股东、无关股东、不法董事或者违法行为的支持者不当得利时,法院可以在特殊情况下将被告的赔偿金额直接判给原告股东。当然,依据不告不理的原则,原告股东欲主张胜诉利益分享权,应当在股东代表诉讼中作为附带诉讼请求提出。

**规则 45　【股东权利滥用】滥用股东权利导致公司财产下落不明,股东应承担赔偿责任。**

[规则解读]

滥用股东权利导致公司财产下落不明,股东应承担赔偿责任。

[案件审理要览]

一、基本案情

2007年,付某与黄某拟组建某化工公司,但付某不便以自己名义在工商登记管理部门登记为股东身份,遂委托池某代替付某注册登记为股东,付某为实际股东。且双方签订股权信托协议一份,约定:付某委托池某代其持有某化工公司50%股权,付某作为信托股权的受益人,享有信托股权项下全部股东权利。协议签订后,池某与黄某向工商部门注册成立了某化工公司,各自持有50%的股份,黄某担任法定代表人,全面负责公司的经营管理活动。

2011年6月,池某与黄某经协商,一致同意向付某支付利润分配款360万元,并以化工公司的名义出具承诺书一份,确认了付某为公司实际股东这一事实。同年9月,池某未经付某授权,擅自与黄某将各自持有的公司50%股权转让给第三人,且池某未将股权转让款交付给付某。事后,付某以黄某、池某以及某化工公司为被告向法院起诉,要求:某化工公司支付利润分配款360万元;黄某因滥用股东权利,在某化工公司不能支付利润分配款的范围内承担赔偿责任;池某支付股权转让款,黄某对此承担连带清偿责任。

二、审理要览

法院经依法审理,作出了支持原告付某之诉讼请求的判决。

[规则适用]

我们认为,法院的判决从法律适用上说是正确的。

一是正确认定了公司责任与股东责任的区别。经过公司全体股东的一致同意,由公司出具文件承诺向付某分配360万元的利润,该利润的支付是公司的义务。因此,即使公司的股权发生了变化,但这一义务并不因此而改变。同时,虽然在公司股权转让时,合同明确约定转让前的债权债务由原股东承担,但这一约定是股权转让人与受让人之间的约定,在其内部之间具有约束力,但对其之外的第三人并不具有任何效力。何况利润分配也难以认定为属于前述协议中的"债权债务"。

二是对利润分配与股权的价值作了明确的划分。公司不仅应继续支付360万元的利润分配款,而且应将处分股权所得转交给实际股东付某。这是因为池某仅是某化工公司的名义股东,其为实际股东付某的利益持有和处分某化工公司50%的股份,因此该股权转让款当然应该转移给实际股东付某。

三是对于滥用股东权的行为进行了正确的认定。黄某实际控制公司经营和财产,其对公司财产负有保管责任。就本案而言,在某化工公司承诺向付某支付利润分配款至股权转让期间,无论黄某是故意还是过失,导致某化工公司用于支付利润分配的财产下落不明的责任,自然应由黄某承担,其行为损害了实际股东付某的利益,故应承担赔偿责任。

当然,在该案中,由于在公司成立时,池某与黄某就非常清楚付某是实际出资人而池某仅仅是名义持有人,但却未经付某同意而转让股份,应属于共同侵权。因此,当池某不能将出卖其名下的股权之所得转交给付某时,黄某应承担连带赔偿责任。

# 第三十章　董事、监事及高管权利义务的诉讼与裁判

规则46　【高管报酬】有限公司董事兼高管的报酬应由股东会来确定。

[规则解读]

有关董事和高管的报酬事项属于《公司法》的强制性规范，是股东会和董事会行使的一项法定职权，不得以公司章程或会议决议的形式来变更。有限公司董事兼高管的报酬应由股东会来确定。

[案件审理要览]

**一、基本案情**

唐某系万豪公司董事兼副经理。2007年11月7日，该公司召开临时董事会会议，经表决一致同意唐某辞职，同时考虑到唐某长期担任公司副经理，对公司的资本积累和发展功不可没，为此对其一次性奖励38.5万元，2008年1月前付清。决议上还附有"董事会成员严格保密，禁止外泄，以免带来不必要的麻烦"等内容。后公司股东得知此事后极度不满，认为董事会成员的行为违反《公司法》的规定，所作奖励决议严重损害了公司的利益，也间接损害了全体股东的权益，故诉至法院要求判令该董事会决议无效。

万豪公司章程第10条规定："股东会闭会期间，董事人选和报酬有必要变动时，由董事会决定。"第11条规定："董事会对股东会负责，行使下列职权：……（九）决定聘任或解聘公司经理及其报酬事项，并根据经理的提名决定聘任或解聘公司副经理、财务负责人及其报酬事项……"

**二、审理要览**

本案审理中有两种观点：

一种意见认为，董事会决议中明确指出了38.5万元是基于唐某担任公司副经理一职，为公司发展做出杰出贡献的奖励。因此，根据公司章程，董事会完全有权决定奖励问题，由此作出的董事会决议，应属合法有效。

第二种意见认为，唐某既是董事又是高管，即便决议中表明是以高管的身份获取报酬，但由于其是董事会成员，故为保护公司及股东权益应由股东会决定，董

事会对此无权表决,而且决议中的保密条款亦使人产生合理怀疑,由此形成的奖励决议应属无效。

[规则适用]

我们同意第二种意见,理由如下:

首先,从《公司法》规范的强制性特征来看,当事人不能依其意思表示变更或排除适用。虽然有限公司更强调自治性,但事关公司内部关系,如大股东与小股东之间、管理层与股东之间关系的基本规则都应当视为强制性规则,目的在于对当事人的自治行为设定底线,防范名义上是意思自治、契约自由,实质却属损害他人利益的行为,一旦超出法律规定的底线,就应当承担相应的法律责任。我国《公司法》规定,董事的报酬由股东会决定,高管的报酬由董事会决定。这是因为董事、高管等公司管理层享有公司事务管理权和业务执行权,为了防止其权力被滥用,应当由股东会或董事会来决定由其职务而取得的利益,这里当然包括报酬事项的决策和监督权。因此,有关董事和高管的报酬事项属于《公司法》的强制性规范,是股东会和董事会行使的一项法定职权,不得以公司章程或会议决议的形式来变更。本案中,万豪公司章程约定董事的报酬可由董事会决定,该条款显属违反公司法的强制性规定,应认定无效。

其次,从自我交易的决定权来看,董事会无权代表公司对董事的自我交易作出决议。《公司法》对董事、高管报酬分别规定了不同的决策机关即股东会和董事会,表面上看,如此确定报酬似乎不涉及利益冲突,自然也就不存在适用自我交易法律规制的余地。但是,对于一人身兼两职,既为董事又是高管,其报酬如果仍是由董事会决定,董事就可能利用职权决定,或者通过与董事会其他成员之间存在千丝万缕的利害关系去影响董事会的决定,实质上表现为自我定薪,这其中孕育着极大的道德风险。由此不难看出,董事兼高管报酬由董事会来确定,完全符合自我交易(表现为利益冲突交易)的核心特征:交易表面上发生在两方当事人(董事兼高管与公司)之间,实际上却只由董事兼高管自我决定,其危害性在于董事兼高管作为公司"内部人",很可能利用决策权和控制权将原本属于股东整体的利益据为己有。因此,除非得到股东会的批准或认同,否则,由董事会作出的确定董事兼高管报酬的相关决议,不能对公司产生法律效力。本案中,基于唐某的双重身份,据此由董事会内部决定唐某报酬的决议应认定无效。

最后,从强制性披露的目的来看,任意设置保密条款明显剥夺了股东的知情权。强制性披露一方面可以有助于股东清晰了解公司主要经营者的激励状况,从而对公司的经营状况作出判断,为自己对公司的最终控制权的行使和报酬决策的审查和监督提供依据;另一方面,可以防止公司管理层的不当行为,激励他们以努力提升公司业绩为目标,为公司的最大利益和长远发展服务。实践中,广大股东并不怕公司管理层取得巨额报酬,就怕其瞒天过海秘密获取,导致双方信息的严重不对称。"阳光是最有效的消毒剂",因此,最有效的监管手段就是信息公开、信息披露，并在规范性文件中作为强制性条款加以明确。当然，披露的内容应当真实、准确和全面，包括披露董事、高管报酬的决策程序、报酬确定依据等。对公司管理层报酬的披露要求，我国《公司法》尚未作出统一规定，仅有的一个条文是第116条要求公司定期向股东披露管理者的报酬情况。该条是规定在第四章股份有限公司的设立和组织机构的项下，从体系上可将其理解为是专门针对股份有限公司而定的。事实上，利益冲突交易的披露在非上市公司、有限责任公司同样重要，这也有待于在以后的立法实践中加以完善。本案中，万豪公司董事会决议中的保密条款明显违反了强制性披露的义务，属于董事会成员间的暗箱操作，剥夺了股东的知情权，该条款因损害公司股东及公司利益，亦应认定为无效。

---

**规则47**　【监事待遇】公司高管转任监事后，公司未对其职务及双方之间的劳动关系进行明确，公司对此负有责任，应当参照本市职工平均工资确定其担任监事期间的待遇。

---

[规则解读]

　　监事并非劳动法意义上的劳动者，监事的薪酬不应当参照公司高级管理人员的工资水平。公司高管转任监事后，公司未对其职务及双方之间的劳动关系进行明确，公司对此负有责任，应当参照本市职工平均工资确定其担任监事期间的待遇。

[案件审理要览]

　　一、基本案情

　　某公司股东施某原系该公司副总裁，双方签有劳动合同，期限自2008年4月3日至2011年4月2日，约定施某每月报酬2.6万元。2008年8月29日，施某被选举为该公司监事，即口头辞去副总裁一职。同年10月13日，咨询公司就施某担任监事进行了工商登记。10月15日，施某趁咨询公司法定代表人出差在外，取走公司公章、财务章及营业执照等。10月21日，咨询公司召开董事会，免去施某副总裁职务。11月1日，施某持咨询公司公章与自己签订劳动合同，内容为其担任咨询公司监事，每月领取基本工资加津贴共计4.5万元。11月17日，咨询公司召开股东会议，作出解散公司的决定。12月起，咨询公司停业，并于同月25日开具了施某退工证明并办理了退工手续，但未送达。2009年3月9日，施某申请仲裁，要求咨询公司支付其2008年11月至2009年1月期间的工资、代通金、解除劳动合同赔偿金等。劳动争议仲裁委员会裁决咨询公司支付施某2008年11月至12月工资5.2万元、2009年1月工资960元，未支持施某其余仲裁请求。咨询公司不服，遂诉至法院，要求确认无须向施某支付2008年11月至2009年1月期间的工资、代通金、解除劳动合同赔偿金等。

　　二、审理要览

　　针对本案争议焦点咨询公司是否需要支付施某担任监事期间的报酬，在处理时有两种意见：一是公司监事的薪酬应当参考其他高级管理人员的工资水平,本案中亦可以参照施某与咨询公司签订的、其担任副总裁的劳动合同约定的工资数额；二是咨询公司在免去施某副总裁职务后未对其职务及双方之间的劳动关系进行明确,咨询公司对此负有责任,应当参照本市职工平均工资确定施某担任监事期间的待遇。

[规则适用]

我们赞同第二种意见,理由如下：

1. 监事并非劳动法意义上的劳动者。监事作为一种公司治理结构,不同于因企业经营管理而产生的职务。监事与公司之间的关系并非劳动关系,监事的报酬由劳动合同法调整亦不妥。

虽然从形式上看,施某与咨询公司在2008年11月1日签订了劳动合同,但是该合同系在施某控制咨询公司的公章、法人章及营业执照期间签订的,合同并无咨询公司法定代表人的签名,故无法认定该合同系咨询公司的真实意思表示。

2. 监事的薪酬不应当参照公司高级管理人员的工资水平。公司的高级管理人员如总裁、经理等,与公司之间形成劳动关系。而监事的权利义务系由《公司法》进行规范,根据我国《公司法》第37条的相关规定,有限责任公司监事的报酬由股东会决定,本案中施某的情况并不符合这一规定。施某于2008年8月29日被选举为监事的同时辞去了副总裁一职,故双方2008年4月3日之合同无法再参照履行。

3. 咨询公司应及时明确双方劳动关系的存续情况。虽然施某于2008年8月29日被选举为监事后即辞去副总裁一职,但咨询公司于2008年10月13日才就施某担任公司监事进行工商登记,且此后至双方劳动关系解除期间,咨询公司对于双方劳动关系存续状况一直未作明确,咨询公司对此负有责任,应当支付施某双方劳动关系存续期间的劳动报酬。

综上所述,根据双方在劳动合同履行中的不同地位及责任,参照本市职工月平均工资标准,确定施某担任监事期间的待遇更为符合公平合理的原则。

**规则48 【单位犯罪高管赔偿】构成单位犯罪的公司高管人员应对公司承担民事赔偿责任。**

[规则解读]

公司董事、监事、高级管理人员执行公司职务违反《刑法》造成公司损失的,应当向公司承担赔偿责任。

[案件审理要览]

一、基本案情

曲松山原为维扬公司的法定代表人、董事长,程东银原为该公司财务科科长。

在他们任职期间，代表单位意志决定设立公司"小金库"，通过在公司账目上少列收入进行虚假的纳税申报，偷逃应缴税款 1 456 709.46 元。2007 年 4 月 20 日，法院作出刑事判决，认定维扬公司、曲松山、程东银的行为均已构成偷税罪，判处维扬公司罚金 146 万元；判处曲松山有期徒刑 3 年，缓刑 3 年，并处罚金 146 万元；判处程东银有期徒刑 2 年，缓刑 3 年，并处罚金 80 万元。已退还的偷税款 6 万元上缴国库，尚未退还的偷税款 1 396 709.46 元继续向维扬公司追缴，上缴国库。据此，维扬公司被判决追缴偷税款 146 万元，并判处罚金 146 万元，合计 292 万元。维扬公司诉至法院，请求判令曲松山、程东银对维扬公司交纳的罚金 146 万元、罚金产生的税金 48.18 万元承担连带赔偿责任。

## 二、审理要览

一审法院经审理认为，曲松山、程东银作为维扬公司的董事，在管理和执行公司事务中设立"小金库"偷逃税款，该行为违反法律规定，导致维扬公司构成犯罪并被处以罚金，造成公司损失。维扬公司在承担责任后有权要求曲松山、程东银承担赔偿责任。根据《企业所得税法》第 10 条第(4)项的规定，在计算应纳税所得额时，罚金、罚款和被没收财物的损失支出不得扣除。因维扬公司缴纳罚金系来源于公司经营所得，以此缴纳罚金时应当依法缴纳税金。因此，维扬公司向曲松山、程东银主张该公司因缴纳罚金和相应税金而形成的损失具有事实和法律依据，应予支持。法院判决：曲松山、程东银向维扬公司赔偿因缴纳罚金产生的损失 146 万元及相应的税金损失。

二审法院经审理认为，《公司法》规定，董事、监事、高级管理人员执行公司职务时违反法律、行政法规或者公司章程的规定，给公司造成损失的，应当承担赔偿责任。上述规定并未就有关人员违反法律的范围作出特别限制，对此应作通常理解，不得随意作扩大解释或缩小解释。刑法为国家基本法律，属于上述规定的法律之一，而在执行职务过程中遵守法律、行政法规是公司董事、监事、高级管理人员的首要义务。因此，公司董事、监事、高级管理人员执行公司职务违反刑法造成公司损失的，应当向公司承担赔偿责任。《企业所得税法》第 10 条第(4)项规定，在计算应纳税所得额时，罚金、罚款和被没收财物的损失支出不得扣除。据此，企业依法缴纳的罚金不能作为企业的成本支出在其应纳税所得额中扣除，即企业应以其税后利润缴纳罚金，如企业当年没有利润，应以企业往年积累或其他自有资金缴纳罚金，企业并不因缴纳罚金而被多征收企业所得税。本案中，虽然维扬公司缴纳了罚金，但其并未因此多交企业所得税，故其要求曲松山、程东银赔偿所谓税金损失缺乏事实和法律依据。法院判决：撤销原判；由曲松山、程东银向维扬公司赔偿因缴纳罚金产生的损失 146 万元；驳回维扬公司的其他诉讼请求。

[规则适用]

本案主要争议是公司董事、高管人员因执行公司职务的行为导致公司行为构成单位犯罪，被判处罚金后，在该董事、高管人员也因单位犯罪被判处刑罚的情况下,该罚金能否作为公司的损失,由公司向该董事、高管人员追偿,即对于现行《公司法》第149条规定应如何理解。

本案在处理过程中存在两种意见:第一种意见认为,本案应撤销原审判决,改判驳回维扬公司的诉讼请求。具体理由为:(1)既然是单位犯罪而非个人犯罪,表明该犯罪主体并非为个人谋取非法利益,与为自己谋取私利损害公司利益的个人犯罪相比较,曲松山、程东银的主观恶意明显较弱。而两人已因单位犯罪被判处自由刑及高额罚金,依据法律责任归责应遵循正当、适度、人道的基本原则,其应承担的民事责任已被刑事责任吸收,不应再承担本案中的民事赔偿责任。(2)根据刑法中的单位犯罪理论和被害人理论,维扬公司与曲松山、程东银共同构成单位犯罪的主体,为同一犯罪行为的实施人,而非犯罪行为的被害人,该犯罪行为侵犯的是社会主义市场经济秩序中的税收征管秩序,损害的是国家和社会的利益,故由维扬公司向同为犯罪主体的曲松山、程东银主张损失赔偿缺乏依据。(3)如果本案认定曲松山、程东银应向公司赔偿损失,将产生不良的社会效果。一方面,在该损失能够得到全部清偿的情况下,公司实质上已将其应承担的刑事责任转嫁给曲松山、程东银,公司及其股东、其他高管人员无需承担因用人不当、监管不力而承担任何责任,将极大地降低公司及公司其他股东对于公司高管人员经营行为进行监管的积极性,甚至放任高管人员实施违法行为。在该违法行为未被追究法律责任的情况下,公司取得收益;而一旦东窗事发,则由公司高管人员承担全部责任,公司仅承担极小的法律责任,甚至实际上免除其法律责任,公司成为实际受益人。另一方面,在该损失不能全部清偿的情况下,曲松山、程东银将背负巨额债务,其承担的责任与其过错不成正比,且永无改过自新的机会,不符合基本的法律精神。该结果将导致公司董事、监事、高管人员在日常经营决策时顾虑重重,趋于保守,工作积极性降低,也必将影响公司引进经营管理人才。上述结果均不利于公司的发展,也不利于宏观经济的长期健康发展。

第二种意见为,本案应改判由曲松山、程东银向维扬公司承担因缴纳罚金产生的损失146万元,驳回维扬公司的其他诉讼请求。具体理由为:依据目前的《公司法》处理本案,似乎使曲松山、程东银承担的责任过重,但《公司法》的相关规定并未对公司董事、监事、高管人员违反法律的范围作出限定,应作一般理解,如对此进行限缩解释缺乏法律依据。同时,遵守法律是公民的基本义务,董事、监事、高管人员应当遵守法律法规,对其违法行为予以较为严厉的制裁,也有利于促使公司及相关人员合法经营,有利于市场健康发展。相关人员承担责任过重的问题,可以通过建立董事责任保险制度、股东会商议减免相关人员责任制度等途径解决。

鉴于第二种意见法律依据更为充分,且目前市场主体违法、违规经营的现象较为严重,该处理结果更加有利于促进公司规范经营,更具有现实针对性,因此,二审法院据此判决。

# 第三十一章 公司运作中的纠纷与裁判

**规则49** 【公司登记审查】公司登记行为的形式审查应采取明显、重大违法排除的标准较为适当。

[规则解读]

公司登记行为的形式审查标准,应建立在登记机关依法履行审查职责的合法性之上。登记审查应以法定登记申请材料、证明文件齐备为原则,对其真实性与合法性的审查通常以登记机关判断、识别能力为限,根据登记机关职务注意义务的履行,采取明显、重大违法排除的标准较为适当。

[案件审理要览]

一、基本案情

原告赵振芝原系东营金景商贸有限公司(以下简称"金景公司")股东、法定代表人,拥有公司80%股权。原告一直委托赵江梅对公司进行经营管理。自2007年9月18日起至2009年4月份,由于赵江梅身患疾病,频繁住院治疗。在此期间,赵洋伪造了股权转让协议、公司章程修正案等材料,盗用公司印章开具相关证明进行公司登记变更。东营市工商局东营分局于2007年11月21日核准了公司变更登记,将法定代表人由赵振芝变更为赵洋,股东由赵振芝、张景胜变更为赵洋、张景胜。赵振芝诉至法院,请求法院撤销东营市工商局东营分局作出的相关具体行政行为。

二、审理要览

一审法院经审理认为,虽然公司登记机关对申请人提交的材料进行形式审查,但不能否定其有审慎审查的义务。本案第三人提交的变更工商登记材料虽然符合法定形式,但是,在几处"赵振芝"的签名字迹前后并不一致,材料虚假情况比较明显的情况下,不能证明被告尽到了审慎审查的义务,而且经过庭审也已查明第三人在申请变更工商登记时提交了虚假材料。被告依据第三人提供的公司变更登记申报材料不真实,作出核准变更登记的行为属主要证据不足。原审法院依据《行政诉讼法》第54条第(2)项第1目之规定,判决撤销被告为第三人金景公司做出的工商变更登记行为。

金景公司及赵洋对一审判决不服,提起上诉。

二审法院经审理,驳回上诉,维持原判。

[规则适用]

一、公司登记行政程序中的审查标准

公司登记的审查标准主要有两种,即形式审查标准、实质审查标准。所谓形式审查,是指仅对申请材料的形式要件进行审查,即看申请材料是否齐全,是否符合法定形式,对于申请材料的真实性、有效性不作审查。所谓实质审查,是指行政机关不仅要对申请材料的要件是否具备进行审查,还要对申请材料的实质内容是否符合条件进行审查。

由于《公司法》《公司登记管理条例》《企业法人登记管理条例》等法律、法规并未对公司登记的审查标准作出明确规定,实践中,形式审查的观点占主流。

然而,由于对审查的实质与形式的理解与定位不同,理论和实践中执行的标准不一。我们认为,对登记行为的形式审查标准,应建立在登记机关依法履行审查职责的合法性之上较为妥帖。具体来讲,登记审查应以法定登记申请材料、证明文件齐备为原则,对其真实性与合法性的审查通常以登记机关判断、识别能力为限,采取明显、重大违法排除的标准较为适当。

就本案而言,申请人申请的是"法定代表人""股东"两项内容的变更,对该变更登记,最有可能损害的是原法定代表人和原股东的利益,所以登记机关在审查时,对原法定代表人和原股东就有关信息的确认行为,应尽高度注意义务。如果原法定代表人、原股东亲自到场,登记机关应履行必要的观察、询问义务,并制作相应的询问笔录以资证明;如果未到场,对于法定代表人而言,登记机关应对其签名的真伪,履行与备案签名的比照之责。对股东而言,应责令到场人出具原股东的授权委托书及身份证原件。本案中申请变更的原法定代表人和股东系一人,那么登记机关只需就涉及的原法定代表人的签名履行比照之责即可。本案中工商机关的审查存在以下明显疏漏:(1) 登记机关备案的签名并非原法定代表人所写。该公司在进行设立登记时,原法定代表人并未亲自到场,而是委托了代理人,而在登记机关备案的所谓法定代表人的签名竟为当时的代理人的代签,失去了备案的意义。(2) 股权转让协议中原法定代表人的签名明显与其他申请材料中的不一致。对此,登记机关应尽到注意义务。关于笔迹的真伪,我们认为,作为正常人注意就完全可发现的,应该属于形式审查的义务范畴。而对于非经笔迹鉴定不能确定真伪的,应当是不属于形式审查的义务。

二、司法审查标准及裁判

行政诉讼秉承对具体行政行为进行合法性审查的原则,有学者认为,基于这一原则,登记的司法审查要与行政审查标准保持一致性,确定司法审查标准时,不应超越登记机关的职权与能力。

我们认为,司法与行政毕竟是性质、功能、运行模式均不同的两种程序。司法权与行政权在价值取向方面各有侧重。行政权以如何更好地管理社会公共事务为目标,"追求效能、效率以及经济的最大化"为权力运作的基本准则。而司法权是通过个案审理,对被侵犯的合法权益采用法律恢复性判决的方式来保护,以实现社会的公平正义。鉴于此,对应两种权力确立的审查标准亦不应要求完全一致。

就公司登记行为而言,特别是对于公司登记机关切实履行了审查义务,但在司法审查过程中确有证据证明当事人提供了虚假申请材料或通过违法手段骗取登记的情形,法院如果按照标准一致性的理念,判决维持被诉登记行为,其结果将是非常消极的。公司登记案件司法审查标准的确立,首先应当克服孤立地主张形式审查或实质审查的认识,而是应使两种审查标准融于一体、相辅相成,要以形式审查标准为原则,实质审查标准为补充,以此发挥司法审查的导向性作用,鼓励和倡导登记机关严格、审慎地进行审查。

就本案的审查而言,首先按照形式审查标准对工商机关履行职责的情况进行审查。工商机关在"原法定代表人签字备案"程序中存在备案错误,而对于申请材料中几处原法定代表人签字笔迹不一的情形未尽应有的注意义务,亦即当事人主张的登记错误确是因登记机关未尽审查职责所致,那么该登记行为应被认定为证据不足或程序违法,理应撤销。

> **规则 50** 【法定代表人变更】公司办理法定代表人变更登记手续,不是法定代表人产生的必要条件。当然,法定代表人变更后,理应依法进行变更登记,不进行变更登记对外不具有公示力。

[规则解读]

公司办理法定代表人变更登记手续,不是法定代表人产生的必要条件。原公司法定代表人不能以未办理工商登记为由,对抗公司股东会和董事会的决议。

[案件审理要览]

一、基本案情

安徽省明光市海港凹圻矿业有限公司(以下简称凹圻公司)由常杏林、金卫玲、嵇福成等12名股东出资成立。2008年4月6日,常杏林等10人召开公司股东会,作出选举新一届董事成员5名、监事两名,要求金卫玲从作出股东会决议之日起交出公司印章、账目及一切相关手续,并公布3年来的公司账目等决议。2009年7月25日,常杏林等5名董事召开公司董事会,会议作出了选举常杏林为公司法定代表人、任董事长职务,免去金卫玲法定代表人的职务和嵇福成公司总经理的职务,责令金卫玲、嵇福成交出公司的公章、合同章、账目、营业执照、财务专用章、发票专用章、董事会章、法人印章、公司房屋产权证等决议。金卫玲以法定代表人变更必须经变更登记,自己作为公司法定代表人,至今工商登记未变更,自己仍是公司的法定代表人为由,拒不依法履行股东会和董事会决议,不向新任董事长移交公章、账目、营业执照等。原告于2009年8月27日提起诉讼。

二、审理要览

一审法院审理后认为:在2009年7月25日形成的董事会决议选举常杏林为

凹圫公司法定代表人、免去金卫玲法定代表人职务后,根据新董事长产生后上届董事长任期终止的公司章程的规定,金卫玲已不再是凹圫公司的法定代表人。公司办理法定代表人变更手续,不是公司法定代表人产生的必要条件,也不是法定代表人履行职务的时间依据。从时间逻辑上看,也只是产生新的法定代表人后才涉及旧法定代表人的变更问题。法定代表人的产生办法由公司相关会议决议产生,该决议形成之日即发生效力,对公司全体股东具有约束力,此时决议形成的法定代表人即具有相应的民事权利能力和民事行为能力。再从登记机关对法定代表人的变更登记仅从形式上进行审查来看,公司未办理法定代表人名称变更手续,并不影响常杏林已享有的凹圫公司法定代表人职权。

一审法院判决:金卫玲、嵇福成于本判决生效之日起10日内将公司公章,合同专用章,财务专用章,发票专用章,董事会印章,法人印章,企业法人营业执照正、副本,公司会计账簿(自公司成立至今的账簿)交付凹圫公司。

被告金卫玲、嵇福成不服一审判决,提起上诉。

二审法院经审理认为:凹圫公司于2009年7月25日召开董事会,形成董事会决议,选举常杏林为公司法定代表人、董事长,免去金卫玲法定代表人的职务。在董事会选出常杏林为公司新的法定代表人后,虽未经工商机关的变更登记,但公司法定代表人的具体决定权在公司,工商机关的变更登记虽有对公司法定代表人的资格的审查性质,但其最为重要的作用是对外公示作用。凹圫公司在2004年12月24日修改公司章程时已选举常杏林为公司的董事,且经过工商机关的工商登记,据此可以认定常杏林没有法律禁止担任董事的情形。同时,金卫玲和嵇福成没有提供证据证明常杏林在2004年12月24日之后出现了法定的、担任公司法定代表人的禁止性情形,常杏林依法可以担任公司的法定代表人。常杏林的公司法定代表人资格虽未经工商机关的变更登记,对外不具有公示力。但其依据公司董事会的决议,并向相对人出示该董事会决议的情况下,其法定代表人身份可以认定。原审判决认定事实清楚,审判程序合法,适用法律及判决正确,应予维持。

二审法院终审判决:驳回上诉,维持原判。

[规则适用]

本案的争议焦点是公司办理法定代表人变更登记手续,是否为法定代表人产生的必要条件。

从工商机关对公司变更登记的审查形式来看,公司办理法定代表人变更登记手续,不是法定代表人产生的必要条件。因为作为公司登记的工商机关,办理登记的主要内容之一是对申请者所提供的申请内容,依法进行审查。我国目前的公司登记实际上采取的是形式审查为主,实质审查为辅的原则。

根据《公司登记管理条例》规定,申请办理公司登记,申请人应当对申请文件材料的真实性负责。该条例还规定:"公司申请变更登记,应当向公司登记机关提交下列文件:(一)公司法定代表人签署的变更登记申请书;(二)依照《公司法》

作出的变更决议或者决定；(三)国家工商行政管理局总局规定的要求提交的其他文件。"《企为登记程序规定》第3条规定："企业登记机关依法对申请材料是否齐全、是否符合法定形式进行审查。根据法定条件和程序，需要对申请材料的实质内容进行核实的，依法进行核实。"登记机关收到申请后，应当对申请材料是否齐全、是否符合法定形式进行审查。申请材料齐全是指国家工商行政管理总局依照企业登记法律、行政法规和规章公布的要求申请人提交的全部材料；申请材料符合法定形式是指申请材料符合时限、记载事项符合法定要求、文书格式符合规范。国家工商行政管理局《关于登记主管机关对申请人提交的材料真实性是否承担相应责任问题的答复》称："申请人提交的申请材料和证明文件是否真实的责任应由申请人承担。登记主管机关的责任是对申请人提交的有关申请材料和证明文件是否齐全，以及申请材料和证明文件及其所记载的事项是否符合有关登记管理法律法规的规定进行审查。"

从上述的规定可以看出，登记机关在进行公司登记时，依法仅对申请材料是否具备形式要件进行审查，其职责是审查申请人提交的有关申请材料和证明文件是否齐全，以及申请材料和证明文件记载的事项是否符合法律、行政法规的规定。因此，若凹坨公司在进行法定代表人变更登记时，工商登记机关依法只负责形式审查的义务，即只对凹坨公司是否依法提交了变更登记所需的材料，变更登记的事项有无违反法律禁止性规定，申请材料内容之间是否一致等进行审查，而无须对凹坨公司提供的材料的真实性进行审查。至于股东会和董事会决议的效力，不属于行政审查权限范围。法定代表人的产生是依据《公司法》和公司章程的规定，董事会形成决议，选举公司新的法定代表人，免去公司原法定代表人职务。但公司办理法定代表人变更登记手续，不是法定代表人产生的必要条件。当然，法定代表人变更后，理应依法进行变更登记，不进行变更登记对外不具有公示力。

规则51 【法定代表人名章】法定代表人人名章仅在规定的有限用途内使用，在个人行为中并非代理权的表征。

[规则解读]

法定代表人人名章即一个机关或企业领导人的姓名章，仅在规定的有限用途内使用，例如发布政令、财务预算和决算、银行支票、毕业证书等职务行为，它是行使职权的标志，在个人行为中并非代理权的表征。

[案件审理要览]

一、基本案情

2010年9月，高某以落款时间为2009年6月10日的借条为据，起诉某服装公司法定代表人张某还款5万元。借条载明"张某为购房，特向高某个人借款人民币三万元整(已给付)用于周转，还款日期定于2009年10月31日前，连本带息

(年息6%)一并归还。"该借条借款人落款处仅加盖了张某在银行预留印鉴样本的法定代表人人名章(以下简称法人章)。法院受理后,张某下落不明,经法院公告送达后未参加庭审。

**二、审理要览**

一种观点认为,《合同法》第32条规定:"当事人采用合同书形式订立合同的,自双方当事人签字或者盖章时合同成立。"这可以理解为自然人签字与加盖人名章具有同等的法律效力。本案中,借条中的人名章系经过银行印鉴备案的法人章,该印章与印章名义人之间的联系具有唯一性,表明欠条上意思表示为张某作出。张某缺席审判,放弃答辩权利,应当根据欠条的记载承担责任。

另一种观点认为,人名章是与人身相分离的人造物,存在被伪造及被他人私自加盖的可能,在本质上低于签名的证明力。法人章是为税务申报、开支票等职务行为之便而刻制,由公司指定专人保管,在法定代表人个人的民商事行为中不具有识别主体身份的效力。除非高某能够证明借条上"张某印"的印文系张某本人所加盖,否则张某不应当承担还款责任。

[规则适用]

商务活动中合同的签署,人们往往通过摁手印、手写签名、加盖图章等方法,来确认当事人通过书面形式作出的意思表示的真实性,及其所享受权利和承担义务的具体内容。手写签名、摁手印与行为人之间的联系既有社会学上的依据,也有生物学上的依据,因此有确认法律行为及识别行为主体的效力。印章与其所有者之间的联系完全是社会学意义的判断,古时帝王之玺、官府之印,一方面用于象征权力和等级,另一方面则用来证明身份和行为。随着时代的进步,印章的象征功能逐渐弱化,而印章的证明功能则成为主要功能。由于我国采用法人实在说,法人并非凭技术拟制的抽象人格,在性质上宜视做权利能力者的社会实在。在此理论下,印章在法人的民商事活动者中具有很高的公信力,时常被认为具有比签名更强的证明力,掌管法人的印章往往意味着掌握着法人的控制权。

在个人行为中,那些刻制了某人姓名的人名章是否可以用来识别主体身份,并表明人名章名义人认可其中的内容?古时印章质料珍贵、刻制不易,加之印文非篆即隶,寻常人等实在难以拥有和伪造。然在当今,人名章的效力已经与其质料无关,技术的发展又使得伪造人名章极为容易,因而签名、摁手印与行为人之间联系的确定性,要远远高于人名章与其名义所有者之间联系的确定性。

人名章公示制度的存在,如法人章经公安机关批准刻制并且在公安机关或工商行政管理机关备案(留下印文样本)后又在银行预留印鉴样本,是不是被赋予更大的证明力?实践中,公司或其他法人在银行开设账户时,都必须在银行预留公章、财务专用章及法人章的印鉴。法人章即一个机关或企业领导人的姓名章,仅在规定的有限用途内使用,例如发布政令、财务预算和决算、银行支票、毕业证书等职务行为,它是行使职权的标志,在个人行为中并非代理权的表征。本案中,张某的法人章在银行印鉴备案是法人行为,表明法人章在法定代表人职务行为中可为代理权限的表征。法人章是与法定代表人人身相分离的人造物,印章名义人与实际拥有者极易分离。在个人借款中,除非高某能够证明印章确是张某本人加盖,否则不能表明借条中的意思表示系张某作出,并由此产生私法上的效果。

经以上分析,可以提出的建议是:我们在个人交易活动中应当更重视签名,因为签名与签名人之间联系的确定性,要远远大于印章与印章名义人之间的联系。对方当事人只要当面签名,就可以在相当程度上保证其签名的效力与证明力。法定代表人若离开公司,应当要求公司将人名章销毁;如果公司继续使用原法人章,原法定代表人可以向公司提起姓名权侵权之诉,要求停止侵害、消除影响、赔礼道歉,并可以要求赔偿损失。公司变更法定代表人后,首先须向工商登记机关办理变更法定代表人手续,然后及时向银行办理变更手续,以免带来不利影响。

**规则52** 【个人独资企业证照移交】个人独资企业承包经营一般伴随着企业相关证照由发包人移交给承包人使用的情形,该证照移交应视为履行合同的正当行为,不属于出租、出借营业执照。

[规则解读]

个人独资企业承包经营一般伴随着企业相关证照由发包人移交给承包人使用的情形,在法律没有明确禁止个人独资企业进行承包经营的前提下,证照移交应视为履行合同的正当行为,不属于出租、出借营业执照。

[案件审理要览]

一、基本案情

吴桂林系个人独资企业广东省佛山市南海区里水云香旅店(以下简称云香旅店)的投资人。2010年6月3日,周春移与吴桂林签订承包合同,约定:吴桂林把云香旅店承包给周春移经营,期限3年;周春移支付10万元承包押金,每月支付租金6000元;承包期间周春移自负盈亏。当天,周春移支付10万元押金及当月租金。次日,吴桂林把旅店的场所、设施及公章、财务印章、相关证照交付周春移。

同年6月12日,周春移称签订的承包合同无效,向吴桂林发出解除承包合同通知书,请求吴桂林在收到通知之日起3日内解除承包合同并退回押金。其后,周春移以自己的行为违反"营业执照不能出租、出借"的有关规定为由,请求南海工商局对自己及吴桂林作出处理。南海工商局以两人的行为涉嫌出租营业执照,分别向二人送达了行政处罚告知书。同年6月21日,周春移诉至法院,请求确认承包合同无效,判令吴桂林退回押金10万元。因周春移提起本案诉讼,南海工商局未进行后续处罚,并称等待法院对本案作出生效判决后再作出最终处理决定。

二、审理要览

一审法院经审理认为,根据双方合同的约定及履行细节,可认定讼争合同为承包经营合同。吴桂林将云香旅店发包给周春移承包经营,在交付经营场所、设施的同时,势必要将营业执照等资质证照交给周春移,但作为对外经营的企业,云香旅店经营主体的地位没有改变。因此,承包经营中的证照移交不属出租、出借营业执照的行为,承包合同为有效合同。法院判决:驳回原告诉讼请求。

2011年4月14日,二审法院判决:驳回上诉,维持原判。

[规则适用]

一、个人独资企业承包经营中证照的移交是否属于出租、出借营业执照

个人独资企业承包经营合同效力的争议源于此类合同履行中伴随的证照移交。对证照由发包人移交至承包人使用的定性,直接影响到对承包合同效力的认定。由于国家工商行政管理局在《关于个体工商户可否由他人承包经营的请示》的答复(工商个字〔1995〕第254号)中指出,个体工商户在领取营业执照后自己不经营而由他人承包经营是违法的。因此,行政管理部门在实践中倾向于将个人独资企业承包中相关证照的移交认定为出租、出借营业执照。本案中,周春移自我举报后,南海工商局出具行政处罚告知书即是基于这一考虑。

我们认为,在尚无任何法律、法规对个人独资企业承包经营作出禁止性规定时,从激活经营机制、维护交易安全、恪守诚信原则的角度出发,不宜认定承包中的证照移交是出租、出借营业执照。否则,不仅对经营的稳定性造成冲击,也给不信守合同者转移经营风险、提出恶意的合同无效抗辩提供了便利,司法极易沦为机会分子的工具。本案中,从合同约定及履行中的细节可知,吴桂林与周春移签订合同的目的,就是在确保云香旅店外观形式及对外经营主体地位不发生任何改变的情形下,在特定的时间内由周春移实际经营云香旅店。这一前提下,吴桂林在交付经营场所、设施的同时,势必要将营业执照等资质证照交给周春移,相关证照的移交属于履行承包合同的义务。周春移二审时称吴桂林通过虚假业绩欺骗周春移签订合同,在其接手后才意识到旅店经营业绩被夸大,由此可以推断转移商业风险与诉讼的关系。

二、个人独资企业承包经营是否属于以合法形式掩盖非法目的

有观点认为,此类承包中,当事人通过"发包"与"承包"的形式,使得无经营资格的个人获得了国家有严格限制条件的经营资格,是规避法律的行为,属于以合法形式掩盖非法目的。法院认为,通过承包获得某种经营资格是否属规避法律,要看所获得"资格"的类型。本案中,虽然旅店业在行政管理上需要获得许可,但不同于律师、医生等与身份有关的特许经营行业,旅店经营特许的内容不是针对经营者,而是针对经营的场所、设施等经营条件;不是针对投资经营者、从业者的资质、能力、技术,而是针对场所、设施在食品卫生、消防和治安安全等方面的配置情况。因此,吴桂林把符合许可要求的旅店场所设施使用权随同企业经营权一并移交周春移时,并没有使旅店因承包经营而丧失符合法定要求的经营环境,没有违反或规避行政管理或特许经营方面的规定,不宜认定为以合法形式掩盖非法目

的。基于上述分析的思路,个人独资企业的承包经营很少属于以合法形式掩盖非法目的情形。

三、个人独资企业承包经营期间责任的承担

个人独资企业因其不具备独立的法人资格,故应由投资人对企业债务承担无限连带责任。在承包中,双方一般会约定承包经营期间的法律责任由承包人承担。法院认为,此类约定只在发包人和承包人内部有效,不具备对抗外部第三人或行政机关的效力。在承包经营期间,发包人作为投资人,不能免除其投资人的法定责任。这种责任分担的原则,可有效化解个人独资企业承包经营对外责任承担不明晰可能带来的风险,是认定此类合同有效的基础和保障。本案中,周春移主张承包合同中约定由周春移承担云香旅店的相关民事责任违法,基于上述理由,我们认为,此约定对外不发生法律效力,不影响承包合同的效力。

---

**规则 53** 【营业转让】公司财产、负债及人员同时转让的行为不一定就是合并分立。

---

[规则解读]

公司财产、负债及人员同时转让的行为不一定就是合并分立。

[案件审理要览]

一、基本案情

1999 年 3 月,万宝电器工业公司(以下简称"万宝电器")、万宝集团冰箱工业公司等(转让方)与广州万宝冰箱有限公司(受让方,以下简称"万宝冰箱")签订了转让协议,约定受让方购买转让方的资产,交易价格为 127 383 293 元人民币,交易价款不支付现金,而由受让方等额承受转让方所欠中国工商银行、中国银行与中国交通银行的、已办理抵押担保手续的债务。转让方的其他债务仍由转让方承担,与受让方无关。同时,受让方接纳转让方的 1 200 名在职职工。

中国进出口银行(以下简称"进出口银行")因万宝电器未能偿还进出口银行约 1 亿元的贷款,于 2001 年 2 月向法院起诉,要求万宝冰箱与万宝电器共同承担偿还逾期贷款的责任。

二、审理要览

一审法院作出判决,万宝电器返还逾期的贷款本息,万宝冰箱不承担赔偿责任。其依据的理由是:虽然万宝冰箱公司使用万宝电器公司的部分资产,但该权利是根据双方之间转让协议书而取得的;对于进出口银行的债务,万宝冰箱公司未表示承受,并不发生债权债务转移的后果,仍应由万宝电器公司承担。

进出口银行等不服,上诉至二审法院。

二审法院认为,在万宝电器公司的改制中,该公司的部分财产随同部分债务从该公司剥离出来,并入万宝冰箱公司。当公司部分财产和债务直接从公司分离设立成为新公司,将构成公司简单分立,如无债权人之同意,分立的公司对分立前公司的债务应当承担连带责任;如果该部分财产和债务分离后与其他已经存在的企业合并,则构成合并分立,如无债权人之同意,接受分立财产的企业应当在接受财产价值范围内对分立前公司的债务承担连带责任。从本案实际情况看,万宝电器公司与万宝冰箱公司的改制即构成合并分立,万宝电器公司与万宝冰箱公司等各方当事人在转让协议中所作的债务划分安排,因未取得债权人进出口银行的同意,该协议中有关债务划分的内容对进出口银行不生效。故改判:万宝冰箱在接受万宝电器的财产价值范围内,对万宝电器的上述债务承担连带责任,若承担债务额超过其依据转让协议应当承担的债务额,可以向万宝电器追偿。

[规则适用]

有学者在对该案的评析中认为,该行为既不是资产买卖行为,也不是对外投资行为与企业改制行为,而实际上是一种合并分立行为,转让方与受让方应该对转让方的债务承担连带责任,甚至应负完全连带责任。① 此外,对于财产、债务等同时转让的行为,也有学者倾向于将其认定为公司分立。对此,我们同意该学者认为该行为不是资产买卖、对外投资以及企业改制的观点,但不认为其为合并分立,而认为其应为营业转让。

一、本案行为为什么应看做是营业转让而不是公司分立

(一)从制度设计的合理性角度来看

正是因为有了以可实现免责性的、概括性的债务转移为主的特点,公司分立制度才有其存在的价值。如果在公司分立中,当事人必须就每笔债务与债权人进行协商,否则都得承担连带责任,那么,公司分立制度的存在意义又何在?既然是承担连带责任,且又不能享受其他方面的便利,那还不如进行资产转让或财产转让,因为进行资产转让是不需承担连带责任的。概观各国的法律,对于公司分立,虽然原则上都规定了连带责任,但几乎无一例外地承认可通过公告和通知债权人等方式实现免责性的债务转让,或对连带责任作时间或金额上的限制。② 因此,我

---

① 即不仅仅限于接收财产的范围价值内的连带责任。参见吴伟央:《公司财产、负债及人员等同时转让的行为性质及债务承担——兼评"中国进出口银行诉广州万宝电器、万宝冰箱等公司借款纠纷案"》,载赵旭东主编:《公司法评论》,人民法院出版社2005年第3辑,第101—105页。

② 除日本法之外,如法国《商事公司法》第386条规定,可约定分立后各公司对被分立公司的债务仅对各自应承担的部分承担责任,相互之间不负连带责任,在此情况下,参加分立的非公司债权人有权对分立提出异议。又如韩国《商法》第530条之9第2款规定:不受第1款规定的限制,被分立的公司依第530条之3第2款之规定的决议,因分立或者分立合并而设立公司时,可以使被设立的公司只承担公司债务中的相当于所出资的财产部分的债务,在此情况下,若被分立的公司存续,只承担因分立或者分立合并而被设立的公司不承担的债务。再如我国台湾地区"公司法"第319条之1规定:分立后受让营业之既存公司或新设公司,应就分立前公司所负债务于其受让营业之出资范围负连带清偿责任,但债权人之连带清偿责任请求权,自分割基准日起2年内不行使而消灭。

国《公司法》只是简单地规定分立后各公司承担连带责任,这是不合理的。①

因为利用公司分立制度可取得某些特殊的法律效果,所以与营业转让不同,需要对公司分立各方面(包括其种类等)制定特别的法律规制。有了明确的法律规定,当事人就可以选择利用公司分立这种重组手段,享受公司分立制度所带来的便利与益处。可是在我国,一方面,当事人因为没有法律上的明文规定而不能享受到这种制度的好处,另一方面,在需要其承担责任的时候又课之以连带责任,因此这样的处理方式对当事人来说其实是非常不公平的。这相当于国家在还没有为当事人提供合格的公共产品——法律制度之前,却提前要当事人为这个产品的副作用"埋单"。而且,法官在我国《公司法》尚未明文规定可进行合并分立的前提下,采纳学术上的观点,擅自创设了合并分立制度,这似乎有越权之嫌。

在判决中,法官似乎是将这种财产、债务同时转移的行为一并视为合并分立。可当事人在以营业为对象进行转让时,转让债务在所难免。如果是这样,当事人岂不是别无选择,只能利用合并分立制度来完成类似的公司重组。这实际上是剥夺了当事人利用营业转让制度进行公司重组的权利。退一步来讲,即使法官认为并不是所有的财产、债务同时转移的行为都构成合并分立,应对合并分立与资产转让之间作一个界定,但对于什么样的转让构成合并分立,什么样的转让构成资产转让,却又没有规定一个明确的标准。这样,当事人就无法对法律后果形成一个准确的心理预期,不知道什么时候会被认为是合并分立,什么时候会被认为是资产转让,这无疑增加了当事人的交易成本。

(二) 从传统的公司法理论来看

传统、典型的公司分立其实是受让公司直接将其股份交付给分立公司股东,这样的分立被视为是完整的分立,并被称为"人的分立";而将股份直接交付给分立公司则视为不完整的公司分立,被称之为"物的分立"。传统意义上的公司分立,其本质被视为实物出资,也就是说其对价至少不能完全是金钱或实物,而一定要有较大比例的受让公司股份。因此,一般而言,对价为现金或实物的,构成营业转让;只有对价为受让公司的股份的,才构成公司分立。当然,尽管现在有的国家(如日本)的《公司法》为了促进公司重组,废除了公司分立中对价一定要包含一定比例股份的限制,但完全以现金或实物作为对价的公司分立毕竟只是例外,而本案转让的对价中并不包含受让公司的股份,从这个角度来看,也应将本案行为看做是营业转让。

(三) 从对债权人的实际影响来看

此外,从该财产、债务同时转让对于债务人的影响来分析,本案中受让公司不承担连带责任也是合理的。第一,如果转让方万宝电器在转让时处于净资产大于

---

① 事实上,据我们观察,我国经济实践中所发生的并购重组,绝大多数利用的是资产转让等方式,而极少用到公司分立。我们推测这与公司分立需承担连带责任不无关系。

零的正常状态,假设其净资产为 2 个亿,那么在转让约 1 个亿之后,仍有能力偿还进出口银行约 1 个亿的贷款,在这种情形下,显然没有理由让受让方万宝冰箱承担连带责任。第二,从本案万宝电器后来不能还款的实际情况来看,可推测万宝电器在当时已处于资不抵债的状态,在这种状态下,如果没有实施这次转让行为,那么进出口银行的债权应该通过破产程序来实现。在破产程序中,由于上述转让的债务为已办理抵押担保手续的债务,理应优先受偿。也就是说,在本案的情形下,无论是实施转让行为,还是不实施转让行为,结果都不对进出口银行的债务造成实际影响。故不得因实施了转让行为而让受让方万宝冰箱承担连带责任。

二、关于二审法院判决要旨的合理性分析

在本案中,二审法院认为,当公司部分财产和债务直接从公司分离,设立成为新公司,将构成公司简单分立。如无债权人之同意,分立的公司对分立前公司的债务应当承担连带责任;如果该部分财产和债务分离后与其他已经存在的企业合并,则构成合并分立,如无债权人之同意,接受分立财产的企业应当在接受财产价值范围内对分立前公司的债务承担连带责任。该判决要旨的核心内容可以归纳为:部分资产和债务同时转让的,应被视为公司分立。可是,该观点合理吗?如前所述,从制度设计的合理性、传统的公司法理论等方面来看,该观点有欠妥当。不过,从保护债权人的角度来看,该观点具有一定的合理性。其理由如下:

本案件中由于所转让的债务是有财产担保的债务,具有一定的特殊性,故将其视为营业转让,不使受让人承担连带责任是合理的。可是在转让方资不抵债,所转让的债务为无财产担保债务的情形下,情况就会发生变化。假设没有实施这次转让,因原来 1 亿元的资产仍留存于转让公司处,故进出口银行的债权至少可按照破产程序与其他债权一起实现部分的回收;可如果实施了财产转让,进出口银行的债权就无法实现回收。因此,在转让债务为普通债务且转让公司资不抵债的情形下,如将该转让视为营业转让,会给进出口银行造成损害。也就是说,在上述有限的情形下,本案中二审法院的上述判决要旨在保护债权人的利益方面具有一定的合理性。

可是如前所述,这种合理性仅限于有限的情形。而且,即使在这有限的情形下,这样的处理虽有利于保护债权人的利益,但却对受让公司不公。因为受让公司在接受财产的同时,还接受了等额的债务。如果事后让受让公司在毫无心理准备的情况下承担巨额的额外债务,恐怕事前就没有人愿意接受转让企业的资产,这无疑会在很大程度上阻碍对经济发展有益的资产重组。

这个问题实际上是个两难选择,关系到债权人与受让人之间的利益平衡,应衡量孰轻孰重而制定适当的规则。不过,要保护债权人的利益,不一定非要将其视为公司分立,也可考虑由其他途径来实现,如可利用合同撤销权、欺诈破产以及法人人格否认等法理来实现对债权人的救济。当然,这些制度各自都有着其严格的适用条件,实际运用起来会比较困难。此外,许多大陆法系国家以区分受让人是否继续使用原商号,来判断受让人是否应该承担连带责任。① 这种方式直接让继续使用原商号的受让人承担连带责任,省去了债权人举证之苦,不失为一个解决问题的方法。不过,其仍解决不了在没有继续使用商号情形下如何保护债权人利益的问题。而美国法则用事实合并、后继者责任等法理来保护债权人的利益,这在一定程度上可弥补以上处理方式的不足。② 我国可借鉴这些国外的立法与司法实践的经验,既可考虑单独引入某项制度,也可将这些制度结合起来运用,以实现对债权人利益的合理保护。因此,没有必要为保护债权人的利益而一律将这类行为视为公司分立。这种处理方式既没有尊重当事人的意思自治,又缩小了当事人的选择,堵死了当事人利用营业转让进行公司重组之路,远非妥善之策。

不过,该判决要旨似乎并未将利用营业转让之路完全堵死,因为从其字里行间可推断出这样一个结论:如果受让人在接受财产的同时不承担债务,而是直接支付现金或实物,就可以不构成公司分立,受让人就可不承担连带责任。这样理解有一定道理,因为如果受让人支付的是现金或实物,转让人的资产并未实际减少,不会给债权人带来损害。这样理解是正确的,当事人可直接使用现金作为对价,以规避公司分立规则的适用。可是,由于二审法院并没有进一步阐明其立场,法官的真意难以揣摩,故该判决的"射程范围"是否扩大到仅使用现金等作为对价的资产转让,尚不得而知。

总之,该判决要旨仅仅只考虑到了对债权人的保护,但没有充分考虑到受让人的利益,也没有考虑到公司重组的效率问题。而且,还存在着对公司分立定义不清、概念把握不甚准确等问题,不宜作为先例遵循。

三、结语

将公司财产、债务以及人员的同时转让视为营业转让也好,视为公司分立也好,对当事人而言,各有利弊,孰优孰劣不能一概而论。但是,无论是将资产转让归结于哪类性质的法律行为,都必须有一个明确的法律规定,以使当事人对法律后果有一个准确的心理预期,而不宜在事后给当事人的行为随意扣上某类性质的帽子,使其承受毫无心理准备的法律责任。而我国《公司法》关于公司的并购重组只有寥寥数条,远远不能适应实务操作的要求。因此,立法者应该尽快制定更加细致、详尽的公司重组制度,否则,当事人在操作过程中将会无法可依、无所适从。而且,制度设计也得讲究平衡,如当事人利用某项制度可能会在某些方面承受不利的法律后果,那么,在其他方面就得为其提供更加便利的制度设计,这样就可丰富当事人的选择。

---

① 如日本《商法》第 17 条、日本《公司法》第 22 条、德国《商法典》第 25 条。
② 参见〔美〕史蒂文·L.伊曼纽尔:《公司法》,中信出版社 2003 年版,第 443 页。

> **规则 54** 【增资入股】公司法定代表人越权签订增资入股合同，合同效力待定。如股东会事后对该合同不予以追认，则合同对公司不生效，应由公司法定代表人自行承担由此产生的法律责任。

[规则解读]

公司法定代表人越权签订增资入股合同，合同效力待定。如股东会事后对该合同予以追认，则合同有效；否则合同对公司不生效，应由公司法定代表人自行承担由此产生的法律责任。

[案件审理要览]

一、基本案情

A 公司是一家有限责任公司，为扩大生产经营规模，该公司法定代表人李某未经股东会决议，自行决定以公司名义同 B 公司签订了增资入股合同并加盖了公司印章。合同约定 B 出资 1 000 万元加入 A 公司，A 公司负责办理增资入股手续。合同签订后，B 实际履行了出资义务，但 A 公司股东会在讨论 B 增资入股事宜时，未经代表 2/3 以上表决权的股东决议通过，合同无法继续履行。现 B 提起诉讼，请求判令 A 公司继续履行合同，并按约定承担违约责任。A 公司抗辩认为，增资事宜未经代表 2/3 以上表决权的股东决议通过，合同应认定为无效，其不应承担违约责任。

二、审理要览

本案争议的焦点是公司法定代表人未经股东会决议对外签订的增资入股合同的效力问题。对此，审判实践中存在三种不同意见：

第一种意见认为，合同有效。虽然 A 公司法定代表人未经代表 2/3 以上表决权的股东作出决议，即对外签订了增资入股合同，与《公司法》关于公司增资必须经股东会代表 2/3 以上表决权的股东决议通过的规定不符，但《公司法》的该项规定旨在约束公司内部股东会的决议程序，而公司与第三人之间签订入股合同的行为属于公司对外的法律行为，不受公司内部决议程序的约束。即便 A 公司法定代表人的行为违反了《公司法》的规定，但因上述规定并非效力性强制性规定，并不当然产生无效的后果。

第二种意见认为，合同无效。虽然 A 公司与第三人之间签订增资入股合同的行为属于公司对外的法律行为，但其不同于其他对外交易行为之处在于，该行为会直接改变公司的资本状况、股权结构和公司章程，影响有限责任公司的人合性，故该行为亦应受《公司法》的调整。A 公司法定代表人的职务行为因违反《公司法》第 37 条、第 43 条的强制性规定，动摇了有限公司的人合性基础，应认定为无效。

第三种意见认为，合同效力待定。A 公司法定代表人违反《公司法》的强制性规定，行使了法律赋予股东会的职权，属于一种越权代表行为，B 公司对此是知道或者应当知道的。比照《合同法》关于越权代理的规定,应认定合同效力待定:如股东会事后对该合同予以追认,则合同有效;否则合同对公司不生效,应由公司法定代表人自行承担由此产生的法律责任。

[规则适用]

综合分析以上处理意见,我们赞同第三种观点。理由如下:

本案是一个合同法和公司法交叉的问题,较具典型性。公司因市场交易而对外签订合同,无疑应受合同法的调整,但根据契约自由原则,契约之债权债务关系只有依当事人的意思而发生时,才具有合理性,否则,便是法律上的专横暴虐。A公司作为企业法人,其意思只能由法人机关作出。但吸收他人增资入股的行为不同于普通的对外交易行为,究竟哪个机关有权作出此种决定,这却属于公司法调整的范畴。因此,只有兼顾合同法和公司法的双重视角,才能对案涉公司内外关系的交易行为做出适当的效力评价。

从公司法的视角看,公司的法定代表人对外代表公司法人,无须特别授权委托,即可直接从事对公司产生重大影响的法律行为,拥有在公司的宗旨范围内以公司名义进行活动的最广泛的权力。但这并不意味着其权力绝对无限制。为防止控制人滥用职权,现代公司制度均采用了分权制衡原则,将某些特别重大事项的决定权赋予股东会或董事会行使,公司法定代表人无权对此作出决定。如我国《公司法》第16条规定的公司为其股东或者实际控制人担保、第37条规定的股东会职权事项等。此类规定是对公司机关职权所作的划分,在类型上应属管理性强制性规定,目的在于贯彻权力制衡原则,完善法人治理结构,防止控制人滥用职权损害其他股东利益。本案中A公司的法定代表人违反《公司法》第37条、第43条规定,行使了股东会的职权,构成越权代表。该越权代表行为对合同效力有何影响,《公司法》未作规定,应参酌《合同法》的相关规定进行判断。

《合同法》第50条规定:"法人或者其他组织的法定代表人、负责人超越权限订立的合同,除相对人知道或者应当知道其超越权限的以外,该代表行为有效。"故对越权代表所签合同的效力判断,首先应考量相对人的主观状况。当相对人为善意时,合同有效。因为对善意第三人的保护,就是对交易秩序和交易安全的保护,这是市场经济的基本价值准则,具有优先保护之必要。公司或其他股东因此而遭受的损失,应根据《公司法》第147条、第148条、第149条、第152条等规定由实施越权代表的行为人承担。当相对人为恶意时,根据法律不保护恶意之人的法谚,法律保护的对象应转向被越权的公司,对合同效力的判断,应参照越权代理的规定,由被越权的公司斟酌决定:如公司股东会事后予以追认,则合同有效;如公司股东会事后不予追认,则合同对公司不生效力,由公司代表人自己承担责任(效力待定—无权代理)。对此,我国台湾地区已有判例可资借鉴。1985年台上字第2014号判例谓:"代表与代理固有不同,惟关于公司机关之代表行为,解释上应类推适用关于代理之规定,固无代表权人代表公司所为之法律行为,若经公司承认,即对于公司发生效力。"

既然相对人的主观状态是影响公司法定代表人越权代表所签合同效力的首要因素,那么如何判断相对人对于越权代表行为的主观状态?公司法定代表人代表权限所受限制一般有两种情况:其一是特约限制,即由股东通过章程、合同等约定作出的限制;其二是法定限制。对于特约限制,一般存在于股东内部,外部相对人不易查知。章程限制虽因章程的公示效力可以查知,但因不同公司之间情况千差万别,对同公司进行交易的相对人施加——查阅章程以辨别其法定代表人是否越权代表的负担,会大大增加交易成本,影响交易效率,有违市场经济的交易法则,故对此种约定限制的效力应加以拘束,明令其不能对抗外部相对人。此时,对相对人应作善意推定,即其不知或不应当知道公司法定代表人的行为超越代表权限,且也无义务去审查是否存在约定限制的情形。但法定限制体现的则是国家的意志,法律公布实施后,任何调整对象均负有知晓并遵守的义务,具有对抗任何相对人之效力。此时,对相对人应作恶意推定,即推定其知道或者应当知道法定代表人的行为超越了代表权限。相应地,相对人应负有依法审查公司法定代表人是否存在股东会的特别授权等排除法定限制的情形,以确定其超越法定权限而实施代表行为的正当性。如相对人怠于审查即产生信赖,则应推定其为恶意。本案即属这种情形。

认为合同有效的第一种观点,虽承认 A 公司法定代表人的行为违反了《公司法》的强制性规定,但又认为《公司法》的规定对公司的外部法律行为不具有约束力,合同效力不受影响。毋庸讳言,《公司法》的该项规定确是调整公司机关之间职权划分的规定,并不直接约束公司与第三人之间的外部交易行为,不能作为判断公司对外行为效力的直接依据,但它却是认定法定代表人越权代表行为的性质及相对人主观状态的依据,从而间接影响到对合同的效力判断。从另一方面看,如不考虑相对人的主观善恶和股东会是否追认,一律肯定越权代表所签合同有效,则无异于赋予了公司代表人具有超越股东会,自行决定改变公司资本状况和人合性的权力,使《公司法》对公司机关职权划分的规定成为一纸空文,破坏了公司的治理结构,危及其他股东的利益。故从解释论的立场看,有效说并不足取。认为合同无效的观点注意到对本案合同的效力判断涉及公司内外双重法律关系,但将《公司法》的规定直接作为判断公司外部行为效力的依据,无疑忽略了上述规定属于管理性强制性规定的性质,混淆了不同部门法之间调整对象和范围的差异。而且,认定合同一律无效过于刚性,当增资入股事宜并不违背股东会的决议时,判定合同无效不符合公司和代表多数表决权的股东的利益,不利于保护交易秩序和交易安全。相比较而言,效力待定的观点兼顾了公司法人治理结构和交易安全的双重保护,值得赞同。如按此观点处理本案,则有权对 A 公司增资事项作出决议的是 A 公司的股东会,而非其法定代表人;B 公司对此是知道或者应当知道的,B 公司应负有对 A 公司股东会是否就签约事项形成决议进行形式审查的义务。B 公司怠于履行该义务,主观上存在过错,属于《合同法》第 50 条的除外情形,因此 A 公司法定代表人的越权代表行为应认定为效力待定。后又因 A 公司股东会对增资入股合同不予追认,故该合同对 A 公司不生效,B 公司要求 A 公司继续履行合同并承担违约责任的诉讼请求应予驳回。但 B 公司可以不当得利为由另行向 A 公司主张返还出资,并要求 A 公司法定代表人根据过错分担相应的损失。

> 规则 55　【公司减资】公司减资未履行通知已知债权人的义务时,公司股东应当在其减少出资的范围内,就公司债务不能清偿的部分对该类债权人承担补充赔偿责任。

[规则解读]

公司注册资本金对公司债权人具有担保作用。公司减资未履行通知已知债权人的义务时,减资行为对该等债权人不发生法律效力,公司股东应当在其减少出资的范围内,就公司债务不能清偿的部分对该类债权人承担补充赔偿责任。

[案件审理要览]

一、基本案情

上海孝诚健康信息咨询有限公司(以下简称"孝诚公司")于 2007 年 11 月 6 日成立,注册资本为人民币 500 万元,股东为戴卫华、北京中颐经典健康科学研究院(以下简称"中颐研究院")。孝诚公司章程第五条约定:戴卫华第一期出资额为 30 万元;中颐研究院第一期出资额为 70 万元;第一期出资于 2007 年 10 月 19 日出资完毕;其余戴卫华未出资额为 120 万元,中颐研究院未出资额为 280 万元,于 2009 年 8 月 29 日之前缴。

2008 年 6 月 22 日,陈梅华(作为乙方)与孝诚公司(作为甲方)签订《圣医堂健康管理协议书》一份。合同约定:乙方自愿选择"四星级疗养卡 5 万元/卡"的服务项目,成为圣医堂健康管理会员,并交纳相关费用 5 万元,享受相应的服务内容。合同签订前后,陈梅华支付孝诚公司疗养订金等费用共 1 180 元、服务费 5 万元。

2008 年 9 月 26 日,孝诚公司召开临时股东会,并形成决议:同意将公司注册资本金由原来的 500 万元减少至 100 万元,其中戴卫华认缴出资额 30 万元,出资比例 30%;中颐研究院认缴出资额 70 万元,出资比例为 70%。

2008 年 11 月 28 日,孝诚公司在上海商报上刊登了减资公告,并在工商管理部门办理了相关变更登记。

陈梅华向法院起诉,要求孝诚公司、戴卫华、中颐研究院退还服务费。

二、审理要览

一审法院经审理后认为:陈梅华与孝诚公司在诉讼中一致同意解除双方签订

的服务合同,孝诚公司退还陈梅华相关费用,与法无悖。戴卫华、中颐研究院作为孝诚公司股东,应当按期足额缴纳公司章程中规定的各自所认缴的出资额。本案孝诚公司以经营亏损为由而减资,对于陈梅华这一其于经营期间已明知的债权人,在减资过程中仅在《上海商报》刊登减资公告而未依法及时采用合理、有效的方式告知,致使陈梅华未能及时行使相关权利,危及其债权的实现,公司股东应在减资数额范围内对公司债务承担补充赔偿责任。据此,一审法院判决:(1)解除陈梅华与孝诚公司于 2008 年 6 月 22 日签订的《圣医堂健康管理协议书》;(2)孝诚公司于判决生效之日起 10 日内返还服务费用 51 180 元;(3)戴卫华、中颐研究院分别在减少出资的 120 万元、280 万元范围内对孝诚公司的上述第(2)项付款义务承担补充赔偿责任。

戴卫华、中颐研究院不服,提起上诉。

二审法院经审理后认为:从保障公司债权人利益的角度出发,股东负有按照公司章程切实履行全面出资的义务,同时负有保持公司注册资本充实的责任。在公司符合减资条件的场合,则应当履行完整的法定程序,确保公司债权人有机会在公司责任财产减少之前作出相应的权衡和行动。通知已知债权人并根据债权人要求进行清偿或提供担保,是相应减资程序对该等债权人发生法律效力、股东在减资部分免责的必要条件。在公司未对已知债权人进行减资通知时,该情形与股东违法抽逃出资相比,在实质以及两者对债权人利益的影响上并无不同。因此,本案中孝诚公司未就减资事项对已知债权人陈梅华进行通知,使陈梅华丧失在减资前要求其清偿债务或提供担保的权利,上诉人应在减资范围内,对孝诚公司的债务向陈梅华承担补充赔偿责任。

二审法院判决:驳回上诉,维持原判。

[规则适用]

一、公司注册资本对公司债权人的担保作用

根据现代企业制度原理,注册资本是投资人投入企业用于生产经营循环与周转的,并在登记机关进行规定数额注册登记的财产。这些财产不仅是企业偿债能力的基本保障和企业生存的必要条件,也是衡量和评价企业经济实力的重要指标。

我国《公司法》明确规定,有限责任公司的注册资本为在公司登记机关登记的、全体股东认缴的出资额。本案中,孝诚公司的公司章程虽然规定其股东分期缴纳出资,但在未经依法减资的情况下,其股东仍应以认缴的出资额为限,对外承担责任。

二、公司依法减资的通知义务及公司减资但未履行该义务的法律效力

为了保障债权人的权利,《公司法》同时明确规定了公司减资的法定程序和限制,以及公司债权人此时享有的相应权利救济途径。即,公司应当自作出减少注册资本决议之日起 10 日内通知债权人,并于 30 日内在报纸上公告。债权人自接

到通知书之日起30日内,未接到通知书的自公告之日起45日内,有权要求公司清偿债务或者提供相应的担保。上述直接通知义务系针对公司作出减资决议时的已知债权人,公告通知义务系针对公司作出减资决议时的未知债权人。

公司减资未通知债权人的,债权人丧失了根据《公司法》规定及时要求公司清偿债务或提供担保的权利,此时公司的减资行为对该类债权人应不具有对抗效力。

三、公司股东在公司未履行通知已知债权人义务时承担责任的依据及具体法律适用

一方面,在公司减资未履行通知已知债权人的义务时,由于减资本身对该等债权人并不产生拘束力,公司股东仍应以其认缴的出资额对公司债权人承担担保责任。另一方面,公司减资在实质上系公司股东会决议的结果,且公司减资的受益人系股东自身,因此,在公司减资未履行通知已知债权人的义务时,公司股东就其减资部分亦不能免除责任。

公司减资未履行通知已知债权人的义务时,公司股东具体应当承担的责任,我国《公司法》及相关司法解释并未明确作出规定。最高人民法院有关司法解释规定,未履行或者未全面履行出资义务的股东、抽逃出资的股东在未出资、抽逃出资的本息范围内,就公司债务不能清偿的部分对公司债权人承担补充赔偿责任。为保障公司债权人的权利,本案可类推适用上述司法解释的规定,判令孝诚公司股东戴卫华、中颐研究院在减免出资的范围内,对公司债务不能清偿的部分向陈梅华承担补充赔偿责任。

**规则56 【关联公司人格混同】关联公司人格混同,严重损害债权人利益的,关联公司相互之间对外部债务承担连带责任。**

[规则解读]

关联公司在人员、业务、财务等方面交叉或混同,导致各自财产无法区分,丧失独立人格的,构成人格混同。关联公司人格混同,严重损害债权人利益的,关联公司相互之间对外部债务承担连带责任。

[案件审理要览]

一、基本案情

原告徐工集团工程机械股份有限公司(以下简称徐工机械公司)诉称:成都川交工贸有限责任公司(以下简称川交工贸公司)拖欠其货款未付,而成都川交工程机械有限责任公司(以下简称川交机械公司)、四川瑞路建设工程有限公司(以下简称瑞路公司)与川交工贸公司人格混同,三个公司实际控制人王永礼以及川交工贸公司股东等人的个人资产与公司资产混同,均应承担连带清偿责任。请求判令:川交工贸公司支付所欠货款10 916 405.71元及利息;川交机械公司、瑞路公司

及王永礼等个人对上述债务承担连带清偿责任。

被告川交工贸公司、川交机械公司、瑞路公司辩称:三个公司虽有关联,但并不混同,川交机械公司、瑞路公司不应对川交工贸公司的债务承担清偿责任。

王永礼等人辩称:王永礼等人的个人财产与川交工贸公司的财产并不混同,不应为川交工贸公司的债务承担清偿责任。

法院经审理查明如下事实。川交机械公司成立于1999年,股东为四川省公路桥梁工程总公司二公司、王永礼、倪刚、杨洪刚等。2001年,股东变更为王永礼、李智、倪刚。2008年,股东再次变更为王永礼、倪刚。瑞路公司成立于2004年,股东为王永礼、李智、倪刚。2007年,股东变更为王永礼、倪刚。川交工贸公司成立于2005年,股东为吴帆、张家蓉、凌欣、过胜利、汤维明、武竞、郭印,何万庆2007年入股。2008年,股东变更为张家蓉(占90%股份)、吴帆(占10%股份),其中张家蓉系王永礼之妻。在公司人员方面,三个公司经理均为王永礼,财务负责人均为凌欣,出纳会计均为卢鑫,工商手续经办人均为张梦;三个公司的管理人员存在交叉任职的情形,如过胜利兼任川交工贸公司副总经理和川交机械公司销售部经理,且免去过胜利川交工贸公司副总经理职务的决定系由川交机械公司作出;吴帆既是川交工贸公司的法定代表人,又是川交机械公司的综合部行政经理。在公司业务方面,三个公司在工商行政管理部门登记的经营范围均涉及工程机械且部分重合,其中川交工贸公司的经营范围被川交机械公司的经营范围完全覆盖;川交机械公司系徐工机械公司在四川地区(攀枝花除外)的唯一经销商,但三个公司均从事相关业务,且相互之间存在共用统一格式的《销售部业务手册》《二级经销协议》和结算账户的情形。三个公司在对外宣传中区分不明。2008年12月4日重庆市公证处出具的《公证书》记载:通过因特网查询,川交工贸公司、瑞路公司在相关网站上共同招聘员工,所留电话号码、传真号码等联系方式相同;川交工贸公司、瑞路公司的招聘信息,包括大量关于川交机械公司的发展历程、主营业务、企业精神的宣传内容;部分川交工贸公司的招聘信息中,公司简介全部为对瑞路公司的介绍。在公司财务方面,三个公司共用结算账户,凌欣、卢鑫、汤维明、过胜利的银行卡中曾发生高达亿元的往来,资金的来源包括三个公司的款项,对外支付的依据仅为王永礼的签字;在川交工贸公司向其客户开具的收据中,有的加盖其财务专用章,有的则加盖瑞路公司财务专用章。在与徐工机械公司均签订合同、有业务往来的情况下,三个公司于2005年8月共同向徐工机械公司出具说明,称因川交机械公司业务扩张而注册了另外两个公司,要求所有债权债务、销售量均计算在川交工贸公司名下,并表示今后尽量以川交工贸公司名义进行业务往来;2006年12月,川交工贸公司、瑞路公司共同向徐工机械公司出具申请,以统一核算为由要求将2006年度的业绩、账务均计算至川交工贸公司名下。

另查明,2009年5月26日,卢鑫在徐州市公安局经侦支队对其进行询问时陈述:川交工贸公司目前已经垮了,但未注销。又查明徐工机械公司未得到清偿的货款实为 10 511 710.71 元。

**二、审理要览**

一审法院判决:(1)川交工贸公司于判决生效后 10 日内向徐工机械公司支付货款 10 511 710.71 元及逾期付款利息;(2)川交机械公司、瑞路公司对川交工贸公司的上述债务承担连带清偿责任;(3)驳回徐工机械公司对王永礼、吴帆、张家蓉、凌欣、过胜利、汤维明、郭印、何万庆、卢鑫的诉讼请求。宣判后,川交机械公司、瑞路公司提起上诉,认为一审判决认定三个公司人格混同,属认定事实不清;认定川交机械公司、瑞路公司对川交工贸公司的债务承担连带责任,缺乏法律依据。徐工机械公司答辩请求维持一审判决。江苏省高级人民法院于 2011 年 10 月 19 日作出(2011)苏商终字第 0107 号民事判决:驳回上诉,维持原判。

二审法院认为:针对上诉范围,二审争议焦点为川交机械公司、瑞路公司与川交工贸公司是否人格混同,应否对川交工贸公司的债务承担连带清偿责任。

川交工贸公司与川交机械公司、瑞路公司人格混同。一是三个公司人员混同。三个公司的经理、财务负责人、出纳会计、工商手续经办人均相同,其他管理人员亦存在交叉任职的情形,川交工贸公司的人事任免存在由川交机械公司决定的情形。二是三个公司业务混同。三个公司实际经营中均涉及工程机械相关业务,经销过程中存在共用销售手册、经销协议的情形;对外进行宣传时信息混同。三是三个公司财务混同。三个公司使用共同账户,以王永礼的签字作为具体用款依据,对其中的资金及支配无法证明已作区分;三个公司与徐工机械公司之间的债权债务、业绩、账务及返利均计算在川交工贸公司名下。因此,三个公司之间表征人格的因素(人员、业务、财务等)高度混同,导致各自财产无法区分,已丧失独立人格,构成人格混同。

川交机械公司、瑞路公司应当对川交工贸公司的债务承担连带清偿责任。公司人格独立是其作为法人独立承担责任的前提。《公司法》第 3 条第 1 款规定:"公司是企业法人,有独立的法人财产,享有法人财产权。公司以其全部财产对公司的债务承担责任。"公司的独立财产是公司独立承担责任的物质保证,公司的独立人格也突出地体现在财产的独立上。当关联公司的财产无法区分,丧失独立人格时,其也就丧失了独立承担责任的基础。《公司法》第 20 条第 3 款规定:"公司股东滥用公司法人独立地位和股东有限责任,逃避债务,严重损害公司债权人利益的,应当对公司债务承担连带责任。"本案中,三个公司虽在工商登记部门登记为彼此独立的企业法人,但实际上相互之间界线模糊、人格混同,其中川交工贸公司承担所有关联公司的债务却无力清偿,使其他关联公司逃避巨额债务,严重损害了债权人的利益。上述行为违背了法人制度设立的宗旨,违背了诚实信用原则,其行为本质和危害结果与《公司法》第 20 条第 3 款规定的情形相当,故参照其规定,川交机械公司、瑞路公司对川交工贸公司的债务应当承担连带清偿责任。

[规则适用]

一、关联公司的界定

《公司法》是以单一公司为原型设计的,对关联公司的概念未作规定。但随着规模经济的发展,公司之间出现多种形式的联合,涉及关联公司的法律问题越来越多,这就需要对相关问题进行法律规制。对关联公司进行规制,实质上是对关联交易进行规制。唯有先对关联交易进行界定,方能更好地理解关联公司。

关联交易,亦称关联方交易、关联人交易,是指发生在关联人之间的有关移转资源或义务的事项安排行为。① 关联交易作为一种商业交易行为,既具有一般交易行为的共性,又具有独有的特征,概括而言,关联交易具有以下特征:(1)交易主体的关联性。其中至少有一方交易主体是商事经营者。(2)交易标的的多样性与交易行为的普遍性。关联交易是企业的一种营业行为,由于营业主体具有多样性,经营范围具有广泛性,交易方式具有灵活性,因而企业的关联交易呈现出多样性与普遍性的特点。(3)交易方式的简捷性。关联交易主体的关联性使得交易双方之间彼此了解,大大地节省了企业的缔约与履约费用,使交易成本降低,交易环节减少,从而简化了交易的外部手续,提高了经济效率。(4)交易内容是商事权利或义务在关联人之间的移转或连带共担。传统的交易是权利与义务的互换,资本与信息社会下的交易远远超越了权利与义务互换的范畴,而是朝权利与义务连带共担的合作方向发展。(5)企业集团关联交易的系统性与价值创造性。资源对不同的业务主体具有不同的价值,企业集团为了实现集团整体利益或长远利益的最大化,往往会调整集团内部资源,使某一资源发挥最大的效用。(6)交易地位容易失衡。大量关联交易的关联人之间,从交易的表象来看均是具有特定民事行为能力的主体,但事实上交易双方的地位不平等,由于资本多数决与公司被高管控制现象的普遍存在,使得一方交易主体极易对另一方进行控制或施加影响。(7)交易客观上存在不公平及被滥用的巨大风险。②

关联交易发生在公司与关联方之间。公司的关联方包括关联自然人与关联组织,对此,各国或地区公司法调整重点有所不同:有的偏重对关联自然人与公司之间关联关系进行关注,如美国《公司法》;有的偏重对关联企业与公司之间关联关系进行关注,如德国《公司法》和我国台湾地区"公司法"。关联交易的当事人是公司的关联方,这构成关联交易独立于一般交易的核心特征,也是规制关联交易法律制度的原始出发点。

可以看出,关联交易的关联方并非泛指与公司存在资源、劳务或义务转移行为的当事人。因为公司作为一个社会实体存在,必然与其他各种社会主体发生多种多样的社会关系,宽泛地界定关联方并无实质意义。相反,各法域对关联方的

---

① 参见韦红花:《公司关联交易的认定》,载《企业导报》2010年第12期。

② 参见赖华子、陈奇伟:《论关联交易的法律性质及监管原则》,载《求索》2009年第11期。

界定,多以对方当事人对公司存在"控制"情形和"重大影响力",作为存在关联关系的判断标准。对此,《公司法》第216条第(4)项规定,关联关系,是指公司控股股东、实际控制人、董事、监事、高级管理人员与其直接或者间接控制的企业之间的关系,以及可能导致公司利益转移的其他关系。但是,国家控股的企业之间不仅仅因为同受国家控股而具有关联关系。虽然该条仅指明了"控制"标准而未明确"重大影响力"标准,但是"可能导致公司利益转移的其他关系"完全可以涵盖"重大影响力"标准。财政部发布的《企业会计准则第36号——关联方披露》对此予以了进一步明确。根据该准则,一方控制、共同控制另一方或对另一方施加重大影响,以及两方或两方以上同受一方控制、共同控制或重大影响的,构成关联方。控制,是指有权决定一个企业的财务和经营政策,并能据以从该企业的经营活动中获取利益。共同控制,是指按照合同约定对某项经济活动所共有的控制,仅在与该项经济活动相关的重要财务和经营决策需要分享控制权的投资方一致同意时存在。重大影响,是指对一个企业的财务和经营政策有参与决策的权力,但并不能够控制或者与其他方一起共同控制这些政策的制定。此外,该准则还进一步明确,下列各方构成企业的关联方:(1)该企业的母公司。(2)该企业的子公司。(3)与该企业受同一母公司控制的其他企业。(4)对该企业实施共同控制的投资方。(5)对该企业施加重大影响的投资方。(6)该企业的合营企业。(7)该企业的联营企业。(8)该企业的主要投资者个人及与其关系密切的家庭成员。主要投资者个人,是指能够控制、共同控制一个企业或者对一个企业施加重大影响的个人投资者。(9)该企业或其母公司的关键管理人员及与其关系密切的家庭成员。关键管理人员,是指有权力并负责计划、指挥和控制企业活动的人员。与主要投资者个人或关键管理人员关系密切的家庭成员,是指在处理与企业的交易时可能影响该个人或受该个人影响的家庭成员。(10)该企业主要投资者个人、关键管理人员或与其关系密切的家庭成员控制、共同控制或施加重大影响的其他企业。应当说,财政部的《准则》比《公司法》对关联方的规定更为明确:首先,明确了关联方的构成除"控制标准"外,尚包括"重大影响力标准";其次,明确了关联方不但包括公司控股股东、实际控制人、董事、监事、高级管理人员,还包括与上述主体关系密切的家庭成员以及他们控制、共同控制或施加重大影响的其他企业。对此,应当对我国《公司法》第216条第(4)项规定的关联关系构成要件作实质理解,涵盖财政部《准则》规定的情形。事实上,我国沪深两市的《股票上市规则》对上市公司的关联人的认定也基本上采用了该种方法。

我国《公司法》虽未明确何为关联公司,但上述对关联交易、关联方的界定更具有可操作性。我们认为,在《公司法》尚未对关联公司作出明确法律界定的情况下,可以参考上述规定,认定关联公司。

二、人格混同的认定

（一）法人人格混同的概念及主要表现形式

人格，是指民事主体在法律上的地位。法人与自然人是具有独立人格的两大民事主体。公司作为法人，具有独立的人格，这是公司法人制度最基本的特征。公司的独立人格体现在公司有独立的权利能力和行为能力，有独立的财产，能独立承担民事责任。然而，在公司制度的具体运作中，出现法人人格混同，即在形式上具有法人资格的公司与股东之间，或公司与其他公司之间，在经营、财产、人员等方面出现实质上的混同，以实现转移公司财产及利润，规避公司债务的非法目的，从而在本质上导致丧失独立承担民事责任资格的情形。

在我国现实生活中，法人人格混同现象主要有以下几种：

1. 母公司滥用对于子公司的控制关系，引起母公司与子公司的人格混同。母、子公司是指公司之间存在控股关系、控制关系而使各具法人地位的公司连为一体的公司集团。随着公司集团化趋势的加强，与设置不具有独立法人人格的分公司相比较，母、子公司的投资模式因有利于降低经营风险而被广泛采用。但在经营过程中，母公司常会利用其控制地位，任意指挥子公司的经营活动，调动子公司的财产，调整子公司的经营利润，侵犯了子公司的独立法人人格，导致母、子公司人格混同。

2. 控股股东滥用资本多数决，导致公司与控股股东人格混同。由于我国缺乏相应的制衡法律制度，在公司的运作过程中，控股股东常常利用其资本占据表决优势，在关联交易中任意转移公司的财产、利润，使公司意志和股东意志化二为一，公司丧失其法人人格独立于股东的特性。这种不公平的关联交易，在公司内部损害少数股东的利益，在公司外部损害公司债权人利益。

3. 相互投资引起人格混同。在相互持股的情况下，一方持有的对方的一部分股份，很可能是对方出资给自己的财产，若这部分股份达到了控股的程度，则表面上相互独立的两个公司，实际上是一个有机整体。

4. 法人组织机构等方面的混同导致不同公司的人格混同。相互之间不具有控股关系且均具有独立法人人格的公司，因具有某种程度上的关联关系，如同一投资者组建数个公司，也有可能出现组织机构、财产、经营等方面的混同。"一套人马，两块牌子"是其典型代表。这种混同，使得不同的公司可以相互任意转移财产，逃避债务，损害了债权人的合法权益。

（二）出现法人人格混同的原因

公司法人人格独立和股东有限责任是公司法人制度的两大基石，对于推动投资增长和迅速积累资本起到巨大作用。但公司制度在具体的运作过程中常被滥用，成为法人股东、个人股东等民事主体逃避义务、牟取非法利益的工具，出现诸如公司资本不实而空壳运转，设立数个公司转移资产逃避债务等情况。法人人格混同是这些公司法人制度异化现象中的一种。其产生的原因主要是：

1. 在公司法人人格制度的框架内,股东与公司债权人相比处于优势地位。股东是否恪守分离原则,放弃对其投入到公司的财产的支配权,债权人作为公司外部人难以监督。

2. 在法人人格独立和股东有限责任的条件下,股东与公司、公司与公司之间的责任分离,常成为股东或公司滥用公司法人制度的诱因。这种诱因在缺乏法律规制的情况下会迅速膨胀,产生滥用法人人格的行为。

3. 公司法人人格制度与其他成文法的规定一样,难以避免出现法律漏洞,无法形成完全有效的约束机制。

(三)认定法人人格混同的标准

从静态上讲,公司具有独立人格的前提是公司拥有独立财产,所以认定公司是否有独立财产,是判断公司与股东或者关联公司之间是否会构成人格混同的标准。从动态上讲,公司法人人格独立是建立于公司在经营中严格贯彻分离原则的基础上的,是否贯彻财产、利益、业务、组织机构等方面的分离,是判断是否构成法人人格混同的标准。所以,要认定公司法人人格混同,可从以下几个方面进行判断:

1. 财产是否混同。若公司与股东或者关联公司之间拥有相同财产,相互之间的资产可以任意转移,或者公司财产没有记录或记录不实,公司账簿与股东或关联公司账簿混同使用,无法认定公司的财产,影响到公司对外承担债务责任的物质基础,则可认定法人人格混同。

2. 业务和利益分配是否混同。若公司与股东或者公司的关联公司的业务并不分离,从经营过程无法判断业务的真正归属,或者相互之间经营的收益不加区分、任意配置,也应认定为公司法人人格混同。

3. 公司的组织机构是否混同。若具有公司管理人员相同、工作人员相同或任意调动、同一场所办公等情形,可认定为公司的组织机构混同。一般情形下,组织机构的混同会导致公司的财产、业务、利益分配的混同。

三、关联公司适用法人人格混同的认定条件

根据《公司法》第20条的规定,适用法人人格否认必须满足三个要件:第一,主体要件。只有公司的债权人能够提起法人人格否认之诉,其余股东、董事、监事、高级管理人员即便与公司存在债权债务关系,也不得主张公司法人人格否认。第二,行为要件。须有股东实施滥用公司法人独立地位和股东有限责任的行为。第三,结果要件。股东滥用权利的行为严重损害了公司债权人的合法权益。相应地,对人格混同的关联企业适用法人人格否认也应当依循以下几个要件:

1. 主体要件——唯有债权人可得诉请对关联企业进行人格否认。从《公司法》的立法表述来看,我国法人人格否认与国外的法人人格否认还是有所不同的。国外的法人人格否认一般从法院的角度表述,反映出其法人人格否认制度是作为在司法判例基础上形成的司法救济手段的特点,而我国的法人人格否认则是从股东的义务和责任的角度来表述的,反映出我国法人人格否认制度首先是作为债权人请求权构成内容的特点。既然是作为债权人的一项请求权,则法院只有在债权人积极主张的时候才能够依法适用人格否认,而不能依职权去主动地揭开公司的面纱。另外,债权人主张人格否认的诉请应是针对关联企业提起的,对于非关联企业则不宜轻易适用人格否认。一般说来,只有关联企业之间才有可能出现人格混同。不过,也不能完全排除非关联企业之间发生人格混同的可能。我们认为,适用法人人格否认必须严守适度的底线,该原则是针对滥用法人主体资格的行为所作的否定性评价,而并不是为了给债权人提供更多的救济,不能因为企业之间出现了人格混同就动辄予以人格否认。非关联企业不存在共同的经济目的,其人格混同也很难说是滥用法人主体资格的行为所致,所以对于非关联企业的人格混同,没有必要适用人格否认予以规制。

2. 行为要件——关联企业之股东假借人格混同,滥用法人独立地位。关联企业的人格混同主要表征为组织机构的混同、经营业务的混同和企业财产的混同。在组织机构混同的情况下,关联企业之间的董事会成员相互兼任,总经理和高级管理人员统一调配、统一聘任或统一任命,企业之间的雇员无甚差异,公司的重大决策不经过审慎的讨论和独立的审议,等等。在经营业务混同的情况下,关联企业从事大致相同的业务,相互之间的交易行为、交易方式、交易价格等都取决于握有最终控制权的股东,资金在企业之间随意流转,根本谈不上自由竞争,经常出现"舍己为人"的行为。在企业财产混同的情况下,公司的营业场所、机器设备以及办公用品难分彼此,一企业名下的财产可以被其他企业法人随意处分,公司的财会账簿稀里糊涂,资金流向不知所终。上述三种情况都表明关联企业已经出现了人格混同,特别是企业的财产混同,从根本上违反了资本维持原则和资本不变原则,有可能严重影响企业的偿债能力,因而也是认定关联企业人格混同最为重要的依据。不过,外人很难证明股东存在故意虚化公司治理结构的行为,要求债权人对企业经营管理的内部行为举证亦不现实。所以我们认为,在证明关联企业的股东存在假借人格混同而滥用法人独立地位的行为时,应当秉持客观滥用主义的标准,只要债权人举证证明关联企业构成人格混同,便可以认定控股股东假借人格混同,滥用了法人的独立主体地位。倘若关联企业认为其虽然构成了人格混同,但并不存在滥用公司法人格的行为,则应由其举出相反的证据。

3. 结果要件——唯有否认关联企业的法人人格,方能保护债权人利益。法人人格否认适用于关联企业人格混同的结果要件,要求债权人的利益由于关联企业的人格混同而受到了严重的侵害,不否认不足以保护债权人。该结果要件实际上包含了两方面的内容:其一,债权人的权益因为关联企业之人格混同而受到了严重的侵害;其二,如果不适用法人人格否认在关联企业之间揭开公司的面纱,将无从保障债权人的利益。如果债权人的债权之上已经设定了保证、质押等债的担保,债权人的债权基本上能够通过债的担保而获得救济,则没有必要适用法人人格否认。另外，如果作为债务人的企业对外还有未获清偿的债权，债权人可以通过行使代位权或撤销权使自己的债权受偿，同样没有必要适用法人人格否认。再者，如果能够对债务人企业的股东揭开公司面纱，也没有必要对整个关联企业适用法人人格否认。因为对关联企业适用人格否认将导致所有的关联企业都被视为同一主体，而无论其他关联企业与债务人企业之间是否存在控股或者参股关系。如果直刺债务人企业的控股股东就已经足以保障债权人的权益，就没有必要将与之存在关联关系的企业都牵涉其中。

总之，对于关联企业的人格混同可以适用法人人格否认，《公司法》第20条关于股东承担连带责任的规定应当有所突破。但我们也必须清醒地认识到，法人人格否认理论是一把双刃剑，在审判实践中必须非常审慎地适用，以免滞碍企业的集约化和规模化发展。①

四、债务人公司已经丧失清偿能力关联企业抢先清偿自身债务的界定及处理

一般认为，我国《企业破产法》第31条、第32条规定了破产程序中的偏颇清偿法律制度。第32条规定："人民法院受理破产申请前六个月内，债务人有本法第二条第一款规定的情形，仍对个别债权人进行清偿的，管理人有权请求人民法院予以撤销。但是，个别清偿使债务人财产受益的情形除外。"第31条第(3)、(4)项规定："人民法院受理申请前一年内，涉及债务人财产的下列行为，管理人有权请求人民法院予以撤销：……（三）对没有财产担保的债务提供财产担保的；（四）对未到期的债务提前清偿的……"上述规定填补了原《企业破产法》的法律漏洞，有利于遏制关系人抢先受偿的行为，在债务人丧失清偿能力时真正实现债权人之间的公平受偿，维护正常的市场秩序。但是，该条规定的适用仅限于债权人或者债务人已经申请破产的情况，对于债务人或者债权人都不申请破产的情况则不能适用。因此，司法实践中出现了大量的关联企业抢先清偿自身债务的情况。这时由于债务人已经丧失清偿能力，资产被抵偿给关联企业之后，造成其他外部债权人无法受偿，严重损害了社会信用。此类关联公司的债权优先受偿行为，虽然不符合偏颇性清偿行为的形式要件（因为没有进入破产程序），但在实质上则与偏颇性清偿行为无异，如果不赋予其相应的法律后果，将形成明显的法律漏洞，对于债权人利益的保护也显然不利。我们认为，目前在法律对此还没有明确规范的情况下，解决这一问题，可以有以下几种选择：

（一）主张清偿行为无效

关联方恶意串通，优先清偿关联公司债权，造成外部债权人无法受偿的，可以适用《民法通则》以及《合同法》的相关规定，认定清偿行为无效。《民法通则》第58条规定："下列民事行为无效……（四）恶意串通，损害国家、集体或者第三人利

---

① 参见裴莹硕、李晓云：《关联企业人格混同的法人人格否认》，载《人民司法·案例》2009年第2期。

益的……"《合同法》第52条规定:"有下列情形之一的,合同无效:……(二)恶意串通,损害国家、集体或者第三人利益……"在从属公司已经陷入偿债能力不足的情况下,控制公司利用自身的控制优势,抢先清偿自身债权,是明知债务人将因此而丧失清偿能力,从而损害其他债权人利益的。从属公司作为债务人,明知自身已成就破产原因,仍然对于控制公司优先清偿,也同样具有损害其他债权人的恶意。因此,双方之间存在共同侵害债权人利益的恶意,可认定为恶意串通。当然,如果控制公司能够证明自身并不明知债务人的财务状况,或者从属公司清偿债权时尚未陷入清偿不能的境地,则可排除责任,清偿行为也应认定为有效。

(二)主张侵害债权

控制公司抢先清偿自身债权,从而使债务人无力清偿其他债权的,应当认定为侵害债权的行为,适用《民法通则》第5条、第106条第2款、《侵权责任法》第2条、第6条予以解决,由控制公司承担侵权赔偿责任。根据通说,第三人恶意侵害他人债权,导致债权人无法实现期待利益的,构成侵害债权的侵权行为,应承担相应责任。控制公司明知从属公司存在其他债权人,却抢先清偿自身债权,导致其他债权人无法受偿,存在明显的恶意,属明知且放任或者追求外部债权人受害结果的行为。在外部债权人因此而丧失清偿利益之后,控制公司的行为与外部债权人的损害之间存在必然的因果联系,符合故意侵权行为的构成要件,应承担侵权赔偿责任。

(三)揭开公司面纱

鉴于控制公司与从属公司之间的关联关系,且从属公司优先清偿控制公司的债权,往往与控制公司的控制行为有关,因此,在从属公司因此而无法清偿其他债权人的债权时,应适用揭开公司面纱原理,由控制公司承担连带清偿责任。《公司法》第20条第3款规定:"公司股东滥用公司法人独立地位和股东有限责任,逃避债务,严重损害债权人利益的,应对公司债务承担连带责任。"控制股东明知从属公司存在多个债权人,且从属公司已经资不抵债,却仍然抢先从从属公司获得债务清偿,从而造成其他债权人失去受偿机会,属于对公司法人独立人格和股东有限责任的滥用,应对从属公司的债务承担连带责任。

五、关联公司适用法人人格否认的把握

公司法人人格否认适用中最为传统、最为典型的情形是股东滥用公司的独立人格和股东有限责任,此时的法律责任是从公司指向股东,由股东来承担公司的责任。随着社会经济生活的发展,法人人格被滥用的手段不断翻新,如母公司将自己的利益转移给子公司,将母公司空壳化,以使母公司逃避债务;又如姐妹公司之间人格混同,资产不当转移,等等。法人人格否认理论也随之进一步发展,已经突破了传统的适用范围,出现了某些扩张适用的情形,主要包括法人人格否认的反向适用和姐妹公司之间的法人人格否认。反向适用指否认公司独立人格后,由公司替股东承担责任,或母、子公司场合下由子公司替母公司承担责任。姐妹公司之间的法人人格否认又称为揭开姐妹公司的面纱或三角刺破。在三角刺破中，责任以一种类似于三角形的路线流动，首先从被控制的公司流向控股股东，接着从该控股股东流向其他受制于该股东的具有关联性的企业。其实，这样一种三角刺破的提法只不过是一种形象的说法而已，表明责任的承担不是直线流动，而是通过一定的媒介发生了转向，最终由同一股东控制下的其他公司承担了责任。[1]

《公司法》第20条第1款规定："公司股东应当遵守法律、行政法规和公司章程，依法行使股东权利，不得滥用股东权利损害公司或者其他股东的利益；不得滥用公司法人独立地位和股东有限责任损害公司债权人的利益。"第3款规定："公司股东滥用公司法人独立地位和股东有限责任，逃避债务，严重损害公司债权人利益的，应当对公司债务承担连带责任。"关联公司人格混同的行为，能否适用上述条款予以解决？对此存在不同意见。有观点认为，本条款是对公司股东行为的规制，责任承担主体是实施滥用公司法人独立地位和股东有限责任行为的股东，责任承担形式是上述股东与公司共同对债权人承担连带责任。无论采取何种解释方式，都不能得出第20条可以适用于人格混同的情形，作为判令相关关联企业承担民事责任的法律依据。[2] 也有观点认为，《公司法》第20条第1款是针对公司法人人格否认法理的总括性规定，只要是股东有滥用法人人格和股东有限责任的情形，无论是传统情形，还是扩张情形，均在本款的规制范围之内。[3]

我们认为，在司法实践中，法官不可避免地需要对法律进行解释，在解释中应当遵循解释的基本原则，如忠实于法律文本的原则、忠实于立法目的和立法意图原则等。扩张解释作为一种解释方法，虽然对法律用语作比通常含义更广的解释，但不能超出法律用语可能具有的含义，只能在法律文义的"射程范围"内进行解释。从《公司法》第20条的文义来看，其规制的对象是股东，行为主体和责任主体都是股东，将股东扩张解释至关联公司，显然超出了扩张解释的范畴。但是，关联公司人格混同的原因多是由于股东滥用了公司法人独立地位和股东有限责任，否认关联公司各自的独立人格，将关联公司视为一体。对其中特定公司的债权人的请求承担连带责任，实质就是将滥用关联公司人格的股东责任延伸至完全由其控制的关联公司上，由此来救济利益受损的债权人。

六、适用公司法人人格否认需要注意的问题

(一) 应当审慎适用

公司人格独立、股东承担有限责任是基本原则，而公司法人人格否认原则是一种例外适用原则。维护公司法人独立地位是公司法的主要价值取向，只有在公司独立人格和股东有限责任原则被滥用，并严重损害债权人利益时，才能为保护债权人利益而例外地适用。因此，在拟否认公司的独立人格时，应当采取谨慎的

---

[1] 参见朱慈蕴：《公司法人格否认制度理论与实践》，人民法院出版社2009年版，第47—55页。
[2] 参见刘建功：《公司法第二十条的适用空间》，载《法律适用》2008年第1、2期。
[3] 参见朱慈蕴：《公司法人格否认制度理论与实践》，人民法院出版社2009年版，第211页。

态度,只有具有明确的人格混同的事实,并且严重损害债权人利益,无法通过其他途径救济时,才能否认公司的独立人格。

(二)特定个案的适用

法人人格否认理论只对特定个案中公司的独立人格予以否认,而不是对该公司法人人格的全面、彻底、永久地否认。也就是说,应当特别注意公司法人人格否认判决的效力范围,否认公司法人人格的判决效力不涉及该公司的其他法律关系,并且不影响该公司作为一个独立实体合法地继续存在。这与公司因解散、破产而注销,从而在制度上绝对、彻底丧失法人资格的情形完全不同,只是一时一事地否认公司法人人格,具有相对性和特定性,而不具有绝对性和对世性。

---

**规则 57** 【公司章程司法适用】公司章程规定的司法适用审查是法院基于案件裁判的需要而主动进行的司法活动,不以案件当事人的申请为前提,其审查效果也仅限于案件的裁判范围之内。

[**规则解读**]

公司章程规定的司法适用审查是法院基于案件裁判的需要而主动进行的司法活动,不以案件当事人的申请为前提,其审查效果也仅限于案件的裁判范围之内。对于经审查违反法律强制性规定的公司章程规定,法院只是不认同其在具体案件的审理中具有法律拘束力,不以其作为裁判的直接依据,并不直接判决该章程规定无效或者可撤销。如果当事人请求判决该章程规定无效或者可撤销,需当事人另行提起诉讼。

[**案件审理要览**]

一、基本案情

某有限责任公司于 2008 年 6 月 15 日召开董事会会议,并形成了决议,决议的主要内容是批准董事长甲辞去公司董事长的职务,并选举董事乙为公司新的董事长。该公司有甲、乙、丙三位董事,他们同时也是公司股东,公司还有另外一位股东丁,丁担任公司监事。上述董事会会议是在甲向公司董事会提出辞去董事长职务的申请并拒不召开董事会会议的情形下,由乙、丙两位董事共同推举乙召集和主持的,召开时只有乙、丙两位董事到会,甲经通知未到会,乙、丙两位董事对董事会形成的决议均投了赞成票。此后,公司的股东丁以公司的董事会决议违反法定程序为由,向法院提起诉讼要求撤销该决议。该公司章程第 28 条规定:"召开董事会会议,应当于会议召开 10 日前以书面方式通知全体董事,到会的董事应当超过全体董事人数的 2/3,并且是在全体董事人数过半数同意的前提下,董事会的决议方为有效。"6 月 15 日的董事会会议到会的董事有两个人,占全体董事人数的 2/3。同时,公司章程并没有规定在董事长拒不召集董事会会议的情形下,其他董事可以受推召集和主持董事会会议。

## 二、审理要览

案件的争议焦点是:董事会会议的召集方式、主持程序、议事方式、表决程序是否符合法律和公司章程的规定。对此案的处理有两种意见。

两种意见一致的地方在于:根据《公司法》第47条的规定,该公司董事会会议的召集和主持程序应符合法律规定。公司章程没有对《公司法》第47条的内容有所规定,并不影响董事有权依据《公司法》第47条的规定在特定情形下召集和主持董事会会议。因为该规定是强制性规定,可以自动适用于公司行为。

两种意见中不一致的地方在于:第一种意见认为,根据《公司法》第48条第1款的规定,有限责任公司董事会会议的法定人数,即应到会人数,由公司章程规定。而该公司章程规定,出席董事会会议的法定人数应超过全体董事人数的2/3,现到会的董事只有两人,公司全体董事为3人,因此,董事会的到会人数违反了章程规定的要求,董事会决议应予撤销。第二种意见认为,在本案,公司章程关于到会的董事应当超过全体董事人数2/3的规定,与《公司法》第47条的规定存在内在的冲突,不应适用该规定来撤销董事会决议。主要理由是:《公司法》第47条规定的特定条件下董事有共同推举董事召集和主持董事会会议的权利,是《公司法》为了规范董事会的有效运作而赋予各董事的法定程序权利,对完善公司治理具有重要意义。该规定属于强制性规定,《公司法》通过该规定赋予董事的权利,公司章程不得以任何形式限制或剥夺。如果认定公司章程关于到会人数的规定对公司董事会会议的召开具有法律拘束力的话,无疑将在实质上剥夺该公司董事依法在特定条件下共同推举董事召集和主持董事会会议的权利。因为,依常理而论,在董事长不能履行或者拒不履行职务时,董事长是不可能来参加董事召集和主持的董事会会议。本案中的公司董事会会议正是在董事长拒不履行职务的情形下召开的。此时,依据《公司法》第47条的规定,董事虽然依法可以召集和主持董事会,但因董事长拒绝到会,致使法定人数达不到章程规定的要求,永远无法召开"合法"的董事会。因此,公司章程关于法定人数的规定会导致《公司法》第47条规定的规范目的落空。《公司法》第48条第1款规定有限责任公司的公司章程规定可以就董事会的议事方式和表决程序作出具体规定,但并不意味着公司章程可以任意作出规定,也不意味着公司章程作出的规定,法院在每个案件的审理中均应无条件地予以适用。

[规则适用]

公司章程规定的司法适用审查是指在公司纠纷案件的审理中,法院在查明案件事实的基础上,依据法律的明文规定,需要适用公司章程的规定作为案件裁判的直接依据时,法院必须先对拟适用的公司章程规定的合法性予以审查。公司章程的规定只有经过审查并被认定为不违反法律的强制性规定之后,才能适用于具体案件的裁判。如果公司章程的规定违反了法律的强制性规定,就不能在具体案件的审理中作为裁判的直接依据。

公司章程规定作为案件裁判的直接依据,即作为裁判的法源时,具有了与法律相当的地位和作用,与法律适用产生的效力是一样的。但究其本质,公司章程是一种自治性规则,其特点是只能在强行性法规的范围内发生效力,违反了强行性法规的章程不具有拘束力。① 因此,当公司章程与法律、行政法规一样,在具体案件的审理中作为裁判的法源予以适用时,国家意志必须要得到体现,体现的方式就是法院具有对公司章程规定的合法性进行审查的权力,只有合法的公司章程规定,才能在司法中得到适用。

在公司纠纷案件的审理中,对公司章程规定的司法适用审查是一个重要环节。在《公司法》2005 年进行修订前,有学者认为,有限责任公司作为公司的一种,必须十分重视公司章程的自治法地位,关注它在构建有限责任公司运营秩序和在诉讼或仲裁中先于制定法适用的意义。② 公司法修订后,有学者认为,2005 年修改的《公司法》,在赋予章程自治规范效力、合同效力以及裁判的法源等方面,在继承旧制的基础上,作了较为深刻的变革,新增 24 个条文,使《公司法》上规范公司章程的条款达到 70 条。而且,新增或修正的绝大部分内容体现在进一步尊重公司章程的法律地位、彰显公司章程的司法化等方面。③ 从现行《公司法》的规定来看,其第 20 条、第 22 条第 2 款、第 149 条的规定,分别对股东违反公司章程,公司违反公司章程,董事、监事和高级管理人员违反公司章程的民事责任作了规定。因此,法院在根据上述规定确定当事人的民事责任时,必然会涉及公司章程规定的司法适用审查问题。

公司章程规定的司法适用审查是法院基于案件裁判的需要而主动进行的司法活动,不以案件当事人的申请为前提,其审查效果也仅限于案件的裁判范围之内。对于经审查违反法律强制性规定的公司章程规定,法院只是不认同其在具体案件的审理中具有法律拘束力,不以其作为裁判的直接依据,并不直接判决该章程规定无效或者可撤销。如果当事人请求判决该章程规定无效或者可撤销,需当事人另行提起诉讼。这是因为,一方面,对公司章程规定的司法适用审查是一种个案行为,在此案件中经审查不能适用的公司章程规定,并不意味着在其他案件中经审查后也不能适用。即公司章程规定的司法适用审查结论只在个案中具有效力,并不具有普遍的效力,也即在其他案件的审理中,不能直接引用在此案件中的审查结论。因为每个案件的具体情形是不一样的,而公司章程规定的司法适用审查,必须在具体案件事实的基础上进行。另一方面,公司章程本质上属于公司自治规则,关系到公司的正常运营,对于按照法定程序制定的公司章程规定,司法应给予尊重,以维护公司运营的秩序。法院在具体案件的审理中对其不予适用并说明理由,但不宜直接判定其无效或可撤销。这也是不告不理的民事诉讼原则的

---

① 参见施天涛:《公司法论》,法律出版社 2006 年版,第 117 页。
② 参见王保树:《有限责任公司法律制度的改革》,载《现代法学》2005 年第 1 期。
③ 参见钱玉林:《公司章程"另有规定"检讨》,载《法学研究》2009 年第 2 期。

要求。

公司章程规定的合法性审查,就其内容来讲,主要是对公司章程的规定是否违反法律,特别是《公司法》的强制性规定进行审查。但是,公司章程与《公司法》规定的关系问题,在审判实务上一直存在激烈的争论,争议的焦点就是如何看待《公司法》关于公司的法律规则的性质,如何确定公司领域中当事人意思自治的边界。① 因此,公司章程规定的司法适用审查作为司法实务中的一个新问题,值得认真研究。

就本案而言,《公司法》第48条第1款规定:"董事会的议事方式和表决程序,除本法有规定外,由公司章程规定。"该规定赋权有限责任公司的公司章程,可以对董事会的议事方式和表决程序作出补充规定。鉴于公司决议效力之争的焦点将越来越多地集中在召集与表决程序上②,而《公司法》对有限责任公司在此方面的规定尚不完善,因此,依据该条规定制定的公司章程在有限责任公司的董事会决议效力纠纷案件的审理中就具有十分重要的意义。上述案例中也涉及对该种章程规定如何进行司法适用审查的问题。为此,必须对《公司法》第48条第1款的规定有正确的理解。

从公司法第48条第1款规定的内容来看,首先,它指明了法院在有限责任公司董事会决议的效力纠纷案件中有关程序方面的适用依据:《公司法》的规定和公司章程的规定。其次,"除本法有规定的外"这一表述,指明了《公司法》和公司章程在司法适用中的顺序:有《公司法》规定的先适用《公司法》的规定,无《公司法》规定的才可直接适用公司章程的规定。同时,在拟适用公司章程的规定作为认定董事会决议效力的依据时,法院必须先对拟适用的公司章程规定进行合法性审查,只有与公司法的强制性规定不相冲突或不相违背的公司章程规定,才能作为董事会决议是否应予撤销的依据。

那么,实践中法院该如何对公司章程关于议事方式和表决程序的规定进行审查? 根据《公司法》第48条第1款的规定,公司章程规定合法有效的前提就是不得与该款规定的"本法有规定"中所指的"规定"相冲突或相违背。而《公司法》的规定很多,哪些属于"本法有规定"中所指的"规定",哪些不属于,《公司法》并没有明确。结合该款规定的前部分内容,其含义似乎是指公司章程中有关董事会的议事方式和表决程序的规定不得与《公司法》中相关规定相冲突,与该内容无关的《公司法》规定应不在"本法有规定"所指的"规定"之列。我们认为,这仅仅是一种形式上的理解,"本法有规定"中所指的"规定"应该是指《公司法》中的所有强制性规定。主要理由是:首先,《公司法》关于有限责任公司董事会的议事方式和表决程序的规定只有1条,除了授权性的第1款规定外,第2款和第3款规定的仅

---

① 参见褚红军、俞宏雷:《公司诉讼原理与实务》,人民法院出版社2007年版,第31页。
② 参见刘俊海:《新公司法的制度创新:立法争点与解释难点》,法律出版社2006年版,第235页。

是董事会的会议记录要求和表决时的一人一票原则,包括法定人数和表决权数在内的重要规则,均有待公司章程作出补充规定。如果将"本法有规定"所指的"规定"仅理解为与董事会的议事方式和表决程序有关的《公司法》规定,则其范围将极其狭小,这意味着公司章程在法定人数和表决权数方面可以完全自由地作出规定。若果真如此,在立法技术上还不如将《公司法》第48条第1款的规定改为"除本条下列规定外,均由公司章程规定"更好理解。其次,虽然2005年修订后的《公司法》弘扬了公司自治精神,从《公司法》的规范形式上看,2005年大幅提高了民事规范、任意规范、促成规范、赋权规范、倡导规范和保护规范的比重,审慎拟定了强制规范,适度减少了禁止规范。[①] 但《公司法》中的强制性规范仍然是客观存在的,其所具有的强制效力也并未消失。因此,如同一般法律行为违反法律的强制性规范即应归于无效,而不管该强制性规范的内容是否就是直接对应该法律行为的主要内容。公司章程规定作为私法上法律行为之一种,若违反《公司法》的强制性规范,自然也应不对公司产生效力。这样理解,才符合相同之事同样对待的法理。应该看到,在弘扬公司自治精神的《公司法》规范中,立法者还规定了一些强制性规范,必然有它的重要作用和价值,并且是不允许公司章程以直接或间接的方式对此排除适用。因此,若将《公司法》中在内容或者文字上与董事会的议事方式和表决程序无关的强制性规定排除在"本法有规定"所指的"规定"之列,无疑限制了《公司法》中强制性规定的效力范围,与强制性规范的本质属性不符。

综上,对《公司法》第48条第1款规定的正确理解应该是,公司章程在就有限责任公司董事会的议事方式和表决程序作出规定时,其内容均不得违反《公司法》已有的强制性规定。公司章程条款不管是形式上违反还是实质性地规避《公司法》的强制性规定,在具体的司法适用中均不应认可其效力。

由此,根据《公司法》第48条第1款的规定,案例所涉公司章程关于董事会会议法定人数的规定违反了《公司法》第47条的规定,在上述案件的裁判中不能作为法源适用,那么,该适用何种规定来裁判该案呢?我们认为,应适用《公司法》第111条第1款的规定。因为该规定是对股份有限公司强制适用的关于董事会到会人数的规定,在有限责任公司章程的规定不能适用而法律对此也缺乏具体规定时,应优先参照适用与此最相类似的公司法规定。因此,案例所涉公司董事会会议的到会人数是符合该款规定要求的,董事会决议不应被撤销。

上述案例中的两种不同意见,反映了在对公司章程规定的司法适用审查中所采用的两种不同标准,一种是形式审查标准,即只要章程规定在形式上不违反《公司法》的强制性规定,就属于合法,可以在案件裁判中予以适用。另一种是实质审查标准,即不只是在形式上审查公司章程规定的内容与《公司法》的强制性规定是否相违背,更要审查公司章程的规定是否规避了《公司法》的强制性规定,即是否

---

① 参见刘俊海:《新公司法的制度创新:立法争点与解释难点》,法律出版社2006年版,第62页。

利用了公司章程自由,以迂回手段的方式达成法律所禁止的效果。我们赞同实质审查标准。在我国民法上,影响合同效力的行为,不仅指合同的内容违反法律的强制性规定,也指合同的目的违法。① 因此,公司章程的规定作为公司内部的一种契约性规则,对其效力的认定可以借鉴合同效力的认定方法。

实质审查标准的法理基础在于利益衡量。所谓利益衡量是指法官在审理案件时,在查明案件事实后,综合把握案件的实质,结合社会环境、经济状况、价值观念等,对双方当事人的利害关系作比较衡量,作出案件当事人哪一方应当受保护的判断,在此判断的基础上,寻找适用法律依据。② 上述案例中,虽然是依据《公司法》第 48 条第 1 款及第 47 条的规定,对公司章程规定作出不予适用的审查结论,但其在价值判断上是基于利益衡量的结果。

《公司法》第 47 条的规定突出了董事会集体决策的作用,强化了对董事长的制约,弱化了董事长的个人权力,解决了以往董事会难以召集的问题。正如有学者所言,《公司法》第 47 条的规定是应解决实际问题的需要,解决董事长、副董事长不履行职务问题的强制性规范③;其规范目的是为提高董事会的运转效率,将竞争机制引入董事会,允许与鼓励德才兼备的董事通过竞争机制走向董事长的领导岗位,进而间接地督促董事长全心全意、殚精竭虑地谋求公司事业的发展与壮大。④ 在当今企业间的竞争越来越上升为企业董事会间竞争的经营态势下,该条规定对提高董事会运转效率,完善公司治理结构,增强公司竞争力,具有重要意义。

董事会会议的法定人数对董事会决议的形成具有基础性作用,缺乏足够的到会人数,董事会会议就很难形成决议。依据少数服从多数的原则,对有限责任公司的董事会决议而言,其是否有效,关键要看表决权数是否符合公司章程的规定,而不是看实际到会人数。因此,在表决权数已经达到公司章程规定的要求,仅仅到会人数未达到法定人数,就撤销该董事会会议形成的决议,过于强调了到会人数这一要件的重要性,而忽视了董事会决议生效的关键。关于公司章程规定过高的法定人数和表决权数的弊端,有学者指出:"在封闭公司,在少数股东方面,一个重要的设置表决权的计划措施是将董事会议的法定人数要求提高到全体董事,要求在决议时须经全体董事同意。但这样的条文同时也增加了发生僵局的可能性。"⑤因此,公司章程规定过高的法定人数,会增加董事会无法合法召开、形成公司僵局的可能性。应该说,《公司法》授权有限责任公司,通过公司章程对董事会

---

① 参见韩世远:《合同法总论》,法律出版社 2004 年版,第 198 页。
② 参见梁慧星:《裁判的方法》,法律出版社 2003 年版,第 186 页。
③ 参见王保树:《从法条的公司法到实践的公司法》,载《法学研究》2006 年第 6 期。
④ 参见刘俊海:《新公司法的制度创新:立法争点与解释难点》,法律出版社 2006 年版,第 384 页。
⑤ 施天涛:《公司法论》,法律出版社 2006 年版,第 339 页。

的议事方式和表决程序作补充规定的立法目的,是基于有限责任公司人合性的考虑,满足有限责任公司灵活运作的要求,并不是希望有限责任公司制定的董事会议事方式和表决程序在实施过程中,动辄导致公司僵局情形的发生。

在上述案例中,公司董事长既向董事会提出辞职申请,又拒不召开公司董事会,如果放任董事长的行为,则势必造成董事会无法正常运转,直至公司陷于僵局。此时,公司董事依据《公司法》第47条的规定,召集和主持董事会,是依法行使法律赋予的权利,对公司董事会的正常运转有积极意义。而本案中公司章程规定董事会的法定人数是到会的董事应当超过全体董事人数的2/3,在公司只有三个董事的情形下,该规定无疑是要求三个董事全部到会,董事会会议才能合法召开,只要一个董事不到会,董事会会议就不能合法召开。按照该规定的要求,董事即使根据《公司法》第47条的规定合法地行使权利,也无法对董事长的专横行为予以制衡。在此情形下,两相权衡,应严格贯彻《公司法》第47条规定的规范目的,否认公司章程关于董事会法定人数的规定对董事会决议具有拘束力。

# 第三十二章　公司解散清算的裁判

> **规则58**　【公司解散事由】负债和亏损并非公司解散的法定事由。

[规则解读]

"通过其他途径不能解决"是股东请求解散公司的必要前置性条件，只有在穷尽一切可能的救济手段仍不能化解公司僵局时，才赋予股东通过司法程序强制解散公司的权利。负债和亏损并非公司解散的法定事由。

[案件审理要览]

一、基本案情

2003年7月，成都当地有四家法人股东成立一连锁管理公司，且在新成立的公司中分别持有股份比例为20%、9%、20%、51%。新成立的连锁公司主要从事网吧经营业务，拥有4家直营分店。

2007年10月，连锁公司法定代表人（即占51%股份的股份公司的法定代表人）因涉嫌金融诈骗、抽逃出资被公安机关刑事拘留，至起诉时所涉刑事诉讼尚未终结。从当年9月14日至起诉时，连锁公司就未召开过股东大会和董事会，也无法形成有效的股东会决议，目前已连年亏损。故前两家分别占20%、9%股份的信息公司提起诉讼，请求解散新成立的连锁公司。

二、审理要览

法院一审认为，《公司法》规定，公司经营管理发生严重困难，继续存续会使股东利益受到重大损失，通过其他途径不能解决的，持有公司全部股东表决权10%以上的股东，可以请求人民法院解散公司。该案中被告连锁公司虽然连年亏损，但原告方对连锁公司是否存在无法弥补的解散事由，已穷尽一切方式都未能解决，非经解散公司无以平衡各方利益，却没有提出有效的证据予以证明，故对其提出的解散公司的诉讼请求，不予支持。

宣判后，原告二信息公司不服提起上诉，成都中院经二审依法驳回其上诉。

[规则适用]

该案争议焦点应是，公司负债和亏损是否为公司被强制解散的法定事由。

从《公司法》的相关规定可以看出，公司解散制度的设立目的在于股东穷尽公司内部的救济手段后,运用司法手段调整失衡的利益关系。由此可见,立法本意是希望股东首先通过公司自治等方式解决股东之间的僵局状态,"通过其他途径不能解决"是股东请求解散公司的必要前置性条件。只有在穷尽一切可能的救济手段仍不能化解公司僵局时,才赋予股东通过司法程序强制解散公司的权利。

因此,虽然被告连锁公司经营管理上存在问题面临亏损,但存在负债和亏损并非公司解散的法定事由。

首先,被告公司的法定代表人并不是公司股东,其虽被刑拘,但其民事权利能力和行为能力并未丧失,其可委托代理人参加股东会并行使表决权,因此也并不必然导致公司无法正常召开股东大会。

其次,公司作为以营利为目的的市场主体,在公司经营出现负债和亏损的情形时,还可积极寻求其他解决办法,通过加强公司管理,改变发展思路,拓展经营领域,寻求新的合作伙伴,引进新的资金等多种途径解决公司经营管理过程中的暂时困难而不是出现问题就通过解散公司来解决问题。

再者,股东投资成立公司的根本目的是追求利益的最大化,公司的解散意味着公司不再具备市场活动主体资格,股东投资经营彻底结束。不慎重地解散公司实际上不利于股东利益的保护,也不利于社会的稳定和经济的发展。

应当说,股东请求法院判决解散公司是一种非常严格的法律救济措施,只有当公司经营管理发生严重困难,通过其他途径不能解决时,符合条件的股东才能向法院提起解散公司的请求。

本案中,上诉人并未举证证明其已穷尽了一切可能的救济手段仍未能解决连锁公司目前的困境,故一审法院认定事实清楚,适用法律正确,应予维持。

规则59 【公司僵局】公司本身处于盈利状态并非认定公司经营管理发生严重困难的充分阻却事由。

[规则解读]

公司的正常经营管理建立在其权力机构、执行机构及监督机构有效运行的基础上。判断一个公司的经营管理是否出现严重困难,应从上述组织机构的运行现状入手,加以综合分析。公司本身处于盈利状态,并非认定公司经营管理发生严重困难的充分阻却事由。

[案件审理要览]

一、基本案情

江苏省常熟市凯莱实业有限公司(以下简称凯莱公司)成立于2002年1月,林方清与戴小明系股东,各占50%的股份,戴小明任公司执行董事,为公司法定代表人;林方清任公司总经理、公司监事及两个分支机构负责人。戴小明与林方清先后签订《股东内部协议》《会议纪要》等,对公司内部管理作出约定,包括:戴小明负责公司的经营管理;林方清作为监事对公司财务进行监督;执行董事定时向监事通报情况,借助公司每月碰头会进行通报;聘任中间人参与财务通报等。2006年起,两人之间的矛盾逐渐显现。2006年3月,双方发生肢体冲突。同年5月开始,双方互相发出召开会议的通知,但均未能召开或未能形成有效决议。从2006年6月1日起至二审终审判决作出之日,凯莱公司未召开过股东会。凯莱公司经营正常,处于盈利状态。2006年11月28日,林方清诉至法院,请求判令解散凯莱公司。一审诉讼中,凯莱公司的管理部门常熟服装城管理委员会表示愿意组织林方清和戴小明进行调解。

**二、审理要览**

一审法院经审理认为,虽然凯莱公司两股东陷入僵局,但公司本身经营状况良好,不存在公司经营管理发生严重困难的情形。如果仅因股东之间的矛盾而导致公司从业人员失去工作,经营户无法继续经营,不符合立法本意。股东之间的僵局可以通过多种途径来破解,林方清可通过要求收购股份等方式依法进行救济。同时,常熟服装城管理委员会作为管理部门协调矛盾,也是救济途径之一。法院判决:驳回林方清的诉讼请求。

二审法院经审理认为:根据《公司法》第182条关于"公司经营管理发生严重困难,继续存续会使股东利益受到重大损失,通过其他途径不能解决的,持有公司全部股东表决权百分之十以上的股东,可以请求人民法院解散公司"的规定,凯莱公司已经符合司法解散的条件。一是凯莱公司的经营管理已发生严重困难,具体表现为:凯莱公司持续未召开股东会、无法形成有效股东会决议的时间已长达4年,股东会机制已经失灵;凯莱公司执行董事管理公司的行为已不再体现权力机构的意志;凯莱公司的监督机构无法正常行使监督职权;凯莱公司虽经营正常,但公司亏损并非认定"公司经营管理发生严重困难"的必要条件。综上,凯莱公司作为一个法律拟制的法人机构,其权力机构、执行机构、监督机构均无法正常运行,凯莱公司的经营管理已发生严重困难。二是凯莱公司继续存续会使股东林方清的利益受到重大损失。三是凯莱公司的僵局通过其他途径长期无法解决。四是林方清持有凯莱公司50%的股份,符合公司法关于提起公司解散诉讼的股东须持有公司10%以上股份的条件。据此,法院于2010年10月19日判决:撤销原审判决;解散凯莱公司。

[规则适用]

一、公司僵局的内涵

所谓公司僵局就是公司中出现的一种相持不下的局面。因为公司僵局本身就是"僵局"一词在公司领域的借用,既然是借用,当然应该遵循"僵局"本身的含义,而不能随意扩张。因而,将公司僵局理解为公司中一种相持不下的局面,不仅在语法和逻辑上经得起推敲,在情理上也是完全讲得通的。它虽然不是对公司僵局的严格定义,却是界定公司僵局不能不依照的;公司僵局的内涵必须以此为基础,在这一基本框架内展开。由此,公司僵局的定义就转换为对公司中相持不下的局面的界定问题。

粗略来看,公司中很多主体都可能造成相持不下的局面。比如,一个部门内部成员之间,由于某一问题争执不下、互不相让,就会在该部门内部形成相持不下的局面;同理,两个部门或多个部门之间也可能因为意见不一致、各执己见,而导致这些部门之间的相持不下;其至公司的劳资双方也可能因为工资待遇、工作时间等问题难以达成一致,而出现相持不下的局面。但站在公司法的立场,上面提到的一般性的公司部门成员或公司部门,以及公司雇员,都不属于公司僵局中所说的相持不下的主体,因为所谓的公司僵局应该是着眼于整个公司的,其反映的是一种公司整体的运营和存在样态。也就是说,公司僵局中相持不下的主体,只能是那些足以对公司运营产生实质作用和影响的主体。在这个意义上看,满足公司僵局主体条件的只能是公司的决策层和执行层,即公司的股东和董事。

相持不下最直接的原因就是双方势力对等,反映到股东或董事间的关系上,就是股东或董事间的势力均等。对于股东而言,由于现代公司奉行资本民主,股东的影响力主要取决于其所拥有的股份或出资在公司中所占的比例。当股东间的股份或出资相同时,就有可能出现势力均等、相持不下的局面。对于董事而言,由于董事会的决议要由董事会的多数成员作出,此时如果两派在董事会中的人数相等,同样会出现势力均等的对峙局面。

但在公司这种特定的组织结构中,即使势力不均等,仍有可能出现相持不下的局面。一方面,在公司为少数或个别股东、董事保留某种否决权时,"实力"较弱的股东或董事如果频频行使否决权,也会造成相持不下的局面。另一方面,即使不存在这种否决权,如果公司章程规定了股东(大)会或董事会召开的法定人数或持股比例,有关股东或董事多次不出席会议,使得会议根本无法召开、有关事项根本无法提交表决,同样可能造成另一种相持的景象。

关于公司中相持不下的局面,还有这样一个问题需要解决:公司股东或董事之间的严重分歧或冲突是否属于其必要组成部分,从而被纳入公司僵局的整体内涵?显而易见,股东或董事间即使存在严重分歧,也不一定导致各方的相持不下,自愿解散或分立公司同样是有可能的。反过来,公司股东或董事间相持不下的局面,也未必全都是严重分歧或冲突作用的结果。比如,某一股东与其他股东一直相处甚好,后来突然对经营公司心生倦意,或者发现了其他机会而意欲撤回投资自己单干,但碍于情面加之个人的性格等关系,从未明确提出,而是采取了消极回避的做法,使股东会和董事会长时间无法正常召集和表决,同样会形成相持不下的局面。很显然,这里不存在我们通常所说的严重分歧或冲突,但僵持不下的局面却是实实在在存在的。尽管这种事例发生几率不大,不具普遍性,但它至少表明,用严重分歧来限定公司僵局,在逻辑上有失周延。落实到司法实践,所谓的严重分歧,主观色彩浓重,可行性更值得怀疑。对当事人而言,要对其进行充分举证,即使不是不可能,也是十分困难的;对法官而言,则会产生过大的自由裁量权,不利于案件的公正、合理审判。因而,我们不主张将股东或董事间的严重分歧或冲突作为公司僵局内涵的要素。

综合以上的分析,我们倾向于对公司僵局做出这样的理解:公司僵局是股东或董事间由于某种原因而产生的一种相持不下或对峙的局面,它使得公司股东(大)会或董事会无法有效运作或达成有效决议,打破了各方原本存在的动态平衡,造成公司整体运营的停滞甚至瘫痪。

当然,在股份有限公司特别是上市公司中,股东"与企业只具有一种松散和暂时的关系。他的利益就像债权人的利益一样,是一种金融利益而不是一种管理利益。……股东并不管理或'控制'他们的公司,正如债券持有人也不管理或控制公司、信托受益人不管理或控制受托人一样"。[①] 股东之间的这种格局也影响到董事之间的关系,从而使得其发生公司僵局的可能性大大降低。而有限责任公司由于兼具人合性与封闭性,缺乏有效的流动和退出机制,更容易形成公司股东或董事间的对峙,从而成为公司僵局滋生的温床。

二、公司僵局司法救济的合理性——公司自治的内在要求

李国光和王闯先生指出:"考量司法是否介入公司僵局的问题,其实质是公司法上国家强制与私人自治的深层次关系问题"。[②] 正是由于担心司法的强制干预会破坏公司自治,许多法院才在僵局案件中表现出消极和退缩,不敢或不愿意对公司僵局有所作为。这其实是对司法干预的一种误读。从《公司法》的规定来看,"公司自治与国家强制、司法干预是矛盾的统一体"[③],司法介入公司僵局,实质上是对公司自治内在要求的一种回应,两者在根本上具有一致性。

公司自治是公司法的基本理念,是公司制度的灵魂。它既是历史上重商主义的产物,也寄托着人们对自治状态的理想憧憬。人们对公司自治的尊崇,是建立在一些假设基础之上的,它们至少包括"理性经济人""信息的完备性""非外部性"等三个方面。从"理性经济人"的假设出发,它相信通过自治,"每个人会做出最有利于己的决定,而经由自由交易,有限资源即可在最低成本下产生最大效益"[④]。"信息的完备性"预先假定经营者拥有与公司经营有关的所有信息,而没有任何遗漏和缺失。"非外部性"的假设则主张,公司自治是一个自给自足的体系,在促进公司和股东利益最大化的同时,不会对公司以外的第三方造成不应有

---

① 〔美〕理查德·A.波斯纳:《法律的经济分析》,蒋兆康译,中国大百科全书出版社1997年版,第535页。
② 李国光、王闯:《审理公司诉讼案件的若干问题(下)——贯彻实施修订后的公司法的司法思考》,载2005年12月5日《人民法院报》第5版。
③ 王亚平、马金平:《论公司自治与司法适度干预》,载2007年11月26日《人民法院报》第6版。
④ 苏永钦:《私法自治中的国家强制》,载苏永钦等:《民法七十年之回顾与展望纪念论文集(一):总则·债编》,中国政法大学出版社2002年版,第10页。

的损害。现实情况则是,这三个基本假设总是或多或少地存在着缺憾,很难真正得到满足。

首先,"理性经济人"的假设与现实中的公司经营者存在很大差距。任何人的理性都是有限的,公司经营者虽然较普通人更加精于算计,但仍然无法达到完全理性。柴芬斯指出:"在商业环境中从事交易的各方几乎不可能处理与他们关系有关的所有的事项并达成协议。"①这种情况下,公司的自治性安排存在缺陷是必然的。

其次,鉴于商事经营的复杂性,要获得所有的信息是不可能的。公司合同是一种长期性的关系,当事人即使掌握了合同订立时的所有信息,也不可能对将来事件的发展作出准确预测,信息的不足是无法克服的。在这个意义上,假定信息的不完备似乎更接近真实状况。肯尼思·阿罗就曾得出结论:"对于未来将会出现的无数意外,个人无法完全认知,这是一个值得赞赏的假定。"②

最后,完全的"非外部性"只是一种幻想,公司自治的外部效应普遍存在。为了追求利益的最大化,公司经营者普遍存在着"搭便车"的现象,公司不得不因此接受外部效应。与此同时,公司作为一个经济体,其自身也存在着搭便车的现象,此时造成的外部效应则只能由社会来承受。更为严重的是,如果公司和公司经营者一味从不当的动机出发,不仅无法实现公司自治,而且会走向民法和商事法所维护的竞争秩序的反面。

综上,我们可以发现,现实中的公司自治不可能自给自足,公司僵局就是公司自治内在缺陷的一种典型反映,是"公司自治机制的阶段性失效"。③ 为了弥补自治的不足和局限,还原公司自治的本来面目,必须由国家从社会利益的角度进行必要的调节。有学者甚至指出,现代公司自治的实质就是"以社会为本位,法律合理干预下的以真正意义上股东自治为基础的法人自治"。④

三、公司僵局的认定

《公司法》第 182 条专门规定了股东申请人民法院解散公司的内容。该条规定:"公司经营管理发生严重困难,继续存续会使股东遭受重大损失,通过其他途径不能解决的,持有公司全部股东表决权百分之十以上的股东,可以请求人民法

---

① 〔加拿大〕布莱恩·R. 柴芬斯:《公司法:理论、结构和运作》,林华伟、魏旻译,法律出版社 2001 年版,第 356 页。

② Kenneth Arrow, "Risk Perception in Psychology and Economics," 20 *Economic Inquiry* 1, 5 (1982). 转引自罗培新:《填补公司合同"缝隙"——司法介入公司运作的一个分析框架》,载《北京大学学报》(哲学社会科学版)2007 年第 1 期。

③ 李劲华:《"强制",还是"自治"?——有限责任公司治理的应然性解读》,载《国家行政学院学报》2008 年第 1 期。

④ 王红一:《论公司自治的实质》,载《中山大学学报(社会科学版)》2002 年第 5 期。对于此处所说的"社会本位",我们持保留态度。社会本位所追求的是公司的"他治",而不是"自治"。无论公司自治如何变迁,本位都应是公司及其股东,社会利益只是公司自治的存在背景和限制性因素。

院解散公司。"但该条规定较为原则,"公司经营管理发生严重困难""继续存续会使股东利益受到重大损失"等标准在司法实践中不好把握。为适应审判实践的需要,《公司法解释二》第1条第1款对于股东申请人民法院解散公司的问题作了细化。依据该款规定,单独或者合计持有公司全部股东表决权10%以上的股东在符合《公司法》第182条规定的前提下,可以申请人民法院解散公司的情形为:其一,公司持续两年以上无法召开股东会或者股东大会,公司经营管理发生严重困难的;其二,股东表决时无法达到法定或者公司章程规定的比例,持续两年以上不能作出有效的股东会或者股东大会决议,公司经营管理发生严重困难的;其三,公司董事长期冲突,且无法通过股东会或者股东大会解决,公司经营管理发生严重困难的;其四,经营管理发生其他严重困难,公司继续存续会使股东利益受到重大损失的情形。《公司法解释二》通过上述规定,对公司僵局状态的认定提出了具体标准,对于指导各地法院妥善处理此类案件,具有重要意义。

(一)公司股东会和董事会等机构运行出现持续性的严重困难

"公司经营管理出现严重困难"的一个重要情形,就是公司的股东(大)会和董事会等公司机构的运行状况出现严重困难。因为公司作为一个法律拟制的法人机构,其实际管理和经营主要依靠股东(大)会、董事会等意思机构和执行机构的有效运行,股东(大)会和董事会等机构就像公司的大脑和四肢,如果这些大脑和四肢发生了瘫痪,公司这个组织体的经营管理往往就会出现严重困难。

公司的运行机制完全失灵,股东(大)会、董事会包括监事会等权力机构和管理机构无法正常运行,无法对公司的任何事项作出任何决议,公司的一切事务处于瘫痪——这种经营管理困难的状况,在学理上被称之为"公司僵局"。这种持续性的僵局会让股东的利益在僵持中逐渐耗竭,在公司不能形成解散决议的情况下,当事人只能寻求司法或仲裁的救济,向人民法院或仲裁机构提出解散公司的诉讼请求。公司僵局成为股东请求解散公司的重要理由。而公司解散纠纷,是指公司僵局出现时,公司股东提起解散申请而发生的纠纷。在我国目前情况下,"公司经营管理出现严重困难"主要是指公司股东僵局和董事僵局两种情形。司法解释分别就股东(大)会僵局和董事会僵局的具体情形进行了具体规定:

1. 股东(大)会僵局

股东(大)会是公司的权力机构,具有非常广泛的职能,如果公司的股东(大)会陷入僵局,即意味着一些重大的事项不能形成决议,而且因为股东之间的纷争而引起的股东(大)僵局会直接影响到董事会的运行。一般情况下,只有因股东僵局导致股东会或者股东大会无法召开或者无法达成有效决议时,才构成请求公司解散的事由。司法解释关于股东(大)会的僵局主要从"无法召开"和"无法达成有效决议"两种情形予以规定:

(1)公司持续两年以上无法召开股东会或者股东大会。首先,"无法召开"是指应当召开而不能召开,因我国《公司法》对股东(大)会出席的股东人数和持股数没有特殊要求,无法召开主要表现为无人召集或者召集之后没有一个股东出席会议等两种情形。另外,这种无法召开的状态要持续两年以上,在这段时间里,应该召开的股东(大)会定期会议和临时会议都没有召开,公司经营管理发生严重困难,适格股东可以依照《公司法》第182条的规定提起解散公司的诉讼。

(2) 公司持续两年以上不能作出有效的股东会或者股东大会决议:这是股东(大)会表决僵局的表现,也是最常见的一种股东(大)会僵局情形。这种股东(大)会僵局主要包括三种情况。第一,不同意见的两派股东各拥有50%的表决权,在相互不配合的情况下,使得每次表决都不能达到出席的"过半数",从而不能形成有效决议。第二,尽管意见不同的两派持有股份的数量不是相等的50%对峙局面,甚至有超过50%持股份额的大股东,但根据法律或章程的要求,特定决议的通过必须取得表决权的绝对多数同意,如要求超过2/3表决权的股东的同意等,而仅依靠大股东一派的表决权还不足以通过该特别决议,此时,小股东一派实际享有否决权,也可以造成无法作出特别决议的僵局。第三,股东之间形成多派意见,且持股较为分散,各派之间互相不配合,使得每次表决的赞成数都达不到出席的过半数,从而不能形成有效决议。这种股东(大)会的普通决议和特别决议不能有效作出的情形持续两年以上,公司经营管理发生严重困难,适格股东可以依照《公司法》第182条的规定提起解散公司的诉讼。

值得注意的是,司法解释对于股东(大)会僵局的认定有一个持续时间的要求,股东(大)会无法召开和有效的股东(大)会决议不能作出的状态必须持续两年以上。此处包含两个意思:第一,时间间隔为两年以上。公司股东(大)会是各方股东利益交流的平台,由于其审议事项的重要性、利益代表的广泛性等原因,短时间或偶尔的无法正常召开和不能作出有效决议的情形是难免的,这种短时间的或偶然性的运行困境应该属于公司的正常状态,不能因此而认定构成僵局,但是,如果股东(大)会长时间的无法召开会议或者不能作出有效决议,则显然构成僵局。如何具体衡量时间的长短?本条司法解释确定了两年以上的时间间隔标准,两年内的无法召开会议或者不能作出有效决议在法律上不视为股东(大)会僵局;第二,状态必须是持续的,即在两年以上的期间内应召开而无法召开任何一次股东(大)会或者没有作出任何一项有效的股东(大)会决议,如果期间内召开了股东会或者通过了有效的决议,哪怕是一次不重要会议或是一项不重要的决议,均会使这一期间中断,而不能构成本条司法解释所要求的僵局认定条件。

2. 董事会僵局

董事会是公司的权力执行机关,在公司治理中具有至关重要的作用。类似于股东(大)会,董事会也是一个集体决策机构,也会涉及会议的召集和表决机制,所以也会出现运行机制困境的情形。如果董事长期冲突,使得董事会陷入困境,公司往往就会无法正常运行,从而出现经营管理严重困难的情形。

董事长期冲突的表现形式是多种多样的,突出表现为因董事的冲突而使董事会无法正常运行,陷入董事会僵局,主要有以下几种表现:(1)董事会无法召开的情形,表现为无法按照法律或公司章程规定合法有效地召集董事会,或者无法达到法定的召开董事会的人数要求;(2)无法作出有效决议的情形,表现为多派董事冲突导致每项决议都不能获得过半数的董事同意,或者董事人数为偶数而形成两派对抗。

不过,董事长期冲突导致董事会陷入僵局,并不必然导致股东解散公司诉权的产生,因为董事之间的冲突往往是可以通过股东(大)会来化解的。在很多情况下,董事会的僵局往往与股东的意志有关,尤其在有限公司中,由于股东人数较少,很多股东(尤其是一些大股东)本身就是董事会成员。作为一种结果,一项董事会的决议很少能够摆脱其股东成员个人动机的影响。股东的意志往往能够影响董事会的运转,股东能够通过股东(大)会的途径化解董事会的僵局状态,如股东(大)会可以修改公司章程,将董事人数变为单数,等等。司法机关在受理股东请求解散公司诉讼之前,应该允许甚至要求股东作出这样的努力。只有当董事会处于长期的僵局状态,且无法通过股东(大)会解决的情况下,导致公司经营管理出现严重困难的,司法机关才能受理解散公司的诉讼。

值得注意的是,实践中可能会发生股东(大)会发生瘫痪,而董事会运行正常,或者"董事会发生瘫痪,而股东(大)会运行正常的状况。对此,我们应该认识到,首先,司法解释在列举司法解散受理事由时采用了并列式的逻辑表达形式,也就是说,股东在起诉时只要能够证明公司现状符合其中的一项事由即可。具体到股东(大)会和董事会的状况,股东起诉时只要能够证明公司出现了本条司法解释第(1)(2)(3)项三种形态中的一种,即符合该诉受理时的事由要求。其次,要特别注意的是,本条司法解散在表述三种机构运行困境时,都规定了公司经营管理发生严重困难的条件。也就是说,公司出现了股东(大)会持续两年以上无法召开、股东(大)会持续两年以上无法作出有效决议、董事长期冲突不能通过股东(大)会解决等三种状况时,只有同时发生公司经营管理发生严重困难时才真正符合起诉事由的要求。如果发生股东(大)会发生瘫痪,而董事会运行正常或者董事会发生瘫痪,而股东(大)会运行正常的情形,人民法院在受理和审理时要特别注意审查公司的经营管理状况是否发生严重困难,继续存续是否会使股东利益受到重大损失,只有同时满足的情况才符合该诉的法定要求。

(二)经营管理发生其他严重困难

司法解释,除了对公司僵局的三种情形予以特别列举之外,还根据《公司法》第182条的立法主旨,规定了一个弹性条款:"经营管理发生其他严重困难,公司继续存续会使股东利益受到重大损失的情形。"从立法技术上讲,这是一个防患于未然的兜底性条款。

从目前我国的审判实践来讲,上述三种公司僵局情形是人民法院受理股东请求解散公司诉讼的主要理由。这三种僵局情形在实践中相对比较容易确认,我国的理论界和实务界对把这三种公司僵局作为解散公司的理由,基本持肯定意见,其他国家的立法和审判也是普遍确认这三种解散公司的理由。

不过从我国《公司法》第182条的文字表达来看,不排除还有其他的情形,而公司法理论研究、境外的立法及审判实践等表明,法院受理解散公司诉讼确实包含上述三种公司僵局以外的其他司法解散公司事由,如:股东压迫,公司的业务经营或者是财产处分被明显不当的滥用、掠夺和浪费,公司丧失经营条件等。我国的一些学者根据《公司法》的规定,认为股东请求解散公司之诉事由的范围应该更大:"经营管理的严重困难,包括两种情况,一是公司权力运行发生严重困难,即所谓的公司僵局。二是公司的业务经营发生严重困难。"①

从目前的情况来看,对于其他经营管理发生严重困难情形的理解,在《公司法》及本条司法解释的内容框架下,在把握须同时满足"经营管理严重困难"和"公司继续存续会使股东利益受到重大损失"的原则条件之外,还有待于理论研究和审判实践的进一步研究和总结。

需要注意的是,《公司法解释二》第1条虽列举了四种情形,但是司法实践中对如何具体认定公司经营管理发生严重困难,仍存在不同认识。一种意见认为,公司持续两年以上无法召开股东会或者股东大会、公司董事长期冲突且无法通过股东会或者股东大会解决等情形本身就是公司经营管理发生严重困难的表现形式,公司存在这些情形,就可以认定公司经营管理发生严重困难。另一种意见认为,上述公司持续两年以上无法召开股东会或者股东大会等情形仅是公司经营管理发生严重困难的原因,认定公司经营管理发生严重困难,还需要从公司经营状况本身进行判断。

本案确认了判断公司的经营管理是否出现严重困难,应当从公司的股东会、董事会或执行董事,以及监事会或监事的运行现状进行综合分析的规则。公司是否处于盈利状况,并非判断公司经营管理发生严重困难的必要条件。公司经营管理发生严重困难的侧重点在于公司管理方面存有严重内部障碍,如股东会机制失灵、无法就公司的经营管理进行决策等,不应片面理解为公司资金缺乏、严重亏损等经营性困难。在此需要强调的是,人民法院通过股东申请解散公司来处理有关公司僵局案件,必须慎重。解散公司必然要面对公司财产的清算、债权债务的清理以及职工妥善安置等问题,案件处理稍有不慎,可能会有负面影响甚至连锁反应。因此,人民法院在处理公司僵局案件时,不宜简单机械地采取解散公司的做法。在处理类似案件时,必须准确把握《公司法》及有关司法解释规定的原则和精神,做到对案件的妥善处理。当然,对于确属必须通过解散公司的方式来处理公司僵局状态的案件,人民法院可以依据《公司法》及《公司法解释二》的有关规定,参照该案所确认的规则进行裁判,以切实保护股东合法权益,合理规范公司治理

---

① 赵旭东:《公司法学》,高等教育出版社2006年版,第501页。

结构,维护社会和谐稳定,促进经济健康发展。

### 规则 60 【一人公司】一人公司股东死亡后,该一人公司仍然可以作为诉讼主体参加诉讼。

**[规则解读]**

一人公司股东死亡后,并不意味着该一人公司就要进行解散,该一人公司仍然可以作为诉讼主体参加诉讼。

**[案件审理要览]**

**一、基本案情**

2010年8月5日,河南省鹤壁市某农村信用合作联社在某园艺公司担保下,向某商贸有限责任公司发放贷款680万元。贷款到期后,商贸公司未还本付息。在信用社与商贸公司协商还款事宜期间,商贸公司法定代表人廉某突然因病死亡。该公司是一人有限责任公司,其股东为廉某个人。廉某死亡后,信用社将商贸公司及园艺公司诉至法院,要求偿还本金与利息。

**二、审理要览**

法院受理该案后,就一人有限责任公司股东死亡后,该公司能否作为诉讼主体参加诉讼产生了分歧。

第一种观点认为,应列廉某的不放弃继承权的继承人为被告。理由是:某商贸公司是一人公司,全部财产均属于股东一个人所有,股东死亡后,一人公司的全部财产遂成为遗产,由各继承人继承。因此,应列各继承人为被告,如果部分继承人放弃继承权,放弃继承权的继承人可以不参加诉讼。

第二种观点认为,应当对公司进行清算。因为公司运行中,会产生劳动、税收、债权债务等各方面的问题,情况错综复杂。一人公司的股东死亡后,该公司财产即成为遗产,应由各继承人对公司组织清算;

第三种观点认为,商贸公司是适格的被告。理由是:一人有限责任公司也属于有限责任公司,按照《公司法》第3条第1款的规定,该公司是一个独立的民事主体,无论其唯一的股东是否死亡,相关债务应由商贸公司承担。

**[规则适用]**

我们倾向第三种观点,就本案而言,商贸公司可以作为被告参加诉讼。理由如下:

首先,一人公司的自然人股东死亡或法人股东终止,是否意味着该一人公司就要进行解散?答案应是否定的。因为公司是企业法人,即使是一人公司,它也有自己独立的法人财产,享有法人财产权,并以其全部财产对公司的债务承担责任。所以,一人公司的股东死亡后,该公司仍然存续。

其次,按照《公司法》第180条的规定,廉某死亡不是公司进行清算的法定情形,因此直接对公司进行清算,不符合《公司法》规定的、进入清算程序的情形。

最后,直接起诉继承人,混淆了两个法律关系。一是公司与外部的债权债务关系,这一法律关系,由股东以其认缴的出资额为限对公司承担责任;二是继承关系,由死亡股东的继承人对其出资进行继承,继承人继承股权后,成为公司新的股东,但仍应以出资额为限对公司承担责任。

审理此类案件,还要注意法定代表人的问题。如果一人公司的法定代表人为公司经理等股东以外的人,则股东死亡,公司法定代表人仍可代表公司进行诉讼。如果股东本人为公司的法定代表人,其死亡会使公司法定代表人缺位,在此情况下,应中止诉讼,待继承人继承股权后,由新的股东确定法定代表人,再行恢复审理。

---

**规则61** 【公司注销执行股东】在被执行人公司已经注销的情况下,申请执行人可以追加公司的股东为被执行人。

---

[规则解读]

在被执行人公司已经注销的情况下,申请执行人可以追加公司的股东为被执行人。

[案件审理要览]

一、基本案情

申请执行人长沙日发钢铁贸易有限公司(以下简称日发钢铁)与被执行人湖南江南力德数控机器制造有限公司(以下简称力德公司)清算组买卖合同纠纷一案,经法院审结,判令被执行人力德公司清算组在判决书生效5日内,偿还申请执行人日发钢铁货款920 267.22元。判决生效后,被执行人未给付价款,申请执行人遂申请法院强制执行。执行过程中法院依法扣划被执行人所欠货款323 237.66元,现被执行人仍欠申请执行人货款597 029.56元,延迟履行利息39 801元,合计636 830元。

法院在案件执行过程中查明,被执行人未履行生效法律文书所确定的义务,于2012年12月19日注销了力德公司的工商登记,并未对申请执行人的该笔债权进行登记清算,没有按法律规定通知或在全国性报纸公告债权人。经查明,江南工业集团有限公司出资1 333万元,占注册资本的65.57%,湖南江南机器实业有限公司出资700万元,占注册资本的34.43%,清算后的剩余财产65.05万元由江南工业集团有限公司、湖南江南机器实业有限公司按出资比例进行分配,致使被执行人已无遗留财产。

二、审理要览

本案争议焦点有二:被执行人已经注销的情况下,是否可以追加公司的股东为被执行人;追加公司股东为被执行人,是否具备相应的法律依据。

[规则适用]

最高人民法院《执行规定》第81条规定:"被执行人被撤销、注销或歇业后,上级主管部门或开办单位无偿接受被执行人的财产,致使被执行人无遗留财产清偿债务或遗留财产不足清偿的,可以裁定上级主管部门或开办单位在所接受的财产范围内承担责任。"《公司法解释二》第10条规定:"公司依法清算结束并办理注销登记前,有关公司的民事诉讼,应当以公司的名义进行。公司成立清算组的,由清算组负责人代表公司参加诉讼;尚未成立清算组的,由原法定代表人代表公司参加诉讼。"同时,该《司法解释》中还规定:"有限责任公司的股东、股份有限公司的董事和控股股东,以及公司的实际控制人在公司解散后,恶意处置公司财产给债权人造成损失,或者未经依法清算,以虚假的清算报告骗取公司登记机关办理法人注销登记,债权人主张其对公司债务承担相应赔偿责任的,人民法院应依法予以支持。""清算组成员从事清算事务时,违反法律、行政法规或者公司章程给公司或者债权人造成损失,公司或者债权人主张其承担赔偿责任的,人民法院应依法予以支持。有限责任公司的股东、股份有限公司连续一百八十日以上单独或者合计持有公司百分之一以上股份的股东,依据公司法第一百五十一条第三款的规定,以清算组成员有前款所述行为为由向人民法院提起诉讼的,人民法院应予受理。公司已经清算完毕注销,上述股东参照公司法第一百五十一条第三款的规定,直接以清算组成员为被告、其他股东为第三人向人民法院提起诉讼的,人民法院应予受理。"

依据以上法律规定,力德公司被注销后,江南工业集团有限公司、湖南江南机器实业有限公司对力德公司清算后的财产按比例进行分配,即开办单位无偿接受被执行人清算组的财产,致使被执行人遗留无财产清偿,故江南工业集团有限公司、湖南江南机器实业有限公司在所接受的财产范围内承担责任。

---

**规则62 【清算管辖】清算案中对公司住所地有分歧,应依据公司注册地确定管辖。**

[规则解读]

解散公司诉讼案件和公司清算案件由公司住所地人民法院管辖。公司住所地是指公司主要办事机构所在地。公司办事机构所在地不明确的,由其注册地人民法院管辖。

[案件审理要览]

一、基本案情

某公司注册地在某市A区,此前因股东纠纷发生公司解散诉讼,在B区人民法院审理。该诉讼生效裁判查明并确定:虽然该公司注册地在A区,但主要办事机构所在地为B区。现公司股东刘某因公司破产清算诉至法院,认为相关纠纷应由注册地的 A 区法院管辖。

**二、审理要览**

该案审理中有两种观点:一种观点认为该案应依据公司注册地确定管辖,另一种观点认为公司的主要营业地和主要办事机构所在地法院对该案有管辖权。

[规则适用]

我们认为,该案应由公司注册地的 A 区人民法院管辖,理由如下:

第一,公司主要办事机构所在地不应是静止的,公司的主要办事机构所在地不明是常有状态,因此,公司的主要办事机构所在地不能够被法院的生效法律文书所固定。

第二,对公司主要办事机构难以查明的,应认定公司主要办事机构不明确。本案中,双方证明住所地的证据包括:营业执照、章程、一审法院民事裁定书、民事判决书、该公司 2009 年股东会决议、A 区市场监督管理局 2010 年备案通知书、2005 年公司员工名册、2005 年公司董事会决议、公司清算组会议纪要以及当事人陈述等。对于此时已被解散的公司而言,时间在后的证据应比时间在前的证据具有更强的说服力,而不宜片面依据此前生效判决的认定。此时无法判断公司的住所地,应视为公司主要办事机构所在地不明确。同时,《公司法解释二》和最高人民法院《关于审理公司强制清算案件工作座谈会纪要》的相关规定均可说明:公司主要办事机构不明确也是一种可经确认的法律状态,无需在审判中由法官确认公司主要办事机构所在地。

第三,在市场环境多变的情况下,公司注册登记地应具有公示公信的效力。实际上,公司住所地变更应按要求进行变更登记。《公司登记管理条例》规定:"公司变更住所的,应当在迁入新住所前申请变更登记,并提交新住所使用证明。"《企业年度检验办法》规定企业年检事项包括"公司改变住所是否按照规定办理变更登记"。未按照规定进行变更登记本身就存在过错,如果被诉公司以主要营业地和公司注册地不一致为由,要求在主要营业地审理的,不应该予以支持。而为了引导公司行为、规范市场秩序,在立案考虑管辖地时,注重注册地的地位也显得实为必要。在双方对公司住所地存在争议时,就应由其注册地人民法院管辖,所以,《公司法解释二》第 24 条第 1 款明确规定:"解散公司诉讼案件和公司清算案件由公司住所地人民法院管辖。公司住所地是指公司主要办事机构所在地。公司办事机构所在地不明确的,由其注册地人民法院管辖。"

---

**规则 63 【清算义务人】有限责任公司的全体股东依法应作为公司的当然清算义务人,股东不能以未实际参加公司经营管理而免除清算义务。**

[规则解读]

有限责任公司的全体股东依法应作为公司的当然清算义务人,股东不能以未实际参加公司经营管理而免除清算义务。在举证责任的分配及清算赔偿责任的承担上,应根据清算义务人不履行法定清算义务的不同情形分别加以认定。

[案件审理要览]

一、基本案情

2007年6月28日,上海存亮贸易有限公司(以下简称存亮公司)与江苏常州拓恒机械设备有限公司(以下简称拓恒公司)建立了钢材买卖合同关系。存亮公司按约履行了7 095 006.60元供货义务,拓恒公司已偿付货款5 699 778元,尚欠货款1 395 228.60元未付。另,房恒福、蒋志东和王卫明为拓恒公司的股东,所占股份分别为40%、30%、30%。因拓恒公司未进行年检,被常州武进工商局于2008年12月25日吊销营业执照,至今股东未组织进行清算。现拓恒公司的办公经营地、账册及财产下落不明。该公司已在其他案件中因无财产可供执行而被中止执行。存亮公司遂起诉要求拓恒公司支付上述欠款,并要求房恒福、蒋志东、王卫明承担连带清偿责任。

二、审理要览

一审法院经审理认为,拓恒公司未能按约付款,应当承担相应的违约责任。存亮公司要求拓恒公司支付欠款及自2008年4月12日起的逾期付款违约金,符合合同的约定,予以支持。房恒福、蒋志东和王卫明作为拓恒公司的股东,理应在拓恒公司被吊销营业执照后,及时组织清算,但房恒福、蒋志东和王卫明怠于履行清算义务,导致公司主要财产、账册等灭失,无法进行清算,应当对公司债务承担连带清偿责任。

二审法院经审理认为,拓恒公司三股东未依法履行清算义务,导致存亮公司的债权无法得到受偿,应承担连带清偿责任。2010年9月1日,法院判决:驳回上诉,维持原判。

[规则适用]

一、公司清算义务人的界定

根据公司法理论及实践,清算义务人是指由于与公司之间存在特殊的关系而对公司的清算负有义务的民事主体。清算义务人是组织公司清算的主体,在实践中须注意与实际清算人之间的区别。实际清算人是指在公司清算中具体实施清算事务的主体。根据公司的类型不同,清算义务人也不相同,有限责任公司的清算义务人为全体股东,股份有限公司的清算义务人为公司的董事。

本案中,拓恒公司为有限责任公司,因此,清算义务人应为全体股东,即房恒福、蒋志东、王卫明。蒋志东、王卫明在诉讼中提出两人另有职业,从未参与过拓恒公司的经营管理,且拓恒公司实际由大股东房恒福控制,两人无法对其进行清算,并由此认为,两人虽系拓恒公司名义上的股东,但无需承担清算义务。法院认为,拓恒公司作为有限责任公司,其全体股东在法律上应一体成为公司的当然清算义务人,《公司法》及司法解释并未对未实际参加公司经营管理的股东免除其清算义务。因此,蒋志东、王卫明在拓恒公司被吊销营业执照后,均有义务在法定期限内依法对拓恒公司进行清算,其抗辩理由不成立。

二、清算义务人未履行法定清算义务的不作为行为

根据《公司法》第180条第1款第(4)项、第183条之规定,公司因依法被吊销营业执照而解散后的15日内应成立清算组开始清算。但《公司法》并未有相应的制裁条款保证清算义务人依法履行上述清算义务。为明确清算义务人具体承担责任的性质及范围,《公司法解释二》将清算义务人的清算责任向财产责任转化,督促清算义务人依法履行清算义务。其第18条至第23条规定了清算义务人的清算赔偿责任,其中第18条第1、2款规定了清算义务人不尽清算义务的不作为行为的两种情况:一是未及时启动清算程序,即清算义务人未在法定期限内成立清算组开始清算,导致公司财产贬值、流失、损毁或灭失;二是怠于履行清算义务,导致公司主要财产、账册、重要文件等灭失,无法进行清算。

如何区分适用上述两条款,司法解释并未给出明确的答案。现观点有二:一是以清算义务人是否在法定期限内成立了清算组作为选择适用的标准,即成立了清算组适用第2款,未成立清算组适用第1款;二是认为第1款是普通条款,第2款是特殊条款,即只有清算义务人怠于履行义务导致公司事实上已无法清算的情况下适用第2款。第二种观点更符合立法的本意,也更具合理性,并与两条款的民事责任相吻合——第1款清算义务人承担的是补充赔偿责任,第2款清算义务人承担的是连带赔偿责任。

三、债权人与清算义务人的举证责任分配

就第1款而言,对于清算义务人未及时履行清算义务与拓恒公司财产贬值、流失、损毁或灭失之间因果联系的举证责任,从督促清算义务人严格依法履行清算义务的角度出发,并考虑到债权人对上述事项举证的客观难度,该两者之间的因果联系应采当然推定和举证责任倒置。即只要公司依法进行清算,原则上推定全体债权人在清算程序中理应得到全额清偿,现由于清算义务人未及时履行清算义务导致公司财产的贬值、流失、损毁或灭失,并由此侵害了债权人的债权,除非清算义务人能够提供充分证据证明公司财产的减少与其未及时履行清算义务之间不存在因果联系,其在损失范围内承担赔偿责任。

就第2款而言,应由债权人举证证明债务人公司已实际无法清算。就本案而言,由于债务人两股东自行陈述公司财产、账册及重要文件等已灭失,公司已实际无法清算,因此,该陈述构成了自认,当然免除了存亮公司的举证责任,可直接认定由于拓恒公司的三股东怠于履行清算义务,导致拓恒公司已实际无法清算。但如债权人无法自行举证证明的,需经强制清算程序后方可认定债务人公司已无法清算。此时,债权人需首先申请人民法院对债务人进行强制清算,在强制清算中,由于债务人无人提交或拒不提交账册等重要文件,导致人民法院以无法清算或无法依法全面清算为由裁定终结强制清算程序的,应视为债务人已无法清算。在之

后债权人起诉债务人公司的股东要求其承担连带清偿责任的案件中,债权人无须再就债务人公司已无法清算另行举证。

四、清算赔偿责任的法律性质及范围

清算赔偿责任是指清算义务人未尽清算义务导致公司、股东或债权人等遭受损失而应承担的侵权责任。其主要情形包括恶意处置公司财产、恶意注销公司等作为行为以及怠于履行清算义务的不作为行为。清算赔偿责任的基础在于清算义务人未尽法定的清算义务,而给公司的债权人、其他股东造成了经济损失。该种由于不作为而给他人造成经济损失的行为在法律上应认定为系侵权行为,所承担的法律责任为侵权责任,其法律依据为《公司法》第 20 条。由此,依照我国对侵权行为赔偿责任的法律规定,清算义务人承担赔偿责任的范围应为由于其不作为所导致的实际损失。《公司法解释二》第 18 条针对清算义务人不同的不作为行为制定了不同的责任承担方式:第 1 款,对于清算义务人未及时履行清算义务的,债权人可在造成损失范围内要求清算义务人对公司债务承担赔偿责任;第 2 款,对于清算义务人怠于履行清算义务的,债权人可要求清算义务人对公司债务承担连带清偿责任。两者之间的区别在于,第一种情况清算义务人承担的是补充赔偿责任,债权人应先要求债务人就其债务进行清偿,对经强制执行债务人财产不能获得相应清偿的部分才可认定为债权人的损失,债权人可就此部分的损失要求债务人的清算义务人进行赔偿。第二种情况清算义务人承担的是连带清偿责任,即债权人既可向债务人主张债权,也可向债务人的清算义务人主张损失赔偿,此时清算义务人承担的是无限连带责任。

**规则64 【清算法人诉讼代表】清算法人诉讼代表由清算组决定或推选。清算组逾期不能确定负责人或诉讼代表的,法院可依法缺席判决。**

[规则解读]

清算法人诉讼代表由清算组决定或推选。清算组逾期不能确定负责人或诉讼代表的,法院可依法缺席判决。另外,清算组不出庭或不派代表出庭为消极不作为。如果因此给清算企业造成损失,企业可依照《公司法》第 189 条有关"清算组成员应当忠于职守,依法履行清算义务"和"清算组成员因故意或者重大过失给公司或者债权人造成损失的,应当承担赔偿责任"的规定,追究相关人员的责任。

[案件审理要览]

一、基本案情

A 厂成立于 1982 年 2 月 10 日,为校办非公司制企业法人。因拆迁停产,该企业向教委申请解散。2009 年 4 月 17 日,教委下发批文同意解散,要求成立清算组。根据批复,成立了包括厂长在内的、由 11 名成员组成的清算组。但该清算组没有确定负责人,也没有依法进行备案登记。

2009年4月28日,清算组10名成员一致同意聘请B律师事务所为清算受托人,缺席者为因病住院的原厂长(事后查明,其与多数清算组成员的意见相左)。次日,清算组与B事务所签订《法律事务委托合同》及委托书。同年5月11日,A厂召开职工大会,作出两项决议:一是同意B律师事务所为清算受托人,二是同意企业所有资料、印章由清算组管理。

之后,B事务所指派律师团队依约定提供了法律服务。但是,A厂在接受法律服务后,并未按合同约定支付律师费。为此,B事务所向法院提起诉讼,要求企业依合同支付费用。

经查明,A厂内部对清算组对外签订的委托合同有不同意见。以原厂长、管理层为代表的一派意见认为,清算组签订合同草率,合同内容对企业明显不利,合同签章与申请用章不符合(清算组以其他用途为由借用了法人章)。

二、审理要览

关于本案的裁判主要有两种意见:

第一种意见认为,清算组没有登记,成立不合法,应由原厂长代表企业参加诉讼。

第二种意见认为,清算组成立合法,不能由原厂长代表企业。其理由是,备案登记不是清算组成立的必要条件,未经备案登记,并不影响其有效成立。

[规则适用]

我们赞同第二种意见,主张由清算组决定或推选负责人或诉讼代表人,主要理由如下:

1. 清算组成立合法、有效,清算企业应依法由清算组代表

A厂为集体企业,《中华人民共和国城镇集体所有制企业条例》第9条第1款规定:职工(代表)大会是集体企业的权力机构,由其选举和罢免企业管理人员,决定经营管理的重大问题。第17条第(1)项规定:企业无法继续经营而申请解散,经原审批部门批准应当予以终止。根据这些规定,企业经主管部门同意解散,并经职工大会决定成立清算组,负责对企业进行清算的做法,应为有效。参照《公司法》第184条的规定,应由清算组代表企业参与诉讼。

2. 原厂长代表清算企业与登记制度不相符合

其一,备案登记没有影响清算组成立的效力。《登记管理条例》关于"清算组成员、清算组负责人名单向公司登记机关备案"的规定,为备案登记,此种备案登记,属于行政管理部门的一种管理措施,没有创设效力,不是清算组成立的必要条件。未经备案登记,并不影响其有效成立。其二,清算组负责人备案,不同于法人代表的变更登记。依现行立法的规定,清算组一经成立,原法人代表的资格即应终止。此时的代表人变更,不以备案登记或变更登记为要件。其三,诉讼(包括仲裁)为法定程序,有别于一般的交易行为和企业行为,不宜机械地将以维护交易安全为要旨的登记对抗效力或公示效力理论用于诉讼代表的认定。在裁判机关已

经知悉当事人为清算法人时,应严格依法办事,而不宜采用外观原则。

3. 原厂长代表清算企业与清算规则相悖,不利于案件的公正审理

本案中的原厂长仅为清算组的普通成员之一,其与多数清算组成员观点对立。由于清算组活动采用"人头原则",让厂长出庭于法不合。另外,由于争议内容与清算组对外签订的协议有关,让持反对意见的厂长代表企业,不利于案件的公正处置。

基于以上认识,我们认为,本案问题可这样处理:受理法院向当事人释明,要求清算组确定负责人或诉讼代表出庭。清算组逾期不能确定负责人或诉讼代表的,法院可依法缺席判决。另外,清算组不出庭或派代表出庭为消极不作为,如果因此给清算企业造成损失,企业可依照《公司法》第189条有关"清算组成员应当忠于职守,依法履行清算义务"和"清算组成员因故意或者重大过失给公司或者债权人造成损失的,应当承担赔偿责任"的规定,追究相关人员的责任。

> **规则65** 【清算组成员义务】清算组成员应当忠于职守,依法履行清算义务。清算组成员因故意或者重大过失给公司或者债权人造成损失的,应当承担赔偿责任。

[规则解读]

清算组成员应当忠于职守,依法履行清算义务。清算组成员不得利用职权收受贿赂或者其他非法收入,不得侵占公司财产。清算组成员因故意或者重大过失给公司或者债权人造成损失的,应当承担赔偿责任。

[案件审理要览]

一、基本案情

原告唐山金顺达水泥有限公司与被告北京中益宏图投资有限公司(下称中益公司)买卖合同纠纷一案,北京大兴法院于2006年4月29日经审理作出民事调解书,由被告于当年9月30日前给付原告货款98 950元,案件受理费3 479元由被告于调解书生效后10日内交纳。

调解书生效后,被告未履行义务,原告向大兴法院申请执行。执行过程中,大兴法院查明:被告于2006年7月10日作出股东会决议成立清算组,清算组成员为王相彩、王殿坤,王相彩任组长,同时向工商管理机关申请注销登记。之后清算组作出清算报告:债权债务已清理完毕;已经结清各项税款及职工工资;已经在《北京青年报》上发布了3次注销公告。同年8月11日,工商管理机关向王相彩、王殿坤发放注销通知书,准予中益公司注销。注销过程中,原告未收到关于申报债权的通知。

大兴法院于2007年8月28日作出裁定,终结原民事调解书执行程序。建议申请执行人通过诉讼的方式要求清算组成员王相彩、王殿坤承担相应的民事

责任。

原告以中益公司被注销致使其债权不能实现,清算组成员王相彩、王殿坤应给予赔偿为由,向大兴法院提起诉讼,要求王相彩、王殿坤赔偿原告货款及诉讼费损失10.2万余元,并支付延期付款给原告金顺达公司的利息损失(以10.2万余元为基数,按中国人民银行同期逾期贷款利率计算,自2006年10月1日起至给付之日止),并承担本案诉讼费用。

二、审理要览

一审经审查认为,原告与被告中益公司买卖合同纠纷案,经法院调解双方达成一致意见,被告中益公司应按照规定履行义务。王相彩、王殿坤作为中益公司的清算组成员,主观上明知有未履行的生效调解书,却在注销登记表中确认债权债务已清理完毕,且未通知债权人原告申报债权,致使该公司注销、原告金顺达公司的债权不能实现,其应作为赔偿主体承担责任。2009年8月10日,法院判决支持了原告诉求。

判决生效后,被告王相彩、王殿坤未履行义务,原告于2009年11月25日向法院申请执行。一审法院将王相彩名下的存款划扣发还给原告,该案执行完毕。

[规则适用]

本案所涉案情在2005年修订的《公司法》实施前屡见不鲜:股东因利益驱动逃避债务,不依法进行清算而去办理注销登记。

按照我国现行法律的规定,企业法人未经清算程序不得办理注销手续。清算是指企业为了终结原已存在的法律关系而对公司资产、债权债务进行清理及对资产进行处分的行为,是法律为保护债权人利益所作的强制性规定。法律对企业未经清算进行注销的行为,作出了对有关单位和责任人员给予行政处罚甚至追究刑事责任的具体规定。

《公司法》第189条规定:"清算组成员应当忠于职守,依法履行清算义务。清算组成员不得利用职权收受贿赂或者其他非法收入,不得侵占公司财产。清算组成员因故意或者重大过失给公司或者债权人造成损失的,应当承担赔偿责任。"《公司法解释二》第19条规定:"有限责任公司的股东、股份有限公司的董事和控股股东,以及公司的实际控制人在公司解散后,恶意处置公司财产给债权人造成损失,或者未经依法清算,以虚假的清算报告骗取公司登记机关办理法人注销登记,债权人主张其对公司债务承担相应赔偿责任的,人民法院应依法予以支持。"执行过程中发现公司被恶意注销的,法院执行机构可建议申请执行人通过诉讼方式,要求相关主体承担责任。

综上,本案中清算组成员因故意给债权人造成了损失,应当承担赔偿责任。

> **规则 66** 【未清算注销公司股东责任】公司股东违反《公司法》规定,未依法清算而注销公司,导致债权人的债权无法获得清偿,股东应对原公司债务承担赔偿责任。

[规则解读]

公司股东违反《公司法》规定,未依法清算而注销公司,导致债权人的债权无法获得清偿,股东应对原公司债务承担赔偿责任。

[案件审理要览]

一、基本案情

2005年9月26日,被告谭华、刘利国、杨小林、李蓉申请设立四川欣绿农业开发有限责任公司(下称欣绿公司)。9月28日,经大英县工商行政管理局批准,欣绿公司成立。在经营过程中,欣绿公司以先供货后付款的方式多次在原告潘代春处购买红砖。2006年11月18日,原告与被告刘利国进行结算,欣绿公司欠原告货款5 392.50元。2007年5月23日,欣绿公司成立清算小组,由谭华担任清算小组组长,刘利国、李蓉任清算小组成员。5月28日,清算小组作出清算报告,四名被告在清算报告上签字确认。10月30日,欣绿公司编制资产负债表,对清算报告内容予以确认。12月19日,欣绿公司出具公司注销登记申请书,载明债权债务已清理完结,但未进行公告。12月26日,大英县工商行政管理局核准欣绿公司注销。

在欣绿公司清算过程中,原告未收到关于申报债权的通知。

二、审理要览

一审法院经审理认为,根据《公司法》的有关规定,有限责任公司股东作为公司清算义务人,应当忠于职守,依法履行清算义务,公司股东滥用公司法人独立地位和股东有限责任,逃避债务,严重损害公司债权人利益的,应当对公司债务承担连带责任。从本案看,被告谭华、刘利国、李蓉作为欣绿公司清算小组成员,应当依法履行清算义务,书面通知债权人,或者在报纸上公告。但其既未通知公司债权人,亦未在报纸上公告,即在大英县工商行政管理局办理注销登记,导致原告依法享有的债权无法获得清偿,债权人利益受到损害。因此,原告要求四被告对欣绿公司所欠货款承担连带赔偿责任,于法有据,依法应予支持。

2010年8月13日,法院判决:被告谭华、刘利国、杨小林、李蓉在判决生效后10日内赔偿原告潘代春货款人民币5 392.50元,并互付连带赔偿责任。

宣判后,四名被告未上诉,本判决现已生效。

[规则适用]

公司清算是指在公司面临终止的情况下,负有清算义务的主体按照法律规定的方式、程序对公司的资产、负债、股东权益等公司的状况作全面的清理和处置,使得公司与其他社会主体之间产生的权利和义务归于消灭,从而为公司的终止提供合理依据的行为。公司清算法律制度的直接目的是对即将终止的公司财产、债权债务进行清理,而最终目标和价值则是通过清算程序实现法律对公司债权人利益、公司股东权益和社会经济秩序的全面有效的保护。我国《公司法解释二》第19条规定,有限责任公司的股东未经依法清算,以虚假的清算报告骗取公司登记机关办理法人注销登记的,债权人有权主张公司股东对公司债务承担相应赔偿责任。

本案中,欣绿公司全体股东一致同意解散公司,并成立清算组,清算组成员为谭华、刘利国和李蓉,符合《公司法》的规定。但清算组并未通知债权人潘代春,也未在报纸上公告,没有依法清算。四被告在公司的财产和债权、债务未依法清理完结的情况下,以虚假的清算报告向工商局办理注销登记,债权人有权依法要求欣绿公司股东承担清偿责任。因此,法院据此判决由股东谭华、刘利国、杨小林、李蓉对欣绿公司债务承担赔偿责任,符合法律规定。

**规则67 【非公司制企业清算】非公司制企业并非依照《公司法》成立的企业,不能要求他们承担清算义务。**

[**规则解读**]

对于非公司制法人来说,虽然有的名字中带有"公司"二字,但这些企业并非依照公司法成立的企业,与真正意义上的公司存在种种不同,因此不能要求他们承担清算义务。

[**案件审理要览**]

一、基本案情

申请人上海华隆房地产发展有限公司(以下简称华隆公司)以被申请人上海新宇水电工程安装公司(以下简称新宇公司)拒不履行生效的法律文书,而清算义务人光明食品集团上海跃进有限公司(以下简称跃进公司)负有法定清算义务为由申请法院对新宇公司进行强制清算。该案中,法院审查查明,新宇公司1993年成立,在工商备案登记为非公司制法人。上海跃进农工商总公司浦东分公司(以下简称跃进浦东分公司)在清算注销时对其全资设立的新宇公司未作清算,也未作改制。跃进浦东分公司于2002年8月19日经上海市工商行政管理局核准同意注销。跃进公司于2002年7月22日出具歇业企业保结书,承诺跃进浦东分公司注销后如有未了事宜,概由其承担一切经济责任。

二、审理要览

法院认为,鉴于本案的被申请人新宇公司在工商备案登记的经济性质为全民所有制,非公司制法人,故不属《公司法》调整之范围。据此裁定不受理该强制清算申请。申请人不服上诉。

在本案中,关键事实在于新宇公司在工商行政管理机关登记的经济性质为全民所有制和国有企业（法人），并非依照《公司法》设立的国有独资公司，根据通常的工商登记规定，新宇公司可认定为非公司制法人。对于这些名为公司但实非公司的清算事宜，如何适用法律，是本案争议之处。有一种观点认为，《公司法解释二》及纪要是根据《公司法》制定的，适用于公司企业法人，未明确可以扩大适用于非公司制企业。因此不能要求他们承担清算义务。另一种观点认为，应扩大《公司法》的适用范围，将这些非公司制企业纳入进来，否则对债权人无法起到保护的作用。

[规则适用]

我们认为，在目前的审判实践中，出现了一些要求非公司制企业承担清算义务及清算赔偿责任的案件。这些企业名为公司但实际并非依《公司法》成立的法人单位，这就涉及人民法院如何认定这些特定历史阶段形成的所谓公司。

对于非公司制法人来说，虽然有的名字中带有"公司"二字，但这些企业并非依照《公司法》成立的企业，与真正意义上的公司存在种种不同。比如在工商行政管理机关登记的经济性质为全民所有制和国有企业（法人），权属并非很清晰。这些企业一般是国有企业，存在一定的历史遗留问题，比如没有明确的章程，没有股东、董事、监事的分权制约机制，负责人由上级直接任免，出资往往不到位（比如出资由特定政府部门名义出资），等等，体现了计划经济的特征。这类企业的种种问题，有一些专门的司法文件予以适用。

相关法律法规对于企业清算以及清算责任的认定，随着经济的发展、认识的变化，经历了由宽至严的过程。在《公司法》出台之前，《民通意见》第59、60条规定：企业法人解散或者被撤销的，应当由其主管机关组织清算小组进行清算。而1993年的《公司法》第192条则规定，由主管机关组织相关人员进行清算。直至2005年修改《公司法》，才确立了强制清算制度。2008年以后，《公司法解释二》出台，才使得清算制度具有可操作性，清算责任具有威慑力。①

因此，必须用一个历史的眼光看待问题，如果用2008年出台的司法解释所确定的、较为严格的清算责任，去规范一个十几年前并非按照《公司法》成立的企业，难免有过苛之嫌。因为他们成立之时，无法预料到会有如此之重的责任。1988年实施、2014年修订的《中华人民共和国企业法人登记管理条例》中仅规定了企业法人在注销登记时由主管部门或者清算组织出具负责清理债权债务的文件或者清理债务完结的证明，并未赋予债权人申请主管部门或清算组织进行强制清算的权利。现在将这种责任强加于他们，并非科学的态度。基于上述认识，本案二审最

---

① 在此之前，人民法院也曾判决要求股东或者上级机关对下属企业承担清算责任，但这种责任由于不具有执行上的可操作性，往往是判了空判，没有起到相应的效果。参见最高人民法院原副院长李国光在2001年11月全国民商审判工作会议上的讲话，载曹建明主编：最高人民法院《民事审判指导与参考》2002年第1卷，人民法院出版社2002年版，第20—21页。

终认定,华隆公司上诉提出的根据《公司法解释二》以及纪要等的规定,均不适用于新宇公司,遂驳回上诉,维持原裁定。

> **规则 68** 【父孙公司清算】父公司对于孙公司而言并不当然等于实际控制人,不能直接认定父公司具有清算义务,承担清算不作为的民事责任。

[规则解读]

父公司对于孙公司而言并不当然等于实际控制人,因为在独立经营的情况下,父公司对于子公司设立孙公司,有时甚至并不知晓。因此,不能直接认定父公司具有清算义务,承担清算不作为的民事责任。

[案件审理要览]

一、基本案情

原告上海经圆贸易有限公司(以下简称"经圆公司")起诉被告上海市虹口区经济技术发展总公司(以下简称"经发公司")。被告是上海市东物资公司(以下简称市东公司)的股东。根据此前一份民事判决,市东公司应返还原告 20 万元并支付利息 14 400 元。市东公司被吊销营业执照后,被告未及时对其进行清算,导致经圆公司债权尚未实现。根据有关规定和政策,市东公司所负债务应先由企业财产清偿,不足部分应由经发公司负责清偿。故原告起诉要求被告直接偿还上述款项,并提出如果法院认为偿还不能成立,则要求被告承担清理责任。另外值得一提的是,原告在起诉后还申请追加虹口区政府作为共同被告,理由是市东公司是由当时的虹口区计划经济委员会(现变更为区发改委)呈报、区政府批准同意成立的。区政府基于批准行为应作为主管部门承担清偿责任。后该申请被原审法院裁定驳回。在审理中,法院查明,市东公司为 1992 年成立的国有企业(非公司法人)。2003 年 11 月,市东公司被吊销营业执照,但至今未被注销,工商档案材料中亦无清算相关资料,亦无任何资产。

二、审理要览

一审法院根据《民法通则》第 47 条①作出判决,被告应在 3 个月内对上海市东物资公司进行清算,并以清算后的财产返还原告。原告不服上诉,二审驳回上诉,维持原判。

[规则适用]

一般来说,股东对于公司具有清算义务,这种关系在实践中体现在父公司(非自然人股东)对子公司的义务上,反映为两个层级,这已经为法律所明确。根据法律规定,公司清算义务人是指基于其与公司之间的特定法律关系,而在公司解散

---

① 《民法通则》第 47 条:企业法人解散,应当成立清算组织,进行清算。企业法人被撤销、被宣告破产的,应当由主管机关或者人民法院组织有关机关和有关人员成立清算组织,进行清算。

时对公司负有依法组织清算义务的主体。根据《公司法》第 183 条的规定,有限责任公司清算义务人为全体股东,股份有限公司的清算义务人为公司董事和股东大会。

而实践中出现争议的,均涉及父公司与孙公司的关系。在孙公司、子公司均出现清算事由时,债权人往往为避免诉累,要求父公司对孙公司直接承担清算义务或者赔偿责任。如何应对这种情况,司法解释没有明确,因此有待研究。

本案中除了同样涉及非公司制法人的清算问题之外,还提出了父公司(虹口区政府①对子公司(经发公司)和孙公司(市东公司)的清算义务和责任问题。对于父公司对子公司的清算义务,目前我国公司清算体系中已经予以明确。一般来说,股东是公司的出资者和最大权利拥有者,根据权利与义务相一致原则,股东理应对公司承担清算义务。当公司经营失败而终止营业时,应根据诚信原则的要求,及时对公司财产进行清算,以尽可能减少因经营失败给债权人、公司职工以及社会所造成的损失。因此,股东是公司的清算义务人。但是,对于父公司对于孙公司的清算义务,则不乏争议。有观点认为,在子公司已经无法作为时(比如已经被吊销),父公司应该对孙公司承担清算义务,因为子公司是其派生产物,往往属于一个集团,父公司具有一定的控制力,应最终负起相应的责任。

我们认为,任何一项法律制度都是若干价值权衡与取舍的结果。清算义务人制度以及未清算如何承担责任的制度,其理论基础是《公司法》第 20 条规定的法人人格否认制度,是对股东有限责任的突破。

"公司股东的有限责任无论在英美法系的公司法中还是在大陆法系的公司法中,都是一块传统的基石。"②对于有限责任公司来说,公司一经合法设立,就具有独立人格,拥有独立财产,对于自身经营活动独立承担责任。公司股东仅仅以其认缴的出资额或者所认购的股份为限为公司承担责任,有效地减轻了投资者的商业风险。而否认法人人格、突破有限责任,则侧重于考虑对债权人利益的保护。我们认为,对于股东的责任限制和对于债权人的利益保护两者均有一定的前提条件和限度,如果过于侧重一方面而扩大解释和适用,必将产生不良的影响。

如果扩大清算责任的适用,将影响交易安全,打击了股东投资的积极性,不利于市场交易。因此,不能随意作扩大解释。这一点,我们可以从《公司法解释二》的条文本身得到印证。《公司法解释二》第 18 条第 3 款专门提及了公司实际控制人在清算中的责任。根据我国《公司法》第 216 条第(3)项的规定,实际控制人是指虽不是公司的股东,但通过投资关系、协议或者其他安排,能够实际支配公司行为的人。实际控制人与公司控股股东并非同一概念。根据《公司法》第 21 条的规定,公司实际控制人利用关联关系损害公司利益,给公司造成损失的,应当承担

---

① 为分析方便,此处将虹口区政府视为公司。实际上本案中虹口区政府已经指定了另一家天发公司接管经发公司。

② 朱慈蕴:《公司法人格否认法理研究》,法律出版社 1998 年版,第 53 页。

赔偿责任。针对公司清算程序，根据《公司法解释二》第18条第3款的规定，如果因实际控制人原因造成无法清算导致债权人损失，债权人主张实际控制人对公司债务承担相应民事责任的，人民法院应依法予以支持。该司法解释并未直接将实际控制人列入公司解散后的清算义务人的范围，是因为公司实际控制人在公司解散后没有对公司组织清算的直接法定义务。① 也就是说，如果公司解散后实际控制人没有利用其对公司的控制力或者影响造成公司未依法清算的后果的，则不应承担民事责任。我们认为，实际控制人的清算责任尚需要由债权人举证加以证明，父公司对于孙公司而言并不当然等于实际控制人，因为在独立经营的情况下，父公司对于子公司设立孙公司，有时甚至并不知晓。因此，不能直接认定父公司具有清算义务，承担清算不作为的民事责任。债权人如果需要父公司承担清算不作为的责任，至少需要举证证明：（1）父公司是孙公司的实际控制人；（2）因为父公司的原因，造成子公司延迟清算或者不能清算；（3）债权人财产因此遭受损失。

值得一提的是政府主管机关在国企清算中的责任，本案其实也部分涉及此问题。我们认为，"主管机关"是个计划经济体制下的典型用语。我国《公司法》制定于1993年。1992年左右，中国实行政企分开、深化市场经济的改革才刚刚开始，而原有计划经济体制下政府机关办企业，企业对主管机关负责的思路的扭转，特别是主管机关对国有企业的放开，需要一个渐进的过程。当时，设立国有公司、企业需要主管部门以行政命令方式发文是一种"惯例"。而这些"主管机关"实际上并不参与经营活动，与企业间的权利与义务关系非常有限。比如本案中虹口区计经委准备成立市东公司，报请虹口区政府，虹口区政府批复称：同意设立市东公司，该公司为独立核算、自负盈亏的全民所有制企业，隶属于区计经委下属的经发公司领导。如果仅仅基于这样行政性的批复，要求政府部门作为国有企业的开办单位直接承担清算赔偿责任，显然不太公平。

---

**规则69　【公司吊销清算责任】公司出现法定的吊销营业执照的情形后公司股东没有依法组织清算，公司股东应对公司债务与公司承担连带清偿责任。**

[规则解读]

除非法律有明确的规定，登记机关在公司申请注销的情况下不得对公司注销作实质性审查，只要公司的注销登记符合法定的程序与条件，公司主体资格的消灭与登记机关的批准无关，无需登记机关的批准。如公司出现法定的吊销营业执照的情形后公司股东没有依法组织清算，公司股东应对公司债务与公司承担连带清偿责任，且该清偿责任不应以股东的出资额为限，除非公司股东能够证明其不

---

① 参见奚晓明主编：《最高人民法院关于公司法司法解释（一）、（二）理解与适用》，人民法院出版社2008年版。

履行清算义务具有合法的理由与依据。

[案件审理要览]

## 一、基本案情

2001年,北京某经贸公司与湖北某物资公司因购销合同发生纠纷,经两级人民法院审理,经贸公司胜诉,判决发生法律效力。之后该案又经过再审程序,物资公司胜诉并于2007申请执行回转,法院查封了经贸公司的部分财产。在执行过程中,经被执行人调查发现,物资公司已于2002年4月向当地工商局申请公司注销登记,之前公司已召开了股东大会,就解散公司事项一致作出了决议,并由股东自行组成清算组对公司进行了清算。同年8月,物资公司向工商机关缴回公司营业执照正本、副本以及公司公章、财务专用章、合同专用章,并由工商管理机关的工作人员当场进行销毁。在查清上述事实后,被执行人对执行申请人的主体资格提出异议,认为自2002年8月起物资公司不再具有法人主体资格,依法不得再以公司的名义从事任何法律活动,包括向人民法院申请强制执行等。再审法院经调查后认为,尽管公司及股东已经履行了公司注销登记的手续,工商机关也已经收缴并销毁公司的营业执照以及当时的所有印章,但公司登记文件中没有工商机关批准公司注销的文件,因此,该公司的主体资格尽管有瑕疵,但还未彻底消灭。

## 二、审理要览

这个案例反映的法律问题是:公司主体资格消灭是否需要登记机关相应的批准程序?需要何种批准程序?如何确定公司主体资格消灭的日期?在公司消灭主体资格的过程中,公司、股东、登记机关是什么样的法律角色?各自又有着什么样的权利义务与责任?

[规则适用]

## 一、公司注销是否需要工商登记机关的批准

就公司的设立而言,《公司法》已经明确规定公司的设立不采用严格的核准制,而采用严格的准则主义制度①,符合条件就予以登记成立,体现了《公司法》降低公司成立门槛的立法目标。公司的成立以登记机关颁发营业执照为准,成立日期是营业执照上记载的日期,自该日起公司取得法人主体资格,具备法定的权利能力与行为能力。在公司正常存续期间,公司、股东、债权人等利益相关主体的权利、义务均有相应的法律规范遵循。就公司的注销而言,基于对债权人等利益主体权利的保护,相比公司的设立《公司法》及《公司登记管理条例》等法律法规对其均制定了更为严格、具体的规定,提出了更高的法律要求。但公司注销登记是否需要登记机关批准;法律、法规没有明确规定。

我们认为,工商登记机关批准公司注销不是法定的公司注销程序。根据法律的相关规定,登记机关依法具有对有关注销登记文件进行形式审查的义务,但法

---

① 参见赵旭东主编:《公司法学》,高等教育出版社2006年版,第114页。

律、法规并没有明确赋予登记机关批准公司注销的实体权力。工商机关是国家行政机关,批准行为属具体行政行为,因此,除非有法律、法规的明确授权,否则行政机关不享有相应的权力。就形式审查而言,依据《公司法》以及《公司登记管理条例》的规定,公司注销登记必须提供相应的材料,完成相应的通知、公告等一系列清算程序,以保护公司债权人的利益,维护社会经济秩序的稳定。因此,登记机关依法对公司注销登记具有形式审查的义务,对于不符合注销登记条件的可以拒绝其注销登记,避免公司主体资格在不符合法定条件与程序的情况下消灭,侵害公司债权人等相关主体的合法权益。但是,就公司的能力而言,公司作为具有完全民事行为能力的企业法人,股东作为公司的所有人,有权依法自主决定公司的生死存亡,这既是意思自治原则在公司法中的重要体现,也是公司股东所享有的法定权利,否则公司将失去其存在的基本权源。因此,除非法律有明确的规定,登记机关在公司申请注销的情况下不得对公司注销做实质性审查,只要公司的注销登记符合法定的程序与条件,公司主体资格的消灭与登记机关的批准无关,无需登记机关的批准。

二、公司注销的法律界限

依照现行法律,的确很难如明确公司成立的具体时间一样明确公司主体资格消灭的时间,从而在实践中模糊了公司主体资格消灭的具体时间与法律界限。根据《公司法》第188条的规定,公司清算结束后,清算组应当制作清算报告,报股东会、股东大会或者人民法院确认,并报公司登记机关,申请注销登记,公告公司终止。该规定明确了清算组有将公司终止事项予以公告的义务,公告的日期可以认定为在公司申请注销登记情况下主体资格消灭的具体日期。但是,如果清算组只申请了注销登记而未公告,公司的主体资格是否仍然存续?清算组未公告的法律后果如何认定?《公司法》尚没有规定。《公司登记管理条例》规定:"经公司登记机关注销登记,公司终止。"该规定并没有强调清算组的公告义务,只要依法申请了注销登记,公司主体资格即告消灭。依据下位法服从上位法的原则,《公司法》规定的公告显然是公司终止的法定环节。公告产生了相应的对抗效力,公司股东不再对公司债务承担责任,除非法律有明确的规定。但是未进行注销登记公告的法律后果问题还是没有解决。我们认为,公司清算完成后申请注销登记,作为企业法人的权利能力已经丧失,公司客观上已经丧失可以证明其主体资格存在的包括营业执照、公章、合同章等在内的一切书面权利凭证与文件,也不能再以公司的名义为各种行为,因此,公司清算组依法缴回公司的营业执照、公章等证章、印鉴的日期应为公司主体资格消灭的日期。与此同时,公司申请注销登记并由登记机关收缴营业执照、公章等权利凭证,登记机关收缴之前的公司的清算法律行为实际已经完成了对公司已知债权人债务的偿付,除非有法律的明确规定,公司以及公司股东不再对公司的债务承担责任,因此,也不存在侵害公司债权人利益的行为。我们认为,公司清算后的注销登记公告为公司主体资格消灭的法定的形式要件与日期,而公司清算后工商登记机关收缴公司的营业执照、公章等证章的时间为主体资格消灭的实质要件与日期。

### 三、公司已被吊销营业执照但未依法履行清算与注销登记义务的法律后果

依据《公司法》第198条、第211条、第213条,《公司登记管理条例》相关规定,公司因未进行年检等违法行为而被公司登记机关依法吊销营业执照。公司营业执照被依法吊销后,依据《公司法》第180条第(4)项、第183条以及《公司登记管理条例》相关规定,公司应成立清算组进行清算,并在完成公司清算后履行公司的注销登记义务。而实践中经常出现的问题是公司被吊销营业执照后不依法组织清算,公司始终处于吊销营业执照的状态,按照学理的通说①以及最高人民法院的有关司法解释,吊销营业执照的目的在于停止企业营业,不允许其继续新的经营活动。② 最高人民法院在给辽宁省高级人民法院《关于企业法人营业执照被吊销后,其民事诉讼地位如何确定的复函》中明确了此时的公司还具备诉讼主体资格,法人主体资格尚未完全消灭,同时赋予债权人在被吊销执照的公司无法参加诉讼情形下可以对公司开办人提起诉讼的权利。但是该复函也认为,如果开办人没有投资不足或者转移资产逃避债务情形的,仅应作为企业清算人参加诉讼,承担清算责任。该复函的内容明确了公司股东对于被吊销营业执照的企业法人仅有清算义务,而没有扩大的责任。

我们认为,公司股东作为公司的所有者、实际控制人,依法清算是其法定义务。根据法律的基本原理与规则,行为人需要对自己的行为承担相应的法律后果。就公司主体资格因各种原因出现瑕疵被吊销营业执照的情况而言,其根本原因在于公司自身的行为以及公司实际控制人的行为而导致公司主体资格出现相应的法律问题,公司主体资格的瑕疵与公司债权人的行为无关,因此公司债权人作为公司的外部相对人,其利益应得到优先的保护,不能因为公司主体资格的瑕疵而影响公司债权人的实体权益。因此,第一,如公司出现法定的吊销营业执照的情形后依法组织了清算,则依照公司有限责任制度的规定,在公司的全部财产全部用于偿还公司债务后,即使尚有公司债务没有得到足额的偿还,公司股东也不再对公司的债务承担相应的法律责任。第二,如公司出现法定的吊销营业执照的情形后公司股东没有依法组织清算,公司股东应对公司债务与公司承担连带清偿责任,且该清偿责任不应以股东的出资额为限,除非公司股东能够证明其不履行清算义务具有合法的理由与依据。

### 四、相关的立法建议

我们认为,为有效保护、平衡公司利益相关主体的合法权益,需要对公司注销登记制度进行进一步的完善,具体建议可考虑以适当的方式增加以下条款,以更

---

① 参见周友苏:《新公司法论》,法律出版社2006年版,第504—506页。
② 参见赵旭东主编:《公司法学》,高等教育出版社2006年版,第510页。

加明确的法律规定保证公司注销登记制度的全面履行,更好发挥法律的功能与价值:(1)公司被吊销营业执照、责令关闭等清算事由出现后,公司未依法成立清算组履行清算义务的,公司股东对公司注销登记完成前的公司债务与公司承担连带清偿责任。(2)自公司出现清算事由之日起满2年,公司未依法成立清算组履行清算义务,由公司登记机关对公司予以注销并进行相应的公告。公司经公告注销后,由公司股东对公司债务承担连带清偿责任。公司登记机关不履行公告注销义务,追究有关责任人的行政责任。(3)因公司实际控制人的原因致使公司无法履行清算义务,公司实际控制人对公司债务承担无限连带责任,公司股东以出资额为限,对公司债务承担相应的责任。

第三部分

# 公司纠纷常用规范性法律文件

# 中华人民共和国公司法

（1993年12月29日第八届全国人民代表大会常务委员会第五次会议通过 根据1999年12月25日第九届全国人民代表大会常务委员会第十三次会议《关于修改〈中华人民共和国公司法〉的决定》第一次修正 根据2004年8月28日第十届全国人民代表大会常务委员会第十一次会议《关于修改〈中华人民共和国公司法〉的决定》第二次修正 2005年10月27日第十届全国人民代表大会常务委员会第十八次会议修订 2013年12月28日第十二届全国人民代表大会常务委员会第六次会议修订）

## 目 录

第一章 总则
第二章 有限责任公司的设立和组织机构
 第一节 设立
 第二节 组织机构
 第三节 一人有限责任公司的特别规定
 第四节 国有独资公司的特别规定
第三章 有限责任公司的股权转让
第四章 股份有限公司的设立和组织机构
 第一节 设立
 第二节 股东大会
 第三节 董事会、经理
 第四节 监事会
 第五节 上市公司组织机构的特别规定
第五章 股份有限公司的股份发行和转让
 第一节 股份发行
 第二节 股份转让
第六章 公司董事、监事、高级管理人员的资格和义务
第七章 公司债券

第八章　公司财务、会计
第九章　公司合并、分立、增资、减资
第十章　公司解散和清算
第十一章　外国公司的分支机构
第十二章　法律责任
第十三章　附则

# 第一章　总　　则

**第一条**　【立法目的】为了规范公司的组织和行为,保护公司、股东和债权人的合法权益,维护社会经济秩序,促进社会主义市场经济的发展,制定本法。

**第二条**　【调整对象】本法所称公司是指依照本法在中国境内设立的有限责任公司和股份有限公司。

**第三条**　【公司的界定】公司是企业法人,有独立的法人财产,享有法人财产权。公司以其全部财产对公司的债务承担责任。

有限责任公司的股东以其认缴的出资额为限对公司承担责任;股份有限公司的股东以其认购的股份为限对公司承担责任。

**第四条**　【股东权利】公司股东依法享有资产收益、参与重大决策和选择管理者等权利。

**第五条**　【合法经营和合法权益受保护】公司从事经营活动,必须遵守法律、行政法规,遵守社会公德、商业道德,诚实守信,接受政府和社会公众的监督,承担社会责任。

公司的合法权益受法律保护,不受侵犯。

**第六条**　【公司设立的准则主义】设立公司,应当依法向公司登记机关申请设立登记。符合本法规定的设立条件的,由公司登记机关分别登记为有限责任公司或者股份有限公司;不符合本法规定的设立条件的,不得登记为有限责任公司或者股份有限公司。

法律、行政法规规定设立公司必须报经批准的,应当在公司登记前依法办理批准手续。

公众可以向公司登记机关申请查询公司登记事项,公司登记机关应当提供查询服务。

**第七条**　【公司营业执照】依法设立的公司,由公司登记机关发给公司营业执照。公司营业执照签发日期为公司成立日期。

公司营业执照应当载明公司的名称、住所、注册资本、经营范围、法定代表人姓名等事项。

公司营业执照记载的事项发生变更的,公司应当依法办理变更登记,由公登记机关换发营业执照。

**第八条** 【公司的名称】依照本法设立的有限责任公司,必须在公司名称中标明有限责任公司或者有限公司字样。

依照本法设立的股份有限公司,必须在公司名称中标明股份有限公司或者股份公司字样。

**第九条** 【公司形式变更的准则主义与债权债务承继】有限责任公司变更为股份有限公司,应当符合本法规定的股份有限公司的条件。股份有限公司变更为有限责任公司,应当符合本法规定的有限责任公司的条件。

有限责任公司变更为股份有限公司的,或者股份有限公司变更为有限责任公司的,公司变更前的债权、债务由变更后的公司承继。

**第十条** 【公司的住所】公司以其主要办事机构所在地为住所。

**第十一条** 【公司的章程】设立公司必须依法制定公司章程。公司章程对公司、股东、董事、监事、高级管理人员具有约束力。

**第十二条** 【公司的经营范围】公司的经营范围由公司章程规定,并依法登记。公司可以修改公司章程,改变经营范围,但是应当办理变更登记。

公司的经营范围中属于法律、行政法规规定须经批准的项目,应当依法经过批准。

**第十三条** 【公司法定代表人】公司法定代表人依照公司章程的规定,由董事长、执行董事或者经理担任,并依法登记。公司法定代表人变更,应当办理变更登记。

**第十四条** 【分公司与子公司】公司可以设立分公司。设立分公司,应当向公司登记机关申请登记,领取营业执照。分公司不具有法人资格,其民事责任由公司承担。

公司可以设立子公司,子公司具有法人资格,依法独立承担民事责任。

**第十五条** 【公司的转投资及其限制】公司可以向其他企业投资;但是,除法律另有规定外,不得成为对所投资企业的债务承担连带责任的出资人。

**第十六条** 【公司转投资及提供担保的程序规定】公司向其他企业投资或者为他人提供担保,依照公司章程的规定,由董事会或者股东会、股东大会决议;公司章程对投资或者担保的总额及单项投资或者担保的数额有限额规定的,不得超过规定的限额。

公司为公司股东或者实际控制人提供担保的,必须经股东会或者股东大会决议。

前款规定的股东或者受前款规定的实际控制人支配的股东,不得参加前款规定事项的表决。该项表决由出席会议的其他股东所持表决权的过半数通过。

**第十七条** 【公司的劳动保护等义务】公司必须保护职工的合法权益,依法与职工签订劳动合同,参加社会保险,加强劳动保护,实现安全生产。

公司应当采用多种形式,加强公司职工的职业教育和岗位培训,提高职工素质。

**第十八条【公司的工会及民主管理】**公司职工依照《中华人民共和国工会法》组织工会,开展工会活动,维护职工合法权益。公司应当为本公司工会提供必要的活动条件。公司工会代表职工就职工的劳动报酬、工作时间、福利、保险和劳动安全卫生等事项依法与公司签订集体合同。

公司依照宪法和有关法律的规定,通过职工代表大会或者其他形式,实行民主管理。

公司研究决定改制以及经营方面的重大问题、制定重要的规章制度时,应当听取公司工会的意见,并通过职工代表大会或者其他形式听取职工的意见和建议。

**第十九条【公司中的中国共产党组织】**在公司中,根据中国共产党章程的规定,设立中国共产党的组织,开展党的活动。公司应当为党组织的活动提供必要条件。

**第二十条【股东滥用权利的责任】**公司股东应当遵守法律、行政法规和公司章程,依法行使股东权利,不得滥用股东权利损害公司或者其他股东的利益;不得滥用公司法人独立地位和股东有限责任损害公司债权人的利益。

公司股东滥用股东权利给公司或者其他股东造成损失的,应当依法承担赔偿责任。

公司股东滥用公司法人独立地位和股东有限责任,逃避债务,严重损害公司债权人利益的,应当对公司债务承担连带责任。

**第二十一条【禁止关联行为】**公司的控股股东、实际控制人、董事、监事、高级管理人员不得利用其关联关系损害公司利益。

违反前款规定,给公司造成损失的,应当承担赔偿责任。

**第二十二条【无效决议及其法律后果】**公司股东会或者股东大会、董事会的决议内容违反法律、行政法规的无效。

股东会或者股东大会、董事会的会议召集程序、表决方式违反法律、行政法规或者公司章程,或者决议内容违反公司章程的,股东可以自决议作出之日起六十日内,请求人民法院撤销。

股东依照前款规定提起诉讼的,人民法院可以应公司的请求,要求股东提供相应担保。

公司根据股东会或者股东大会、董事会决议已办理变更登记的,人民法院宣告该决议无效或者撤销该决议后,公司应当向公司登记机关申请撤销变更登记。

## 第二章　有限责任公司的设立和组织机构

### 第一节　设　　立

**第二十三条**　【有限责任公司的设立条件】设立有限责任公司,应当具备下列条件:
（一）股东符合法定人数;
（二）有符合公司章程规定的全体股东认缴的出资额;
（三）股东共同制定公司章程;
（四）有公司名称,建立符合有限责任公司要求的组织机构;
（五）有公司住所。

**第二十四条**　【有限责任公司的股东人数限制】有限责任公司由五十个以下股东出资设立。

**第二十五条**　【有限责任公司章程的法定事项】有限责任公司章程应当载明下列事项:
（一）公司名称和住所;
（二）公司经营范围;
（三）公司注册资本;
（四）股东的姓名或者名称;
（五）股东的出资方式、出资额和出资时间;
（六）公司的机构及其产生办法、职权、议事规则;
（七）公司法定代表人;
（八）股东会会议认为需要规定的其他事项。
股东应当在公司章程上签名、盖章。

**第二十六条**　【有限责任公司的注册资本及其最低限额】有限责任公司的注册资本为在公司登记机关登记的全体股东认缴的出资额。
法律、行政法规以及国务院决定对有限责任公司注册资本实缴、注册资本最低限额另有规定的,从其规定。

**第二十七条**　【股东出资方式、出资评估及其限制】股东可以用货币出资,也可以用实物、知识产权、土地使用权等可以用货币估价并可以依法转让的非货币财产作价出资;但是,法律、行政法规规定不得作为出资的财产除外。
对作为出资的非货币财产应当评估作价,核实财产,不得高估或者低估作价。法律、行政法规对评估作价有规定的,从其规定。

**第二十八条**　【股东出资义务的履行和出资违约】股东应当按期足额缴纳公司章程中规定的各自所认缴的出资额。股东以货币出资的,应当将货币出资足额存入有限责任公司在银行开设的账户;以非货币财产出资的,应当依法办理其财产权的转移手续。

股东不按照前款规定缴纳出资的,除应当向公司足额缴纳外,还应当向已按期足额缴纳出资的股东承担违约责任。

**第二十九条　【有限责任公司的设立登记】**股东认足公司章程规定的出资后,由全体股东指定的代表或者共同委托的代理人向公司登记机关报送公司登记申请书、公司章程、验资证明等文件,申请设立登记。

**第三十条　【非货币财产出资违约责任】**有限责任公司成立后,发现作为设立公司出资的非货币财产的实际价额显著低于公司章程所定价额的,应当由交付该出资的股东补足其差额;公司设立时的其他股东承担连带责任。

**第三十一条　【股东出资证明书】**有限责任公司成立后,应当向股东签发出资证明书。

出资证明书应当载明下列事项:

(一)公司名称;

(二)公司成立日期;

(三)公司注册资本;

(四)股东的姓名或者名称、缴纳的出资额和出资日期;

(五)出资证明书的编号和核发日期。

出资证明书由公司盖章。

**第三十二条　【股东名册】**有限责任公司应当置备股东名册,记载下列事项:

(一)股东的姓名或者名称及住所;

(二)股东的出资额;

(三)出资证明书编号。

记载于股东名册的股东,可以依股东名册主张行使股东权利。

公司应当将股东的姓名或者名称向公司登记机关登记;登记事项发生变更的,应当办理变更登记。未经登记或者变更登记的,不得对抗第三人。

**第三十三条　【股东的查阅权】**股东有权查阅、复制公司章程、股东会会议记录、董事会会议决议、监事会会议决议和财务会计报告。

股东可以要求查阅公司会计账簿。股东要求查阅公司会计账簿的,应当向公司提出书面请求,说明目的。公司有合理根据认为股东查阅会计账簿有不正当目的,可能损害公司合法利益的,可以拒绝提供查阅,并应当自股东提出书面请求之日起十五日内书面答复股东并说明理由。公司拒绝提供查阅的,股东可以请求人民法院要求公司提供查阅。

**第三十四条　【股东分红权和优先认购权】**股东按照实缴的出资比例分取红利;公司新增资本时,股东有权优先按照实缴的出资比例认缴出资。但是,全体股东约定不按照出资比例分取红利或者不按照出资比例优先认缴出资的除外。

**第三十五条　【股东不得抽回出资】**公司成立后,股东不得抽逃出资。

## 第二节 组织机构

**第三十六条** 【股东会】有限责任公司股东会由全体股东组成。股东会是公司的权力机构,依照本法行使职权。

**第三十七条** 【股东会的职权】股东会行使下列职权:

(一) 决定公司的经营方针和投资计划;

(二) 选举和更换非由职工代表担任的董事、监事,决定有关董事、监事的报酬事项;

(三) 审议批准董事会的报告;

(四) 审议批准监事会或者监事的报告;

(五) 审议批准公司的年度财务预算方案、决算方案;

(六) 审议批准公司的利润分配方案和弥补亏损方案;

(七) 对公司增加或者减少注册资本作出决议;

(八) 对发行公司债券作出决议;

(九) 对公司合并、分立、解散、清算或者变更公司形式作出决议;

(十) 修改公司章程;

(十一) 公司章程规定的其他职权。

对前款所列事项股东以书面形式一致表示同意的,可以不召开股东会会议,直接作出决定,并由全体股东在决定文件上签名、盖章。

**第三十八条** 【股东会的首次会议】首次股东会会议由出资最多的股东召集和主持,依照本法规定行使职权。

**第三十九条** 【股东会的会议制度】股东会会议分为定期会议和临时会议。

定期会议应当依照公司章程的规定按时召开。代表十分之一以上表决权的股东,三分之一以上的董事,监事会或者不设监事会的公司的监事提议召开临时会议的,应当召开临时会议。

**第四十条** 【股东会会议的召集与组织】有限责任公司设立董事会的,股东会会议由董事会召集,董事长主持;董事长不能履行职务或者不履行职务的,由副董事长主持;副董事长不能履行职务或者不履行职务的,由半数以上董事共同推举一名董事主持。

有限责任公司不设董事会的,股东会会议由执行董事召集和主持。

董事会或者执行董事不能履行或者不履行召集股东会会议职责的,由监事会或者不设监事会的公司的监事召集和主持;监事会或者监事不召集和主持的,代表十分之一以上表决权的股东可以自行召集和主持。

**第四十一条** 【股东会会议的通知期限和会议记录】召开股东会会议,应当于会议召开十五日前通知全体股东;但是,公司章程另有规定或者全体股东另有约定的除外。

股东会应当对所议事项的决定作成会议记录,出席会议的股东应当在会议记录上签名。

**第四十二条** 【股东的表决权】股东会会议由股东按照出资比例行使表决权;但是,公司章程另有规定的除外。

**第四十三条** 【股东会的议事方式和表决程序】股东会的议事方式和表决程序,除本法有规定的外,由公司章程规定。

股东会会议作出修改公司章程、增加或者减少注册资本的决议,以及公司合并、分立、解散或者变更公司形式的决议,必须经代表三分之二以上表决权的股东通过。

**第四十四条** 【董事会及其成员构成及董事长法律地位】有限责任公司设董事会,其成员为三人至十三人;但是,本法第五十一条另有规定的除外。

两个以上的国有企业或者两个以上的其他国有投资主体投资设立的有限责任公司,其董事会成员中应当有公司职工代表;其他有限责任公司董事会成员中可以有公司职工代表。董事会中的职工代表由公司职工通过职工代表大会、职工大会或者其他形式民主选举产生。

董事会设董事长一人,可以设副董事长。董事长、副董事长的产生办法由公司章程规定。

**第四十五条** 【董事的任职期限】董事任期由公司章程规定,但每届任期不得超过三年。董事任期届满,连选可以连任。

董事任期届满未及时改选,或者董事在任期内辞职导致董事会成员低于法定人数的,在改选出的董事就任前,原董事仍应当依照法律、行政法规和公司章程的规定,履行董事职务。

**第四十六条** 【董事会的职权】董事会对股东会负责,行使下列职权:

(一)召集股东会会议,并向股东会报告工作;

(二)执行股东会的决议;

(三)决定公司的经营计划和投资方案;

(四)制订公司的年度财务预算方案、决算方案;

(五)制订公司的利润分配方案和弥补亏损方案;

(六)制订公司增加或者减少注册资本以及发行公司债券的方案;

(七)制订公司合并、分立、解散或者变更公司形式的方案;

(八)决定公司内部管理机构的设置;

(九)决定聘任或者解聘公司经理及其报酬事项,并根据经理的提名决定聘任或者解聘公司副经理、财务负责人及其报酬事项;

(十)制定公司的基本管理制度;

(十一)公司章程规定的其他职权。

**第四十七条** 【董事会会议的召集和主持】董事会会议由董事长召集和主持;

董事长不能履行职务或者不履行职务的,由副董事长召集和主持;副董事长不能履行职务或者不履行职务的,由半数以上董事共同推举一名董事召集和主持。

**第四十八条** 【董事会的议事方式和表决程序】董事会的议事方式和表决程序,除本法有规定的外,由公司章程规定。

董事会应当对所议事项的决定作成会议记录,出席会议的董事应当在会议记录上签名。

董事会决议的表决,实行一人一票。

**第四十九条** 【经理的职权】有限责任公司可以设经理,由董事会决定聘任或者解聘。经理对董事会负责,行使下列职权:

(一)主持公司的生产经营管理工作,组织实施董事会决议;
(二)组织实施公司年度经营计划和投资方案;
(三)拟订公司内部管理机构设置方案;
(四)拟订公司的基本管理制度;
(五)制定公司的具体规章;
(六)提请聘任或者解聘公司副经理、财务负责人;
(七)决定聘任或者解聘除应由董事会决定聘任或者解聘以外的负责管理人员;
(八)董事会授予的其他职权。

公司章程对经理职权另有规定的,从其规定。

经理列席董事会会议。

**第五十条** 【执行董事】股东人数较少或者规模较小的有限责任公司,可以设一名执行董事,不设董事会。执行董事可以兼任公司经理。

执行董事的职权由公司章程规定。

**第五十一条** 【监事会和监事】有限责任公司设监事会,其成员不得少于三人。股东人数较少或者规模较小的有限责任公司,可以设一至二名监事,不设监事会。

监事会应当包括股东代表和适当比例的公司职工代表,其中职工代表的比例不得低于三分之一,具体比例由公司章程规定。监事会中的职工代表由公司职工通过职工代表大会、职工大会或者其他形式民主选举产生。

监事会设主席一人,由全体监事过半数选举产生。监事会主席召集和主持监事会会议;监事会主席不能履行职务或者不履行职务的,由半数以上监事共同推举一名监事召集和主持监事会会议。

董事、高级管理人员不得兼任监事。

**第五十二条** 【监事的任职期限】监事的任期每届为三年。监事任期届满,连选可以连任。

监事任期届满未及时改选,或者监事在任期内辞职导致监事会成员低于法定人数的,在改选出的监事就任前,原监事仍应当依照法律、行政法规和公司章程的规定,履行监事职务。

**第五十三条** 【监事会或监事的一般职权】监事会、不设监事会的公司的监事行使下列职权:

(一) 检查公司财务;

(二) 对董事、高级管理人员执行公司职务的行为进行监督,对违反法律、行政法规、公司章程或者股东会决议的董事、高级管理人员提出罢免的建议;

(三) 当董事、高级管理人员的行为损害公司的利益时,要求董事、高级管理人员予以纠正;

(四) 提议召开临时股东会会议,在董事会不履行本法规定的召集和主持股东会会议职责时召集和主持股东会会议;

(五) 向股东会会议提出提案;

(六) 依照本法第一百五十二条的规定,对董事、高级管理人员提起诉讼;

(七) 公司章程规定的其他职权。

**第五十四条** 【监事的质询建议权与调查权】监事可以列席董事会会议,并对董事会决议事项提出质询或者建议。

监事会、不设监事会的公司的监事发现公司经营情况异常,可以进行调查;必要时,可以聘请会计师事务所等协助其工作,费用由公司承担。

**第五十五条** 【监事会会议】监事会每年度至少召开一次会议,监事可以提议召开临时监事会会议。

监事会的议事方式和表决程序,除本法有规定的外,由公司章程规定。

监事会决议应当经半数以上监事通过。

监事会应当对所议事项的决定作成会议记录,出席会议的监事应当在会议记录上签名。

**第五十六条** 【监事行使职权的费用承担】监事会、不设监事会的公司的监事行使职权所必需的费用,由公司承担。

### 第三节 一人有限责任公司的特别规定

**第五十七条** 【一人有限责任公司的定义、设立、组织机构】一人有限责任公司的设立和组织机构,适用本节规定;本节没有规定的,适用本章第一节、第二节的规定。

本法所称一人有限责任公司,是指只有一个自然人股东或者一个法人股东的有限责任公司。

**第五十八条** 【一人有限责任公司的投资限制】一个自然人只能投资设立一个一人有限责任公司。该一人有限责任公司不能投资设立新的一人有限责任公司。

**第五十九条** 【公司登记与营业执照中的投资者身份注明】一人有限责任公司应当在公司登记中注明自然人独资或者法人独资,并在公司营业执照中载明。

**第六十条** 【一人有限责任公司的章程】一人有限责任公司章程由股东制定。

**第六十一条** 【股东决定重大事项的书面形式要求】一人有限责任公司不设股东会。股东作出本法第三十七条第一款所列决定时,应当采用书面形式,并由股东签名后置备于公司。

**第六十二条** 【年度审计】一人有限责任公司应当在每一会计年度终了时编制财务会计报告,并经会计师事务所审计。

**第六十三条** 【股东对公司债务的连带责任】一人有限责任公司的股东不能证明公司财产独立于股东自己的财产的,应当对公司债务承担连带责任。

### 第四节 国有独资公司的特别规定

**第六十四条** 【国有独资公司的定义】国有独资公司的设立和组织机构,适用本节规定;本节没有规定的,适用本章第一节、第二节的规定。

本法所称国有独资公司,是指国家单独出资、由国务院或者地方人民政府授权本级人民政府国有资产监督管理机构履行出资人职责的有限责任公司。

**第六十五条** 【国有独资公司章程的制定或批准】国有独资公司章程由国有资产监督管理机构制定,或者由董事会制订报国有资产监督管理机构批准。

**第六十六条** 【国有独资公司重大事项的决定】国有独资公司不设股东会,由国有资产监督管理机构行使股东会职权。国有资产监督管理机构可以授权公司董事会行使股东会的部分职权,决定公司的重大事项,但公司的合并、分立、解散、增加或者减少注册资本和发行公司债券,必须由国有资产监督管理机构决定;其中,重要的国有独资公司合并、分立、解散、申请破产的,应当由国有资产监督管理机构审核后,报本级人民政府批准。

前款所称重要的国有独资公司,按照国务院的规定确定。

**第六十七条** 【国有独资公司的董事会】国有独资公司设董事会,依照本法第四十六条、第六十六条的规定行使职权。董事每届任期不得超过三年。董事会成员中应当有公司职工代表。

董事会成员由国有资产监督管理机构委派;但是,董事会成员中的职工代表由公司职工代表大会选举产生。

董事会设董事长一人,可以设副董事长。董事长、副董事长由国有资产监督管理机构从董事会成员中指定。

**第六十八条** 【国有独资公司经理】国有独资公司设经理,由董事会聘任或者解聘。经理依照本法第四十九条规定行使职权。

经国有资产监督管理机构同意,董事会成员可以兼任经理。

**第六十九条** 【高级职员的兼职禁止】国有独资公司的董事长、副董事长、董事、高级管理人员，未经国有资产监督管理机构同意，不得在其他有限责任公司、股份有限公司或者其他经济组织兼职。

**第七十条　【国有独资公司的监督管理】**国有独资公司监事会成员不得少于五人，其中职工代表的比例不得低于三分之一，具体比例由公司章程规定。

监事会成员由国有资产监督管理机构委派；但是，监事会成员中的职工代表由公司职工代表大会选举产生。监事会主席由国有资产监督管理机构从监事会成员中指定。

监事会行使本法第五十三条第（一）项至第（三）项规定的职权和国务院规定的其他职权。

## 第三章　有限责任公司的股权转让

**第七十一条　【股权转让的一般规定】**有限责任公司的股东之间可以相互转让其全部或者部分股权。

股东向股东以外的人转让股权，应当经其他股东过半数同意。股东应就其股权转让事项书面通知其他股东征求同意，其他股东自接到书面通知之日起满三十日未答复的，视为同意转让。其他股东半数以上不同意转让的，不同意的股东应当购买该转让的股权；不购买的，视为同意转让。

经股东同意转让的股权，在同等条件下，其他股东有优先购买权。两个以上股东主张行使优先购买权的，协商确定各自的购买比例；协商不成的，按照转让时各自的出资比例行使优先购买权。

公司章程对股权转让另有规定的，从其规定。

**第七十二条　【强制执行程序下的股权转让】**人民法院依照法律规定的强制执行程序转让股东的股权时，应当通知公司及全体股东，其他股东在同等条件下有优先购买权。其他股东自人民法院通知之日起满二十日不行使优先购买权的，视为放弃优先购买权。

**第七十三条　【股权转让对出资证明书、公司章程和股东名册的影响】**依照本法第七十一条、第七十二条转让股权后，公司应当注销原股东的出资证明书，向新股东签发出资证明书，并相应修改公司章程和股东名册中有关股东及其出资额的记载。对公司章程的该项修改不需再由股东会表决。

**第七十四条　【异议股东请求公司收购股权的情形】**有下列情形之一的，对股东会该项决议投反对票的股东可以请求公司按照合理的价格收购其股权：

（一）公司连续五年不向股东分配利润，而公司该五年连续盈利，并且符合本法规定的分配利润条件的；

（二）公司合并、分立、转让主要财产的；

（三）公司章程规定的营业期限届满或者章程规定的其他解散事由出现，股东会会议通过决议修改章程使公司存续的。

自股东会议决议通过之日起六十日内,股东与公司不能达成股权收购协议的,股东可以自股东会议决议通过之日起九十日内向人民法院提起诉讼。

第七十五条 【股东资格的继承】自然人股东死亡后,其合法继承人可以继承股东资格;但是,公司章程另有规定的除外。

## 第四章 股份有限公司的设立和组织机构

### 第一节 设 立

第七十六条 【设立条件】设立股份有限公司,应当具备下列条件:
(一) 发起人符合法定人数;
(二) 有符合公司章程规定的全体发起人认购的股本总额或者募集的实收股本总额;
(三) 股份发行、筹办事项符合法律规定;
(四) 发起人制订公司章程,采用募集方式设立的经创立大会通过;
(五) 有公司名称,建立符合股份有限公司要求的组织机构;
(六) 有公司住所。

第七十七条 【设立方式】股份有限公司的设立,可以采取发起设立或者募集设立的方式。

发起设立,是指由发起人认购公司应发行的全部股份而设立公司。

募集设立,是指由发起人认购公司应发行股份的一部分,其余股份向社会公开募集或者向特定对象募集而设立公司。

第七十八条 【设立发起人的限制】设立股份有限公司,应当有二人以上二百人以下为发起人,其中须有半数以上的发起人在中国境内有住所。

第七十九条 【发起人筹办公司的义务】股份有限公司发起人承担公司筹办事务。

发起人应当签订发起人协议,明确各自在公司设立过程中的权利和义务。

第八十条 【注册资本与最低限额】股份有限公司采取发起设立方式设立的,注册资本为在公司登记机关登记的全体发起人认购的股本总额。在发起人认购的股份缴足前,不得向他人募集股份。

股份有限公司采取募集方式设立的,注册资本为在公司登记机关登记的实收股本总额。

法律、行政法规以及国务院决定对股份有限公司注册资本实缴、注册资本最低限额另有规定的,从其规定。

第八十一条 【股份有限公司章程的法定事项】股份有限公司章程应当载明下列事项:

（一）公司名称和住所；
（二）公司经营范围；
（三）公司设立方式；
（四）公司股份总数、每股金额和注册资本；
（五）发起人的姓名或者名称、认购的股份数、出资方式和出资时间；
（六）董事会的组成、职权和议事规则；
（七）公司法定代表人；
（八）监事会的组成、职权和议事规则；
（九）公司利润分配办法；
（十）公司的解散事由与清算办法；
（十一）公司的通知和公告办法；
（十二）股东大会会议认为需要规定的其他事项。

**第八十二条** 【发起人的出资方式要求】发起人的出资方式，适用本法第二十七条的规定。

**第八十三条** 【发起人出资义务的履行、出资违约及设立登记申请】以发起设立方式设立股份有限公司的，发起人应当书面认足公司章程规定其认购的股份，并按照公司章程规定缴纳出资。以非货币财产出资的，应当依法办理其财产权的转移手续。

发起人不依照前款规定缴纳出资的，应当按照发起人协议承担违约责任。

发起人认足公司章程规定的出资后，应当选举董事会和监事会，由董事会向公司登记机关报送公司章程以及法律、行政法规规定的其他文件，申请设立登记。

**第八十四条** 【对募集设立发起人认购股份的要求】以募集设立方式设立股份有限公司的，发起人认购的股份不得少于公司股份总数的百分之三十五；但是，法律、行政法规另有规定的，从其规定。

**第八十五条** 【募集股份公告和认股书内容】发起人向社会公开募集股份，必须公告招股说明书，并制作认股书。认股书应当载明本法第八十七条所列事项，由认股人填写认购股数、金额、住所，并签名、盖章。认股人按照所认购股数缴纳股款。

**第八十六条** 【招股说明书的主要内容】招股说明书应当附有发起人制订的公司章程，并载明下列事项：
（一）发起人认购的股份数；
（二）每股的票面金额和发行价格；
（三）无记名股票的发行总数；
（四）募集资金的用途；
（五）认股人的权利、义务；
（六）本次募股的起止期限及逾期未募足时认股人可以撤回所认股份的

说明。

第八十七条 【发起人向社会募集股份的方式】发起人向社会公开募集股份,应当由依法设立的证券公司承销,签订承销协议。

第八十八条 【缴纳股款方式】发起人向社会公开募集股份,应当同银行签订代收股款协议。

代收股款的银行应当按照协议代收和保存股款,向缴纳股款的认股人出具收款单据,并负有向有关部门出具收款证明的义务。

第八十九条 【发起人召开公司创立大会的义务】发行股份的股款缴足后,必须经依法设立的验资机构验资并出具证明。发起人应当自股款缴足之日起三十日内主持召开公司创立大会。创立大会由发起人、认股人组成。

发行的股份超过招股说明书规定的截止期限尚未募足的,或者发行股份的股款缴足后,发起人在三十日内未召开创立大会的,认股人可以按照所缴股款并加算银行同期存款利息,要求发起人返还。

第九十条 【创立大会的召集职权和表决程序】发起人应当在创立大会召开十五日前将会议日期通知各认股人或者予以公告。创立大会应有代表股份总数过半数的发起人、认股人出席,方可举行。

创立大会行使下列职权:

(一)审议发起人关于公司筹办情况的报告;

(二)通过公司章程;

(三)选举董事会成员;

(四)选举监事会成员;

(五)对公司的设立费用进行审核;

(六)对发起人用于抵作股款的财产的作价进行审核;

(七)发生不可抗力或者经营条件发生重大变化直接影响公司设立的,可以作出不设立公司的决议。

创立大会对前款所列事项作出决议,必须经出席会议的认股人所持表决权过半数通过。

第九十一条 【股本抽回的限制】发起人、认股人缴纳股款或者交付抵作股款的出资后,除未按期募足股份、发起人未按期召开创立大会或者创立大会决议不设立公司的情形外,不得抽回其股本。

第九十二条 【申请设立登记文件】董事会应于创立大会结束后三十日内,向公司登记机关报送下列文件,申请设立登记:

(一)公司登记申请书;

(二)创立大会的会议记录;

(三)公司章程;

(四)验资证明;

（五）法定代表人、董事、监事的任职文件及其身份证明；

（六）发起人的法人资格证明或者自然人身份证明；

（七）公司住所证明。

以募集方式设立股份有限公司公开发行股票的，还应当向公司登记机关报送国务院证券监督管理机构的核准文件。

**第九十三条** 【发起人的出资补缴责任】股份有限公司成立后，发起人未按照公司章程的规定缴足出资的，应当补缴；其他发起人承担连带责任。

股份有限公司成立后，发现作为设立公司出资的非货币财产的实际价额显著低于公司章程所定价额的，应当由交付该出资的发起人补足其差额；其他发起人承担连带责任。

**第九十四条** 【公司设立过程中的发起人责任】股份有限公司的发起人应当承担下列责任：

（一）公司不能成立时，对设立行为所产生的债务和费用负连带责任；

（二）公司不能成立时，对认股人已缴纳的股款，负返还股款并加算银行同期存款利息的连带责任；

（三）在公司设立过程中，由于发起人的过失致使公司利益受到损害的，应当对公司承担赔偿责任。

**第九十五条** 【有限责任公司变更为股份有限公司的资产额要求及募股要求】有限责任公司变更为股份有限公司时，折合的实收股本总额不得高于公司净资产额。有限责任公司变更为股份有限公司，为增加资本公开发行股份时，应当依法办理。

**第九十六条** 【重要资料的置备】股份有限公司应当将公司章程、股东名册、公司债券存根、股东大会会议记录、董事会会议记录、监事会会议记录、财务会计报告置备于本公司。

**第九十七条** 【股东的查阅权与建议质询权】股东有权查阅公司章程、股东名册、公司债券存根、股东大会会议记录、董事会会议决议、监事会会议决议、财务会计报告，对公司的经营提出建议或者质询。

## 第二节 股东大会

**第九十八条** 【股东大会的地位与组成】股份有限公司股东大会由全体股东组成。股东大会是公司的权力机构，依照本法行使职权。

**第九十九条** 【股东大会的职权】本法第三十八条第一款关于有限责任公司股东会职权的规定，适用于股份有限公司股东大会。

**第一百条** 【股东大会及临时股东大会的召开】股东大会应当每年召开一次年会。有下列情形之一的，应当在两个月内召开临时股东大会：

（一）董事人数不足本法规定人数或者公司章程所定人数的三分之二时；

（二）公司未弥补的亏损达实收股本总额三分之一时；

（三）单独或者合计持有公司百分之十以上股份的股东请求时；

（四）董事会认为必要时；

（五）监事会提议召开时；

（六）公司章程规定的其他情形。

**第一百零一条　【股东大会的召集】**股东大会会议由董事会召集，董事长主持；董事长不能履行职务或者不履行职务的，由副董事长主持；副董事长不能履行职务或者不履行职务的，由半数以上董事共同推举一名董事主持。

董事会不能履行或者不履行召集股东大会会议职责的，监事会应当及时召集和主持；监事会不召集和主持的，连续九十日以上单独或者合计持有公司百分之十以上股份的股东可以自行召集和主持。

**第一百零二条　【股东大会的通知期限、临时议案和股票交存制度】**召开股东大会会议，应当将会议召开的时间、地点和审议的事项于会议召开二十日前通知各股东；临时股东大会应当于会议召开十五日前通知各股东；发行无记名股票的，应当于会议召开三十日前公告会议召开的时间、地点和审议事项。

单独或者合计持有公司百分之三以上股份的股东，可以在股东大会召开十日前提出临时提案并书面提交董事会；董事会应当在收到提案后二日内通知其他股东，并将该临时提案提交股东大会审议。临时提案的内容应当属于股东大会职权范围，并有明确议题和具体决议事项。

股东大会不得对前两款通知中未列明的事项作出决议。

无记名股票持有人出席股东大会会议的，应当于会议召开五日前至股东大会闭会时将股票交存于公司。

**第一百零三条　【表决权与股东大会议事规则】**股东出席股东大会会议，所持每一股份有一表决权。但是，公司持有的本公司股份没有表决权。

股东大会作出决议，必须经出席会议的股东所持表决权过半数通过。但是，股东大会作出修改公司章程、增加或者减少注册资本的决议，以及公司合并、分立、解散或者变更公司形式的决议，必须经出席会议的股东所持表决权的三分之二以上通过。

**第一百零四条　【股东大会的法定召集及表决事项】**本法和公司章程规定公司转让、受让重大资产或者对外提供担保等事项必须经股东大会作出决议的，董事会应当及时召集股东大会会议，由股东大会就上述事项进行表决。

**第一百零五条　【累积投票制】**股东大会选举董事、监事，可以依照公司章程的规定或者股东大会的决议，实行累积投票制。

本法所称累积投票制，是指股东大会选举董事或者监事时，每一股份拥有与应选董事或者监事人数相同的表决权，股东拥有的表决权可以集中使用。

**第一百零六条　【表决权的代理行使】**股东可以委托代理人出席股东大会会

议,代理人应当向公司提交股东授权委托书,并在授权范围内行使表决权。

**第一百零七条** 【股东大会的会议记录】股东大会应当对所议事项的决定作成会议记录,主持人、出席会议的董事应当在会议记录上签名。会议记录应当与出席股东的签名册及代理出席的委托书一并保存。

### 第三节 董事会、经理

**第一百零八条** 【董事会设立及其职权】股份有限公司设董事会,其成员为五人至十九人。

董事会成员中可以有公司职工代表。董事会中的职工代表由公司职工通过职工代表大会、职工大会或者其他形式民主选举产生。

本法第四十六条关于有限责任公司董事任期的规定,适用于股份有限公司董事。

本法第四十七条关于有限责任公司董事会职权的规定,适用于股份有限公司董事会。

**第一百零九条** 【董事会的组成】董事会设董事长一人,可以设副董事长。董事长和副董事长由董事会以全体董事的过半数选举产生。

董事长召集和主持董事会会议,检查董事会决议的实施情况。副董事长协助董事长工作,董事长不能履行职务或者不履行职务的,由副董事长履行职务;副董事长不能履行职务或者不履行职务的,由半数以上董事共同推举一名董事履行职务。

**第一百一十条** 【董事会的召开】董事会每年度至少召开两次会议,每次会议应当于会议召开十日前通知全体董事和监事。

代表十分之一以上表决权的股东、三分之一以上董事或者监事会,可以提议召开董事会临时会议。董事长应当自接到提议后十日内,召集和主持董事会会议。

董事会召开临时会议,可以另定召集董事会的通知方式和通知时限。

**第一百一十一条** 【董事会的议事规则】董事会会议应有过半数的董事出席方可举行。董事会作出决议,必须经全体董事的过半数通过。

董事会决议的表决,实行一人一票。

**第一百一十二条** 【董事会的出席与代理出席、会议记录与责任承担】董事会会议,应由董事本人出席;董事因故不能出席,可以书面委托其他董事代为出席,委托书中应载明授权范围。

董事会应当对会议所议事项的决定作成会议记录,出席会议的董事应当在会议记录上签名。

董事应当对董事会的决议承担责任。董事会的决议违反法律、行政法规或者公司章程、股东大会决议,致使公司遭受严重损失的,参与决议的董事对公司负赔偿责任。但经证明在表决时曾表明异议并记载于会议记录的,该董事可以免除责任。

第一百一十三条 【经理及其职权】股份有限公司设经理,由董事会决定聘任或者解聘。

本法第四十九条关于有限责任公司经理职权的规定,适用于股份有限公司经理。

第一百一十四条 【董事会成员兼任经理】公司董事会可以决定由董事会成员兼任经理。

第一百一十五条 【禁止向高级职员提供借款】公司不得直接或者通过子公司向董事、监事、高级管理人员提供借款。

第一百一十六条 【定期披露高级职员报酬】公司应当定期向股东披露董事、监事、高级管理人员从公司获得报酬的情况。

## 第四节 监 事 会

第一百一十七条 【监事会的设立与组成】股份有限公司设监事会,其成员不得少于三人。

监事会应当包括股东代表和适当比例的公司职工代表,其中职工代表的比例不得低于三分之一,具体比例由公司章程规定。监事会中的职工代表由公司职工通过职工代表大会、职工大会或者其他形式民主选举产生。

监事会设主席一人,可以设副主席。监事会主席和副主席由全体监事过半数选举产生。监事会主席召集和主持监事会会议;监事会主席不能履行职务或者不履行职务的,由监事会副主席召集和主持监事会会议;监事会副主席不能履行职务或者不履行职务的,由半数以上监事共同推举一名监事召集和主持监事会会议。

董事、高级管理人员不得兼任监事。

本法第五十二条关于有限责任公司监事任期的规定,适用于股份有限公司监事。

第一百一十八条 【监事会的职权】本法第五十三条、第五十四条关于有限责任公司监事会职权的规定,适用于股份有限公司监事会。

监事会行使职权所必需的费用,由公司承担。

第一百一十九条 【监事会的会议制度】监事会每六个月至少召开一次会议。监事可以提议召开临时监事会会议。

监事会的议事方式和表决程序,除本法有规定的外,由公司章程规定。

监事会决议应当经半数以上监事通过。

监事会应当对所议事项的决定作成会议记录,出席会议的监事应当在会议记录上签名。

## 第五节 上市公司组织机构的特别规定

**第一百二十条 【上市公司的定义】**本法所称上市公司,是指其股票在证券交易所上市交易的股份有限公司。

**第一百二十一条 【重大资产买卖与重要担保的议事规则】**上市公司在一年内购买、出售重大资产或者担保金额超过公司资产总额百分之三十的,应当由股东大会作出决议,并经出席会议的股东所持表决权的三分之二以上通过。

**第一百二十二条 【独立董事的设立】**上市公司设立独立董事,具体办法由国务院规定。

**第一百二十三条 【董事会秘书的设立及其职权】**上市公司设董事会秘书,负责公司股东大会和董事会会议的筹备、文件保管以及公司股东资料的管理,办理信息披露事务等事宜。

**第一百二十四条 【关联关系董事回避与相关事项议事规则】**上市公司董事与董事会会议决议事项所涉及的企业有关联关系的,不得对该项决议行使表决权,也不得代理其他董事行使表决权。该董事会会议由过半数的无关联关系董事出席即可举行,董事会会议所作决议须经无关联关系董事过半数通过。出席董事会的无关联关系董事人数不足三人的,应将该事项提交上市公司股东大会审议。

# 第五章 股份有限公司的股份发行和转让

## 第一节 股份发行

**第一百二十五条 【股份有限公司的股份及其形式】**股份有限公司的资本划分为股份,每一股的金额相等。

公司的股份采取股票的形式。股票是公司签发的证明股东所持股份的凭证。

**第一百二十六条 【股份有限公司股份发行的原则】**股份的发行,实行公平、公正的原则,同种类的每一股份应当具有同等权利。

同次发行的同种类股票,每股的发行条件和价格应当相同;任何单位或者个人所认购的股份,每股应当支付相同价额。

**第一百二十七条 【股票发行的价格】**股票发行价格可以按票面金额,也可以超过票面金额,但不得低于票面金额。

**第一百二十八条 【股票形式与应载明的事项】**股票采用纸面形式或者国务院证券监督管理机构规定的其他形式。

股票应当载明下列主要事项:

(一)公司名称;

(二)公司成立日期;

(三)股票种类、票面金额及代表的股份数;

（四）股票的编号。

股票由法定代表人签名，公司盖章。

发起人的股票，应当标明发起人股票字样。

**第一百二十九条** 【股票种类】公司发行的股票，可以为记名股票，也可以为无记名股票。

公司向发起人、法人发行的股票，应当为记名股票，并应当记载该发起人、法人的名称或者姓名，不得另立户名或者以代表人姓名记名。

**第一百三十条** 【股东名册的置备及内容】公司发行记名股票的，应当置备股东名册，记载下列事项：

（一）股东的姓名或者名称及住所；

（二）各股东所持股份数；

（三）各股东所持股票的编号；

（四）各股东取得股份的日期。

发行无记名股票的，公司应当记载其股票数量、编号及发行日期。

**第一百三十一条** 【其他种类股票】国务院可以对公司发行本法规定以外的其他种类的股份，另行作出规定。

**第一百三十二条** 【向股东交付股票的时间】股份有限公司成立后，即向股东正式交付股票。公司成立前不得向股东交付股票。

**第一百三十三条** 【发行新股的决议事项】公司发行新股，股东大会应当对下列事项作出决议：

（一）新股种类及数额；

（二）新股发行价格；

（三）新股发行的起止日期；

（四）向原有股东发行新股的种类及数额。

**第一百三十四条** 【新股发行公告、募股方式及缴纳股款方式】公司经国务院证券监督管理机构核准公开发行新股时，必须公告新股招股说明书和财务会计报告，并制作认股书。

本法第八十七条、第八十八条的规定适用于公司公开发行新股。

**第一百三十五条** 【新股作价方案的确定】公司发行新股，可以根据公司经营情况和财务状况，确定其作价方案。

**第一百三十六条** 【新股募足后的变更登记及公告】公司发行新股募足股款后，必须向公司登记机关办理变更登记，并公告。

## 第二节　股份转让

**第一百三十七条** 【股份可依法转让】股东持有的股份可以依法转让。

**第一百三十八条** 【转让股份的场所】股东转让其股份，应当在依法设立的证券交易场所进行或者按照国务院规定的其他方式进行。

**第一百三十九条**　【记名股票的转让】记名股票,由股东以背书方式或者法律、行政法规规定的其他方式转让;转让后由公司将受让人的姓名或者名称及住所记载于股东名册。

股东大会召开前二十日内或者公司决定分配股利的基准日前五日内,不得进行前款规定的股东名册的变更登记。但是,法律对上市公司股东名册变更登记另有规定的,从其规定。

**第一百四十条**　【无记名股票的转让】无记名股票的转让,由股东将该股票交付给受让人后即发生转让的效力。

**第一百四十一条**　【转让本公司股份的限制】发起人持有的本公司股份,自公司成立之日起一年内不得转让。公司公开发行股份前已发行的股份,自公司股票在证券交易所上市交易之日起一年内不得转让。

公司董事、监事、高级管理人员应当向公司申报所持有的本公司的股份及其变动情况,在任职期间每年转让的股份不得超过其所持有本公司股份总数的百分之二十五;所持本公司股份自公司股票上市交易之日起一年内不得转让。上述人员离职后半年内,不得转让其所持有的本公司股份。公司章程可以对公司董事、监事、高级管理人员转让其所持有的本公司股份作出其他限制性规定。

**第一百四十二条**　【禁止收购本公司股份及其例外】公司不得收购本公司股份。但是,有下列情形之一的除外:

(一)减少公司注册资本;

(二)与持有本公司股份的其他公司合并;

(三)将股份奖励给本公司职工;

(四)股东因对股东大会作出的公司合并、分立决议持异议,要求公司收购其股份的。

公司因前款第(一)项至第(三)项的原因收购本公司股份的,应当经股东大会决议。公司依照前款规定收购本公司股份后,属于第(一)项情形的,应当自收购之日起十日内注销;属于第(二)项、第(四)项情形的,应当在六个月内转让或者注销。

公司依照第一款第(三)项规定收购的本公司股份,不得超过本公司已发行股份总额的百分之五;用于收购的资金应当从公司的税后利润中支出;所收购的股份应当在一年内转让给职工。

公司不得接受本公司的股票作为质押权的标的。

**第一百四十三条**　【公示催告程序】记名股票被盗、遗失或者灭失,股东可以依照《中华人民共和国民事诉讼法》规定的公示催告程序,请求人民法院宣告该股票失效。人民法院宣告该股票失效后,股东可以向公司申请补发股票。

**第一百四十四条**　【上市公司的股票交易】上市公司的股票,依照有关法律、行政法规及证券交易所交易规则上市交易。

**第一百四十五条 【上市公司的信息披露公开制度】**上市公司必须依照法律、行政法规的规定,公开其财务状况、经营情况及重大诉讼,在每会计年度内半年公布一次财务会计报告。

## 第六章 公司董事、监事、高级管理人员的资格和义务

**第一百四十六条 【不得担任高级职员的情形】**有下列情形之一的,不得担任公司的董事、监事、高级管理人员:

(一) 无民事行为能力或者限制民事行为能力;

(二) 因贪污、贿赂、侵占财产、挪用财产或者破坏社会主义市场经济秩序,被判处刑罚,执行期满未逾五年,或者因犯罪被剥夺政治权利,执行期满未逾五年;

(三) 担任破产清算的公司、企业的董事或者厂长、经理,对该公司、企业的破产负有个人责任的,自该公司、企业破产清算完结之日起未逾三年;

(四) 担任因违法被吊销营业执照、责令关闭的公司、企业的法定代表人,并负有个人责任的,自该公司、企业被吊销营业执照之日起未逾三年;

(五) 个人所负数额较大的债务到期未清偿。

公司违反前款规定选举、委派董事、监事或者聘任高级管理人员的,该选举、委派或者聘任无效。

董事、监事、高级管理人员在任职期间出现本条第一款所列情形的,公司应当解除其职务。

**第一百四十七条 【高级职员的一般义务】**董事、监事、高级管理人员应当遵守法律、行政法规和公司章程,对公司负有忠实义务和勤勉义务。

董事、监事、高级管理人员不得利用职权收受贿赂或者其他非法收入,不得侵占公司的财产。

**第一百四十八条 【高级职员的禁止行为】**董事、高级管理人员不得有下列行为:

(一) 挪用公司资金;

(二) 将公司资金以其个人名义或者以其他个人名义开立账户存储;

(三) 违反公司章程的规定,未经股东会、股东大会或者董事会同意,将公司资金借贷给他人或者以公司财产为他人提供担保;

(四) 违反公司章程的规定或者未经股东会、股东大会同意,与本公司订立合同或者进行交易;

(五) 未经股东会或者股东大会同意,利用职务便利为自己或者他人谋取属于公司的商业机会,自营或者为他人经营与所任职公司同类的业务;

(六) 接受他人与公司交易的佣金归为己有;

（七）擅自披露公司秘密；

（八）违反对公司忠实义务的其他行为。

董事、高级管理人员违反前款规定所得的收入应当归公司所有。

**第一百四十九条** 【高级职员对公司的赔偿责任】董事、监事、高级管理人员执行公司职务时违反法律、行政法规或者公司章程的规定，给公司造成损失的，应当承担赔偿责任。

**第一百五十条** 【高级职员对股东会及监事会行使知情权的配合】股东会或者股东大会要求董事、监事、高级管理人员列席会议的，董事、监事、高级管理人员应当列席并接受股东的质询。

董事、高级管理人员应当如实向监事会或者不设监事会的有限责任公司的监事提供有关情况和资料，不得妨碍监事会或者监事行使职权。

**第一百五十一条** 【股东维护公司利益的起诉权】董事、高级管理人员有本法第一百四十九条规定的情形的，有限责任公司的股东、股份有限公司连续一百八十日以上单独或者合计持有公司百分之一以上股份的股东，可以书面请求监事会或者不设监事会的有限责任公司的监事向人民法院提起诉讼；监事有本法第一百四十九条规定的情形的，前述股东可以书面请求董事会或者不设董事会的有限责任公司的执行董事向人民法院提起诉讼。

监事会、不设监事会的有限责任公司的监事，或者董事会、执行董事收到前款规定的股东书面请求后拒绝提起诉讼，或者自收到请求之日起三十日内未提起诉讼，或者情况紧急、不立即提起诉讼将会使公司利益受到难以弥补的损害的，前款规定的股东有权为了公司的利益以自己的名义直接向人民法院提起诉讼。

他人侵犯公司合法权益，给公司造成损失的，本条第一款规定的股东可以依照前两款的规定向人民法院提起诉讼。

**第一百五十二条** 【股东与监事维护个人利益的起诉权】董事、高级管理人员违反法律、行政法规或者公司章程的规定，损害股东利益的，股东可以向人民法院提起诉讼。

## 第七章 公司债券

**第一百五十三条** 【公司债券的定义及发行条件】本法所称公司债券，是指公司依照法定程序发行、约定在一定期限还本付息的有价证券。

公司发行公司债券应当符合《中华人民共和国证券法》规定的发行条件。

**第一百五十四条** 【公司债券募集的核准和公告】发行公司债券的申请经国务院授权的部门核准后，应当公告公司债券募集办法。

公司债券募集办法中应当载明下列主要事项：

（一）公司名称；

（二）债券募集资金的用途；
（三）债券总额和债券的票面金额；
（四）债券利率的确定方式；
（五）还本付息的期限和方式；
（六）债券担保情况；
（七）债券的发行价格、发行的起止日期；
（八）公司净资产额；
（九）已发行的尚未到期的公司债券总额；
（十）公司债券的承销机构。

**第一百五十五条　【公司债券票面必须载明的事项】**公司以实物券方式发行公司债券的，必须在债券上载明公司名称、债券票面金额、利率、偿还期限等事项，并由法定代表人签名，公司盖章。

**第一百五十六条　【债券的种类】**公司债券，可以为记名债券，也可以为无记名债券。

**第一百五十七条　【债券存根簿的置备及其应载明的事项】**公司发行公司债券应当置备公司债券存根簿。

发行记名公司债券的，应当在公司债券存根簿上载明下列事项：
（一）债券持有人的姓名或者名称及住所；
（二）债券持有人取得债券的日期及债券的编号；
（三）债券总额，债券的票面金额、利率、还本付息的期限和方式；
（四）债券的发行日期。

发行无记名公司债券的，应当在公司债券存根簿上载明债券总额、利率、偿还期限和方式、发行日期及债券的编号。

**第一百五十八条　【债券登记结算机构的制度要求】**记名公司债券的登记结算机构应当建立债券登记、存管、付息、兑付等相关制度。

**第一百五十九条　【公司债券的转让场所与转让价格】**公司债券可以转让，转让价格由转让人与受让人约定。

公司债券在证券交易所上市交易的，按照证券交易所的交易规则转让。

**第一百六十条　【公司债券的转让方式】**记名公司债券，由债券持有人以背书方式或者法律、行政法规规定的其他方式转让；转让后由公司将受让人的姓名或者名称及住所记载于公司债券存根簿。

无记名公司债券的转让，由债券持有人将该债券交付给受让人后即发生转让的效力。

**第一百六十一条　【可转换债券的发行及载明事项】**上市公司经股东大会决议可以发行可转换为股票的公司债券，并在公司债券募集办法中规定具体的转换办法。上市公司发行可转换为股票的公司债券，应当报国务院证券监督管理机构核准。

发行可转换为股票的公司债券,应当在债券上标明可转换公司债券字样,并在公司债券存根簿上载明可转换公司债券的数额。

**第一百六十二条 【可转换债券的转换】**发行可转换为股票的公司债券的,公司应当按照其转换办法向债券持有人换发股票,但债券持有人对转换股票或者不转换股票有选择权。

## 第八章 公司财务、会计

**第一百六十三条 【公司财务、会计制度的建立】**公司应当依照法律、行政法规和国务院财政部门的规定建立本公司的财务、会计制度。

**第一百六十四条 【财务会计报告的制作和年审制】**公司应当在每一会计年度终了时编制财务会计报告,并依法经会计师事务所审计。

财务会计报告应当依照法律、行政法规和国务院财政部门的规定制作。

**第一百六十五条 【财务会计报告送交股东及公告】**有限责任公司应当依照公司章程规定的期限将财务会计报告送交各股东。

股份有限公司的财务会计报告应当在召开股东大会年会的二十日前置备于本公司,供股东查阅;公开发行股票的股份有限公司必须公告其财务会计报告。

**第一百六十六条 【公司税后利润的分配】**公司分配当年税后利润时,应当提取利润的百分之十列入公司法定公积金。公司法定公积金累计额为公司注册资本的百分之五十以上的,可以不再提取。

公司的法定公积金不足以弥补以前年度亏损的,在依照前款规定提取法定公积金之前,应当先用当年利润弥补亏损。

公司从税后利润中提取法定公积金后,经股东会或者股东大会决议,还可以从税后利润中提取任意公积金。

公司弥补亏损和提取公积金后所余税后利润,有限责任公司依照本法第三十四条的规定分配;股份有限公司按照股东持有的股份比例分配,但股份有限公司章程规定不按持股比例分配的除外。

股东会、股东大会或者董事会违反前款规定,在公司弥补亏损和提取法定公积金之前向股东分配利润的,股东必须将违反规定分配的利润退还公司。

公司持有的本公司股份不得分配利润。

**第一百六十七条 【资本公积金】**股份有限公司以超过股票票面金额的发行价格发行股份所得的溢价款以及国务院财政部门规定列入资本公积金的其他收入,应当列为公司资本公积金。

**第一百六十八条 【公积金的用途及限制】**公司的公积金用于弥补公司的亏损、扩大公司生产经营或者转为增加公司资本。但是,资本公积金不得用于弥补公司的亏损。

法定公积金转为资本时,所留存的该项公积金不得少于转增前公司注册资本的百分之二十五。

**第一百六十九条** 【公司对会计师事务所的聘用及解聘】公司聘用、解聘承办公司审计业务的会计事务所,依照公司章程的规定,由股东会、股东大会或者董事会决定。

公司股东会、股东大会或者董事会就解聘会计师事务所进行表决时,应当允许会计师事务所陈述意见。

**第一百七十条** 【公司对会计师事务所的诚实义务】公司应当向聘用的会计师事务所提供真实、完整的会计凭证、会计账簿、财务会计报告及其他会计资料,不得拒绝、隐匿、谎报。

**第一百七十一条** 【禁止另立账簿及开立个人账户】公司除法定的会计账簿外,不得另立会计账簿。

对公司资产,不得以任何个人名义开立账户存储。

## 第九章 公司合并、分立、增资、减资

**第一百七十二条** 【公司合并的种类】公司合并可以采取吸收合并或者新设合并。

一个公司吸收其他公司为吸收合并,被吸收的公司解散。两个以上公司合并设立一个新的公司为新设合并,合并各方解散。

**第一百七十三条** 【公司合并程序和债权人异议权】公司合并,应当由合并各方签订合并协议,并编制资产负债表及财产清单。公司应当自作出合并决议之日起十日内通知债权人,并于三十日内在报纸上公告。债权人自接到通知书之日起三十日内,未接到通知书的自公告之日起四十五日内,可以要求公司清偿债务或者提供相应的担保。

**第一百七十四条** 【公司合并的债权债务承继】公司合并时,合并各方的债权、债务,应当由合并后存续的公司或者新设的公司承继。

**第一百七十五条** 【公司分立的通知义务】公司分立,其财产作相应的分割。

公司分立,应当编制资产负债表及财产清单。公司应当自作出分立决议之日起十日内通知债权人,并于三十日内在报纸上公告。

**第一百七十六条** 【公司分立的债务承继】公司分立前的债务由分立后的公司承担连带责任。但是,公司在分立前与债权人就债务清偿达成的书面协议另有约定的除外。

**第一百七十七条** 【减少注册资本的程序要求】公司需要减少注册资本时,必须编制资产负债表及财产清单。

公司应当自作出减少注册资本决议之日起十日内通知债权人,并于三十日内在报纸上公告。债权人自接到通知书之日起三十日内,未接到通知书的自公告之日起四十五日内,有权要求公司清偿债务或者提供相应的担保。

**第一百七十八条** 【增加注册资本的规定】有限责任公司增加注册资本时,股东认缴新增资本的出资,依照本法设立有限责任公司缴纳出资的有关规定执行。

股份有限公司为增加注册资本发行新股时,股东认购新股,依照本法设立股份有限公司缴纳股款的有关规定执行。

**第一百七十九条** 【公司合并、分立、增资、减资的登记要求】公司合并或者分立,登记事项发生变更的,应当依法向公司登记机关办理变更登记;公司解散的,应当依法办理公司注销登记;设立新公司的,应当依法办理公司设立登记。

公司增加或者减少注册资本,应当依法向公司登记机关办理变更登记。

## 第十章 公司解散和清算

**第一百八十条** 【公司解散的原因】公司因下列原因解散:

(一) 公司章程规定的营业期限届满或者公司章程规定的其他解散事由出现;

(二) 股东会或者股东大会决议解散;

(三) 因公司合并或者分立需要解散;

(四) 依法被吊销营业执照、责令关闭或者被撤销;

(五) 人民法院依照本法第一百八十二条的规定予以解散。

**第一百八十一条** 【为使公司存续而修改章程的议事规则】公司有本法第一百八十条第(一)项情形的,可以通过修改公司章程而存续。

依照前款规定修改公司章程,有限责任公司须经持有三分之二以上表决权的股东通过,股份有限公司须经出席股东大会会议的股东所持表决权的三分之二以上通过。

**第一百八十二条** 【股东请求法院解散公司的情形】公司经营管理发生严重困难,继续存续会使股东利益受到重大损失,通过其他途径不能解决的,持有公司全部股东表决权百分之十以上的股东,可以请求人民法院解散公司。

**第一百八十三条** 【清算组的成立与组成】公司因本法第一百八十条第(一)项、第(二)项、第(四)项、第(五)项规定而解散的,应当在解散事由出现之日起十五日内成立清算组,开始清算。有限责任公司的清算组由股东组成,股份有限公司的清算组由董事或者股东大会确定的人员组成。逾期不成立清算组进行清算的,债权人可以申请人民法院指定有关人员组成清算组进行清算。人民法院应当受理该申请,并及时组织清算组进行清算。

**第一百八十四条** 【清算组的职权】清算组在清算期间行使下列职权:

（一）清理公司财产，分别编制资产负债表和财产清单；
（二）通知、公告债权人；
（三）处理与清算有关的公司未了结的业务；
（四）清缴所欠税款以及清算过程中产生的税款；
（五）清理债权、债务；
（六）处理公司清偿债务后的剩余财产；
（七）代表公司参与民事诉讼活动。

**第一百八十五条** 【清算期间的债权申报】清算组应当自成立之日起十日内通知债权人，并于六十日内在报纸上公告。债权人应当自接到通知书之日起三十日内，未接到通知书的自公告之日起四十五日内，向清算组申报其债权。

债权人申报债权，应当说明债权的有关事项，并提供证明材料。清算组应当对债权进行登记。

在申报债权期间，清算组不得对债权人进行清偿。

**第一百八十六条** 【清算方案的制定与公司财产的处理】清算组在清理公司财产、编制资产负债表和财产清单后，应当制定清算方案，并报股东会、股东大会或者人民法院确认。

公司财产在分别支付清算费用、职工的工资、社会保险费用和法定补偿金，缴纳所欠税款，清偿公司债务后的剩余财产，有限责任公司按照股东的出资比例分配，股份有限公司按照股东持有的股份比例分配。

清算期间，公司存续，但不得开展与清算无关的经营活动。公司财产在未依照前款规定清偿前，不得分配给股东。

**第一百八十七条** 【宣告破产】清算组在清理公司财产、编制资产负债表和财产清单后，发现公司财产不足清偿债务的，应当依法向人民法院申请宣告破产。

公司经人民法院裁定宣告破产后，清算组应当将清算事务移交给人民法院。

**第一百八十八条** 【清算报告的报送及公司注销登记】公司清算结束后，清算组应当制作清算报告，报股东会、股东大会或者人民法院确认，并报送公司登记机关，申请注销公司登记，公告公司终止。

**第一百八十九条** 【清算组成员的义务】清算组成员应当忠于职守，依法履行清算义务。

清算组成员不得利用职权收受贿赂或者其他非法收入，不得侵占公司财产。

清算组成员因故意或者重大过失给公司或者债权人造成损失的，应当承担赔偿责任。

**第一百九十条** 【破产清算的法律依据】公司被依法宣告破产的，依照有关企业破产的法律实施破产清算。

## 第十一章　外国公司的分支机构

**第一百九十一条**　【外国公司的定义】本法所称外国公司是指依照外国法律在中国境外设立的公司。

**第一百九十二条**　【外国公司分支机构的设立申请及审批】外国公司在中国境内设立分支机构，必须向中国主管机关提出申请，并提交其公司章程、所属国的公司登记证书等有关文件，经批准后，向公司登记机关依法办理登记，领取营业执照。

外国公司分支机构的审批办法由国务院另行规定。

**第一百九十三条**　【外国公司分支机构的设立及资金要求】外国公司在中国境内设立分支机构，必须在中国境内指定负责该分支机构的代表人或者代理人，并向该分支机构拨付与其所从事的经营活动相适应的资金。

对外国公司分支机构的经营资金需要规定最低限额的，由国务院另行规定。

**第一百九十四条**　【外国公司分支机构的名称要求及章程置备】外国公司的分支机构应当在其名称中标明该外国公司的国籍及责任形式。

外国公司的分支机构应当在本机构中置备该外国公司章程。

**第一百九十五条**　【外国公司分支机构不具有中国法人资格】外国公司在中国境内设立的分支机构不具有中国法人资格。

外国公司对其分支机构在中国境内进行经营活动承担民事责任。

**第一百九十六条**　【外国公司分支机构的合法经营义务及合法权益的保护】经批准设立的外国公司分支机构，在中国境内从事业务活动，必须遵守中国的法律，不得损害中国的社会公共利益，其合法权益受中国法律保护。

**第一百九十七条**　【外国公司撤销分支机构的条件】外国公司撤销其在中国境内的分支机构时，必须依法清偿债务，依照本法有关公司清算程序的规定进行清算。未清偿债务之前，不得将其分支机构的财产移至中国境外。

## 第十二章　法　律　责　任

**第一百九十八条**　【公司登记违法的法律责任】违反本法规定，虚报注册资本、提交虚假材料或者采取其他欺诈手段隐瞒重要事实取得公司登记的，由公司登记机关责令改正，对虚报注册资本的公司，处以虚报注册资本金额百分之五以上百分之十五以下的罚款；对提交虚假材料或者采取其他欺诈手段隐瞒重要事实的公司，处以五万元以上五十万元以下的罚款；情节严重的，撤销公司登记或者吊销营业执照。

**第一百九十九条**　【公司的发起人、股东出资违法的法律责任】公司的发起人、股东虚假出资,未交付或者未按期交付作为出资的货币或者非货币财产的,由公司登记机关责令改正,处以虚假出资金额百分之五以上百分之十五以下的罚款。

第二百条 【公司的发起人、股东抽逃出资的法律责任】公司的发起人、股东在公司成立后,抽逃其出资的,由公司登记机关责令改正,处以所抽逃出资金额百分之五以上百分之十五以下的罚款。

第二百零一条 【公司另立会计账簿的法律责任】公司违反本法规定,在法定的会计账簿以外另立会计账簿的,由县级以上人民政府财政部门责令改正,处以五万元以上五十万元以下的罚款。

第二百零二条 【提交财务会计报告违法的法律责任】公司在依法向有关主管部门提供的财务会计报告等材料上作虚假记载或者隐瞒重要事实的,由有关主管部门对直接负责的主管人员和其他直接责任人员处以三万元以上三十万元以下的罚款。

第二百零三条 【违法提取法定公积金的法律责任】公司不依照本法规定提取法定公积金的,由县级以上人民政府财政部门责令如数补足应当提取的金额,可以对公司处以二十万元以下的罚款。

第二百零四条 【公司在合并、分立、减少注册资本和清算中的违法行为及其法律责任】公司在合并、分立、减少注册资本或者进行清算时,不依照本法规定通知或者公告债权人的,由公司登记机关责令改正,对公司处以一万元以上十万元以下的罚款。

公司在进行清算时,隐匿财产,对资产负债表或者财产清单作虚假记载或者在未清偿债务前分配公司财产的,由公司登记机关责令改正,对公司处以隐匿财产或未清偿债务前分配公司财产金额百分之五以上百分之十以下的罚款;对直接负责的主管人员和其他直接责任人员处以一万元以上十万元以下的罚款。

第二百零五条 【公司在清算期间违法经营的法律责任】公司在清算期间开展与清算无关的经营活动的,由公司登记机关予以警告,没收违法所得。

第二百零六条 【清算组及其成立对其违法行为的法律责任】清算组不依照本法规定向公司登记机关报送清算报告,或者报送清算报告隐瞒重要事实或者有重大遗漏的,由公司登记机关责令改正。

清算组成员利用职权徇私舞弊、谋取非法收入或者侵占公司财产的,由公司登记机关责令退还公司财产,没收违法所得,并可以处以违法所得一倍以上五倍以下的罚款。

第二百零七条 【资产评估、验资或验证机构对其违法行为的法律责任】承担资产评估、验资或者验证的机构提供虚假材料的,由公司登记机关没收违法所得,处以违法所得一倍以上五倍以下的罚款,并可以由有关主管部门依法责令该机构停业、吊销直接责任人员的资格证书,吊销营业执照。

承担资产评估、验资或者验证的机构因过失提供有重大遗漏的报告的,由公司登记机关责令改正,情节较重的,处以所得收入一倍以上五倍以下的罚款,并可以由有关主管部门依法责令该机构停业、吊销直接责任人员的资格证书,吊销营业执照。

承担资产评估、验资或者验证的机构因其出具的评估结果、验资或者验证证明不实,给公司债权人造成损失的,除能够证明自己没有过错外,在其评估或者证明不实的金额范围内承担赔偿责任。

**第二百零八条 【登记机关违法行为的法律责任】**公司登记机关对不符合本法规定条件的登记申请予以登记,或者对符合本法规定条件的登记申请不予登记的,对直接负责的主管人员和其他直接责任人员,依法给予行政处分。

**第二百零九条 【登记机关上级部门违法行为的法律责任】**公司登记机关的上级部门强令公司登记机关对不符合本法规定条件的登记申请予以登记,或者对符合本法规定条件的登记申请不予登记的,或者对违法登记进行包庇的,对直接负责的主管人员和其他直接责任人员依法给予行政处分。

**第二百一十条 【假冒公司的违法行为及其法律责任】**未依法登记为有限责任公司或者股份有限公司,而冒用有限责任公司或者股份有限公司名义的,或者未依法登记为有限责任公司或者股份有限公司的分公司,而冒用有限责任公司或者股份有限公司的分公司名义的,由公司登记机关责令改正或者予以取缔,可以并处十万元以下的罚款。

**第二百一十一条 【不当停业及不依法办理变更登记的法律责任】**公司成立后无正当理由超过六个月未开业的,或者开业后自行停业连续六个月以上的,可以由公司登记机关吊销营业执照。

公司登记事项发生变更时,未依照本法规定办理有关变更登记的,由公司登记机关责令限期登记;逾期不登记的,处以一万元以上十万元以下的罚款。

**第二百一十二条 【外国公司擅自在中国境内设立分支机构的法律责任】**外国公司违反本法规定,擅自在中国境内设立分支机构的,由公司登记机关责令改正或者关闭,可以并处五万元以上二十万元以下的罚款。

**第二百一十三条 【危害国家安全与社会公共利益的法律责任】**利用公司名义从事危害国家安全、社会公共利益的严重违法行为的,吊销营业执照。

**第二百一十四条 【民事赔偿优先原则】**公司违反本法规定,应当承担民事赔偿责任和缴纳罚款、罚金的,其财产不足以支付时,先承担民事赔偿责任。

**第二百一十五条 【刑事责任的追究】**违反本法规定,构成犯罪的,依法追究刑事责任。

## 第十三章 附 则

**第二百一十六条 【本法所涉相关用语的含义】**本法下列用语的含义:

（一）高级管理人员，是指公司的经理、副经理、财务负责人，上市公司董事会秘书和公司章程规定的其他人员。

（二）控股股东，是指其出资额占有限责任公司资本总额百分之五十以上或者其持有的股份占股份有限公司股本总额百分之五十以上的股东；出资额或者持有股份的比例虽然不足百分之五十，但依其出资额或者持有的股份所享有的表决权已足以对股东会、股东大会的决议产生重大影响的股东。

（三）实际控制人，是指虽不是公司的股东，但通过投资关系、协议或者其他安排，能够实际支配公司行为的人。

（四）关联关系，是指公司控股股东、实际控制人、董事、监事、高级管理人员与其直接或者间接控制的企业之间的关系，以及可能导致公司利益转移的其他关系。但是，国家控股的企业之间不仅因为同受国家控股而具有关联关系。

第二百一十七条　【本法在外商投资领域的适用及例外】外商投资的有限责任公司和股份有限公司适用本法；有关外商投资的法律另有规定的，适用其规定。

第二百一十八条　【生效施行日期】本法自2014年3月1日起施行。

# 最高人民法院关于适用
# 《中华人民共和国公司法》若干问题的规定(一)

(2006年3月27日最高人民法院审判委员会第1382次会议通过 根据2014年2月17日最高人民法院审判委员会第1607次会议《关于修改关于适用〈中华人民共和国公司法〉若干问题的规定的决定》修正)

(法释〔2006〕3号)

为正确适用2005年10月27日十届全国人大常委会第十八次会议修订的《中华人民共和国公司法》,对人民法院在审理相关的民事纠纷案件中,具体适用公司法的有关问题规定如下:

**第一条** 【行为发生时法律的适用】公司法实施后,人民法院尚未审结的和新受理的民事案件,其民事行为或事件发生在公司法实施以前的,适用当时的法律法规和司法解释。

**第二条** 【公司法的参照适用】因公司法实施前有关民事行为或者事件发生纠纷起诉到人民法院的,如当时的法律法规和司法解释没有明确规定时,可参照适用公司法的有关规定。

**第三条** 【超过法定期限诉讼的不予受理】原告以公司法第二十二条第二款、第七十四条第二款规定事由,向人民法院提起诉讼时,超过公司法规定期限的,人民法院不予受理。

**第四条** 【股东代表诉讼下的期间和比例】公司法第一百五十一条规定的180日以上连续持股期间,应为股东向人民法院提起诉讼时,已期满的持股时间;规定的合计持有公司百分之一以上股份,是指两个以上股东持股份额的合计。

**第五条** 【再审案件的法律适用】人民法院对公司法实施前已经终审的案件依法进行再审时,不适用公司法的规定。

**第六条** 【规定的实施】本规定自公布之日起实施。

# 最高人民法院关于适用《中华人民共和国公司法》若干问题的规定(二)

(2008年5月5日最高人民法院审判委员会第1447次会议通过 根据2014年2月17日最高人民法院审判委员会第1607次会议《关于修改关于适用〈中华人民共和国公司法〉若干问题的规定的决定》修正)

(法释〔2008〕6号)

为正确适用《中华人民共和国公司法》,结合审判实践,就人民法院审理公司解散和清算案件适用法律问题作出如下规定。

**第一条** 【解散公司诉讼的受理】单独或者合计持有公司全部股东表决权百分之十以上的股东,以下列事由之一提起解散公司诉讼,并符合公司法第一百八十二条规定的,人民法院应予受理:

(一)公司持续两年以上无法召开股东会或者股东大会,公司经营管理发生严重困难的;

(二)股东表决时无法达到法定或者公司章程规定的比例,持续两年以上不能做出有效的股东会或者股东大会决议,公司经营管理发生严重困难的;

(三)公司董事长期冲突,且无法通过股东会或者股东大会解决,公司经营管理发生严重困难的;

(四)经营管理发生其他严重困难,公司继续存续会使股东利益受到重大损失的情形。

股东以知情权、利润分配请求权等权益受到损害,或者公司亏损、财产不足以偿还全部债务,以及公司被吊销企业法人营业执照未进行清算等为由,提起解散公司诉讼的,人民法院不予受理。

**第二条** 【解散公司诉讼与公司清算案件的分离】股东提起解散公司诉讼,同时又申请人民法院对公司进行清算的,人民法院对其提出的清算申请不予受理。人民法院可以告知原告,在人民法院判决解散公司后,依据公司法第一百八十三条和本规定第七条的规定,自行组织清算或者另行申请人民法院对公司进行清算。

**第三条** 【解散公司诉讼中的保全】股东提起解散公司诉讼时,向人民法院申请财产保全或者证据保全的,在股东提供担保且不影响公司正常经营的情形下,人民法院可予以保全。

**第四条** 【解散公司诉讼的当事人】股东提起解散公司诉讼应当以公司为被告。

原告以其他股东为被告一并提起诉讼的,人民法院应当告知原告将其他股东变更为第三人;原告坚持不予变更的,人民法院应当驳回原告对其他股东的起诉。

原告提起解散公司诉讼应当告知其他股东,或者由人民法院通知其参加诉讼。其他股东或者有关利害关系人申请以共同原告或者第三人身份参加诉讼的,人民法院应予准许。

**第五条** 【解散公司诉讼中的调解】人民法院审理解散公司诉讼案件,应当注重调解。当事人协商同意由公司或者股东收购股份,或者以减资等方式使公司存续,且不违反法律、行政法规强制性规定的,人民法院应予支持。当事人不能协商一致使公司存续的,人民法院应当及时判决。

经人民法院调解公司收购原告股份的,公司应当自调解书生效之日起六个月内将股份转让或者注销。股份转让或者注销之前,原告不得以公司收购其股份为由对抗公司债权人。

**第六条** 【解散公司诉讼判决的约束力】人民法院关于解散公司诉讼作出的判决,对公司全体股东具有法律约束力。

人民法院判决驳回解散公司诉讼请求后,提起该诉讼的股东或者其他股东又以同一事实和理由提起解散公司诉讼的,人民法院不予受理。

**第七条** 【解散清算程序的启动】公司应当依照公司法第一百八十三条的规定,在解散事由出现之日起十五日内成立清算组,开始自行清算。

有下列情形之一,债权人申请人民法院指定清算组进行清算的,人民法院应予受理:

(一)公司解散逾期不成立清算组进行清算的;

(二)虽然成立清算组但故意拖延清算的;

(三)违法清算可能严重损害债权人或者股东利益的。

具有本条第二款所列情形,而债权人未提起清算申请,公司股东申请人民法院指定清算组对公司进行清算的,人民法院应予受理。

**第八条** 【强制清算清算组成员的指定】人民法院受理公司清算案件,应当及时指定有关人员组成清算组。

清算组成员可以从下列人员或者机构中产生:

(一)公司股东、董事、监事、高级管理人员;

(二)依法设立的律师事务所、会计师事务所、破产清算事务所等社会中介机构；

（三）依法设立的律师事务所、会计师事务所、破产清算事务所等社会中介机构中具备相关专业知识并取得执业资格的人员。

**第九条　【强制清算清算组成员的更换】**人民法院指定的清算组成员有下列情形之一的，人民法院可以根据债权人、股东的申请，或者依职权更换清算组成员：

（一）有违反法律或者行政法规的行为；

（二）丧失执业能力或者民事行为能力；

（三）有严重损害公司或者债权人利益的行为。

**第十条　【清算中公司的民事诉讼】**公司依法清算结束并办理注销登记前，有关公司的民事诉讼，应当以公司的名义进行。

公司成立清算组的，由清算组负责人代表公司参加诉讼；尚未成立清算组的，由原法定代表人代表公司参加诉讼。

**第十一条　【解散清算事宜的通知】**公司清算时，清算组应当按照公司法第一百八十五条的规定，将公司解散清算事宜书面通知全体已知债权人，并根据公司规模和营业地域范围在全国或者公司注册登记地省级有影响的报纸上进行公告。

清算组未按照前款规定履行通知和公告义务，导致债权人未及时申报债权而未获清偿，债权人主张清算组成员对因此造成的损失承担赔偿责任的，人民法院应依法予以支持。

**第十二条　【核定债权的异议】**公司清算时，债权人对清算组核定的债权有异议的，可以要求清算组重新核定。清算组不予重新核定，或者债权人对重新核定的债权仍有异议，债权人以公司为被告向人民法院提起诉讼请求确认的，人民法院应予受理。

**第十三条　【债权的补充申报】**债权人在规定的期限内未申报债权，在公司清算程序终结前补充申报的，清算组应予登记。

公司清算程序终结，是指清算报告经股东会、股东大会或者人民法院确认完毕。

**第十四条　【补充申报债权的清偿】**债权人补充申报的债权，可以在公司尚未分配财产中依法清偿。公司尚未分配财产不能全额清偿，债权人主张股东以其在剩余财产分配中已经取得的财产予以清偿的，人民法院应予支持；但债权人因重大过错未在规定期限内申报债权的除外。

债权人或者清算组，以公司尚未分配财产和股东在剩余财产分配中已经取得的财产，不能全额清偿补充申报的债权为由，向人民法院提出破产清算申请的，人民法院不予受理。

**第十五条　【清算方案的确认】**公司自行清算的，清算方案应当报股东会或者股东大会决议确认；人民法院组织清算的，清算方案应当报人民法院确认。未经确认的清算方案,清算组不得执行。

执行未经确认的清算方案给公司或者债权人造成损失,公司、股东或者债权人主张清算组成员承担赔偿责任的,人民法院应依法予以支持。

**第十六条** 【强制清算的期限】人民法院组织清算的,清算组应当自成立之日起六个月内清算完毕。

因特殊情况无法在六个月内完成清算的,清算组应当向人民法院申请延长。

**第十七条** 【协定债务清偿方案】人民法院指定的清算组在清理公司财产、编制资产负债表和财产清单时,发现公司财产不足清偿债务的,可以与债权人协商制作有关债务清偿方案。

债务清偿方案经全体债权人确认且不损害其他利害关系人利益的,人民法院可依清算组的申请裁定予以认可。清算组依据该清偿方案清偿债务后,应当向人民法院申请裁定终结清算程序。

债权人对债务清偿方案不予确认或者人民法院不予认可的,清算组应当依法向人民法院申请宣告破产。

**第十八条** 【不作为的侵权民事责任】有限责任公司的股东、股份有限公司的董事和控股股东未在法定期限内成立清算组开始清算,导致公司财产贬值、流失、毁损或者灭失,债权人主张其在造成损失范围内对公司债务承担赔偿责任的,人民法院应依法予以支持。

有限责任公司的股东、股份有限公司的董事和控股股东因怠于履行义务,导致公司主要财产、账册、重要文件等灭失,无法进行清算,债权人主张其对公司债务承担连带清偿责任的,人民法院应依法予以支持。

上述情形系实际控制人原因造成,债权人主张实际控制人对公司债务承担相应民事责任的,人民法院应依法予以支持。

**第十九条** 【作为的侵权民事责任】有限责任公司的股东、股份有限公司的董事和控股股东,以及公司的实际控制人在公司解散后,恶意处置公司财产给债权人造成损失,或者未经依法清算,以虚假的清算报告骗取公司登记机关办理法人注销登记,债权人主张其对公司债务承担相应赔偿责任的,人民法院应依法予以支持。

**第二十条** 【未经清算注销的民事责任】公司解散应当在依法清算完毕后,申请办理注销登记。公司未经清算即办理注销登记,导致公司无法进行清算,债权人主张有限责任公司的股东、股份有限公司的董事和控股股东,以及公司的实际控制人对公司债务承担清偿责任的,人民法院应依法予以支持。

公司未经依法清算即办理注销登记,股东或者第三人在公司登记机关办理注销登记时承诺对公司债务承担责任,债权人主张其对公司债务承担相应民事责任的,人民法院应依法予以支持。

**第二十一条** 【清算义务人内部责任分担】有限责任公司的股东、股份有限公司的董事和控股股东,以及公司的实际控制人为二人以上的,其中一人或者数人按照本规定第十八条和第二十条第一款的规定承担民事责任后,主张其他人员按照过错大小分担责任的,人民法院应依法予以支持。

第二十二条 【未缴出资下的清算及民事责任】公司解散时,股东尚未缴纳的出资均应作为清算财产。股东尚未缴纳的出资,包括到期应缴未缴的出资,以及依照公司法第二十六条和第八十条的规定分期缴纳尚未届满缴纳期限的出资。

公司财产不足以清偿债务时,债权人主张未缴出资股东,以及公司设立时的其他股东或者发起人在未缴出资范围内对公司债务承担连带清偿责任的,人民法院应依法予以支持。

第二十三条 【对清算组成员的诉讼】清算组成员从事清算事务时,违反法律、行政法规或者公司章程给公司或者债权人造成损失,公司或者债权人主张其承担赔偿责任的,人民法院应依法予以支持。

有限责任公司的股东、股份有限公司连续一百八十日以上单独或者合计持有公司百分之一以上股份的股东,依据公司法第一百五十一条第三款的规定,以清算组成员有前款所述行为为由向人民法院提起诉讼的,人民法院应予受理。

公司已经清算完毕注销,上述股东参照公司法第一百五十一条第三款的规定,直接以清算组成员为被告、其他股东为第三人向人民法院提起诉讼的,人民法院应予受理。

第二十四条 【案件的管辖】解散公司诉讼案件和公司清算案件由公司住所地人民法院管辖。公司住所地是指公司主要办事机构所在地。公司办事机构所在地不明确的,由其注册地人民法院管辖。

基层人民法院管辖县、县级市或者区的公司登记机关核准登记公司的解散诉讼案件和公司清算案件;中级人民法院管辖地区、地级市以上的公司登记机关核准登记公司的解散诉讼案件和公司清算案件。

# 最高人民法院关于适用《中华人民共和国公司法》若干问题的规定(三)

(2010年12月6日由最高人民法院审判委员会第1504次会议通过 根据2014年2月17日最高人民法院审判委员会第1607次会议《关于修改关于适用〈中华人民共和国公司法〉若干问题的规定的决定》修正)

(法释〔2011〕3号)

为正确适用《中华人民共和国公司法》,结合审判实践,就人民法院审理公司设立、出资、股权确认等纠纷案件适用法律问题作出如下规定。

**第一条** 【公司发起人】为设立公司而签署公司章程、向公司认购出资或者股份并履行公司设立职责的人,应当认定为公司的发起人,包括有限责任公司设立时的股东。

**第二条** 【以自己名义的合同责任】发起人为设立公司以自己名义对外签订合同,合同相对人请求该发起人承担合同责任的,人民法院应予支持。

公司成立后对前款规定的合同予以确认,或者已经实际享有合同权利或者履行合同义务,合同相对人请求公司承担合同责任的,人民法院应予支持。

**第三条** 【以设立中公司名义的合同责任】发起人以设立中公司名义对外签订合同,公司成立后合同相对人请求公司承担合同责任的,人民法院应予支持。

公司成立后有证据证明发起人利用设立中公司的名义为自己的利益与相对人签订合同,公司以此为由主张不承担合同责任的,人民法院应予支持,但相对人为善意的除外。

**第四条** 【公司未成立的责任】公司因故未成立,债权人请求全体或者部分发起人对设立公司行为所产生的费用和债务承担连带清偿责任的,人民法院应予支持。

部分发起人依照前款规定承担责任后,请求其他发起人分担的,人民法院应当判令其他发起人按照约定的责任承担比例分担责任;没有约定责任承担比例的,按照约定的出资比例分担责任;没有约定出资比例的,按照均等份额分担责任。

因部分发起人的过错导致公司未成立,其他发起人主张其承担设立行为所产生的费用和债务的,人民法院应当根据过错情况,确定过错一方的责任范围。

**第五条** 【职务侵权的责任】发起人因履行公司设立职责造成他人损害,公司成立后受害人请求公司承担侵权赔偿责任的,人民法院应予支持;公司未成立,受害人请求全体发起人承担连带赔偿责任的,人民法院应予支持。

公司或者无过错的发起人承担赔偿责任后,可以向有过错的发起人追偿。

**第六条** 【股款缴纳与另行募集】股份有限公司的认股人未按期缴纳所认股份的股款,经公司发起人催缴后在合理期间内仍未缴纳,公司发起人对该股份另行募集的,人民法院应当认定该募集行为有效。认股人延期缴纳股款给公司造成损失,公司请求该认股人承担赔偿责任的,人民法院应予支持。

**第七条** 【以无处分权财产出资的效力】出资人以不享有处分权的财产出资,当事人之间对于出资行为效力产生争议的,人民法院可以参照物权法第一百零六条的规定予以认定。

以贪污、受贿、侵占、挪用等违法犯罪所得的货币出资后取得股权的,对违法犯罪行为予以追究、处罚时,应当采取拍卖或者变卖的方式处置其股权。

**第八条** 【土地使用权出资的效力】出资人以划拨土地使用权出资,或者以设定权利负担的土地使用权出资,公司、其他股东或者公司债权人主张认定出资人未履行出资义务的,人民法院应当责令当事人在指定的合理期间内办理土地变更手续或者解除权利负担;逾期未办理或者未解除的,人民法院应当认定出资人未依法全面履行出资义务。

**第九条** 【依法评估与出资义务】出资人以非货币财产出资,未依法评估作价,公司、其他股东或者公司债权人请求认定出资人未履行出资义务的,人民法院应当委托具有合法资格的评估机构对该财产评估作价。评估确定的价额显著低于公司章程所定价额的,人民法院应当认定出资人未依法全面履行出资义务。

**第十条** 【权属变更登记与交付】出资人以房屋、土地使用权或者需要办理权属登记的知识产权等财产出资,已经交付公司使用但未办理权属变更手续,公司、其他股东或者公司债权人主张认定出资人未履行出资义务的,人民法院应当责令当事人在指定的合理期间内办理权属变更手续;在前述期间内办理了权属变更手续的,人民法院应当认定其已经履行了出资义务;出资人主张自其实际交付财产给公司使用时享有相应股东权利的,人民法院应予支持。

出资人以前款规定的财产出资,已经办理权属变更手续但未交付给公司使用,公司或者其他股东主张其向公司交付、并在实际交付之前不享有相应股东权利的,人民法院应予支持。

**第十一条** 【股权出资】出资人以其他公司股权出资,符合下列条件的,人民法院应当认定出资人已履行出资义务:

（一）出资的股权由出资人合法持有并依法可以转让；
（二）出资的股权无权利瑕疵或者权利负担；
（三）出资人已履行关于股权转让的法定手续；
（四）出资的股权已依法进行了价值评估。

股权出资不符合前款第（一）、（二）、（三）项的规定，公司、其他股东或者公司债权人请求认定出资人未履行出资义务的，人民法院应当责令该出资人在指定的合理期间内采取补正措施，以符合上述条件；逾期未补正的，人民法院应当认定其未依法全面履行出资义务。

股权出资不符合本条第一款第（四）项的规定，公司、其他股东或者公司债权人请求认定出资人未履行出资义务的，人民法院应当按照本规定第九条的规定处理。

**第十二条　【抽逃出资】**公司成立后，公司、股东或者公司债权人以相关股东的行为符合下列情形之一且损害公司权益为由，请求认定该股东抽逃出资的，人民法院应予支持：

（一）制作虚假财务会计报表虚增利润进行分配；
（二）通过虚构债权债务关系将其出资转出；
（三）利用关联交易将出资转出；
（四）其他未经法定程序将出资抽回的行为。

**第十三条　【未履行出资义务的责任】**股东未履行或者未全面履行出资义务，公司或者其他股东请求其向公司依法全面履行出资义务的，人民法院应予支持。

公司债权人请求未履行或者未全面履行出资义务的股东在未出资本息范围内对公司债务不能清偿的部分承担补充赔偿责任的，人民法院应予支持；未履行或者未全面履行出资义务的股东已经承担上述责任，其他债权人提出相同请求的，人民法院不予支持。

股东在公司设立时未履行或者未全面履行出资义务，依照本条第一款或者第二款提起诉讼的原告，请求公司的发起人与被告股东承担连带责任的，人民法院应予支持；公司的发起人承担责任后，可以向被告股东追偿。

股东在公司增资时未履行或者未全面履行出资义务，依照本条第一款或者第二款提起诉讼的原告，请求未尽公司法第一百四十七条第一款规定的义务而使出资未缴足的董事、高级管理人员承担相应责任的，人民法院应予支持；董事、高级管理人员承担责任后，可以向被告股东追偿。

**第十四条　【抽逃出资的责任】**股东抽逃出资，公司或者其他股东请求其向公司返还出资本息、协助抽逃出资的其他股东、董事、高级管理人员或者实际控制人对此承担连带责任的，人民法院应予支持。

公司债权人请求抽逃出资的股东在抽逃出资本息范围内对公司债务不能清偿的部分承担补充赔偿责任、协助抽逃出资的其他股东、董事、高级管理人员或者实际控制人对此承担连带责任的,人民法院应予支持;抽逃出资的股东已经承担上述责任,其他债权人提出相同请求的,人民法院不予支持。

第十五条 【非货币财产贬值】出资人以符合法定条件的非货币财产出资后,因市场变化或者其他客观因素导致出资财产贬值,公司、其他股东或者公司债权人请求该出资人承担补足出资责任的,人民法院不予支持。但是,当事人另有约定的除外。

第十六条 【股权限制】股东未履行或者未全面履行出资义务或者抽逃出资,公司根据公司章程或者股东会决议对其利润分配请求权、新股优先认购权、剩余财产分配请求权等股东权利作出相应的合理限制,该股东请求认定该限制无效的,人民法院不予支持。

第十七条 【股东除名】有限责任公司的股东未履行出资义务或者抽逃全部出资,经公司催告缴纳或者返还,其在合理期间内仍未缴纳或者返还出资,公司以股东会决议解除该股东的股东资格,该股东请求确认该解除行为无效的,人民法院不予支持。

在前款规定的情形下,人民法院在判决时应当释明,公司应当及时办理法定减资程序或者由其他股东或者第三人缴纳相应的出资。在办理法定减资程序或者其他股东或者第三人缴纳相应的出资之前,公司债权人依照本规定第十三条或者第十四条请求相关当事人承担相应责任的,人民法院应予支持。

第十八条 【瑕疵出资股权转让】有限责任公司的股东未履行或者未全面履行出资义务即转让股权,受让人对此知道或者应当知道,公司请求该股东履行出资义务、受让人对此承担连带责任的,人民法院应予支持;公司债权人依照本规定第十三条第二款向该股东提起诉讼,同时请求前述受让人对此承担连带责任的,人民法院应予支持。

受让人根据前款规定承担责任后,向该未履行或者未全面履行出资义务的股东追偿的,人民法院应予支持。但是,当事人另有约定的除外。

第十九条 【出资责任诉讼时效】公司股东未履行或者未全面履行出资义务或抽逃出资,公司或者其他股东请求其向公司全面履行出资义务或者返还出资,被告股东以诉讼时效为由进行抗辩的,人民法院不予支持。

公司债权人的债权未过诉讼时效期间,其依照本规定第十三条第二款、第十四条第二款的规定请求未履行或者未全面履行出资义务或者抽逃出资的股东承担赔偿责任,被告股东以出资义务或者返还出资义务超过诉讼时效期间为由进行抗辩的,人民法院不予支持。

第二十条 【出资的举证责任】当事人之间对是否已履行出资义务发生争议,原告提供对股东履行出资义务产生合理怀疑证据的,被告股东应当就其已履行出资义务承担举证责任。

第二十一条 【股东资格确认之诉】当事人向人民法院起诉请求确认其股东

资格的,应当以公司为被告,与案件争议股权有利害关系的人作为第三人参加诉讼。

**第二十二条** 【股权归属确认之诉】当事人之间对股权归属发生争议,一方请求人民法院确认其享有股权的,应当证明以下事实之一:

(一)已经依法向公司出资或者认缴出资,且不违反法律法规强制性规定;

(二)已经受让或者以其他形式继受公司股权,且不违反法律法规强制性规定。

**第二十三条** 【股东的救济】当事人依法履行出资义务或者依法继受取得股权后,公司未根据公司法第三十一条、第三十二条的规定签发出资证明书、记载于股东名册并办理公司登记机关登记,当事人请求公司履行上述义务的,人民法院应予支持。

**第二十四条** 【实际出资人与股东资格】有限责任公司的实际出资人与名义出资人订立合同,约定由实际出资人出资并享有投资权益,以名义出资人为名义股东,实际出资人与名义股东对该合同效力发生争议的,如无合同法第五十二条规定的情形,人民法院应当认定该合同有效。

前款规定的实际出资人与名义股东因投资权益的归属发生争议,实际出资人以其实际履行了出资义务为由向名义股东主张权利的,人民法院应予支持。名义股东以公司股东名册记载、公司登记机关登记为由否认实际出资人权利的,人民法院不予支持。

实际出资人未经公司其他股东半数以上同意,请求公司变更股东、签发出资证明书、记载于股东名册、记载于公司章程并办理公司登记机关登记的,人民法院不予支持。

**第二十五条** 【名义股东处分股权】名义股东将登记于其名下的股权转让、质押或者以其他方式处分,实际出资人以其对于股权享有实际权利为由,请求认定处分股权行为无效的,人民法院可以参照物权法第一百零六条的规定处理。

名义股东处分股权造成实际出资人损失,实际出资人请求名义股东承担赔偿责任的,人民法院应予支持。

**第二十六条** 【名义股东的出资责任】公司债权人以登记于公司登记机关的股东未履行出资义务为由,请求其对公司债务不能清偿的部分在未出资本息范围内承担补充赔偿责任,股东以其仅为名义股东而非实际出资人为由进行抗辩的,人民法院不予支持。

名义股东根据前款规定承担赔偿责任后,向实际出资人追偿的,人民法院应予支持。

**第二十七条** 【股权转让后的再次处分】股权转让后尚未向公司登记机关办理变更登记,原股东将仍登记于其名下的股权转让、质押或者以其他方式处分,受让股东以其对于股权享有实际权利为由,请求认定处分股权行为无效的,人民法院可以参照物权法第一百零六条的规定处理。

原股东处分股权造成受让股东损失,受让股东请求原股东承担赔偿责任、对于未及时办理变更登记有过错的董事、高级管理人员或者实际控制人承担相应责任的,人民法院应予支持;受让股东对于未及时办理变更登记也有过错的,可以适当减轻上述董事、高级管理人员或者实际控制人的责任。

**第二十八条 【冒名登记股东】**冒用他人名义出资并将该他人作为股东在公司登记机关登记的,冒名登记行为人应当承担相应责任;公司、其他股东或者公司债权人以未履行出资义务为由,请求被冒名登记为股东的承担补足出资责任或者对公司债务不能清偿部分的赔偿责任的,人民法院不予支持。